BECK'SCHE SONDERAUSGABEN

Es sind wunderliche Dinger, meine Briefe

META KLOPSTOCKS BRIEFWECHSEL
MIT FRIEDRICH GOTTLIEB KLOPSTOCK
UND MIT IHREN FREUNDEN
1751–1758

Herausgegeben von
Franziska und Hermann Tiemann

VERLAG C. H. BECK MÜNCHEN

Die erste Ausgabe dieses Briefwechsels erschien 1962 unter dem Titel
‚Geschichte der Meta Klopstock in Briefen'
im Carl Schünemann Verlag, Bremen

Mit 5 Abbildungen

CIP-Kurztitelaufnahme der Deutschen Bibliothek

Es sind wunderliche Dinger, meine Briefe : Meta Klopstocks
Briefwechsel mit Friedrich Gottlieb Klopstock u. mit ihren
Freunden 1751–1758 / hrsg. von Franziska u. Hermann Tiemann. – [Neuausg.]. – München : Beck, 1980.
  (Beck'sche Sonderausgaben)
  Frühere Ausg. im Schünemann-Verl., Bremen. –
  Frühere Ausg. u. d. T.: Geschichte der Meta
  Klopstock in Briefen.
  ISBN 3-406-07880-X
NE: Klopstock, Meta [Mitarb.]; Klopstock, Friedrich Gottlieb [Mitarb.]; Tiemann, Franziska [Hrsg.]; Klopstock, Meta: [Sammlung] Es sind wunderliche Dinger, meine Briefe: Klopstock, Friedrich Gottlieb: [Sammlung] Es sind wunderliche Dinger, meine Briefe

ISBN 3 406 07880 X

© C. H. Beck'sche Verlagsbuchhandlung (Oscar Beck), München 1980
Gesamtherstellung Passavia Druckerei GmbH Passau
Printed in Germany

INHALT

Briefe 7
  Vor der Verlobung 7
  Brautzeit 158
  Ehejahre in Dänemark 313
  Letztes Lebensjahr in Hamburg 429

Nachwort von Hermann Tiemann 475
  Meta Mollers Gestalt und Kunst 475
  Liebespaare und Eheleute 486

Zum Text der Ausgabe 491
Verzeichnis der Abbildungen 495
Namenregister 497

VOR DER VERLOBUNG

1. Meta an Giseke

Meta berichtet über ihre erste Begegnung mit Klopstock am 4. April 1751 (geschrieben in Abständen vom September 1753 bis März 1754). Der Bericht wird hier (die begleitenden Briefe bzw. Briefstellen in Kursivdruck) entgegen der strengen chronologischen Anordnung an den Anfang des Briefwechsels gesetzt, um zusammen mit dem ebenfalls späteren Bericht der Schwester Elisabeth Schmidt in den Beginn des Geschehens einzuführen. Da diese Erzählung aus einer mehr als zweijährigen Erinnerung und Entwicklung heraus niedergeschrieben wurde, hat der sachliche Bericht den heiter gestimmten Hintergrund, die sehr persönliche Seite und eine leichte, selbst-ironische Note erhalten.

Klopstock reiste im Frühjahr 1751 aus der Schweiz, wo er eine Zeitlang bei dem befreundeten Dichter Bodmer zugebracht hatte, nach Kopenhagen, um sich dem dänischen Könige Friedrich V. „zu präsentieren". Friedrich hatte dem Dichter Klopstock eine Pension angeboten, damit er in Ruhe den „Messias" vollenden könne, von dem die ersten drei Gesänge 1748 erschienen waren.

Beyträger: Kreis der „Bremer Beiträger", die sich seit etwa 1744 um die Zeitschrift „Neue Beiträge zum Vergnügen des Verstandes und Witzes" (Bremen und Leipzig) in Leipzig gesammelt hatten. Mitglieder außer dem hier genannten Nikolaus Dietrich Giseke waren u. a. Carl Christian Gärtner, Joh. Adolf Schlegel, Joh. Andreas Cramer, Joh. Arnold Ebert, Johann Christoph Schmidt und Klopstock, der die ersten drei Gesänge seines „Messias" in dieser Zeitschrift erscheinen ließ. – *Sunge:* wohl eine Koseform, um die niederdeutsche Aussprache des J wiederzugeben. – *tour de gorge:* Kleidausschnitt – *Elegie* „Dir nur zärtliches Hertz": sicher gemeint die Ode „Die künftige Geliebte": Dir nur liebendes Herz.

d. 12. Sept. [1753]

Geschichte der
Meta Clärchen Friedrikchen Klopstock.

Vorrede

Sie werden schon von selbst darauf fallen, mein lieber Hr. Dieterich u meine werthe Fr. Eleonore, daß nicht eine einzige Kleinigkeit in die-

ser meiner Geschichte, die ich hiermit zu gleicher Zeit die Ehre nehme Ihnen zu dediciren u zuzueignen, wird vorbey gelassen werden. Sie denken aber vielleicht, daß nur die Kleinigkeiten, die *eigentlich zu meiner Liebe gehören*, darin vorkommen werden. Ich habe aber itzt die Ehre Ihnen zu sagen, daß auch die, welche in Ihren Augen vielleicht *nicht eigentlich dazu gehören*, auch vorkommen werden. Denn mir ist alles, alles ausserordentlich wichtig. Und hiermit empfehle ich mich meinen geehrten Gönnern, dem Herrn Dieterich u der Fr. Eleonore M.C.F. Klopstock
Ende der Vorrede

Anzeige

Die gelehrte Verfasserinn dieses Werkes hat itzt noch ein eben so grosses u wichtiges untern Händen. Wovon schon die Zuschrift u die Titel der Capitel fertig sind. Es heißt: Historisch-critische Abhandlung [über] die Rundheiten, Grübchen etcetc der M.C.F. Klopstock. NB. Dieses Werk wird auf hohen Befehl geschrieben.

1751, d. 4ten April.
Mein Kl. ist itzt in Hamb. angekommen. Er läßt fragen, wann er mich besuchen darf. Ich sage: Gleich. Ohne daran zu denken, daß *gleich* nicht zwo Stunden heisst, u *wohlwissend*, daß ein Frauenzimmer sich nicht leicht in weniger Zeit ankleiden kann, so fange ich an mich zu putzen. Kaum aber hatte ich mich an den Nachttisch gesetzt u die Nadeln aus den Haaren genommen, welche nun mit grosser Unordnung um meine Stirne hiengen; so sagt man mir, der fremde Herr ist da. Ich stecke geschwinde geschwinde die Haare nur so viel zurück, als nötig war um sie mir nicht in den Augen hängen zu lassen, werfe ein Negligé über, u weil ich nicht Zeit hatte, es recht zu recht zu stecken; so schlage ich ein grosses grosses Tuch darüber. Die Schmidten kommt herein, ich springe ein Paar mal in die Höhe, u freue mich ganz unbeschreiblich, daß ich nun den Verfasser des Messias, den Freund von Giseke, den Beyträger sehen soll, wo nach mir so sehr verlangt. Ich sehe, wie ich durch das Vorzimmer gehe, noch einmal in den grossen Spiegel, sage: Ich bin doch auch nicht zu meinem Vortheil gekleidet (u das war ich auch wirklich nicht) ich hätte es für einen Beyträger wohl mehr seyn mögen, aber der Verfasser des *Messias* wird wohl nicht sehr darauf sehen. (Hätte ich gewust, daß der Verfasser des Mess: würde mein geliebter Sunge werden, wie

viel mehr würde ich dann hierüber bekümmert gewesen seyn). Nun mache ich die Thür auf, nun sehe ich ihn – – – – Ja, hier müste ich Empfindungen malen können. – Sein Anblick frapirte mich in dem eigentlichsten Verstande. Ich hatte schon so viele Fremde gesehn, aber niemals hatte ich ein solches Schrecken, einen solchen Schauer (ich weis nicht wie ich mich ausdrücken soll) empfunden. Ich hatte gar nicht die Meynung, daß ein ernsthafter Dichter finster u mürrisch aussehn, schlecht gekleidet seyn, u keine Manieren haben müsse; aber ich stellte mir doch auch nicht vor daß der Verfass: des Mess: so süß aussähe, u so bis zur Vollkommenheit schön wäre. (Denn das ist Kl in meinen Augen, ich kanns nicht helfen, daß ichs sage. Aber *Ihnen* kann ichs auch sagen.) Er stutzte auch. Wir schwiegen alle beyde eine kleine Weile länger still, [als] man in einem solchen Falle sonst thut. Endlich sagte er: Hr. Giseke hat mir gesagt, daß ich die Erlaubniß hätte, Ihnen aufzuwarten. – Ach Giseke wie rührte mich der Ton seiner Stimme! Und da sah ich ihn noch einmal recht an. Ach da stand er, da, da! In der Schmdt. ihre Stube, vor der Kammer Thür. Wenn Sie hier wären; so würde ich Sie auf die Stelle hinführen, sie kneipen, u sagen: Da wars Giseke, da! – Ich fand daß er sich mit ungemein vieler Grace bükte (u ich finde noch daß ers thut). Was meynen Sie aber, daß ich nun antwortete: Es ist mir angenehm, Sie kennen zu lernen. Wahrhaftig, ich konnte nichts andres aufbringen! Und ⟨..⟩ geschwinde: Wollen Sie die Güte haben, sich zu setzen. Ich setzte mich neben ihm über. Ich habe mich nachher erinnert, daß ich gesehn, daß er seine eine Hand mit der andern hielt. Ich glaubte, das käme von ungefehr. Kl hat mir aber gesagt, er habe gezittert, u hätte mir das Zittern dadurch verbergen wollen. Er hätte [sich] sehr darüber gewundert, daß er zitterte, weil ers nicht gewohnt wäre u auch keine Ursache davon hätte finden können.

Ich will Ihnen diesen kleinen Anfang nur heute gleich schicken, u morgen bey unsrer Unterredung wieder anfangen. Küssen Sie sich ein ander auch von mir. Die Schm[idten], ihre Kinder, welche a l l e d r e y sehr sehr süß sind, die Schl[ebusch] u die Häckeln (das sind die, welche ich gesprochen habe) grüssen vielmal. Ich bin
        Ihr süsses Clärchen Klopstock nicht so?

                      d. 11ten Dec. 1753.
Da ist die Stunde gekommen, die ich gewünscht. Nun kriegen meine Giseken doch einmal einen Brief von mir, wenn Sie ihn nicht ver-

muthen. – Warum hätte ich Ihnen denn sagen sollen, daß ich krank wäre? Es war nur ein kleines Flußfieber, das nicht länger als acht Tage dauerte. Ich schrieb es Ihnen nicht, theils weil ich mich schämte, daß Klopstock[s] Braut krank war, u theils, weil mir immer bange war, daß die Liebsgötter, oder die Sommervögel, oder die Luft, u ich weis nicht als was, es nach Kopp[enhagen] verrathen möchten. Itzt aber will ich Ihnen die lustige Ursache meiner Krankheit erzählen. Es waren auf einige Tage zwo Freundinnen aus Altona bey mir, welche in mein Bette schliefen. Ich schlief in Mary ihres, welches ein ganz kleines ist, das dicht auf der Erde steht, keine Vorhänge hat, u NB gerade neben Klopstocks Portrait über steht. Ich that im allereigentlichsten Verstande die Nacht kein Auge zu, denn ich sah immer nach dem Portrait. Dieses Wachen, die Ungemächlichkeit, u die große Gelegenheit mich zu erkälten hat wohl das kleine Fieber verursacht. Aber beklagen Sie mich nur meine lieben Giseken, daß ich meinen Schlaf so verzärtelt habe. Ach ich werde wohl nicht so süß in meines Mannes Armen einschlafen u des Morgens wieder darin erwachen können, als Sie Hannchen! Mein Bette muß ordentlich mit Sorgfalt gemacht seyn (u noch dazu auf eine ganz besondre Art). Mein Kopf, Rücken, Seiten u alles wird in hundert Küssen fast versteckt. Denn muß Mary kommen u mich sorgfältig an allen Ecken zudecken. Oder wenn dies nicht alles geschicht; so schlafe ich gewiß die ganze Nacht nicht. Auf der Seite könnte ich keine Viertelstunde liegen. Wie wird das alles bey Kl. angehn. Und wenns auch angienge, welche Süssigkeiten verlör ich dadurch! Ich denke aber die Liebe wird wohl alles möglich machen. Unsre Nacht wird der Ihrigen, die sehr süß ist, doch wohl gleich werden. Und die Liebsgötter werden mich schon in Klopstocks Armen ohne hundert Küssen u funfig Decken einzuschläfern wissen. Hannchen war ja auch gewohnt allein zu schlafen. – –

Und nun will ich einmal wieder in meiner Geschichte fortfahren. Wenn Sie sich des Anfangs nicht erinnern; so müssen Sie so gut seyn, den Brief davon aufzusuchen. Ich hatte den ersten Tag geendigt.

Nun folgt der zweyte Tag. Der Montag. Kl. speiste des Mittags mit vieler unwürdiger Gesellschaft bey uns. Ich hatte mich sehr sorgfältig geputzt. (Ein Umstand, der bey verliebten Mädchen, u am allermeisten bey denen die im Begriff sind, es zu werden, sehr oft vorkommt.) Ich hatte so gar deswegen eine Trauer mehr erleichtert als ich eigentlich gesollt hatte. Wie ich fertig war, sagte man mir, Hr. Kl. wäre gekommen. Ich wollte noch geschwinder seyn als ich schon von Natur bin, u zerriß darüber im Laufe die Garnitüre meines Kleides. Ich ward sehr böse. Es muste doch wieder genehet werden. Das war entsetzlich, daß die Magd so langsam war! Fort! fort! Geschwind! schrie ich bey jedem Stiche, den sie that. Ich hätte bey nahe gefluchet, wenigstens stampfte ich mit dem Fusse. Es ward glücklich fertig, u ich flog hinauf. Ich war von Klopstock[s] vorzüglichen Süssigkeiten so überzeugt, daß ich mit der Schm. gewettet hatte, sie würde Kl gleich unter den beyden andern Fremden (die ich damals selbst noch nicht gesehn hatte) erkennen. Nun machte ich die Thür auf, u sah – – u sah gleich Kl. Er sah noch süsser aus als den vorigen Tag, u kam mit einer so sanften Freundlichkeit zu mir, die sich nicht beschreiben lässt. Nun sah ich erst die übrigen in der Gesellschaft, deren Unwürdigkeit ich damals noch nicht so kannte, als itzt. Ich sprach mit ihnen – – u kam wieder zu Kl. Ich setzte mich so gar mit ihm allein ans Fenster. „Ich bleib bis Mitwoch" sagte er mir mit einer Freude, die mir sehr angenehm war. Ich freute mich auch. Er sah meine Kleidung an. „Ist das Trauer?" fragte er. Es war mir angenehm, daß meine Kleidung bemerkt wurde, weils *Kl* war. Wir giengen zu Tische. Kl. führte mich, welches mir lieb war, ob gleich mehr Gesellschaft da war. Ich bot Kl den obersten Platz an, wünschte aber sehr, daß er ihn nicht annehmen möchte. „Wo sitzen Sie?" sagte er. „Ich sitze hier." „Ich sitze bey Ihnen." „So setze ein jeder sich, wie ihm gefällig", sagte ich, denn nun hatte ich was ich wollte. Kl. sprach immer mit mir alleine. Die andren nahmen es übel, ich nicht. Man sprach von schönen Augen. Kl. sagte, er kennte die schönsten blauen Augen in Deutschland. Das sind der Sch: ihre, dachte ich, u fühlte daß ich roth ward. Aber könntens auch nicht meine seyn? Er sach mich doch so süß an, wie ers sagte. Nein, das ist doch nicht möglich – – Wenn sie nur noch recht blau wären – – – Ein geschwinder Blick nach dem Spiegel, welcher betrübt wieder zurückkehrte. Kl, der immer mehr tändelte, tändelte nun endlich Liebe. Er sagte, er hasste die ernsthafte Liebe, wobey nur lauter Seufzer u Schmerzen wären. Eine Frühlingsliebe wäre recht nach seinem Geschmak. Nämlich eine, die wenns hoch käme, einen ganzen Frühling dauerte, man könnte sich auch sonst wohl sechsmal in einem Frühlinge verlieben. Ich setzte den Scherz fort. Zumal da ich wuste, wie sehr Kl gegen seine wahre Meynung sprach. Endlich blieb es mir nicht mehr angenehm. Ich fürchtete, Kl möchte auch wohl gar denken, ich wäre ein Mädchen, mit dem man nur dergleichen sprechen muste (diese Furcht ist oft wiedergekommen). Rahn brachte eine Gesundheit aus, die mich vollends verdrießlich machte. „A vos amour[s], Mr: Kl:, qui apresent se divulguent par tout le monde." Ich glaube, die Sache an sich, u das *divulgiren* war mir beydes unangenehm. Ich erklärte es mir aber so, daß ich verdrißlich darüber ward daß Rahn es noch mehr ausbreitete. – Einen kleinen Umstand kann ich für *Sie* unmöglich unterdrücken. Ich reichte Rahn einen Teller mit Aepfeln, u weil Kl u Hagedorn zwischen uns sassen; so muste ich mich fast über Kl seinen Schooß legen, um hin zu kommen. Kl sah sehr aufmerksam nach meiner Tour-de-gorge, u seufzte. Ich bemerkte es u wunderte mich, denn ich hatte Kl bisher für einen blossen Geist gehalten (Itzt weiß ichs wohl, daß er einen eben so süssen Körper hat). Ich ward dennoch nicht böse darüber, da ich sonst allemal bey einer solchen Gelegenheit, gegen eine jede Mannsperson Zorn u Verachtung empfunden habe. (Dieses setze ich nicht etwa als ein [!] Beweis meiner Tugend hierher; sondern es ist eine wirkliche Wahrheit.) Wir standen vom Tische auf. Kl hat mir nachher gesagt, daß er sich selbst gewundert hätte, daß ich mit meinen andern Nachbarn so wenig gesprochen hätte. Bey Tische hatte man von unsern hiesigen Regenkleidern gesprochen. Ich versäumte die Gelegenheit nicht, itzt eins bringen zu lassen u es um zu thun, auf daß sie die Mode recht sehen könnten. Ein Nebenumstand ist sonst auch, daß es mir sehr gut steht. Dieser Nebenumstand that auch die sehr gute Wirkung auf Kl, daß er herflog u mich mit vielem Feuer küste. Nun fieng die Gesellschaft an, sich zu zerstreuen, u die meisten fuhren weg. Kl trat mit mir an ein Fenster u las einen Brief von Ihnen. Ich, um desto besser in den Brief zu sehen, weil wir ihn doch nicht ganz laut lesen konnten, hatte, wirklich ganz von ungefehr, meine Hand hinter Kl-s Rücken gelegt. Er drükte sie mir ganz sanft mit seinem Rücken. Dieser Druk erregte bey mir ein Gefühl, das mich aufmerksam machte, das doch aber so süß war, daß ich nicht im Stande war, meinen Arm zurück zu ziehen (welches ich bey einer andern Mannsperson gewiß gleich gethan hätte). Mein Arm blieb also ganz dicht an Kl-s Rücken liegen, so lange er den Brief las. Kl. hat mir auch erzehlt, daß ich, wie er nachher mit mir gesprochen, u er seine Stirne so ein bischen gegen mich geneigt, ich die meinige auch ein bischen so hingebogen, daß sie sich ganz sanft aneinander berührt. Diesem[!] Umstand weis ich nicht mehr. Ich glaube daher, daß ichs auch nicht muß gewust haben, wie ichs gethan habe. Kl fragte ob ich seine Elegie: Dir nur zärtliches

Hertz – – kennte. Ich sagte, aus einer gewissen Furchtsamkeit, daß ich sie nicht *genung* kennen möchte, nein. Er wunderte sich, u sagte, so wollten wir sie zusammen lesen. Ich gieng deswegen mit ihm nach der Schm. ihrem Zimmer. Ich fieng an zu lesen, konnte aber nicht fortfahren, weil ich einen zu starken Fluß auf den Augen hatte. Kl las. Er hielte meine eine Hand. Das Herz schlug mir gewaltig, unsere Hände wurden immer heisser, immer heisser, ich fühlte sehr viel u, ich glaube, Kl. auch. Er las ein Stück aus dem Mess: Die Schm. war dazugekommen. Er fragte, ob er nicht einen Kuß dafür verdient hätte? Die Schm. sagte ja. Ich sagte, ich küste keine Mannsperson. Er disputirte viel dagegen. Ich dachte, warum küst der Affe dich denn nicht? Du kannst ihm den Kuß ja nicht geben! Hr. Keller kam herauf. Er fragte, ob Kl denn noch nicht wegfahren wollte? Er müste ja zu Olden. Ja, bald, sagte Kl., setzte sich unterdeß hin u trank mit uns Thee. Die Schm. war so gut Hr. Kell. zu entreteniren, ich schwatzte mit Kl. Er sagte, ich sollte mit ihm reisen. Ich sagte; ich wollte wohl. „Aber Sie würden zu sehr frieren." „Wenn ich Ihr Feuer bey mir hätte, wohl nicht," sagte ich mit lachen. „Ach, Sie haben genung eignes Feuer," sagte er, u küste mich, mit nicht wenigem. Endlich, nachdem Hr. Kell. lange angemahnt, u die Glocke 9 geschlagen hatte fuhr mein Kl zu Olden. –

Ich bin Ihr Cl[ärchen], ob ich mich gleich ä r g e r e , daß nichts zum Besten ist.

d. 21ten März 1754
Itzt weis ich es, mein lieber Giseke, warum Sie so heimlich an die Schmidten geschrieben haben. Ich danke Ihnen vielmal für diesen kleinen süssen Zug Ihrer zärtlichen Freundschaft. Ich habe auch Ihre N. 24. Ja ja H. Bruder, künftigen 16ten März in Klopstocks Armen. Das ist beynahe so gut als gewiß. Wenn die Reihen von Sungen u Mädchen, die Sie mir wünschen nur auch so gewiß wäre[n]! Ich hoffe aber sehr daß die Liebsgötter uns nicht werden so zum Besten haben, als ein gewisses junges Ehepaar.

Mit meinen Verwandten gehts so ziemlich gut, seitdem Kl. uns Hofnung gemacht hat, mich zu hohlen. Ich werde zwar beynahe durch jedes Wort, das sie von Kl u von mir sagen, beleidigt; ein so w e n i g e s aber rechne ich nicht mehr unter Verdrießlichkeiten. Wenn noch alles gut geht; so werde ich wenn Kl auch kommt, wie ich itzt gewiß hoffe, dennoch mit Cramers hinreisen. Oder auch mit Oert-

*lings (er ist gestern hier angekommen, u mit ihr habens die Lieb[s]-
götter so arg gemacht, daß sie nach einem Traum von 7 Monat: doch
kein Kind gekriegt hat).*

*Daß Cramer schon seit einiger Zeit die Vocation hat, u daß er die
zweyte oder dritte Woche nach Ostern komt, das wissen Sie doch? – –
Mit einmal kriege ich Lust Ihnen etwas von meiner alten Geschichte
zu erzählen. Es ist Zeit, sonst möchte sie über die neuen vergessen
werden. – Ich glaube, ich habe den Montag geendigt.*
Montag hatte er mich gefragt, um welche Zeit er mich den andern
Morgen besuchen möchte. Er wunderte sich sehr, wie ich um zehn
sagte. Wie ich merkte, daß er sich wunderte, bat ich ihn, er möchte
früher kommen, aber er wollte nicht. Dienst[ag] Morgen um 10 kam
er also. Wie er in meine Stube kam, spottete er über meine Toilette u
meinen Schooßhund. Den letzten habe ich gleich darauf abgeschafft
u durchaus keinen wieder haben wollen. „Sind in dem kleinen Kasten Liebesbriefe?" sagte er von einem, der auf dem Nachttische
stand. Ja, sagte ich, u es ist ihnen erlaubt, sie zu sehen. Er fand eine
von seinen Oden darin. Er machte ein freundlich Gesicht, u sagte mir
noch eine andre vor. Endlich setzte er sich hin u trank Thee mit mir.
„Ich habe dem Herrn von H[agedorn] absagen lassen, sagte er, um
noch eine Stunde länger bey ihnen seyn zu können." (Er hatte den
H. v. H. erstaunlich lieb, damals.) Wir kamen nach u nach so weit,
daß er mir seine ganze Geschichte erzählte. Ich empfand so viel
dabey, daß ichs gar nicht ausdrücken kann. Ich muste auch einmal
hinausgehn. Ich nahm das alles für freundschaftlichen Antheil, aber
nachdem ich recht darauf Acht gegeben; so habe ich gefunden, daß
mein Gefühl mehr der Eifersucht als der Freundschaft ähnlich war.
Dieses Gefühl hat sich hernach sehr oft wieder merken lassen. Kl.
selbst war sehr decontenancirt bey seiner Erzählung, aber ich glaube
nicht, daß er das *meinetwegen* gewesen ist. Endlich gieng er weg, mit
dem Versprechen, den Abend bey uns zu essen, er sagte aber, daß er
nicht vor acht Uhr kommen könnte. Wenn er weg war; so schlug mir
immer das Herz so, u ich war so unruhig u die Zeit währte mir so
lang. Ich mochte so gerne von ihm sprechen, u es verdroß mich,
wenn die Schm mich unterbrach, oder von etwas anders redte.

d. 23ten
*Ich ward neulich unterbrochen. Heute will ich lieber den Brif so
fortschicken, als ihn noch einen Posttag liegen zu lassen. Küssen Sie*

sich einander meinetwegen, meine lieben Giseken. Empfehlen Sie mich Ihrer Mad^l Schwiegerin in Gerdau. Es ist mir höchst angenehm, daß auch sie so freundschaftlich an mich denkt. Die Schm. u Herteln grüssen. Die Herteln ist oft bey mir, wenn ich einen Brif an Sie wegschicke, aber noch niemals hat sie mich um die Feder gebeten. Mich soll doch verlangen, was sie itzt thut, itzt ist doch noch Raum da. Nun gleich soll sie das lesen. Ich bin   *Ihr Clärchen.*

[Darunter von der Hand der Catharina Elisabeth Hertel:]
Man sollte doch nicht denken daß Kl: sein Clärchen lügen könnt denn neulich bat ich Sie mir Plaz zu lassen aber Sie schrieb doch alles voll, weil es sehr wichtig ist Ihnen zu erinnern daß eine Hertel in der Welt ist empfehlen Sie mich ihrer lieben süssen Frau ihre C. E. H.

[Zusatz von Metas Hand:]
Das ist wahr, Einmal hat sie mich darum gebeten.

Klopstocks „*Geschichte*" ist die Geschichte seiner unglücklichen Liebe zu seiner Kusine Fanny, auf die im Eingang zu Fannys Brief (Nr. 3) näher eingegangen wird. – *Mad^l Schwiegerin in Gerdau:* eine Schwester von Hannchen Giseke geb. Cruse, die aus dem Pastorenhause zu Gerdau im Lüneburgischen stammte.

2. Elisabeth Schmidt geb. Moller über die erste Begegnung Klopstocks mit Meta, am 4. 4. 1751

Nun folgt der Bericht von Metas Schwester Elisabeth Schmidt, offenbar später aus der Erinnerung niedergeschrieben. – *Papliotten:* = Papillotten = Haarwickel.

Meta hat den Messias dadurch zuerst kennen lernen daß sie etwas von den 3 ersten Gesängen, in Papliotten zerschnitten auf der Toilette einer ihrer Freundinnen gefunden, welches sie zusammen geklebt, und mit großem Beyfall gelesen; Gieseke mit vielem Feuer gefragt: Ist mehr von diesen[!] göttlichen Gedicht zuhaben, u wo? und wer ist der Verfasser. Giesekens Antw. war: Es sind erst 3 Gesänge heraus in den Beyträgen ich will sie mitbringen; u der Verfasser heißt Klopstock – – ja wen *sie den* kennen lernten, so würde ich ganz ausgethan das wäre *ganz* der Freund für die Mollern, aber er ist in der Schweidz leider! ein Kaufmann geworden wird sich da verheyraten, u wird den Messias also wohl nicht vollenden. Diese falsche

Nachricht ging damah[l]s herum. Kaum 6 Wochen nachher komt Gieseke im Thriumpf: „Klopstock geht nach Copenhagen geht durch Hamb: ist kein Kaufmann. nun sollen sie ihn sehn. „Ja Gieseke, ich beschwöre sie daß sie das ja machen, wen sie auch schon in Braunschw[eig] sind: Ja. ja. er komt auch durch Brschw: ich schicke ihm[!] *gewiß* her.

Klopstock komt in Brschw: spaziert mit G: im Garten. „Höre Kl: du must in Hamb: ein Mädchen besuchen die heist Mollern." Ich gehe nicht nach Hamb: um Mädchens zu sehen, *nur* Hagedorn will ich sehn; „Ach Klopstock *das* Mädchen must du sehn daß ist so ein ganz ander Mädchen als andre, sie ließt den Mess: mit Entzücken, sie kent dich schon, sie erwartet dich, nun noch lang u breit Meta beschrieben; Klopst: geräth dabey in tiefes Nachsinnen. Giseke bemerckts: Nun macht dich die Beschreibung so aufmerksam? geh nur nicht hin u verlieb dich in sie; sie ist schon verlobt. (Giseke hatte Vermuthungen hievon, die er als Gewißheit glaubte.) „Gib mir ihre Addresse: die Ad: legt Klopstock in sein Zimer aufn Tisch, Rahn sein Reisegefährt find sie: Was ist das für eine Addresse? O! Heben sie sie auf Rahn, ich soll das Mädchen besuchen. Nun wird weiter nichts davon erwähnt, nur eine Meile vor Hamb: fährt Klopst: aus tiefem langem Stillschweigen auf. Rahn! Haben sie die Addresse aufgehoben von einer gewissen Moller. Ja, da ist sie. Stillschweigend ins Taschenbuch gelegt. Kaum ist man in Hamb: angekommen so wird nach M:Moller geschickt: *Wan* Hr. Klopstock seine Aufwartung machen könte; Meta ist mit ihrer Schwester mit der Wäsche beschäftigt, wie das Gewerbe herauf gebracht wird: Ihre Antwort ist die allergeschwindeste: Gleich Gleich Gleich mag, muß Hr. Klopstock kommen; die Schwester sagt: Besinne dich doch, wo wilstu ihn annehmen, es ist kein ander Zimmer geheitzt, u dieses ist voller Wäsche, dazu ist Raht sagt sie, raft alle Wäsche von allen Stühlen u Tischen zusammen, wirfts in der Kammer, in 3 Minuten war die Stube geräumt, u nach 5 Minuten war Kl: da; die Schwester saß nun in der kalten Kammer, dachte: die Visite wird so lang nicht dauern, aber 2 Stunden muste sie frieren. Nach der ersten Stunde kam Meta in die Kamer ein Buch zu hohlen. Wie gefällt dir Klopstock? O das ist ein zur [!] rarer rarer Junge, ich hab ihn schon auf morgen Mitag gebeten, du must Hagdorn u sonst die besten Freunde bitten. Den folgenden Mitag Hagdorn u andre Gelehrte etc waren alle auf Klopstock gebeten u Kl: der allein um Hagdorn nach Hamb: reißt ihm [!]

Meta Klopstock. Porträt von Dominicus van der Smissen

aber noch nicht gesehn wurde an Hagd: Seite gesezt, aber er nahm die Moller gleich auf der andern Seite, u weder Hagd: noch sonst jemand wuste das Kl: mit am Tisch war, den er sprach *nur* mit der M: u wenn er antworten *muste* weil ein jeder doch ihm [!] anredte so war die Antw: so kurz, daß das so eine besondre Unterredung war, u die Geselschaft nicht wuste was sie davon recht denken solte (der vermeint Bräutigam der M: war mit dabey u ging höchst mißvergnügt weg ehe die Mahlzeit ganz zu ende war). Nach Tische kam das Gespräch auf die hier üblichen Regenkleider. Meta muste eins umhängen. Kl: wolte recht sehn wie sie darunter aussah, u stahl ihr den ersten Kuß bey der Gelegenheit, so vortreflich daß niemand als die Schwester es merkte: Meta ward feuerroth! Klopstock solte den Abend in einer andern auf ihm gebetnen großen Geselschaft seyn, er aber laß Meta biß neun Uhr im Mess. vor und es wurden *viele* Pausen zwischen den [!] lesen gemacht, er war schon seit 5 Uhr mit Meta u ihrer Schwester allein, es ward 3 mahl von der andern Geselschaft hergeschickt: „Ich komme gleich – u doch ging er erst um 9$^{1}/_{2}$ Uhr. Beym Weggehn gefragt: Wie früh darf ich morgen zu ihnen kommen: Meta denkt nach „um 10. Klopstock verwundert, Nicht eher? Ja ja um 9 Uhr. NB Meta war kränklich, schlief des Nachts nicht viel u ihr bester Schlaf kam erst spät des Morgens, dan blieb sie noch im Bette gewöhnlich biß 10 Uhr. Aber den Abend sagt sie ihr Mädchen: Sie wolte um 8 geweckt seyn u um 9 solte ja der Kaffe fertig u die Stub geheizt seyn: das Mädchen sagt zu den andern Bedienten: Das muß was besonders bedeuten, Mamsel will um 8 Uhr schon aufstehn! den andern morgen um 7 klingt Mamsel schon, steht um 8 auf u die Zeit wird ihr lang biß $^{1}/_{4}$ *vor* 9, da komt Kl: Sie hatte ihrer Schwester gesagt, sie solte sie heut oft mit Kl: allein lassen, sie wolte u muste seine Liebesges[ch]ichte heraushaben. Er blieb biß 2 Uhr, die Schwester ging nur zuweilen hinein, dan waren sie sehr einsylbicht: Wie Kl: weg war fragte die Schwester: Nun hast dus herausgekrigt? Liebt er das Mädchen wovon wir gehört, wird er wieder geliebt: Ach ach! ich besorge er liebt unglücklich, aber ich kann den Gedanken nicht ertragen, ich will an dem Mädchen schreiben, sie soll u muß ihn lieben, wie kann sie Klopstock *so* (begegnen) nein, er muß glücklich werden, ich menge mich drin. etc.

Was hastu mit dem Confeckt gemacht, daß sind ja lauter Krumen, habt ihr nichts davon gegessen: Nein, aber Klopstocks [!] hats unter dem Gespräch so zerrieben, gieb her, ich heb es zum Andenken auf, es ward im Cabinet gesezt, u nur zuweilen ein paar Krumen davon gegessen, auch ward eine Stelle am Offen den Mitag geküßt. (Schwester) Was machst du da Meta? O *die* Stelle hat Kl: immer gerieben wie wir am er[n]sthafsten zusammen sprachen. Die Stelle ward auf immer angemerckt, u oft geküßt u gestreichelt.

Den andern Tag Abschied. Kl: verreißte nach Copenh. Vom Belte kam ein Brief, er war sehr kurz u äusserst mystisch. Sieh da, welche Freude, schon ein Brief von Kl: (nun erfahre ich auch mehr von seiner Liebe, er hat alles nur so abgebrochen beantwt. u gesagt: er wolte mir hierüber lieber *schreiben*.) Der Brief ward gelesen, Meta war still: (Schwester) Nun was steht in den [!] Brief? (Meta) ich weiß nicht, da ließ. O das ist ja eine Liebeserklärung an *dich*. Himmel wie ihr Leute seyd, gleich soll alles Liebe seyn, kenst du den gar nicht die zärtliche Freundschaft, die auch sehr zwischen Personen von 2 Geschlechtern seyn kann, ohne das es gleich *Liebe* heißen muß. Hätte ich *die* Auslegung vermuthet, ich hätt dir den Brief nicht gezeigt! Liebeserklärung!! Kl: hat ja eine Braut, u das will ich bald näher erfahren, wen ich ihn [!] nur erst schreiben kann, aber ehe sie schreiben konte, kamen schon 2 Briefe nacheinander von Klopstock die nicht so mystisch sondern hell u klar ihr sagten: er liebte sie, hätte keine Braut etc etc. Es ward nach etwas Zeit der Schwester en[t]deckt, es kostete dem Herzen Kampf sich zu überführen daß man würcklich Kl: liebte. Doch man muste bald nachgeben, u gestands Kl. –

3. Fanny an Klopstock, 7.4.1751

In unserem Briefwechsel ersteht die letzte Phase der berühmten Liebesgeschichte Klopstocks. „Fanny", die Geliebte, ist seine Kusine Maria Sophia Schmidt aus Langensalza. Klopstock hatte sich nicht entschließen können, sie auf der Rückreise aus der Schweiz zu besuchen, da er ein halbes Jahr lang auf keinen seiner Briefe eine Antwort erhalten hatte. Als er seinen Freund Gleim besuchte, erhielt er dort endlich einen Brief von Fannys Bruder Johann Christoph, doch rief ihn gleichzeitig ein dringendes Schreiben des dänischen Ministers Bernstorff nach Kopenhagen. An dieser Liebesgeschichte nahmen alle Freunde Klopstocks lebhaften Anteil. So hatte Bodmer einen langen Brief an Fanny geschrieben, in dem er versuchte, sie zu bewegen, daß sie Klopstock erhörte. Die neu aufkeimende Liebe zu Meta hilft ihm jetzt, sich aus dieser unglücklichen Liebe zu Fanny zu lösen.

Langensalze, den 7ten April 1751.
Ich will, mein lieber Herr Vetter! das Anakreontische Täubchen, dessen Ankunft Sie so begierig entgegensehn, nur immer fliegen lassen, ob es gleich eine sehr große Forderung ist, daß ein so kleines und zartes Geschöpf sich auf eine so lange und so weite Reise, und sogar über das Meer wagen soll. – Wo sind Sie jetzo, und wo wird es Sie antreffen? – Das arme, kleine Ding, es wird ganz außer Athem und müde von der Reise seyn, ehe es in Ihre Hände kommt. Fragen Sie es nur nicht gleich gar zu viel; denn anstatt, daß es so geschwätzig, als der Bote des Anakreons ist, wird es Ihnen vor Müdigkeit kaum sagen können, daß es, eben so wie ich, recht böse auf Sie ist, daß es Sie so lange und so weit hat suchen müssen. Es wird mir angst und bange, wenn ich daran denke, daß man so viele Länder mit seinen Gedanken durchstreichen muß, ehe man Sie ganz nahe unter dem Nordpole ertappen kann. Wahrhaftig! eine weite Entfernung für ein Mädchen, das es schon für ein sehr großes Unternehmen gehalten hat, sich zu einer Reise nach Leipzig zu entschließen!

Machen Sie dem kleinen Anakreontischen Vogel, den ich Ihnen übersende, nur immer tausend Liebkosungen, damit er Ihnen alles das Böse, was ich von Ihnen, wegen Ihrer Nachlässigkeit, uns in Langensalze nicht zu besuchen, gedacht habe, ja nicht sagen möge! – Erkennen Sie denn nicht, daß ich, wenn ich von Natur nicht so gütig wäre, als ich bin, die Vorwürfe, die ich Ihnen zu machen hatte, leicht zu hoch treiben könnte, da Sie mich um die beste Hoffnung der Freude und des Vergnügens, um die Hoffnung, Sie zu sehn, gebracht haben? – Es ist Ihr großes Glück, daß ich so wenig geneigt bin, mich um eine Sache, die nicht mehr zu ändern ist, zu zanken, besonders mit Jemandem, den ich gern für unschuldig halten möchte.

Ich glaube, daß Sie sich recht freuen werden, die Verheurathung der Dem. Hagenbruch mit Herrn Lutheroth zu hören! Ihr so liebes, freundliches Mädchen! – Ich weiß nicht, ob sie künftig noch immer so freundlich seyn wird? – Ich habe ihr eine Ode auf ihre Hochzeit versprochen; ich hoffe, daß Sie ihr doch auch ein Gedicht machen werden. – Lachen Sie mich ja nicht über mein Versprechen aus: ich bin zwar keine geborne Dichterin; mein Umgang mit Ihnen hat mich aber doch zu etwas dergleichen gemacht; und eben daher bin ich noch immer mit der größten Freundschaft
Ihre ergebene Dienerin M. S. Schmidt.

4. Klopstock an Meta, 8.4.1751

Von einer Station der nördlichen Postlinie, Hohenwested, schreibt Klopstock.

Hovestäden, wie es die Wirthinn ausspricht
den 8ten April 1751

Liebe, kleine Mollerinn,

Sehen Sie, weil Sie keinen grössern Beweis der Freundschaft, als das Schreiben, verlangten, so schreibe ich schon an Sie. Kaum habe ich mich von dem Schrecken erhohlt, in das ich gerieth, als ich Sie beym Abschiede krank sah. Werden Sie mir ja nicht wieder krank, meine kleine liebe Freundinn. Und gehen Sie fein hübsch früh zu Bette. Ferner bessern Sie sich auch darinn, daß Sie mich nicht mehr auf den Fuß eines *neuen* Freundes ansehen. Das verlange ich durchaus von Ihnen. Ich habe Sie recht sehr lieb. Sie können mir, dächte ich, nur auch immer ein bischen gut seyn. Das hat mich so schrecklich verdrossen, daß Sies, in Betrachtung der neuen Robe nicht gerade zu auf meinen Geschmack wollten ankommen lassen. Sehen Sie, was Sie für Unheil damit angerichtet haben. Nun weis ichs nicht bestimmt, was für Blumen Sie künftigen Frühling auf die Alster begleiten werden. Und ich wollte doch gern eine völlig richtige Vorstellung von allen Kleinigkeiten, die Sie umgeben, haben, wenn ich Sie mir mit einigen, doch nicht allzutreuen Seufzern, auf der Alster oder Promenade denken werde. Doch Mannspersonen, wie ich bin, dürfen dergleichen Freiheiten nicht verstattet werden. Ich merke, daß ich anfange böse zu werden. Ich will nur schliessen. Meine Complimens! Das versteht sich von selbst. Ich bin

Ihr ergebener Freund Klopstock.

O lassen Sie mich einen Brief von Ihnen in Koppenhagen, bey dem *Buchhändler Mumma* finden. Machen Sie mir ja die Freude.

5. Klopstock an Fanny, [11.4.] 1751

Auf dem grossen Belte, den
ersten Ostertag 1751

Liebste Cousine,

Ich hatte mir einige Hofnung gemacht, einen Brief von Ihnen bey Hagedorn in Hamburg anzutreffen. Ich hatte Sie in meinem letzten Briefen so sehr darum gebeten. Da ich mich Hamburg näherte kam es mir viel schöner vor, als es iemals einem Fremden vorgekommen ist, weil ich glaubte, daß in Hamburg ein Brief von Ihnen wäre. Aber ich fand keinen. Muß ich nicht glauben, daß Sie mich ganz u gar vergessen haben? Ich denke immer an Sie. Wenn ich so oft hätte schreiben wollen, als ich unterwegs an Sie gedacht habe, so hätte ich nicht reisen, sondern schreiben müssen. Unser Schiff gehet sehr gut. Aber ich hatte die Neuheit des Schiffs u der See bald vergessen, um an Fanny zu schreiben, wenn ich Sie anders noch so nennen darf. Hier muß ich wieder abbrechen, weil ich allezeit, wenn mein Herz am vollsten ist, schweigen muß. Leben Sie wohl. Küssen Sie Ihren Bruder. Ich bin,

Liebste Cousine, Ihr Freund Klopstock.
Meine adresse in Kopp. ist: Bey Mumma Marchand Libraire.

6. Klopstock an Meta, [11.4.] 1751

Auf dem grossen Belte, den ersten Ostertag 1751

Liebes, kleines Mädchen,

das merken Sie sich, ich werde Ihnen in jedem Briefe einen neuen Beynamen geben, so lieb habe ich Sie. Denn Sie sind doch wirklich ein recht gutes Mädchen. Ein recht gutes, gutes Mädchen, das muß ich sagen. Diesen kurzen Brief schreibe ich nur, Ihnen zu sagen daß ich Ihnen einen sehr langen schreiben würde, wenn ich nicht im Schiffe wäre. Nun fängt der Wind ein bischen an, das ist doch recht schön. Leben Sie wohl, kleines, allerliebstes Mädchen. ([Von späterer Hand durchgestrichen:] Ich dächte Sie gingen hin, u besuchten Hagedorn, u küßten ihn von mir.) Ich bin Ihr ergebenster

Klopstock.

[Nachschrift auf 2. Seite:] Ich komme wieder herunter, Ihnen noch einmal zu schreiben. Und das ist, Sie müssen auch fein meinem Exempel folgen, u mir oft schreiben. Sie haben nun schon einen Brief aus dem Holsteinischen von mir. Und nun haben Sie zween. Das müssen Sie überhaupt von mir merken, ich lasse mich in der Freundschaft nicht übertreffen. Leben Sie noch einmal wohl.

7. Hagedorn an Giseke, 12.4.1751

Der weltmännische Hamburger Dichter Hagedorn führt Klopstock in die literarischen Kreise Hamburgs, auch in die Mittagszirkel von Gelehrten und Künstlern („bey Dressern") ein. – *Der kleine ... Schleicher:* ist Giseke, der in Ungarn geboren ist. – *Soroe:* dänische Ritterakademie, 1747 wiedererrichtet.

[Hamburg] 1751 April 12.

Mein liebenswürdiger Herr Gieseke,

Nach dem Vergnügen, Ihre verbindlichen Briefe zu erhalten, hätte mir gewiß nichts angenehmer seyn können, als die Überkunft des Herrn Klopstocks. Schon drey Tage hatten ich und der Herr D. Olde auf ihn gehoffet. Am Sontage kam er endlich an, und war mir, auch am Sontage ungemein willkommen. Sie wissen wie sehr ich sonst alsdann einsam und unsichtbar zu seyn pflege. Kaum aber hatte ich mit ihm die ersten Worte gewechselt, so fand ich seinen Umgang so gefällig, als seine Schriften rührend und tiefsinnig sind; mit einem Worte, nichts würde mir damahls unerträglicher gewesen seyn, als meine sonntägliche Einsamkeit. Nachmittags führte ich ihn auf den Altan des Baumhauses, Abends unter das Eimbeckische Haus, wo Unsrer Lieben Frauen Milch zu haben ist. Hier machte der Herr D. Olde ihn abspenstig und fuhr mit ihm nach Hause: Am Montage speiseten wir und seine Reisegefährten bey dem Herrn Schmidt und nach Tische, hatten der Herr Rahn und ich bey Dressern eine ausführliche Unterredung, in welcher er mir viele unerwartete Nachrichten von Zürch gab, die ich mehr dem Laufe der Welt, als meinen bisher gehabten Begriffen gemäß befand. Dingstag wirthschafteten wir im schwartzen Adler, und die Begierde, den Herrn Klopstock kennen zu lernen brachte nicht nur den Herrn Bohn, ferner den Herrn Baron von Bar, sondern auch den Herrn Lic. Ankelmann zu unsrer Tischgesellschaft, der uns auch zu dem Herrn Rector Müller begleitete, um den Herrn Klopstock, den er sehr hochschätzet, nicht zu früh aus den Augen zu lassen. Zu uns kam unser lieber Herr Pastor Zimmermann, und ohne die Einladung der vorzüglichen Mlle Müllern, der ich selbst gefolgt seyn würde, hätten wir diesen würdigen Freund einige Stunden mehr genießen können. Am Mitwochen nahmen wir bei dem ehrlichen Bohn von einander Abschied, in der Hofnung, uns im Sommer in und bey Hamburg wieder zu umarmen. Wie sehr wünsche ich dieses, und daß wir in den, alsdann schattigten Gegenden um der Alster, *wo die grüne Nacht den entschlafenen*

Muth ermuntert, und den Kummer schläfricht macht (Tralles) von einem kleinen, zärtlichen, liebkosenden Schleicher, der den Tokayer zum Landsmanne hat und den ich Ihnen nicht nennen darf, gesucht und gefunden werden möchten. Von einer so fröhlichen Stunde lässet sich aber nichts gewisses bestimmen. Klopstock muß allererst abwarten, wie in Copenhagen die Aussprüche der dortigen Orakel lauten werden. Das wenige, das ich ihm in Ansehung des Systems des Hofes, zu sagen gewußt, habe ich ihm angezeigt, und er hat mich so redselig gemacht, daß ich ihm gar nichts verschwiegen und mich in die Gefahr gesetzet habe, einen rechten Schwätzer abzugeben. So offenhertzig machte mich das unvermehrliche Vertrauen zu seiner rechtschaffenen Gemüths-Art, daß in den vielen Materien, worüber ich, meinem Vorhaben nach, ausführlich mit ihm sprach, eine mehr als lyrische Unordnung herrschte, und ich meynte, ihm noch eben so viel zu sagen zu haben, als er, mir viel zu früh, fort mußte. Ich bin begierig zu erfahren, wie ergiebig er Dännemarck findet. An der geneigtesten Aufnahme und Begegnung, an allem, was der Franzose das Weihwasser des Hofes nennt, wird es ihm nicht fehlen. Aber er muß zu verhüten suchen, daß die Pension in keine Besoldung verwandelt werde, und daher solche entweder, wo er will, in unbeschwerter Muße verzehren können, oder, wenn man ihn in Dännemarck behalten sollte, eine nicht zu geringe Zulage auswirken. Wenigstens macht man in Copenhagen mit 400 Thalern eine höchst mittelmäßige Figur. Nach Soroe unter die academischen Lehrer versetzt zu werden, ist nicht die Sache des Verfassers des Messias und die vierhundert Thaler jährlichen Einkommens können ihm auch in Teutschland nicht entstehen, wo er so beliebt und berühmt ist. Nimmer kann er so glücklich seyn, daß ich ihn nicht noch glücklicher wünschen sollte. [...]

8. Meta an Klopstock, 13.4.1751

Hamburg den 13 April 1751.

Mein lieber Herr Klopstock.

Ihr Brief, den ich lange noch nicht erwarten konnte, hat meine Freundschaft zu Ihnen gewiß viele Jahre älter gemacht. Sie haben es wol gemerkt, daß ich schon grosse Lust hatte, wie Sie noch in Hamburg waren, Sie nicht als einen neuen Freund anzusehen. Ich muste mir aber doch Gewalt anthun mich dieser Lust nicht so gleich zu überlassen, weil es doch möglich war, daß die guten Eigenschaften, die ich an Ihnen bemerkte, nur so *schienen*. Ist es recht wahr, daß sie mir gut sind? Ich glaube es bey nahe. Sie sind so gut gewesen alle Zeit, die Ihnen nur möglich war, bey mir zu zubringen, und schreiben schon den Tag nach Ihrer Abreise an mich. Ob ich Ihnen gut bin, das wissen Sie wol, und ich sehe es nunmehr wol ein, daß es nur aus einer kleinen Eitelkeit hergekommen, wenn Sie mich so oft darum gefraget. Machen Sie nur nicht daß ich es einmal bereue, daß ich jetzt, zum ersten mal in meinem Leben, jemand so geschwinde bin gut geworden. In der Entfernung, wie wir jetzo sind, können Sie das schon dadurch verhüten, daß Sie fleissig an mich schreiben. Das ist wenigstens ein Zeichen, daß Sie mich nicht ganz vergessen. Sie verweisen es mir mein lieber Klopstock, daß ich in Ansehung des Tafts, es nicht habe gänzlich auf Ihren Geschmack wollen ankommen lassen. Woher könnte ich aber wissen, daß Sie, als eine *Mannsperson* einen guten Geschmack darinn hatten. Es folgt doch nicht, wenn man in einer Sache einen guten Geschmack hat, daß man es auch in einer andern hat. Es folgt doch gar nicht, daß ein großer Poete ein großer Kenner von Taftenmuster seye. Wenn ich das nur einigermaßen hätte vermuthen können, so würde ich gar keine Schwierigkeiten gemacht haben. Auf daß Sie Sich es aber gänzlich vorstellen können, so will ich Ihnen wiederholen, was ich Hr. Rahn gesagt habe; es kann ihm auch zu einer Erinnerung dienen, wenn er es etwa nicht recht mehr wüste. Es soll ein sehr freyes Muster seyn, viele Stengel, wenig und kleine Bluhmen und Blätter. Ich sähe noch lieber wenn es zusammenhängend wäre, als in abgesonderten Sträussen. (bouquets de taches):

Sie schliessen Ihren Brief recht nach Ihrem kleinen Kopfe. Sie merken, daß Sie böse werden? Und warum? Weil ich Sie eine Mannsperson genannt, und mich doch so gegen Sie aufgeführt habe, als wären Sie ein Frauenzimmer. Sie verdienen kaum hier nach, daß ich Ihnen noch so gut bleibe. Ich wünsche daß Sie angenehmere Briefe, als die meinigen sind antreffen mögen. Erinnern Sie Sich aber auch, daß Sie versprachen, mir einen solchen zu schicken.

       Ich bin Ihre Freundin M. Moller
[Am Rand:] Dieser Brief ist an einem Morgen geschrieben.

9. Klopstock an Meta, 17. 4. 1751

Auch Klopstock läßt die weiße [Brief]taube fliegen und zitiert scherzendboshaft einen griechischen Vers des Anakreon: „Woher, o liebe Taube, woher kommst du geflogen..."

Koppenhagen, den 17ten April 1751
Diesen Morgen empfange ich von dem kleinen, süssen Mädchen einen lieben Brief; u diesen Morgen schon (ich weis selbst nicht, was mein unruhiges Herz alle damit haben will) muß ich dem süssen Mädchen wieder antworten. Willkommener ist dem Anakreon, sein Liebling, seine weisse Taube, nicht auf die Leyer, u zu dem rothen Chierbecher geflogen, als mir der Brief von der kleinen Mollerin kam. Wie sagt doch Anakreon davon? Ich möchte mich fast noch einmal an Ihnen rächen u es Ihnen sagen, wie Anakreon sagt. Nicht für die *Mannsperson,* an der Sie so böse sind, mich wieder zu erinnern, sondern dafür, daß Sie mich *Herr Klopstock* heissen; u dann auch vornehmlich deßwegen, daß ich Ihnen nicht einen einzigen Kuß habe geben dürfen. Kleines Mädchen, das werden Sie in Ihrem Leben nicht verantworten können, daß Sie das gethan haben. Wahrhaftig, ich kann nicht eher weiter schreiben, eh ich mich nicht gerochen habe. Nur für jede Ihre beiden grossen Bosheiten einen anakreontischen Vers. Nur das bischen Rache.

Ερασμία πελεία
Πόθεν, πόθεν πετάσαι;

Nun schlägt mir mein Herz wieder sanfter. Nun gutes Kind, seyn Sie nur nicht böse. Sündigen ([durchgestrichen und mit d[eleatur] versehen; darüber:] Vergehen) Sie nicht mehr, so will ich nicht mehr strafen.

„Es ist, sagen Sie, aus einer kleinen Eitelkeit hergekommen, daß ich Sie so oft gefragt, ob Sie mir gut seyn?" Niemals hat ein Freygeist die Schrift schlimmer ausgelegt, als Sie mich hier erklären... Ich will nur wenig sagen. Oft wenn ich vor Ihnen stand, u Sie mit meinem ganzen freundschaftlichen Herzen ansah; so warens kaum Ihre Augen ganz, die mich bemerkten –?....!... Sie haben mir geschrieben, daß mein Brief, den Sie nicht erwartet hatten, mich zu Ihrem ältern Freunde, als ich vorher war, gemacht habe. Ich muß Ihnen geschwinde ein neues Verdienstchen von dieser Art sagen. Ich habe den ersten Ostertag vom grossen Belte an Sie geschrieben. Wie alt ist Ihr Freund nun bey Ihnen? Machen Sie mich nun zum Greise. Der Greis soll dem Jüngling künftigen Sommer auf der Alster nichts schaden. Ja! Aber wie lange Zeit ist es gleichwohl noch, daß ich Sie nicht sehen werde. Wenn Sie mir auch ein bischen gut sind, so hätte ich wohl eine Bitte an Sie, die Ihnen alsdann nicht zu kühn vorkommen würde. Und welche? Wissen Sie was? wenn Sie mir gut sind, müssen Sie die Bitte errathen können. Ja, wirklich ein Mädchen von so geistvollen Augen muß das können, u die noch dazu an Ihrer Toilette so oft Gelegenheit hat, die Bitte zu sehen.

Schreiben Sie mir bald. Laß Sie diesen Brief wenigstens ein bischen über einen Monath gelten. Ich bin   Ihr Freund Klopstock.

Ich habe von L[angensalza] keine Briefe bekommen. Und was die anbelangt von denen ich Ihnen eine Abschrift versprochen habe, so muß ich Ihnen sagen, daß ich grosse Lust habe, mein Wort nicht eher, als künftigen Sommer zu halten. Aber wenn Sie meine Bitte erriethen, da wäre das Ding ganz was anders.

10. Meta an Klopstock, 21. 4. 1751

Hamburg den 21ten Apri[l 1751]

Mein lieber, lieber Klopstock.

Sie sind gewiß ein süsser Freund. Schon zweene Briefe, und Sie sind noch nicht einmal in Koppenhagen! Ihr zweyter Brief hat mir eine rechte Freude gemacht. Ich bekam ihn eben zu einer Zeit, da ich recht im Stande war die Freude zu fühlen. Sie rathen doch wol daß es des Nachts um drey war? Ich kam von einer Gesellschaft zu Hause, wo ich zwar viele Menschengesichter hatte um mich dulden müssen, wo ich aber auch meine liebste Freundinn gefunden hatte. Sie denken es wol, daß ich mich nur allein bey ihr aufhielte; und dieses Vergnügen bereitete mich recht auf die Freude, die mich noch erwartete, Ihren Brief auf meinem Nachttische zu finden. So lieb es mir auch ist daß Sie auch auf dem Belte an mich denken, so fürchterlich ist es mir doch wenn ich Sie mir da vorstelle. Der Wind fängt an. Sie freuen sich dazu, weil Sie nun hoffen, bald über zu kommen: Aber ich, ich fürchte mich. Wenn der Wind nun zu stark würde? Wenn Sie nun gar – – – O ich mag daran nicht denken. Ich hoffe Sie sind nun glücklich in Koppenhagen. Schreiben Sie mir doch bald daß Sie es sind. Schreiben Sie mir auch daß Sie gesund sind, und daß der Belt Sie nicht krank gemacht hat. ([Von späterer Hand durchgestrichen:] Ihren Kuß an Hagedorn habe ich noch nicht überbracht, ich werde es aber bey der ersten Gelegenheit thun.) Sie lassen sich in der Freundschaft nicht übertreffen Herr Klopstock. Wir wollen sehen. Ich habe Ihnen von Giseken und von meiner Schwester sehr freundschaftliche Grüsse zu bestellen. Ich habe mich bey Giseke erkundigt, ob ich Ihnen wol völlig so gut seyn dürfte als ich bin, und weil er sagt, daß ich es ohne Scrupel seyn kann, so bin ich Ihre ganz ausserordentlich starke Freundinn.   M. Moller.

11. Meta an Klopstock, 29. 4. 1751

Hamburg, den 29 April 1751.
Niemals würde ich es Ihnen vergeben, kleiner unartiger Klopstock, daß Sie den Anfang von Anacreons Taubenode an mich, an ein Frauenzimmer griechisch schreiben, wenn Sie nicht meinen Brief mit Anacreons Taube verglichen hätten. So sehr groß die Schmeicheley auch ist, daß mein Brief Ihnen so willkommen gewesen, als dem Anacreon seine Taube: So sehr angenehm ist sie mir doch. Welche Freude Ihre Briefe mir verursachen, daß kann ich Ihnen nicht sagen. Ich hoffe aber künftigen Sommer Ihnen davon zu überzeugen. Sie müssen aber auch ja kommen mein lieber Freund. Ich thue mir schon sehr viel darauf zu gut. Wir wollen gewiß fleissig auf der Alster fahren und fleissig spatzieren. Und dann so reisen wir auch nach Braunschweig, wissen Sie wol? O wie vergnügt wollen wir da seyn. Ich habe Giseken schon einen mich [!] sehr angenehmen Plan davon gemacht. Nur Schade daß es noch so lange hin ist.

Wie geht es Ihnen aber jetzt mein lieber Klopstock? Schreiben Sie mir doch ja recht wie es Ihnen geht. Sind Sie mit dem Anfang Ihres Aufenthalts in Koppenhagen zufrieden? Haben Sie schon Gelegenheit gehabt in der Antichambre zu reimen?

Ihre Bitte Herr Klopstock, doch nein, ich soll sie nicht so nennen, Ihre Bitte, mein lieber Freund, habe ich ungeachtet meiner Toilette doch nicht errathen können. Ich dächte Sie verschöben sie immer bis künftigen Sommer. Entweder Sie haben sie alsdann vergessen, oder ich kann Sie Ihnen auch besser beantworten. Vergessen Sie nie daß Sie mein *Freund* sind, so werde ich gewiß beständig Ihre Freundinn bleiben.   M. Moller.

12. Aus einem Brief Klopstocks an Gleim, 1. 5. 1751

Koppenh. den 1ten Mey 1751
auf der Cramercompagnie

[...] Da mir Koppenh. schon so angenehm geworden ist; ach, liebster Gleim, wie traurig bin ich da nicht, daß ich von Fanny gar keine Briefe bekomme. Was soll ich nun, da ich in den Umständen bin verschiednes, das mein Glük angehet, zu thun, was soll ich thun, u was soll ich nicht thun? Denn ganz anders würde ich handeln, wenn Fanny mich liebte, u ganz anders, wenn Sie (welches wohl nur gar zu gewiß ist,) mich nicht liebt. Nun sind es beinah drey Jahre, daß ich Sie das erstemal in Lang[ensalza] wieder sah. Mein Gleim, ich schwöre bey unsrer Freundschaft, u wie kann ich Ihnen u mir was Theureres nennen? bey dieser schwöre ich, so wird sie nie wieder geliebet werden! – – Diese Wolke wird wohl über mein Leben ausgebreitet bleiben, u wenn ich sonst auch noch so glücklich seyn könnte. Und warum das? .... Damit mein Herz noch empfindender würde, als es war? Und damit ich mich mehr befestigte, ins Geheim tugendhaft zu seyn? Vielleicht sind diese Entzwecke der Vorsehung würdig ... Ich will nicht weiter forschen! ... Aber vielleicht sind nun diese Endzwecke schon erreicht. Und ich soll doch noch immer unglücklich seyn? Ich muß mir noch einmal das Gesez geben, nicht weiter zu forschen! – – –

Ich breche also ganz ab. Jetzt habe ich Ihnen etwas zu sagen, das ich aber Ihnen, mein Gleim, merken Sie sich das wohl! nur ganz allein sage. Vielleicht haben Sie von Giseken in Braunschweig die Mollerinn von Hamburg nennen hören. Bey diesem Mädchen habe ich meine meiste Zeit, die ich in Hamburg gewesen bin, zugebracht. Dieses Mädchen ist in eigentlichstem Verstande so liebenswürdig u so voller Reize, daß ich mich bisweilen kaum enthalten konnte, ihr ins Geheim denjenigen Namen zu geben, der mir der theuerste auf der Welt ist. Ich bin oft u lange bey Ihr allein gewesen. Ich habe ihr viel von meiner melancholischen Geschichte erzehlen müssen. Wenn Sie, mein Gleim, hätten sehen sollen, wie Sie mir zuhörte, wie sie mich manchmal unterbrach, wie sie weinte – – – u wie sehr Sie meine Freundinn geworden ist ... Dieses Mädchen litt so viel, so unaussprechlich viel, u Sie war doch diejenige nicht, um derentwillen ich so viel gelitten habe. Was muß sie für ein Herz haben! ... Und dann habe ich eine Vergleichung machen wollen, u dann hat sich eine dunkle Nacht vor meine Augen gezogen.

Wenn ich den geheimsten Empfindungen meines Herzens hiebey nachforsche, so finde ich zulezt, daß ich noch unglücklicher bin, als ich vorher war. Und dieß deßwegen, weil mich dieß edle Mädchen durch ihr sanftes Mitleiden, auf eine so starke Art an meine alte Traurigkeit erinnert hat, daß ichs von neuem in seinem ganzen Umfange fühle, wie unglücklich ich bin. O, könnten Sie mir Nachrichten geben, die dieß nur einigermassen widerlegten. Geben Sie mir Nachrichten, sie seyn von welcher Art sie wollen. Ich hoffe auf keine guten.
Zu viel, zu viel vom Verhängniß
Im Durchgang des Lebens gefordert.

Empfehlen Sie mich unserm Sucro, u seinem kleinen Mädchen. Ich bin   Ihr Klopstock.

13. Aus einem Briefe Klopstocks an Giseke, 4. 5. 1751

[...] Deine Fragen, die du im lezten Briefe an mich thatst, will ich nun auch beantworten. Aber nur kurz. Denn ich schreibe auch an Hagedorn. 1) Du bist ein guter Giseke. 2) Ich habe Hagedorn ganz u gar so gefunden, als ich dachte. 3) Die Mollern habe ich freylich gesehen. 4) Ich kenne u liebe auch ihre würdige Schwester. 5) Was die Bestellung von Hannchens Küssen anbetrifft, so läßt sich die Mollern durchaus nicht küssen. Denn ein Kuß auf die Backen, der noch dazu so ganz kaltsinnig angenommen wird, ist gar kein Kuß. 6) Ich habe beiden gesagt, daß Hannchen eine rechte süsse Frühlingsblume von einem Mädchen sey [...]

14. Klopstock an Fanny, 11. 5. 1751

Klopstock weilt in dem kgl. Schloß Fredensborg, noch heute Frühjahrs- und Herbstresidenz der dänischen Königsfamilie. Der Schloßpark mit seinen sieben langen Alleen, seinen vielen Skulpturen und den herrlichen Ausblicken auf den Esrum-See hat ihn zu seiner Ode „Friedensburg" begeistert.

Friedensburg, vier Meilen von [Kopenhagen]
den 11ten May 1[751]
Liebste Cousine,
Ihre kleine anakreontische Taube kam mir gestern, an ei[nem] Frühlingsabend, den der volle Mond noch schöner machte, u i[n] einer Gegend zugeflogen, die so reizend, als irgend eine in Sachsen,

ist. Die Nachtigallen singen hier so schön, als bey Ihnen. Und schikken Sie nur fein viel der kleinen Tauben, sie sollen mit mir in ieden Lieblingsbusch der Nachtigallen spazieren fliegen. Es ist hier so nahe am Nordpole nicht, als Sie denken, u ich dachte. Ich [geniesse hier alle Ruhe und alle] Süssigkeit [des Landlebens,] besonders da es der beste u menschlichste Mann in Dänemark, der König, haben will, daß ich hier sey. Es sind eine rechte Menge prächtiger Landschlösser über die Insel zerstreut. Der König hat sich das kleinste, aber das angenehmste in Betrachtung der Lage zu seiner Landlust erwählt. Er selbst hat nur ein Zimmer für sich, u nur ein kleines Audienzzimmer, aber rings um sich Wald, u hundert durchgeschnittene Alleen im Walde, worinn sich das Auge verliert. Als ich gestern Abend Ihren so unerwarteten Brief empfieng, gieng ich in eine dieser Alleen, an dem Ufer einer See hinauf, u da ich ihn noch etlichemal gelesen hatte, redte ich die kleine Taube so an:

Und du bist endlich, kleine liebenswürdige Taube, zu mir gekommen, nachdem du so lange unterwegs zugebracht hast. Ich wollte dich gern viel mehr fragen, als du mir sagst, aber du bist, wie du sagst, ganz ausser Athem, u willst nicht viel gefragt seyn. So setze dich denn auf diesen hangenden Zweig, [wo der] Mond am heitersten scheint, u wo die Abendlüfte am sanftesten [wehn.] Schwanke hier ein wenig, u erhole dich von dei[ner Müdi]gkeit. Ich will dich hierauf nur ein klein wenig [aus]fragen..... Nun, so höre mir denn zu, kleine liebe Taube. [Als] du wegflogst, da war noch kein Frühling bey euch, u [d]a besuchte deine Gebieterinn iene Gegenden noch nicht, wo [ich] m[anch]mal mit ihr, u zu oft allein war?

„Das [tha]t sie bisweilen, aber sie kehrte bald zurück." –

War sie oft allein wenn sie dieß that?

„Sie war oft allein, u immer sehr heiter." –

Redte sie nicht manchmal mit dir von ihren Freunden?

„Das that sie." –

Ach, kleines Täubchen, war ich denn auch unter ihren Freunden?

„Sie redte nur selten von dir." –

Hast du sie nicht manchmal gesehen, wenn sie Briefe bekam?

„Das habe ich gesehen. Bisweilen legte sie die [Br]iefe mit einer ernsthaften Mine weg, u nahm gleich darauf ein Buch, etwas zu lesen, oder that sonst etwas." –

Hast du nicht manchmal eine Thräne des Mitleids in ihrem schönen Auge gesehen?

„Niemals. Dazu ist sie viel zu gesetzt." –

Warte, Taube, ich reisse dir eine deiner schönsten Federn aus, wenn du noch einmal deiner Beherrscherinn, mit dem schönen Namen des Gesezten, eine solche Härtigkeit Schuld giebst.

„Wenn du mir dafür, daß ich dir die Wahrheit sage, so begegnen willst, so kann ich wohl wieder wegfliegen." –

Bleib, kleine Taube, ich will dir nichts thun.

„So will ich denn bleiben. Aber warum fragst du mich nichts mehr? Und warum bist du so sehr niedergeschlagen?" –

Sehe ich denn nicht heiter aus, liebes Täubchen?

„Ach, was ist das für eine Heiterkeit! Das ist nur eine leichte Decke einer alten tiefen Traurigkeit, von der du dich nicht losmachen kannst, u die, wie es scheint, einen beständigen Schatten auf dein Leben werfen wird. Du sahest ia recht von Herzen fröhlich aus, da ich zu dir kam, warum hast du dich auf einmal so geändert? Ich habe dir doch nichts gethan? Ach, das wollte ich, bey allen Göttern nicht, daß ich dir etwas gethan hätte! Denn ich habe noch nie ein so starkes Gefühl des Schmerzes gesehen, als ich bey dir sehe. Und du scheinest mir ein Herz voll Edelmütigkeit u Rechtschaffenheit zu haben." –

K[omm,] kleine Taube, ich habe dich viel zu lieb, als daß ich dich traurig machen wollte. Komm her, kleiner Liebling, und seze dich auf meine Leyer, u [ich] will dir ein Lied von einer Fanny spielen, die der einzige Gedanke meines Lebens ist. ... Warum senkst du deinen schimmernden Fittig herunter? Warum wirst du so traurig?

„Höre auf, dieß Lied zu singen, oder ich fliege in iene dunkeln Schatten, u sehe dich nicht wieder." –

Bleib bey mir, kleine Gespielinn, ich will aufhören zu singen. Aber noch etwas darf ich dich doch fragen? Warum hast du mir gesagt, daß deine Gebieterinn es Nachlässigkeit nenne, daß ich nicht zu ihr gekommen sey? Da es doch das gar nicht war.

„Du forderst zu viel von mir. Ich bin ja nur ihre Gesandtinn. Kann ich dir von allem, was Sie denkt, Rechenschaft geben?" – – –

Sehen Sie, so habe ich u die kleine Taube mit einander gesprochen, bis mich eine Gesellschaft gefunden, u mir selbst u meinem schönen Baume u dem schönen Ufer weggenommen hat. Wollen Sie denn nun fein oft an mich schreiben? Die Briefe sind ordentlich nicht lange über acht Tage unterwegs, ob gleich der Ihrige dießmal länger zugebracht hat. Wenn es Ihr Ernst ist, ein Gedicht auf Mll. Hagenbruch zu machen, so schicken Sie mir es ja. Vielleicht fällt Ihnen auch das

Friedrich Gottlieb Klopstock.
Porträt von Dominicus van der Smissen

Gedicht wieder in die Hand, das Sie mir einmal zu schicken versprachen, u von dem Sie mir sagten, daß dieser Vers darinn stünde:

> Wie glücklich war ich nicht,
> eh ich die Liebe kannte.

Empfehlen Sie mich Ihrer Fr. Mama. Ich bin mit wahrhafter Freundschaft Ihr ergebener Klopstock.

Meine adresse ist: a Coppenhagen, *auf der Cramercompagnie*. Ich muß Ihnen noch sagen, daß ich Ihnen vom grossen Belte aus einen Brief geschrieben habe, um zu erfahren, ob Sie ihn bekommen haben.

15. Klopstock an Gleim, 11.–14. 5. 51

Friedensburg den 11ten May 1751

Liebster Gleim,

[...] Sie fragen mich, was ich beym Abschiednehmen empfand? Gewiß so viel als Sie. Vielleicht noch mehr. Denn ich bin in dieser Art des Streits sehr an den Sieg gewohnt. Wenn ich darinn was sagen darf, ob Sie nach Langensalz reisen, oder Schmidten zu sich kommen lassen sollten; so wollte ich, daß Sie dahin reisten u Schmidten mit zu sich brächten. Das wäre eine grosse Freude für mich, wenn Sie Fanny an meiner Statt sähen, einige Winkel Ihres Herzens, die ich nicht habe ausforschen können, ausforschten, u mir dann recht viel schrieben.

– – – Ich bin izt ein wenig im Schreiben unterbrochen worden. Ich bekam Briefe von meinen Eltern. Das ist doch schön. Nun bekomme ich doch Briefe. Gestern u heute welche. Aber ich verlies Sie in Langensalz. Sie wären also dort, u giengen mit Fanny in dem Weissischen Garten spaziren. Und izt wären Sie beym Apollo, dem ich, wie das böse Mädchen Fanny einmal sagte, ähnlich wäre. Aber gehen Sie lieber zu Orpheus u Euridice.

> Te veniente die te decedente canebat
> Qualis populea moerens philomela sub umbra
> Flet noctem.

Das sey der Inhalt Ihrer Rede. Ich beneide Sie sehr wegen dieser Rede, denn etwas davon möchte ich lieber selber sagen. – – – Endlich sind Sie wieder weggereist, u dann schreiben Sie an mich. Nun, was werden Sie zu schreiben haben? Mit ungeduldigen Schlägen sieht ihm mein Herz entgegen. Aber wie lange ist dieß noch hin, daß ich Briefe dieser Art von Ihnen bekomme. Wenn Sie auch bald reisen, wenn Sie auch bald schreiben; denn das lezte thun Sie gewiß, wenn Sie das erste können, wie lange ist es gleichwohl für mich!

Wenn ich wieder zu Ihnen kommen werde, will ich Ihnen bald schreiben. Die Sachen wegen der Fabrique haben einen guten Anfang genommen. Nur lassen sich solche Sachen nicht gleich machen, besonders wenn man mit zwo Compagnien zu thun hat. Rahn ist Ihnen recht sehr gut. Und wie sollte er Sie nicht kennen? Da er Sie vorher durch mich kannte, u Sie gesehn hat.

Empfehlen Sie mich unserm Sucro u dem kleinen Mädchen, das ich, wie Sie zu sehen, das Vergnügen izt nicht mehr haben kann. Ich liebe Sie mit meinem ganzen Herzen, u bin   Ihr Klopstock.
den 14ten May

Die lateinischen Verse stammen aus Vergil, Georgica IV und lauten in Klopstocks Übersetzung:

Dich, wenn der Tag anbrach, dich, wenn er sich neigte, gesungen:
....
Wie die Nachtigall, von der Ulme beschattet, in ihrer Wehmut ....
[weinet Nächte lang ....

16. Meta an Klopstock, 14. 5. 1751

Der Brief Klopstocks, den Meta hier beantwortet, ist verloren.

Hamburg, den 14 May 1751.

Es ist mir recht lieb, daß ich vorigen Posttag verhindert bin, Ihren Brief zu beantworten mein lieber Klopstock. Ich war würklich recht aufgebracht über Ihren letzten Brief, und da ich auch nicht von den aller Gefassensten bin: So hätte ich Ihnen vielleicht auf eine Art antworten können, die Ihnen noch böser gemacht hätte, und die mich jetzt verdrösse. Sind Sie aber nicht ein rechter kleiner Affe Klopstock! Sie nehmen es so übel daß ich Ihre Bitte nicht so beantwortet habe, als Sie es sich vorgestellt. Sie können ja wol denken daß ich sie nicht errathen habe. Was kann ich dafür, daß Sie mir mehr Verstand zutrauen als ich habe. Warum haben Sie es nicht gerade heraus gesagt, daß Sie mein Portrait haben wollten? Ich will Ihnen aber sagen, wie ich Ihre Bitte ausgelegt habe. Vorher müssen Sie wissen, Hr. Klopstock, daß ich Ihnen erstaunlich gut war, und wenn

Sie es erlauben wollen, so bin ich es auch noch. Je mehr Freundschaft man nun für jemand hat, je mehr fürchtet man. Und die Furcht macht einem allemal eine Sache wahrscheinlicher, als sie sonst ist. Nun glaubte ich schon, wie Sie noch hier waren, daß es Ihnen verdrösse, daß ich etwas von Ihrer Liebe wuste, und daß Sie selbst mir davon gesagt hätten. Ich glaubte dieses daher, weil Sie allemal, wann ich davon sprach, den Kopf schüttelten, ein krauß Gesicht machten und mir kaum antworteten. Sie werden sich dieses erinnern. Ich dachte also, Sie glaubten, daß, weil ich ein Frauenzimmer und jung bin: So wäre Ihr Geheimniß nicht sicher bey mir. Da ich nun in dieser Furcht war: So dachte ich, Ihre Bitte bestünde darin, daß ich von Ihrer Liebe, von Madl. Sch[midt] und allem was dahin gehörte nicht mehr erwähnen sollte. Denn, weil Sie mir erst von Madl. Sch: nichts schreiben und hernach nur ganz kurz sagen, daß Sie mir ihren Brief, den Sie mir versprochen hatten, nicht schicken wollen, und dabey Ihrer Bitte wieder erwähnen: So dachte ich, Ihre Bitte müste mit Ihrer Liebe einiges Verhältniß haben. Meine Furcht hatte mich so eingenommen, daß, wie Sie schreiben, ich hätte Gelegenheit Ihre Bitte an meiner Toilette zu sehen; So glaubte ich, Sie wollten mich dadurch erinnern, daß Sie eben bey der Toilette mit mir von Ihrer Liebe sprachen, und daß Sie mir auch da schon merken liessen, daß Sie es nicht gerne thäten. Vielleicht werden Sie es wol einsehen, warum ich keine Erklärung Ihrer Bitte verlangte, warum ich sagte, Sie möchten sie entweder vergessen oder bis künftigen Sommer aufschieben. Ich hoffte, Sie würden mich in der Zeit besser kennen lernen. Ich bat Sie auch, Sie möchten sich erinnern, daß Sie mein *Freund* wären. Nämlich, Sie sollten sich nicht nur als einen *guten Bekandten* von mir ansehen. Mein ganzer Fehler ist also nur aus großer, zärtlicher Freundschaft hergekommen. Denn wenn ich nicht sehr viel von Ihnen hielte: So hätte ich nicht so sehr für Ihre Freundschaft gefürchtet.

Haben Sie nun Recht, mein lieber Klopstock, mir so sehr böse zu seyn? Haben Sie Recht dazu, weil ich ein Räthsel, das Sie mir aufgeben, nicht recht auflöse? Sie fragen nicht einmal, wie ich Ihre Bitte auslege. Es ist Ihnen ganz gleichgültig. Genung ich bin verdammt, weil ich sie nicht recht ausgeleget. Ich bin nun nicht mehr das süße Mädchen, die liebe, kleine Moller; ich bin nur Ihre Freundinn. Dieser Titel ist mir freylich sehr angenehm; aber nicht wenn er mit solcher Kaltsinnigkeit gegeben wird. Schickt sich denn klein, lieb und süß nicht auch zur Freundinn? Es ist eine erstaunliche Kaltsinnigkeit, die in dem ganzen Briefe herrscht. Nein mein lieber Klopstock, das habe ich wahrlich nicht an Ihnen verdient. Darum bin ich so sehr von Ihnen eingenommen gewesen, ehe ich Sie jemals gesehen hatte? Darum muste mir Giseke unter allen seinen Freunden, immer am meisten von Ihnen erzählen? (Ja, wann ich das noch bedenke, es war schon so unter uns eingeführt, daß wir Sie immer *meinen Klopstock* nannten.) Darum habe ich so sehr gewünscht Sie kennen zu lernen, ehe ich wuste daß Sie hier kommen würden? Darum, wie Sie nun kommen, habe ich mir so viele Mühe gegeben, daß dieses geschehen möchte? Und wie ich Sie nun kannte, so bin ich darum so sehr Ihre Freundinn geworden, Ihre Freundinn in so einem Grade! Darum habe ich so entzückt von Ihnen zu allen meinen Freunden gesprochen und geschrieben! Darum habe ich mich so sehr betrübt, wie Sie wegreiseten! Darum habe ich mich so sehr gefreut, wie ich Ihre drey ersten Briefe bekam, auf daß ich diesen vierten bekommen sollte? Ein Brief, der es zwar nicht deutlich sagt, dem man es aber doch sehr deutlich ansieht, daß Sie nicht mehr mein Freund sind. O Klopstock Sie kennen mich noch nicht! Ich sage es noch einmal, ich habe das nicht verdient.

Sie legen mir auch das zur Last, daß ich Giseken gefragt, ob ich ohne Scrupel Ihnen *so gut seyn dürfte als ich bin*. Dieses letzte hat Ihnen aber nicht beliebt zu bemerken. Muß man nicht jemand ausserordentlich gut seyn, wann man fragt, ob man ihm auch *so gut* seyn darf? Und welche Antwort will man haben, wenn man einem Freunde darum fragt, der selbst von ihm eingenommen ist? Und wenn man dieses nun dem ersten wiedersagt, warum thut man das wohl, als aus Freude, daß man sich seiner Neigung nun völlig überlassen darf? Ich wiederhole es Ihnen, mein lieber Kl, daß ich in der Freundschaft eben so stark bin als Sie. ---

Endlich nachdem Sie mir Ihr Herz beschreiben, so fragen Sie: was ich mit diesem Herzen anfangen will? Wie geschwinde würde ich Ihre Frage beantworten, wenn Sie mir keinen vierten Brief geschrieben hätten! Aber nun weis ich nicht ob ich das thun darf. Ich bin gewiß noch sehr Ihre Freundinn. Um Ihnen dieses zu beweisen würde ich Ihnen gewiß mein Portrait schicken, wenn ich nur gemahlt wäre. –
M. Moller

Ich weis nicht Hr. Kl. wie Sie diesen Brief aufnehmen werden. Ich dächte, er verdiente eine sehr gute Aufnahme. Geschieht es aber nicht, so bedenken Sie, daß Sie selbst bestimmen wie weit meine Freundschaft zu Ihnen gehn darf.

17. Klopstock an Meta, 19.-21. 5. 1751

Diesem Brief hatte der Brief Fannys vom 7.4.51 beigelegen. – Bei den erwähnten Oden handelt es sich um die Oden „Salem", „Der Abschied", „An Gott".

Friedensburg, den 19ten May 1751
Eh ich Ihnen ein einziges Wort weiter sage, muß ich Sie erst meine kleine, süsse, allerliebste Moller nennen, u alle übrigen süssen zärtlichen Namen, die in meinem vollen freundschaftlichen Herzen noch sind, u die meine kleine Moller alle verdient. Mein letzter Brief, der nur traurig u somber war, aber nicht eine einzige Mine des Unfreundschaftlichen hatte, zum wenigsten nach meiner Empfindung, mit der ich ihn schrieb, was soll ich nun von ihm sagen? Ich will ihn gerade zu, ohne weiter ein Wort zu seiner Vertheidigung zu sagen, verdammen, weil er in dem Herzen meiner lieben Moller einen solchen Argwohn hat erregen können. Ich nehme das Wort Argwohn in dem allerdelicatesten Verstande, u wie es sich für das Herz meiner kleinen Freundinn schickt. Ich hätte gern ein anderes gesetzt, wenn ich ein *anderes* gewußt hätte. – – – Ich will gern dem dunkeln Vortrage meiner Bitte alle Schuld beymessen. Ich muß Ihnen aber sagen, daß ich traurig wurde, daß Sie dieselbe, so kaltsinnig, wie es mir vorkam, bis auf den Sommer verschoben. Dabey konnte ich auch aus Ihrem Briefe nicht beurtheilen, ob, u wie Sie dieselbe verstünden. Beygelegter Brief wird Sie überzeugen, auf welchen schwachen Gründen Ihre Erklärung, die Sie mir schreiben, beruhet. Ich würde Ihnen noch drey andere Briefe (denn mehr habe ich nicht,) schicken wenn sie nicht in Kopp. wären. So bald ich auf Kopp. zurückreise, sollen Sie die Briefe bekommen. Seyn Sie unterdeß Richterinn über diesen. ([Von späterer Hand ausgestrichen:]) Die Gleichheit unsers Schicksals (ob ich gleich nicht weis, was das Ihrige eigentlich für eine melancholische Seite hat) würde mir meine süsse Mollern noch werther machen, wenn nicht ohne dieß mein Herz schon so voll von Ihnen wäre.) – – – Ich muß noch etwas zu dem Briefe hinzusetzen. Fanny[s] Bruder schreibt mir:
„Ihre Gegenwart in Langensalz würde mir die Schwierigkeiten, Ihnen mein ganzes Herz in Absicht auf den Inhalt Ihres letzten

Briefs zu eröfnen, erspart haben. Jetzt lassen Sie mich Ihnen nur dieß wenige sagen: Fahren Sie fort, uns zu lieben. Das Glück, das Ihnen in anderen Dingen so geneigt zu seyn scheint, wird sein Werk nicht unvollendet lassen. Es ist aber so verdrießlich für mich, so geheimnißvoll seyn zu müssen als es Ihnen nur seyn mag. Meine Schwester schreibt Ihnen hiermit, u ob sie sich gleich in ihrem Briefe aus ihrem Charakter nicht herauswagt, so werden Sie ihn doch gern lesen."
Gleichwohl hatte meine liebste Fanny ein ganzes halbes Jahr nicht an mich geschrieben, da ich wohl vier Briefe an sie geschrieben hatte. Sie hatte mich mir selbst u meiner ganzen Unruhe ganz u gar überlassen können. Das hatte sie gekonnt. Ich will nur keinen Schritt weiter in dieß Labyrinth thun - - - - - Setzen Sie sich einmal an meine Stelle; u dann können Sie noch etwas mehr thun, als ich thun kann, dann können Sie Richterinn seyn. - - - Ich muß Sie doch etwas fragen. Haben Sie durch Giseken diese Oden gesehen? Die Anfänge sind:
1) Einen festlichen Abend stieg still mit dem Schimmer des Mondes –
2) Wenn du entschlafend über dir sehen wirst -
3) Ein stiller Schauer deiner Allgegenwart –

Mein Herz, das ich neulich ein ungestümes feuriges Herz nannte, ist dieß zwar auch; aber eigentlich steht es in diesen Oden: u, nur mit einer neuen Einkleidung, im vierten Gesange des *Mess.* in Lazarus Geschichte. – Daß ich Sie anklagte, daß Sie Giseken erst gefragt hätten, ob Sie mir auch ohne Scrupel so gut seyn dürften, als Sie wären? war eine so gezwungen ungerechte Anklage, daß Sie ihr gleich ihre Zärtlichkeit hätten ansehen können. Merken Sie sich das, kleines allerliebstes Mädchen, wenn ich Sie so anklage, so bin ich Ihnen erstaunlich gut.

Aber, liebste Moller, sagen Sie mir doch: was hätten Sie mir einen Posttag früher geschrieben? Nun, da Sie es nicht geschrieben haben, u da Sie überzeugt sind, daß ich es nicht verdient hätte, nun können Sie mir alles schreiben. - - Ich schreibe Ihnen so viel durcheinander, u das kömmt alles daher, daß ich Sie so lieb habe. Beantworten Sie ja meine Frage, was Sie mit dem unruhigen ungestümen Dinge (Sie merkens doch wohl, daß dieß alles auf mein Herz gehet!) anfangen wollen? Antworten Sie mir ja bald; u vielleicht wird auch Ihr Gemälde bald fertig. O, wenn ich die Hand des Mahlers hätte, ich wollte ihn, wenn er auch noch ein so großer Meister wäre, gewiß übertreffen. Höre, Maler, wenn du eine weisse Taube dicht über dir schweben siehst, so merke, daß ich dir diese Zuschauerinn gesandt habe, mahle dann schön u richtig, oder zittre u leg den Pinsel nieder. Schicken Sie bisweilen eine Ihrer Gratien zu dem Manne, u lassen zusehen, ob die Taube nicht da ist. Kleine Taube, soll dann die Gratie sagen – – – Nun die Gratie wird schon sagen, was sie sagen will, denn ihr bösen Mädchens laßt euch nicht gerne etwas vorschreiben, u thut alles gern nach eurem eignen kleinen Herzen. – –

Empfehlen Sie mich Ihrer liebenswürdigen Schwester, u Ihrer andern Freundinn. Ich bin, liebstes Mädchen, Ihr Freund Klopstock

Meine Adresse bleibt: Auf der Cramercompagnie a Coppenh. Ich kann diesen Brief erst heut den 21ten fortschicken.

18. Klopstock an Gleim, 24. 5. 1751

Friedensburg, den 24ten May 1751.
Liebster Gleim,

Wie vergnügt haben mich diesen Morgen Ihre u meiner Eltern Briefe gemacht! Sie waren mir noch viel sanfter, als der May, in den langen u weichrasigten Alleen des Friedensburgerwaldes, ob gleich der May hier auch schön ist, u so freudig, als in Sachsen, nur gewisse Spaziergänge ausgenommen, wo ich manchmal mit Fanny war. Ach, meine Fanny (wenn ich meine sagen darf,) wie sehr liebe ich Sie nicht, u freue ich mich auf meines Gleims Reise zu Ihr. [...] Fanny! Fanny! Zu ihr werden Sie also reisen! Sie haben nun die drey Briefe, an Fanny einen, an meinen Schmidt einen, u an Sie einen, erhalten. Wenn Sie nun zu Fanny kommen aber ich bin nicht dabey. Ich kann izt nichts mehr schreiben. Ich will hingehen u mich unter die Blumen setzen, u meine lieben Briefe noch einmal lesen.....

Ich bin aus gewesen, ich habe die ganze Schreibtasche durchstudirt, u keiner vom Hofe hat mich mir genommen. Ich habe mir schon gewisse einsame Gänge, u gewisse Size gewählt, wo nur wenige hinkommen. Ich habe der kleinen Mollerinn Briefe wieder mit durchlesen. Das ist ein süsses, süsses Mädchen. Ich habe nun schon vier Briefe von ihr. Sie schreibt so natürlich, wie Babet. Wenn man das Mädchen sieht, u wenn man Briefe von Ihr erhält, so sollte man eher Sulzern vor unpartheiisch halten, als glauben, daß das Mädchen noch über das französische, italienische u englische, Latein u auch wohl gar Griechisch kann. Kleiner Gleim, ich wollte, daß Sie auch einen Briefwechsel mit Ihr anfiengen. Sie könnten nur sagen: ich hätte Sie darum gebeten, u sie wär ja ein liebes Mädchen. Ihre Adresse ist. Madem. Moller a Hamb. *Auf der grossen Reichenstrasse bey Hr. Benedikt Schmidt.* –

Von Hagedorn habe ich in meinem lezten Briefe geschrieben. Daß ich von der Schelinn nicht auch geschrieben habe, ist vielleicht daher gekommen. Erst hat Sie mir nicht ganz so sehr gefallen, als ich ein Bild von ihr im Kopfe hatte. Sie verstehen mich. Ich meine nicht, daß sie mir nicht gleichwohl sehr gefallen hätte. Dann war die Mollerinn neben ihr, die ich zwar im Grunde vorziehe, aber auch als dann wenn sie einander völlig gleich wären, so würde ich doch immer ein bischen mehr Neigung gegen das Mädchen haben, als gegen die Frau. Denn Sie werden mir zugestehn, daß vielen braven Leuten dieser Geschmack sehr natürlich ist. Sie werden sagen: Es ist ia von der Freundschaft die Rede. Ja, von der ist auch nur die Rede. Und dennoch ist unsre Freundschaft gegen die Mädchen noch immer um ein paar kleine Unmerkbarkeiten etwas anders, als sie gegen diejenigen unsres Geschlechts ist.

Ich speiste mit Hagedorn bey der Mollern. So lieb u so neu mir Hagedorn auch war, so redte ich doch nur sehr wenig mit ihm. Er selbst gab mir durch einige feine Winke vollkommen hierin Recht. Die Schelinn ist eine sanfte, ganz aus Empfindung geschafne Frau, u die, wie Hagedorn sagt, Taubenaugen im eigentlichen Verstande hat. Ich habe auch sehr wohl gemerkt, daß Sie die Probe einer langen Bekanntschaft aushalten kann. Und es ist mir empfindlich genug gewesen, daß ich Sie nicht öfter u länger habe sehen können.

Ich bin iezt allein hier. Rahn ist vor einem Paar Tagen wegen Geschäften in die Stadt gereist. Mit der Fabrique geht es gut. Nur scheint ein Punkt schwer auszuführen zu seyn, u der doch einer der wichtigsten ist. Die Fabrique bekommt ein Privilege, Vorschuß, u Chinesische etoffes um einen sehr guten Preis. Aber die Compagnie sollte Verkäuferinn seyn. Dieß würde der Sache wo nicht einen grössern doch geschwindern Schwung geben. Und dieß ist die Schwierigkeit noch. Bernstorf hat sich der Sache mit vielem Feuer angenommen. Dieß ist zwar gegen das, was er sonst zu thun hat, nur eine Kleinigkeit, aber ich habe doch dabey gesehen, was er für ein Genie der affairen hat. Er ist izt in Koppenh. u Rahn spricht noch einmal über die Sache mit ihm. Er ist vor etwa acht Tagen Ministre du

Conseil u zwar der vierte, da sonst nur drey waren, geworden. Er wird nach einer Reise auf seine Güter von drey Monaten, auf immer hier bleiben.

Moltken habe ich vor einigen Tagen den ganzen fünften Gesang [des Messias] auf einmal vorgelesen. Ich habe es sehen können, daß er ihn ganz verstand. Er unterbrach mich oft, u klagte sich dann immer selbst an, daß er mich unterbräche; aber er könnte sich nicht enthalten mir zu sagen, wie sehr es ihm gefiele. Dieß war des Morgens nach sieben. Denn um die Zeit steht man hier bey Hofe schon auf. Gegen acht ist Moltkens ganze Antichambre schon voll. Er ist der einzige, der des Königs Bild mit Brillanten trägt. ––– [...]

19. Meta an Klopstock, 27.-28. 5. 1751

Hamburg 27ten May 1751.

O wie bin ich Ihnen gut Klopstock! O wie habe ich Sie lieb! So sind mir nicht böse? So sind Sie mir noch so sehr gut? Wie ist mir armen Mädchen zu Muthe gewesen, wenn ich dachte, Sie wären nicht mehr mein Freund! Aber nun bin ich auch desto fröhlicher. So bin ich noch Ihre liebe Moller? O Sie sind mein süsser Klopstock. Mein Klopstock, den ich jetzt noch viel lieber habe, als ich ihn jemals gehabt habe: Ich habe gewiß alle Schuld bey unserm kleinen Misverstande; Sie haben keine mein lieber Freund. Warum habe ich Sie nicht gefragt, worin Ihre Bitte bestünde? So wäre alles gut geblieben. Aber wir wollen nicht mehr daran denken. Genung, daß alles nun wieder gut ist. Ich danke Ihnen vielmal daß Sie mir Fannys Brief geschickt haben. Er hat mir, was den Brief selbst anlanget, viel zu gut gefallen, als daß ich Sie nicht um die übrigen auch bitten sollte, wenn Sie wieder in Kopp: sind. Verzweifeln Sie nicht Klopstock, ich glaube doch Sie werden geliebt. Ich will das gar nicht als einen Grund anführen, daß es mir unbegreiflich scheint, daß ein Mädchen, das ein freyes Herz hat und von Ihnen geliebt wird, Sie nicht wieder lieben sollte. Die Stelle: Sie haben mich um die beste Hofnung der Freude und des Vergnügens, um die Hofnung Sie zu sehen gebracht, ist sehr für Sie. Und hernach das noch mehr: jemand, den ich gerne unschuldig denken möchte. Sonst sieht man es dem Briefe sehr an, daß er überlegt ist. Sie hat gewiß kein Wort weiter geschrieben, als sie hat schreiben wollen. Daß sie aber nicht böse darauf ist, daß Sie nicht nach Lang. gekommen sind, das gefällt mir nicht. Wenn sie Sie recht liebte, so wäre sie es ganz gewiß. Und sie könnte es sich noch auf eine gute Art merken lassen, ohne ihre Liebe zu sehr zu entdecken. Denn, wenn sie Sie liebt, so ist das wol ihr Hauptgrundsatz, daß Sie es nicht merken sollen. Und wenn sie gleich etwas grausam darin handelt, so handelt sie doch sehr klug. Ich wollte, daß ich von der Klugheit mehr hätte. Daß Fannys Bruder es gerne sähe, wenn seine Schwester Sie liebte und sich erklärte, das sieht man freylich wol. Aber (ich wollte dieses nicht gerne schreiben) desto schlimmer, wenn sie auch auf sein Zurathen sich nicht erklären will. Sie werden freylich wol nicht eher eine Gewißheit erlangen als bis Sie Fanny einmal wiedersehen, und ich bedaure Sie, daß Sie so lange warten sollen, aber dann werden Sie auch vielleicht vollkommen glücklich. Verbannen Sie, wenn es möglich ist, durch diese Hoffnung Ihre Traurigkeit. Sie haben doch wirklich Ursache zu hoffen ([Von späterer Hand durchgestrichen:] Ach mein Freund, Sie können weit eher glücklich werden als ich. Ich, ich werde niemals glücklich! ‒ ‒ ‒)

Ich soll Ihnen also sagen, was ich mit Ihrem Herzen machen will? Mein lieber Klopstock was sollte ich wol anders damit machen wollen, als was ich bisher schon gethan habe? Ich will es lieben. So sehr lieben, als man nur einen Freund in der Welt lieben kann.

Die drey Oden, wonach Sie mich fragen, kenne ich allerdings sehr gut. Ich habe sie mir von G[iseke] seinen abgeschrieben. Das sind aber die Oden, wodurch ich so sehr für Sie eingenommen ward. Und wie sehr würde ich nicht jetzt für Sie eingenommen seyn, wenn ich auch gleich noch so unglücklich wäre, Sie nicht von Person zu kennen, nun nach den neuen Gesängen vom Mess: Ich kann Ihnen nicht sagen, wie sie mich entzückt haben. Ich bekam sie des Abends ganz spät, u: es war wol nicht gut möglich daß ich zu Bett gehen konnte, ehe ich sie gelesen hatte. Das machte mir eine vortreffliche Nacht. Ich schrieb von dieser Nacht an G[iseke]. Alle grosse u: süsse Empfindungen wurden durch den Mess: in meinem Herzen erregt. Ich fühlte den Messias, seinen Verfasser, meine Freunde, die Ewigkeit, Gott. Ja: mein Herz wallete von Entzückungen u: von Wollust. O lieben Sie mich doch beständig mein süsser Klopstock. Ich liebe Sie gewiß ohne Aufhören.   M. Moller

[An den Rand der 3. Seite geschrieben:] Ich will Ihnen künftig meine Gedanken über Fanny weitlauftiger sagen. Und das soll Ihnen mehr Trost geben als dieses.   den 28. May.

20. Klopstock an Meta, 5.6.1751

Klopstock bezieht sich auf einen Brief Metas, der verloren ist. Sie hatte aus Burg-Esch(e) geschrieben, dem heutigen Borgesch im hamburgischen Stadtteil St. Georg. Dort weilte sie in einem Landhause, das offenbar der Familie Schmidt-Moller gehörte. Ihre Briefe aus der Sommerzeit lassen uns Einblicke tun in das Landleben der Hamburger Familien auf ihren Landsitzen.

Friedensburg den 5ten Jun. 1751

Ich möchte nur wissen, womit ich diesen Brief anfangen sollte, denn ich habe Ihnen doch gar zu viel zu schreiben. Diesen Morgen da ich eben an Sie schreiben will, empfange ich Ihren Brief von Burg Esch. Und vorher hatte ich auch schon einen lieben, lieben Brief bekommen. Sie sind .... ja Sie ... „doch womit soll ich anfangen, u womit soll ich schliessen?" sagte der alte Homer, der wol seine Ursachen mag gehabt haben, warum er den artigsten Griechinnen in der Iliade blaue Augen gegeben hat ... Ich wollte lieber mit Rosen nach Ihnen werfen, als Ihnen schreiben. Wo liegt denn Ihr Burg-Esch? Ich möchte wissen, wie ein so süsser Ort, wo meine kleine Moller ist, sich es unterstehen könnte, Burg-E-sch – – zu heissen. Der Affe! werden Sie sagen. Ich bitte mir aus, Babet, schimpfen Sie nicht! – Sie sehen es doch wol, daß ich es nicht mehr aushalten kann, nur an Sie zu schreiben, u daß ich erst diesen Sommer zu Ihnen komme. Ja, das werde ich thun, u wenn auch noch so viele Schwierigkeiten wären. Im andern Verstande habe ich sehr viel Ursach mit diesen Schwierigkeiten vergnügt zu seyn. Warum liegt doch Ihr Landhaus nicht in einem dieser schattichten Gänge? oder wenn es ja eine so grosse Neigung hätte, weit von mir zu seyn, so hätte es sich doch allenfalls jenseit dieser Landsee können aufbauen lassen. So käme ich gleich in einem Schifchen zu Ihnen, oder schwömme gar, wenn keins da wäre, hinüber. Denn ich kann unvergleichlich schön schwimmen. Aber so, liebstes Mädchen, wie weit sind Sie izt von mir. Wo Sie sind, da ist gewiß ein Garten, u in dem Garten sind Statüen. Wenn Sie nun etwa mir ein bischen gut sind, so gehen Sie, wenn Sie des Morgens in aller Frühe um zwölf Uhr aufgestanden sind, zu diesem Orpheus ... (Der jungfräuliche Virgil sagt vom Orpheus: da nach, als sein Haupt von seinem Marmornacken losgerissen war, u da es Hebrus mitten in seinem Wirbel fortwälzte; so rief noch Euridice! seine Stimme, u seine kalte Zunge. Ach, du unglückselige Euridice rief er mit fliehender Seele.) Das war eine lange Parenthese! Sie gehen also zum Orpheus; u werfen ihn mit einer Rosenknospe, diese wird auf Sie zurückfallen, gleich wie nach den besten Regeln der Hexerey die Kugel, die man bey Mondschein um Mitternacht auf den Leichenstein eines Verstorbenen schießt, auf den, der sie abgeschossen hat, zurückprällt. Ich werde Ihnen wie halb betrunken vorkommen, daß ich solche Gleichnisse mache. Wenn man recht freudig ist, so weis man manchmal nicht, was man schwazt. So geht mirs auch. Aber ich muß wieder auf die Rosenknospe kommen. Nehmen Sie ein Blatt davon, u wickeln einen kleinen Kuß hinein, u beschwören das Blat, daß es den Kuß ja nicht fliegen läßt, u schicken mir es dann zu. - - - - - Aber ich muß doch auch einmal wieder ernsthaft werden. Sie sind mir also, meine liebenswürdige Moller, wirklich ein bischen gut. Merken Sie sich das, süsses Kind, so lieb haben Sie mich gewiß noch nicht, als ich Sie habe. Fanny u. Cecilie! Cecilie, u Fanny! ([von späterer Hand durchgestrichen:] Gütige Götter), zu welchen Leiden u zu welchen Empfindungen bin ich alle bestimmt! Wenn Sie, meine süsse Moller, über mein Herz zürnen, so zürnen Sie über das unschuldigste u aufrichtigste unter allen Herzen. Ich verfalle izt auf einmal in eine dunkle Melancholie. So war mein Herz (ich erinnere michs noch sehr deutlich) da ich die traurigste unter meinen Oden machte, u die noch kein Mensch gesehen hat. Ich will versuchen, ob ich sie noch auswendig weis.

>   Erweinte Stunde, komm aus den dämmernden
>   Kühlen Gewölben, Stunde des Todes, komm!
>   Von da, wo meines Schmiedens Vater
>   Drunten Erwachen, Gerichtstag! rufet.

Hier muß ich schon inne halten. Ich will alles versuchen, sie weiter zu finden.

>   Auch ich will schlummern,
>   wo er begraben liegt - - -

Wirklich ich kann mich nicht weiter besinnen. Es sind noch 3 oder 4 Strophen. So bald ich nach Kopp. komme sollen Sie sie ganz haben. Der König geht künftige Woche einige Tage dahin.

Ich muß izt abbrechen. Die Post geht gleich, u ich habe noch etwas notwendiges an Giseken zu schreiben.

Sie erinnern sich doch noch, daß ich Sie um der Babet Gemälde gebeten habe. Ich bekomme es doch noch? Empfehlen Sie mich dem liebenswürdigen Frauenzimmer, das Ihnen die Karten abgenommen hat.

Ich bin ... Und was soll ich denn seyn? Nicht so?

Ihr Klopstock

21. Meta an Klopstock, 11.6.1751

Burg-Esche, den 11ten Jun 1751

Da haben Sie meine Rosenblätter, und in jedem Blatte einen Kuß. Ich schicke Ihnen mit Fleiß so viele mein lieber Klopstock, auf daß Sie ganz damit bestreut werden, wenn Sie meinen Brief aufbrechen. Und auch auf daß Ihnen immer einige bleiben, wenn Sie gleich viele davon verlieren. Ich rathe es Ihnen aber verlieren Sie sie mir nicht alle. Bewahren Sie wenigstens eines, wenn Sie gleich die andern wegwerfen. – – –

Die Burgesche liegt ganz nahe vor der Stadt. Und eben in der Gegend, wo Sie vor dem Thore haben halten müssen, wie ich dem Glücke, Sie zu sehen, so nahe war. O wenn ich damals schon hier gewesen wäre (mein Herz würde es mir gewiß gesagt haben, daß Sie der wären, der da hielte) wie würde ich an Ihren Wagen geloffen seyn, wie würde ich Sie gebeten haben bey uns abzusteigen! Und Sie hätten das doch wol gethan, wenn Sie mich gleich noch nicht gekannt hätten?

Ich bin hier recht sehr vergnügt. Zumal wenn ich Briefe von Ihnen habe, u: wann ich dann allein bin, daß mich niemand in meinen Gedanken stört. Wie ungemein viel vergnügter aber würde ich seyn, wenn Sie, mein süsser Freund, mich hier dann u: wann besuchten! Ach mein lieber Klopstock! ich bin nicht gemacht zu hoffen. Sie sollten diesen Sommer noch kommen? So gut wird es mir gewiß nicht werden. Die Schwierigkeiten, die, in einem andern Verstande, Sie vergnügt machen, werden dieses wol ganz und gar hintertreiben. Sie können wol denken mein Freund, daß ich an allem, was Ihnen angeht, viel Theil nehme, und daß mein Herz also von diesen Schwierigkeiten gerne eine weitläufigere Nachricht wünschet. Eben so sehr verlangt mich auch nach Nachricht aus Langensalz. Hat Gleim Ihnen noch nicht geschrieben? Ich bin sehr, sehr neugierig darauf. Noch eins. Werden Sie eine Ode auf die Heirath der Madle Hagenbruch machen? Wenn Sie eine machen, so schicken Sie sie mir doch wol? Und wenn Sie Fanny ihre bekommen, so schicken Sie sie mir ja, ja auch. Fanny ist also eine Dichterin? Ich kenne mehr Mädchens, die Verse machen, deren Verse aber wol so sehr unter Fannys Versen seyn werden, als ihre Briefe unter Fannys Briefe[n] sind. –

So fröhlich als mich Ihr Brief sonst machte, so sehr schlug das Ende mich nieder. Sie verfallen wieder in eine dunkle Melancholey? Mein lieber, armer Klopstock! Das ist traurig, daß *Sie* in solche Melancholien verfallen müssen! Schicken Sie mir ja Ihre traurige Ode, wenn Sie in Koppenhagen kommen. So traurig sie mich auch machen wird: So will ich doch lieber mit Ihnen traurig, als für mich allein fröhlich seyn.

Mein Gemälde sollten Sie allerdings haben mein süsser lieber Freund: Allein es ist jetz[t] gar kein sonderlicher Mahler hier. Meine Schwester empfiehlt sich Ihnen. Und ich bin   Ihre Babet

Sehen Sie einmal wie es mir geht. Kaum bin ich hier vierzehn Tage vergnügt gewesen! Da läßt meine Schwester mir sagen, daß ihre Tochter die Blattern hat. Ich liebe meine Schwester viel zu viel, als daß ich sie bey diesen Umständen allein lassen sollte. Und ich liebe auch das Kind zu viel, als daß mir nicht hin verlangt. Ich werde also diesen Abend noch nach der Stadt fahren.

22. Klopstock an Meta, 19. 6. 1751

Klopstock hatte diesem Brief offensichtlich einen an Giseke beigelegt sowie zwei Fanny-Briefe, die jetzt verschollen sind. Die zitierte Ode spielt am Grabe von „Schmiedens Vater", dem Vater von Johann Christoph Schmidt und Fanny.

Friedensburg, den 19ten Jun. 1751

Meine liebe Moller,

Ich schicke Ihnen heute Briefe, statt Ihnen einen zu schreiben. Ich habe zu viel zu thun, u ich schreibe an meine liebe Moller lieber, wenn ich freyer bin. Nur von den Rosenblättern muß ich doch etwas sagen. Ich habe mir einen gewissen einsamen Baum ausgesucht, wo ich Ihre Briefe öfters lese. Hier geh ich izt noch öfters hin, u nehme die Rosenblätter, diese kleinen Götzen, mit, sie zu küssen. Es geschieht dieß gemeiniglich des Abends zwischen sieben u achten. Haben Sie nicht bisweilen um die Zeit an mich gedacht, Babet? – – – – Ich bin einige Tage in Kopp. gewesen. Sehen Sie hier die beiden ersten Briefe von Fanny, eh ich nach L[angensalza] kam. Den lezten, den Sie mir seit meiner Entfernung von ihr schrieb, u der mir der liebste ist, habe ich zu meinem größten Verdrusse, nach wiederhohltem Durchsuchen, nicht finden können. Die Ode ist mir auch wieder in die Hände gefallen. Sie haben die erste Strophe. Sie heißt weiter so:

> Auch ich will schlummern, wo er begraben liegt!
> Hier will ich sterben, wo die geboren ward,
>   Der ich vergebens seufze, die nicht
>   Meiner so himmlischen Liebe erweiset!
>
> Nicht Liebe bitt ich! Selber auch Freundschaft nicht!
> Von meiner Angst voll, bitt ich nur Menschlichkeit!
>   Wenn ich begraben lieg, u schlummre,
>   Menschlichkeit nur! Ach, nur Eine Thräne!
>
> Nur Einen Seufzer, für so viel Traurigkeit!
> Nur Einen Blick, der still mir in jene Welt
>   Nachsieht! Nur Einen Wunsch voll Schauer,
>   Unter den Todten mich einst zu finden.
>
> Von Gott gesendet, welcher mein Leiden kennt,
> Mit deinem Lächeln, Stunde des Todes, komm!
>   Sey du mir menschlich! Nimm mich müden!
>   Hülle, voll Mitleids, in jene Nacht mich,
>
> In jene Trümmern, wo die Jahrhunderte
> Der Vorwelt liegen; glückliche Liebende,
>   Auch unglücksvolle, welche Cramern,
>   Oder der Singer, doch mir nicht gleichen!

Ich will Ihnen von einer Scene nichts sagen, in welcher ich diese Ode vielmehr weinte, als machte. ([Von späterer Hand durchgestrichen:] Sehen Sie, mein süsses Mädchen, wie ich Ihnen immer etwas von meiner Liebe sage, da Sie unterdeß dieß ([von späterer Hand:] von Ihrem Schicksale) viel abgebrochner thun. Warum schreiben Sie mir nur immer davon mit einigen ganz dunkeln Worten? Wirklich, Sie kennen mich noch nicht, wenn Sie nicht glauben, daß Sie mir alles sagen können. Schreiben Sie mir doch wenigstens einige der neuesten Scenen ...) Wenn es meinem Herzen möglich wäre, mit Ihnen zu zanken, so möchte ich es fast thun, daß Sie mir Ihr Gemälde nun nicht schicken wollen. So kömmt mir Ihr Ausdruck vor, ob ich gleich dabey glaube, daß Sie keinen guten Maler haben. Es ist wahr, ich will lieber Ihr Portrait entbehren, als Sie von einem schlechten Maler gemahlt sehen. Aber ich habe zu der Sache schon Rath gefunden. Sie werden doch einen haben, der Sie schlecht mahlt, u Sie doch trift. Und wenn Sie auch nicht völlig getroffen wären; so haben wir hier einen, der was er vor sich hat, u was ich ihm sagen werde, gewiß sehr glücklich ausführen wird. ([Von späterer Hand durchgestrichen:] Hr. Rahn wird bald auf Hamburg kommen einige Interessenten für seine Fabrik dort zu suchen. Dieß wird eine gute Gelegenheit für mich seyn können, auch dahin zu kommen. Die Waaren, die in Kopp. dann in seiner Fabrik gedruckt werden, gehen ohne Abgabe aus u ein. Vielleicht haben Sie einen ungesuchten Anlaß, bey einem oder einem Paar würdiger Kaufleute (wenn es würdige giebt) von dieser Sache etwas zu gedenken.) Ich habe nur noch ein wenig Raum Ihnen zu sagen, daß ich Ihr Klopstock bin.

[An den Rand geschrieben:] Oder soll ich Ihr Babet seyn? Den Brief schicken Sie bald an Giseken. Wenn Sie den Hr. von Hagedorn sehen, so geben Sie ihm von dem Briefe an G. Nachricht.

23. Klopstock an Giseke, 19. 6. 1751

Friedensburg, den 19ten Jun 1751.

Lieber Giseke,

Ich u Rahn haben deinen lieben Brief empfangen. Diesen will ich auf ein andermal beantworten. Izt beziehe ich mich auf meinen lezten kurzen. Ich kann noch dieß hinzuthun. Soroe ist ein ungemein angenehmer Ort. Das Gehalt ist 500 Rth., Wohnung, u noch einige Kleinigkeiten. Es ist die Profession der Philosophie u Historie. Durch die Philosophie versteht Moltke eine nüzliche practische Philosophie, wie sie für junge Leute von der grossen Welt gehört. Ich muß dieß noch hinzufügen. Schlegel hatte das völlige Gehalt nicht. Er mußte etwas an einen Vorgänger abgeben, den Pontoppidan empfohlen hatte, den man aber durch die Erfahrung nicht würdig genug fand, dennoch ihn nicht völlig removiren wollte. Dieser Mensch versteht über ein bischen Alterthümer, die Isländische Sprache, u über die Kunst schnelle u spaßhafte Hochzeitreime zu machen, nicht viel. Der Graf Moltke (Er wird dir so liebenswürdig, wie mir seyn, wenn du ihn sehen solltest) hat mir aber ausdrückl. gesagt, daß man diesen Menschen wo anders unterbringen würde. Ob ich gleich von dir noch keine Antwort hatte, so konnte ich noch die gute Gelegenheit für dich so viel zu thun, als ich vermochte, nicht versäumen. Diese Gelegenheit war, da ich Moltken kurz vorher sprach, ehe ich dem

König den *Mess.* überreichte: Der König wußte schon davon, u sagte mir diese ausdrücklichen Worte, welche mir lieber waren, als mir oder andern das größte, u gewählteste Geschenk hätte seyn können. Er sagte: „Weil ich dich empfohlen hätte, so solltest du es werden." Er hatte kurz vorher von seiner besonderen Neigung gegen Soroe geredet.

Ich darf dir nicht sagen, wie sehr ich wünsche, daß du die Stelle annimmst. Unterdeß weil ich nicht gewiß wußte, was du thun würdest, so sagte ich zum Grafen: Ich wollte nur von fern bey dir anfragen. Nun stelle ich mir nur diese einzige Hinderniß vor. Du könntest dich vielmehr zu einem Predigerdienste ([Anmerkung am Ende der Seite:] Sollte dieß seyn so schreibe mir einen Brief, den ich dem Grafen lesen kann), als zu einem solchen bestimmt haben. In diesem Falle, so erinnere Gärtnern an das, was Er mir neulich in Braunschweig gesagt habe. Und schreibt mir, so bald Ihr könnt.

Küsse dein Rosenknöspchen, ich wollte wohl sagen von mir, wenn das: von mir, nicht gar zu nichtsbeteudend [!] wäre, wenn ein solcher ⟨Dunsner⟩ Cimber, wie du, es thut. Laß aber die Gärtnerinn die kleine Poet von mir küssen. Hat das kleine Ding schon ein bischen ein Herz, wie unser einer? Ich weis nicht, ob du dieß auch mit auf dich applicirst. Ich verstehe dadurch die Moller u mich u noch einige andre, u pflege bey solchen Gelegenheiten gewisse paradisische Geschöpfe auszunehmen. Dein Klopstock.

Meine adresse ist: a Coppenh. *auf der Cramercompagnie.*

Mit dem *Rosenknöspchen* ist Gisekes Braut Johanna Catharina Eleonora Cruse gemeint; der *Dunsner Cimber* ist Giseke selber: Cimber, weil er aus einer Hamburger Familie stammt, also aus dem Norden, Dunsner neckisch von „Duns" gebildet, das in der Literatur des 18. Jh. häufig für einen „dümmelmeligen" Menschen gebraucht wurde.

24. Meta an Klopstock, 1. 7. 1751

Hamburg, den 1 Jul. 1751.

Mein lieber Klopstock.

Ich schicke Ihnen hier Gisekens Brief. Ich selbst habe keine Zeit Ihnen zu schreiben, weil ich gleich aufs Land fahre. Ich will da recht viel an Sie denken. Denken Sie auch ein Bischen an mich. O wenn ich da einen Brief von Ihnen bekäme, was wäre das für eine Freude! Ich hätte dann noch einen mehr mit zu nehmen, wann ich mich von der Gesellschaft in andere Gänge hinschleiche. Leben Sie wohl liebster Freund, ich bin Ihre M. Moller.

25. Klopstock an Gleim, 13. 7. 1751

Koppenhagen, den 13ten Jul 1751
Warten Sie nur, mein liebster Gleim, mich so lieb zu haben, u doch so lange nicht zu schreiben! Mein Vater schreibt mir vom 12ten ([Anmerk. Klopstocks:] Mein Vater hat den Brief zurückbehalten, u dieses wohl später hinzugeschrieben, weil mir Carl schreibt, daß er den 22ten bey Ihnen gewesen.) des vorigen Monats, daß Sie nach Thüringen gereist wären. Wissen Sie wohl, daß Sie mir vor Ihrer Reise hätten schreiben können! Nun, ich will nur nicht zanken. Vielleicht ist izt ein Brief von Ihnen unterwegs? Ich will das vielleicht nicht fortsezen, denn ich weis es gewiß, was Sie mir von Ihrer Reise schreiben werden. Ich weis, daß Fanny mich nicht liebt. Ich bitte Sie, liebster Gleim, mich einmal ein bischen weniger zu lieben, u mir es ja nicht zu verschweigen. Ich vermute von Ihnen, daß Sie, so bald Sie hiervon, wie ich, werden überzeugt worden seyn, nachgeforscht haben, wie Fanny überdieß von mir denke? Ob Sie auch meine Freundinn in dem Grade seyn will, als ich es, für so viel Liebe, verlangen kann? Ach, himmlische Vorsehung! wie sehr hab ich geliebt! Schmidt hat mir einen grossen Theil meiner Briefe an ihn zurückgegeben, die schreibe ich izt, nebst den seinigen ab, weil sie fast unleserlich geworden sind u ich die traurige Geschichte meines Herzens gern bisweilen mit Einem Blicke übersehen möchte.

Non hic de nihilo nascitur historia. […]

Carl ist Klopstocks jüngerer Bruder Carl Christoph. – Das lateinische Zitat: „Nicht mit Nichts hebt die Geschichte hier an" in Anlehnung an Properz.

26. Meta an Klopstock, 13. 7. 1751

Hamburg, den 13ten Jul: 1751.
In der, mir jetzt geheyligten Stunde,
zwischen sieben u: acht.
Mein süssester Klopstock.
Ich hätte Ihnen gerne eher geschrieben, wenn ich nur eher in der Stadt gewesen wäre. Und auf dem Garten, wo ich bisher gewesen

bin, habe ich gar keine Gelegenheit dazu gehabt. Aus grosser Höflichkeit ließ man mich keinen Augenblick allein. Ich affectirte zweymal eine Müdigkeit. Ich sagte, ich wollte nach meinem Zimmer gehen u: schlafen, meine wahre Meinung aber war, an Sie zu schreiben. Die Tochter vom Hause aber war so gut, die Höflichkeit die sie des Nachts für mich hatte, auch des Tages fortzusetzen, nämlich mir im Schlaf Gesellschaft zu leisten. Ich mußte mich also hinsetzen u: thun als wenn ich schliefe. Ich konnte nun nicht an Sie schreiben; ich konnte nur an Sie denken, u: dieses that, was der Schlaf vielleicht nicht gethan hätte, es machte mich recht munter. Ein jeder rühmte meinen Schlaf.

Ihr letzter Brief ist so süß, mein lieber Klopstock, daß ich glaubte, ich hätte Sie jetzt noch lieber, wenn ich meinen lieben Freund nicht schon vorher so lieb gehabt hätte, daß ich kaum glaube, daß meine Freundschaft zu nehmen kann. Aber mein lieber, süsser Klopstock, was habe ich Ihnen denn wieder für Schwierigkeiten wegen meines Portraits gemacht? Ich weis wirklich nicht, was ich davon mag geschrieben haben. Vielleicht habe ich damals gedacht, daß ich nicht völlig Recht hätte mein Gemälde zu verschenken, ohne wenigstens meiner andern Freunde Erlaubniß dazu zu haben. Die Hauptsache aber warum ich mich noch nicht mahlen lasse, ist, daß ich diesen Sommer so mager geworden bin, daß Sie vielleicht glauben würden, ich wäre nicht getroffen. Können Sie sich mich noch wol vorstellen Klopstock? Gewiß nicht so lebhaft als ich Sie mir vorstelle. Ich weis aber nicht woher es kömmt, ob meine Seele vielleicht die traurigen Bilder am leicht[te]sten faßt? ich sehe Sie am meisten, wie Sie den Morgen vor mir stunden, da Sie Abschied nahmen.

Ihren Zettel an Hagedorn habe ich bestellt. Sie haben Gisekens Brief doch bekommen? Wissen Sie wol daß der arme Giseke das kalte Fieber hat? Er ist aber doch in keiner Gefahr u: hat noch vorige Woche selbst an mich geschrieben.

Weil Sie so gut sind, sich nach meiner Schwestertochter zu erkundigen, so muß ich doch sagen, daß das Kind gottlob völlig wieder besser ist. Das kleine Ding, das recht hübsch vor den Blattern war, hat wenig von ihrer Schönheit verlohren, u: insonderheit ein Paar vortrefliche blaue Augen unbeschädigt behalten. Ich habe sie von Ihnen gegrüßt, u: sie hat aus Dankbarkeit u: mir zum Vergnügen, Ihren Namen ganz zärtlich aussprechen müssen. Sie läßt Sie ganz unschuldig wieder grüssen. Meine Schwester empfiehlet sich gleichfals.

Ich wollte Ihnen wol erzählen, daß wir heute hier meinen Namenstag gefeyert haben, Sie können ja aber meinen Namen nicht leiden. Nun, wenn sie mich nur leiden können. Das können Sie ja doch? Nicht wahr? Ich bin ja   Ihre Moller?

27. Klopstock an Meta, 17. 7. 1751

Koppenhagen d 17ten Jul 1751

Wie haben Sie mich erschreckt, meine Moller, daß Sie diesen Sommer, ohne Zweifel durch eine Krankheit, abgenommen haben. Ich bitte Sie um alles, schreiben Sie mir umständlich hiervon. Wissen Sie wohl, daß Sie mir, wenn ich zu Ihnen komme, ein solennes Versprechen unterschrieben u gesiegelt, aufsetzen müssen, daß Sie nicht mehr so spät in die Nacht aufbleiben wollen. Sie haben mich recht traurig gemacht. Schreiben Sie mir ia bald wieder. – Ob ich mir Sie noch völlig vorstellen kann? Warten Sie nur! Für diese Frage will ich Sie nicht wenig strafen, wenn ich zu Ihnen komme. Und meinen Sie nicht, daß dieß bald geschehen wird? Wissen Sie noch nicht, daß ich gern mehr halte, als ich verspreche? Ich will nur nichts mehr davon sagen. Ich werde vor Freuden ganz unruhig, wenn ich daran denke daß ich Sie bald sehen werde. Und Sie freuen sich doch auch ein klein bischen? Ach, wenn wir uns wiedersehen! Was ist dieß nicht für ein grosses Wort für mich! Gestern habe ich geweint, da ich an Sie dachte, u dieß geschah noch dazu, da ich den Tartüf auf dem dänischen Theater sah. Es war eben die Scene unterm Tische. Ich verstehe zwar nur die Action; aber viel Action kann man leicht verstehen. Gleichwol war ich so wenig in der Komödie, daß ich weinte, da ich an Sie dachte. „Aber warum weinten Sie? „Weil meine kleine süsse Moller ein so edles Herz hat. Kommen Sie, Moller, wir wollen uns unter die Blumen setzen, u uns freuen, daß wir so unschuldig sind. „Warum küßten Sie denn die Rose, mit der Sie mich warfen? „Weil ich Sie nicht so zärtlich küssen darf! „Warum sehen Sie denn so traurig aus? „Weil Sie mir nichts antworten! „Sehen Sie einmal diese Blumen, die küssen sich nicht, u sehen doch so heiter aus! „Hören Sie einmal diese Zephyrs, ob sie sich nicht auf den Blumen küssen? „Ich liebe die Blumen mehr, als die Zephyrs! „Und ich die Zephyrs, mehr als die Blumen. „Ein ieder hat seinen Geschmak! „Wenn nur vom Geschmack die Rede wäre, würde ich sagen: Kann denn ein so unschuldiges Mädchen einen Geschmack nicht haben, den ein so unschuldiger Jüngling hat? "Was verstehen Sie denn durch unschuldig seyn, Herr Klopstock? "Ich wollte es Ihnen sagen, wenn Sie mich nicht Herr Kl- genannt hätten. Ich weis es noch gar zu wol, daß Sie mich auch so nannten, als Sie mir das erstemal Ihr Portrait abschlugen. "Sind Sie nicht ein Affe, Klopstock! "Nun! weil ich wieder Klopstock heisse, will ichs nur sagen. Ich verstehe durch Unschuld, wenn man Ihnen recht sehr sehr gut ist. "Wirklich! Diese Beschreibung der Unschuld ist neu, recht sehr neu! Viel Unschuld, aber nicht zu viel! pflege ich zu sagen. "Ach, Mollern! – – Nur noch ein Wort. Wenn ich die Unschuld in drey Gratien eintheilen wollte, so wäre eine von diesen Gratien die nakte Aufrichtigkeit. Und Sie werden doch nicht das erstemal in Ihrem Leben die Gratien aus Ihrer Gesellschaft vertreiben wollen? – – – – – –

Nun wirklich! ich habe viel mit Ihnen geschwazt, meine süsse Moller! Hab ichs auch in Ihrem Namen recht gemacht? Wenn ich gefehlt habe, so halten Sie dieß Gespräch noch einmal mit mir. – – – – Küssen Sie das kleine süsse Ding, daß meinen Namen, ob er gleich ein barbarischer Name ist, aussprechen kann. Wissen Sie was? Wir wollen beide etwas von unsern Namens wegwerfen; Sie Ihren Vornahmen; u ich ([dahinter durchgestrichen:] Gottlieb) Klopstock. Dann bleibt mir nur Friederich übrig, u weil man, nach dem neuesten Berlinischen Geschmak, das eine barbarische /r/ herauswirft, so bin ich denn, meine Moller, Ihr Federic

28. Meta an Klopstock, 23. 7. 1751

[Hamburg] den 23ten July.
Gestern habe ich es recht gemerkt, wie lieb ich Sie habe Klopstock. Es geschah durch eine Gelegenheit, die zu weitläuftig ist hier zu erzählen. Sie kommen aber doch noch? Um des Himmels willen bleiben Sie jetz[t] nicht weg. Ich habe es mir nun einmal in den Kopf gesetzt, daß ich Sie dieses Jahr noch sehen würde, u: ich möchte mich nicht gerne in meiner Hofnung betriegen. Aber wann, wann werde ich Sie wol sehen? – – Hagedorn läßt Sie grüssen. Meine Schwester desgleichen. M. Moller
Hat Gleim noch nicht geschrieben?

29. Klopstock an Fanny, 1. 8. 1751

Friedensburg den 1ten August 1751

Liebste Schmiedinn,

Ich habe gestern an Ihren Bruder geschrieben, u ihm mein ganzes Herz gesagt, aber das darf ich Ihnen nicht sagen. Was soll ich Ihnen denn nun sagen? Daß mir ieder Morgen der Posttage heiterer vorgekommen ist, als andre Morgen, weil ich auf Briefe von Ihnen hofte? Daß ich bey dem geringsten Winde einen Brief von Ihnen in Gefahr zu seyn glaubte, ob gleich auf den Belten nur alle Jahrhunderte ein Schif verloren geht? Daß ich immer noch die einsamsten Gänge suche, um an Sie zu denken? Daß ich zu diesen Gedanken so gar eine sollenne Stunde u einen eben so heiligen Baum bestimmt habe? Die Stunde ist gegen Elfe des Abends. (Denn um die Zeit ist es hier noch dämmernd helle.) Und der Baum steht an einem runden erhöhten Rasenplatze, zwey hundert Schritte von der grossen Allee, u von einer hohen Aussicht über die Friedensburger Landsee, u besonders gegen eine kleine dickbewaldete Insel der See. Hier ist es, wo mir Fanny über den Wipfeln der Bäume in silbernen Abendwolken erscheint. Hier ist es, wo ich, meine Lieder auf Fanny, singe, u beym Weggehn allezeit, drey geküßte u thränenvolle Rosen, gegen die Erscheinung ausstreue, als kleine Opfer, die ich, nicht Ihnen, (denn Sie haben mein Herz) sondern jenen süssen, nun verblüheten Blumen bringe, die Sie mir einmal freundschaftlich nachschickten.... Wenn ich Ihnen dieses sage, so ist es zwar auch mein Herz; aber wie wenig von einem Herzen, das so viel in sich faßt. Was würde ich Ihnen nicht zu schreiben haben, wenn ich Ihnen dieß Herz schreiben dürfte. Schreiben Sie doch auch an mich, liebste Schmiedinn. Nur einen kleinen lieben Brief! Nur ein solches Briefchen, wie Sie sonst manchmal an mich schrieben, wenn wir bey einander an Einem Tische sassen. Ich bin, liebste Schmiedinn, ich bin, wenn ich das seyn darf, Ihr Klopstock.

30. Meta an Klopstock, 6. 8. 1751

Hamburg, den 6ten Aug: 1751.

Um des Himmels willen Klopstock warum schreiben Sie nicht? Sind Sie krank? Wenn Sie nur nicht krank sind. Sind Sie mir böse? Was habe ich Ihnen gethan? Es ist nicht möglich, daß ich Ihnen was gethan habe. Ich bin Ihnen viel zu gut, ich kann Sie auch nicht dem Scheine nach beleidigt haben. Sind Sie denn überdrüssig geworden so oft an mich zu schreiben. Wenn das ist, warum haben Sie mir denn nichts davon merken lassen? Sie hätten es mir nur sagen können, daß Sie künftig nicht so oft schreiben würden, und eine Entschuldigung erdenken mögen, die Sie gewollt, ich hätte alles geglaubt. Und dadurch hätten Sie mir die Unruhe erspahrt, worin ich nun schon seit Dienstag bin. Dienstag tröstete meine Schwester mich damit, daß Sie vielleicht deswegen nicht geschrieben, weil Sie heute selbst kämen, u: wollten mir dadurch eine unvermuthete Freude machen. Aber liebster Gott wie ist die Hoffnung ausgefallen! Nicht Sie, u: auch nicht einmal einen Brief von Ihnen! Wenn Sie nur nicht krank sind, so will ich das andere alles noch ertragen, so schlimm es auch ist. – – Es fällt mir jetzt erst ein, daß Sie auch durch Geschäfte können abgehalten werden. Wenn das ist, so schreiben Sie mir nur ein Wort. Und sehen Sie es zum Voraus, daß die Geschäfte anhalten werden, so sagen Sie es mir auch, auf daß ich nicht wieder in meine Unruhe verfalle. Oder hat Gleim oder gar Fanny geschrieben? Wenn das Sie denn so ganz einnimmt, daß Sie Ihre Freundinnen darüber vergessen, so will ich es Ihnen vergeben – – – Mein Herz hätte Ihnen noch vielles zu sagen, wenn die Post nur warten wollte, u: ich wollte doch gerne bald Nachricht von Ihnen haben. Seyn Sie nur nicht krank.

M. Moller.

31. Klopstock an Gleim, 8. 8. 1751

Friedensburg, den 8ten Aug. 1751.
Um des Himmels Willen, Gleim! sind Sie denn auch wie Schmidt und seine noch härtere Schwester? – Es ist Ihnen möglich, es ist Ihnen ohne alles Bedenken möglich, gar nicht an mich zu schreiben? – Es kömmt mir vor, als wenn ich in Amerika wohnte, so lange habe ich keine Briefe von Ihnen. Das hätte ich von Ihnen nicht gedacht, wahrhaftig nicht *von Ihnen!* Sie sind mir allezeit zärtlicher vorgekommen. O, wie stolz bin ich, wenn man auf das schwermuthsvollste Unglück stolz seyn kann, daß ich Euch alle sosehr in der Freundschaft und Liebe übertreffe! –

Ich schreibe diesen Brief so ganz heiß, heiß hin. Ich hatte bisher Schmidts und meine Briefe, mein ganzes Unglück auf einmal übersehen zu können, abgeschrieben. Jetzt habe ich sie vollendet, und jetzt konnte ich mich so viel von meinen Thränen erholen, daß ich Gleim schreibe, der wie Schmidt wird. Es wird schon einmal eine Zeit kommen, daß Ihr Alle daran denken werdet, wie sehr ich Euch geliebt habe! –

32. Klopstock an Meta, 14. 8. 1751

[Der Abdruck ist zeilengetreu] [Von Metas Hand:] Dieser Brief hat das Unglück gehabt von einem Hunde zerrissen zu werden. Dies sind die geretteten Rudra davon.

[Friedensb]urg den 14ten August 1751
Ich ka[nn (dem Sinne nach:) heute nicht viel]
schreiben
übertri[fft], u d[a ..]   ⟨armer⟩
schreibe[r]s gewesen ist, alles angewan[dt Ihnen ein]
Pa⟨ar⟩ mehr, als nu[n zu schreiben. Ich bin m[unter]
meine liebe Moller [, und] denke bey den gesund[en]
Spaziergängen mehr [als] nur sehr oft an ein
gewisses Mädchen, d[as w]ie Alexander Magnus
ist, u sich nur v[on ei]nem Apelles will mahlen
lassen. Wenn [ich n]icht durch den unver-
mutesten Zufall [abgehal]ten wär, Ihnen einen
viel längern Brief [zu schr]eiben; so würde ich
mir d[ies]en kurzen [eher ab]⟨ringen⟩, als Sie, verzeihen   als gar
keinen   lieb,
⟨klein⟩   einen so
kaltsinnigen   [vo]rletzten von
                                                Klopstock

33. Vater Klopstock an Gleim, 17. 8. 1751

Quedlinburg, den 17ten August 1751.
Mein werthester Herr Dom-Secretarius und lieber Freund!

Was Ew. Hochedelgeboren mir mit Wenigem zu erkennen gegeben, ist hinlänglich, Ihr Betragen in Ansehung meines Sohnes zu verwerfen. Helfen Sie mir ihn herumlenken. Sie können mir und ihm keine größere Freundschaftsprobe geben. Dieses wäre Gold von vollem Karat.

Warum will er sich selbst hernieder setzen wider das unbewegliche Naturrecht, selbst verachten, die Reinigkeit eines Triebes verschwenden, wo sie ungesehen, unbemerkt ist? Er muß sich den Gegenstand nicht nach des alten Academici Ideen bilden, sonst geht's ihm, wie dem bekannten Engländer, der bei siebenmaligem Versuch, seine Wünsche, Vorstellungen und Hoffnungen auch siebenmal falsch oder getäuscht befunden hat.

Die irdische Glückseligkeit ist ohnedem ein Widerspruch. Sie gehört mit nichten in das rauhe Clima dieses Lebens. Möchte er doch ein erträgliches Loos ziehn!

34. Meta an Klopstock, 20. 8. 1751

Hamburg, d. 20ten Aug. 1751.
Wann habe ich Ihnen denn einen kaltsinnigen Brief geschrieben mein süsser Klopstock? Wirklich diese Beschuldigung kränkt mich recht. Ich habe niemals kaltsinnig an Sie gedacht, so habe ich auch nicht kaltsinnig schreiben können. Sie mögen ihn wohl mit einem kaltsinnigen Herzen gelesen haben. Und es kommt mir fast so vor als wenn Ihr Herz auch so bey Ihrem letzten Briefe beschaffen gewesen ist. Wissen Sie was dieses bey mir gewirkt hat? Wie ich Ihnen meinen letzten Brief, den Sie wohl nicht für kaltsinnig halten werden, schrieb, so wünschte ich alles in der Welt lieber, und, so sauer mir dieses war, daß Sie mich möchten ein wenig vergessen haben, als daß Sie krank wären. Nun es aber so scheint als wenn Sie es gethan haben, u: nun ich freylich auch weis, daß Sie nicht krank sind, nun hätte ich Ihnen lieber eine kleine Krankheit dafür gewünscht. Wir wollen uns aber nicht zanken, denn nun ich dieses geschrieben habe, wird mir für die Erfüllung meines Wunsches schon bange. Ich bin Ihnen doch gut, daß Sie mir nur diesen kleinen Brief geschrieben, u: will glauben, daß der unvermuthete Zufall, der ihn nicht hat grösser werden lassen, keine Unlust zum Schreiben gewesen sey. Auf daß ich aber nicht wieder Ihretwegen so unruhig werde, (denn Sie wissen es nicht wie besorgt ich Ihretwegen gewesen bin, u: verdienen es auch vielleicht nicht ganz, daß ich es Ihnen sage:) So bitte ich Sie mein lieber Klopstock, inskünftige ohne alle Ordnung an mich zu schreiben. Wenn ich es nicht ausrechnen kann, wann ich einen Brief von Ihnen kriege, so hoffe ich nicht auf einen gewissen Tag, u: so werde ich folglich durch meine betrogene Hoffnung nicht so betrübt. Ich

will es künftig auch thun. – Ich muß Ihnen aber doch noch meine Noth klagen. Ich weis nicht wer von uns beyden das Schicksal verdient hat, das Ihrem letzten Briefe begegnet ist. Ich bin vor ein Paar Tagen in einer Gesellschaft, wo ich unglücklicher Weise den Brief aus der Tasche verlieren muß. Ich merke es nicht eher, als bis ich bald wegfahren will. Sie können denken wie ich da erschrak. Ich dachte, ich würde ihn im Wagen, oder im Aussteigen haben fallen lassen. Die Gesellschaft fragte, warum ich so roth ward. Ich sagte, ich hätte einen Brief verloren, u: bat sie möchten darnach sehen lassen. Ein ander Frauenzimmer sieht zerrissen Papier auf der Erde, giebt es mir u: fragt, ob es der Brief ist. Ja, Klopstock, ja es war leider Ihr Brief. Ein boshafter Hund hatte ihn zerrissen. Ich sammlete mit stiller Betrübniß alle kleine Stücke zusammen. Was ich habe, das habe ich zusammen geklebt. Das verwünschte Thier hat aber vieles davon in seinem Magen, wovon ich ihm von Herzen eine schlechte Verdauung wünsche. Alle meine Hundeliebe hat sich jetzt in Haß verkehrt. Und wenn mein Charmant, den Sie nicht leiden konnten, nicht schon vor einiger Zeit weggelassen wäre: So würde ich gewiß an ihn gerochen haben, was ich an den Schuldigen nicht rächen durfte. Da habe ich nun die traurigen Überbleibsel Ihres Briefes vor mir, welche ich gewiß mit solchem Herzen ansehe, als ein Patriot die nachgebliebenen Mauern unserer abgebrannten Kirche. Ersetzen Sie mir doch bald diesen Verlust mein süsser Freund. Schreiben Sie mir aber auch auf solche Art, daß ich wieder recht gewiß werde, daß Sie mein Freund sind, u: glauben Sie nur, daß niemand Sie lieber hat als
                                                     Ihre Moller.

Die Mauern der abgebrannten Kirche sind die Mauerreste der großen Michaeliskirche, die am 5. 3. 1750 durch Feuer infolge eines Blitzschlags völlig zerstört wurde.

35. Meta an Klopstock, 31. 8. 1751

                                    Hamburg, d. 31ten Aug. 1751.
Also habe ich keine Hofnung Sie in Hamburg zu sehen? Mein lieber Klopstock! Warum haben Sie mir es denn überredet? Ich habe es niemals geglaubt, daß Sie so bald wiederkommen würden, weil ich die Möglichkeit davon nicht einsehen konnte. Sie wollten aber daß ich es glauben sollte, u: Ihr Wollen u: mein Wunsch machten mich es endlich glauben. Es scheint, daß Sie sich leicht darüber trösten kön-

nen, daß Sie nicht zu mir gekommen sind. Sie sagen, Sie würden mich nur zu lieb gehabt haben. Ich will dieses einmal annehmen. Fürchten Sie dieses denn? Wollen Sie denn nicht mich so lieb haben als Sie können? Ich habe ganz anders gedacht mein lieber Freund. Ich wuste es gewiß daß ich Sie zu lieb haben würde. Aber dennoch wünschte ich Sie mir. Ich wünschte, ich hoffte, daß meine Freundschaft, wenn sie anders noch stärker werden kann, den höchsten Grad erreichte. Und wenn ich mir vorstellte, daß Sie mich vielleicht nicht so lieb haben würden als ich Sie: so betrübte dieses mich zwar, es schwächte aber gar nicht meinen Wunsch. Und doch bin ich kaltsinnig? Mein Klopstockisches Herz will mir nur von dem Gegentheile überreden? Wie ist es möglich, daß ein Herz, dem Sie das alleredelste Beywort geben, Ihnen zugleich so unedel scheinen kann, gegen Sie kaltsinnig zu seyn? Sie sind mein lieber süsser Klopstock, mein liebster, bester Freund auch mit allen Ihren Beschuldigungen; aber diese Beschuldigungen müssen auch aufhören. Wie soll ich es denn machen in der Welt? Für meine Schwester ist jede Zeile zu feurig, zu zärtlich, u: für Sie bin ich ein bisweilen ein Bischen kaltsinniges Mädchen. Wer hat Recht von Ihnen? Ich glaube meine Schwester, wenn mein Herz damit zufrieden wäre, daß es für Sie *zu* zärtlich seyn kann – – –

Sie glauben daß Gleim deswegen nicht schreibt weil er Ihnen die einzigste Glückseligkeit Ihres Lebens zu versichern hat? – – Ja – – Ich wünsche es Ihnen. Wie Leibnizens Erbinn wird es Ihnen wol nicht gehen, seyn Sie nicht in Sorgen. – Giseke hat mir aus Quedl. geschrieben. Ich habe auch das Vergnügen gehabt mit Cramern Bekanntschaft zu machen. Er hat auch an mich geschrieben. Von Gleim aber schreibt Giseke nichts. Vielleicht weis er nicht, daß ich Gleim kenne. Ich schreibe aber morgen an ihn, dann will ich nach allem fragen. Wie ich dazu gekommen bin, Ihnen einmal von einem Mädchen zu schreiben, das Verse macht, weis ich nicht. Ich weis auch nicht wen ich damit gemeint habe. Wenn Sie nach Hamb: gekommen wären: so hätte ich mich dieses vielleicht besser erinnert. – Von meinem Gemälde kann ich Ihnen vielleicht bald mehr Nachricht geben. Ich habe heute gehört, daß ein geschikter Maler angekommen wäre. Ich werde ihn morgen zu mir kommen lassen. Und wenn er so lange bleibt, u: mich malen will: so soll diese Woche noch der Anfang gemacht werden. Sie hätten also, mein Herr, Ihre Vergleichung von den Hamburgischen Malern sparen können.

Meine Schwester empfiehlt sich. Sie meint, sie würde das, warum

Sie sie bitten leicht ausrichten können, wenn ein gewisses Mädchen nur Anakreons wegen so spät in der Nacht aufsässe – – Leben Sie wohl mein lieber süsser Klopstock. Seyn Sie nur immer so kaltsinnig gegen mich, als ich gegen Sie bin. M. Moller.

[Blatt 5:] Seyn Sie doch so gut mein lieber Klopstock Hrn. Rahn zu fragen, ob ich noch nicht bald meinen Taft bekomme. Ich habe geglaubt ihn diesen Sommer zu tragen. Nachgerade kann ich Pelzwerk darunter füttern lassen. Ich habe von Tage zu Tage gedacht, er würde kommen. Ich habe nichts anders gekauft, u: habe also ein Kleid weniger gehabt. Denken Sie, was das eine Verlegenheit für ein junges Mädchen ist! Aber im Ernste, ich habe in ein Paar Wochen eine Gelegenheit, wozu ich ihn sehr, sehr gerne hätte. Wenn ich nur wüste, ob ich ihn bald kriege, sonst muß ich etwas anders kaufen. Wenn ich ihn bald bekomme, u: die Rechnung davon, so habe ich eine gute Gelegenheit ihn gleich in Koppenh: bezahlen zu lassen.
M. Moller.

36. Klopstock an Meta, 7. 9. 1751

Koppenhagen den 7ten Sept. 1751
Ich habe den Brief, worinn ich damals etwas kaltsinniges zu finden glaubte, von neuem durchstudirt. Aber ich finde izt nichts so darinn. Deßwegen müssen Sie mich gleichwohl nicht so gerade zu verdammen. Genung ich fand es damals, vielleicht, weil ich Sie eben zu lieb hatte. Das verstehen Sie doch, süsses Kind, was alsdann Anklagen bedeuten, wenn sie aus solchen Ursachen entstehen? Vergeben Sie mit gleich meine Sünde, oder ich gebe Ihnen den Augenblick ein Mäulchen. Und wenn Sie mirs nicht auf den Mund erlauben; so heisse ich Sie „Mademoiselle" zur Strafe für Ihr: *Mein Herr* bey Gelegenheit des Mahlers. Ach, wenn ich von neuem anklagen wollte, so könnte ichs wohl ein bischen. Da werden Sie mir einmal Scholiastinn von diesen Texten; in Ihrem von 6ten August: „Es fällt mir iezt erst ein, daß Sie auch *durch Geschäfte* können abgehalten werden" „Und *sehen Sie es voraus,* daß die *Geschäfte* [anhalten werden ...]", in dem vom 20ten „Ich will glauben, daß der *unvermutete Zufall,* der ihn (den Brief) nicht hat grösser werden lassen, *keine Unlust* zum Schreiben gewesen sey":

Mädchen, komm, erkläre dich!

Sie wissen vielleicht nicht, wie gern ich Sie erklären höre, seitdem Sie mir einmal in einem Ihrer Briefe den Misverstand des Räthsels vom Gemälde erklärten. Alles so artig, so zusammenhängend, so rund! Doch hätte ich Ihnen ein bischen in die Augen gesehen, wenn ich bey Ihnen gewesen wäre. Doch wir wollen ein [!] völligen Frieden machen. Denn es kömmt doch am Ende, wenn ich genung, oft falsch angeklagt habe, nichts andres heraus, als daß ich Sie erstaunlich lieb habe. Ich will kein einziges Wort mehr davon reden, daß ich Sie *nun* diesen Sommer nicht habe sehen können. Ich werde nur zu traurig, wenn ich dran denke! - - - - - Sie haben auch mit Cramern Freundschaft u Briefwechsel angefangen. Dabey hab ich nun verschiedenes zu erinnern. Das ist wohl wahr, ich lieb Cramern, wie mich selbst, u er ist auch fast so, wie ich, vielleicht besser! Aber dennoch kann ich dieser neuen Freundschaft so geduldig nicht zusehen. Sie nimt mir wieder etwas, vielleicht nur gar zu viel, von Ihrem Herzen. Ich weis ohne dieß leider! nicht wie viel ein gewisser Mensch, Giseke, davon haben mag. Was nun Cramern anlangt, so sollte er fürs erste wissen, daß er ein Prediger ist, u daß Sie ein junges eitles Mädchen sind, das sich was rechts erzürnet hat, daß es diesen Sommer gewisse Blumen auf einem gewissen Kleide nicht hat tragen können. Fernerhin u fürs zweite, sollte er es ja wissen, daß er, *auch seine ganze Freundschaft* seiner Charlotte schuldig ist, u daß er also Ihnen gar nichts davon, auch nicht die kleinste lächel[n]de Mine, abgeben darf. Ich muß also dem Unfug der andern Correspondenz zu steuern u zu wehren suchen. Ich werde Cramern den ersten Punkt wegen des Predigers auf eine handgreifliche feine Art zu verstehen geben. Folgt er nicht; so schreib ich Charlotten, u da will ich den Gedanken von der *ganzen Freundschaft* schon hübsch gründlich u herzrührend vorstellen, u sie über dieß daran erinnern, daß ihr Mann sie so in der Zucht hält, daß sie an keine Mannsperson schreiben darf, u sie also ihn auch wohl *bitten* darf (ihr guten Kinder wißt schon was das heißt bitten. Und man sollte auch den Hagedorn verbieten: durch bitten herrscht die Frau - - -) wohl bitten darf auch nicht an Frauenspersonen zu schreiben, vollends da er ja wirklich Hofprediger ist. Nun, nun, ich will es schon machen, Mollern. Ihr süsses freundschaftliches Herz, das ich so erstaunlich lieb habe, soll mir nicht mehr so herumfliegen! Ja, das soll es nicht mehr, oder ich fange es einmal auf, u gebe es Ihnen nicht wieder. Das wär doch eine artige Sache, die kleine Mollern hätte Ihr Herz ganz u gar nicht mehr u ich hätts! Und ich hätte dann zwey solche süsse Dinger, als unsre Herzen sind. Was da für eine Unruh bey mir entstehen würde, das kann ich nicht sagen. Je nun, wenn der Lärm bisweilen zu groß würde, könnte ich doch wohl eins unter den Arm nehmen, wie einige Märtyrer der Catholischen Kirche, die ich mit meinen Augen auf der Lucernerbrücke – – abgemahlt gesehen habe, daß sie ihre Köpfe unterm Arm trugen.

Warum mag ich wohl so vergnügt seyn, süsses Mädchen? Weil ich bisweilen ein bischen ausschweifend bin! Sie können es zum Exempel gleich daraus sehen, was mir diesen Morgen, da ich Ihren Brief bekam, begegnete. Ich dachte ich küßte Ihnen die Hand, u am Ende wars Ihr Brief. Ja, die kleine stoische ([Anm.:] stoisch, das ist ein altes heidnisches Wort.) Hand! Ich will nur nicht mehr dran denken! Ich liebe Sie doch. Aber Sie müssen mir auch wieder einmal Blumen in einem Briefe schicken. Wenn Sie etwa die Blumenblätter dem Briefe nicht vertrauen wollen, (denn beym Aufmachen könnten einige, wenn ichs nicht gewiß wüßte, das welche drinnen wären, auf die Erde fallen) so legen Sie sie in ein besondres Papier. Und warum wollten Sie nicht auch ein paar Wörtchen auf das Papier schreiben? Könnte es doch wohl eine Erklärung von dem seyn, was Sie mir den 23ten July schrieben: „Gestern hab ich es recht gemerkt, wie lieb ich Sie habe Klopstock. Es geschah durch eine Gelegenheit, die zu weitläuftig ist sie hier zu erzählen." Nicht so? Sie thuns mein allerliebstes kleines Mädchen?   Klopstock

Mit Ihrer Schwester bin ich böse, daß Sie nicht haben will, daß wir einander gut seyn sollen; u mit Giseken, daß er Schuld ist, daß Sie vielleicht nun erst den Taft bekommen haben werden. Er hat so spät auf Zürch geschrieben.

37. Klopstock an Fanny, 14.9.1751

Koppenhagen den 14ten Sept. 1751.

Liebste Schmiedinn,

Wenn Sie es wüsten, was es mir für eine Freude gemacht hätte, da ich Ihre Hand auf Ihrem Briefe sah, gewiß, Sie würden bald wieder einmal an mich schreiben. Ich wuste es wohl, daß Sie wieder, die Wage in der Hand, mir iedes kleine Lächeln der Freundschaft zuwägen würden; doch freute ich mich. Ich erhielt Ihren Brief etliche Tage später, als er gekommen war. Ich kam eben von einem Jagdschlosse des Königs, Jägerspries, in die Stadt zurück, als man mir ihn gab. Sehen Sie, immer sind auch die kleinsten Umstände bereit, zu machen, daß, wenn ich mich ja einmal ein bischen freuen soll, es doch so spät geschehe, als es nur möglich ist. Ich habe zwar hier oft Anlaß, mich zu freuen; aber wie kann ich das recht, da ich immer an meine liebste Schmiedinn denke, u das mit so vieler Traurigkeit thun muß … Von Ihrem Bruder u Gleimen habe ich noch keine Briefe bekommen. Gleim wird es gewiß nicht wagen, Sie bey mir zu verklagen. Er weis schon, wie hitzig ich werden kann, wenn man Sie bey mir verklagen will. Sie sagen mir: „Ich soll Sie nicht verdammen, ohne Sie zu hören." O, Sie kennen mich immer noch gar nicht. Sie haben mir noch niemals Anlaß gegeben, Sie zu hören; u doch hab ich Sie noch niemals verdammt. Wie könnte ich das thun? Ich gewiß nicht; meine Thränen müßtens an meiner Statt thun. – – „Ich soll Ihnen etwas von mir selbst schreiben." Das will ich wohl thun. Ich will Sie, meine liebste Freundinn, in einer Sache um Rath fragen, die nun, seit drey Jahren, mein ganzes Herz beschäftigt hat, u es mein übriges Leben thun wird. Weil Ihnen von dieser Geschichte meines Herzens schon etwas bekannt ist, so darf ich mich, da ich meine liebste Schmiedinn um Rath frage, nur kurz darauf beziehen, daß ich das liebste unter allen Mädchen, Fanny, schon seit dieser Zeit, auf eine so ungemeine Art liebe, daß mir aus den Geschichten derer, die geliebt haben, nichts gleiches bekannt ist. Ich kenne diese Geschichte[n], u habe nur vor kurzem zwo derselben, in sehr genauen Beschreibungen gelesen. Gewiß ich übertreffe sie weit! Petrarcha und Abälard, so konnten sie nicht lieben. Von Rowe habe ich manchmal gedacht, daß er Singer so geliebt hätte. Aber wenn Singer eine solche Zeit hart gegen ihn gewesen wäre, würde es ihm, wie mir, unmöglich gewesen seyn, nicht mehr zu lieben? Würde er auch, wie ich, eine so grosse Ausnahme, von den allgemeinen Empfindungen der Natur, deren sich der Weise selbst nicht zu schämen hat, gemacht haben? Sehen Sie, meine liebste Freundinn, so liebte ich Fanny u so liebe ich sie noch. Fanny aber liebt mich nicht allein nicht; sondern sie bleibt auch, als Freundinn, beständig so im Gleichgewicht, daß ihr wohl noch niemals die erste Sylbe eines Gedankens eingekommen ist, mich, für so viel Liebe, doch in der Freundschaft zu übertreffen zu suchen. Ich sage zu suchen. Denn in dem, was das gute Herz am nächsten angeht, u ihm am heiligsten ist, lasse ich mich so leicht nicht übertreffen. Was soll ich thun, meine liebste Freundinn? Da diese

Liebe mein Leben so sehr traurig macht, u nicht aufhört, dieß zu thun. Ich habe wohl hundertmal diese Frage an mich selbst gethan. Umsonst hat alle Philosophie, die bey mir vor meinen Empfindungen hat aufkommen können, mir geantwortet: Ich sollte nicht mehr lieben. Mein Herz hat immer, mit lauten Empfindungen, u mit seiner eignen Mine voll Hoheit, ganz andre Dinge gesagt. Ich will aber izt einmal seine Entscheidungen bey Seite sezen, u meine liebste Freundinn, die so edel, wie mein Herz, ist, fragen: Was ich thun soll? Ich habe einmal eine andre Freundinn, die Ihrer, liebste Schmiedinn, so würdig ist, als es das Leben u der Tod der Clarissa einander sind, hierum gefragt; die hat mir geantwortet: Klopstock, ich weis nichts anders. Fragen Sie Fanny. Viel weniger, als Liebe oder Freundschaft, macht es ihr, da sie so viel u so lange gelitten haben, zur Pflicht, daß Sie ihnen antwortet. Antwortet Sie Ihnen so, wie sie gewiß glauben, daß sie antworten wird; nun, Klopstock, so ... ach, wie soll ich es ausdrücken? so liebe ich sie unter allen meinen Freunden am meisten; weil sie unter allen der unglücklichste sind; haben sie aber das Herz, noch einige Hofnung zu wagen, (ich biege mich hier ganz nach ihrer Art zu denken) so bitten sie ihre Fanny: Lieben sie mich doch auch, meine Fanny. Liebe bedeutet nur den Besitz ihres Herzens. Denn, da ich iede Art von Glückseligkeit meiner Fanny vorzüglich wünsche; so sind sie mir in ieder Absicht so theuer, daß ichs der Vorsehung überlasse, ob sie machen will, daß ich freymütig um noch mehr bitten darf.

Diesen Rath gab mir meine Freundinn. Was geben Sie mir vor einen, meine liebste Schmiedinn? Ich bitte Sie, mit vollem Vertrauen, daß Sie mir einen geben werden. Denn Sie waren ja so freundschaftlich, u sagten mir, wenn ich um einen längern Brief gebeten hätte, hätte ich einen längern bekommen sollen.

Noch etwas muß ich Ihnen erzählen. Vor wenigen Tagen bekam ich einen Brief von Fanny. Ich hatte den Abend lange mit tiefer Traurigkeit nachgedacht. Zulezt riß ich mich von meiner Angst los, u sah gen Himmel. Da begegnete mir dieß. Ich sage deßwegen es begegnete mir, weil wirklich die Gedanken, die ich hatte, mir beynah ([eingefügt:] etwas, wie) nicht meine Gedanken zu seyn schienen. Damit Ihnen dieß nicht zu sonderlich vorkomme, so will ich lieber sagen, ich dachte sie mit einer neuen Art von Lebhaftigkeit u Empfindung, die mir vorher unbekannt waren. Nach einer geheimen Frage an die Vorsehung: warum bin ich so lange, so sehr, u auf diese

Weise unglücklich? Erschrak ich über meine Frage, u sah vom Himmel nieder. Und da hatt ich diese Gedanken: „Und du fragst so frühzeitig? Thu einen Blick, so weit ihr ihn thun könnt, einen Blick von menschlicher Aussicht, ein paar Schritte übers Grab! Deine Bestimmung, kennst du sie nicht? sie war: Vielen die Menschlichkeit deßienigen, der eurer ganzen Nachahmung u Anbetung würdig ist, zu zeigen. Dein Herz muste hierzu völlig entwickelt werden. Wehmut u Thränen musten dieses thun u dich völlig ausbilden. Und wenn du zugleich hierbey zeigtest daß dir tiefe Unterwerfung u Anbetung theurer sey, als eine Glückseligkeit, deren Dauer dir so unbekannt war; so ist Lohn für dich da. Steh hier, u frage nicht weiter. Es ist jenseit dem Grabe viel Seligkeit u in den ewigen Hütten wohnet die Liebe viel himmlischer als du sie empfunden hast. Geh nun, u bete an, des Lohns werth zu seyn.

38. Meta an Klopstock, 16. 9. 1751

Hamburg, d. 16ten Sept: 1751.
Mein lieber Klopstock.

Es ist nicht meine Schuld, daß ich Ihnen nicht eher geschrieben habe. Ich hätte es gerne gethan, denn ich kann wol denken, daß Sie sehr nach Nachricht von Gleim verlangen, wenn Sie gleich vielleicht nicht merken, daß Sie keine von mir haben. Ich will Ihnen also das sehr wenige, was ich von ihm weis, mitheilen. Giseke antwortet mir, wie ich ihn nach Gleim frage: „Gleim habe ich in Quedlinburg u: auch in Halberstadt gesprochen. Ich bin sogar eine Nacht in seinem Hause gewesen. Verreist ist er kürzlich, so viel ich weis, nicht gewesen. Aber in Pfingsten oder gleich darauf ist er in Langensalza gewesen. An eben dem Tage, da ich aus Blankenburg reiste, war Schmidt aus Langensalza mit der Post dort angekommen, um Gleim in Halberstadt zu besuchen. Ich erfuhr es aber erst eine Meile hinter Blankenburg von einem meiner Reisegefährten. Sonst hätte ich ihn gewiß gesprochen. Wenn Sie an Klopstock schreiben, so grüßen Sie ihn, u: erinnern Sie ihn, daß ich seine Antwort auf meinen letzten Brief vor meiner Abreise nach Q: mit Ungeduld erwarte."

Was fodern Sie in Ihrem letzten Briefe für Erklärungen von mir Klopstock? Wie kann ich denn wissen was ich vor einem Monat gedacht habe? Ich weis eigentlich nichts, als daß ich Ihnen sehr gut gewesen bin. Aber, das versteht sich von selbst, das bin ich immer.

Und ohne das Hr. Klopstock (denn Sie müssen mir das Mein Herr zuweilen lassen, es ist mir oft sehr notwendig) ohne das würden Ihnen meine Erklärungen nicht viel helfen, weil Sie es für so nöthig halten mir dabey in die Augen zu sehen. Halten Sie es denn nicht etwa auch für nöthig, mir bey den Versicherungen meiner Freundschaft in die Augen zu sehen. Und was haben Sie denn auf mein Herz zu sagen? Heissen Sie das herumfliegen, daß es nebst Ihnen auch Giseken u: Cramern zu Freunden haben will? O ja! ich habe Giseken sehr lieb, u: seit einiger Zeit noch viel lieber als sonst. Durch meinen Giseke kenne ich meinen Klopstock, sollte ich ihn dafür nicht lieb haben? Ich traue mir zwar zu, daß ich auch ohne Giseke, Sie so weit kennen würde, als von Rechts wegen eine jede unsterbliche Seele Sie kennen sollte. Aber wie vieles hätte ich doch nicht entbehrt! Ich hätte es ohne Zweifel gehört, daß Sie in Hamburg wären. Ich hätte Sie vielleicht gesehen. Aber meines Klopstocks liebenswürdiges Herz, mein *ganzer* süsser Klopstock wäre mir wol unbekannt geblieben! Dieses alles habe ich Giseken zu danken. Sie haben doch einen artigen Einfall mein kleiner Freund, ich muß es gestehen! Sie wollten also mein Herz auffangen? Ich sollte es nicht wieder haben? u: auch keine Vergütigung dafür? Das wäre doch eine artige Theilung! Und wenn Sie dann der Herzen zu viel hätten, so wüsten Sie mit dem meinigen nichts anders anzufangen, als es unter den Arm zu nehmen? Das wäre doch hübsch! Mir würde wirklich bange werden, wenn ich meines Herzen wegen nicht sehr sicher wäre. Nein, nein! glauben Sie es mir; wir Mädchens lassen unsere Herzen niemals so weit fliegen, daß sie aus unserer Macht kommen. Wenn ich aber einmal eifersüchtig werden wollte – – Wer weis wo Ihr Herz allenthalben herumfliegen mag? Bey welcher dänschen Schöne – – O Klopstock nur keine dänsche! Die Dänen u: die Hamburger sind sich ohne das nicht so gut. Ich würde ihnen vielleicht die Freundschaft von einem, der in meinem Herzen weit unter Klopstock steht, beneiden. Wie sollte ich denn ihnen die Ihrige gönnen! Versprechen Sie es mir also Klopstock, keine Dänin!

Ich hätte wol Lust gehabt Ihnen einige Küsse zuzuwerfen, aber von einer stoischen Hand wären sie Ihnen wol nicht angenehm. Stoisch! Unter allen Beywörtern, die meinen Händen jemals gegeben sind, ist dieses noch niemals gewesen! Und ich hätte geglaubt, daß Sie, als eine Mannsperson, mehr Zutrauen zu sich gehabt, u: als Klopstock es auch wol hätten haben können, als zu glauben, daß meine Hand unter der Ihrigen noch so sehr stoisch geblieben wäre. Oder glauben Sie nur, daß sie es in Ihrer Abwesenheit ist? – Wissen Sie wol Klopstock, daß Ihre arme kleine Freundinn bald ertrunken wäre? Wir haben hier so eine hohe Flut gehabt, als man seit Menschengedenken sich nicht erinnern kann. Sie hätten Ihr kleines freundschaftliches Mädchen doch wol bedauert? – Aber ich weis nicht warum ich heute an Sie schreibe! Ich beflecke mein Gewissen dadurch. Der heutige Tag ist hier ein Fast- und Bustag u: ich mache mir einen Festtag daraus! Ich will also kein Wort weiter sagen. Was ich bin das wissen Sie wol. Immer noch mehr Ihre Moller.

Den Rahnschen Taft, welcher mir aber im Vertrauen, nicht gefällt, habe ich durch Giseke bekommen, u: an Giseke auch das Geld dafür geschickt.

39. Klopstock an Meta, 18.9.1751

Koppenhagen den 18ten Sept 1751
Hören Sie doch, mein kleines süsses Mädchen, warum bekam ich denn mit der gestrigen Post keinen Brief von Ihnen? Ich habe Ihnen doch nichts gethan, meine Moller? Nein, das habe ich gewiß nicht. Haben Sie etwa so viel republikanische Sorgen, ihr grosses Wasser wegzubringen, daß Sie mir deßwegen nicht schreiben? Wenn Sie wüsten, wie ich auf einen Brief von Ihnen gehoft hätte! „Ob ich mich fürchte, Sie so lieb zu haben, als ich kann?" Sie wissens doch noch. Sie fragten mich dieß. Freylich fürcht ich mich, dieß zu thun. Müste ich nicht besorgen, Sie würden, wie Sie schon einmal gethan haben, mich an die *Freundschaft* erinnern? Zwar weis ich schon, was ich dann thun würde. Ich hätte Sie dennoch lieber als Sie mich, ob Sie mir gleich immer solche Erinnerungen gäben .... Sie sagen mir: „Sie hätten es gewiß gewust, daß Sie, wenn ich zu Ihnen gekommen wäre, mich zu lieb gehabt haben würden." Zu lieb! Sie sind doch ein böses Mädchen, so gut Sie sich stellen. Wenn Sie mich lieb haben; so darf ich Ihnen eine Hand küssen, u wenn Sie mich zu lieb haben, beide. Das wird wohl der ganz grosse Unterschied seyn. Hören Sie doch. Hierbey fällt mir ein, daß ich Ihren Händen gar nicht gut bin, keiner nicht; so klein u artig sie auch sind. Und den Augen vollends nicht. Ich wollte, daß der Maler sie so kaltsinnig mahlte, als sie immer gegen mich waren. Und dem Herzen? – – – Wir wollen sehen, ob es recht klopstockisch seyn wird. Und also der ganzen kleinen Mol-

lern? Der – – – – – der bin ich erstaunlich gut. Wie Ihr Mädchens es mit uns macht. Wir wollten gern mit Euch zanken, u können nicht. – – – – – Ich habe zween Briefe von Fanny bekommen; aber in Einem. Der erste ist ein kleiner, wie wir manchmal an einander, an Einem Tische, schrieben, u darin ist sie meine Dienerin. In dem andern sagt Sie: Gleim hätte ihr gedroht, sie bey mir zu verklagen; ich sollte sie aber ja nicht ungehört verdammen. Und in diesem ist sie meine aufrichtige Freundinn. Fast lieb ich Fanny nicht mehr. Ich möchte wohl wissen, was da von wahr wäre, wenn ich mir dieß überreden will. Ich will davon abbrechen. Denn ich will heut bey dieser Materie nicht ernsthaft werden. Aber nun mag ich auch nichts weiter schreiben.... Ich sage Ihnen wieder etwas von meiner Geschichte, meine Moller, aber das thun Sie nicht. Schreiben Sie nur bald an mich. Ich bin, der grossen Vergehungen Ihrer Hände u Augen ungeachtet,
Ihr Klopstock

40. Klopstock an Gleim, 18.9.1751,

Koppenhagen, den 18ten Septbr. 1751
Gestern, mein Gleim! empfing ich Ihren Brief, und heute antwort' ich Ihnen schon. –
Wie kommt Ihnen diese Stille vor? – Soviel weiß ich, daß ich ihr nicht traue. Vielleicht bin ich stille, weil es nur der letzte Druck eines lange vorausgesehenen Streichs ist, oder weil ich meinen Gleim, der sich meinetwegen so betrübt, gern wieder heiter machen wollte. Paete, non dolet! sagte die heilige Arria, um des Pätus willen. – Ach! mein Gleim! wie lieb hab' ich Sie! der letzte Brief, den Sie einen schrecklichen Brief nennen, war nur Traurigkeit. Sehen Sie, auch meine Traurigkeit, so lieb hab' ich Sie, bitt' ich Ihnen ab. –
Schmidt hat mir nicht geschrieben. Von Fanny hab' ich schon vor acht Tagen einen Brief bekommen, worin sie mir sagt, daß ihr Bruder ihr von Halberstadt aus gemeldet, daß er und Gleim an mich geschrieben hätten; daß Gleim ihr gedrohet, er wolle sie bei mir verklagen, daß ich sie aber nicht, ohne sie zu hören, vernehmen sollte. – Wäre es mir möglich gewesen, nur ein Wenig zu hoffen, so wäre ich, wie Sie sehen, nicht so völlig zu Ihrem Briefe bereitet gewesen, als ich es war. Schreiben Sie mir also die erste von den Nächten unserer künftigen Unterredung. Ich bin nicht so undankbar gegen Ihre so edle Freundschaft für mich, daß ich fortfahre, Sie hierum zu bitten, wenn es Sie zu traurig macht; ob ich gleich viele Begierde und auch

einige Stärke, sie zu hören, bei mir empfinde. Ich habe Fanny schon geantwortet. [...]

41. Meta an Klopstock, 20.9.1751

Hamburg, d. 20ten Sept: 1751.
Sie vermuthen heute wol keinen Brief von mir Klopstock? Wenn ich nicht ein so aufrichtiges Mädchen wäre, das fast immer seine Gesinnungen auf der Zunge hat: So könnte ich sagen, es geschehe nur G[iseke]s Briefes wegen. Wir Mädchens verhüllen sonst gerne unsere Meinungen. Er hat mir zwar geschrieben, daß ich gar nicht nöthig hätte den Brief eher zu schicken, als bis ich doch einmal an Sie schriebe; aber das wüsten Sie ja nicht. Und ich könnte auch sagen, ich wäre zu gewissenhaft, um Hannchens Geburtstag von Ihnen ungefeiert zu lassen. Aber Sie würden das alles wol nicht glauben. Und Sie haben Recht mein lieber Freund. Ich bin Giseken sehr gut, daß er mir diese Gelegenheit giebt, die ich mir ohne das doch wol nicht genommen hätte. Denn, ob ich gleich alle Posttage gerne an Sie schriebe, so gehet das doch nicht an. Und wenn es auch angienge, so sind wir Mädchens, wie ich schon gesagt habe, doch so zurückhaltend, daß wir Ihrem Geschlechte auch den rechten Grad unserer Freundschaft nicht einmal ganz zeigen mögen. Wir freuen uns also wann das, was wir doch für die Empfindungen unseres Herzens thun, nur den Schein der Höflichkeit hat. Ich bin aber schon lange von dieser Regel gewichen, u: werde auch wol nicht leicht wieder zu ihr kehren. Ich finde zu viel Vergnügen darinn, es Ihnen auch zu sagen, daß ich Ihnen gut, daß ich Ihre Freundinn bin u: daß ich Sie sehr, sehr lieb habe. Ich werde es Ihnen auch noch recht oft sagen – (ach leider! nur schreiben!) und ich schmeichele mir, daß Sie diese Wiederholungen auch gerne hören wollen.

Das ist doch artig, daß Giseke uns allen Hannchens Geburtstag nennet! Er wird also von so viel freundschaftlichen Herzen in so unterschieden Arten gefeyert werden! Wie süß wird das seyn, wann ich denke, daß zu der Zeit, da ich Hannchens Gesundheit trinke, Klopstock, Schlegel, Cramer u: Charlotte, Gärtner, Luise, Ebert u: Giseke es vielleicht zu gleicher Zeit thun! Wie unbeschreiblich süß würde es aber nicht seyn, wenn wir alle dieses an einem Orte, in *einem* freudenreichen Zimmer thäten! Welch ein grosser Wunsch! – –

Aber mein süsser Klopstock wann ist Ihr Geburtstag? Den muß ich ja wissen, den muß ich feyern. Ich werde alsdann die wenigen Seelen hier in Hamburg zu mir bitten, die werth sind ihn mit mir zu feyern. Meinen Geburtstag dachte ich dieses Jahr mit Ihnen zuzubringen, aber Sie kamen zu spät. Ich habe den Tag aber genung von Ihnen geschwatzt, ob ich Sie gleich noch nicht von Person kannte. Ich bin beständig, mein lieber Klopstock, Ihre starke, starke Freundinn.

M. Moller.

[Nachschrift mit einer Nelke:]

Nun errathe ich es erst warum meine bisherige Verpflegerinn mir stets so wohlgetan. Ich dachte immer, ich würde das Glück haben, in ihren Haaren oder in ihren Bändern zu verblühen. Aber sie hat mich zu einem Glücke aufgehoben, das nach ihren Begriffen viel grösser ist. Denn ich muß sie nur verrathen, (Sie sagen es ihr doch nicht wieder?) sie legte mich mit solchem Gesichte u: mit so einem kleinen zärtlichen Seufzer in den Brief, daß ich glaube, Sie wünschte sich an meine Stelle. Ihnen die Wahrheit zu gestehen mein Herr, so hätte ich ihr diese Stelle wol überlassen u: lieber in der Gewalt einer andern Beherrscherinn seyn mögen. Denn, ich kann es nicht ohne Betrübniß sagen, was ich, als eine Zierde ihres Nachttisches für Antheil an seiner Entheiligung nehme! Da standen die Dosen oft in der grösten Unordnung, da lagen Beyträge, vermischte Schriften, Messiaden u: Gott weis was, an ihrer Stelle. Anstatt in den Spiegel zu sehen, anstatt mit uns u: mit sich zu spielen, packte sie eine Menge Briefe aus der Tasche u: lase sie. Und diese Beschäftigung dauerte auch wann das Mädchen sie aufwickelte. Was hat man bey so einer Beherrscherin für Freude! Sie sieht uns kaum an, u: verpflegt uns, um uns eine weite Reise thun zu lassen. Es ist mir unterdeß doch lieb mein Hr. daß ich die Ehre haben werde Sie zu sehen. Ich bin lange begierig gewesen, eine Person zu kennen, die meine Beherrscherinn so lieb hat, daß sie auch die Blumen aufmerksam darauf macht. Ich werde ihrem Beyspiele folgen u Sic auch recht lieb haben. Die Nelke.

42. Klopstock an Meta, 22.9.1751

Klopstock hatte bereits einmal, während seines Aufenthaltes in der Schweiz, die deutsche Übersetzung von Richardsons „History of Miss Clarissa Harlowe" gelesen. Im Frühjahr 1752 sandte er an Meta seine Ode „Die todte Clarissa". – Youngs „Night Thoughts" erschienen in der Übersetzung von J. A. Ebert 1751 ff.

Koppenhagen den 22 Sept 1751

Um des Himmels willen, Mollern, was haben Sie mir heut für einen Brief geschrieben! Ich bekam ihn diesen Morgen. Izt ist es schon gegen Abend, u ich kann noch nicht von dem Briefe zu mir selber kommen. Er ist mir ganz unbegreiflich. Sie haben alles, was heilig ist, vergessen, da Sie den Brief schrieben. Was hab ich Ihnen gethan? Wenn Sie wüsten, in welcher Gemütsverfassung ich eben war, da der Brief kam. Ich war sehr ernsthaft. Ich las die Clarissa, seitdem ich hier bin, das erstemal. Ich dachte im Lesen (ich denke bey solchen Büchern mehr Seiten, als ich lese) ich dachte dabey viel an Fanny, viel an – – was soll ich sagen? Mollern! Nein, das hätt ich von Ihnen nicht gedacht, daß Sie *so* an mich schreiben könnten. Soll ich Ihnen den unbegreiflichen Brief abschreiben, daß Sie ihn mir mit Erklärungen zurück schicken? Wie ist mein armer Scherz so sehr verunglückt! Dem will ich gern einen Theil der Schuld beymessen. Wenn ich nur noch genau wüste, wie ich mich ausgedrückt hätte! Ich weis es wohl, zu einigen Sachen gehört notwendig Stimme u Mine, u die sollte man nicht schreiben. Das ist mein ganzes Versehen. Unterdeß war der Scherz von dem *Herzen unter dem Arme* so ausgelassen, daß er eben daher seine ganze Lustigkeit erhielt, weil *ich* ihn sagte, ich, dessen Charakter mit dem Ernste so genau übereinstimmt, als das Leben u der Tod der Clarissa einander ähnlich sind. Aber gleichwohl hab ich die Schuld, daß ich etwas schrieb, was sich nur sagen lies. Aber Sie, meine Mollern (ich werd es niemals über mein Herz bringen können, mich für das Ihnen so leichte *Herr Klopstock* zu rächen!) Sie konnten mir, (es thut ihm hierbey nichts daß Sie mich falsch verstanden hatten) Sie konnten mir *so* schreiben! Nein, Mollern, nein! Ein solches Herz hab ich nicht. So hätt ich Ihnen nicht schreiben können. Nein das hätt ich nicht gekonnt. Ich bin in einer unaussprechlichen Unruh. Meine einzige Zuflucht, ich will nicht sagen, Trost, denn ich habe fast keinen! ist noch, daß ich noch nicht völlig überzeugt bin, ob ich Sie verstanden habe. Sie sind mir bald sehr deutlich, bald eben so dunkel. Meinen Sie daß ich mich getraue, Ihnen einige von diesen tödtenden Zeilen abzuschreiben, daß Sie mir eine Erklärung darüber geben? Vielleicht wissen Sie noch so viel davon, daß Sies ohne dieß thun können. Eins muß ich anführen. Und das ist noch das allergelindeste. Sie haben Ihr Gewissen befleckt. Sie haben sich aus einem Bußtage einen Festtag gemacht, an mich zu schreiben. Es ist Ihnen also so festlich, so an mich zu schreiben? Und, (wie Sie Ihren Brief schliessen) so sind Sie immer noch mehr meine Moller. Haben Sie sich etwa vorgenommen, sich künftig in dieser Art, meine Moller zu seyn, noch zu übertreffen? Ach, hören Sie auf! Sie sind schon hoch genung gestiegen, u ich werde Sie niemals erreichen. Aber Sie sind doch sonst ein so gutes Kind gewesen. Ich bitte Sie um alles, was heilig ist, was hab ich Ihnen gethan? Kann man Sie denn so sehr beleidigen, wenn man Sie lieb hat? ... Meine liebe, liebe, süsse Mollern! Sehen Sie, so schwach ist mein Herz. Ihr Brief hat mich nur aufs äusserste betrübt. Sie haben mich viel zu furchtsam gemacht Ihnen zu sagen, von welcher Art meine Betrübniß war. Sie auch? Sie auch? Mollern! Leben Sie wohl. Was hab ich Ihnen gethan, daß ich mit so viel Traurigkeit sagen muß, daß ich Ihr Klopstock bin.

Meinen armen lezten Brief lassen Sie ihn doch nicht auch das Schicksal des vorhergehenden haben!

Wenn ich Sie damit bemühen darf, so ersuche ich Sie, Bohnen in meinem Namen sagen zu lassen, daß er mir die Folge der Ubersezten Nachtgedanken, wenn sie heraus ist, mit der Post schicke.

43. Klopstock an Meta, um den 26. 9. 1751

[Lücke. Die Nelke berichtet:] Nun will ich Ihnen erzählen, wie er mich empfieng als ich ihn gegrüßt hatte. Er sah mich etlichemal an, er küßte mich auch. Er küßte mich vielmehr, als einmal. Und, du kleines Ding, bist so weit gereist, u siehst noch so blühend aus. Gleich war ich ein artiges Kind, u blühete noch mehr. Das mochte er wohl merken; denn er küßte mich noch einmal. Drauf sagte er zu mir: Warte, du kleines Ding, du sollst nicht allein seyn, du sollst Gesellschaft haben (denn er selbst muste weggehen) Gleich brachte er [Lücke: ... eine Rose als Gesellschafterin. Es folgt ein Gespräch der beiden Blumen:] ob wir gleich ganz hübsche Kinder sind, u einige unter uns von dauerhafterer Schönheit! Aber wohl, weil dich meine Beherrscherinn schickte, deßwegen wohl. – Nun es mag gewesen seyn, warum es will (wenns noch Sommer wäre wollte ich anders reden!) Genung er hatte mich recht sehr lieb, gewiß lieber als dich, mein gutes Kind. – Vielleicht, u vielleicht auch nicht. Weißt du denn wie lieb er mich gehabt hat? – – Nun, er hat dich ein paarmal angesehen, u dann hat er dich, vielleicht mich zu sehen, zu mir gebracht. – Nur angesehen? er hat mich geküßt, recht vielmal geküßt, u vielleicht sanfter, als ihr Rosen es von euerm vergötterten Weste vorgebt – – –

Das ist doch viel, Kind. Aber wenn er in der Zerstreuung u Freude gedacht hätte, du wärst eine meiner Schwestern. – Das eben nicht, meine stolze Freundinn! Nein das gewiß nicht! Da er mich küßte, sagte er: kleine Nelke! zu mir. – Nun, kleine Nelke, wir wollen uns versönen. Zu mir sagte er: kleine, kleine, süsse Rose! So sagte er. – Er hat mich auch mehr, als einmal klein, u dann auch süß genannt. Er hat auch, süsses Ding zu mir gesagt. – Und ich würde, eitles Ding zu dir sagen, wenn man deiner Jugend nicht etwas verzeihen müßte – Ich bin so wenig ein eitles Ding, daß ichs dir wiederhohle, daß er weder mich noch dich um unsertwillen, sondern deßwegen geküßt hat, weil uns unsere Gebieterinn zu ihm schickte. – Weil du so wenig stolz bist, so wollen wir nur Friede machen. Uberdieß hab ich keine Lust an solchen Kleinigkeiten mehr. Denn ich lege mich seit einiger Zeit stark auf die Philosophie. – –

Und ich, meine Gebieterinn, denke mich sogleich noch nicht auf die Philosophie zu legen; besonders, da mich mein Herr von neuem so lieb gehabt hat. Er nahm mich allein zu sich, u die Rose nicht. Jezt ist er wieder weggegangen, u hat mich aussen gelassen, gewiß deßwegen, daß er mich gleich wieder antreffen will. Unterdeß da er weg ist geb ich Ihnen geschwinde diese Nachricht von meiner Reise. Hier haben Sie eine meiner Locken, die er am zärtlichsten küßte.

    Ich bin Ihre kleine Dienerinn   Die Nelke.

44. Meta an Klopstock, 27.9.1751

Hamburg, d. 27 Sept: 1751.
Mein allerliebster Klopstock!

Was soll ich Ihnen schreiben, wie soll ich mich ausdrücken auf daß Sie es glauben daß ich Sie lieb habe? Mein allersüssester Freund wie unrecht legen Sie mich aus! O Klopstock das habe ich nicht verdient! Wie sehr hat Ihr letzter Brief mich niedergeschlagen! Ich bin seit einiger Zeit so gesund u: so vergnügt gewesen, als ich lange nicht gewesen bin. Und Sie Klopstock! *Sie* machen daß dieses aufhört! Wie kann ich vergnügt bleiben wenn ich sehe, daß Sie mich so wenig kennen! Aber ich will Sie nicht beschuldigen, ich will mich nur rechtfertigen. Ich habe alles das, was Sie von dem Herzen etc: schreiben für Scherz genommen. Und mein lieber Klopstock! werde ich denn einen Scherz mit etwas anders als mit Scherz beantworten? Hatte die Clarissa Sie denn so sehr ernsthaft gemacht, daß das, was ich Ihnen schrieb Ihnen nicht mehr Scherz schiene? Lesen Sie meinen Brief noch einmal, oder, wenn er Ihnen so verhaßt ist, denn er ist es mir jetzt auch, so will ich es hier hersetzen, denn ich weis zum Glück den Brief noch sehr gut. „Sie wollten also mein Herz auffangen? Ich sollte es nicht wiederhaben? Und *auch keine Vergütigung dafür?* Das wäre doch hübsch! Nein, nein, wir Mädchens lassen unsere Herzen niemals so weit fliegen, daß sie aus unserer Macht kommen." etc: Wenn ich dieses zu Ihnen *gesagt* hätte: So glaube ich nicht daß Sie es hätten übel nehmen können. Aber Sie haben wol Recht! Zu einigen Sachen gehört Stimme u: Mine.

Das erfahre ich leider zu sehr an meinen armen Briefen! – Es ist mir ganz unschätzbar, daß Sie sich für mein Hr. Klopstock nicht rächen wollen, oder, wie Sie unbeschreiblich süß schreiben, nicht über Ihr Herz bringen können, sich zu rächen. Aber mein lieber, süsser Klopstock glauben Sie denn, daß ich Sie so nenne, wenn ich Ihnen nicht gut bin, oder wenn ich Ihnen nicht in solchem Grad gut bin, als ... als ich Ihnen doch immer bin. Meine Zunge ist es so gewohnt meine besten Freunde, die ich sonst nicht Herr nenne, immer im Scherz so zu nennen. Und je lustiger ich bin, je notwendiger scheint mir dieses Wort. So bald es aber in dem Herzen meines liebsten Freundes auch nur den geringsten Argwohn gegen meine Freundschaft machen kann: So bald wird es mir verhaßt, so bald will ich es verbannen, so bald gebe ich Ihnen mein Wort, es in meinem Leben nicht wieder gegen Sie zu gebrauchen. Sie rücken mir auch das vor, was ich vom Bus- u: Festtage sage? Mein allerliebster Klopstock eben das beweist meine Unschuld! Wenn ich Sie nicht so lieb hätte, wenn nicht an Sie schreiben eins von meinen grösten Vergnügen wäre, die ich, da Sie von mir entfernt sind, haben kann: So würde es mir nicht einen Bustag zum Festtage machen. Was ich sonst noch von Gewissen beflecken sage, das werden Sie doch leicht für einen blossen Scherz erkennen, der mir daher einfiel, weil ich etwas so sehr angenehmes an einem Tage vornahm, wo ich eigentlich sollte betrübt seyn. Lesen Sie mir zu Gefallen den Brief noch einmal u: rechtfertigen Sie mich selbst. Wenn ich mich nach den Empfindungen meines Herzens ausgedrückt habe: So muß das, was ich davon schrieb, daß ich Sie durch Giseke hatte kennen lernen, sehr freundschaftlich seyn. Aber dergleichen bemerken Sie gar nicht Klopstock! Ich habe Sie furchtsam gemacht? Mein Klopstock wie furchtsam bin ich nicht, daß alles was ich geschrieben habe, Ihnen vielleicht nicht genung mein Herz zeigt, u: daß Sie mir noch nicht wieder gut sind. O geben Sie mir Ihre Freundschaft doch wieder. O glauben Sie es doch, daß ich Sie lieb, unbeschreiblich lieb habe. Und, weil ich mein Herz so schlecht ausdrücke, so glauben Sie, ja glauben Sie nur immer mehr als ich sage. Warum sind Sie nicht hier! Warum hören Sie nicht was ich spreche! Oder vielmehr, warum können Sie nicht sehen was ich denke! Warum können Sie nicht kennen was ich empfinde! Ja mein Klopstock auch mein allerflüchstigter [!] Gedanke von Ihnen ist Freundschaft, ist der höchste Grad der Freundschaft. Und in dieser Art Ihre Moller zu seyn, will ich mich noch übertreffen, u: ich hoffe Sie werden mich noch einigermaassen erreichen, u: alsdann will ich immer noch mehr Ihre Moller seyn!

45. Klopstock an Meta, 5. 10. 1751

Friedensburg den 5ten Oct. 1751
Ihren Brief vom 27ten Sept. bekam ich erst gestern. Lieber, süsser Brief, hab ich gesagt, warum bist du so lange unterwegs gewesen? Wissen Sie wohl, was ich gethan habe, Mollern? Ich habe mich seit gestern Abend, da ich den Brief bekam, lustig über mich gemacht, daß ich Ihren andern Brief so ernsthaft genommen habe. Doch ich bin manchmal wie die Mädchens, die wollen doch immer noch etwas recht haben, wenn sie gleich unrecht haben. Und so scheint mirs, da ich Ihren Brief wieder überlesen habe, daß er mit einer etwas ernsthaften Mine ([Fußnote:] Uberhaupt hatte ich Ihren Brief nicht durchgehends für Ernst gehalten.) lacht. Zum Exempel ... Ja, Zum Exempel! Ich will nur nicht mehr wie die Mädchens seyn. Denn, wißt ihrs wohl? ihr seid doch manchmal böse Kinder. Hören Sie nur, Mollern, wenn ich bey Ihnen wäre, so gäb ich Ihnen *Ein* Mäulchen. Denn mehr dürft ich Ihnen doch nicht geben. Und weil Sie denn das nicht haben wollen; so hab ich Lust nur noch ein ganz ganz klein Bischen zu zanken. Und was denn nun? Wirklich ich weis selbst nicht recht, was ich will. So geht mirs immer. Wenn ich mir auf einmal vorstelle, daß ich bey Ihnen bin, u will Ihnen dann ein Mäulchen geben; u dann auf einmal merke, daß ich nicht bey Ihnen bin; so werde ich schreklich verdrüßlich, u weis selbst nicht, was ich will. Doch eben wollte ich, glaub ich, noch ein Bischen zanken. Kann ichs doch wohl noch thun. Wissen Sie wohl, daß es mich verdrießt, daß Sie mir das mit dem Buß u Festtage, u das, vom Beflecken des Gewis-

sens *zu genau* erklären. Das verstand ich wohl. Aber ich dachte Sie wären ein solcher Schalk gewesen, dieß Bischen Süsse über Ihre kleine Bosheit zu decken. Nun eben nicht Bosheit! Ich habe das so schlimm nicht gemeint. Damit ich nur ein Bischen ernsthaft wieder werde, Mademoiselle „Meine Zunge ist so gewöhnt, meine besten Freundinnen, die ich sonst nicht Mademoiselle nenne, immer im Scherz so zu nennen. Und je lustiger ich bin, desto notwendiger scheint mir dieses". Doch ich wollte ja ernsthaft seyn, meine kleine süsse Mollern. Ja das wollte ich wirklich. Sind Sie nicht auch betrübt, daß die Cokburn schon in Ihrem zwanzigsten Jahre gestorben ist. Cokburn! Sie kennen sie doch? Denn Sie sollen Sie mich kennen lehren, denn ich weis weiter nichts von ihr, als was ich vor kurzem von ihr gehört habe. Und das ist genung, sie lieb zu gewinnen. Sie war schön u jung, dachte, wie Locke, schrieb allerhand kleine Werkchen, worunter auch Poetische waren, u begieng bey allen diesen reizenden Vorzügen zulezt den unverzeihlichen Fehler, daß sie in Ihrem zwanzigsten Jahre starb. Sie wird doch nicht etwa gar eine Rowe seyn? Ich erschrecke vor Freude, wenn ich mir das vorstelle. Ja, ja, ich merke so etwas, sie kann wohl eine Rowe seyn. Ihr Vornahmen verräth sie. Sie heißt Catharine. Ja, ja, versteckt euch nur nicht so sehr, ihr guten Mädchens, die ihr euch über euer Geschlecht erhebt. Man kennt euch gleich bey euern Namen, wenn ihr auch noch so modest seyd. Ihr heißt entweder Catharina, oder Elisabetha, oder Margaretha oder Maria; selten daß eine einmal Hannchen heißt. Doch, die Namen bey Seite, meine liebe Moller, so scheint mir die Cokburn eine von den Mädchens zu seyn, denen ich erstaunlich gut bin. Und zu meinem grossen Verdruß muß ich Sie bitten, sie mir näher bekannt zu machen, weil ich das Englische nicht verstehe. Herr Birch hat vor kurzem ihre Werke in London herausgegeben. Zwanzig Jahr erst! Ob sie wohl geliebt haben mag? Nun das versteht sich! Aber wie? Etwa wie ich? Gehorsamer Diener meine kleine Mademoiselle Göttinn! Das werden Sie wohl nicht können. Darinn laß ich mir gar nicht gleich kommen. Doch Stille! Stille bey der Asche dieses süssen Kindes. Ich sag Ihnen ganz leise: Adieu, kleine Moller.   Klopstock

46. Klopstock an Gleim, 5.10.1751

Friedensburg, den 5ten October 1751.
Sie sind es, mit dem ich über meine Geschichte, an der Sie den Antheil eines recht eigentlichen Freundes genommen haben, reden will, und kann. Schmidt scheint das mit mir nicht mehr thun zu wollen. Denn ich habe noch keinen Brief von ihm. Sie wissen, wie viel mir daran gelegen seyn muß, auf welche Art, ich will nicht sagen, aus was für Gründen, sondern mit welcher Art zu denken, mich Fanny so unglücklich macht, als sie mich gemacht hat. Ich bin, Sie wissen es, mein Gleim, ich bin so wenig fähig, im geringsten ungerecht zu seyn, als Sie es seyn können; und daher bin ich, bei aller meiner Traurigkeit, dennoch geneigter, Fanny zu vertheidigen, als sie anzuklagen! Aber das konnte ich doch, ohne im geringsten partheiisch gegen mich zu seyn, von ihr erwarten, daß sie meinen Gleim bei Seite nehme, und ihm, in Betrachtung meiner, ihr ganzes Herz anvertraute. Entweder: „Ich liebe ihn nicht!" Und hierbei fanden einige zärtliche Beklagungen der Freundschaft statt, die mir bei dieser traurigen Entscheidung, dennoch süß gewesen seyn würden. Oder: (doch wie kann ich dieses nur so lange denken, als ich es hinschreibe?) „Ich liebe ihn! Aber Sie sehn, wie wenig ich in meiner Gewalt bin; er wird durch mich wohl nicht glücklich werden können. Unterdeß – – – unterdeß sagen Sie ihm doch, daß er eile, sich auch in den Augen derjenigen meiner würdig zu machen, die anders denken, als wir. – –" O Himmel! was für Flügel hätte sie mir da gegeben. – – –

Sie können mir vielleicht noch eine Unruhe benehmen, die ich habe, mein Gleim! Meine Briefe aus der Schweiz, diese Briefe, die gar nicht beantwortet worden sind, sind entweder nicht durchgehends recht verstanden worden; oder, sie mußten eine starkes Zeugniß seyn, wie sehr ich liebte, weil ich eine Art Geschäfte unternehmen wollte, die ich gewiß in keinem andern Falle in der Welt unternommen hätte. Einige Ausdrücke von Schmidt geben mir zu verstehen, als wenn man die Sache von einer ganz falschen Seite angesehn habe. Ich schreibe Ihnen dieses Alles nur, daß Sie mir es sagen, wenn Sie etwa hierüber mehr Licht, als ich, haben. – – – Meine einzige Belohnung für soviel Liebe, mein bischen Ruhe, das dadurch, wenn noch einige Jahre vorbei sind, über mein Leben kommen könnte, ist, zu wissen, ob Fanny ein Herz, wie ich, hat? – – Und Sie wissen das nicht? wird mein Gleim sagen. Ach Gott! Gleim so hart, so hart, und in einem so immerwährenden Gleichgewichte. Meine Schmidtin, Sie? Sie? – – – o Gott! – –

Wenn ich Ihnen meinen jetzigen Zustand nennen sollte, wahrhaftig! ich hätte keinen Namen für ihn. Ich habe bisher oft von ihr geträumt. Dann weine ich in und nach dem Traume. Aber was sind das für Thränen von einer ganz besondern verstummenden Art! Gar keinen Ruin von Hoffnung mehr und doch Thränen. Ich bin überzeugt, Sie können sich davon keine Vorstellungen machen. Fanny ganz verloren! ja ganz! denn sie hat kein Herz, wie ich. Ach, Gleim, es ist ein entsetzlicher Gedanke. Ich würde keinen Trost haben, wenn dieser heiße Gedanke die Oberhand bei mir behalten könnte. – Ich bitte Sie, schreiben Sie bald an Ihren etc.

Wie ist es möglich, werden Sie wohl schon manchmal bei sich gedacht haben, daß Klopstock nicht mit einem edlen Stolze in sich zurückeilt und, auf diese würdige Art sich für soviel unbelohnte Liebe durch Ruhe rächt? Ich frage mich selbst so, Gleim! und kann mir nicht antworten.

> Was ist das in mir, das noch immer
> Sie beim Namen mir nennt,
>   will ich ihr Gedächtniß vertilgen?

47. Meta an Klopstock, 5. 10. 1751

Hamburg, d. 5ten Oct 1751.
Nun Klopstock, sind Sie mir gut oder böse? Ich habe zwar Nachricht aus Koppenhagen, aber nicht von Ihnen. Und ich fürchte daher, daß, wenn Sie mir gleich nicht recht böse, doch auch nicht recht gut sind. Hätten Sie mir denn nicht selbst auch ein Paar Worte schreiben können, wie mir die Nelke schrieb. Sie haben doch nun meinen Rechtfertigungsbrief. Was sagen Sie nun? Haben Sie nicht Unrecht? Wirklich, wenn Sie meinen Brief bey besserer Laune durchgelesen haben: So werden Sie das finden. Sie sind auch hier vor dem grossen Gerichte verdammt. Das grosse Gericht nämlich ist meine Schwester u: zwo Freundinnen, welche eben bey mir waren, da ich Ihren Brief wegschickte, u: denen ich, weil es meine beyden besten Freundinnen sind, den Brief vorlas. Also können Sie sich nur belieben lassen, mir Abbitte zu thun mein unvergleichlicher Freund. Sie werden die Vergebung zwar sehr leicht erlangen, Sie müssen aber auch nicht wieder

sündigen. Die gröste Sünde, die Sie gegen mich begehen können, ist an meiner Freundschaft zu zweifeln, ich mag schreiben was ich will. Merken Sie sich das Klopstock. Was müste ich auch für ein wunderliches Mädchen seyn, wenn ich Ihnen einmal so sehr gut wäre, u: das andere mal, ohne Ursache, mit einmal kaltsinnig würde. Gewiß ich nehme es nach gerade übel, das Sie dieses denken können. Wenn nicht jetzt die Reihe an mir wäre, ein klein wenig böse zu seyn: so würde ich sagen, daß kein Klopstock es zu befürchten hat, wenn man Ihm einmal gut ist, daß man kaltsinnig wird. Ich weis aber doch nicht wie ich es verhüten soll, daß Sie künftig nicht noch wieder auf diese Gedanken kommen. Denn, da Sie mich bey meinem Briefe nicht sehen u: hören: so könnte ein solcher Misverstand noch wol einmal entstehen. Soll ich lieber über meine Briefe, wie über die Musicalien, schreiben, in welchem Tempo sie müssen gelesen werden?

Wenn Sie gesehen hätten Klopstock, was das diesen Abend hier ein Lärm war. Meine Hände wollten durchaus nicht schreiben. Sie erinnern sich doch, daß Sie einmal, in einem Ihrer Briefe sagten, daß Sie ihnen nicht gut wären. Ich habe sie lange bitten müssen. Endlich stellte ich ihnen vor, daß sie nicht Ihnen, sondern mir etwas dabey zuwider thäten. Darauf entschlossen sie sich, aber doch mit dem Bedinge, daß ich ihnen erlauben wollte, sich zu rächen, wenn Sie einmal hier kämen. Dieses habe ich versprochen, sind Sie damit friedlich? Meine Augen, die auch nicht gar zu gut auf Sie zu sprechen sind, hat der Maler nicht vollig so kaltsinnig (ich weis nicht ob wir einerley Begriff von diesem Worte haben?) gemacht, als sie gegen Sie waren. Aber das hat er nicht gekonnt, so ein grosser Maler er auch sonst wirklich ist. Sie hätten selbst zu gegen seyn müssen, wenn sie so hätten werden sollen. Sonst ist das Gemälde, welches aber lange noch nicht fertig ist, sehr ähnlich. Ausgenommen den Fehler, den alle Gemälde von jungen Frauenzimmer[n] haben, es ist flatirt.

Ich wünsche Ihnen viel Glück, mein lieber Freund zu den zweenen Briefen, die Sie kürzlich von Fanny bekommen haben. Das ist wol eine grosse Freude gewesen. Ich wünsche Ihnen viele folgende u: recht angenehme. O wie gut will ich Fanny denn seyn, wenn sie das thut.

Grüssen Sie die Nelke vielmal von mir. Sie wird sich wol recht über ihr neues Schicksal freuen. Sagen Sie ihr, daß alle ihre Schwestern, aus Betrübniß, daß ihnen nicht auch ein solches Glück wiederfahren ist, gestorben sind.

M. Moller.

Sie wissen diesen Brief doch zu lesen Klopstock? Das Tempo ist: allegro assai.

48. Meta an Klopstock, 18.10.1751

Der Brief Metas, den sie hier berichtigen möchte, ist verloren, sein Inhalt läßt sich aus der Antwort Klopstocks vom 19. Oktober erschließen.

Hamburg, d. 18ten Oct. 1751.

Mein lieber, lieber Klopstock!

Was denken Sie wol seit meinem letzten Briefe von mir? Daß ich ein wunderliches Mädchen bin, dem Sie auch nich[t m]ehr gut seyn wollen, weil Sie es durch ihre Zw[eifel] verdient? Sie haben Recht. Ich hätte das nicht schreiben sollen, was ich zuweilen so sehr fürchte. Werden Sie mir nur nicht böse darüber. Es ist mir jetzt schon leid, daß ich es geschrieben habe. Und ich glaube es auch jetzt nicht von Ihnen. Sie sind so gut, so sehr gut gegen mich, daß ich wol glauben kann, daß Sie würklich mein Freund sind. So viele Zeit mir gegeben, wie Sie hier waren! So bald ([über ausgestrichenem:] oft) geschrieben! Mit so vielen u: so süssen Briefen fortgefahren! Nein, das ist Freundschaft u: nicht blosse Höflichkeit! Aber denn denke ich wieder: Sie kennen mich so wenig, u: kennen mich nur von einer Seite. ... Ach das ist unsre schwächste Seite, wenn man uns ein Paar mal in Gesellschaft sieht. Möchten Sie mich nur so viele Monate kennen, als Sie mich Stunden kennen! Wie kann man ein wahrer Freund eines Mädchens seyn, das man so wenig kennt? Habe ich denn nicht Ursache zu [fü]rchten, was ich Ihnen neulich schrieb, u: was ich [jetzt] nicht wiederholen will? Ich kenne Sie weit [meh]r, also kann ich auch mehr Ihre Freundinn seyn. Aber wenn Sie nun aus einem Herzen voll Menschenliebe wirklich mein Freund sind, so muß es Ihnen unangenehm seyn, wenn ich Sie nicht dafür halte. Und dieses eben ist mir leid mein lieber Freund, daß ich Ursache bin, daß Ihnen, auch nur auf eine Minute etwas unangenehm ist. Sie haben meine Freundschaft doch wol aus allem erkannt? Ich würde Sie nicht so gerne zu meinem Freunde haben wollen, ich würde nicht so sehr fürchten, daß Sie es nicht in dem Grade sind, als ich es mir wünsche, wenn ich Ihnen

[Darunter Notiz von alter Hand:] Das Uebriege ist verloren.

49. Klopstock an Meta, 19. 10. 1751

Koppenhagen den 19ten Oct. -51
Wenn ich nur wüste, wie ich mich recht ausdrücken sollte, es Ihnen ganz zu sagen, wie sehr böse ich auf Sie bin. Mich so bey mir verklagen zu wollen? *so?* Sie wissen doch die lezte Seite Ihres Briefes noch? Sie wissen noch, daß ich der Mann bin, der *Gestalten* annimmt? Hören Sie doch, mein kleines süsses Kind, seit wann haben Sie denn diese wichtige Entdeckung gemacht? Ein Mäulchen oder einen Schlag hätten Sie haben müssen, wenn Sie dieselbe in meiner Gegenwart gemacht hätten. Sie können leicht denken, daß es auf die Mine würde angekommen seyn, welches von Beiden geschehen wäre. Aber meine kleine Mollern, das haben Sie doch wirklich nicht im Ernste meinen können. Das ist schlechterdings unmöglich. Bedenken Sie einmal: weder traurig noch fröhlich – – Gestalten – – – um Materie zum Schreiben – – – nur um die Briefe eines Frauenzimmers nicht unbeantwortet – – –. Denken Sie einmal, meine süsse Mollern, das schreiben Sie, Sie wissen es doch noch, an *wen?* Vielleicht hatten Sie mich zu sehr auf dem Balle vergessen; u des Morgens waren Sie zu müde, um sich Ihres vergessenen Freundes nur ein Bischen wieder zu erinnern. Wenn Sie die ganze Geschichte meines Herzens, seit – – – seit den achtzehn Stunden wüsten; gewiß Sie würden auf dem Balle u hernach ein Bischen an mich gedacht haben. Hören Sie doch an, hatten Sie denn, dieses zu unterlassen, gar zu viel Gelegenheit auf dem Balle? War es denn gar zu schön dort? Ich bin von Herzen eifersüchtig auf alle *Gestalten* die mit Ihnen getanzt haben. Sie werden zu Herr Klopstocken sagen, daß er dieses nicht nötig hätte, u daß es ihn wenig angienge, wenn artige Herren auf dem Balle gewesen wären" Nun, fahren Sie nur nicht weiter fort, ich weis es ja ohne dieß schon, daß ich Sie viel lieber habe, als Sie mich haben. Nur noch ein einziges Wort von dem Balle. Da Sie auf demselben waren, da legte ich ins Geheim einen Besuch bey einem Gemälde ab, das Sie wohl kennen. Es ist das Gemälde das sehr ähnlich, *aber lange noch nicht fertig ist,* das so gar flattirt, *aber lange noch nicht fertig ist.* Wissen Sie, wozu ich Lust bekomme? Ich wollte es stehlen. ([Dahinter ausgestrichen:] ob es gleich lange noch nicht fertig ist.) Zu meinem grossen Verdruß ward ich damals erst gewahr daß ich nur im Geiste bey dem Gemälde zugegen war. Das merken Sie gleich, Mollern, ich stehle es gleichwohl einmal. Denn anders sehe ich kein Mittel es zu

bekommen. Denn wenn ich gleich zu Ihnen sagte: Meine allerliebste Mollern, sehen Sie einmal an, Sie haben ja Ihren Spiegel u Sich; aber ich bin ganz einsam, u habe Sie so lange lange nicht gesehen! Und ich habe Sie so lieb! so sehr lieb! Mein ungestümes Herz – – – mein sanftes ungestümes Herz – – – u seine *ganze* Geschichte .... das alles *darf* ich nur diesem Bilde erzählen .. dann, wenn die geheiligte Abendstunde kömmt, dann als Priester in dem Tempel dieses kleinen Abgotts, wenn ich gleich dieß u noch viel mehr zu Ihnen sagte, so würden Sie doch hierinnen ein solches Frauenzimmerherz haben (nicht ein Mädchenherz, wie ich eins habe,) daß Sie mir kein anderes Mittel, als das Stehlen, übrig liessen. Wie süß, wie unaussprechlich süß wären Sie, kleine Mollern, wenn Sie verhüteten, daß ich mich dieser Gefahr, der Obrigkeit in die Hände zu gerathen, nicht aussetzen müste! U wie viel mehr wäre ich, (wenn es möglich ist, daß ich es mehr sein kann) Ihr Klopstock.

Wer ist denn die eine von den zwo Freundinnen, die Gericht über mich gehalten haben?

50. Klopstock an Hagedorn, 19. 10. 1751

[...] Die Zeit ist gekommen, daß man mehr auf der Stube, als in Gärten u Feldern an seine Freunde denkt, u also natürlicher Weise öfters darauf fällt, seine Gedanken in Briefen zu sagen. Ich würde gleichwohl diesen Sommer öfters an Sie u unsre Freunde geschrieben haben, wenn nicht ein gewisses Mädchen bei Ihnen, das Sie kennen, mir beynah alle Posttage besezt hätte. Ich wünschte, daß Sie, u kein andrer, sie in meinem Namen küßten. Und weil ich nichts ungerner lange aufschiebe, als einen Kuß, so bitte ich Sie, das süsse Mädchen in dieser Absicht bald einmal zu besuchen.

Ich bin mit der aufrichtigsten Freundschaft Ihr Klopstock.

51. Klopstock an Meta, 26. 10. 1751

Aus Klopstocks Andeutungen geht hervor, daß bereits jetzt die Reise des dänischen Königs nach Holstein für das nächste Frühjahr geplant gewesen ist. An dieser Reise nahm Klopstock tatsächlich teil; im Juni 1752 konnte er nach Hamburg zu Meta eilen.

Koppenh. den 26ten Oct. 1751
Ob ich gleich Gesellschaft bey mir habe, so muß sie mirs doch erlauben, daß ich schreibe. Und wenn auch Mädchens meine Gesellschafterinnen wären, so müßten sie es doch leiden, daß ich an meine allerliebste Moller schriebe. Ach, meine liebste Moller, wenn ich bey Ihnen wäre, wie würde ich Ihren lezten süssen Brief beantworten. Wenn ich bey Ihnen wär --- mein Gott, wie lang ist der Winter noch, in dem ich dieß wiederholen werde. Aber Sie wissen es doch wohl, meine süsse Moller, nach dem Winter pflegt der Frühling zu kommen. Der erste Tag im Monat May 1752 wird ein unvergleichlicher Tag für mich seyn. Um die Zeit werd ich incognito in Hamburg seyn. Auch Hagedorn würde nichts von unserm Geheimniß erfahren, wenn er nicht, wie soll ich mich ausdrücken? so würdig wäre in unsrer Gesellschaft zu seyn. ... Meine allerliebste Moller, man unterbricht mich zu sehr, Ihnen zu erzählen, was ich für einen kleinen Abgott bisher aus Ihrem lezten Briefe gemacht habe. Denn wenn Sie es noch nicht wissen, meine Moller, so muß ichs Ihnen sagen, daß Sie ein unvergleichliches Herz haben; Ein Herz, wie meins, Moller, und das ist doch, wie Sie wissen, nicht wenig. Ich muß Ihnen hier ein altes Misvergnügen sagen, daß ich schon oft bey mir empfunden habe, u das ist, daß man das Herz nicht küssen kann. Bisweilen, sagt man zwar, kömmt es auf die Lippen. Aber wenn das wahr wäre, so würde man es haschen können. Und, so viel ich weis, hab ich noch keins gehascht. Aber zu meinem zweiten grossen Verdruß hab ich auch noch niemals geküßt; Ihren lezten Brief wohl, meine süsse Moller, aber nicht - - - Man unterbricht mich zu sehr. Sie schreiben mir doch bald wieder?   Ihr Klopstock

52. Klopstock an Meta, 29. 10. 1751

Koppenhagen den 29ten Oct. 1751.
Ich konnte neulich nur einen kurzen Brief an meine kleine Moller schreiben, da ich so gerne einen langen geschrieben hätte. Doch ein langer oder kurzer Brief das ist alles gleich. Es ist doch immer *nur* ein Brief; Und ich bin nicht bey meiner kleinen Moller. Und warum bin ich denn nicht bey Ihnen? - - Ich will mich nur gar nicht mehr in solche Fragen einlassen! - - Wissen Sie wohl daß ich oft so närrisch bin u Ihre Briefe küsse. Machen Sie mich nicht böse, u sagen daß ich

recht habe, wenn ich dieß für närrisch halte; sonst sage ich Ihnen gar die Ursachen. Ja, wenns nur der Brief allein wäre, den ich küßte, so wäre es sehr romanhaft. Aber – – ja aber! Eine gewisse kleine Hand, die schrieb; ein gewisses blaues Auge das zusah, als die Hand schrieb; ein gewisses unvergleichliches Herz (doch ein Herz kann man ja nicht küssen) ja, u was denn nun noch mehr? Ich muß hier nur aufhören, ich glaube sonst ich gebe Ihnen mehr als ein Mäulchen, wenn Sie auch noch so böse werden. Aber warum sollten Sie denn darüber böse werden? Sie haben ja ein Herz, wie ich eins habe. Ich schreibe wohl sehr durcheinander. Das können Sie mir nicht nachthun, weil Sie mich nicht so lieb haben, als ich Sie habe. Wie wünschte ich, daß ich hierinn Unrecht hätte. Wie wünschte ich zum Exempel, daß ich nicht auch dießmal ohne alle Hofnung bäte, wenn ich Sie an das Meisterstücke eines gewissen Malers erinnere, der glücklich genung gewesen ist – – – Das können Sie leicht denken, daß ich zu böse auf den Mann bin, noch mehr von ihm zu sagen. Was würde ich dem süssen Mädchen nicht alles erzählen, wenn ich allein mit ihm wäre. Nun, kleiner Abgott, (würd ich sagen) die Rosen sind izt alle gestreut, u die Opfer haben genung gebrannt, laß uns nun auch ein bischen menschlich mit einander reden. Höre doch, wenn deine noch liebere Freundinn da wäre, so würde ich alle die Rosen nehmen, u sie alle küssen, u sie so wild damit werfen, daß wohl gar eine ihrer Locken verdürbe. Denn, merk dir das! ich habe deine Freundinn noch viel lieber als dich, ob ich dich gleich manchmal herunter nehme, u so schön mit dir thue. Aber sag mir einmal, warum ich dich so sehr lieb habe, u dich aus Eifersucht keinem Menschen zeige?..

Ja, du kleine Närrin, weil ich das andre Mädchen, deine Freundinn, so sehr lieb habe. Kannst du denn das nicht begreifen, du kleines Ding? „Nenne mich nicht Ding; ich bin eine Göttin. „Verzeih mirs, süsse Göttinn, daß ich menschlich genug war, dich noch über die Göttinnen hinauszusezen. Denn wenn ich das thuc, so – – – Ich bin wohl ein ewiger Schwäzer, meine Moller, u fast hätte ich auch Ihre kleine Freundinn zu einer Schwäzerinn gemacht. Aber Sie werden mir wohl niemals Gelegenheit geben, Ihre kleine Freundinn zu sehen, u sie dazu zu machen. Wissen Sie aber auch wohl, daß Rache in der Welt seyn muß. Ich habe gleich eine bereit. Ich will Sie gleich fühlen lassen wie melancholisch ich diesen Abend war, da ich diese zwo Strophen machte. Sie können dieses Ding von einer Ode *Weih-*

trunk an die Todten Freunde nennen. (Manchmal rechne ich die Abwesenden unter die Todten!)

> Daß euer stilles Gebein, u was ihr mehr noch wart,
> Als vermodernd Gebein, diesen geweihten Wunsch
> > In dem Schosse der Erde
> > Und Elysiums Thal vernehm!

> Daß wir weise, wie ihr, u der Erinnerung
> Eures Todes getreu, leben, zwar fröhlich seyn,
> > Doch als stündet ihr alle
> > Mit den glücklichern Freunden hier!

Ich habe diesen Trunk mit vieler Andacht diesen Abend allein für mich oft wiederholt; doch nicht so oft, als ich daran denke, daß Sie Ihrem Klopstock so gut sein mögen, als er Ihnen ist.

[Quer zu den Strophen geschrieben:] *nur Hagedorn darf sie sehen.*

53. Klopstock an Gleim, 30. 10. 1751

Koppenhagen, den 30ten October 1751.

Ich könnte Sie wohl ein bischen bei Ihnen selbst verklagen, mein liebster Gleim, daß Sie mich wieder so lange auf Ihre Briefe warten lassen, da doch die Ursach Ihres vorigen Stillschweigens nicht mehr da ist. Wenn Sie auch meinen ersten Brief, auf die Güter des Herrn von Kannenbergs adressirt, nicht sollten bekommen haben, so haben Sie doch den letzten, und wissen, daß ein erster an Sie beym Herrn von Kannenberg ist. Sagen Sie mir doch, warum lassen Sie mich denn so warten, mein liebster Gleim? Fast möchte ich mich so böse stellen, und mich nicht mehr beklagen. Wissen Sie denn nicht, wie lieb ich Sie habe? und wie gern ich von Ihnen selbst erfahre, daß Sie mich auch lieb haben? Können Sie nicht vermuthen, daß ich *gleichwohl* noch immer etwas von Fanny hören möchte? Und daß Sie mir alles sagen dürfen, und ich Sie schon oft gebeten habe, nicht so zärtlich zu seyn, mir nicht alles zu sagen. – – – Wie traurig würden Sie mich machen, wenn Sie, vor Empfang dieses Briefs, noch nicht geschrieben hätten! – Wissen Sie, warum ich Sie bitte? Sie sollen mit mir viel und oft von Ihrer Zärtlichkeit gegen mich und von Fanny reden. Ich liebe sie noch immer, und ich kann nicht aufhören sie zu lieben. Weil Fanny so selten an *mich* schreibt, so sollen Sie machen, daß Sie an *Sie*

schreibt, und mir wiederschreiben, was sie schreibt. So will ich es haben, mein lieber Gleim, und ich verdiene es wohl, daß Sie dies bischen Abendschimmer auf mein trauriges Leben streuen. Stellen Sie sich einmal ein Herz, wie meines, vor, das nicht mehr klagen und nicht mehr weinen kann. Wenn ich an meine Thränen zurückdenke, so merke ich es wohl, daß doch immer etwas Hoffnung unter die Traurigkeit gemischt war, sie hervorbringen zu helfen. Ich träume itzt von Fanny öfterer und länger, als jemals. Sie ist immer hart, aber doch nicht ganz unfreundschaftlich; und ich sehe sie doch. Nur diese Nacht sah ich sie so; ihr Bruder war dabei und sprach mit mir so wenig, als er mir bisher geschrieben hat. Er war nicht unfreundschaftlich, aber er sprach doch mit jemand anderm, ich weiß nicht, mit wem. Manchmal wünsch ich, daß ich sie niemals gesehn, nie ihren Namen hätte nennen hören; so könnte doch mein Herz durch das große Glück der Liebe glücklich werden; so könnte ich vielleicht eine andre lieben. Aber das kann ich nun nicht. Es sind hier viel schöne, junge, blonde Mädchen. Aber sie machen nicht einmal den ersten leichten Eindruck auf mich, der uns auf solch' ein Mädchen aufmerksamer, als auf ihre Gespielinnen macht. Das ist mir alles gleichgültig, und ich spreche mit ihm, wie mit einer Mannsperson. Ich habe kaum die Anmerkung machen können, daß es hier recht viel schöne Mädchen giebt, und daß unsre sächsischen, besonders in Betrachtung der Anzahl, von ihnen übertroffen werden. [...]
N.S. Ich habe vor einiger Zeit ein Paar Strophen gemacht, die ich Sie bitte unter ihre Kinder aufzunehmen, wenn Sie es würdig sind. Denn Sie wissen, gewisse Leute wollen es schlechterdings nicht haben, daß ich etwas sagen sollte, das man beim Weine wiederholen könnte, so ernsthaft es auch im Grunde seyn mögte, wenn man's verstünde. Verwerfen Sie entweder die Strophen, oder lassen Sie sie gleich Ihre Kinder seyn, und sagen kein Wort von mir.

  Weihtrunk an die todten Freunde.
 Daß euer*) stilles Gebein, und was ihr mehr noch wart',
Als vermodernd Gebein, diesen geweihten Wunsch
  In dem Schoosse der Erde
  Und Elysiums Thal vernehm'!

---

*) Vielleicht könnte man, nach Homer's Art, das kurze e schreiben, und in der Scansion nicht hören lassen. [Anmerk. von Klopstock.]

Daß wir weise, wie ihr, und der Erinnerung
Eures Todes getreu, leben, zwar fröhlich seyn;
Doch als stündet ihr alle
Mit den glücklichern Freunden hier!

54. Klopstock an Meta, 6. 11. 1751

Koppenhagen den 6ten Nov. 1751.
Sie haben mich recht betrübt gemacht durch Ihren lezten Brief, meine Moller. Wenn ich nur nicht denken müßte, daß Sie krank sind. Sagen Sie mir ja aufrichtig, ob Sie krank sind! Denn, wenn Sie mir es werden verheelen wollen, so werden Sie mir doch etwas eben dadurch, daß Sie es verheelen wollen, sagen, u mich nur desto betrübter machen. Sie müssen mir hierinn ja nichts verschweigen. Sie müssen mir durchaus sagen, was Ihnen fehlt, oder ich komme auf einem Eilbote zu Ihnen! Meinen Sie, daß ich im Ernste glaubte, daß Sie auf dem Balle mich vergessen hätten. Wenn Sie das im Ernste von mir glauben, so verdient ichs nicht, daß Sie es noch wissen, wie Sie dort an mich dachten. Aber Sie scherzen so wohl, als ich gescherzt habe. – – Haben Sie denn so grosse Lust zu sterben, daß Sie fürchten, mich nicht wieder zu sehen? Wenn Sie dazu Lust haben, so hab ich sie auch; u ich versichere Sie aufs heiligste, wir wollen einander bald wiedersehen. Aber ich muß vor Ihrem Tode Ihr Bildniß noch einmal sehen, oder ich sterbe nicht vergnügt genung, oder ich glaube, daß Sie nicht haben wollen, daß ich zu Ihnen kommen soll. Müssen denn Sterbende so rachsüchtig seyn? Und müssen denn die besten Mädchens sich zu einem Frauenzimmerherzen zwingen wollen, die kleine Lust der Rache zu büssen? Warten Sie nur, ich will Sie schon lehren, Mollern, wenn ich zu Ihnen komme. Ob ich Ihnen recht gut, ob ich Ihnen *ganz* gut bin? Das war ich ja schon, da ich Sie das erstemal sah, u das konnten Sie auch wohl merken. Den Abend da mir schlimm wurde, u da Sie so besorgt um mich waren, da hatte ich Sie am liebsten, u ich habe Sie seitdem immer so lieb gehabt. – – – Was wollen Sie denn für ein Trauerspiel aufführen? Ich dürfte nicht dabey seyn, denn ich liesse Sie nicht ausspielen; Und das schickte sich doch nicht. Also ist es besser, daß ich nicht dabey bin. Schreiben Sie mir ja bald, daß Sie gesund sind, u daß Sie mich lieb haben. Grüßen Sie Ihre Schwester u das kleine Ding, das Sie den barbarischen Namen Klopstock aussprechen lehren.

Siegeln Sie mir Ihre Briefe nicht mehr so, daß ich sie im Aufmachen zerreissen muß. – Bohn schickte mir eben seinen Catalogus. Darf Sie wohl bitten, Ihm sagen zu lassen, daß er mir Meiers fortgesezte Beurtheilung des Mess. mit nächster Post schicke.

55. Meta an Klopstock, 12.11.1751

Hamburg, d. 12ten Nov. 1751.
Sie glauben es jetzt ja wol recht im Ernst mein lieber Klopstock, daß ich krank bin, da ich Ihnen in einigen Posttagen nicht geschrieben habe. Nein mein Freund, krank bin ich nicht. Und meinen Sie denn daß ich krank seyn muß um gerne sterben zu wollen. Ein baldiger Tod ist zwar mein beständiger Wunsch. Ich weis aber wol daß er dennoch nicht allemal kömmt, wenn unser Schicksal uns gleich dazu bringet ihn zu wünschen. Ich hätte Ihnen auch nichts davon schreiben sollen. Ich muß aber wol den Tag etwas mehr schwermütig gewesen seyn als gewöhnlich, da dieses sich in den Brief an Sie mit eingeschlichen hat. – – – Wer hat es Ihnen denn gesagt Klopstock daß Sie mein Portrait nicht haben sollen? Ist es denn eine Folge daß Sie es gar nicht bekommen weil Sie es noch nicht haben. Sie werden doch haben wollen daß es fertig seyn soll? Oder wollen Sie es haben ehe es ganz ausgemalt u: folglich noch nicht völlig ähnlich ist. Ich will Ihnen aber die Wahrheit sagen. Das Gesicht ist fertig. Wie lange ich aber nach dem Gewande werde warten müssen, das weis der Himmel. Weil der Maler in seiner Malerey ein grosser Mann u: sonst ein Narr ist: So glaubt er [er] wird noch grösser dadurch wenn er nur das Gesicht gut malt u: auf das andre sehr nachlässig ist. Es ist mir unbeschreiblich angenehm mein süsser Freund wenn Sie sich noch an etwas davon erinnern, was vorgefallen ist wie Sie hier waren. Sie sind mir also den Abend, da Ihnen schlimm wurde recht gut gewesen? Ein klein wenig verdiente ich es auch, denn ich war noch viel besorgter um Sie als ich es mir merken ließ.

Sie fragen mich was für ein Trauerspiel wir aufführen. Ich hoffe, daß Sie es nicht kennen. Es sind die Horazier, von einem unserer Mitbürger verfertigt. *Ich* finde sie sehr mittelmässig, andre Leute finden es schön. Ich habe nur eine Rolle darinnen über mich genommen weil ich wirklich viel Lust zu diesem Zeitvertreibe hatte u: weil dergleichen Zerstreuung[en] mir nicht undienlich sind. Meine Partie ist aber so stark, daß ich den andern Tag so müde bin, als wenn ich die Nacht getanzt hätte. Gestern haben wir es aufgeführt, und daher will ich Ihnen nur weiter nichts sagen, als daß ich beständig Ihre Moller bin.

Sie schreiben bey Ihrer letzten Ode, niemand als Hagedorn dürfte sie sehen. Fürchten Sie nicht, daß ich mit Ihren Briefen, oder was Sie sonst an mich schreiben, zu verschwenderisch bin. Ich bin vielleicht zu karg. Wenn Sie mir nicht ausdrüklich schreiben, daß ich etwas zeigen soll, so zeige ich lieber niemand nichts. Leben Sie wohl.

M. Moller

Das gebildete Bürgertum pflegte die Liebhaberbühne; Meta liebt diese geistreiche Unterhaltung. Die hier aufgeführten „Horatier" sind eine Bearbeitung von Corneilles „Horace" durch den Hamburger Kaufmann Georg Friedrich Behrmann (1733). Dieser vereinfachte den Stoff und wandelte die Ritterwelt Corneilles ins Bürgertum.

56. Klopstock an Meta, 13.11.1751

Koppenhagen den 13ten Nov. 1751

Ich wartete gestern mit nicht weniger Ungeduld auf einen Brief von meiner Mollern. Aber Sie hat mir nicht geschrieben. Sie sind doch nicht krank meine liebe Moller? Ach wenn Sie es nur nicht sind. Sie haben mich recht traurig gemacht, daß Sie mir nicht geschrieben haben. Wenn ich auch mit der nächsten Post keinen Brief von Ihnen bekomme, so weis ich nicht was ich denken soll. Wenn Sie mich so lieb hätten, als ich Sie habe, so hätten Sie mich nicht so warten lassen. Aber wenn Sie nun krank sind, so hab ich ja unrecht, u so werd ich desto trauriger. Aber hätten Sie mir denn nicht da ein paar Zeilen können schreiben lassen? Warum haben Sie mich einmal daran gewöhnt, Briefe von Ihnen zu bekommen, u dabey zu denken: da saß meine kleine Moller als sie dieß schrieb, dort in der stillen dämmernden Stube, wo sie Giseken so oft sah, wo ich sie nur einmal allein sah, wo – – – – Sie länger aufsizt u liest, als es der eigensinnige Klopstock haben will; wo Sie vielleicht izt krank ist. Um des Himmels willen, Mollern, seyn Sie es nicht, oder ich werde mit allen Schuzengeln der Mädchens böse. Oder soll ich es vielleicht mit den Sylphen werden die Sie verführt haben länger zu tanzen, als Sie sonst zu lesen pflegen? Ich will es mit keinem von beiden werden, damit ich es desto mehr mit Ihnen seyn kann. Ja, wenn Sie mir geschrieben hätten; so wäre es eine andere Sache, so wollt ich es lieber mit keinem werden.

Aber so kann ich es gar nicht über mein Herz bringen, Ihnen zu sagen, daß ich Ihr Klopstock bin.

57. Meta an Klopstock, 23.11.1751

Hamburg, d. 23ten Nov. 1751
Ich habe seit einiger Zeit nur so selten an Sie schreiben können mein lieber Klopstock! Sie glauben doch wol nicht daß ich auch so selten an Sie gedacht habe? Sie beurtheilen meine Freundschaft doch nicht nach meinem wenigen Schreiben? Sie haben aber doch nun schon einen Brief. Sie wissen es wenigstens daß ich nicht krank bin, wie Sie es sich aus Freundschaft für mich eingebildet haben. „Wenn Sie mich so lieb hätten, als ich Sie habe, so hätten Sie mich nicht so warten lassen." Klopstock! Wie können Sie mir das schreiben? Sind Sie denn nicht schon lange davon überzeugt? Sollten Sie nicht vielmehr mich selbst rechtfertigen? Sollten Sie nicht denken: Wenn die Moller nicht schreibt, so ist es ihr gar nicht möglich es zu thun. Sonst thäte sie es gewiß. Sie findet selbst viel zu viel Vergnügen daran. Und was kann ihr auch angenehmer seyn, da sie nicht mit mir sprechen kann! Ich habe zwar einmal den schönen Einfall gehabt, mein lieber Freund, nicht so oft an Sie zu schreiben, um Ihnen nicht die Zeit durch das Lesen meiner Briefe zu verderben, und um Ihnen nicht durch das Antworten beschwerlich zu fallen. Allein der Einfall ist zu philosophisch, als daß ein Mädchen ihn ausführen sollte. Und zu gleichgültig, zu kalt, als daß eine Freundinn von Klopstock, als daß Seine Moller ihn ausführen sollte. Sie sind doch jetzt weder mit den Schutzengeln, noch mit den Sylphen, u: auch nicht mit mir böse? Das war sehr boshaft, daß Sie lieber mit mir, als mit jenen anbinden wollten. Meinen Sie den vielleicht, daß ich leichter vergebe? Aber ich will nur jetzt nicht mit Ihnen zanken. – Ich soll Sie grüssen von Hagedorn. Er hat sich sehr bey mir eingeschmeichelt. Neulich, in einer Gesellschaft, machte er, als ein galanter junger Herr die Tour des Tisches beym Frauenzimmer. Man spricht bey dieser Gelegenheit gerne mit jedem Mädchen was ihr am angenehmsten ist. Er sprach mit mir von Ihnen. Auch er macht mir Hoffnung, daß Sie diesen Sommer kommen werden. O wie süß ist das. Vielleicht werden Sie alsdann überzeugt, daß ich Sie so lieb habe, als Sie mich haben. Und vielleicht noch – – – Aber ich will nichts sagen. Sie werden gewiß überzeugt werden, daß ich ganz Ihre Moller bin.

Ich habe vor einigen Tagen von Bohn gehört, daß er Ihnen Meiers Beurth[eilung] noch nicht geschickt hat, weil er glaubt, daß auf der Post zu kostbar ist. Ich habe ihm gesagt, daß würden Sie wol vorher bedacht haben, Sie hätten mir ausdrücklich mit der Post gesagt. Er wird es also jetzt wol schicken. Ich schreibe Ihnen dieses nur, auf daß Sie nicht glauben, ich hätte es etwa versäumt ihm sagen zu lassen. Ich habe es noch denselben Tag gethan.

58. Klopstock an Meta, 23.11.1751

Koppenhagen den 23ten Nov. 1751
Sie schreiben gar nicht an mich, meine Mollern. Wenn Sie es etwa noch nicht wissen, daß ich Sie viel mehr liebe, als Sie mich lieben, so können Sie es leicht daraus, daß Sie mir nicht schreiben, lernen. Aber vielleicht wissen Sie es nur gar zu wohl. Wissen Sie was ich thun würde, wenn ich bey Ihnen wäre? Ich würde Ihnen entweder einen kleinen Schlag auf Ihre kleine gottlose Hand, die gar nicht an mich schreibt, oder – – – – einen Kuß geben. Unterdeß, so böse, als ich bin, bin ich gleichwohl　　　　　　　　　　　　　　　Ihr Klopstock

59. Meta an Klopstock, 30.11.1751

Hamburg, d. 30ten Nov. 1751.
Es ist sehr freundschaftlich, mein lieber Klopstock, daß Sie immer an mich schreiben, da Sie glauben, daß ich gar nicht an Sie geschrieben habe. Wie wenig verdiente ich aber Ihre Briefe, wenn ich dieses in so langer Zeit hätte unterlassen können! Ich habe den 12ten u: d. 23ten Nov. an Sie geschrieben. Schreiben Sie mir doch ob Sie diese Briefe bekommen haben. Merken Sie es wol Klopstock, daß ich einen entsetzlichen Schnupfen habe! Ich kann weder sehen noch denken u also will ich auch heute nichts mehr schreiben. – Apropos, wie ist es gekommen daß Ihre Ode, Ein stiller Schauer: ist gedruckt worden? Ich meinte Sie wollten Sie nicht drucken lassen. – Ich fühle meines Schnupfens wegen zwar nicht viel, aber das fühle ich doch, daß ich Ihre Freundinn bin.　　　　　　　　　　　　　　　M. Moller.

Ode Ein stiller Schauer: ist die Ode „An Gott" (1748), die Klopstock „nur für sein eigenes Herz, und für wenige Freunde" gedichtet und noch nicht für den Druck bestimmt hatte. In der Tat wurde sie stark kritisiert.

Kopp an fayen den 28.ᵗᵉⁿ Nov.
1751

Sie schreiben gar nicht an mich, meine liebste Meta. Wenn Sie es denn noch nicht wüßten, daß ich Sie mich mehr liebte als Sie mich lieben, so könnten Sie es leicht daraus, daß Sie mir nicht schreiben, lernen. Aber vielleicht wissen Sie es uns gar zu wohl. Wissen Sie was ich thun würde, wenn ich bey Ihnen wäre. Ich würde Ihnen nachrüber einen kleinen Schlag auf Ihre kleine göttliche Hand die gar nicht an mich schreibt, oder ― einen Kuß geben. Unterdeß, so küße, als ich bin, Ihr Klopstock.

Klopstock an Meta

60. Meta an Klopstock, 7. 12. 1751

Der Klopstock-Brief, den Meta hier beantwortet, ist verloren. – Die Ode „Weihtrunk an die todten Freunde" hatte Klopstock am 29.10.51 an Meta geschickt mit der Weisung, sie nur Hagedorn zu zeigen.

Hamburg, d. 7ten Dec. 1751.

Sie haben mir einen so süssen Brief geschrieben, mein liebster Klopstock, der wol verdient hätte vorigen Posttag gleich beantwortet zu werden. Sie können sich gar nicht vorstellen was mich zu schreiben abhalten kann? Auf daß Sie mich keiner Leichtsinnigkeit in der Freundschaft beschuldigen, u: jetzt, da die Abhaltung völlig aufgehört hat, will ichs Ihnen sagen. Ich habe seit einiger Zeit ein kleines Flußfieber gehabt, aber auch nur ein ganz kleines. Ich wollte Ihnen dieses nicht recht sagen, auf daß Sie sich aus Freundschaft zu mir keine Sorge machen sollten. Jetzt aber bin ich, ausser einer gewissen Mattigkeit, welche das Fieber allemal nachläßt, völlig wieder besser. – Wie süß ist es Klopstock, daß Sie noch so spät an mich geschrieben haben! O wenn ich das die Nacht gewust hätte, ich wäre gleich wieder besser geworden! Und Sie wollten von mir träumen, u: die Traumgötter wollten es nicht erlauben? Mir träumt auch wol von Ihnen. Wissen Sie wol daß mir von Ihnen geträumt hat ehe Sie hier kamen? Das war doch ein guter Traum, denn er traf mehrentheils ein. Mir träumte daß ich so bey Ihnen am Tische saß, wie wir hernach des Mittags sassen. Sie sahen aber in dem Traume lange nicht so aus, als Sie wirklich aussehen. – Wissen Sie noch wol Klopstock, wie wir uns zu erst sahen? Ich weis den ersten Anblick noch sehr gut. Ich wollte Ihnen ein grosses Compliment machen, aber wissen Sie wol, daß nichts daraus ward? – Auf daß Sie sich mich in meiner Rolle vorstellen können, so will ich Ihnen einmal bey Gelegenheit die Horazier, welches nicht die Horazier des Corneille sind, schicken. – Ich soll Sie wieder grüssen von Hagedorn. Ich war gestern mit ihm in Gesellschaft u: ich saß bey ihm. Das versteht sich also von selbst, daß wir von Ihnen gesprochen haben, wir haben auch Ihre Gesundheit getrunken. Haben Sie das nicht gefühlt? Aber von Ihrem sanften ungestümen Herzen sagte er nichts. Das kennt er wol nicht völlig so gut als ich. Nicht wahr? Ich gab ihm Ihre Ode, wofür ich Ihnen noch sehr danke. Sie wäre recht schön, wenn sie nur nicht so traurig wäre. Ehe ich Sie kannte ⟨las⟩ ich sehr gerne etwas trauriges von Ihnen. Aber seit dem ich Sie kenne – – – Nein Klopstock Sie sollen nicht sterben, das hoffe auch ich zu meinem Erlöser, wenigstens nicht eher als ich. – Haben Sie nicht hier einen Licenciat Seip kennen lernen? Der ist gestorben. Ich habe ihn nicht gekannt, aber sein Tod betrübt mich doch, weil Giseke u: noch ein Paar Freunde von mir ihn sehr geliebt haben. Ich habe ihn immer gerne kennen wollen u:, ob wir gleich in einer Stadt gelebt haben, so wollte es sich doch niemals fügen. Jetzt ist es mir recht lieb, daß ich ihn nicht gekannt habe, denn, da er so gut gewesen ist so würde ich ihn lieb gehabt haben, u: dann wäre es jetzt desto betrübter. Wenn ich das bedenke, daß man Leute in einer Stadt oft nicht leicht auf eine gute Art kennen lernen kann, wie sehr danke ich dann meinem Schicksale, daß mich Sie hat kennen lehren, da Sie so weit von mir entfernt waren, u: da ich mich nicht unterstand dieses zu hoffen, so sehr ich es auch wünschte. Und Sie wollen wissen, mein süsser Freund was ich auf dem Balle von Ihnen gedacht habe. O Klopstock ich dachte da sehr viel! Aber – – – – weil ich nicht Raum genug mehr dazu habe, so will ichs Ihnen nicht sagen. So boshaft dieses auch aussieht, so bin ich doch recht sehr, sehr   Ihre Moller

61. Klopstock an Meta, 11.12.1751

Koppenhagen den 11ten Dec. 1751

Also hatte ich doch recht, u Sie waren krank meine Moller. Ach, ich danke Ihnen, daß Sie mirs nicht geschrieben haben. Sie sind doch nun völlig wieder gesund? Und die übriggebliebene Mattigkeit hat ganz aufgehört? Aber konnte denn ein *ganz kleines* Flußfieber so lange dauern! Ich will nur nicht weiter daran denken. Ist es doch nun vorbey. Hören Sie nur an. Ich will Ihnen eine kleine Diät vorschreiben: „Vor allen Dingen müssen Sie mich immer ein bischen lieb haben. Zum wenigsten könnte ich unmöglich krank werden, wenn ich an Sie denke. Dann müssen Sie Ihr Trauerspiel nicht so oft vorstellen, denn ich höre, daß das geschieht, u das greift Sie zu sehr an. Ferner müssen Sie nur wenig lesen, u manchen Tag nur ein paar Gedanken kosten, statt ganze Bücher in wenigen Stunden aufzuzehren. Und – ja nun komme ich an die Hauptsache. Sie verstehn mich. Wollen Sie denn nicht einmal aufhören, diese Sünde zu sündigen? Ich will thun was ich kann. Ich will des Abends ganz gewiß vor Eilfe zu Bette gehn, um von Ihnen desto eher zu träumen. Vielleicht haben Sie den Einfall auch einmal. Und dann will ich alle Sylphen von meiner Bekanntschaft bitten, daß sie aus diesem paradisischen Einfalle eine Gewohnheit bey Ihnen zu machen suchen." Warten Sie nur. Ich weis diese kleinen Götter schon zu bestechen. Weil sie wissen, daß ich etwas von einem Mädchensherze habe, so sehen sies ganz gerne, wenn ich ihnen fein oft ein Mäulchen gebe. Dieß geht oft bey mir nicht ohne eigennützige Absichten zu, wenn ich weis, daß die guten kleinen Knaben eben eine Reise zu Ihnen antreten wollen. Kurz, ich besteche sie mit Mäulchen, daß sie meine kleine Moller bald einschläfern; u weil ich weis, daß die kleinen Götter sehr geschwinde reisen, so mag ich sie am liebsten *so* bestechen. Denn ich denke ja nicht, daß alles Feuer der Mäulchen schon verflogen seyn sollte, wenn sie zu Ihnen kommen. Doch mich deucht, ich bin ganz von der Diät abgekommen. Nun wenn Sie nur vors erste dieß halten. An neuen Regeln soll es künftig gar nicht fehlen, wenn Sie ihrer mehr haben wollen. Ich habe insgeheim an Ihre Schwester geschrieben, u sie zur Aufseherin gemacht, ob man auch hübsch gehorsam ist. Doch es ist sehr närrisch, daß ich Ihnen das nicht verschweige, da ich doch ihre S. sehr gebeten habe, Ihnen nichts davon zu sagen. Und ich bin überzeugt, Sie werden nichts aus Ihr bringen können … Daß Sie mir, da wir einander das erstemal sahn, das grosse Compliment nicht machten, das Sie vorhatten; o wie bin ich Ihnen gut dafür! Und daß der Brief schon heruntergeschrieben war, da Sie von dem Balle etwas sagen wollten, o wie bin ich Ihnen … und was denn? Ich glaube, ich wollte „böse" sagen. Aber das hätte ja keinen Verstand. Ich wüßte nicht, ob nur eine Sylbe von der leichtesten Bedeutung dieses Wortes wahr wäre. Wissen Sie, was ich durch böse verstehe? Ich glaube, es wird von ungefähr so etwas seyn. Wenn ich z. E. bey Ihnen wäre, so schlüge ich Sie ganz sanft sanft ein bischen auf Ihre kleine liebe Hand – – – – dürft ich das wohl thun kleine liebe Moller? Ach, wenn ich bey Ihnen wäre! Wie lange werd ich den Wunsch noch wiederholen!

62. Meta an Klopstock, 13. 12. 1751

Hamburg, d: 13ten Dec. 1751.
Sehen Sie Klopstock daß ich an Sie schreibe wann ich kann und nicht nur wann ich Briefe zu beantworten habe? Ich bin Ihnen so gut, so gut – – – aber was das nun wieder ein altes Einerley ist, das wissen Sie ja wol. Je nun, ich bin Ihnen so gut Klopstock, daß ich nicht eher ruhig schlafen kann, bis ich Ihnen dieses gesagt habe. Das wissen Sie

doch noch nicht. Weil es aber schon spät ist, so will ich meinen Brief heute nicht fertig machen. Es hat mir so sehr gefallen, daß Sie an Ihrem letzten Briefe zweene Tage geschrieben haben, daß ich Ihnen hierin folgen will. Nehmen Sie mir nur ja den Brief so auf, wie ich ihn aufgenommen haben will. Wenn Ihr Gemüt etwa nicht so beschaffen ist, wann Sie diesen Brief bekommen, als meines jetzt ist, da ich ihn schreibe, so kann ich nicht dafür, so lesen Sie ihn nicht. Ich bin ganz besonders gut aufgeräumt. Und ich bin mit einmal so lustig geworden, da diesen Abend Gesellschaft wegfuhr u: ich noch einige Zeit für mich hatte, u: mich nicht recht entschliessen konnte wozu ich sie anwenden sollte, meine Schwester sagte, schreib sie an Klopstock. Ich hatte mir zwar vorgenommen morgen zu schreiben, es gefiel mir aber so gut daß ich es noch heute thun könnte, daß ich nun gleich den Augenblick schreiben wollte. Ohne daß ich es merkte aber fing ich mit meiner Schwester an von Ihnen zu schwatzen u: verschwatzte die Zeit. Da ich es also vor Tische nicht gethan habe, mein lieber Freund, so thue ich es jetzt. Ach Klopstock ich bin Ihnen so gut – – – nun, schon wieder? Ja es kommt nur davon daß die Empfindungen meines Herzens geschlafen haben ([über ausgestrichenem:] fast erstorben gewesen sind) so lange ich das Fieber gehabt u: nun wieder aufgewacht sind. Ich sollte wol nicht jetzt an Sie schreiben oder wenigstens es Ihnen nicht sagen, daß es schon spät ist. Nun, nun keiffen Sie nur nicht ich will auch zu Bette gehn. Schlafen Sie wohl Klopstock – – – Ich wollte daß Sie es nun merken könnten daß ich an Sie schreibe. Aber Sie schlafen wol schon. Und wer weis ob Ihnen nicht von mir träumt. Das wäre doch schön. Und warum sollte das auch nicht möglich seyn, träumt mir doch wol von Ihnen. Ja, ich habe Ihnen schon gute Nacht gesagt. Ich hätte es bald wieder vergessen. Nun noch einmal gute Nacht, schlafen Sie recht sehr, sehr gut mein lieber süsser süsser Klopstock!

Ich habe Ihnen sonst wol gesagt, daß ich des Abends klüger wäre als den Morgen. Das haben Sie an mein gestriges Schreiben wol nicht gemerkt? Sie sehen wol, daß klug in diesem Verstande, nur lebhaft bedeutet. Jetzt ist es Morgen, oder, wie Sie es nennen, Mittag. Dieses ist schon genung um nicht munter zu seyn. Aber einige verdrießliche Sachen haben mich heute doch besonders ernsthaft gemacht. Weil diese Sache einen Gedanken wieder bey mir erweckt, den ich schon lange gehabt u: der Ihnen mit angeht: So will ich Ihnen diesen nur gleich sagen, ob er sich gleich zu dem gestrigen wenig schickt. Giseke hat an den seeligen Seip vertraute Briefe geschrieben, die er nun nach seinem Tode nicht gerne will gesehen haben. Er bittet mich, ich soll sie ihm verschaffen. Ich laß darüber mit Seips Bruder sprechen. Er sagt er will sie mir geben, aber er liest sie vorher erst durch u: rühmt sich dessen noch. Ich weis wie verdrießlich dieses Giseke seyn muß, u: daher habe ich mir vorgestellt, daß es mir mit meinen Briefen auch einmal so gehen könnte. Ich wollte nicht für alle Welt daß meine Briefe an Sie gesehen würden, wenn ich das Unglück erleben sollte daß Sie stürben. Haben Sie nun wol einen Freund in Kopp: von dem ich sie alsdann fordern könnte, so nennen Sie mir ihn. Sonst wollte ich Ihnen wol einen Rath geben, wenn Sie ihm nur folgen wollten, nämlich meine Briefe zu verbrennen. An meiner Seite ist gottlob dieses, wie alles übrige in Ordnung. Wenn ich sterbe, so kann ein jeder, der seine Briefe wiederhaben will, sie nur von meiner Schwester Schmidten fordern, welche sie gewiß ungelesen überschicken wird. Sollten solche Gedanken mich wol nicht ernsthaft machen mein Klopstock? Leben Sie wohl u: leben Sie lange. M. Moller.

63. Meta an Klopstock, 19.12.1751

Hamburg d. 19ten Dec. 1751.
Ich danke Ihnen vielmal, mein lieber Freund, für die Diät, die Sie mir, meiner Gesundheit wegen vorschreiben. Wie leicht, wie angenehm ist der Anfang! Ja; das wäre wol eine Diät! Aber wie schwer, wie fürchterlich ist das Ende! O das ist eine strenge Diät! Wollen wir uns nicht vergleichen Klopstock? Ich will das erste ganz genau erfüllen. Und dann erlassen Sie mir das letzte. Ich werde Ihnen sehr verwöhnt vorkommen, daß ich nur das thun will, was ich schon immer gethan habe. Und Sie werden sagen, daß ich sehr leicht Ihre Vorschriften erfüllen könnte, wenn mir mein Herz dieselben giebt. Auf daß ich mir denn doch ein kleines Verdienstchen bey Ihnen mache: So will ich lieber das Trauerspiel nicht mehr spielen. Wer hat Ihnen denn gesagt, daß dieses so oft geschähe? Ich glaube es beynahe selbst, daß es meine Brust ein Bischen angegriffen hat. Denn ich habe eine sehr starke Partie gehabt, das werden Sie sehen, wenn ich es Ihnen schicke. Ich habe das, was Sie mir Ihrer Ode wegen geschrieben haben Herholden sagen lassen. Er hat mir wieder geantwortet, daß er an dem Drucke derselben ganz unschuldig wäre. Sondern daß ein gewisser *Koppe* in *Rostock* sie hätte drucken lassen u: ihm nur

etliche Exemplare geschickt hätte. Bohn, welcher auch einige bekommen, schreibt mir: „Ich wollte wol einen Eid thun, daß der ehrliche Koppe kein Arges davon vermuthet hat. Sondern von einem Verehrer der Muse des Hrn. Klopstocks, welcher in der Meinung gestanden dem menschlichen Geschlechte einen Dienst zu thun, dazu ist verleitet worden." Ich billige dieses aber dennoch nicht. Ich dachte es gleich, daß die Ode ohne Ihren Willen gedruckt wäre, u: ich hatte auch die Dreistigkeit dieses zu sagen. Auf ein ander mal machen Sie mir aber keine Entschuldigungen mehr, wenn ich etwas für Sie ausrichten soll. Brauche ich es noch Ihnen zu wiederholen, daß ich alle Art von Commissiones, die Sie nur nach Hamburg haben können, mit Vergnügen ausrichte? Und ich bitte es mir recht sehr aus, daß Sie mich ja alle mal zur Commissionairin wählen mögen, wenn ich nur einiger maassen fähig bin die Sachen auszurichten. - - - -

Diese Nacht hat mir von Fanny geträumt. Sie haben mir so lange nichts von ihr geschrieben, mein Klopstock, wissen Sie selbst nichts von ihr? Armer Klopstock, was macht Ihr Herz? Ich habe immer Sie nicht hieran erinnern wollen um Sie nicht betrübt zu machen, aber Sie werden ohne mich wol daran denken. Die Leute zerbrechen sich hier gewaltig die Köpfe wegen der Ode. Einige glauben, die Rede sey darinnen nur von einer entfernten Geliebten, andere meinen gar von einer todten, (wie sie darauf verfallen können begreife ich gar nicht,) Aber den rechten Zustand Ihrer Liebe erräth niemand. Und dieses ist mir ungemein lieb. Ich habe neulich für gewiß gehört, daß die Ode schon vor 6 Wochen unter sehr unwürdigen Leuten alhier herum gegangen wäre. Ich habe doch nicht nöthig Sie zu versichern, daß durch mich sie niemand gesehen hat. Nein, ich weis wol, daß Sie dieses nicht glauben. Wenn ich dieses hätte thun können, so verdiente ich gewiß nicht daß Sie mit solcher Delicatesse an mich schrieben, wie Sie neulich einmal das Wort böse gegen mich brauchen wollten: „Ich wüste nicht, ob nur eine Sylbe von der leichtesten Bedeutung dieses Wortes wahr wäre." O Klopstock das ist so süß, als Sie selbst! Fahren Sie fort, mein Freund, allemal so gegen mich zu denken. Sollte mich das, daß ich den Werth Ihrer Freundschaft einsehe u: empfinde, sollte mich das nicht einigermaassen Ihrer Freundschaft würdig machen? Und sollte meine Freundschaft nicht mit jedem Briefe von Ihnen, u: auch mit jedem Gedan[ken] den ich von Ihnen habe, zunehmen. Ja mein lieber Klopstock. Und so sehr ich es jetzt auch schon bin, so werde ich doch noch immer mehr Ihre   Moller seyn.

64. Klopstock an Meta, 22.–24. 12. 1751

Klopstock liest Young in der Ebertschen Übersetzung, und diese Lektüre spiegelt sich in seiner Ode „An Young". Die Stelle, die er hier im Brief an Meta erwähnt, steht in der dritten Nacht der „Klagen" (The Complaint or Night Thoughts); angeredet wird die Mondgöttin.

Koppenh. den 22ten Dec 1751
Izt eben hab ich im Propheten Young gelesen, u das macht, daß ich an meine Moller schreibe. Denn ich dachte sehr oft an meine tugendhafte Moller, da ich im Young las. Soll ich Ihnen die Stelle sagen, wo ich zuerst an Sie dachte? „Sanft, bescheiden, melancholisch, schön, u weiblich" O die süsse Stelle! Das letzte Wort wiederhohlt die vier ersten (nach meiner Auslegung!) u das zwar auf eine so süsse Art, daß Sie es so stark nicht empfinden können, als ich, weil Sie ein Mädchen sind. Nicht so? ich habe recht, daß Sie es nicht so empfinden können, wie ich? Wenn Sie mir das nicht eingestehen; so fordre ich Sie auf, mir zu sagen, was ich alles dabey gedacht habe? Wissen Sie womit Sie sich wegen Ihrer kleinen Unwissenheit an mir rächen können? Geben Sie mir ein gleiches Wort auf, das Sie auch besser empfinden können, als ich. – – – Ach mein kleines, unschuldiges, göttliches Mädchen (ja wenn ich nur Worte genung hätte!) wenn Sie mich auch so liebten, wie ich Sie liebe! Ja, wenn Sie das thäten! – – – Wenn ich bey Ihnen wäre, wollte ich Sie schon auf die Probe stellen. Ja, wie denn nun? werden Sie sagen. Ich dächte, daß wär noch wohl zu errathen. Am schlimmsten aber würden Sie rathen, u die Probe ausstehen, wenn Sie dächten, daß die Sache ohne viel Mäulchen abgehn könnte, u sollte. Nein, Mollern, da würde nichts draus werden. Für *sanft* ein Mäulchen! für *bescheiden,* eins; für *melancholisch* (o das allerliebste Brittische Wort!) für melancholisch zwey, auf iedes Aug eins! für *schön?* Ich dächte für schön, Mollern, einen Kuß! Und für weiblich? Ja! – – – für – – weiblich? ... ach, Mollern, ich habe Sie erstaunlich lieb! Niemals hab ichs so sehr empfunden als izt, daß ich *nur* an Sie schreibe. Will ich doch gleich aufhören zu schreiben; so böse bin ich drauf. Und will ich doch gleich zu Bette gehen, von Ihnen zu träumen, so bin ich doch ein bischen mehr bey Ihnen, als so. Gute Nacht, kleine Moller.
den 24ten Dec.
Heute bekam ich Ihren Brief. Ich soll Ihnen von Fanny schreiben? Es ist schon über zwölfe – Ach, was soll ich Ihnen von ihr schreiben?

Mein Herz hat sich in Betrachtung Fanny ein wenig verändert. Das fühl ich bisweilen; u manchmal denke ichs nur. – Ach arme Moller haben Sie mich ja auch ein bischen lieb. Ich verdiene es. Ich merke es nur zu sehr, daß Sie mein Herz noch nicht ganz kennen. Ich bin recht traurig. Ihr lezter Brief war nicht so süß, als der vorhergehende. Ich schreibe nicht mit *Delicatesse* an Sie. Nein, Mollern, das ist das rechte Wort nicht. Herz, das ist das rechte Wort. Sie sagen mir auch nichts von Ihrem Portrait, u ich habe doch so oft, u so zärtlich darum gebeten. Soll ich denn den ganzen Winter ohne Sie leben? ich, der ich so viel Anstalten gemacht hatte, Sie auf den Winter zu überfallen? – Ich habe Fanny auf ihren lezten Brief, den Sie, wenn [ich] nicht irre, gesehn haben, geantwortet. Ich schloß den Brief ohne weiteren Umschlag an ihre Mutter ein, daß er desto richtiger überbracht würde. Fanny hat mir seitdem nicht wieder geschrieben; ich habe auch nicht an sie geschrieben. Ihr Bruder u Gleim schreiben mir auch nicht, vielleicht, weil sie zu sehr meine Freunde sind. – Was hat Ihnen denn von Fanny geträumt? Mir träumt noch oft von ihr. Manchmal ist sie ein Bischen zärtlich gegen mich. Aber o der eitlen Träume! – Ach, meine süsse, süsse Moller, ich kann Ihnen ohnmöglich mein Herz ganz beschreiben. Das merke ich aber wohl, daß Sie es noch nicht ganz kennen. Meine Oden, die geliebten traurigen Oden, von denen Sie mir einmal sagten, daß sie Sie am meisten für mich eingenommen hätten, gehören Ihnen mehr zu, als ich Ihnen sagen *darf*. Wenn Sie wüsten, meine Moller, wie mir izt mein Herz zittert, u wie sehr ich Ihr Klopstock bin.

65. Meta an Klopstock, 28.12.1751

Hamburg, d. 28ten Dec. 1751.
Es ist mir doch recht lieb mein Freund, daß ein Theil meines Briefes, von dem ich es gleichwol nicht vermuthet, Sie so lustig gemacht. Sehen Sie wie gut es ist, daß grosse Geister sich zuweilen so weit herunterlassen mit Mädchens Briefe zu wechseln. Sie können noch einmal darüber lachen. Zumal wann die Mädchens so närrisch sind, auf eine Art, die Ihnen so neu vorkömmt, etwas vom Sterben zu sagen. Ich gestehe es Klopstock, wenn ich eine Mannsperson wäre, so würde ich selbst darüber lachen, wenn ein Mädchen, die doch eigentlich an nichts anders denken sollte, als wie sie eine artige Puppe für das andere Geschlecht abgeben könne, sich aus diesem Charakter

heraus wagte, u: mit Personen, die nur mit ihnen spielen wollen, vom Tode spräche. Aber, nehmen Sie es mir nicht übel; jetzt, da ich ein Mädchen bin, finde ich es doch nicht so sehr lächerlich, ob ich es gleich in *dem* Briefe für unrecht angebracht will gelten lassen. Ich weis nicht, daß ich Ihnen einen *grossen sollennen Vortrag* gethan habe. Ich habe Sie nur gebeten, mir zu sagen, auf welche Art ich meine Briefe wiederbekommen könnte, wenn Sie sterben sollten, (ich lachte nicht Klopstock, wie ich dieses schriebe) u: ich erneuere jetzt diese Bitte. Ich weis wol, daß es gegen alle Regel der Höflichkeit ist, mit jemand von seinem Tode zu sprechen, aber ich dachte, mit *Ihnen* könne man dieses thun. Wenn Ihnen meine Briefe nun gleich nicht wichtig scheinen, so können Sie doch nicht wissen ob sie es nicht für mich sind. Und freylich sind sie es für mich. Ich sage es noch einmal, ich wollte nicht gerne, daß jemand die Briefe sähe, nicht wegen das, was

[Darunter Notiz von alter Hand:] Das Uebriege ist verloren.

66. Klopstock an Fanny, 28.12.1751

Koppenhagen 28ten Dec. 1751
Und Sie können das so thun, liebste Freundinn, u mich ohne einen Brief von Ihnen so lange allein lassen? Wissen Sie auch wohl, daß Ihr lezter vom August war, u daß ich gleich darauf geantwortet habe? Nicht so? Ich darf Sie ein bischen anklagen, daß Sie so unwissend in der Wissenschaft der Freundschaft zu seyn scheinen. Man kann sich wohl übertreffen lassen, meine liebste Freundinn, aber man muß sich doch auch nicht so sehr übertreffen lassen. Es wäre ein andres, wenn ich es noch wagte, Sie noch Fanny zu nennen; darauf hätten Sie mir ja nichts zu sagen; u da dürfte ich wieder Ihr Stillschweigen nichts sagen. Aber so kalt, so kalt meine Freundinn zu seyn! Wissen Sie wohl, daß Sie dieß bei keinem, der nur etwas von dem, was wir Herz nennen, von ferne gemerkt hat, verantworten können? Gewiß, ich habe es nicht um Sie verdient, daß Sie bei einer solchen Verantwortung zu kurz kommen müssen –. Ich habe mit meinem Herzen alle mögliche Behutsamkeiten u Klugheiten nötig, es nicht wieder sich selbst zu überlassen. Ich will Ihnen nur etwas anführen, daß Sie sehen, wie ich mit mir umgehen muß. Gewisse Oden, u gewisse Briefe an u von Ihrem Bruder habe ich, damit ich Sie nicht lese, dreyfach verschlossen, u alle drey Schlüssel dazu, weggeworfen. Und

ich bin sehr sorgfältig, meine andern Schlüssel in Acht zu nehmen, damit ich ja nicht nötig habe, etwa einen Schlösser kommen zu lassen. Schwaches Herz! werden Sie sagen – – – Ja freylich schwach; aber was kann ich dafür, daß ich es habe? Ja, wenn ich es gegen ein starkes gesetztes Herz vertauschen könnte; so wüßte ich schon mit wem ich tauschen wollte. Aber so muß ich es behalten, wie es ist ... Was meine drey Schlösser anbelangt, so graut mit izt besonders vor Einer Sache. Man hat in Hamburg, ohne mich im geringsten darum zu fragen, eine Ode von mir, die sich anfängt: „Ein stiller Schauer Deiner Allgegenwart" drucken lassen. Ich bin recht böse darüber geworden. Nun besorge ich, daß sie sehr verstümmelt u voll Druckfehler wird erschienen seyn. Ich habe zwar noch nicht das Herz gehabt, sie mir von Hamburg schicken zu lassen; aber ich werde es thun müssen, um zu sehen, ob sie so verdorben ist, daß ich sie muß umdrucken lassen. Wenn das geschehen muß; so müssen meine drey Schlösser eröfnet werden, damit ich mein Manuscript herausnehmen kann. Und ach, dann, wenn die Schlösser einmal offen sind! – – Ich bitte Sie, liebste Freundinn, beten Sie bey allen Sylphen der Philosophie für mich, daß ich weiter nichts, als die Ode herausnehme, u geschwind, geschwind wieder zu mache. Nicht so? Sie sind so freundschaftlich, u beten für mich. Nun, ich will sehen, was geschieht, u daraus will ich beurtheilen, ob Sie für mich gebetet haben. Ich könnte Sie zwar bitten, daß Sie mir es schreiben sollten, daß Sie es gethan hätten; aber es ist schon lange, daß ich nicht mehr das Herz habe, Sie um etwas zu bitten. Glauben Sie mir, wenn ich zum Exempel izt bei Ihnen wäre, u Sie hätten Bluhmen (ich nenne mit Fleiß eine Kleinigkeit) ich würde es nicht wagen, Sie auch nur um die kleinste dieser Bluhmen zu bitten. Doch ich muß hier abbrechen. Mein Herz fängt an etwas zu fühlen, als wenn ich alle meine Schlösser aufgemacht, u recht viel gelesen hätte. Und ich fürchte mich vor meinem Herzen, wenn es so anfängt. –

Das neueste von hier, u was mich ganz ausserordentlich gerührt hat, ist, daß unsre junge Königinn in der Blüte ihrer Jahre, fast acht Tage hintereinander, gestorben ist mit einem Mute, den auch Leute bewundert haben, die sonst eben nicht bewundern. Sie war die Tochter derjenigen Carolina, die ein Mädchen deßwegen ausstattete, weil diese Miltons Tochter war. Und Sie war ihrer grossen Mutter würdig. Sie war schön, u blühend, wie ein voller Frühling. Ich habe Ihr nur einmal aufgewartet. Aber ich habe Sie oft in Friedensburg von fern unter den Bluhmen gesehen. Ich habe Sie nun auch todt gesehen. Was für ein Anblick! Ich darf ihn nicht beschreiben. Neben Ihr stand in einem kleinen Sarge Ihr junger Prinz, der gebohren worden seyn würde, wenn Sie noch eine Woche gelebt hätte; Ein Prinz, auf den das ganze Land gehoft hatte, weil nur ein Prinz da ist, u schon ein Kronprinz gestorben ist. O, was ist das für eine grosse Sache von so viel Tausenden geliebet werden. Sie hätten die Stadt sehen sollen. Es war über drey Tage ein allgemeines Verstummen. Die Königinn war eben in der Nacht, nach Ihrem noch überlebten Geburtstage, da Sie 27 Jahr alt war, gestorben.

Ich ersuche Sie Ihrer Fr. Mama meine beständige Hochachtung zu versichern; mich auch dem Weisischen u Leischingischen Hause zu empfehlen. Ich bin, u was bin ich denn? Etwa Ihr ergebener Diener, wie Sie meine ergebene Dienerinn? Nein, das gewiß nicht! Ich bin, worinn mich nie Jemand übertreffen soll,

Ihr aufrichtigster Freund Klopstock.

Klopstock wurde tief ergriffen von dem Tod der jungen dänischen Königin, die am 19. Dezember 1751 im Wochenbett starb. Ihrem Andenken widmete er die Ode „Die Königin Luise", die am Begräbnistage in Kopenhagen herauskam.

67. Meta an Klopstock, 30. 12. 1751

Hamb: d. 30ten Dec: 1751.
Eben bekomme ich Ihren Brief mein liebster Klopstock, u: ich muß nur gleich wiederschreiben, auf daß Sie mir nicht zu lange über meinen letzten Brief böse bleiben. Denn Sie werden es doch wol ein Bischen seyn. Es war ein wunderlicher Brief, das ist wahr, aber der, den dieser beantwortet war auch ein Bischen wunderlich mein lieber Klopstock. Wissen Sie es wol, daß wir Mädchens es allemal ungemein hoch aufnehmen, wenn wir ernsthaft sind u: das andere Geschlecht darüber lacht? Dieses ist so erniedrigend, u: erinnert uns so sehr an dem Unterschiede, welche[n] einige von Ihrem Geschlechte unter unserer Seele u: der ihrigen machen wollen. Aber ich weis wol Klopstock daß Sie nicht zu den Leuten gehören. Sie haben auch wol eigentlich nicht darüber gelacht, daß ich ernsthaft war, sondern daß ich es auf eine so närrische Art in einem Briefe wurde, worin ich eben vorher ganz lustig gewesen, u: darin haben Sie Recht, darüber habe ich selbst schon gelacht. Aber nun sind Sie mir doch auch nicht böse

mein Klopstock? Mich deucht Sie hätten auch nicht Ursache böse zu seyn, daß ich so leicht etwas von Ihnen übel nehme. Es ist ja kein Zeichen einer kaltsinnigen Freundschaft. Nein mein liebster Klopstock, ich bin so sehr Ihre Freundinn, als man es nur seyn kann. – Wie sehr süß ist das für mich, daß Sie bey der Stelle im Young, sanft, bescheiden, melancholisch, an mich gedacht haben! Und welch ein feines Lob ist es für unser Geschlecht, daß Sie so gütig sind zu glauben, das Wort, weiblich, wiederhole die vier ersten. Wenn das ganze Geschlecht es doch wüste, daß Sie dieses gesagt hätten. O wie gut würde es Ihnen dafür werden! ([Darüber geschrieben:] denn eigentlich sollten wir alle weiblich seyn, woher wäre sonst das Wort gekom[men]). Ja Klopstock, wenn das ganze Geschlecht Sie so kennte, als ich Sie kenne, was hätten Sie dann eine Menge Freundinnen! Was wollten Sie mit allen den Mädchens anfangen, die nur unter ein

[Notiz von alter Hand:] Das Uebriege verloren

68. Klopstock an Meta, 1.1.1752

den ersten Januar 1752
Sie haben mich diesen Morgen sehr traurig gemacht. Es ist nun bald eine Stunde, daß ich Ihren Brief bekommen habe. Und es ist mir, als wenn es mein Herz so haben will, um sich mindestens einigermassen zu beruhigen, daß ich an Sie schreibe, ob ich gleich so niedergeschlagen bin, daß ich nicht weis, was ich schreiben soll oder *darf*. O wie wenig hatte ich einen *solchen* Brief von Ihnen verdient, u wie sehr weis ich es nun, daß ich Sie unendlich viel lieber habe, als Sie mich haben. So einen Brief könnte ich nicht an Sie schreiben, nein, Mollern, das könnt ich nicht. Es wird Ihnen *vielleicht* noch einmal nahe gehen, daß Sie ihn geschrieben haben. Ich hatte gestern Abend die lezten Stücke der Nachtgedanken von neuem angefangen, ich wußte also, daß ich sehr spät zu Bette gehen würde, u weil ich im Winter so schön schlafen kann, so hatte ich meinem Diener gesagt, er sollte mich nicht vor zehn Uhr wecken, ausser, (das war die einzige Ausnahme) wenn er einen blauen Brief an mich hätte. Weil er weis, daß er, so früh er nur kann, auf die Post gehen muß, so kam er schon um acht Uhr, u weckte mich. Da ich Ihren Brief sah, war ich sehr bald geweckt. Ich las ihn nicht einmal im Bette, sondern ich stand ausdrücklich auf, ihn zu lesen. Das übrige würden Sie sich denken kön-

nen, wenn Ihr Herz gegen mich wäre, was meins gegen Sie ist ----
Was meinen Brief anbetrifft, der Ihren veranlaßt hat, so bin ich überzeugt, daß Sie gesehen haben, daß er im offenbaren, *vielleicht zu ausgelaßnen* Scherze geschrieben ist. Davon ist besonders das: Alles Fleisch vergeht wie Heu – ein Zeuge. Ich muß also glauben, daß Sie nur diese Gelegenheit ergriffen haben, mir zu sagen, daß Sie mich lange nicht so lieb haben, als ich Sie habe. Und das haben Sie mir recht stark gesagt. Habe ich hierinn Unrecht, (u ach, wie wünschte ich, daß ich wenigstens einigermassen Unrecht hätte!) mit welcher Zärtlichkeit will ich es Ihnen noch abbitten, wenn ich zu Ihnen komme, daß ich in einer Sache gescherzt habe, die Sie so ernsthaft ansehen, u die ich auch so ansehe, ob ich es gleich damals nicht so sehr that, da ich durch den ersten Theil Ihres Briefes so heiter geworden war, u zugleich die kleine unschuldige Nebenabsicht hatte, zu machen, daß Sie nicht immer so gar ernsthaft an den Tod denken mögten. Das ist es alles, was ich gesündigt habe. Aber was hilft mirs, daß ich so wenig gesündigt habe, wenn es Ihrem Herzen so leicht ankömmt, mich zu betrüben. -- Ob ich durch Mollern eine Puppe verstehe, das werden Sie in meinem lezten Briefe gefunden haben, einem Briefe, für den ich nun zittre, weil Sie -- ach, meine allerliebste Mollern, das alles habe ich nicht um Sie verdient. – Unsre Königinn (Sie schrieben mir ja von ihr; u ich hätte es auch schon gethan, wenn ich über Sie nicht alles, was mich auch noch so sehr rührt, vergässe) Unsre Königinn ist etliche Tage hintereinander, unvergleichlich gestorben. Carolinens Tochter war Ihrer Mutter werth, u eine würdige Engländerinn. Ich habe Sie in Friedensburg nur einmal gesprochen. Aber ich habe Sie sonst oft von fern unter den Blumen gesehen. Sie war ein voller Frühling. Ich habe Sie nun auch im Sarge gesehen, u neben Ihr den Prinzen, den Sie in wenig Wochen würde gebohren haben. Ich muß hier aufhören. Es ist zu traurig, u besonders heute für mich. – Dürft ich Sie wohl, wenn ich bey Ihnen wäre, mit dieser stillen zärtlichen Thräne ansehen, meine Mollern? -- Ach, wie lange ist es noch hin, eh Sie diesen Brief empfangen, u eh Sie ihn beantworten. Wenn ich sterbe, sollen Sie Ihre Briefe heilig aufbewahrt, u von mir noch versiegelt, wieder haben, den lezten auch! O, wenn Sie es, wie ich, fühlten, wie sehr ich Ihr   Klopstock bin.

69. Meta an Klopstock, 7. 1. 1752

Hamburg, d. 7ten Jan: 1752.
Klopstock!.. mein Klopstock ... ach, wenn es wirklich wahr ist, daß Sie mir so gut sind als Sie sagen u: als ich nachgerade bisweilen mir einbilde, was bin ich dann für ein Mädchen, daß ich Ihnen so einen Brief habe schreiben können! Einen Brief, der Sie betrübt hat! Sie! Das ist meine Absicht nicht gewesen mein liebster Klopstock. Ich war durch Ihren Brief ein wenig aufgebracht, das ist wahr. Aber woher war ich das? Weil ich daraus zu sehen glaubte, daß Sie mich nun nicht so lieb hatten, als ich es mir wünschte u: als ich es auch dann u wann geglaubt hatte. Wie ich Ihren andern Brief bekam, da hätte ich den meinen gerne wieder zurück gehabt. ---- Ach Klopstock wie lieb habe ich Sie! So lieb habe ich Sie noch niemals gehabt, als ich Sie nach Ihren beiden letzten Briefen habe! Vor allen der letzte, der liebe, zärtliche Brief! Er ward mir auch aufs Bette gebracht. Wie sehr schlug mir das Herz, da ich ihn aufmachte! Ich wuste daß es eine Antwort auf meinen bösen Brief wäre. Aber wie viel stärker schlug es unterdeß ich ihn las. *So einen* Brief vermuthete ich nicht. Sie hatten alle Ursache in dem Ton zu antworten, als ich geschrieben hatte, u: Sie antworten so gut, so sehr gut! Mein bester Klopstock! Was haben Sie für ein Herz! O hätten Sie in meinem Zimmer mir zusehen können, wie ich Ihren Brief las! Gesehen hätten Sie zwar nicht viel, aber auch das wenige, was Sie gesehen hätten, würde Sie überzeugt haben, ob ich nur die Gelegenheit ergriffen hatte, um Ihnen zu sagen, daß ich Sie nicht so lieb hätte, als Sie mich haben. Klopstock! --- alles, was ich kann, ist wol, daß ich einige Gelegenheiten vorbey lasse um Ihnen nicht das Gegentheil zu sagen ... Sie sagen, es wird mir *vielleicht* noch einmal nahe gehen, daß ich den Brief geschrieben habe. O mein Freund Sie hätten dieses nur mit mehrerer Gewißheit sagen können! Nahe, nahe genung gehts mir! Ich bin Mitwoch, den ganzen Tag sehr, sehr betrübt darüber gewesen u: ich bins noch. Wenn Sie sich vorstellen könnten, was ich alles empfand, als ich nach Ihrem Briefe noch ein Paar Stunden im Bette blieb. Ich hielte Ihren lieben Brief lange, lange auf meinen nassen Augen, u: dieses war mir sehr süß. Denn ich muß es Ihnen doch nur sagen, daß ich geweint habe, ich wollte es erst nicht thun. Ja Klopstock, ich habe geweint. Ich ließ nicht nur einige wenige zärtliche Thränen fallen, wie ich wol eher gethan habe, nein mein lieber

Freund, ich weinte recht viel. Daß Sie Ihren Brief damit schließen, ich sollte meine Briefe wieder haben wenn Sie *sterben,* o daß ist mir jetzt ganz unerträglich! Nein, ich will meine Briefe nicht. Wenn *Sie sterben* was frage ich dann nach allem noch ... Nein, das läßt Gott mich nicht erleben!.. Hätten Sie diesen Brief doch erst! Hätten Sie ihn doch erst wieder beantwortet! Ich werde gewiß nicht ehe fröhlich, bis Sie mir sagen, daß Sie nun völlig mit mir zufrieden sind. Sie können dieses nur dreist thun Klopstock, Sie haben alle Ursache von der Welt dazu. ... Wenn Sie mir doch auch nur *jetzt* schon wieder gut wären! Ich weis nicht ob Sie es einigermassen durch meinen letzten Brief schon geworden sind. Der Brief muß doch ein Bischen gut seyn, ob ich gleich wol weis, daß, wenn ich ihn heute geschrieben hätte, er unendlich besser geworden wäre. ...

Man läßt mir nicht Zeit dieses Papier ganz voll zu schreiben, denn Materie, mein lieber Klopstock, Materie habe ich in meinem Herzen genung. Niemals, niemals habe ich es mit so vieler Ueberzeugung gesagt, daß ich ganz Ihre Moller bin.

70. Klopstock an Meta, 5.–11. 1. 1752

(Fangen Sie auf der dritten Seite an)

den 5ten Jenner 1752.
abends um 12 Uhr.

Meine allerliebste Moller. Ich habe Ihren Brief vom 30ten Dec. erhalten. ———— Sie haben mich es nun ganz gewiß wissen lassen, daß ich Sie unendlich viel mehr liebe, als Sie mich lieben. O meine Moller, meine Moller, Sie kennen dieß Herz nicht. Wie glücklich war ich damals noch, da Sie mir einmal schrieben, daß Sie mich, da Sie mich nur noch durch Giseken kannten, schon Ihren Klopstock nannten; aber wie viel später habe ich die unvergleichliche Moller gekannt, u wie sehr habe ich Sie in der kürzern Zeit gleichwohl übertroffen. Das habe ich Ihnen immer gesagt, daß ich Sie mehr liebte, als Sie mich. Sie thaten immer, als wenn Sie es nicht zu geben wollten. Endlich haben Sie mirs nicht länger verschweigen wollen, u Sie haben mirs *gesagt.* Ich beziehe mich auf Ihren Brief, nicht so wohl auf Ihren zürnenden, als auf Ihren lezten. Was ist das für ein Brief! Wenn Sie denken, daß mirs möglich ist, eben so bald ruhig darüber zu werden, als ich Sie liebte, u Sie *kannte;* wie sehr irren Sie sich. Ich kenne Sie wohl Mollern (Sie haben manchmal in Ihren Briefen gethan, als wenn Sie daran zweifelten). Sie sind --- ich will es Ihnen nicht sagen. Wenn ich bey Ihnen wäre, würden es Ihnen diese Thränen sagen. ---- Ich habe manchmal gedacht (die tugendhafte und edle Mollern verzeiht mir es doch?) ich habe manchmal gedacht, daß wir *für einander* die Liebe solange gelernt hätten. Das dacht ich zwar damals noch nicht ganz als mir Giseke *das erstemal* in Braunschweig von Ihnen erzählte; da mir mein Herz das erstemal für Sie so gewaltig zu schlagen anfieng, daß ich glauben muß, daß er mein Herz meinen Augen ansah, weil er mir auf einmal sagte (das erstemal ein grausamer Freund!) ⟨...⟩ O wie ward mir, als er es sagte. Ich dacht es auch damals und zitternd, als ich Sie sah; ob ich gleich Hagedorn, auf den ich mich sehr sehr lange (sagen Sie Ihm dieß) wie auf ein Elysium gefreut hatte, in den wenigen Tagen um *meiner* Mollern willen, einer Empfindung, die damals mein Herz nur zu zittern anfieng, nur selten sprach. --- Gute Nacht, kleiner gebohrner Engel, gute Nacht süsses Kind! Ich will izt nicht länger klagen, u Sie durch meine Traurigkeit nicht länger in den Gedanken unterbrechen: „daß ihr Herz Ihnen auch oft so etwas hat einbilden wollen, aber daß es immer dabey so abgelaufen ist, als mit mir, in Ihrem Traume." – Unglücklicher, trauriger Traum; für mich unglücklicher für mich nur trauriger Traum! Nein, der verdiente es nicht, daß diese sanften vollen Locken um seine Bilder hiengen, u diese allerliebsten Augen, ihn kommen zu lassen, sich zugeschlossen hatten, u daß dieser sanfte unschuldige Athem ihn anhauchte, nein, das verdiente dieser böse Traum nicht! Gute Nacht, süsses, süsses, allerliebstes Mädchen, gute Nacht meine Mollern, wenn Sie Klopstock, der ehmals Ihr Klopstock war, so nennen darf. Gute Nacht, kleiner gebohrner Engel. Doch wie thöricht bin ich, es *schreiben* zu wollen, mit welchen sinkenden thränenvollen Blicken ich Sie izt ansehe! --

den 11ten Jenner

Ich war viel zu furchtsam, meine Moller, vorhergehenden Brief mit dem nächsten Posttage fortzuschicken. Die bezeichneten Worte machten mich besonders furchtsam. Aber Ihr lezter süsser Brief! Ach, was hab ich alle für Unheil mit ihm angefangen, u wie habe ich ihn geküßt! Denn ich muß es Ihnen nur sagen, daß ich recht närrisch bin, wenn ich anfange. Ich weiß nicht, wo ich mit dem allen hinsoll, was ich Ihnen alles zu sagen habe. Sie sind --- u was denn nun? Ein kleines, allerliebstes, süsses süsses Mädchen. Wenn ich bey Ihnen wäre, rathen Sie einmal, was ich thäte? Sie müssen mir ja izt gleich,

geschwinde, ehe Sie weiter lesen, ein klein bischen davon errathen, denn sonst dürft ichs nicht thun. Ich nähme Sie in meine Arme, ja, das thät ich! Und liesse Sie nicht eher los, als bis ich wohl müßte, bis ich für Freuden gestorben wäre. Und was thäten Sie dann, Sie kleines Mädchen? Wenn nun Ihr Opfer da so vor Ihnen läge, u ein bischen todt wäre. Nicht so? Sie schlichen traurig um mich herum, u weinten. Und dann würde mirs nicht wenig verdriessen, todt zu seyn! Es würde mir schnell die Lust zum Leben ankommen; ich würde zu Ihnen hinfliegen, u Ihre Thränen aufküssen. Das that ich „da Sie meinen Brief lange lange auf Ihre nassen Augen hielten, u da Ihnen das so süß war". Ach, mein kleines göttliches Mädchen, darauf kann ich Ihnen nichts sagen, dazu sind die mir bekannten Sprachen zu schwach. Sie weinten, meine Moller –– O wie hasse ich das Briefschreiben! Wie hasse ichs von ganzer Seele. Nur Briefe schreiben. Wie unglücklich bin ich. Und ich soll diese sanften Augen nicht küssen, die geweint haben. Ich soll da so hier seyn, u soll Augen sehen, die ich nicht sehen mag. Aber was haben mir denn die armen hiesigen Augen gethan? Sie haben mir ja nichts gethan. Wirklich nicht! u haben mir auch vielleicht nichts thun wollen. Gewiß ich weis nicht, worauf ich alle böse bin. Ich sehe wohl, es geht mir izt, wie euch guten Kindern (das versteht sich, daß ich die Mollern nicht mit meine) wenn ihr euren Willen nicht haben könnt, so werft ihr in der Wut euren Theetisch um, oder eure Haube in die Ecke. ––––––––
Meine Mollern, meine süsse, süsse, meine allerliebste Mollern. Schreiben Sie ja bald wieder an mich! O einen Posttag ohne Sie zu leben, das wäre –– Wissen Sie was ich izt noch für eine Narrheit begehen will? Ich will den Ort, wo ich meinen Namen hinschreiben werde, dreymal heiß, heiß, küssen. Klopstock
 O ihr armen Küsse aufs Papier, o ihr armen Kinder!

71. Meta an Klopstock, 18.1.1752

den 18ten Jan: 1752.
Sie werden heute wol nur einen kurzen Brief bekommen, aber ich will doch schreiben. Nicht nur auf daß Sie keinen Posttag ohne mich leben sollen, sondern daß ich auch nicht ohne Sie lebe. Denn Sie werden mir doch wol antworten Klopstock? – Wenn Sie glauben, daß ich es dem ersten Theile Ihres Briefes nicht ansehen kann, daß er nachdem geschrieben, als Sie meinen letzten Brief erhalten haben, so

irren Sie sich. Aber es ist alles einerley, Sie sind mein lieber Klopstock. Ich weis es auch, warum Sie mir, obwohl im Scherze, ein Bild davon gemacht haben, wenn Sie todt vor mir lägen. Sie haben wol eingesehen, was dieses für Folgen bey mir haben würde. Sie sind ein Schalk Klopstock, warten Sie nur ... Sie brauchen das ja nicht. ... Sie haben vielleicht auch Ihre kleinen Absichten gehabt, warum Sie mir den Ort Ihres Briefes nennen, den Sie geküßt haben. Ich weis nicht, ob ich Sie dadurch erfüllt, daß ich die Mode, Ihre Briefe auf den Augen zu halten, noch nicht habe veralten lassen? Ich habe auch noch eine neue erfunden. Ich hielt ihn noch auf mein Herz. Und ich habe gefühlt, wie das unschuldige Ding durch den Brief schlug. Sie sehen doch Klopstock, daß ich, nach meiner Art, ebenso viele kleine Thorheiten mit Ihren Briefen begehen kann, als Sie, nach der Ihrigen mit den meinen. Aber, was hilft mir alles das? Ach mein Freund, wenn ich Sie nur einmal spräche! Vielleicht würde ich Ihnen alsdann viel sagen. -- Und, vielleicht würde ich alsdann noch weniger sagen können,

[der Schluß fehlt]

72. Klopstock an Meta, 21. 1. 1752

[Vermerk von Metas Hand:] Diesen Brief hat Kl. mir nachher geschikt, wie ich ihn darum bat.

den 21ten Jenner 1752

Nein, Mollern, nein, so bin ich nicht, wie Sie mich mir beschreiben. Ich will es Ihnen ganz anders sagen, wie ich bin. Da ich den vorigen Posttag mit vielem Verlangen u Unruh einen Brief von Ihnen erwartet hatte; u keinen bekam, so ward ich sehr traurig. Da ich heute einen bekam, so zitterte ich, da ich ihn eröfnete. Und in demselben sagen Sie mir gleich im Anfang „daß er kurz seyn sollte"; „(o wie schlug mich das nieder) daß ich den ersten Theil meines lezten Briefes nicht zu der Zeit geschrieben, da er datiert ist"; „daß ich, nur im Scherze Ihnen ein gewisses Bild gemacht hätte"; „– u dann klagen Sie Ihr Schicksal an, u mein Herz *soll weiter nichts* als die Empfindung des Mitleidens gegen Sie fühlen." Ach, meine Moller, Ihr Brief ist mir ein rechtes Räthsel. Denn ausser den angeführten kleinen Ungerechtigkeiten, haben Sie mir auch einige süsse Zeilen geschrieben. Was soll ich thun? Ich will immer ein so gutes Kind bleiben, als ich gewesen bin. Mein Herz ist gerade zu Herz mit Ihnen, u so soll es auch izo seyn. – Ich bin unfähig, einen Brief zu einer andern Zeit zu datieren, u ihn zu einer andern Zeit zu schreiben. Meine Hand würde gezittert haben, u ich würde ihn nicht haben halb vollenden können. Ich habe ihn gewiß den Abend geschrieben, da er datiert ist; so gewiß als es ist, daß ich Sie liebe, u daß ich den Abend geweint habe. – Das *Bild im Scherze* war Freude meine kleine Mollern, pure unschuldige Freude, u anders nichts. Und ich bin gar kein Schalk, Mollern, sondern ich habe Sie erstaunlich lieb. Warten Sie nur Sie kleine ewige Anklägerinn. Da ich den Ort, den ich geküßt hatte, mit meinem Namen bezeichnete, so dachte ich hierbey an meinen Namen ganz u gar nicht. Das wünscht ich wohl, daß Sie den Ort auch küssen mögten; u das war Zärtlichkeit. Hätte ich zugleich an meinen Namen gedacht, so wär das eine kleine Eitelkeit gewesen, zu der ich so unfähig, als zu jeder grössern, bin. Meine süsse Mollern, ach, haben Sie mich doch auch ein bischen lieb, u glauben Sie doch, daß ich ein Herz habe, wie Sie, ohne Wendungen, ein ofnes unschuldiges Herz, ein Herz gerade zu Herz! Nicht so? So eins haben Sie? meine Mollern. Und weil Sie ein so allerliebstes edles Mädchen sind; so darf ich Ihnen doch noch etwas von meinem Herzen sagen? Lassen Sie mich mit Ihnen ein bischen sprechen, als wenn ich noch etwas mehr, als nur Ihr Freund seyn dürfte, lassen Sie mir einige Augenblicke diesen süssen Irrthum, oder verzeihen Sie mir ihn doch mindstens. – Nun bin ich bey Ihnen. Nun gehe ich leise um Sie herum. Vielleicht sehen Sie mich ein klein bischen? Nun komme ich mit einem sanften Lächeln zu Ihnen, nehme noch sanfter Ihre Hand, u kann kein Wort sagen. Meine Stirne berührt Ihre süsse Stirne. Ach, u vielleicht darf ich Ihre lieben lieben lächelnden Augen küssen; u vielleicht auch die stillschweigende Lippe. Und was sage ich dann? Nichts sage ich! gar nichts.

> Wär doch eine Sprache der Götter, dir alles zu sagen,
> Was mein liebendes Herz, zärtliche Daphne, dir fühlt.

Ich darf wohl nicht länger träumen, meine Moller, wenn ich Verzeihung erhalten will. Ach, meine Moller, wenn ich bey Ihnen wäre, ich ließ Sie doch nicht aus meinen Armen, ich weinte, u ließ Sie nicht von mir, bis Ihr Herz auch ein bischen für mich fühlte! –

Was wollen Sie, um des Himmels willen, was wollen Sie damit, ich habe Sie gar nicht verstanden, was wollen Sie damit, daß die Empfindung des Mitleidens über Ihr Schicksal, die einzige wäre, welcher Sie völlig werth seyn? Uberhaupt ist die Stelle in Ihrem Briefe, die sich anfängt: „O, mein Schicksal" – entweder ein Ausspruch wider mich; oder ich verstehe sie ganz u gar nicht. – Mein Herz ist recht beklommen, meine Moller. Ich weis nicht, wie ich es ausgedrückt habe. So viel weis ich, daß es sehr viel fühlte, u daß es sehr beklommen ist. – Wenn Sie alles überlegen meine Moller, so bedenken Sie, daß es Ihr Freund Ihr Klopstock ist, dem Sie zu verzeihen haben, u daß Ihnen, aus dieser Ursach, die Verzeihung leicht seyn muß. – Sie schreiben mir doch bald wieder? Und lassen mich nicht wieder einen Posttag ohne Sie leben? Rathen Sie einmal, was ich izt für einen Ort küssen will! Den wil ich küssen, den, wo, „meine süsse Mollern" stehen soll. Und dieses kleine allerliebste Mädchen schreibt doch bald wieder an Ihren Klopstock?

Ich bitte Sie um alles, was Ihnen jemals theuer gewesen ist, erklären Sie mir die lezte Stelle Ihres Briefes völlig.

73. Klopstock an Meta, 22.1.1752

den 22ten Jenner 1752
Wissen Sie es auch wohl, kleine Moller, daß Sie nicht einen Brief, sondern ein Räthsel an mich geschrieben haben. Und das hat mich ganz furchtsam u traurig gemacht. Ich will es Ihnen abschreiben, was ich nicht verstanden habe. „Sie werden mir doch wohl antworten, Klopstock" das ist das erste. u dann: „Bedauern Sie mich. Das ist *die einzige Empfindung Ihres Herzens,* die ich von Ihnen verlange." Dieß würde ich verstehen, wenn nicht unmittelbar darauf das Dunkelste, was Sie jemals gesagt haben folgte. Nämlich: „Und die einzige [Empfindung] der ich völlig werth bin." Unterdeß können Sie sich doch vorstellen, daß ich gewisse Erklärungen von dem allen gemacht habe, u die so sehr wider mich sind, daß ich mich nicht getraue einen ganz andern Brief, den ich gestern Abends geschrieben habe, fortzuschicken. Wenn Sie den Brief einmal zu sehen bekommen sollten; so würden Sie auch daraus sehen, daß Sie in gewissen kleinen Anklagen Ihres lezten sehr unrecht haben.

Jezo getraue ich mir Sie um weiter nichts von Ihnen zu bitten, als mir dasjenige, was mir so räthselhaft ankömmt, völlig zu erklären. Ich bin immer gerade zu Herz gegen Sie gewesen (ein neuer Ausdruck, der mir so gefällt, daß ich ihn nun schon seit gestern das drittemal brauche) ja, das bin ich immer gegen Sie gewesen, meine Moller; seyn Sie es auch gegen mich. --- Kleines allerliebstes Mädchen, doch ich darf nichts sagen – u weil ich denn nichts sagen darf; so will ich doch zum mindesten ein bischen mit Ihnen schmälen, daß Sie Ursach davon sind, daß ich bisher nicht weis, was meine Freunde machen? Denn Ihretwegen, kleine Moller, habe ich fast meine ganze Correspondenz unterbrochen. Was macht Giseke? Was Cramer? Sagen Sie mir doch etwas von Ihnen. Was macht Gärtner u sein Mädchen? Und die Mädchen der ersten Beiden? Sie schreiben doch bald wieder an Ihren Klopstock, der Sie so erstaunlich ([durchgestrichen:] liebt) lieb hat? Nicht so? Das thun Sie, süsses Kind?

74. Meta an Klopstock, 27.1.1752

den 27ten Jan. 1752
Ich habe Ihnen also wieder Räthsel geschrieben? Ja Klopstock, nicht allein Ihre Briefe, sondern Sie selbst sind mir bisher noch ein vollkommenes Räthsel. Ich glaube oft Sie zu verstehen u bald nachher glaube ich mich ganz geirret zu haben. Noch habe ich nicht zweene Briefe, die sich gleich sind. Der andre scheint immer den ersten zu wiederrufen. Es kömmt freylich wol alles daher, daß wir uns so wenig kennen. Und wir werden uns wol so lange einander anklagen, bis wir uns einmal wieder gesprochen haben. Sie thun mir oft sehr, sehr viel Unrecht mein liebster Klopstock. Möchten Sie mich nur halb so gut kennen, als Giseke mich kennt. Der kennt meine ganze Seele, mein ganzes Herz, nämlich so wie es damals war. Ihr letzter Brief Klopstock – ich glaube, ich hätte mehr Ursache mich darüber zu beschweren, als Sie über den meinen. Sie sind allemal geradezu Herz gegen mich gewesen, sagen Sie. In Ihrem letzten denn auch mein Klopstock? Er ist so leicht, so kalt. Das war meiner doch nicht. Ich will lieber glauben, daß Sie mehr mit Ueberlegung, als mit Herz geschrieben haben. Ich habe so viel Behutsamkeit nicht Klopstock. Ich lösche keine Wörter, die mir zu gut vorkommen, aus, u setze andre an ihre Stelle. Nein, ich war so einen Brief, als Ihr letzter, nicht vermuthen. Soll ich Ihnen einmal sagen, was ich für Einbildungen hatte? Ich dachte, Sie würden, nach so einem Briefe, als meiner vom 7ten Jan: mir noch einmal geschrieben haben, ohne auf eine Antwort zu warten. Dieses habe ich wol ehe gethan, aber Sie haben hierzu zu viel Ueberlegung. Das einzigste Mittel, wodurch Sie Ihren letzten

Brief wieder gut machen können, ist, daß Sie mir den, den Sie den Abend vorher geschrieben haben, an seiner Stelle schicken. Wollen Sie das nicht thun mein Klopstock? Aber Sie fordern nicht, daß ich Ihnen dieses alles schreibe. Sie wollen weiter nichts, als eine Erklärung, von dem, was Sie, wie Sie sagen, nicht verstanden haben. Und so will ich sie Ihnen denn geben. Erstlich haben Sie das nicht verstanden: Sie werden mir doch wol antworten. Das heist gar nichts. Ich stellte mir nichts anders vor, als, daß Sie mir antworten würden, u ich hätte vielleicht nur schreiben sollen: Ich bin versichert daß Sie mir antworten. „Das ist die einzige Empfindung Ihres Herzen[s], die ich von Ihnen verlange." Dieses glauben Sie zu verstehen. Sind Sie recht gewiß hiervon? Verstehen Sie, Klopstock, was, verlangen, hier sagen will? „Und die einzige, der ich völlig werth bin." Dieses braucht ja keiner Erklärung. Wenn man eine lebhafte Erkäntniß von Ihrer u meiner Person hat, so ist dieses ganz natürlich. Und weiter wollte ich auch nichts damit sagen –

Aber Sie wollen nicht, daß ich Sie von mir, sondern von Ihren Freunden unterhalte. Sie scheinen fast es mir vorrüken zu wollen, daß Sie zu viel an mich, u zu wenig an diese geschrieben haben. Ich hoffe doch nicht Klopstock, daß dieses eine Warnung für mich seyn soll? Ich hoffe nicht daß Sie es umkehren werden? – Giseke geht es also, wie er mir noch ganz kürzlich schreibt, ganz wohl, ganz herrlich. Das glaube ich wohl, mit seiner Geliebten am einen Orte zu leben, einer des andern Liebe gewiß zu seyn, u in einer so ruhigen Liebe ganz ungestört zu leben, das muß wol herrlich seyn. Gärtner ist noch glücklicher, seine Geliebte ist seine Frau, u ihre Tochter vermehrt ihr beyderseitiges Glück. Cramer, wovon Giseke neulich Briefe gehabt hat, befindet sich, wie die andern, vollkommen wohl. Sie wissen es doch, daß der März uns einen jungen Cramer oder eine junge Cramerin verspricht?

Hier haben Sie, was Sie von mir gefordert haben. Ihretwegen könnte ich also meinen Brief schliessen. Meinetwegen kann ich es aber nicht eher thun Klopstock, als bis ich Ihnen gesagt habe, daß ich noch eben dieselbe bin, die ich d. 7ten Jan: war. Ich widerrufe den Brief nicht mein lieber Klopstock. Ich bin noch eben so sehr Ihre Moller.

Gegen wen haben Sie denn sonst, als gegen mich, den Ausdruck, Herz, gebraucht? Lachen Sie über diese Frage nicht. Es ist nur Neugierde. Und unsrem Geschlecht ist diese ja nicht ungewöhnlich. – Sie schreiben mir doch bald einen andern Brief mein süsser Klopstock?

75. Klopstock an Meta, 1.2.1752

den 1ten Feb. 1752

Wo soll ich anfangen, meine Moller, Ihnen nur etwas von dem zu sagen, was mein Herz für Sie fühlt, von Ihren u meinen Anklagen, u von noch so vielem vielem? Fürs erste beziehe ich mich auf beygelegten Brief vom 21ten Jenner. Da haben wirs nun, wir beiden guten Kinder, wir sind (wenn ich weis warum, so komme ich künftigen Frühling nicht zu Ihnen; so wenig weis ich es) wir sind recht dazu bestimmt, uns anzuklagen, u unschuldig zu seyn. Unterdeß enthält Ihr lezter Brief ein paar so ernsthafte Anklagen, daß ich Ihnen meine Unschuld darthun muß. „Ich bin Ihnen ein Räthsel, u mehr Uberlegung, als Herz." Und das glauben Sie besonders daher „weil meine Briefe sich wiedersprechen". Meine süsse, geliebteste Moller, kann ich mehr gerade zu Herz gegen Sie seyn? als wenn ich Ihnen sage, daß Sie das liebenswürdigste u geliebteste Mädchen sind, das ich kenne; u Ihnen, die Uberbleibsel die Ruinen von Fanny in meinem Herzen, zugleich nicht verberge. Wie viel muß ich da nicht Ihrem Herzen, Ihrer Billigkeit im Urtheilen, zutrauen? wie sehr muß ich Sie nicht für so liebenswürdig halten, als Sie sind? Und wenn ich mich zugleich vollends *so* darüber muß ausgedrückt haben (denn *so* habe ich dabey gedacht) daß Sie haben entdecken können, daß diese Uberbleibsel diese Ruinen von Fanny, es zugleich dadurch am meisten sind, daß ich derjenigen, die ich geliebt habe, alle mögliche Gerechtigkeit wiederfahren lassen will; eine Gerechtigkeit, von der ein anderer an meiner Stelle vielleicht nichts empfinden würde, ohne deßwegen auch nur einen leichten Argwohn, daß er nicht ganz edel handelte, auf sich zu haben. Sehen Sie, meine kleine Moller, das ist mein Herz; u *so* ist es immer, gerade zu Herz, gegen Sie gewesen.

Aber mein lezter Brief ist so leicht, so kalt, sagen Sie. Furchtsamkeit, u eben daher nur halb ausgedrückte Traurigkeit, das ist er, meine süsse Moller. Und dieses gründete sich auf meine Erklärungen, die mir so natürlich waren, weil ich nicht groß von mir denke, u allezeit von einem Herzen, wie das Ihrige, groß gedacht habe. – „Von einem ausgelöschten Worte, das mir zu gut vorgekommen wäre" weis ich nichts. Es ist dieses gewiß von ungefähr geschehen, u ist ganz ohne die Bedeutung, die Sie ihm geben. Ihre Neugierde „an wen ich sonst das *gerade zu Herz* gebraucht habe". Küssen mögte ich Sie für diese Neugierde! Und Sie würdens doch erlauben, daß ich

Sie küßte, wenn Sie meinen ersten Brief vom 21ten J. durchgelesen haben. Und nun, meine Mollern, sind wir nun nicht völlig ausgesöhnt? Aber nur ausgesöhnt zu seyn, das ist für mein Herz viel zu wenig. Es zittert das arme Herz, Mollern, u wollte Ihnen gern, wie ein unschuldiges Kind, sagen, warum es zittert. Ach, meine Moller, darf ich es Ihnen wiederhohlen, u kann ich es in einem Briefe, der ein so unmündiger Redner ist, thun, kann ich es darinn ausdrücken, wie ich es empfinde, schon lange empfunden habe, ohne das Herz zu haben, mir es selbst völlig anzuvertrauen, daß Sie mein kleines göttliches Mädchen sind, daß izt die Schmerzen meiner ersten Liebe ein süsser Gedanke für mich sind, weil sie mein Herz bildeten, eines Herzens, wie das Herz meiner Mollern ist, werth zu seyn; u, meine Mollern, (ach, bey diesem Ihrem unvergleichlichen Herzen, wenn Sie hierüber, wie ich, denken mögten!) glücklich zu seyn. Und das wäre ich in einem Grade, bis an den meine Wünsche nur selten gekommen sind, wenn Sie es auch dadurch werden könnten! –– O wie viel anders würde ich Ihnen dieses alles sagen, als ich es schreiben kann. Es giebt Minen unsres Herzen, die immer verlieren müssen, wenn sie nur durch die Sprache ausgedrückt werden. Wie traurig ist es für mich, daß ich den Wunsch, bey Ihnen zu seyn, so oft wiederhohlen muß. – Sie schreiben mir doch mit erster Post, meine Moller. Ich weis nicht, wie das ist? wenn ich Briefe von Ihnen bekomme; so ist es, als wenn Sie bey mir wären; u wenn ich welche schreibe, so empfinde ichs am meisten daß Sie nicht bey mir sind. ––– Hören Sie doch, was macht denn das Portrait des süssen Kindes? Bin ich wirklich so furchtsam wegen des Portraits geworden, daß ich mich nicht getraue, noch etwas davon zu sagen. Aber meine kleine allerliebste Moller erräth es doch, was ich gern davon sagen mögte? Sie behalten diesen Brief doch noch ein Bischen bey sich, wenn Sie noch nicht aufgestanden sind? Und Sie schreiben doch bald an Ihren Klopstock, der Sie so liebt, u so traurig ist, daß er nicht bey Ihnen ist?

76. Meta an Klopstock, 8. 2. 1752

Sie haben es mir gesagt, daß Sie mich liebten, Sie haben es mir neulich ganz deutlich gesagt, u Sie werden also wol haben wollen, daß ich dieses glauben soll. Denken Sie aber nicht, daß ich durch das, was ich geschrieben habe, Ihnen Ihr Herz wieder zurückgebe. Nein mein lieber Klopstock, dazu ist es mir viel zu schätzbar. Lassen Sie es mir. Erlauben Sie, daß ich es so lange aufhebe, ganz heilig aufhebe, bis ich einmal werth werde es zu behalten, oder bis ich es einmal an Fanny wieder abtreten muß. So sauer mir dieses auch ankommen würde, so müste ich es doch ihr (aber auch sonst niemand in der Welt) überlassen, wenn Sie es forderten. Und wenn ich Sie auch wirklich liebte, u Fanny sollte sich erklären, daß sie Sie auch liebte, so würde ich Sie selbst bitten, sich für Fanny zu erklären. Ich machte ihr hierdurch zwar ein Opfer, das mit nichts in der Welt könnte verglichen werden, aber eine von uns beyden müste denn doch unglücklich seyn, u Fanny hat zu Ihrem Herzen doch das älteste Recht. ---

Ich hätte Ihnen gerne einen andern Brief geschrieben mein liebster Klopstock. Sie haben wol einen andern vermuthet. Aber es war doch nicht anders möglich. Ich bin bey jedem Worte, das ich geschrieben habe furchtsam gewesen. Mir ist recht bange, daß ich mich nicht allemal völlig so ausgedrückt habe, als ich denke. Möchten Sie doch mein Herz recht kennen, ganz kennen! O kommen Sie doch ja so bald Sie können zu mir! Wenn es mir anstünde so zu sprechen, so würde ich sagen, ich fordere dieses jetzt von Ihnen, es schickt sich aber wol besser zu sagen ich bitte Sie. Und, mein allerliebster Klopstock, ich bitte Sie also darum. Sollten auch Sie mich umsonst bitten lassen können? ---

Daß Sie immer einen Posttag auf meine Antwort warten müssen, das ist nicht meine Schuld. Die dänschen Briefträger sind so unbarmherzig, mir Ihre Briefe immer erst den andern Tag, oder doch auch des Abends spät, wenn die Post schon weg ist, zu bringen. Und ein Frauenzimmer kann wol nicht nach dem Posthause hinschicken u die Briefe abfordern lassen. -- Ich danke Ihnen vielmal für Ihre Ode, die Sie mir durch Bohn geschickt haben. -- Wie sehr mir jetzt nach Briefen verlangt, das werden Sie wol einsehen. Ich will Ihnen also nichts sagen. Ich bin Ihre traurige Moller.

Die Ode, für die Meta sich bedankt, ist die unter dem 30.11.1751 erwähnte „An Gott", deren Druck jetzt Bohn in Hamburg autorisiert besorgt hatte.

Klopstock an Meta, 12.2.1752

„der vom 12.2. ist verloren", notiert auf Klopstocks Brief an Meta vom 26.2.1752.

77. Meta an Klopstock, 18. 2. 1752

den 18ten Feb. 1752.
Ich schreibe Ihnen heute schon wieder einen ganz kurzen Brief. Ich kann es aber nicht helfen. Meine Schwester ist vorgestern mit einer Tochter entbunden. Wenn Sie sich die Umstände vorstellen könnten, welche dergleichen hier erfordert, so würden Sie mich entschuldigen. Wenn Sie es aber auch nicht können, so glauben Sie es mir wenigstens mein lieber Klopstock, daß die Kürze meines Briefes keine andre Ursache, als diese hat. Wollen Sie noch mehr thun, so haben Sie ein klein Bischen Mitleiden mit mir. Aber nur von dem allerleichtesten Mitl[eid]en. Ich bin in zwo Nächten nicht zu Bette gewesen, ich bin in dreyen Tagen kaum an einen Stuhl gekommen, heute soll ich Gevatter stehen u, welches mich wol mehr angegriffen hat, als alle das übrige, ich habe eine sehr geliebte Schwester viel leiden sehen. Sollte ich in einigen Posttagen nicht schreiben, so ist es noch immer dieselbe Ursache, denn so viel mich jetzt die Fatiguen verhindert haben, so viel werden künftig die Ceremonien verhindern, u diese sind mir vielleicht unangenehmer als die ersten. Ich schreibe aber gewiß, wenn es mir nur irgend möglich ist. Doch das sind Sie auch von mir versichert. Ich möchte Sie wol bitten in dieser Zeit nicht ganz still zu schweigen, doch dazu habe ich kein Recht. Und so will ich denn doch Ihre letzten Briefe (den vom 12ten F. habe ich auch schon) fleißig überlesen. Leben Sie wohl. Ich denke gewiß an Sie, wenn ich gleich nicht schreibe ... Ach, es ist mir, als wenn ich Ihnen noch so viel zu sagen hette, u ich habe doch keinen Augenblick Zeit, wenn man das Kind nicht ohne mich taufen soll. M. Moller

78. Klopstock an Gleim, 19. 2. 1752

Koppenhagen den 19ten Feb. 1752
Meine Aeltern schreiben mir, daß mein lieber Gleim wieder von Berlin zurückgekommen sey, Sie wissen es wohl, mein liebster Gleim, daß Sie auch von dort aus nicht an mich geschrieben haben; u Ihr Herz wird Ihnen schon ein paar kleine Vorwürfe deßwegen gemacht haben. Ob es mir gleich schwer ist, Ihr Stillschweigen völlig zu erklären; so verstehe ich es doch, was das in seinem Umfange bedeutet, daß Sie auch oft an Ihren Kleist lange lange nicht schreiben. Aber lassen Sie michs herausagen! (u o wie glüklich wäre ich, wenn

ich hierinn Unrecht hätte!) wie viel lieber würden Sie mich, aller freundschaftlichen Ursachen ungeachtet haben, wenn Sie schrieben. Sie werden denken:

> Non, si priores Maeonides tenet
> Sedes Homerus, Pindaricae latent!

Das ist recht gut, mein liebster Gleim; aber denken Sie denn nicht, daß mein Herz mehr verlangt? Soll denn Ihr, u vielleicht auch noch mein Schmidt, eben den ersten Platz in Ihrem Herzen haben? Und argwöhnen Sie denn nicht mindsten[s], daß ich *hier* wohl Jemand neben mir, aber niemand über mir haben will? Habe ich Unrecht, sehen Sie, so mögte ich Sie lieber geküßt, als dieses geschrieben haben. Wir wollen sehn, wie Sie sich da heraushelfen werden? Ich bin noch immer Ihr Klopstock, wie ich es gewesen bin, Ihr Klopstock, der Ihr edles Herz ganz, wie es ist, kennt u empfindet. Wenn Sie mir erst Ihr eigenes Räthsel aufgelöst haben; so lösen Sie mirs auch auf, warum mir Schmidt auf *solche* Briefe nicht antwortet? Warum Seine Schwester auf zwen Briefe, darinn nur Freundschaft steht, auch da ewig stillschweigt? Gewiß! Es ist recht traurig, daß ein Herz, das so, wie meins, zur Glückseligkeit gemacht ist, nicht allein durch diejenige, durch dies am glücklichsten werden konnte, es am wenigsten wird; sondern daß eben dieselbe auch verursache, daß es andre Glückseligkeiten, zu denen es fähig war, weniger geniessen kann. Ist es mir denn möglich, wenn auch dieß die Pflicht, glücklich zu seyn, geböte, daß ich mich ganz von dem Andenken derselben losreissen kann? Sie sehen, mein Gleim, wie ich Ihnen mein Herz ganz nackend eröfne. Sie sehens, u ich bin überzeugt, Sie wollen mir hierüber mindstens so viel Ruhe geben, als Sie können.

Schreiben Sie mir von Ihrem Aufenthalte in Berlin einen langen oder kurzen Brief. Folgen Sie hierinn dem Geschmacke Ihres Herzens völlig, den es zu der Zeit hat, wenn Sie, zu schreiben, aufgelegt sind. Aber schreiben Sie mir nur. Schreiben Sie mir von sich, von Schmidt, von seiner Schwester, von Kleist, von Rammler, von Sack; auch, wenn Sie wollen, von dem Könige. Es wird dieses denen Stunden, die ich arbeite, u denen Stunden, die ich unter einigen Bekanntschaften vom Geschmack zubringe, angenehm seyn. Ich habe nun einen nicht unbeträchtlichen Theil vom Weltgerichte vollendet, auch einige Oden gemacht, davon Sie eine durch meine Aeltern erhalten werden. [...]

Die Arbeiten am „Weltgerichte" beziehen sich auf Vorbereitungen der zweiten Hälfte des „Messias".

79. Klopstock an Meta, 26.2.1752

den 26ten Feb. 1752.
Ihr lezter Brief — ja Ihr lezter Brief, Mollern, was würde ich nicht alles von ihm zu sagen haben, wenn ihn nicht ein Mädchen von einem so guten Herzen geschrieben hätte. Und in dieser Betrachtung, will ich ihn *nur kaltsinnig* nennen. Stellen Sie sichs einmal vor, Mollern, wie es mir möglich ist, zu begreifen: daß Sie in *einigen Posttagen* wegen der Wochenbesuche bey Ihrer Schwester nicht schreiben können. Ich kann dieß so wenig begreifen, daß ich mir so gar vorstelle, Ihre S[chwester] selbst, wenn Sie nicht von Schwachheit davon abgehalten würde, würde sehr leicht, aller dieser Ceremonien ungeachtet, alle Posttage einen kleinen Brief schreiben, oder sonst eine Sache von dieser Leichtigkeit verrichten können. Ferner sagen Sie mir: daß Sie nicht einmal, mich zu *bitten,* daß ich diese Zeit über schriebe, Recht haben. Denkt denn meine kleine Mollern, daß ich nicht die ganze Stärke dieser völligen Kaltsinnigkeit verstehe? Hatten Sie denn *um nur zu bitten* dieses Recht nicht sonst im höchsten Grade, als Freundinn? Eh ich Sie noch um etwas bitte, warum ich Sie zu bitten, wie ich glaube, völliges Recht habe; so muß ich Ihnen zuvor sagen, daß ich den zärtlichsten Antheil an Ihrer Traurigkeit über das, was Ihre S[chwester] gelitten hat, nehme, u daß ich dieser liebenswürdigen Mutter wünsche, daß Sie sich bald, bey völliger Gesundheit über Ihr Kind freuen möge. Nun will ich meine Bitte an Sie, kleine Moller, zu der ich sehr viel Recht zu haben glaube, auch thun. Sie ist diese: hören Sie ja nicht auf meine Freundinn zu seyn, u lassen Sich ja [durch] kein Ceremoniel der Wochenstube abhalten bald an mich zu schreiben. Denn womit hätte es doch Ihr Klopstock um Sie verdient, daß solche Hinderungen, es Ihnen seyn könnten? ([Von späterer Hand durchgestrichen:] Ein Mäulchen, Mollern, ein Mäulchen oder Sie wollen auch meine Freundinn nicht seyn.)

80. Meta an Klopstock, 27.-29.2.1752

den 27ten Febr. 1752.
Sie sind doch wol ein rechtes verzogenes Kind Klopstock! Ich glaube gar, daß Sie launen. Es ist aber meine eigne Schuld. Warum habe ich Sie so sehr verzogen. Wenn ich Ihnen von Anfang nur immer selten geschrieben hätte, so würde jetzt ein kleiner Brief, der auch gleich nichts mehr bedeutete als mein letzter, vielleicht mit vieler Freude von Ihnen empfangen worden seyn. Aber das habe ich nun einmal gethan. Und warum nicht? Weil ich dazu Ihnen viel zu gut war, weil, da ich nun einmal Ihre Gesellschaft nicht haben konnte, es mir eine rechte Freude war an Sie zu schreiben, u weil ich es so sehr unschuldig fand Ihnen meine Freundschaft zu versichern. Aber dadurch ist der Herr verwöhnt worden. Daher nimmt er es wol übel daß meine Schwester ein Kind hat u daß ich nicht ungeachtet allen Unmöglichkeiten an ihn schreibe. Klopstock, Klopstock! wer wollte so einem kleinen Kopfe folgen. Wenn ich nun eben so meine Hümeürs hätte als Sie die Ihrigen, dann würden wir nun ja beyde da sitzen u still schweigen. Ja, wenn ich nicht ein so sehr gutes, vielleicht oft zu gutes Mädchen wäre, so würde ich nicht schon heute an Sie schreiben, aus Furcht daß ich ja sonst vor Dienstag nicht möchte dazu kommen können, so würde ich nicht jetzt meine Magd für meinen Kopfputz, welcher gewiß daher schlechter geräth, sorgen lassen, um diese Zeit, weil ich ganz u gar keine andre habe, dazu anzuwenden an meinen Klopstock zu schreiben. Aber ich will nur nicht mehr keiffen. Ich will es Ihnen nicht so sehr anrechnen, daß ich an Sie schreibe, denn am Ende schreibe ich doch mehr meinentwegen als Ihrentwegen. Ich will es Ihnen vergeben, daß Sie nicht schreiben, mit der Bedingung, daß Sie es mir abbitten, wenn Sie zu mir kommen. Wissen Sie wol Klopstock (Sie sollen aber freundlich dazu sehen) wissen Sie wol daß ich alle Tage nachrechne, daß es wenigstens ein Tag weniger ist, ehe ich Sie sehe, denn wie lange ich noch warten muß, das weis ich eigentlich nicht. -- Wenn ich nur wüste ob Sie es auch recht werth wären, so wollte ich Ihnen doch etwas erzählen. Da bin ich nun schon wieder so gut, mich zu überreden, daß Sie es sind, u ich weis doch nicht ob ich recht habe. Nun, fragen Sie Ihr eigen Gewissen einmal, Ihr Herz heißt das. -- Freytag, wie ich von Rechtswegen einen Brief hätte von Ihnen haben sollen, träumte mir von Ihnen.

Sind Sie das werth? Mir träumte eigentlich nichts anders, als daß ich Sie sah. Aber das Sehen war sehr stark. Niemals habe ich jemand im Traume so lebhaft, so bestimmt, so klar, o ich weis nicht wie ich es recht sagen soll, so vollkommen gesehen, als ich Sie sah. Es war auch kein Traum Klopstock, es war eine Erscheinung! Ich kann Ihnen jetzt nicht mehr schreiben. Mein Kopfputz ist fertig u ich muß mich ankleiden. Ich hoffe aber daß ich Ihnen noch ein wenig vor Dienstag schreibe. Leben Sie wol u führen Sie sich fein artig auf. Sie wissen doch was das heisst? Doch wer weis, ob Sie vielleicht jetzt das wissen. Das heißt haben Sie mich immer lieb. Sie wissen wol, wie gut ich Ihnen bin, ja freylich wissen Sie das. Haben Sie mir aber nie wieder so Ihre kleinen Hümeürs, sonst möchte ich nicht so fromm bleiben, als ich bisher gewesen bin.

den 29ten Febr:
Guten Morgen Klopstock. Wie gehts? Scheint die Sonne bey Ihnen auch so schön wie hier? Aber ich habe vielleicht schon zu viel getändelt. Sie möchten eine ernsthaftere Antwort auf Ihren letzten Brief verlangen. Aber mein allerliebster Klopstock, alles was ich Ihnen ernsthaftes antworten kann, steht in meinem Briefe vom 8ten F. Ich bin gewiß sehr empfindlich dagegen, daß Sie mir sagen, ich soll allemal die Geliebtere seyn, wenn auch Fanny sich gut erklärte. Ich wollte daß es in meiner Macht wäre, Ihnen dieses zu belohnen. Wenn ich aber denke, daß ich Fanny um Ihr Herz bringe, so wird mir recht angst. Wenn Fanny Sie nun liebte? Wenn sie nun nur ihrer Mutter wegen diese Liebe nicht gestehen wollte? Sie sagen mir selbst so etwas in Ihrem letz[t]en Briefe, woraus ich schliesse, daß die Mutter vielleicht hauptsächlich Schuld davon ist. Es scheint vielleicht wunderlich, daß ich Fannys Fürbitterinn werde, u ich weis auch eigentlich selbst nicht was ich damit will. Ich will eben nicht daß Sie sie lieben sollen, aber ich glaube ich will daß Sie nicht von ihr geliebt werden. Denn sonst würde die arme Fanny unglücklich. Und das könnte ich nicht über mein Herz bringen: Könnten Sie das wol? – Aber ich will auch nicht mehr von Fanny sprechen, Sie könnten mir das anders auslegen, als Sie Ursach haben. Leben Sie wohl mein liebster Klopstock, haben Sie mich immer lieb, erinnern Sie sich, daß wenn ich Sie gleich nicht liebe, meine Freundschaft wenigstens den Grad erreicht hat, der gleich der Liebe folgt. Handeln Sie nicht so unverantwortlich nicht zu schreiben, oder Sie machen die kleine Moller ganz böse.

81. Klopstock an Meta, 4. 3. 1752

den 4ten März 1752
Was soll ich Ihnen sagen, meine süsse allerliebste Moller, aber die viel fröhlicher ist, als ich bin? was soll ich Ihnen, nach meinem lezten, vielleicht zu abgebrochnen Briefe, u nach Ihrem lezten kleinen Günstlinge des Scherzes u der Freude sagen? Haben Sie meinen anders, als eine natürliche Folge von den Vorstellungen, die der Ihrige bey mir notwendig zu Wege bringen mußte, angesehen; so bin ich zwar unschuldig, aber ich bitte Sie doch, ja nicht böse mit mir zu seyn. -- Wenn ich Ihnen alle Melancholie herschreiben wollte, zu der mich gestern Abends Ihr Brief, den ich gleichwohl küßte, brachte; so würde ich Ihnen vielleicht zu viel zu lesen geben, wenn Sie eben meinen Brief zu einer Zeit empfiengen, da Sie es so lebhaft, als gegen den Schluß Ihres lezten Briefes, empfänden, daß Sie mich nicht lieben. Ich kann Sie deßwegen nicht anklagen. Wie könnte ich das? Ich kann nur stillschweigen, u traurig seyn. Und was für Philosophie wird nicht dazu gehören, mich dieser Traurigkeit nicht zu sehr zu überlassen! Geben Sie mir doch ein bischen von Ihrer Heiterkeit, meine kleine Moller. Was träumten Sie denn von mir? Ach hätten Sie lieber nicht geträumt, wenn Sie nur deßwegen zu träumen aufhören wollten, mir wachend zu sagen, daß Sie mich nicht liebten. Sie sagen, daß es vielmehr eine Erscheinung gewesen sey, als nur ein Traum. Wie erschien ich Ihnen denn? Wenn ich Ihnen so fröhlich erschien, als Sie sind; so hat Ihnen ein böser Sylphe die Erscheinung eingegeben. Lassen Sie mich einmal der Sylphe seyn, der Ihnen Erscheinungen eingiebt; ich will ein guter Sylphe seyn. Izt kömmt der Sylphe. Er ist dießmal nicht der Schuzgeist eines andern, er ist so eigennüzig vor allen Dingen für sich selbst zu sorgen. Der Sylphe kömmt. Sie schlafen meine kleine Moller. Ihre eine Hand liegt nachlässig auf der Decke. Ihr Gesicht ist nur halb in das Kopfküssen versenkt. Zwo Locken hängen mehr nach dem Gesichte zu, als die andern. Sie athmen sanft. Und – ach, ich mögte lieber diese Augen aufküssen, als länger so ein Sylphe seyn, der Ihnen nur Träume eingiebt. Aber nun träumen Sie. Sie sehen mich wo einsam sitzen. Ich halte manchmal meine Hand lange vors Gesicht. Ich thue sie weg, u sehe starr nieder. Das sehen Sie. Und wenn Sie auch hören wollen. Ich seufze ganz leise; aber desto stärker, weil ich ins Geheim seufze. Ich suche Briefe. Ich finde sie gleich. Ich habe da ein paar verwelkte

Rosenblätter, mit denen ich spiele, u die unter meiner Hand zerfallen. Ich sehe sie traurig liegen. „Wir werden einst auch ein bischen Staub daliegen!" Sage ich, oder denke ich, mit dem guten alten Manne von Tejos, der einmal an einer Weintraube starb. Ich thue, ich sage noch vielmehr. Und ich weis vieles von dem, was ich thue oder sage, nicht recht. Sie sehen mich, meine kleine Schläferinn. Ich weis nicht, ob Sie mich so lebhaft so bestimmt, wie neulig, sehn. Sie erwachen. Sie denken ein klein bischen an den Traum; doch Sie vergessen ihn bald. – Sie lesen diesen Brief; u vergessen ihn bald. –– Unterdeß muß ich Ihnen nur noch ein paar Worte ins Ohr sagen: Ich glaube, daß wir Zwey so gute Kinder sind, daß wir nicht leicht unsers gleichen finden werden. Nämlich wir beiden die kleine Moller u
               Ihr Klopstock.
[Am Rande der letzten Seite:] Darf ich Ihnen wohl künftig einmal ein paar Oden schicken, davon die älteste über ein Viertheljahr alt ist.

Die *Rosenblätter,* mit denen Klopstock spielt, schickte ihm Meta am 11.6.51.
– *Der alte Mann vom Tejos:* Anakreon, der im Alter von 85 Jahren an einer getrockneten Weinbeere erstickte.

82. Meta an Klopstock, 7.3.1752

den 7ten März 1752.
Sie sind schon wieder unzufrieden mit mir! Mein lieber süsser Klopstock Sie haben darzu doch wirklich keine Ursache. Aber ich will mich nicht rechtfertigen. Sie entschuldigen mich selbst mit meinem guten Herzen, u das muß auch immer meine Rechtfertigung seyn, ungeachtet allen Schein des Gegentheils. Sie wollen meinen Brief nur kaltsinnig nennen. Kaltsinnig Klopstock bin ich noch nie gegen Sie gewesen, so lange ich nur gewust habe daß Sie in der Welt wären. Aber der Schein ist wider mich. Einen ganzen kurzen Brief, worin ich weiter nichts sage, als daß meine Schwester entbunden ist u den ich noch damit schliesse, daß ich in einiger Zeit vielleicht nicht schreiben werde, war freylich keine Antwort auf den, den Sie mir geschrieben hatten. Und das scheint nun Kaltsinnigkeit. Es war es aber doch nicht. Soll ich Ihnen sagen was es war? Es war Freude über meine Schwester, welche in den ersten Tagen bey mir über alles herrschte, so gar über meine Freunde u so gar über Sie. Wenn Sie sich recht vorstellen könnten, wie sehr eine Schwester die andre liebt

(aber das können Sie nicht, Sie sind eine Mannsperson) so würde Ihnen dieses sehr begreiflich seyn. Das war die Ursache, warum ich in den wenig Worten von nichts als meiner Schwester sprach. Aber was werden Sie zu der Ursache sagen, die mir nicht mehr Zeit ließ zu schreiben? Des Nachmittags hat man alle sechs Wochen hindurch Besuche, das ist wahr. Des Morgens habe ich freylich auch mehr zu thun als sonst, weil ich jetzt für alles sorge. Aber die rechte Ursache war, daß ich mich nicht wohl befand. Die Furcht, so ich für meine S[chwester] hatte, das was ich ihr hatte leiden sehen u alles was jetzt auf mich losstürmmt hatte mich so angegriffen daß ich nicht einen ganzen Tag auf seyn konnte. Ich bin nun seit einigen Tagen besser, aber sonst muste ich den Vormittag auf dem Bette liegen, auf daß ich des Nachmittags nur so eben mit Mühe auf seyn konnte. Ich wollte Ihnen dieses nicht sagen, auf daß Sie sich keine Sorge machen sollten, ist dieses Kaltsinn? Klopstock, Klopstock! was werden Sie mir nicht alles abzubitten haben, wenn Sie zu uns kommen. Sie haben mich jetzt gewiß nicht mehr so lieb als Sie mich sonst gehabt haben. Sie pflegten sich sonst ganz anders zu beklagen. Ich habe Ihre Briefe zusammen gehalten (zusammen gehalten? Nein das habe ich nicht gethan Klopstock, ich brauche das nicht, ich weis Ihre Briefe alle noch viel zu gut) ich habe aber gefunden, daß die alten Klagen eben so zärtlich sind, als die neuen (soll ich das Wort auch ein[m]al brauchen?) kaltsinnig sind. Auch der Brief, den Sie mir vor Ihrem letzten schrieben, worinn mir das, was Sie mir sagten so wohl gefiel, darin gefiel mir doch nicht ganz die Art womit Sie es sagten. Vor einiger Zeit würden *Sie* dieses mit viel mehr Feuer gesagt haben. Ich habe es damals wol gefühlt, aber ich wollte nichts sagen, um nicht die erste zu seyn, die die Beschuldigungen wieder anfing. Und nun sind Sie der erste gewesen, u das aus so schwachem Grunde, u ohne zu bedenken, daß das Ihrem kleinen Mädchen nahe geht, wenn Sie ihr so Unrecht thun. Sie sollen es mir abbitten, hören Sie? Sie sollen es mir abbitten, wenn Sie kommen. Wenn Sie kommen! Das süsse Wort! Sie kommen doch noch gewiß mein lieber Klopstock? Es wäre sehr grausam wenn Sie jetzt nicht kämen, denn ich habe es mir ganz fest in den Kopf gesetzt. Wenn Sie wüsten, was ich täglich für kleine Einrichtungen mache, u wie ich mich damit beschäftige, was wir alles thun wollen, wenn Sie hier sind? Aber wenn es wirklich wa[h]r wäre, daß Sie mich nicht mehr so lieb hätten, so gienge Ihnen dieses alles auch nicht so viel mehr an. Es ist aber nicht wahr, ich habe mich geirrt, nicht so Klopstock? O beantworten Sie mir dieses doch. Und beantworten Sie es mir auf eine Art, die dem, was Sie sagen, nicht widerspricht. – Ja, ich bin ein wunderliches Mädchen, das weis ich selbst wol. Aber so, wie ich denn bin, so bin ich doch recht sehr

Ihre Moller

83. Klopstocks Vater an Gleim, 13. 3. 1752

Quedlinburg, den 13ten März 1752.

[...] Mein hochgeschätzter Herr Dom-Sekretarius wollen versichert seyn, daß ich Ihnen von dem Freunde im Norden nichts vorenthalte. Noch eine Ode hab' ich zwar, aber er bekennt sich nicht dazu und hat es in die Göttingischen gelehrten Zeitungen, welche ich hier nicht haben kann, wollen eindrucken lassen. Ich wollte, daß sie bei der Milzsucht verscharrt läge! Jedoch beruhige ich mich, da ich nun mehr gewiß weiß, daß die unheitern Stunden vergangen sind. Sie wissen's, mein liebster Freund, daß er nur halb Licht giebt, wenn er von sich schreibt. Also nehmen Sie es nicht für Zurückhaltungen von mir auf, wenn ich Ihnen nur überhaupt und dunkel sagen muß: daß die Gnade seines Königs und die Zuneigung einiger großen Männer einen Zuwachs erhalten hat. -- [...]

Auf welche der Klopstockschen Oden er anspielt, ist ungewiß.

84. Klopstock an Meta, 14. 3. 1752

Den 14ten März –52

Ich bitte Sie so sehr um Verzeihung, daß ich vorigen Posttag nicht geschrieben habe, als ich es thue, daß ich Sie jemals angeklagt habe. Ich hatte einen starken Posttag, u die Zeit war eher, als ichs geglaubt hatte, vorbey, u unter andern war es Young, (aus dem ich izt Englisch zu lernen angefangen habe,) an den ich schrieb, u der also grosse Schuld mit hatte. Und was meine kleinen, zärtlichen, scherzhaften, weniger zärtlich scheinenden Anklagen, so wohl die vergangenen, als die künftigen, anbetrifft, so thue ich hiermit diese feyerliche Erklärung, daß sie ganz u gar nichts gelten sollen, weil meine kleine Mollern ein viel zu schönes Herz hat, als daß Sie auf irgend eine Weise sollte können angeklagt werden. Ich werde also künftig zwar ins

Geheim traurig darüber seyn, aber niemals wieder etwas davon sagen: daß meine Moller mich nur ein wenig lieb hat, da ich Sie liebe. –– Und wenn ich zu Ihr komme ––– ja, wenn ich da auch schweigen kann, so so will ichs thun. Meine Moller, Sie scheinen dieß Herz noch nicht zu kennen. Doch vielleicht ist es Ihrer nicht ganz würdig. Es ist ihm von der vorigen Zeit eine gewisse Falte zurückgeblieben, die macht, daß es oft nicht so ganz heiter ist, als es Ihnen entgegen geflogen seyn würde, wenn es Sie einige Jahre früher gefunden hätte. Und Sie wollen ihm zu dieser Traurigkeit noch eine geben, die von gleicher Stärke, u von gleicher Dauer seyn wird? Ich sage dieß nicht, daß ich Sie bey Ihnen oder bey mir verklagen will. Nein! das wollte ich, um des Himmels willen, nicht! Von einem solchen Herzen, wie Sie haben, geliebt zu werden, daß wären zwar Feste von Glückseligkeit; aber wenn dieses Herz auch nur Freundschaft für mich empfindet; so ist doch dieß mindstens sanfte Ruhe, obgleich bisweilen nur die Minen davon. Aber wenn ich nun zu Ihnen komme, wird mein Herz dann auch mit dieser Ruhe, oder mit diesen Minen derselben zufrieden seyn wollen? Jezt kömmt mirs so vor, als wenns es seyn würde. Nur denkt es sich eine einzige kleine Bedingung hinzu. Und die ist diese: daß meine süsse Moller manchmal, nur ein ganz klein bischen Liebe (wenn Sie kann) unter die Freundschaft mische; u dieß wieder unter der Bedingung, daß dieß kleine bischen Liebe weiter gar nichts zu bedeuten hätte, als daß meine Moller mir eben izt so ein paar kleine Freuden hätte machen wollen. Und wie sanft, wie zärtlich wollte ich mit diesen umgehen! Wie, (der Frühling und Sie fallen mir nun alle Tage zugleich ein) wenn Sie mir eine kaum aufgeschoßne jugendliche Blume gäben, u ich sie mit der äußersten Sorgfalt, ja nichts daran zu verderben, nähme, u ihre erst gebohrnen Gerüche sanft einathmete; so wollte ich mit mit [!] den kleinen süssen Göttern umgehn. Ja, so wollte ichs machen! Und Sie, meine Moller, werden Sie mich auch veranlassen wollen, daß ich es so machen kann? –––– Sie sind doch nicht mehr krank? Um des Himmels willen, seyn Sie das nicht. Ich leide gar zu viel dabey. Wie befindet sich denn Ihre so geliebte, u so liebenswürdige Schwester? Ist Sie noch nicht wieder auf? Und müssen Sie noch immer die Haushaltung allein besorgen? Sie haben ja noch eine Schwester, kann Ihnen die nicht helfen? Ich bin recht besorgt um Sie, meine allerliebste Moller. Seyn Sie nur nicht mehr krank, u schreiben Sie es bald Ihrem Klopstock, daß Sie es nicht mehr sind.

Kann die älteste Tochter Ihrer Schwester, das arme kleine Mädchen, das neulich krank war, diesen barbarischen Namen bald aussprechen?

85. Meta an Klopstock, 14. 3. 1752

den 14ten März 1752

Soll ich Sie denn diesen Sommer nicht sehen mein liebster Klopstock? Soll ich Sie nicht sehen! O was wird das ein trauriger Sommer seyn, trauriger als ein Winter! Ich habe mir jetzt wol gar keine Rechnung darauf zu machen, da der König nicht herauskömmt. Und ich hatte es mir so fest eingebildet. Ich hatte mir durch diese Vorstellung schon manche Stunde erheitert. Die schönen Stunden des Irrthums! Wäre ich nur in diesem Irrthum länger geblieben! Meine Schwester hat wenigstens das ihre dazu gethan. Wie sie hört daß der König nicht kömmt, so verbietet sie nicht allein ihrem Manne mir nichts davon zu sagen, sondern sie läßt sich auch alle Zeitungen nach ihrer Wochenstube geben u verbirgt sie daselbst, auf daß ich es nicht daraus sehe. Wie gefällt Ihnen dieser kleine Trait von meiner Schwester? Es half mir aber nur auf wenige Zeit. Denn vor einigen Tagen war eine gute Freundinn von mir bey uns, welche so obenhin wol weis, daß ich Sie kenne u daß ich hoffte Sie dieses Jahr wiederzusehn, diese sagte: ich bedaure dich Moller, daß der König von Dännemark nicht heraus kömmt, du wirst also deinen Freund nicht sehen. O wie erschrak ich! Meine andre Schwest: fragte auch, wie das mich so erschrecken könnte, ich sagte aber kein Wort. Ach Klopstock ein ganzes Jahr soll ich noch warten? – Ich will kein Wort dazu sagen, aber ich will auf ein andermal mir niemals so feste Rechnung auf eine Sache machen, die mir lieb ist. ---- Sie meinen daß ich so viel fröhlicher bin, als Sie sind. Jetzt bin ich es gewiß nicht. Und, ach ich habe überhaupt wenig Ursache es zu seyn. Wenn Sie alle meine Begebenheiten so wüsten, als Giseke sie weis, so würden Sie mich sehr bedauern. Ich will mit Fleiß nicht immer so traurig gegen Sie scheinen als ich zuweilen bin, um Sie nicht mit traurig zu machen mein lieber Freund. Unterdeß war ich doch damals, da ich Ihnen den Brief schrieb, bey dessen Schluß Sie glauben, daß ich es so sehr lebhaft empfunden habe, daß ich Sie nicht liebte, recht fröhlich, u das kam alles von dem Wohlbefinden meiner lieben Schwester. Aber den Schluß meines Briefes legen Sie sehr unrecht aus. Wann habe ich dieses denn so sehr lebhaft empfunden Klopstock? Bewiesen habe ich es mir freylich, daß ich Sie nicht liebte, ([von späterer Hand durchgestrichen:] da ich einen andern liebe,) u dieses habe ich Ihnen auch sagen wollen. Wenn aber mein Ausdruck mehr bedeutet, so ist er sehr falsch. Aber wir leben nun einmal auf so einem Fuß zusammen. Das Anklagen wird wol immer Mode unter uns bleiben, wenigsten, bis wir uns einmal wiedersehen. – Und wie lange ich das nun noch! Ich habe in meinem letzten Briefe auch wieder angeklagt, ich weis es wol Klopstock. Aber ich bitte es Ihnen jetzt wieder ab. Ich glaube es, daß Sie mich noch so lieb haben, als Sie mich immer gehabt haben. Und das können Sie auch von mir versichert seyn. Wenn ich Sie nicht jetzt, da ich weis, daß ich nach Ihrem Wiedersehn länger warten muß, noch etwas lieber habe. Ich weis zwar nicht eigentlich, woher das kommen sollte, aber es scheint mir doch so. Vielleicht macht die Traurigkeit die Freundschaft stärker, wenigstens macht sie sie feiner, zärtlicher. Ja, ich habe so vieles bis auf das Wiedersehn verschoben. Aber ich will nur nichts mehr davon sagen. Nach Ihrer Meinung würde ich Sie wol gesehn u bald wieder vergessen haben, so wie ich von Ihnen träume u den Traum bald wieder vergesse, u Ihre Briefe lese u sie bald wieder vergesse. Klopstock, Klopstock, diese Beschuldigung ist so handgreiflich falsch, daß ich lieber glauben will, Sie haben sie nicht im Ernste gemacht. — Was Sie mir neulich ins Ohr gesagt haben, werde ich mir merken *Herr Klopstock* (ich bin Ihnen doch recht gut) – Warum fragen Sie mich denn erst ob Sie mir gewisse Oden schicken dürfen? So bald die Oden von Ihnen sind, so wissen Sie ja wol wie sehr ––– (ich weis hier kein Wort, angenehm, lieb, das ist alles viel zu schwach) So bald sie von Ihnen sind, so sind sie mir also das, was diesen Wörtern weit, weit übertrift, sie mögen auch seyn von welcher Materie sie wollen. –

Diesen Brief hat man bey mir eingeschlossen. Ich würde Sie gewiß nicht bemühen ihn nach der Adresse hin zu schicken, wenn ich glaubte, daß man so ein Ding vom Briefe allein auf die Post schicken könnte, u das Einschliessen konnte ich doch nicht ausschlagen. – Wissen Sie wol, daß die Cramern seit d. 7ten einen jungen Sohn hat? Ich hatte sie so viel gebeten bis d. 16ten damit zu warten, weil ich an dem Tage gebohren bin. Cr: gab mir auch den Tag vorher noch die Hofnung, daß es wol so lange dauern könnte, aber den andern Tag entbindt sie schon, welches ihr auch wol mag viel lieber gewesen seyn.   M. Moller

86. Meta an Klopstock, 27. 3. 1752

den 27ten März 1752

Sie kommen also mein süsser Klopstock, Sie kommen! O wie fröhlich bin ich! – Ich bin auch traurig genung einige Tage gewesen, denn man brachte mir Ihren Brief erst heute. Ich konnte gar nicht begreifen warum Sie nicht schrieben. Ich machte mir allerhand kleine wunderliche Vorstellungen. Ich freue mich recht sehr daß sie nicht gegründet gewesen sind. Ich gründete sie damals auf einigen Stellen des Briefes, den Sie mir vor Ihrem letzten schrieben. Ich will von diesen Stellen jetzt nichts mehr sagen, damals aber kamen sie mir ein wenig zweydeutig vor. – Ach Klopstock es ist doch gewiß daß Sie kommen? Sonst sollten Sie es mir lieber nur gleich sagen. – Wissen Sie noch nicht ungefehr *wann* Sie kommen? O wie will ich Sie empfangen! Sie kommen doch wol gleich, gleich nach Ihrer Ankunft zu mir? –

Ich habe mir sonst zwar die Hofnung gemacht, daß Sie alleine kommen würden, aber weil man über mich lachte, wenn ich dieses sagte, so ward ich endlich so furchtsam es nicht mehr zu glauben. Gottlob! Gottlob, daß ich es nun glauben kann! – Wissen Sie wol, daß morgen über acht Tagen es ein Jahr ist, da wir uns zu erst sahen? Wars nicht Klopstock der Tag? Wars nicht – – o es ist Schade, daß es nicht in den Vers geht! – Wars nicht der vierte April? Das wissen Sie vielleicht nicht, ich aber weis es wol. O ich weis noch alles, alles von der Zeit. Ich will Ihnen noch vieles wieder erinnern. – Sie richten es doch so ein, daß Sie ein bischen lange hier bleiben? O Klopstock das thun Sie doch? Aber ich denke nur nicht daran. Ich habe Sie ja gar nicht ein bischen lieb. Was geht mich das denn so sehr an, ob Sie lange bleiben oder nicht. Und ich möchte wol wissen, warum ich mich überhaupt so freue daß Sie kommen? So sehr freue, daß ich heute so erstaunlich fröhlich bin, ich, die ich so lange, lange traurig gewesen. Ja, ich habe seit Jahren genung ausgestanden! Wenn Sie hier kommen, so will ich Ihnen einmal meine ganze Geschichte erzählen. Giseke, Gärtner u Cramer wissen sie seit einiger Zeit. Und wenn ich noch einmal in der Welt sollte glücklich werden können, so habe ich es ihnen am meisten zu danken.

– Aber ich komme von meiner Materie ab. Ich wäre beinahe bald in meine alte Traurigkeit verfallen. Ich sagte davon, daß Sie mich beschuldigten, ich hätte Sie gar nicht lieb. Ja, Sie wären werth – – – Sie wären werth, daß dieses ein Bischen wahr würde, weil Sie das *gar nicht lieb haben heissen,* wenn man einen nicht eben gerade so auf die Art liebt, als er es vielleicht wol haben wollte. – – Ich danke Ihnen für die Ode an Clarissa. Ich habe sie gewiß recht sehr geliebkoset. Sie sagen, Sie wissen sie auswendig. Was dünkt Ihnen: Ich weis auch schon ein Paar Strophen, ohne daß ich das selbst gemerkt habe. Sie schicken mir die andre doch auch mein süsser Freund? O ja, das thun Sie, ich bitte Sie ja darum. Und ich bin ja gewiß nicht ein *böses Mädchen, das Sie gar nicht lieb hat.* – Was Sie wegen unsern künftigen Spatziergängen vorher ausmachen wollen – wenn Sie das in Briefen ausmachen wollen, so will ich es auch wol. Ich dächte aber, daß es für Sie würde zuträglicher seyn, wenn Sie damit warteten bis Sie selbst kämen. – Meine Schwester, welche Ostern ihren Kirchgang halten wird, empfiehlt sich Ihnen. Auch sie freut sich recht sehr, daß sie Sie diesen Sommer sehen wird. Meine andre Schwester freut sich auch dazu. O u noch viele andre. Und diese viele andre sind Mädchen Klopstock, lauter Mädchen. Sollte mir nicht bange dabey werden. Es sind aber wahrlich recht gute Kinder diese vier Mädchen, recht sehr, sehr meine Freundinnen. Eine darunter habe ich erstaunlich lieb. Ich will Ihnen ihren Namen nennen, auf daß Sie sie kennen, wenn Sie kommen. Sie heißt Schlebusch. – Gott Klopstock ich wollte daß Sie auch ein Mädchen wären – Ja, ich schreibe heute Zeug durcheinander. – Wenn Sie nur erst hier wären! Wie wollen wir uns freuen! Wie wird sich Ihre, Ihre, Ihre Moller freuen!

Ich soll Sie grüssen von einem Rector aus Lüneburg, Schmidt. Ich weis nicht, ob Sie diesen Mann kennen, ich habe ihn sonst auch nicht gekannt. Er ließ sich diesen Nachmittag bey mir melden, ohne etwas weiter, als meinen Namen durch Giseke zu kennen. Wir sind aber in ein paar Stunden recht gute Freunde geworden. Er scheint ein sehr empfindliches Herz zu haben.–

Meta bedankt sich für die Ode „Die todte Clarissa", die Klopstock ihr in seinem Briefe vom 4.3.52 versprochen hatte. Diese Ode gilt als die älteste der uns erhaltenen Oden auf Meta, gedichtet zu der Zeit, als Klopstock die Lektüre Youngs Meta gegenüber erwähnt (22.9. und 26.9.51).

87. Meta an Klopstock, 7. 4. 1752

den 7. April 1752.
Wie viele Briefe werde ich Ihnen noch schreiben, ehe ich Sie sehe, mein süßer Freund? Ach, wenn der liebe May doch nur erst da wäre! Aber kommen Sie mir auch nicht eher, als bis die Wege recht gut sind

und das Wetter besser ist, auf daß Sie mir meinen Klopstock ganz gesund und wohl liefern. Und dann wollen wir uns recht, recht vergnügen. Aber Sie müssen auch ja so seyn, als ich Sie haben will. Versprechen Sie mir das? Und dann vor allen Dingen ja nicht zu früh wieder wegreisen. Sie sollen nur sehen, wie schön es hier im Frühlinge ist. Aber was diesen Frühling für uns das Beste ist, das empfinden Sie nicht so sehr als wir. Und was wird denn dieses Jahr uns hier den Frühling schön machen? – – Ach Klopstock, ich bin Ihnen doch recht von Herzen gut. Diese Nacht träumte mir, daß Sie hier waren. Das war schön! Ich bin so vergnügt Klopstock, wenn ich an Ihr Kommen denke. Der Himmel belohne Sie dafür, daß Sie uns einige Stunden so erheitern. Und wenn Sie nun kommen, so will ich zusehen, ob ich meinen alten Gram, wenigstens auf die Zeit, ersticken kann. Thun Sie das auch Klopstock. – Aber ich will daran nicht denken. Ich will so viel mir möglich ist, mich mit den Gedanken, den süßen Gedanken beschäftigen, daß ich meinen so lieben Freund nun bald sehen werden [!].

Ob ich Ihnen in Ihrem letzten Briefe Ihren Ernst vergebe, nachdem er mit Scherz anfing? O, Klopstock, Sie sind mir immer [!] Ernst noch liebenswürdiger als im Scherz, ob Sie mir gleich auch im Scherze unendlich liebenswürdig sind. Wie viel mehr feyerlich wird mir künftig der Charfreytag seyn!

Ach Klopstock – – gottlob, daß ich Sie 1740 noch nicht gekannt habe. Mein süsser, süsser, lieber Freund. Ich kann Ihnen nicht mehr schreiben. M. Moller.

Warum Meta so froh ist, daß sie Klopstock 1740 noch nicht gekannt hat, erklärt vielleicht ihr Brief vom 8.8.1752, worin sie erzählt, daß sie schon mit dreizehn Jahren über das Bild ihres zukünftigen Mannes nachgedacht hat.

88. Klopstock an Gleim, 9. 4. 1752

Koppenhagen den 9ten April 1752
Ihren liebsten, lange lange erwarteten Brief vom 2ten März empfieng ich erst den 4ten dieses. Ich mußte mir noch die Augen vom Schlaf auswischen, da ich ihn bekam, denn ich war noch im Bette. Und da auf einmal schwazte mein liebenswürdiger Gleim so fein viel mit mir, u das war mir unvergleichlich süß. Sündigen Sie nur nicht mehr, u schreiben mir künftig so oft, als es sich für einen so braven allerliebsten Mann schickt; so soll alles vergeben seyn.

Aber wo soll ich nun anfangen, mit Ihnen auch ein bischen lange zu schwazen. Wenn ichs nur wüste, wo? Davon, daß ich ganz u gar nicht mehr unglücklich bin? Ja, davon will ich immer anfangen. Denn ich weis, daß es meinem Gleimen sehr lieb ist, dieses zuerst zu wissen. Wie aber dieß alles zugegangen ist, sage ich Ihnen izt noch nicht ganz. Aber ich will es Ihnen bald einmal ganz sagen. Um ab ovissimo anzufangen, muß ich Ihnen etwas von meinem Charakter sagen, das Sie vielleicht schon wissen. In so wichtigen Sachen der Glückseligkeit, als die Liebe u die Freundschaft sind, kann ich unmöglich halb glüklich, oder nur halb unglüklich seyn. Daher bin ich so lange traurig gewesen, u daher, da ich aufgehört habe, traurig zu sein, habe ich auch ganz u gar aufgehört. „Aber ist dies allein, werden Sie vielleicht sagen, durch die Länge der Zeit u durch Uberlegungen geschehen?" Ich weis es nicht, mein liebster Gleim, ob es allein dadurch geschehen ist. Genung, ich bin izt unter allem, was ein ehrlicher Mann seyn kann, nichts weniger, als unglüklich. Grübeln Sie nur nicht weiter nach. Denn ich *kann* Ihnen doch izt nichts weiter sagen. Das war eins, mein liebster Gleim. Und Sie sind doch auch ein bischen freudig mit mir? [...]

89. Klopstock an Meta, 11. 4. 1752

den 11ten April 1752

Ach, Sie wissen es gar nicht, Sie wissen es gar nicht, meine Moller, wie sehr ich Sie liebe. Wenn Sie das wüßten, so könnten Sie mich nicht so traurig machen, als Sie mich oft machen. Bedenken Sie einmal, was empfanden Sie, u was mußte ich dabey empfinden, da Sie mir schrieben; ja, ich will Ihnen die für mich so traurigen Worte recht sollenn hinschreiben, damit Sies ja recht behalten, wie schlimm Sie manchmal mit mir umgehen:

> Wenn Sie nur kommen
> so will ich
> *zusehn*
> ob
> ich meinen alten Gram
> wenigstens
> *auf*
> *die Zeit*
> ersticken *kann*.

Ach, meine meine Mollern, ich kann weiter nichts, u darf auch weiter nichts sagen. – Ich soll Sie aufheitern, wenn ich zu Ihnen komme. Ich werde es sehr gern thun wollen. Aber werde ichs deßwegen auch können, da ich so traurig seyn werde? Ich sehe es gar zu sehr, daß Sie nichts von dem für mich empfinden, was ich für Sie empfinde. Ich habe meine alte Traurigkeit (u ich weis es, Sie halten das für nichts wenigs) ich habe sie vergessen können, u beynah leicht vergessen können! Und woher hat sich diese sonderbare, diese ungehofte, obgleich oft und heiß gewünschte Begebenheit, in meinem Herzen zugetragen? Ich darf Ihnen die Frage wohl nicht beantworten. O, könnte ich Ihnen alles, oder dürfte ich es nun, da Sie so wenig für mich empfinden, alles sagen, was Ihrentwegen in meinem Herzen vorgegangen ist! Ich sollte auch dieses nicht einmal sagen, ich sollte schweigen, ich weis es. Aber meine, meine (was kann ich dafür, das ich kein rechtes Beywort für Sie habe, kein völlig würdiges Beywort!) meine Moller, kann ich dieß wohl? Das Herz ist in einem Gedränge von einer ganz eignen Art, wenn es schweigen will; u doch auch gern reden wollte. – Das wär wohl das beste, hier aufhören zu schreiben – – Ich will so lange aufhören, als ich kann. – – – Ich kann freylich nicht lange, das seh ich wohl. Aber kann ich doch auch wohl was andres mit ihnen reden. Sie haben meine Begierde, Sie recht zu verstehn sehr gereizt, da Sie mir sagen: „ich soll ja so seyn, wie Sie mich haben wollen!" Wie wollen Sie mich denn haben? Heiter, ohne es seyn zu können? Immer nur Ihr Freund? Und das immer immer *nur*? Wenn man Sie kennt, u ein Herz, wie ich, hat; so ist das unendlich viel, u unendlich wenig. Aber warum mache ich denn diese Betrachtung, die zu meiner Traurigkeit nur gar zu wahr ist? Mich zu quälen? Und das hatt ich mir doch bisher ganz u gar abgewöhnt. Und Sie, das allerbeste Mädchen, Sie, die Sie nichts weniger, als dieß wollen, Sie müssen die Veranlassung seyn, daß ich mirs von neuen angewöhne! – – – Mich deucht, wir gehören uns zu, das deucht mich immer. Aber ich kann mich dennoch wohl irren. Nicht, als wenn ich nicht den Eid eines Engels darauf thun wollte, daß Ihr Herz wie mein Herz ist! Das nicht. Aber aus andern Ursachen, die ich nicht weis. Aber warum weis ich sie denn nicht? – Aber warum bin ich denn so thöricht, u frage darnach? Sie sehen wohl, daß ich dicht dicht an Ende bin! – – – – – – Aber ist denn unter der Liebe, unter der Liebe, wie wir sie meynen, u der Freundschaft ein wirklicher wesentlicher Unterschied? Oder vielmehr, sind die Freundschaft der Liebe, u die, so nicht die Freundschaft der Liebe ist, wirklich nicht einerley? Und kann ich denn diese Frage aufwerfen, da ich es so stark, so frei, so unaussprechlich zärtlich fühle, daß ich viel was andres für Sie empfinde, als Sie für mich? Es sind gewiß, ganz gewiß so wenig nur verschiedne Grade, als das künftige Leben eines Christen nur dasjenige seyn wird, was sich ein tugendhafter Philosoph von seiner Belohnung dort, vorstellen oder nicht vorstellen kann. Ich glaube man könnte diesen Unterschied sehr tief entwickeln. Aber gewisse Sachen führt man nicht aus. Man will sich nicht gern von der starken Empfindung ihrer Schönheit, durch die Entwickelung, verlieren. Ich sehe, ich habe dort drüben sehr weit herunter geschwazt. Was ich für ein kleiner Plauderer bin, werden Sie erst recht erfahren, wenn ich bey Ihnen bin. Wie freue ich mich darauf, wie unaussprechlich freue ich mich darauf. Und ich sollte mich vor einem bischen schlimmen Wege fürchten, u es kömmt doch auf nichts geringeres an, als die kleine Moller wiederzusehn? Soll ich Sie überfallen, oder soll ich den Tag meiner Abreise nennen? Sehen Sie, was für ein gutes Kind ich bin, u wie gern ich gehorche! Und so wollen Sie mich doch haben, meine Mollern? Schreiben Sie ja bald wieder an mich. Ich kann ohne Ihre Briefe nicht leben, das kann ich ganz u gar nicht. Grüssen Sie Ihre Schwester von mir, u lassen Sich gleich von Ihr küssen dafür, daß Sie ein unvergleichliches Mädchen sind. O, wie werde ich bald Ihre Schwester beneiden müssen, wenn Sie auch künftig diesen Einfall oft wiederholen sollte. Hören Sie noch eins. Ich muß Ihnen nur eine kleine Warnung geben. Küssen Sie das kleine Ding, das die Bocken gehabt hat, nicht zu oft. Denn ich habe einen Silphen auf seinen Lippen versteckt, der bringt mir alle alle Mäulchen hierher. Ich bin, u was bin ich denn? Gewiß nichts weniger als Ihr

Herr Klopstock

90. Klopstock an Giseke, 17. 4. 1752

Klopstock schreibt aus Lyngby, 12 km nördlich von Kopenhagen. Der Ort liegt malerisch in einer seenreichen, hügeligen Landschaft. Wegen seines Wasserreichtums eignete er sich zum Standort der Rahnschen Seidenfabrik. Klopstock bevorzugte ihn als Sommerwohnung, aber auch im Winter liebte er ihn wegen der guten Gelegenheit zum Schlittschuhlaufen. Hier entstand 1764 die Ode „Der Eislauf", und noch 1797 gedachte Klopstock der hier genossenen „Winterfreuden" (Ode). – Die Anspielung auf Horaz bezieht sich auf dessen Satire II, 7, 83 ff. – *Die kleine Poet* nannte Klopstock bereits am 19. 6. 1751

Gärtners Töchterchen. – *Ebert* bereitete den Freunden wahrscheinlich Sorge wegen seiner Neigung zu Henriette von Töpffer, einer seiner Sprachschülerinnen, deren Mutter und Verwandten sich aber der Verbindung mit einem Bürgerlichen so heftig widersetzten, daß Henriette 1754 der Verbindung entsagte.

Limbi [Lyngby], den 17ten April 1752
Viel Glück zum Frühling, mein lieber Giseke. Denn mich deucht, er fängt schon an, zu kommen. Zum wenigsten bin ich hier schon auf dem Lande, wo Rahn, wegen des Wassers zur Fabrik, ein kleines angenehmes Haus hat, u wo man in einer der schönsten Gegenden ist. Uber dieß ist man hier einsam, u in Gesellschaft, wie man will. Man geht hier durch nach Friedensburg, die meisten Gesandten sind hier, u noch einige Städter dazu. Doch habe ich einen noch süsseren Frühling vor mir. Denn ich werde gegen die Mitte des Mays oder aufs späteste gegen das Ende desselben auf Hamburg zu der kleinen Mollern u zu Hagedorn reisen. Soll ich etwa auch auf Braunschweig kommen? Um zu sehen, was alle die Nicht-schreiber dort machen. Wenn Ihr alle so fein glücklich, u rund in euch selber, wie unser Horaz sagt, lebt; so wär es doch artig, wenn Ihr es ehrliche Leute wissen liessest[!]. Das mag mir so ein altphilosophisches Leben seyn. „Und er zeugte Söhne u Töchter – u –", das gilt freylich von dir noch nicht. Aber man kann nicht wissen, wie sehr du danach strebst, daß es auch von dir möge gesagt werden können. Denn die kleine Poet mag dir, wie ich merke, jeden Tag reizender vorkommen. – Ich mußte mich ein bischen in diesem Ton mit dir unterhalten, um nicht zu traurig über das zu werden, was ich dir schon lange habe sagen wollen, u nun endlich sage. Was macht E[bert]? Ist er sich noch gleich? Haben ihn eure sanftern oder heissern Vorstellungen unbewegt gelassen? Wie traurig würde ich werden, wenn Ihr beide nicht mehr hättet brauchen wollen! Und, wenn das ist, meine liebsten Freunde, sollte kein Weg mehr übrig seyn? Und sollte nicht die heilige alte Freundschaft es uns zur Pflicht machen, nichts unversucht zu lassen? Ich habe den Einfall gehabt, u Ihr sollt entscheiden, ob es nur bey dem Einfalle bleiben solle. Er war, ich wollte an Ihn schreiben. ([Dazu am Rande:] Hierzu müßtest du mir die Anklagen, so nakt, wie sie sind, schreiben.) Oder soll das Cramer thun? Wählt den geschicktesten hierzu; denn wir beide werden euch gehorchen wollen. Oder sollen wir es beide, beynah zu einer Zeit, als geschähe das so von ungefähr, thun? Die Freundschaft, unsere alte Freund-

schaft (u sie scheint mir ihr grau werdendes Haar zu zeigen) fordert nothwendig so etwas von uns. Dazu kömmt noch, daß ich neben dieser Hauptursache, izt noch eine andere habe, die mich die unwiederrufliche Entscheidung dieser Sache wünschen macht. – Ich breche ab, mein Giseke, u ich brauche *dir* nichts mehr zu schreiben. – Aber werde ich dich u mich wieder aufheitern können? Und diesen Brief darf doch unsre Mollern lesen? Ja, Sie darf es. Lebe wohl; u küsse unsre Freunde, u wenn du darfst, auch die Freundinnen.
Dein Klopstock.

91. Meta an Klopstock, 18. 4. 1752

den 18ten April 52
Ich will heute nicht bey dem, was mir am angenehmsten ist anfangen, sondern bey dem, was das notwendigste ist; ich möchte es sonst vergessen. Und dieses ist: d. Hr. Bohn lässt d. Hrn. Klopstock sein Haus anbieten, für die Zeit, da Er Hamb: die Ehre thun wird, sich darin aufzuhalten. B. lässt auch grosse Entschuldigungen machen, daß er Ihnen deswegen nicht selbst schreibt. Sie werden ihm dieses leicht vergeben, wenn ich Ihnen sage, daß der gute Mann erst den Tag vor seiner Reise nach Leipz. erfahren hat, daß Sie hier kommen würden. Wollen Sie dies Haus annehmen Klopstock? Sie müssen mir im nächsten Briefe darauf antworten. Ich glaube Sie werden alles nach Ihrer Bequemlichkeit da finden. Zwey Zimmer, die zwar keine Staatszimmer sind, die aber für ein Logis auf einiger Zeit recht gut sind. Sie sind hinter einander u neben an ist ein kleines, wenn Sie einen Bedienten mitbringen, oder hier nehmen. Ich will mich hier nicht aufhalten Ihnen den Charakter von den Leuten zu geben, bey denen Sie seyn werden, ich kann Ihnen das schon sagen, denn ich kenne sie sehr gut. Das einzigste will ich nur sagen, daß B. der bravste ehrlichste Kerl ist, den man finden kann, u recht sehr Ihr u mein Freund. – – – – –
Ist es denn wirklich wahr mein süsser Freund, daß ich Sie wieder traurig gemacht habe? Es ist gewiß nicht meine Absicht gewesen, das wissen Sie wohl. Es ist meinem Herzen so wenig möglich, daß ich mich schon in manchem Briefe munterer gestellt habe, als ich wirklich gewesen bin. Aber ich sollte denn auch dieses nicht sagen. – Nun, ich hoffe sehr viel von Ihrer Gegenwart. Vielleicht kann ich mehr als meinen Gram nur auf die Zeit ersticken. Sie sind doch ein

rechter Affe, daß Sie mir die Worte aus meinem Briefe so wie eine alte Grabschrift vormalen. Ach Klopstock! – ich kann Ihnen nichts mehr sagen, u ich will auch nun in meinen Briefen nichts mehr sagen. Wenn Sie über mein Herz zürnen, so zürnen Sie über das unschuldigste u aufrichtigste unter allen Herzen. Das schrieben Sie mir einmal, vor langer langer Zeit. Und das ist alles was ich Ihnen jetzt sagen kann. – Sie beklagen sich, daß Sie kein rechtes Beywort für mich haben, kein völlig würdiges, u setzen das beste von allen Worten zu meinem Namen. Ein Wort, das mir das allerwünschenswürdigste seyn würde, wenn ich des Worts nur würdig wäre. Sie glauben noch immer, daß wir uns zugehören. Dieses ist sehr schmeichelhaft für mich, u – – – ja, ich würde es auch denken, wenn nicht die unglückliche Hartnäckigkeit meines Herzens mich, wenigstens itzt noch, verhinderte es zu denken. – – – Ich hätte gedacht Ihnen heute einen recht muntern Brief zu schreiben, aber ich weis Sie vergeben es mir, wenn es nicht völlig geschehen ist. Ich sage nochmal, ich hoffe viel von Ihrer Gegenwart. Und wenn [ich] diese meine Traurigkeit überwinden sollte, so haben Sie desto mehr Ursache sich zu freuen, je stärker sie gewesen ist.

Ob Sie mich überfallen oder den Tag Ihrer Abreise nennen sollen. Dieses ist ein Punkt, den ich lange überlegt habe, u worüber ich doch noch nicht völlig entschlossen bin. *Ich* wollte lieber, daß Sie den Tag Ihrer Abreise nennten. Denn ich wollte lieber, das erste mal, da ich von Ihnen werde gesehen werden, vorher wissen, daß ich Sie sehen sollte. Meine Schwester aber, die itzt so sehr scheint Ihre Freundinn zu seyn, schreit: er muß sie überfallen, er muß sie überfallen. Sie verspricht sich Ihrentwegen so sehr vieles von diesem Ueberfallen, u ich fühle ([über ausgestrichenem:] weis) es auch wol, daß es vil süsses haben kann, aber – – – nun, thun Sie, was Sie wollen. Sie müssen aber denn auch nicht den Affenstreich begehen u nach mir fragen, wenn Sie zu uns kommen, sondern nur allein nach meiner Schwester. Sonst wäre das ganze Ueberfallen nichts. Denn *meine* Magd kennt Sie noch, das hat sie mir noch kürzlich gesagt. – Ich finde es doch wahrhaftig artig, daß Sie eine Erklärung darüber wollen, wie ich will daß Sie seyn sollen. Wenn ich das gewollt hätte, mein kleiner lieber Affe, so würde ich es ja gleich haben thun können. Und meinen Sie denn, daß das so leicht ist? Bin ich mir denn gewiß, daß ich Sie immer einerley verlange? Sind wir Mädchen uns denn alle Tage gleich. Aber weil Sie ein so gutes Kind sind u gerne gehorchen wollen, wie Sie

sagen: So will ich es Ihnen nur vertrauen, daß Ihre Aufführung Ihnen nicht schwer werden wird. Ich habe Sie noch niemals eigentlich anders gewollt, als Sie gewesen sind, u dabey wird es auch wohl bleiben.
M. Moller

92. Meta an Klopstock, 21. 4. 1752

den 21ten April 1752
(In grosser Eile, weil die Post bald geht.)

Ob Sie heute gleich nicht eigentlich an mich geschrieben haben, mein liebster Klopstock, so bin ich doch so fröhlich geworden, da ich einen Brief von Ihnen sah, daß ich Ihnen geschwinde noch ein Paar Worte schreiben muß. Das Glück wird mir nicht oft, daß man mir einen Brief von Ihnen so früh bringt, daß ich ihn noch den selben Tag beantworten kann. Was wollte ich Ihnen aber sagen? Ich glaube, ich wollte mich mit Ihnen zanken, weil Sie nun erst in der Mitte, oder gar gegen das Endes [!] des May kommen wollen. Ist denn der Frühling so schön in Dännemark, daß er Sie so lange dort hält? Meinen Sie denn, daß er hier nicht so schön ist? O er ist vielleicht hier noch schöner. Ihr Limbi mag noch so angenehm seyn, wir haben hier auch Limbis. Und denn so hat Hamb: ja eine Moller u Limbi hat ja nur einen Rahn. Sie sehen hieraus zwar, daß die Moller, wenn es auf Sie ankommt, ein kleines eitles Mädchen ist, aber – – es ist doch die Moller, u noch dazu Ihre Moller. – Aber im Ernste, wollen Sie denn nicht früher kommen als gegen das *Ende* des May? Wahrlich sie *müssen* eher kommen. Ich habe immer gehofft, Sie könnten wohl gegen den Anfang kommen. Wenn Sie nicht so bald kommen, als Sie können, Klopstock, so – – so bete ich gegen Sie an, daß das Ende Ihrer letzten Ode nicht wahr wird. Ich soll sie nicht an Giseke schicken. Ich werde sie also so lange aufheben, bis sie mir sagen, zu welchem Gebrauche Sie sie bestimmt haben. Oder soll *ich* ihr einen bestimmen? – – – Machen Sie sich keine Sorge, daß ich den Brief an G[iseke] gesehen habe. Ich weis nichts von der Sache, wovon Sie mit ihm sprechen, u ich verstehe ihn also nicht einmal. Wenn Sie aber auf ein ander mal nicht wollen, daß ich dergleichen Brief sehen soll, so können Sie es mir nur schreiben. Ich habe gewiß so viel Enthaltung einen Brief ungelesen lassen zu können, wenn er gleich nicht versiegelt ist. – – Ich dachte, ich würde nun nicht nöthig haben, Ihnen noch viele

Briefe zu schreiben. Ich dachte ich würde Sie nun bald sprechen, bald sehen. Und nun wollen Sie nicht kommen! Oder es ist Ihnen wenigstens so gleichgültig, ob Sie einen Monat früher oder später Ihre Freundinn sehen. Oder kommen Sie nur Hagedorns wegen allein? Je länger ich schreibe, desto böser werde ich auf Sie. Wahrhaftig ich habe Sie gar nicht ein bischen mehr lieb, gar nicht ein kleines bischen. Glauben Sie das Klopstock? Hören Sie, noch eins. Wie lange denken Sie denn hier zu bleiben, wenn Sie denn nun endlich, nachdem man Sie lange genug erwartet hat, kommen. Wenn Sie denken, daß wir mit einigen, wenigen Tagen (ich hätte wohl Lust, Wochen zu sagen) zufrieden seyn sollen, so - - - ich glaube gar, ich wollte sagen, so kommen Sie lieber gar nicht. Aber wie angst würde mir werden, wenn Sie den Einfall darüber bekämen, es denn nachzulassen. Nein, um des Himmels willen Klopstock thun Sie das nicht. – Ach wenn Sie wüsten, welche besondern Ursachen ich habe zu wünschen, daß Sie bald hier seyn möchten! – – Doch ich will Sie nicht eilen, ob ich gleich nicht weis, ob mein Eilen etwas über Sie vermag. (Sie müsten meine Mine hierbey sehen) Nein, kommen Sie, wann Sie können. Aber, vor allen Dingen, lassen es mir nur nicht an Briefen fehlen, bis Sie kommen. Sie sehen doch daß ich ein recht gutes Mädchen bin. Nicht so? Das sehen Sie doch, weil ich Ihnen diesen Brief schreibe, u weil ich ihn heute Abend schreibe. Und man verwöhnt Sie doch durch dergleichen nicht? Sonst schickte ich den Brief nicht weg. Nein, Sie sind ja mein Klopstock. Und weil Sie mein Klopstock sind, so sehen Sie auch daß dieses Scherz ist, denn im Ernste würde ich es Ihnen wol nicht als so etwas grosses anrechnen. Ob ich Ihnen gleich nicht ganz gut bin, so wünsche ich doch, daß Sie recht vergnügt leben mögen. Aber dann noch viel viel besser wenn Sie erst bey Ihrer Moller sind. Das versteht sich.

Nicht ganz klar ist, um welche Ode es sich jetzt handelt, vielleicht um die Ode „Der Verwandelte", deren Inhalt ganz in diese Zeit paßt. Nur befremdet dann Metas Bemerkung den Schluß betreffend. Vielleicht aber ist die Ode vor ihrer Veröffentlichung (erst 1771) stark umgearbeitet worden.

93. Klopstock an Meta, 25. 4. 1752

Den 25ten April 1752
Gleich iezt, da ich eben an Sie schreiben wollte, bekomme ich Ihren süssen unvermuteten Brief. Sie sind ein kleiner Engel, ein Engel im

eigentlichen Verstande; u ich wollte, daß ich Ihnen den Rosenkranz meiner St. Cäcilie, die nun beynah vierzehn Tage gegen mir über gestanden hat, u meine Muse gewesen ist, daß ich Ihnen diesen mitschicken könnte, daß er ein Vorbild (sehen Sie, wie heilig ich die Sache ansehe!) ein Vorbild von denen würde, die ich meiner süssen St. Clarissa, oder wenn Sie lieber wollen, Clärchen, flechten will. Denn merken Sie sich das, Clärchen Mollern, u nicht M. Mollern, so sollen u u[!] müssen Sie künftig heissen, u so sollen Sie sich in Ihren Briefen nennen. Ihren lezten – – – o meine, meine Moller! Ob Sie gleich am Ende in der *Hartnäkigkeit* Ihres Herzens sagen: „Ob ich Ihnen gleich nicht ganz gut bin; so wünsche ich doch, daß Sie vergnügt leben mögen". Nur *gut*, u das nicht einmal *ganz*, u *vergnügt leben*. Meinen Sie daß ich mit Ihnen hierüber schmälen kann? Das kann ich nicht. Niemals, niemals werde ichs können. Sie sind meine süsse süsse Moller. Und alles was Sie thun, ist recht. Meinen Sie, daß ich Ihren Brief beantworten kann? Küssen wohl; aber nicht beantworten. Und denken Sie denn, daß es mit dem „gegen das Ende des Mays" in einem andern Verstande mein Ernst ist, als wenn ich nicht eher könnte. Vergleichen Sie ja meine Begierde Sie zu sehen, nicht mit Ihrer, mich zu sehen; denn ich weis ganz u gar nichts von der *Hartnäckigkeit* des Herzens, von der Sie so viel wissen, nicht eine Sylbe davon. – Bey einer Stelle Ihres Briefs: „Wenn Sie wüßten, was ich für *besondere* Ursachen habe, Sie bald hier zu sehen" bey dieser Stelle ist mir ganz heiß, das will sagen, ganz angst geworden; ob ich sie nicht gleich verstehe. Erklären Sie mir sie ja, u lassen mich nicht in dieser Unruhe. Das ist doch nichts wieder mich? – – – Ich soll Ihnen noch einst sagen, zu welchem Gebrauche ich die lezte Ode bestimmt habe? – – Kleines böses Ding! – – Ob Sie sie zu einem bestimmen sollen? Das war klüger, Clärchen! Uberhaupt habe ich solche Fragen recht sehr lieb, lieb wie eine kleine runde Rose, die Sie gepflükt hätten. Wollen wir beiden guten Kinder uns denn oft solche Fragen thun, wenn wir bey einander sind? Auch solche äffischen Warnungen, wie Ihre lezte war „nicht bey *Ihrer* Magd nach Ihnen zu fragen, wenn ich Sie überfallen wollte" werden bey mir nicht ganz überflüssig seyn. Denn seit dem eine gewisse Laube, in einem gewissen Garten, Paradies genannt, seit dem diese gewesen ist, hat es immer einige Leute gegeben, die so heiß geliebt haben, daß sie oft Schlüsse zu machen vergessen haben, die mein Diener ohne tiefes Nachsinnen machte – – –

Soll ich wie Leander (das ist der Griechische Leander der das süsse Mädchen Hero so lieb hatte) zu Ihnen über die Ostsee schwimmen ([am Rande der Seite:] nämlich auf einem Schiffe, welches hierbey nicht zu vergessen ist), damit ich desto geschwinder kommen kann? Sorgen Sie vor nichts, meine Moller. Ich, u mein Steuermann u die Winde im Monat May, wir zusammen wir können schon machen, daß wir nichts zu besorgen haben. – Nur noch ein paar Worte (denn ich muß diesen Brief erst in die Stadt schicken) warum haben Sie denn Ihre Schwester so bey mir verklagen wollen, der ich so sehr gut bin? nämlich: „daß Sie *izt* so sehr *schiene* meine Freundinn zu seyn?" – Die *besondere* Ursach – – u den Gebrauch mit der Ode, u was Sie sonst wollen, schreiben Sie mir ja bald. – Ich hätte einige Einwürfe bey Bohn zu logiren, ob er gleich ein so braver Kerl ist. Aber weil Sie es zu wollen scheinen; so will ich es auch! Bin ich nicht ein gehorsames Kind, Clärchen?

94. Meta an Klopstock, 1. 5. 1752

Den 1ten May 1752

Wissen Sie es wohl, daß ich gar nicht mehr an Sie schreiben mag? Es wird ja auch wohl der letzte Brief seyn, denn es ist ja schon May! Ach Klopstock wenn Sie wüsten wie schön es hier ist! Und das soll alles so schön seyn ohne es für Sie zu seyn? Die süssen jungen zarten Blätter sind werth von Ihnen gesehen zu werden. Und Ihre kleine liebe Freundinn, die schon so süß singt, ist werth von von [!] Ihnen gehört zu werden. Sie werden antworten: Ich habe das alles in meinem Limbi auch. Aber ich bin Ihrem Limbi nicht gut u Ihnen selbst war ich vorige Woche auf eine kurze Zeit auch nicht gut. Sie wollen wissen, warum nicht? Darf man Ihnen auch dergleichen Kleinigkeiten (denn in einem andern Verstande ist es so klein eben nicht) darf man Ihnen das erzählen? Ja, man darf. Sie haben ja ein Mädchenherz, nicht so? Vor acht Tagen also vermuthete ich sehr stark einen Brief von Ihnen. Ich war den Tag irgendwo des Mittags u des Abends zur Maalzeit, u ich hätte mich folglich bis des Nachts gedulden müssen Ihren Brief zu lesen. Was meinen Sie das ich that? Ich fuhr, unter einem Vorwande, der sehr natürlich schien, auf einer halben Stunde zu Hause. Nun wollte ich in unserm Hause auch recht sehr vorsichtig seyn, u fragte also nicht, ob Briefe wären. Ich dachte, man würde sie mir ohne das bringen. Wie das aber nicht geschah; so muste ich mit meiner Frage heraus. Und die ganze verbindliche Antwort war, nein. Weil ich dachte, daß Sie ordentlicher Weise mir den Tag hätten schreiben müssen, weil ich des Briefes wegen zu Hause gefahren war u keinen gefunden hatte; so ward ich verdrießlich, u glaubte daher, ich wäre Ihnen böse. Dieses Böseseyn dauerte aber doch nicht länger, als der Weg von unserm Hause zu dem andern dauerte. Denn da fiel mir ein, daß weil Sie in Limbi wären, ich vielleicht nicht so geschwinde Ihre Briefe bekommen konnte, als sonst. Da hätten Sie einmal sehen sollen, wie leid es mir war, daß ich Ihnen Unrecht gethan hatte. Denn vorher hatte ich gar keine andere Ursache Ihres Stillschweigens, als eine Art von Gleichgültigkeit finden können. Ich will jetzt nicht untersuchen, ob Limbi die eigentliche Ursache gewesen ist. Aber G[l]eichgü[l]tigkeit ist es doch nicht gewesen, des bin ich versichert. Mit dieser werden Sie ja wol wenigstens so lange warten, bis Sie mich wieder gesehen haben. – Warum sind Sie denn so spöttisch, wegen meiner unschuldigen Warnung, nicht bey meiner Magd nach *mir* zu fragen, wenn Sie mich überfallen wollen? Habe ich denn gemeint, daß Ihre grosse Liebe Sie verhindern würde, Schlüsse zu machen, die Ihr *Diener ohne tiefes Nachsinnen macht?* O nein, ich bin keine Mannsperson, u überrede mich also nicht so leicht, daß ich so sehr geliebt werde. Aber ich will nicht mit Ihnen zanken. Wenigstens nicht dann, wann Sie mich nicht dabey *sehen*. Denn was hernach geschehen wird, dafür bin ich nicht Bürge. – – –

Glauben Sie nicht, daß ich besondre Ursache habe zu wünschen, daß Sie bei B[ohn] logiren. Ich habe es Ihnen nur geschrieben, weil er mich darum gebeten hatte. Und alles wozu Sie sich entschließen ist mir angenehm. Ich habe daher zu Bohns gesagt, ich hätte noch keine Antwort auf dem Briefe, worin ich hiervon geschrieben, auf daß Sie noch thun können, was Sie wollen. Kommen Sie nur bald, so sind Sie mein süsser Klopstock u ich bin Ihr Clärchen. Nicht so? Das soll ich ja seyn.

Weil das, was ich von der besondern Ursache Sie bald hier zu sehn schrieb, nichts *wider* Sie ist; so brauche ich ja nicht es zu erklären? Die Zeit, worin ich Sie hier wünschte, ist ohne das um acht Tage zu Ende.

95. Klopstock an Meta, 1. 5., 5. 5. u. 6. 5. 1752

Koppenhagen den 1ten May -52
Ich habe alle Weile auf die Post geschickt, u vielleicht ist ein Brief von der kleinen Moller für mich da? Von Clärchen Moller nämlich, denn Sie wissen es doch noch, daß Sie Clärchen heissen? Wenn nicht so heller Frühling wäre, würde ich Clarissa sagen. Also Clärchen izt. Und was machen Sie denn süsses, süsses kleines Mädchen? Freuen Sie sich denn auch ein bischen so, wie ich mich freue? Es sagte mir gestern Jemand, ein ⟨reifer⟩ Franzose, der vor wenigen Tagen zu dem Hr von Bernstorf gekommen ist; er sagte mir, „daß er eine liebenswürdige junge Dame kenne, die von des Morgens früh an, bis in die Nacht über Mr. de Santillana gelacht habe." Und da dacht ich bey mir, wie glücklich ich wäre, daß ich mich von Morgens bis in die Nacht freute, das süsseste unter den Mädchen zu sehen... Ihr Räthsel da, mit den *besondern* Ursachen" liegt mir noch recht heiß auf dem Herzen. Das ist doch nichts wieder mich? .. Aber warum, erkläre ich eine Sache wieder mich, die ich doch nicht verstehe? Das mag wohl daher kommen, weil ich es so sehr weis, wie liebenswürdig Sie sind. - - -
Hören Sie an, Mollern, darf ich Ihnen wohl einige äffische Fragen thun? Merken Sie sich wohl, das edle Wort „äffisch" darf sich hier weiter nichts unterstehen, als nur ein wenig von der süssen Bedeutung zu haben, die Sie ihm geben. Nun folgen die Fragen. Ich denke doch nicht, daß ihrer viel werden sollen. Doch denke ich, daß ich sie wohl ein bischen mystisch, nach der Sollenität einer solchen Vorrede, machen kann.

In einer gewissen Sache, die sehr blutsfreundschaftlich mit der Glükseligkeit verwandt ist, giebt es viel viel Stufen. Herr Klopstock steht hier, (ja er muß es nun sagen) er steht auf der obersten; wo steht denn Clärchen Moller?
(Raum zur Antwort)

[Metas Antwort:] Ich stehe weit, weit höher als Sie denken, mein Kl. Und ich habe grosse Lust zu glauben, daß Sie die oberste Stufe worauf ich stehe, noch nicht entdeckt haben, denn so viel ich weis, hat noch keine Mannsperson da gestanden.

Wenn nun Clärchen Moller wirklich ganz u gar nicht auf der obersten mit stehen sollte; wird sie alsdann auch Hr. Klopstock einige Ausschweifungen, deren sich sein volles Herz nicht wird enthalten können, verzeihen; u dennoch Klopstocken nichts zu verzeihen haben?

(Ich lasse deßwegen wieder Raum zur Antwort, daß Sie sie gleich in der ersten Hize hinschreiben können, wenn Sie wollen)

[Metas Antwort:] Das erste beantwortet auch dieses. Und ich glaube, daß ich die Ausschweifungen absehen kann worin mein Kl. wird gerathen können, u diese brauchen keiner Verzeihung.

d. 9ten May Klopstocks Clärchen

Ja, ja ich sehe es wohl, daß es mit meiner Stufe wahr ist, gleich izt sagt man mir, daß kein Brief an mich da ist. Nun warten Sie nur, kleine böse Moller, will ich mich doch gleich diesen Tag eine Vierthelstunde weniger freuen! Ich sehe wohl es ist mir nicht möglich es die Vierthelstunde so auszuhalten. Weil ich keinen Brief von Ihnen bekommen habe, so habe ich Ihren lezten wiedergelesen. Ach, meine meine Moller! ... „Sie müsten meine Mine hierbey sehen" (sagen Sie). Und Sie müsten diese helle Thräne hierbey sehen! – – Bey Young, u bey allen Heiligen! Ich kann Ihnen izt nichts weiter sagen, als daß ich Sie unaussprechlich liebe. Morgen schreibe ich wieder.
....

Ich dachte, ich wollte morgen wieder an Sie schreiben. Aber kaum sind ein Paar Stunden vorbey; kaum habe ich ein Paar Bücher nicht genung für mich, für mich, wie ich izo bin, gefunden; so kömmt mir nichts süsser vor, als wieder mit dem kleinen Mädchen zu schwazen, von der mich weiter nichts verdrießt, als daß ich kein Beywort für sie habe. Man – – – darf ich es sagen Mollern? Aber Sie wissen ja, daß ich ein bischen von dem Herzen eines Mädchen habe, u daher darf ichs wohl sagen! – „Man verwöhnt Sie doch nicht dadurch, Mollern?" Das wars, was ich sagen wollte. Wenn ich bey Ihnen wäre, würden Sie mich ein bischen schlagen, daß ich mich unterstehe, so ein Affe zu seyn! Nicht so? Das würden Sie. Und dann würde ich Sie ein bischen dafür küssen, daß Sie mich schlügen. Nicht so? Mollern, das dürft ich? – – – Ach, auf einmal bin ich so sehr bey Ihnen, daß ich ganz ernsthaft werde. Die Küsse, die Küsse, mögen so wohl was recht süsses, so eine kleine ⟨liebeshafte⟩ Freude seyn (wenn ich sie kennte, würde ich vielleicht klüger davon reden!) aber eine gewisse melancholisch süsse Mine, gewisse rollende stille Gratien (man sagt, daß die oft auf der Wange der Freude seyn sollen!) scheinen mir noch mehr Seele zu haben; gefallen mir noch mehr; u daher bin ich ernsthaft geworden.

Ach, meine meine Moller, ich weis nicht mehr, wo ich mit aller der sanften Melancholie hin soll, daß ich noch nicht bey Ihnen bin. O, wenn Sie mein Herz sähen, wenn Sie mich sähen, vielleicht drükte ich so, wie Sie mich izt sehen würden, ein bischen von meinem Herzen aus! Sie lieben mich also nicht, meine, meine Moller? Sie lieben mich nicht! O empfinden Sie diesen Gedanken nicht mit mir. Ich liebe Sie viel zu sehr dazu. Sie lieben mich also nicht! – – Sie sind dennoch viel süsser, als Fanny, daß Sie mirs sagen. Und ich darf zu Ihnen kommen, u mit Ihnen darüber reden.

([Von Meta dahinter in die Lücke geschrieben:] Oui, je l'aime! Das Bild nämlich. Cl[ärchen].)

Limbi den 5ten May.
So heiß, wie ich von Ihrem Briefe komme, setze ich mich hin, Ihnen zu schreiben. Wie voll ist mein Herz von meiner Moller. Das ist eine rechte kleine Angst, wenn das Herz so voll ist, u man nicht weis, wo man anfangen soll. Zuerst muß ich wohl sagen, warum ich diesen Brief nicht fortgeschikt habe; oder vielmehr, warum es mir so spät wurde, daß ich nicht mehr konnte. Ich muß Ihnen hier den Hr. von Bernstorf nennen. Wahrhaftig es kömmt mir fast wunderbar vor, daß ichs noch nie gethan habe. Wie voll von Ihnen, wie ganz allein voll von Ihnen muß ich immer gewesen seyn, daß ich Bernstorfen ungenannt habe lassen können. Aber das war mein süsses Clärchen werth; u dieß will ich Bernstorfen noch nicht sagen. Bernstorf also (wenn ich jemals so wenig ehrbegierig seyn könnte, stolz zu seyn, so würde ich dieß seyn, um niemals eitel zu seyn. Doch das durft ich ja *Ihnen* nicht sagen!) Bernstorf, einer der ersten Staatsmänner in *Europa* fuhr mit Ihrem Klopstock (wie süß wird mir diese kleine Erzählung um des Beyworts willen!) zu der Großcanzlerinn, die die erste Dame des Königreichs ist. Und wenn Sie erst wüßten, was wir miteinander gesprochen hätten, da wir unterwegs waren. Doch das will ich Ihnen alles erzählen. Es wird mir ohne dieß schon ganz heiß, daß ich mit Clärchen schon zu lange nicht von Clärchen geredt habe. Das muß ich Ihnen noch sagen, daß mir vom kleinsten bis zum größten alles theuer ist, was der Hr. von Bernstorf gegen mich thut. Sie wissen, wie sehr ich der ketzerischen Meinung: der Erden Könige sind Könige der Erden, u ich bin, was ich bin! wie sehr ich der anhänge; u Sie

werden, glaube ich, auch keine kleine Ketzerinn seyn: gleichwohl haben Sie den Hr von Bernstorf immer auch ein bischen lieb, u *verehren* Ihn, u zwar das im eigenstlichsten Verstande. – – – Nun meine allerliebste Moller, Clärchen Moller, (ich werde mir das Wort in alle Ewigkeit nicht abgewöhnen) werden Sie mich fragen, warum ich nicht vielmehr unterwegs bin, als daß ich schreibe? Lassen Sie mich Ihnen diese Frage künftigen Posttag beantworten, u dann Ihnen nicht wieder, zum wenigsten nicht von Seeland aus, schreiben. Ich werde Ihnen hierüber etwas zu erzählen haben, das mir deßwegen sehr wichtig ist, weil es rechte gemacht war, mich aufs äusserste empfinden zu lassen, daß ich mein kleines Clärchen unaussprechlich liebe. Und – – (ich zanke nicht, ich bin nicht böse, ich war nur traurig!) und wie war es denn Clärchen möglich daß Sie in einem sonst so süssen Brief gleichwohl von Ihrem Klopstock schrieb: „Warum sind Sie denn so *spöttisch* wegen meiner unschuldigen Warnung... O nein! ich bin keine *Mannsperson*, u überrede mich nicht *so leicht,* daß ich *so sehr* geliebet werde." O Mollern, bey allem was heilig ist! Ich habe nicht eine halbe Sylbe von dem allen verdient. Ich hätte fast geweint, da ich dieß sahe, so sehr grif es mich an. Aber nur ich, ich allein, habe Schuld. Meine Clarissa hat keine Schuld. Ich habe mich nicht recht ausgedrükt. Weiter kann ich nichts sagen, als daß dieß nur, u weiter in der Welt nichts, meine Schuld ist. O meine Mollern, wie wenig bin ich, in Betrachtung der *leichten Überredung* eine *Mannsperson!* Wenn Sie wüßten, wie ich bey iedem Worte Ihrer Briefe zitterte! Doch Sie habens gewiß auch nicht schlimm gemeint. Und das ist mein einziger Trost. Dieser, u der Gedanke, daß ich aufs äusserste suchen will, Ihrer Liebe würdig zu werden, diese sollen mich wieder aufheitern. – – Und noch andre kleine süsse Freundschaften sollen es auch thun. Und Sie fuhren nach Hause, einen Brief von mir zu finden. O Clärchen! – dafür, daß Sie nach Hause gefahren sind, o dafür! – aber wie kann ich mein Herz ausdrücken, ohne bey Ihnen zu seyn! Gewiß! ich war Ihrer würdig, da ich dieß las. Ich hörte mein Herz schlagen, u selbst die Anmerkung, die ich bey mir darüber machte, daß es schlüge, konnte es nicht stillen. Da es aufhörte, u nun nur ganz heiß athmete; da war ich in dieser glückseligen Minute bey Ihnen, als Sie nach einem Briefe fragten; da haßte ich mich, daß ich nicht geschrieben hatte, ob ich gleich wußte, daß die Veränderung der Wohnung mich verhindert hatte; da nahm ich Ihre süsse kleine Hand, u drückte sie heiß heiß an meine Lippen, u meine (das geschah wirklich) hielt ich vor meine Augen. – – – – – – Man hatte mich hier unterbrochen. Es ist schon spät. Aber eh ich zu Bette gehe, eh ich Ihren Brief (denn ich habe diese äffische Narrheit an mir) mit mir nehme; so muß ich Ihnen erst gute Nacht sagen. Gute – – Nacht – – Clärchen! Gute Nacht, süsses Kind! Sie schlafen doch noch in der Stube, in der Giseke Sie besuchte, u in welcher es vermutlich war, wo Sie mich gegen ihn, Ihren Klopstock nannten. Gute Nacht, allerbestes Mädchen! Allerbestes! – ich muß manchmal von Herzen über gewisse Beywörter lachen, wenn sie sichs herausnehmen wollen, mein Herz auszudrücken.

Morgen will ich den sechsten May wecken, u einige „süsse junge zarte" Blätter mit ihrem ersten Thaue pflücken, um sie Ihnen zu schicken. Eins muß ich noch sagen, damit ichs nicht vergesse. Ich will bey Bohnen abtreten. Noch einmal, u noch tausendmal gute Nacht. Ihr Klopstock, so sehr Ihr Klopstock, als Lovelace Clärchen Harlowe unwürdig war.

den 6ten

Es regnete diesen Morgen. Ich will Ihnen die Blätter bringen. Bestrafen Sie ja diesen Brief nicht, u lassen ihn nicht etwa eine Weile liegen, eh Sie ihn aufmachen. Denn das hätte ich zwar verdient, weil ich Sie vergebens nach Hause fahren lies. Aber Sie sind ja mein allerliebstes Clärchen, u Sie werden mich nicht so hart strafen wollen. Sagt Ihre Schwester noch, daß ich Sie überfallen soll? Küssen Sie Ihre Schwester von mir. Leben Sie wohl, recht süß u wohl, mein Clärchen.

Meta hat ihre Antworten auf Klopstocks Fragen (zuerst mit Bleistift) am 9. Mai in diesen Brief hineingeschrieben, dann mit Tinte nachgezogen. – *Der Franzose* ist offenbar André Roger, Bernstorffs Privatsekretär. – *Mr de Santillana:* der französische Schelmenroman „Aventures de Gil Blas de Santillane" von Lesage 1715–35, ein Schelmenroman mit satirischem Hintergrund. – *Die erste Dame des Königreichs:* Christiane Frederikke Moltke geb. Brüg(ge)mann 1712–60, seit 1735 verheiratet mit Adam Gottlob Grafen Moltke. – *Lovelace:* unwürdiger Liebhaber von Clarissa in Richardsons Roman.

96. Klopstock an Meta, 9. 5. 1752

Limbi, den 9. Mai 1752.

Gleich itzo bekam ich Ihren Brief mit Gisekens seinem. O wie unaussprechlich lieb habe ich Sie, mein Clärchen. Und dieses Gefühl ist so sehr mein herrschendes Gefühl, daß ich nur ganz kleine Stücke am

Messias arbeite, und den einzigen Horaz lese, oder vielmehr nur in der Zerstreuung, in der süssen Zerstreuung, hier wieder koste, ohne recht zu wissen, was ich koste.

Der Ausdruck in Ihrem Briefe: „Gesellschaft entziehen." O meine Mollern, wie glücklich wäre ich, wenn Sie noch ganz anders redeten. Ob ich E[bert] und zwar wie ihn mir Giseke von neuem beschrieben hat, ob ich ihn oft sehen werde? Der Gedanke ist auf der einen Seite sehr traurig für mich, nämlich daß ich ihn nun auch in Braunschweig selten sehen würde; aber wenn er auch noch mein alter Ebert wäre, so würde er sich darein ergeben müssen, daß die kleine Moller den ersten Platz in meinem Herzen hätte. Doch wie halb hab' ich mich ausgedrückt. Ich fühle es, das war nur halb mein Herz. Den ersten Platz unter meinen Freunden? Nein, Mollern, Sie wissen es ja einmal, das ist viel zu wenig für mein Herz! Viel zu wenig, meine süsse, süsse Mollern. – – Doch ich hasse die Sprache, die von der Gegenwart unbeseelt ist, ich hasse diese halbe Sprache, und will weiter kein Wort mehr sagen. Doch muß ich das Versprechen meines letzten Briefes halten. Doch ich kann es noch nicht, und ich werde Ihnen wohl noch einmal schreiben müssen. – – – Und ich soll nicht über die See gehen? O, mein unaussprechlich süsses Clärchen, wie lieb, wie sehr lieb habe ich Sie. Adieu für diesmal, bestes Mädchen, Ich kann und mag nicht mehr schreiben. Ich hasse es von ganzem Herzen.

Ihr Klopstock.

97. Klopstock an Meta, 13. 5. 1752

Den dreyzehnten May noch an meine Moller zu schreiben? Und dieß nach alle dem jährigen feurigen Verlangen bey Ihr zu seyn! Eh ich Ihnen noch ein Wort weiter sage, muß ich Ihnen etwas von der Ursach, daß ich noch hier bin, anführen, nur etwas; denn ich behalte mir vor, umständlicher darüber zu seyn, wenn ich bey Ihnen bin. Und wenn ich dieß werde gewesen seyn, so wird meine süsse Moller, aus einigen nicht eben schwachen Zügen, von neuem den sehr natürlichen Schluß machen müssen, daß ich Sie unaussprechlich liebe. – – Es hat geschienen, als wenn die Erlaubniß zu reisen einige Schwierigkeiten hätte. Da diese nun gehoben sind, so habe ich doch mein Verlangen, so bald es nur möglich wäre, zu reisen, nicht so geradezu merken lassen wollen. Und dies ist die Ursach, daß sich die Sache noch etwas verzögert. – – –

Nun, meine süsse Moller, wenn Sie sich denjenigen denken, den ich Ihnen neulich das erstemal bekannt gemacht habe; so entdecken Sie vielleicht ein wenig von dem, was ich Ihnen umständlicher erzählen will. - - - Aber, meine allerliebste Moller, wie steht es denn um die Hartnäckigkeit Ihres Herzens? Behauptet sich dieses sündliche Laster (denn in meinem moralischen Handbuche steht Hartnäckigkeit im Kapitel von Lastern) noch immer in seiner vorigen Stärke? - - Ich glaube ich wollte da einen Scherz sagen. Aber er scheint mir sehr misrathen zu seyn. Wenn man sich doch nicht unterstehen wollte, zu scherzen, wenn das Herz so voll, u zugleich so beklemmt ist. Beklemmt? Das war das rechte Wort nicht. Aber mir fällt wirklich kein andres ein. Ich meine, wenn es so voll zärtlicher u nur halbsüsser Unruhen ist. Ach, meine allerliebste Moller unter den vielen süssen Freundschaftlichkeiten, haben Sie mir immer viel viel Hartnäckigkeit Ihres Herzens gesagt, u das vielleicht oft, ohne daß Sies recht gemerkt haben. Und so ist es desto schlimmer für mich! ..... Und - - ich liebe Sie mehr, als ich Fanny geliebt habe. Es ist mir izt lieb, daß ich mich so kurz ausdrücken, u so alles auf einmal sagen konnte. Gewiß mehr, als Fanny; u dies daher, weil Sie mehr meine Freundinn zu seyn scheinen. Denn ob ich mich gleich erkühnen darf von meinem Herzen zu glauben, daß es groß genung ist auch ohne die feine Eigennützigkeit der Freundschaft, fortzulieben, wenn es zu lieben angefangen hat; so ist doch ein hoher Grad der Freundschaft der Geliebten was unaussprechlich süsses. Der Geliebten - - - aber Sie fühlen dieses volle unendliche Wort nicht genung, Sie hören diesen Silberton nicht ganz! - - - - Aber soll ich mich gegen das beste unter den Herzen beklagen? Keine einzige Klage mehr! Ich wär Ihrer grossen süssen Freundschaft gegen mich unwürdig, dieser allerliebsten Freundschaft, die ich wie einen kleinen Engel liebkosen würde, wenn es möglich wäre, daß die Engel als kleine schöne Kinder zu uns kämen. Ich will sie also liebkosen, wie meine kleine Moller, wenn diese mir erlaubt, Sie gleichwohl zu lieben, ob Sie gleich nur meine Freundinn ist. Sie sind zwar schon so ein süsses Kind gewesen, u haben mir dieses ein bischen erlaubt. Aber wie weit diese Erlaubniß geht, das weis ich noch ganz u gar nicht. Und da werden Sie immer alles mit zu kleinen Mäschens mir zumessen wollen; u mein Herz wird immer so voll seyn, u sich nicht halten können, u manchmal ein bischen mehr haben wollen. Sie sehen, daß dieses die grosse Frage, die ich, durch Sie veranlaßt, neulich einmal that: „Wie Sie mich haben wollen?" .. daß es dieselbe sehr nah angeht. Nun Sie sollen entscheiden, u ich will gehorchen. Ich will weiter nichts eigenmächtig thun, als fortgehen, wenn ich es zu sehr fühle, daß Sie nur meine Freundinn sind. – – Leben Sie wohl, allerbestes Mädchen, ich fühle, daß ich fortgehen würde. Empfehlen Sie mich Ihren beiden Freundinnen, Mad. Schmidt u Madem. Schleebusch. Ob ich gleich gar nicht vermute, daß eine Antwort auf diesen Brief mich noch antreffen würde, so schreiben Sie mir doch. Denn es ist doch möglich; u dann hätte ich ja so lange ohne einen Brief von Ihnen gelebt. In dem andern Falle werde ich den Brief doch richtig bekommen. – Einen Kuß, u eine Thräne, meine Clärchen.   Ihr Klopstock.

98. Meta an Klopstock, 16. 5. 1752

den 16ten M.
Ich bekomme Ihren Brief so spät, u noch dazu [in] dem Hause meiner Mutter; daß ich Ihnen kein einziges [!] Wort weiter sagen kann, als daß ich recht sehr Ihre Freundinn bin. Was dieses eigentlich heißt, das werden Sie am besten erfahren wenn wir uns erst sehen. Leben Sie wohl mein liebster Freund. Ich wünsche, daß ich diesen Brief umsonst schreibe, daß Sie nämlich nicht mehr in Kopp. sind, wenn er ankömmt. Ich habe wenigstens doch schreiben wollen. M. M.

im Hause meiner Mutter: Metas Mutter Katharina Margaretha geb. Persent war 1735 Witwe geworden. Sie verheiratete sich wieder mit Martin Hulle. Meta lebte seitdem im Hause ihrer Schwester Elisabeth Schmidt.

99. Klopstock an Meta, 20. 5. 1752

Limbi den 20ten May 1752.
Es ist mir zum wenigsten lieb, daß Sie schon an meinem lezten Briefe gesehen haben, wie das hat zugehen können, daß ich so nah gegen das Ende des May, noch schreiben kann. Doch endlich kann ich sagen, daß dieser der lezte ist. Und was werden Sie sagen, wenn ich Ihnen bekenne, daß ich selbst Schuld bin, daß ich nicht heute, sondern erst künftigen Sonnabend verreise? Aber hören Sie mich erst, eh Sie mit mir schmälen. Ich wollte zu Ihnen fliegen, u nicht fahren. Ich hatte die beste Hofnung bald bald Wind u Schif zu haben. Was war das für ein feuriger süsser Gedanke. In dreissig Stunden in Lübek, u dann dann den Augenblik, es sey Nacht oder Tag, die Post auf

Hamburg. Und gestern hat mein grausamer Commissionär seinen Mund geöfnet, u also gesprochen; Ich kanns nicht sagen, so hasse ichs, was er gesagt hat. Er hat auf einmal u sehr unvermutet noch von einem ganzen Monat gesprochen. Ihren kleinen lieben Brief bekam ich gestern Abends in Koppenhagen, da ich eben im Begrif war, das erstemal in meinem Leben beynah zu fluchen. Diese Nacht, ach beynahe die ganze Nacht, habe ich viel viel von Ihnen geträumt meine süsse Clärchen (warten Sie nur, warum unterschreiben Sie sich denn M. M. u nicht C. M.?) Und izt träume ich noch von Ihnen. Das heißt: Ich sehe Sie unaufhörlich vor mir, spreche mit Ihnen, ach, wie sanft spreche ich mit Ihnen! u noch viel sanfter, noch viel zärtlicher (denn was können, wenn man alles zusammen nimmt, Worte, nur Worte, sagen?) noch viel mehr ganz Ihr Klopstock sehe ich Sie an. Und dieß alles pflegt sich ordentlich damit zu endigen, daß ich Ihre Briefe (habe ich etwa ein Beywort zu Ihren Briefen?) daß ich Ihre Briefe küsse. Eben izt bin ich mit ihnen verschlossen, u so liegen alle wie kleine elysische Bluhmen um mich herum. Wenn ich spazire, oder eine kleine Landreise thue, so habe ich ordentlich einige davon zur Gesellschaft bey mir. Vor einigen Tagen reiste ich nach Friedensburg, von dem Grafen Moltke Abschied zu nehmen. Es war ein sehr schöner Morgen. Ich war nach fünf Uhr verreist. Alles heiterte mich auf. Ich hatte einen Ihrer Briefe in der Hand. Ich fieng eine lange süsse Unterredung mit Ihnen an, u endlich war es so weit gekommen, daß ich fand, daß ich ganz u gar auf die eine Seite gerückt war. Sie merken es doch, süsses Mädchen, (das war nicht recht: süsses Mädchen .. aber ich habe keine Worte) Sie merken es doch, daß dieß daher geschah, weil Sie bey mir sassen. Und das werden Sie doch manchmal wirklich, wenn ich bey Ihnen bin? Denn ich muß Ihnen sagen, daß das sehr mein Geschmak ist, mit derjenigen allein zu fahren, die ich liebe. Ich weis selbst nicht, was das ist, daß dann alles so sanft ist, wenn man so fährt. – Lassen Sie mich abbrechen meine süsse Moller. Haben Sie immer Ihren Klopstock ein bischen lieb; denn er liebt sie unaussprechlich. Leben Sie wohl, geliebtestes unter allen geliebten Mädchens. Grüßen Sie Hagedorn, u Ihre Freundinnen, u sagen dem ersten: daß ich lieber hätte kommen, als schreiben wollen. Einen Kuß u eine Thräne! das ist mein Gruß an Sie. Leben Sie noch einmal wohl   Ihr Klopstock.

100. Meta an Klopstock, etwa 24. 5. 1752

Burgesch, d   May 52

Geschwinde, geschwinde sollen Sie noch einen kleinen Brief haben, ehe Sie abreisen. Weil Sie denn nun einmal gewiß kommen, so will ich auch nicht schmälen, daß Sie selbst an der Verzögerung schuld sind. Sie kommen doch nun nicht zu Schiffe? Ich merke daß H. Klopstock es vergessen hatte, daß man Sie um das Gegentheil gebeten hat. Sonnab: also reisen Sie ab? O möchte doch – – – – doch ich habe nicht Zeit meine Wünsche alle hinzuschreiben, u vielleicht auch nicht *Zeit* sie auszudrücken. O kommen Sie ja bald.

Ihr Clärchen.

101. Klopstock an Meta, 24. 5. 1752

Limbi, den 24ten May 1752.

Nun erschrecken Sie nur nicht vor noch Einem Briefe. Denn ich reise wirklich einige Stunden eher weg, als er, ob Sie gleich der beneidenswürdige kleine Läufer eher sieht, als sein Herr. – Ich kann mich unmöglich halten, nicht an Sie zu schreiben: denn alles was ich thue u denke, ist voll von Ihnen. Ich sehe Sie unter allen Bäumen, in allen Gesellschaften, u unter allen Bäumen u in allen Gesellschaften, vergesse ich die Bäume u die Gesellschaften, u sehe u höre nur Sie; kaum daß ich noch ein Paar Worte der Nachtigall verstehe. Sie sind meine Clärchen, meine unaussprechlich süsse Clärchen. Sie sind – – – ich habe keine Worte. Ach, wenn Sie mich nicht auch ein bischen wiederlieben; so will ich Sie bey allen Engeln, die Menschen waren, u, wie ich, liebten, verklagen; ja, bey denen will ich Sie verklagen! Ja, u die sollen böse auf Sie werden! Die heilige Hannchen Radick, Elisabeth Singer, Laura, u alle die süssen Mädchen sollen böse auf Sie werden, u meine St. Cecilie hier dazu; denn der Rosenkranz ([Anm. am Rande:] Das ist ein Rosenkranz auf dem Kopfe.) steht ihr viel zu gut, als daß Sie nicht auch sollte geliebt haben, obgleich ihr Kloster nichts davon gewust hat, u am Tage ihrer Canonisation keine Sylbe davon gedacht wurde. Aber, was wollte ich Ihnen denn nun eigentlich sagen? Und weswegen fieng ich diesen Brief an. Uberhaupt weis ich es wohl. Nämlich, ich dachte, ich wäre ein bischen näher bey Ihnen, wenn ich an Sie schriebe. Denn etwas bestimmtes zu schreiben, wie sehr ich bisher mit jedem sanftern u schwerern Athem Ihr Klopstock gewesen bin, das kann ich unmöglich nicht einmal anfangen zu schreiben. Und wo sollte ich auch anfangen? Allein, u in Gesellschaft (so gar bey Bernstorf) wachend u im Traume, im Himmel u auf Erden allerwegen bey Ihnen, wo sollte ich anfangen? – – – – – – – – – Ich lasse mich also hier ganz u gar in keine Beschreibung ein. – – Für eins nur ist mir bange. Ich fürchte immer, ich werde Sie nicht allein antreffen. Ich hätte Sie zwar sehr gern überfallen; aber weil mir dieß gewissermassen schwer scheint, so wünschte ich Sie izt nur *allein* anzutreffen. Wenn dieß nicht geschieht, so werde ich Ihnen beynah kein Wort sagen können; u ich glaube gar, daß ich Ihnen in der Angst einige Höflichkeiten sagen werde. O wenn doch alle Silphen, die jemals über mehr als nur Locken gewacht haben, über dieser Stunde wachten! Ja, wenn mir es möglich seyn wird, zu warten u mich erst zu erkundigen, wenn mir das möglich seyn wird; so denke ich Sie wohl noch allein anzutreffen. Wie wärs, wenn ich mich hierzu entschlösse, u dazu nicht gleich bey Bohnen abträte? Und Sie (der Briefträger wird doch einmal in seinem Leben ein vernünftiger Mensch seyn!) diesen Brief schon hätten, u es etwa gar so machen könnten, daß ich Sie allein anträfe? Denn, wenn ich mich einmal entschliessen kann, zu warten, so werde ichs auch bis an den Abend können; u des Abends kann man doch unbemerkter zu Ihnen kommen, als bey Tage. Mein Herz schlägt mir gewaltig bey aller dieser Ungewißheit. Unterdeß geh du, kleiner Brief, da geh, ich küsse dich. Behalte du noch ein bischen von diesem Kusse, u athme, was du behalten hast, dem Geliebtesten unter allen Geliebten Mädchens entgegen, u wenn Sie deinen leisen Athem fühlt; so sage ihr, ach sage ihr wenn ich Sie ja nicht allein antreffe, daß Sie es nicht ewig währen läßt, daß Sie nicht allein ist .. Geh nun, glüklicher, beneidenswürdiger Läufer, u sag ihr noch vieles, was ihr Briefe sonst zu sagen unfähig seyd! – – –

Ich will doch sehen, ob ich mich werde halten können, Morgen nicht noch etwas da hinten dran zu schreiben.

Des Abends

Ich dachte, ich würde Ihnen Morgen wieder schreiben; aber es ist erst Abend u ich thu es schon. Und ich würde es nicht lassen können, wenn ich auch gleich wollte. Ich komme von einem Spaziergange zurück, den ich für mich, u für Sie, für Sie, um an Sie zu denken, ausgesucht habe. Ich habe eine sehr sanfte Melancholie mit zurück gebracht. Ihr ganzer Werth, meine Moller, Ihr Herz, zu dem ich vergebens ein Beywort suche, alles, was Sie sind, was ich weis, daß Sie es sind, ob ich Ihnen gleich noch so wenig davon gesagt habe, daß ichs weis, daß Sie es sind; dieses alles hat mich mit so entzückenden ernsten Vorstellungen erfüllt, hat so viel Elysium um mich herum verbreitet, daß ich, auch nur Ihr Freund, sehr sehr glükseelig bin; und wenn, meine meine, meine allerbeste Moller – – ich kann hier weiter nichts sagen; meine Thränen sollen es thun. – – Mit vollen Augen, mit zum Himmel gerichteten Augen (ich darf Ihnen das sagen, u warum sollte ich nicht, da Sie eine so grosse Seele haben?) habe ich der Hohen Vorsehung für die Traurigkeit meiner ersten Liebe, u für Sie meine geliebte, meine ewig geliebteste Freundinn gedankt. Sie sind mir nach ihrem u meinem Schöpfer das theuerste u das heiligste, u – – (ach vielleicht kennen Sie Ihren Klopstock auf dieser Seite noch nicht ganz) ich kann nicht reden. – – – Welche seligen, welche Stunden unbekannter Freuden will ich mit Ihnen leben! Wie sehr will ich unserm Schöpfer, dem grossen Wesen ohne Namen, u ihnen, u mir zugehören! Alle Empfindungen meiner ersten Liebe, von der leisesten bis zur gewaltigsten, alle sie fühlt ich für Sie; alle waren mir, nun erfüllte, Prophezeihungen, daß ich Sie lieben würde. Auch Ihr Freund, (ich wiederhohl es) auch nur Ihr Freund, bin ich glükselig; u wenn Sie mich noch einst lieben sollten (o himmlische Vorsehung womit hätte ichs verdient?) so zittre ich einer Glükseligkeit entgegen, der ich alle die süssen Namen zum voraus gebe, mit denen die bessern Menschen die gestorbnen, ihre Freuden benennen. – – – Sehen Sie, das ist mein Herz! Es hat nichts Geheimes für Sie. Es ist ganz ganz Ihr. Und nun – was kann ich Ihnen, ohne bey Ihnen zu seyn, weiter sagen, als

> Wenn ich in meinem sichern Grabe
> Jahrhunderte geschlummert habe

so wird dieß Herz noch Ihr Herz seyn, u Ihnen vor allen, die geschaffen sind, unsäglich zugehören. – – – Ich schicke Ihnen diese Ode nur, weil ich den Einfall hatte, sie für Sie abzuschreiben.

Laura: Man vergleiche Klopstocks Ode „Petrarka und Laura". – *Wenn ich in meinem sichern Grabe:* Eine Ode mit diesen Versen ist nicht überliefert.

102. Klopstock an Meta, Juni 1752

Am 1. Juni 1752 war Klopstock glücklich in Hamburg angekommen.

Hamburg [Juni 1752]

Ich komme eben von meinem Bruder [August Philipp], M[ein] Cl[ärchen], u bin wegen der Unruhe, die ich habe, ob man bey Ihnen vielleicht zu sehr wünschte, daß ich nicht so oft hinkommen sollte, nicht gerade zu Ihnen gegangen. Sagen Sie mir, ob diese Unruhe überflüssig ist. Ich schreibe dieß so recht in der Angst daß ich so lange nicht bey Ihnen gewesen bin. K.

BRAUTZEIT

103. Klopstock (u. Meta) an Cramer, 3., 5. u. 8.7. 1752

Hamburg den 3ten Jul. 1752
Ich weis nicht, ob dieser Brief meinen lieben Cramer noch in Blankenburg antrift, wo er, wie mir meine Aeltern geschrieben haben, den Brunnen trinkt. Wenn er noch dort seyn sollte, so ist es mir sehr süß, ihn in dieser freudigen altbardischen Gegend mit allen den Freuden zu überfallen, mit denen ich ihn, wenn nicht etwa Giseke ein bischen schon ein Verräther gewesen ist, noch zu überfallen glaube. „Aber wo soll ich nun anfangen? wo aufhören?" sagt Herr Ulisses beym Homer; ob er gleich lange nicht so vieles, u so viel süsses zu erzählen hatte. – – – Ja, wo denn nun? Ich habe immer zween Verse von Dietrichen in Braunschweig sehr lieb gehabt, die ich vordem wohl schon wegen einiger Anwendung verendert habe. Jezo hiessen sie für mich so:

Das Glük bezahlt mir nicht das Gold der ganzen Erde
Wenn mir mein Clärchen sagt, daß ich geliebet werde.

Armer, lieber Cramer, das verstehen Sie nun wohl ganz u gar nicht, was das seyn soll, Clärchen. Ich könnte es Ihnen freylich mit nur noch einem Worte hierzu, sehr deutlich machen. Und das werde ich auch noch wohl auf irgend einer Seite dieses Briefes thun. Aber vorher muß ich doch noch etwas sagen. Ich wußte es gegen Ende des vorigen Jahrs ganz gewiß, daß ich mein Clärchen liebte; u hatte es schon nicht lange nach der Zeit, da ich Sie vor einem Jahre verließ, sehr zu empfinden angefangen; diese Empfindungen sehr oft in Briefen nicht ganz unverrathen gelassen – endlich nicht mehr verschweigen können (ja hier zu gehörte nun, daß Sie die Briefe läsen, von denen ich nur im Vorbeygehen sagen will, daß wirklich die Sevigné eben so schön geschrieben haben würde, wenn sie in ihrer Jugend an einen, den sie liebte, geschrieben hätte,) endlich nicht mehr verschweigen können; – – u hierauf (seit dem Decemb. 51) war ich zwar nicht ganz ohne Hofnung; u diese Hofnung weil sie mir so oft, u mit so vielem Rechte sehr ungewiß vorkam, so war sie mit allen den Schmerzen der Liebe so gar bis einige Tage nach meiner Ankunft begleitet - - - - -

Und was soll ich denn nun weiter schreiben mein süsses süsses Clärchen? Sagen Sie mirs. Denn unser lieber Cramer sizt da, u mögte gar zu gern noch mehr wissen. Sagen Sie mir nur ein paar kleine kleine Worte, was ich nun weiter schreiben soll.

[Meta schreibt:] Klopstock will haben, daß ich es Ihnen selbst sagen soll, mein lieber Cramer, daß ich ihn in der kurzen Zeit, da er es weis daß ich ihn liebe (denn ich habe ihn wol schon viel länger geliebt) daß ich ihn aber auch in der kurzen Zeit schon sehr in der Liebe übertreffe. - - [Klopstock schreibt weiter:] Ubertreffen! Was das Mädchen sich zu sagen untersteht. Das ist eben der grosse Streit unter uns (nämlich einer, worinn ich immer Recht behalte) daß ich in der Liebe unübertrefbar bin. Aber das Mädchen denkt, weil es Clärchen heißt, so darf es sich alles heraus nehmen, was ihm nur einfällt. Ich will es schon dafür wieder kriegen, daß es so verwegen gewesen ist, das erstemal, da es an Sie von mir geschrieben hat, so etwas mit Ihnen zu schwazen.

Doch izt will ich es wieder mit Ihnen thun. Wie glüklich bin ich nun, wie sehr glüklich, u das nun schon seit einem Monat. „Einen ganzen Monat hinter ein ander glüklich!" Ich kann mich kaum darein finden. Aber das thut ihm nichts, wenn ichs nur bin. Weiter kann ich Ihnen nichts sagen. Die volle Freude hat eben so wenig ihren ganzen Ausdruck, als der volle Schmerz. Wenn Sie so mit allerhand kleinem Puzwerke der Freude vorlieb nehmen wollen; so kann ich wohl noch ein bischen mit Ihnen schwazen. Soll ich Ihnen sagen, wie mein Clärchen alle sonst noch heißt. Ich will von unten hinaufsteigen. „Mein Mädchen .. Babet .. Clärchen" (u dann eine Menge Beywörter zu Clärchen) „meine Clarissa" „meine Geliebte" (hier kömmt [es] besonders auf den Ton an) u zulezt, was alles wieder zusammen nimmt, „Meine Moller". Ehegestern kam noch ein unaussprechlich süsses Wort zwischen Geliebte, u Moller .. Soll ichs Ihnen sagen mein Cramer? Wenn ich soll, so muß ich Sie zugleich ein bischen betrüben, denn ich wollte es gerne so zärtlich sagen, als ich kann. Es ist dasjenige Wort, warum Sie Hannchen bat, es nicht mehr zu nennen, da Sie anfieng zu werden, was Sie izt ist .... Ich will geschwinde hier abbrechen, u nichts weiter davon schreiben. – Doch Sie betrüben sich ja izt nicht mehr darüber daß Ihre Hannchen Radikin izt unsre Heilige Hannchen ist. Doch ich will hier abbrechen; ist ohnedieß ein viel zu langer Brief den ich Ihnen schreibe, da ich mit meinem Clärchen an einem Tische size. An Charlotten u Ihren kleinen Jungen Gruß u Kuß, wie sich denn das ohnedieß versteht.

Ihr Klopstock.

Den 5ten Jul. Gestern bekam ich Ihren kleinen süssen Brief durch meinen Bruder, u wie freute ich mich über Ihre Freude, u wie viel mehr werden Sie sich noch über meine freuen, wenn Sie erst diesen Brief haben. Mein Bruder sucht noch an den Rosen, ich habe ihn recht Angst gemacht, daß er sie nicht finden kann. Hören Sie doch, Cramer, was brauchen Sie sich denn um andrer Leute Petschafte so genau zu bekümmern, vollends, wenn die Briefe noch dazu an andre Leute geschrieben sind? Ich weis nicht, was solche Entdeckungen für ein weltliches Wesen an sich haben von einem Manne der achtzig (den 8ten) Hier wurde ich neulich unterbrochen, ich wollte sagen: von einem Manne, der achzigjährigen Mädchen geistliche douceurs durch ein Sprachrohr sagt. Und ich glaube ich wollte damals noch viel mehr sagen; aber izo kann ich nicht mehr. Denn ich bin ganze sechs Stunden (obgleich bei Carpser) von Clärchen gewesen, u erst izo wieder gekommen. Ich wollte auch an meine Aeltern schreiben, aber das kann ich nun auch nicht; denn dazu geht die Post zu bald. Zeigen Sie ihnen diesen Brief. Ihr Klopstock. – Uber das alles komme ich noch so gar zu Ihnen.

Dietrichen in Braunschweig: Nicolaus Dietrich Giseke: Poetische Werke. Braunschweig 1767, S. 60. – *die Sévigné:* Die Briefe der Marquise de Sévigné (1626 bis 1696) an ihre Tochter wurden vorbildlich für den neuen deutschen Briefstil des 18. Jahrhunderts.

104. Klopstock und Meta an Gleim, 8.7. 1752

Hamburg den 8ten Jul. 52.

Mein lieber lieber Gleim,

Nur ein paar Worte, die ich schon vor einigen Tagen habe schreiben wollen, (u dann würdens ein paar Worte von ziemlicher Länge geworden seyn;) aber izo werden sie so kurz, weil die Post gleich gehet, u ich doch unmöglich es aufschieben kann, an meinen lieben Gleim zu schreiben. Fürs erste beziehe ich mich also auf Cramers Brief, (um dessentwillen Sie wohl nach Quedlinburg reisen können) u fürs andre sage ich Ihnen, daß ich unaussprechlich glüklich bin (ich weis nicht, wo ich nun alle hin soll, wenn ich davon mehr ausdrücken will) daß ich die kleine Moller liebe, von der ich Ihnen vor einem Jahre einmal schrieb; daß Sie mich so sehr liebt, als Sie geliebet wird, u daß Sie die Geliebteste unter allen Geliebten Mädchen ist, u daß es bey diesen allen auch nicht wenig sagen will, daß dieß mein Gleim mit mir empfinden kann, u daß ich Ihm dieses alles noch recht umständlich sagen will, u daß er mein Clärchen sehn soll, u ausrufen soll:

> o quotiens et quanta illi Galatea locuta est!
> partem aliquam venti divûm referatis ad auris.

Ihr Klopstock.

[Meta schreibt:] Hätten Sie wohl gedacht, mein lieber Herr Gleim, daß die Moller in Hamb. so glüklich seyn würde? Nein, das dachten Sie wohl nicht daß Klopstock noch einmal so ein Mädchen lieben würde. O wenn Sie wüsten, wie er geliebt wird! Das übertrift alles, auch sogar Klopstocks Liebe selbst (aber doch nur ein klein Bischen, denn er liebt mich recht sehr) – Wundern Sie sich nicht daß ich Ihnen dieses schreibe, da Sie mich nicht einmal kennen. Ich konnte der Versuchung unmöglich wiederstehen, da Kl. hinausgegangen ist. Es ist gar zu süß, wenn er einmal nicht bey mir ist, daß ich doch von ihm sprechen kann. – – Er kommt wieder. – Ich bin Ihre Dienerinn. M. Moller. – Sie schmälen doch nicht, Klopstock?

[Klopstock schreibt weiter:] Non, non, il ne faut plus ecrire. Mesdames les Sevignes vous tourmentes bien les pauvres hommes, qui se mêlent aussi, d'ecrire des lettres. Ah mon cher Gleim, voila donc ma resolution prise: Je n'ecrirai plus. Le Messie, toutes mes Odes sont finies.

([Dazu Notiz am Fuße der Seite:] Mein lieber Gleim, ich schrieb in der Angst, französisch weil von der Sevigné die Rede war.)

([An den linken Rand geschrieben:] Gleim, sie sollen auch ein Rosenblatt haben, das wir beide küssen wollen, so bald ich wieder zu dem Briefe komme.)

105. Meta an Klopstock, 15.7.1752

Klopstock fuhr am 15. Juli aus Hamburg fort und über Braunschweig nach Quedlinburg zu seinen Eltern. Meta fuhr am gleichen Tage nach Billwärder, um dort in der frischen Landluft und durch Brunnentrinken ihre zarte Gesundheit zu kräftigen. Beide reisten über die Hamm-Horner Chaussee, wo sie sich zufällig noch einmal sahen. Hier, an der durch die viele Passage schon vorstadtmäßig belebten Bergedorfer Heerstraße erstreckten sich die Landhäuser und Gärten der Hamburger bis zum „Letzten Heller", einer hamburgischen Wache an der Grenze zwischen den hamburgischen und schiffbekischen Ländereien. Der erwähnte Wittesche Garten befand sich hinter HammHorn beim „Letzten Heller". Noch weiter hinaus, in Billwärder, lag der Garten, in dem Meta weilte. Sie konnte von dort aus die Straße, die Klopstocks Wagen nehmen mußte, ein Stück weit verfolgen. Billwärder hatte vor Hamm und Horn den Vorzug größerer ländlicher Abgeschiedenheit. Die Hamburger Familien lebten auch hier ein heiter geselliges Leben.

den 15 July 1752.
[Vermerk von Klopstocks Hand:] Als ich in Quedlinburg und zwischen Quedlinburg und Hamburg unterwegs war.

Nun bist Du fort! – Mein Klopstock! – Ach! – – O, ich kann nichts schreiben. Ich bin noch zu beklommen. Vor einem Augenblick sassest Du hier noch bei mir. Ach, mein Klopstock! – Ich kann noch nicht zum Weinen kommen; ich weiß nicht, wie das ist. Ich bin sehr, sehr beklommen. Aber unserm Gott, wie Du sagtest, unserm Gott empfehle ich Dich auch. O ja, Deine Reise ist gewiß glücklich. Sey meinetwegen nur nicht besorgt. Ich will mich schon aufrichten. Du liebst mich ja – – ich liebe Dich. – – – und ich sehe Dich bald wieder … Lebe wohl. Ich will mich ankleiden und aufs Land fahren, mein Klopstock! – – Moller.

106. Meta an Klopstock, 16.7. 1752

Billwärder, d. 16ten Jul. 1752
Endlich, endlich habe ich mich wegschleichen können. Mein süsser süsser Klopstock! Ach was machst du wol? Bist du noch in Lüneb[urg]? Es ist Mittag bald 12 Uhr. Du armes Kind, du hast so schlechtes Wetter zu deiner Reise. Ach ich mag nicht daran denken wie schlecht die Wege sind. Höre Klopstock wilst du mir etwas versprechen? Nun versprich geschwinde, was brauchst du vorher zu wissen was es ist, genung, daß du weist, daß du Clärchen, deinem Cl. etwas versprechen sollst. Und das ist denn endlich, daß du nicht eher aus Br[aunschweig] wegreisest als bis die Wege besser sind. Ich will deinen Aeltern dadurch nichts entziehen. Ich will es lieber mir selbst entziehen, so stark ich es auch fühle, was das heisst, von dir abwesend zu seyn. O wärst du hier bey mir! Wie süß würde mir dann alles

seyn! Da steht von ungefehr ein Stuhl so nahe bey mir als wenn er für dich dahin gesetzt wäre. Ich sitze hier in einem kleinen Portale, wo eine ziemlich hübsche Aussicht ist. Ich sehe aber nicht nach der Seite hin, wo sie am besten ist. Auf der andern kann ich in der Ferne den Weg sehen, den du gestern gefahren bist, u es ist wol sehr natürlich, daß mir dieses nun süsser ist als alle Aussicht. – – – Eben habe ich einen kleinen Schrecken gehabt. Es kam jemand herein, der doch aber so höflich war, gleich wieder fort zu gehen, wie er sah, daß ich schriebe. – – War das nicht süß Kl, daß wir uns gestern noch so von ungefehr sahen? Es waren mir schon einige Cariolen begegnet, die ich ansehnzte, aber mein Kl war nicht darin. Ich hatte auch schon alle Hofnung aufgegeben dich so spät noch zu sehen. Und da stan[d]st du so unaussprechlich süß vor deinem Wirthshause! Sage einmal, standst du in der Hofnung mich zu sehen da? O Kl ich kann es ganz u gar nicht sagen, wie mir ward, da ich dich sah! Es war eine Freude, als wenn es meine größte Glückseeligkeit wäre, dich nur zu sehen. Ich vergaß in dem Augenblicke alles übrige. Ich dachte nicht einmal, daß du wegreisetest. Ich dachte gar nicht, daß ich glücklicher seyn konnte, ich sah dich, das war mir nun alles! Es war mir also auch nicht möglich daran zu denken, daß ich meine Freude mässigen muste, sonst hätte ich nicht mit so vieler Heftigkeit Küsse hin geworfen, da ich vor meiner Mutter saß. Sie fragte, wer da wäre, u weil ich ihr nicht antworten konnte, so glaube ich muß die Schm[idten] ihr einen Wink gegeben haben, denn sie sagte weiter nichts u seufzte. Es war mir leid, daß ich sie betrübte, aber es war schon geschehen, u wie konnte ich daran denken, da ich dich sah. Aber höre einmal, [(dahinter von späterer Hand durchgestrichen:] Sunge), du warst lange nicht so lebhaft als ich. Kantest du mich etwa nicht gleich? Oder was war es? Konten uns denn etwa Leute sehen? Ich weis gewiß nichts davon, ob Leute da waren oder nicht. Und ich wollte lieber daß du es in dem Augenblicke auch nicht gewust hättest. Aber ich war dir doch nicht böse. Ich hatte vielmehr grosse Lust dich noch einmal zu sehen. Ich gab daher vor, ich hätte der Witten etwas nothwendiges zu sagen, u bat man möchte vor ihrem Garten halten lassen. Aber so viele Nothwendigkeiten ich auch zusammen suchte, so wollten sie doch nicht so lange dauern, daß du kamst. Man fuhr wieder fort u ich konnte dich nicht das zweyte mal sehen. Hernach aber sahe ich ganz in der Ferne einen Wagen auf dem Wege fahren, den du nehmen mustest. Und da bildete ich mir fest ein du wärst darauf. Ich sah dem Wagen

so lange nach, als ich nur konnte. Davon hast du wol nichts gefühlt?
– – – – – Ich muß nun wol ein bischen wieder hinein gehen, auf daß
ich nicht zu lange wegbleibe. Ich komme diesen Nachmittag aber
wieder zu dir. Lebe wohl mein Süsser Süsser!

Des Abends um 12 Uhr

Vergieb es mir mein lieber Klopstock, daß dieses Papier so mit Dinte
beschmutzt ist. Es ist heute gar zu notwendig gewesen sowol den
Brief als auch die Dinte so gar in der Tasche zu tragen. Vorher will
ich dir sagen, daß ich mich ganz wohl befinde u ... – – ach! das weist
du ja, daß ich dich unaussprechlich liebe. Das andre will ich dir gleich
auf einem andern Papier erzählen. Dieses aber ist mir unmöglich
abzuschreiben. [Anlage]

Man begegnete mich so ungewöhnlich, daß ich es nicht länger aushalten konnte. Ich bin sonst ganz u gar meiner Mutter u vornehmlich meines Stiefvaters Liebling gewesen. Nun aber that meine Mutter nichts als seufzen u mich mit einer gewissen Bitterkeit anzusehn u mein Stiefv: begegnete mich mit einer sehr affectirten Freundlichkeit. Ich weis nicht ob ich es mir einbildte, aber es kam mir so vor als wenn Sh. u auch so gar meine Tante u meine Cousinen eine gewisse Leichtigkeit gegen mich hätten, denn sonst hatte die ganze Familie, vermutlich meiner Aeltern Liebe wegen einen gewissen Respect gegen mich. (Sie sollen es noch einmal *deiner* Liebe wegen haben). Ich kam daher auf die Gedanken, die ich auch schon vorher gehabt habe, mit meinem Stiefv. zu sprechen. Mit meiner Mutt: allein zu sprechen das würde nichts ausgerichtet haben, denn ich weis, daß sie durch sich selbst zu nichts entschliessen kann. Diese Unterredung will ich dir einmal erzählen. Ich war so sehr geschickt sie zu halten, als man nur seyn kann. Ich hatte einige Zeit vorher dazu angewandt, daß ich den Gedanken, daß ich *deine* Geliebte bin, zu seiner höchsten Lebhaftigkeit gebracht hatte; u hierdurch war ich nun fähig alles zu überstehen. Ich ertrug auch erstaunliche Niederträchtigkeiten mit vieler Gelassenheit, aber doch auch immer auf eine Art, daß ich nichts vergab. Endlich sagte er einmal etwas sehr niederträchtiges gegen dich; da konnte ichs nun nicht länger aushalten: Ich empfehle[!] mich Papa, sagte ich, das halte ich nicht länger aus, u gieng in einen andern Steig. Er kam mir nach. Nein, sagte ich, ich will hier ins Portal gehen, u mich allein ein wenig erholen u schlug die Thür zu. Er kam aber doch nach u war nun sehr souple. Am Ende lief unsre Unterredung darauf hinaus, daß ich sagte, die Sache wäre nun ganz aus, wir wären nicht versprochen, nämlich wir hätten uns nichts geschenkt (das sagte ich immer dabey). Wenn du aber einmal, in andern Umständen wiederkämst u mich dann noch haben wolltest, so würd es meine ganze Glückseeligkeit ausmachen, wenn meine Mutter ihre Einwilligung zu unsrer Heirath gäbe. Hier hatte man nichts gegen. Aber ich merkte wohl, daß man stark glaubte, du würdest mich vergessen. Mit meiner Mutter hatte ich eine kürzere aber eine ähnliche Unterredung, wobey es doch schien, als wenn sie mich liebte.

Ach Klopstock wenn du mich nicht liebtest, so könnte ich das nicht aushalten. Das habe ich noch nicht erlebt, daß alle meine Verwandten u so gar meine Mutter einen solchen Widerwillen gegen mich haben! Und so unschuldiger Weise mache ich ihr so viel Verdruß! – Aber mein lieber Kl vergieb ihnen nur das Unrecht, das sie dir thun. Ach sie kennen dich nicht, das ist ihr ganzer Fehler. Eine jede vernünftige Mutter, die dich kennte, u ihr Kind liebte, sollte kommen u es dir anbieten. Vergieb es ihnen. Sie vermuthen es gar nicht, daß solche Leute in der Welt sind, wie du bist. – Schlafe wohl. Ich will nun gleich von dir träumen. O lieb mich ja! – O du mein Kl!

Sunge: wie so oft, um das niederdeutsche „djunge" zu umschreiben. – *Sh:* Metas Schwager Benedikt Schmidt. – *Tante:* wohl Anna Elisabeth Persent.

107. Klopstock an Meta, 18. 7. 1752

Braunschweig, den 18ten Jul. 1752
Ich bin gestern Abend hier angekommen, u zu unserm kleinen Liebling mitten auf der Gasse von dem Postwagen herunter gesprungen. Doch davon wird er dir selbst schreiben. Den Augenblick ist Gärtner, (bey dem ich diesen Mittag allein mit Giseken u ihren beiden Mädchen seyn werde,) wieder weggegangen; u weil ich so viel viel, u das alles sehr durcheinander, von dir gesprochen habe, so bin ich noch so sehr voll von dir, daß ich kaum weis, was ich schreiben soll. – – – Sage mir ja, u das recht bald, u das recht ganz, was du machst? Ich habe die Luft u den ganzen Himmel über dir, wo du diese Tage seyn wirst, so lange ich ihn sehn konnte, unaufhörlich eingemahnt, u ihm allen den Frieden, alle die bessern Glükseligkeiten zugelispelt, die du so sehr verdienst, u kaum nur um einen leisen Grad weniger verdientest, wenn du auch nicht mein bestes, mein einziges, mein

geliebtestes unter allen geliebten Mädchen wärst ... Ich will nicht klagen, ich will gar nicht klagen, daß ich nicht bey dir bin! Es wäre auf keine weise verantwortlich, nach anderthalb Monaten voll solcher Glükseligkeit, zu klagen. – Wenn ich nur schreiben könnte, meine Beste, meine einzige Moller. Aber ich kann nicht. Es ist mir doch gar zu wenig, schreiben! – Komm, Kleine! Komm, meine süsse, meine unaussprechlich süsse, my ever dear, my beloved Cläriss! weist du nicht mehr, wo du zu sizen pflegst, wo dein kleiner lieber Arm hingehört? – – Nun eins mögte ich gern wissen: Du liebst mich ja? – – – – Ich kann nicht schreiben, ich fühle es von neuem, ich kann nicht. Ach, wenn du doch auch den Trost hättest, daß du izt bey Giseken wärest, u nun gleich zu Luisen u Hannchen u Gärtnern gehen wolltest. Lebe wohl, meine Geliebte, meine kleine süsse süsse Braut! Daß ich doch zum wenigsten ein ganz klein bischen bey dir bin, so hat mir gleich Giseke diese kleine Locke, die ich ihm aussuchte abschneiden müssen, u ich habe sie mit etwas von der Seide zusammen gebunden, mit der deine gebunden sind. Leb noch einmal wohl meine einzige, meine beste Moller dein   Klopstock
  Meine freundschaftlichen, u freundschaftlichsten Grüsse wirst du schon ausrichten.

108. Meta an Klopstock, 19.–22. 7. 1752

[Von Klopstocks Hand:] Empf. den 25ten

den 19ten Jul 1752
Abends um 9 Uhr

Ich weis nicht wie das gehen soll, ich muß schon wieder schreiben! Gottlob daß mir dies nur noch bleibt! Wie unendlich süsser aber würde es seyn wenn du bey mir wärst! Du fehlst mir niemals mehr als wenn ich des Abends zu Hause komme, denn ich hole itzt alle die Besuche nach, die ich deinetwegen versäumt habe. O wie unbeschreiblich süß war das, wenn ich wuste, daß ich dich in meiner Stube fand! Wie eilte ich aus der Gesellschaft weg! wie verdrießlich war ich, daß der Kutscher immer zu langsam fuhr! u, wenn ich nun nicht mehr unter dem Zwange eines Kutschers war, wie flog ich* zu meinem Zimmer u – ach! wie warf ich mich in deine Arme! Und du zärtlichster unter allen Liebhabern, du warst immer schon lange da gewesen u hattest auf mich gewartet! – u ich hatte doch nicht eher kommen *können!* – Weist du noch wol den Abend, wie die Königin ankam? Ach weist du den Abend noch? – O wie verdienst du geliebt zu werden! Ich, die unter allen Mädchen, unter allen Creaturen am meisten liebt, ich liebe dich noch zu ⟨schwach⟩!

[Anm. zum Zeichen*, am Schluß der Seite:] Der Klecks ist daher entstanden, daß ich die Feder wegwarf, wie ich es ([von späterer Hand unleserlich gemacht:] so sehr fühlte, daß deine Arme mir fehlten). –

Sage mir doch, haben die Liebesgötter dich vielleicht durch die Luft getragen? denn in ganz Hamm u Horn hat dich kein Mensch gesehn. Weder die Häckeln noch die Witten, der ich es auch gesagt hatte. Hast du die H[äckeln] auch nicht gesehn? Ihr Garten war fast da neben über, wo du standst. Da wo ich dich sach! Ach Kl da sah ich dich! Ewig wird mir die Stelle süß seyn. Ich bin nun schon dreymal da vorbey gefahren u habe sie angeseufzt. Da stand mein Kl! Ach! Und ihm war so angst, daß ich nicht hin sah. Aber ich sah ihn! Und er sah mich! O mein, mein Klopstock! – – – Heute habe ich endlich die Thränen wiedergefunden, die ich, so lange du weg bist, noch nicht habe finden können; u das so von ungefehr. Wie ich auf den Wagen wartete, u das erste Buch nahm, das mir in die Hände fiel, u auch die ersten Blätter laß, die mir in die Hände fielen, so war das eben in der schwedsch: Gräfin, wo der Graf ihr schreibt, daß ein Soldat gestorben wäre, der eine Braut hätte! So wenig dieses auch bedeutet, so fing ich doch stark an zu weinen. Und der Gedanke: eine Braut, deren Bräutigam stirbt, bedeutet doch auch nicht wenig! – – Aber darüber habe ich mich doch gewundert, daß dieses mich weinen macht u deine Abreise nicht! Ich habe es sonst schon oft erlebt, daß ich mich bey wichtigen Sachen, die mich angriffen, der Thränen enthalten kann, wenn ich Zeit habe mich dazu vorzubereiten; aber bey deiner Abreise wollte ich gerne weinen u konnte nich[t]! Und dann so hatte ich auch doch noch nicht erlebt, daß mein Kl. von mir gereist war, als mein Geliebter nämlich, von mir gereist war. – Lebe wohl bis morgen. Wir wollen zu Tische gehen. Du wirst nach der Braunschweigschen Art wol schon gespeist haben.

Den 20ten.

Ach Kl. wie geht daß zu, daß ich noch keinen Brief aus Br[aunschweig] habe! Dir ist gewiß ein Unglück begegnet. Ach hätte ich dich nur nicht reisen lassen! Ich hätte es bedenken müssen daß die

Wege schlimm wären! O Klopstock Klopstock! Ich bin wirklich sehr unruhig, ich kann es nicht helfen, daß ich dir das merken lasse. Solltest du nicht gleich an mich geschrieben haben, wie du ankamst? O ja, das würdest *du* nicht unterlassen. O schreib mir ja bald, wenn ich nicht bald einen Brief kriege – – – Ach wenn er noch heute käme! Schreib mir ja die Wahrheit, ob du umgeworfen hast, ob du krank bist oder was dir fehlt. Reise ja nicht aus Br: bis die Wege besser sind u solltest du auch den ganzen Sommer da bleiben.

Den 22ten.

Guten Morgen, guten Morgen! Bist du auch schon aufgestanden? Ich habe diesen Morgen den Brunnen wiederangefangen. Also bin ich schon seit 6 auf u bin gestern vor Zehn im Bette gewesen. Ich konnte gar nicht schlafen, ich beschäftigte mich aber mit den Ideen, die du mir neulich unter den Blumen anwünschtest. Ueberhaupt schlafe u esse ich nicht so viel, als da du hier warst u habe nicht eine so gute Farbe, sonst aber befinde ich mich sehr wohl. – Sieh wie gewissenhaft ich bin, dir dieses alles erst vorher zu sagen, da ich doch noch so viel werde zu schreiben haben. Und was denn nun zuerst? Daß du mein unaussprechlich geliebter Kl: bis, das wird wohl immer das erste u das letzte seyn. – Aber itzt muß ich nur geschwind keiffen, auf daß mir die Lust dazu hernach nicht vergeht. Woran dach-
[Rest fehlt]

die Königin: Juliane Marie von Braunschweig wurde am 8. 7. 1752 mit Friedrich V. von Dänemark vermählt, sie reiste im Juni 1752 durch Altona. – *die schwedische Gräfin:* ein von Richardson beeinflußter Roman Gellerts „Das Leben der schwedischen Gräfin von G**". Die fragliche Stelle steht im 1. Brief des 2. Teils.

109. Klopstock an Meta, 19. 7. 1752

Braunschweig, den 19ten Jul. 1752
Ich bin itzt früh aufgestanden, um gleich ein bischen an mein Clärchen zu schreiben. Du hast doch mein N. I. u II, nun schon bekommen? O wenn ich es auch schon durch dich wüßte, u dann vorzüglich, wie dir die Landluft bekommen ist. Du weißt es, u du must es immer mehr fühlen, daß mein Leben an deinem Leben hängt, daher bitte ich dich, um meiner u deiner Liebe willen, sorge ja die Sorge für dein Leben, wie eine Mutter für ihr erstes einziges Kind sorgt, für

einen ersten Sohn, den sie unaussprechlich liebt. Versprich mirs, daß du das thun willst, Clärchen! Daß du eine so süsse Mutter seyn willst, (ach, die sollst du auch bald dann im eigentlichsten Verstande seyn!) versprich mir das; so verspreche ich dir, daß wir einst spät wie Daphnis u Daphne sterben wollen. Nun tritt her, Clärchen! mache deine süsse kleine Mine, u lächle mit allen deinen unschuldigen Weiblichkeiten, u versprich:
„Ich Clärchen Klopstock bekenne u bescheinige mit diesen zwey Augen, die mein Klopstock sehen muß, wie sie ihn ansehn, daß ich allen Liebesgöttern befehlen will, daß sie alle kleinen Sorgfältigkeiten für mein Leben (denn von den grössern habe ich nichts zu versprechen!) daß sie hinlaufen, u diese alle aufwecken sollen, wenn sie auch auf Rosen schliefen. Das verspreche ich! Und will es so heilig halten, als wenn ich schon Mutter von unserm ersten Sohne wäre!"
(hier ist Raum zu deinem Namen)

In der gelernten Liebe steht:

> Und sprach: Nun hab ich dich!
> Und küßte mich!

Diese beiden Verse heissen *mir izt* tausend Sachen, die sich, ohne deine Gesundheit, in ihrer Fülle nicht denken lassen. Sie heissen – – ja viel viel heissen sie. Unter anderm auch:

> Beneidet Sie, ihr Königinnen!
> Und, Könige! beneidet mich!

Ferner: O felix iuuenis! puella felix!

ferner: Nur uns gehört die Ewigkeit,
        Wenn wir gestorben sind!
        Damit der Enkelinnen Sohn
        Versteh, was Liebe sey!

Sage mir, Clärchen, ob sie dir auch so viel auf einmal heissen, u hänge mit deinem kleinen Arme an meinem Halse, u schwaze mit mir davon . – – – – Ich bin, seit meinem gestrigen Briefe, bis des Abends bey Gärtner gewesen. Du fehltest mir kaum: soviel habe ich von dir gesprochen, u an dich gedacht. Mit Gärtnern u Giseken viel (da war Hannchen meistens dabey) mit Ebert zwar weniger, aber doch auch viel; u das verdiente seine Entzückung über unsre Liebe, u ein ganz neues Verdienst um dich, das er mir entdeckte. Und das hast du vermuthlich wohl niemals an ihm gemerkt. Du bist seine erste Liebe, u das sehr lange, gewesen. Dir einmal die Hand zu küssen, hat er die ganze Zeit über, da ihr bey der Herteln gewesen seyd, gerathschlaget, u, wie du weist, es niemals ausgeführt. Nur dich zu sehen, (denn er hoffte schlechterdings nichts) ist er das erstemal von Braunschweig nach Hamburg gekommen; u damals ([von späterer Hand unleserlich gemacht:] hat er erfahren, daß du liebtest, u ist) sehr niedergeschlagen worden. – Ihn zu belohnen (wiewohl ich erst Erlaubniß zu dieser Belohnung haben muß) will ich heut in der mitternächtlichen Stunde mit ihm gehen. – – Der Gärtnern hab ich nur noch wenig von dir gesagt, weil Sie sehr viel wissen will, u wir gestern von einiger Gesellschaft unterbrochen wurden. Sie liebt dich sehr, u wenn du Sie einmal sehen wirst, so wirst du Sie bald zu einer grossen Nebenbuhlerinn der Schleebusch machen. – – Giseke u Hannchen sind süsse Kinder zusammen. Sie haben mich zum Zuhörer u Zuschauer ihres: Du! u ihrer Küsse gemacht. Hannchen ist sehr liebenswürdig; u Schmidt in Lüneburg hat sehr unrecht. Uberhaupt könnt ihr euchs nur merken ihr Mädchen, ihr seyd dann am liebenswürdigsten, wenn ihr liebt, u es sagt, daß ihr thut. – – –

Nun hab ich das alles geplaudert. Und nun komm geschwinde, u küsse mich. Du kannst es izt auch wohl thun, ob du es gleich in der bestimmten Stunde vornehmlich thun must. Weist du diese noch? Wo bist du denn izt, Clärchen? Vielleicht auf dem Garten; u gewiß allein. Denn *so* liest du doch meine Briefe? Wenn du auf dem Garten bist; so seze dich wo unter die Blumen, u denke, daß du Clärchen Klopstock bist. Denke diesen ganzen Gedanken, bis an jene seligen Hügel hinauf, wo ich nicht mehr Klopstock, u du nicht mehr Clärchen Klopstock heißen wirst, u wo Hannchen Radik, u Betty Singer um unsre Liebe herum seyn werden. – Nun kann ich nicht weiter schreiben, das fühlst du wohl – – u da zu kömmt in dem Augenblick Giseke. Er grüßt dich mit seiner ganzen Freundschaft; u ich, meine beste einzige Clärchen, wo mit denn ich? Mit meinem u deinem ganzen Herzen (das war ein sehr närrischer Einfall!) doch dein Herz ist ja auch mein Herz, u also kann ich ja wohl damit machen was ich will. Nun leb wohl meine meine Clärchen   dein Klopstock

Daphnis und Daphne: Anspielung auf Klopstocks Ode „Selmar und Selma". Die beiden Liebenden wünschen sich einen gleichzeitigen Tod. – *Die gelernte Liebe:* auch unter dem Titel „Der versteckte Hammel", ein Schäferspiel von

Johann Christoph Rost, das sich großer Beliebtheit erfreute. Klopstock zitiert den Beginn des 5. Auftritts. – *Beneidet sie, ihr Königinnen:* aus dem Gedicht „Hoheit und Liebe" von Friedrich von Hagedorn.

110. Klopstock an Meta, 20.7.1752

Braunschweig, den 20ten Jul.
früh um 10 – 1752.

Gestern erwartete ich einen Brief von dir, mein Clärchen, u ich dachte, daß ihn Giseke, der diesen Morgen schon bey mir gewesen ist, mitbringen würde. Wenn dich nur nicht eine zu strenge Aufsicht verhindert hat, einen fortzuschicken. Denn bis zu der Verhinderung, ihn nicht zu schreiben, kann hier doch wohl nicht gegangen seyn. Und wenn auch nur das erste ist, wie viel neue, tiefe Sorge für dein Leben! Ach, mein Clärchen, wenn du wüßtest, wie ich bis zum Anbruch des Tags aufgewesen bin, wie ich um dich geweint, u für dich gebetet habe! Die ganze unaussprechliche Liebe dieser gewachten Nacht, will ich dir, sobald ich dich wieder sehe, ganz erzählen. Und du würdest mich, allein um dieser Nacht willen, lieben, ewig mit deinem ganzen liebesvollen besten Herzen lieben, wenn du mich auch noch nicht liebtest. Meine einzige, meine theure, meine, meine Moller – – wie kann ich es aussprechen? wie sehr, u wie ewig, bin ich dein! Und diese hohe, diese weitweitsehende Empfindung, dieser Gedanke der Ewigkeit, wie ohne Namen ist sie, u wie sehr dieß selbst alsdann, wenn ich bey dir bin, u soviel sage, u so viel verstanden werde. – – Du aber, Grosser Grosser Unaussprechlichster, Namenlosester unter allen deinen namenlosen Wundern, du dessen Allgegenwart dicht um mich her ist, u vor dem ich mein stilles volles Auge bedecke – laß die leben, die schon ehmals der Inhalt meines Gebets war, u die du schon so oft für mich leben liessest. Wie jauchzend (doch kann ich *dir* jauchzen?) so laß dich denn nur bey deinem höchsten u theuersten Namen: Schopfer glüklicher Erschafner! mit der ganzen Seele nennen, die du mir gegeben hast! – – – – – –

– Meine Theure, meine einzige! ich würde hier nicht abbrechen, wenn mich nicht eine sanfte schauervolle Empfindung hielte, *izt* weiter nichts, mit irgend einem Erschafnen zu reden –

111. Klopstock an Meta, 21.7. 1752

Braunschweig, den 21ten Jul. 1752.
Heute erst, ach heute erst bekam ich einen Brief von dir. Aber da sah ich zugleich, daß ich schon einen hätte haben sollen, den ich noch nicht habe, u den der arme Giseke izt auf allen Posthäusern aufsucht, ob er noch etwa zu finden ist. Du bestes, du einzig geliebtes Mädchen! Du *Clärchen!* Mein Herz spricht mir izt dieß Wort mit einem so eignen Tone aus, daß mir es ganz laut heraufschallt, ob ich gleich keine Sylbe nicht einmal lisple. – Aber ich weis nicht, was ich dir schreiben soll; ich weis nicht, wie ich dich nennen soll! alles ist mir zu unerreichend! Alle die Stürme meiner Empfindungen sind viel was anders als so ein paar noch so starke Wörter. Es liegt ganz heiß u schwer auf mir, daß ich nicht bey dir bin, daß ich dich nicht in meine Arme geschlossen halte, daß du nicht um meinen Nacken, an meinen Augen, u an meinen Lippen hängst, u mein ewig, ewig geliebtes Clärchen bist. – Nein! Mädchen, nein! so ist keine Geliebte geliebet worden. Von so etwas hab ich noch niemals etwas in den würdigsten Geschichtsbüchern gefunden. Ich will nur ganz aufhören, etwas davon zu sagen, wie ich dich liebe. Ich will nach Quedlinburg eilen, um zurück zu *eilen.* Jezo versteh ich es recht, wie wahr, u wie ganz Natur, das in dem grossen erhabenen Besten Buche ist: „Darum wird ein Mann Vater u Mutter verlassen, u an seinem Weibe hangen" –
Aber du Clärchen! Du beste Clärchen! warum schreibst du mir denn soviel von Kleinigkeiten, über die ich gern mit dir scherzen mögte, [Textverlust, am Schluß etwa: aber an deren] Stelle ich viel lieber die innersten Empfindungen deines Herzens wissen mögte, wenn ich in halb durchweinten Nächten auf Briefe von dir gewartet habe. Hierbey fällt mir ein, u ich will es nur gleich schreiben, damit ichs nicht vergesse. Es scheint mir aus deinem Briefe, daß du vielleicht nicht einmal mein N. 1. von Lüneburg aus erhalten hast. Schreib mir das künftig allzeit, wenn du mir es nicht in dem Briefe ausdrüklich merken läßt. Also (das vorige war eine Parenthese) *sprich mir* künftig *ja ja viel von dir selbst* (es ist dein Ausdruck) viel von deinem süssen besten Herzen, von deines Klopstocks ganz unaussprechlichem Glük, das dort mit athmet, dort heiß heiß verborgen liegt, u mit ieder kleinsten Ader aufwallt, oder aufzittert. Du *einzige,* du ewig geliebte – du, du! (Gärtner u Giseke sind außer sich über dein Du, Du! gewesen!) – – – – – Nun sprich deinen Spruch, Mäd-

chen; Sprich! Glüklicher beneidenswürdiger Klopstock! – – Sprich!
u dann dann! – hier ist meine Lippe! Und hier sternt mein Auge dir!
Ich weis nicht, was ich noch alles durch einander schreiben werde.
Alles, alles will ich für *dich* thun! Alles! Ich will noch mehr unique
seyn, als ich schon bin, u selbst an die Dümpfeln (der ich neulich fast
ohne *um deinetwillen* recht sehr gut war) ich will selbst an die D.
schreiben, damit du, du Beste! nur Ruhe hast! – Giseke sucht deinen
Brief noch. Ach, wie schlägt mir mein Herz! u wie hoffe ich, daß er
ihn vielleicht noch bringt. Du hast mir darinn gewiß von der Folge
der Küsse geschrieben, die du mir so heiß zuwarfst, u die dein armer
Klopstock nur mit dem Hutabnehmen, u mit einer Mine, die du
gewiß nicht ganz seh[en konn]test, beantworten durfte. – –
                   Dein Klopstock

112. Klopstock an Meta, 24. 7. 1752

           Quedlinburg den 24ten Jul. 1752.
Ach, meine Kleine, was magst du wohl machen. Ich kam mit dem
süssen Traum hierher, daß ich einen Brief von dir finden würde, den
du auf den Fall hin geschrieben hättest, wenn ich etwa früher aus
Braunsch. gereiset wäre. Du weist es, wie es geht, wenn man Hofnungen, solche Hofnungen der Liebe unerfüllt sieht. Schreib mir also
ja ja bald meine einzige, meine ewig geliebte. – – –
Am Sonnabend gegen Abend kam ich nach Halberstadt, u unser
braver würdiger Gleim ließ mich erst den Sonntag früh hierher. Ich
sah meine Aeltern – – Ich liebe sie sehr, sehr. Sie haben sich in ihrem
langen Unglük unvergleichlich aufgeführt. Ich habe angefangen dich
Ihnen bekannt zu machen. Wie sehr bin ich dadurch noch mehr
meiner Mutter Freude! Meines Vaters eben so sehr. Ich sage aber mit
Fleiß meiner Mutter, um dich, meine Kleine! an unsre süsse Vorstellung von: „u seiner Mutter Freude" zu erinnern. Schreib nur so bald
du mir antwortest an meine Mutter; u schreib nur gerade zu aus
deine[m] vollen besten Herzen. Cramern (ich will es nur mit zwey
Worten sagen, denn ich bin viel zu voll von dir izt weitläuftiger
darüber zu seyn) Cramern habe ich bald bald nach meiner Ankunft
gesehn, u Charlotten, die, doch nur wegen bösen Auges, nicht zu uns
kommen konnte, des Abends noch, mit ihrem blauäugigen bakigten
süssen Jungen. O, wenn du dabey gewesen wärst, wie sie sich über
mich u dich u unsre Liebe freuten. Wie lieben sie dich! Und wie sehr

sind sie nach meinem u deinem Herzen. Sie gehören uns ganz gewiß zu. Schreib an sie, du Kleine! Aber laß mich ja dabey nicht den leisesten Laut deiner Liebe verlieren, sonst schreib lieber nicht an sie, so theuer sie mir auch sind. – Und du must so viel um meinentwillen leiden, meine Clärchen. Wie kann ich dir sagen, was ich dabey empfinde, daß du um meinentwillen leiden must. Hier, hier, wo du mein Herz schlagen fühltest, wo du küßtest, hier blutet es ... Ich bin viel zu heiß, als daß ich dir umständlich sagen könnte, was ich bitte, das du thun sollst. Ich kann es *izt* nur in *Einen* grossen Gesichtspunkt bringen. Mache der ganzen Hoheit deiner Seele, die mehr ist als Himmel u Erde, wie du immer gethan hast Ehre, u sey dann mit deinem ganzen Mute ruhig, u in dieser stillen edlen Ruhe denke bisweilen auch daran, daß die Liebenden der Nachwelt wissen sollen, was Clärchen Klopstock auch hierinn für ein Mädchen war. Was alles das angeht, was nach unsrer Liebe uns glüklich machen kann, so weist du, mein Clärchen, wie sehr ich die himmlische Vorsehung bisher anzubeten gehabt habe, u daß ich alles, alles, was ein Mensch von seiner Seite thun kann, thun werde, um deine Mutter, die Schmidten, u die D[impfeln] ([unleserlich gemacht; etwa:] zu den Zeiten ihrer Würdigkeit) zu erfreuen; u denen, die zwar kaum würdig sind Respekt für dich zu haben, an ihre Rolle, ihn für dich zu haben, zu erinnern....... Ach, wenn ich nur nicht so eilen müste, weil der Abgang der Post so nahe ist. – – Höre doch an, meine Kleine, weil du eine so kleine süsse Journalistinn bist, so schreibe doch stükweise, nach deinem Geschmack drey Zeilen oder hundert auf einmal, was dein Herz für mich empfunden hat seit dem du mich liebst, u alle unsre kleinen Geschichten, die dazu gehören. Richte dieß an Einen oder mehr uns[r]er Freunde; aber laß es immer mir, deinem Klopstock, deinem entfernten so weit entfernten traurigen Klopstock, zu erst, u laß mich an deinen kleinen Erzählungen, wie an deinen süssen Lippen, mit frohen Thränen hängen. – – – Ich schicke dir hier einen Brief, den ich in Hamburg vergessen habe, ihn dir zu zeigen, weil er nichts entscheidendes über die Nähe uns[r]er Veränderung enthielt, u auch nach meinem Briefe, den du gesehen hast, noch nicht enthalten konnte; u du überdieß den Hr. Rt. B[ernstorff] schon kanntest. Ich schicke ihn izt deßwegen, daß wenn du einigen Gebrauch bey der Familie davon machen kannst, du ihn zeigest; doch ohne den grossen Mann dadurch zu entweihen, daß du ihn, ohne Nuzen für uns, zeigtest. In diesem Falle, den ich beynah vorausseze, ist dirs dennoch gewiß süß, einen Brief von Bernstorf, u der dich einmal noch so nah kennen soll, unter deinen Briefen zu haben. – Leb wohl, meine meine Clärchen, u fange ja recht oft an, meine kleine Braut zu werden. Meine Aeltern grüssen dich aus ihrem ganzen redlichen Herzen, u meine Geschwister würden es mit Entzükung thun, wenn ich dich Ihnen schon bekannt gemacht hätte. Was du für Grüsse von mir bestellen willst, das kömmt ganz allein auf dich an. Dein dein Klopstock.

113. Meta an Klopstock, 24. 7. 1752

[Von Klopstocks Hand:] Empf. den 29t.
den 24ten Jul 1752.
O mein Klopstock! Was soll ich dir nach deinem gestrigen Briefe sagen? Ach, ich kann dir nichts sagen, ich empfinde zu viel, du bester, bester – du erster unter den Menschen! Und du, du liebst mich! Und ich darf dich lieben! Alle die Bewunderung die Ehrfurcht hat Liebe werden dürfen! O wie lieb ich dich! – Und der Gedanke, daß du mich liebst – – – ich kann es nicht beschreiben, in welcher beständigen Entzükung ich bin. Ich habe oft gesagt, ich möchte wol wissen, wie einem zumuthe wäre, dem eine grosse Freude angekündigt würde, aber itzt weis ichs. Er kann, auch in den ersten Augenblicken nicht mehr empfinden, als ich itzt beständig empfinde. Der Gedanke daß *du* mich liebst (u das ist im eigentlichsten Verstande mein immerwährender Gedanke) macht mich so fröhlich, daß alle Verdrießlichkeiten u alle Sorgen mir klein werden; er macht deine Entfernung selbst mir erträglich. Ich hätte es niemals gedacht daß ich bey deiner Abwesenheit so muthig u so vergnügt seyn konnte. ([Unleserlich gemacht:] (Wilst du die Vergleichung erlauben?) Ich bin immer, wenn ⟨R⟩ verreist gewesen ist, so niedergeschlagen u so unruhig gewesen, daß ich auch einigemal ein Fieber darüber bekommen habe. Woher bin ich das nicht itzt auch?) Kommt es alles daher, daß ich weis du liebst mich? Es muß daher kommen. Ach wenn du die Entzükung fühlen könntest, wenn man denkt: Klopstock liebt mich! Es mag dir wol recht lieb seyn, du magst dich wol freuen, wenn du denkst, daß ich dich liebe, aber *die* Entzükung must du doch entbehren, die *kannst* du nicht haben. – – – Mein Herz ist gar zu voll ich kann nicht schreiben. So giengs mir Sonnab: Nachmittag auch. Ich war so voll von dir, ich wollte an dich schreiben u ich

vertiefte mich so in meinem immerwährenden Gedenken, daß ich nicht an dich u auch nicht einmal an die Höckel, von der ich dir morgen mehr sagen will, schrieb. – – Ich befinde [mich] sehr wohl. Ich bin oft verdrißlich, daß ich mich izt besser befinde, als da du bey mir warst. Aber, ich weis nicht ob du dich noch erinnerst, ich befand mich damals auch einmal vier Tage vollkommen gut. Es waren die 4 Tage vor dem Lerm u ich würde vermuthlich gesund geblieben seyn, wenn der nicht gekommen wäre. Itzt besorge ich keinen u also bleibe ich gut. Ach ja freu dich, meine Kräfte nehmen merklich zu u die Brust ist auch gut. Sieh wie der Himmel deinen [!] Wünsche erhört. Aber, ach, du bist auch so sehr werth erhört zu werden. Danke ihm aber itzt auch. Danke ihm mit mir .... O wie wollen wir ihm noch einmal danken! – –

Der unleserlich gemachte Buchstabe ‹R› bezeichnet offenbar den früheren Freund Metas.

114. Meta an Klopstock, um den 25.7.1752

[Mindestens 2 Seiten fehlen]
... Zeiten unsrer kleinen Soupers! Und dieses alles werde ich, wenn du von Q[uedlinburg] zurückkömmst, wieder geniessen! (Denn ich *will* es geniessen, trotz allen die dagegen sind). Und wenn du dann auch wieder wegreisen must, so bringt mir dies Wegreisen, es mag so lange dauern, als es will, doch zu wege, daß ich diese süsse Lebensart einmal ohne Zwang, ganz frey, u auf immer geniessen kann. Dann bin ich ganz ganz dein! Ich darfs einem jeden sagen (o wie gerne werde ich das sagen!), ein jeder, der mich sieht, soll es wissen, daß ich dein bin! Wie werde ich dann meinen Spruch sprechen: (Denn das ist itzt mein Spruch.) Klopstock ist mein Klopstock! Ich bin Klopstocks Braut! Ach Klopstock dann bin ich immer, immer, ewig, ewig dein! – – – –

In der Hitze, womit ich hier aufhörte, habe ich dir diese Ode abgeschrieben. Ich bin schon immer willens gewesen sie dir zu schikken; ich wollte sie aber erst *reinigen*. Ich habe weder Zeit noch Kräfte dazu gehabt; u wer weis, wann ich die einmal kriegen würde. Nim sie also wie sie ist; sie ist doch von *mir*. Ich muß dir aber auch zu gleich sagen, mein süsser Klopstock, daß sie nicht neu ist. Ich habe sie voriges Jahr im *April* gemacht. Wenn ich dir aber ihre kleine Geschichte erzähle, so wirst du mit mir finden, daß du auch schon damals mehr Antheil daran hattest, als ich mich unterstand zu glauben. Noch eins. Die Person, deren Name damals darin stand, hat nie ein Wort davon gesehn. Einige wenige Aenderungen habe ich *für dich* darin gemacht, die sich für die andre Person eben so wenig schicken, als die Stellen, so wie sie sonst waren, sich für dich schickten.

Diese Rose schickt Meta dir. Du kannst dir nicht vorstellen, was ich alle für Freuden mit dem kleinen Dinge habe. Den ganzen Tag hat sie mit mir in der Wette nach dir geseufzt. Wenn jemand die Treppe herauf kam; so lief sie immer zur Thür u sagte: H. Tlopstock tömmt. Und einmal lief sie zur Mutter u sagte mit einem ganz unvergleichlichen Ton: Mama, hol Mama H. Kl. – Die Schmidten u die Schlebusch grüssen dich. – Ich bekomme doch bald einen Brief aus Quedl:? – Meine Grüsse, Küsse u Handküsse.   Dein Clärchen.

[Elisabeth Schmidt schreibt dazu:] Ich muß Ihnen doch nur sagen daß ich besorge die M. wird alle andre Worte außer: Kl ist mein Kl vergessen. Denn die und noch einige Ausruffungen die nur immer halb herauskommen höre ich vom Morgen biß Abend.   E. S.

[Dann wieder Meta:] G[iseke] hat mir deinen ganzen Auffenthalt in Br[aunschweig] geschrieben. Ach das Schlummern in G. Lehnstuhle hätte ich gar zu gerne gesehn!

diese Ode: eine solche Ode Metas ist nicht überliefert. – *Meta:* hier Elisabeth Schmidts Tochter.

115. Klopstock an Meta, 26. 7. 1752

Quedlinburg den 26ten Jul. 1752

Cramer hat mir eben diesen Brief gebracht. Ich habe schon diesen ganzen Morgen Gleimen mit Rammler aus Berlin, den du vielleicht hast nennen gehört, erwartet. Cramer ist nun wieder weg. Ich habe diesen ganzen Morgen mit meinen Aeltern von meiner Clarissa Moller gesprochen. Vielleicht werde ich auch nun bald von Clärchen Moller mit Ihnen sprechen, u dann bist du in Gefahr, daß ich Ihnen dein: *Du, Du!* zeige. Aber erst sollst du mir sagen, ob du willst, daß ich dieses thue, kleines Mädchen? – – Meine, meine Tläry, ach du bist nicht bey mir u ich bin nicht bey dir. Gestern Abends giengen wir, ich u Cramer, die Cramerinn, u zwey meiner Schwestern (Hannchen ist noch bey der weisen Tanti) nebst meinem Bruder, den ich so lieb habe, u der aus der Pforte hier ist, in einem kleinen Walde, nicht weit von uns, u Cramern, mit allen Freuden eines stillen Abends spaziren. Und da war es *Vollmond,* Clärchen! u des Nachts träumte mir von dir, Clärchen! – – – Sag mir nur, du, du! träumst du gar nicht von mir? Ach, ich bin recht vergnügt hier, mehr, als vergnügt, freudig; aber doch nicht glücklich! denn – soll ich es etwa noch sagen, warum. Wie hängt meine Seele an deiner Seele, u wie bin ich so ewig dein! Was für ein Zittern überfällt mich, der besten besten Freuden, u zugleich der dunkelsten Angst wenn ich den Gedanken denke, daß ich dich *gefunden* habe, u so *leicht,* nicht hätte finden können. Nicht eine Sylbe mehr, keine keine in deinem Leben mehr von dem *völlig würdig!* Ich kann das nicht aushalten. Liebe du mich, du unaussprechlich Geliebte, u ich bin der erste unter denen, die gen Himmel sehen, u du bist meiner mehr, als werth! Liebe mich, meine, meine Einzige! Meine Beste! Meine ganze Seele hängt an deiner Seele, mein Leben an deinem Leben. – So glüklich, Klopstock! So glüklich! Und das ist wirklich geschehen? Komm, komm, in meine Arme, meine Einzige, meine süsse süsse Braut daß auch selbst diese *entzückenden* Zweifel in deinem fest fest umschlungenen Arme verschwinden. Ach du siehst wohl, daß bis hieher die Sprache nicht reichte, mich auszudrücken. – – – Gestern früh, Clärchen, brachte mir meine Mutter deinen Brief aufs Bette, wo ich noch schlummerte. Ich vermutete keinen. Wie war mir, ach, wie war mir, da ich den blauen Brief von fern sah. Und dann, da ich ihn las, u da ich ihn gelesen hatte blieb ich noch, wider meine Gewohnheit, im Bette. Clärchen, mein Clärchen! Ich schreibe heute nichts mehr! Ich kann einmal nichts mehr schreiben. Du weist meinen alten Groll gegen das Schreiben, u wenn der aufwacht, so muß ich nur geschwinde die Feder weglegen. Morgen schreibe ich wieder, u zugleich an die Sch[lebusch] u die D[impfeln]. Sey mir ja gesund, Kleine. Der Schlaf, hab ich gehört, soll die rothe Farbe in Besitz haben. Stiel du sie ihm, wenn du nicht anders kannst. Höre, Mädchen, wenn du diesen Brief bekommst, so zieh dein Corsetchen an, u bitte das beste Mädchen nach dir, daß es den Nachmittag mit dir zubringe. Siehst du wohl, daß ich den alten *Schleb[usch]* nicht vergebens immer so gut gewesen bin. Erzähl nur die Historie, wenn sie nicht gar zu lang ist, u wenn du eben magst. Doch versäume mir deßwegen nicht, warum ich dich neulich gebeten habe. Meine Grüsse. Leb wohl du Beste   dein dein Klopstock

116. Meta an Klopstock, 29. 7. 1752

[Von Klopstocks Hand:] Empf. den 1ten August

den 29ten Jul 1752

Ach Klopstock noch keinen Brief aus Quedlinburg! Noch keinen Brief u du bist schon so lange da! Ich kann es mir nicht einbilden, daß ich noch keinen haben *könnte,* es ist ja nur einen Tag weiter als Br[aunschweig]. Und du Bester! du hast gewiß gleich an mich geschrieben. Woran liegt es denn wieder, daß ich noch keinen habe? Ach du bist doch wohl? Ach! – – Doch ich will mich nicht beunruhigen, ich kann morgen noch einen bekommen. – Ja, du bist wohl. Gestern war ich ganz heiter. Ach wie sehr habe ich an dich gedacht! wie habe ich dich empfunden! deine ganze Liebe, mein ganzes Glück. Ich war mit der Schleb[usch] u einer ganz kleinen Gesellschaft auf dem kleinen Hause, das meine Eltern an der Elbe haben. Einmal giengen sie alle weg u ich blieb allein in einem Portale, wo ich die schöne Aussicht hatte, die du gesehn hast, wie wir einmal spatzieren fuhren. Ach Klopstock hättest du sehen können was ich da empfand! Welch eine sanfte Ruhe, u welche Entzükung zu gleich! Die schöne Aussicht! Die ganze, weite stille Elbe! Der heitre Himmel! Du! u unser Gott! O wie dankte ich ihm dafür, daß du mich liebst, u wie bat ich – – ach was empfand ich nicht alles! o du mein ewig, ewig geliebter! – – – –

Vorher war ich recht wild gewesen. Ich konnte zwar nicht *viel* mit der Schl. von dir sprechen, ich nahm aber doch alle Gelegenheit dazu in acht. Nun kam ein grosses, grosses Schiff vorbey u löste fast unter unserm Fenster die Canonen, da konnte ich es nicht länger aushalten. Ich sprang auf, nahm mein Glaß u trank zu der S so laut deine Gesundheit, daß ich fürchte, meine Mutter hats gehört. Die Schl. kam zu mir ans Fenster, u bey jedem Schusse tranken wir. – Ich habe dir wieder Kleinigkeiten erzählt. Aber laß mich, laß mich alles mit dir schwatzen. Du hast ja an allem so viel Antheil.

Sage mir recht genau wie lange du noch in Q[uedlinburg] bleibst. *Vergiß das nicht, hörst du?* Ich habe meine kleinen Ursachen zu wünschen, daß du noch einige Zeit dableibst. Aber stille, stille; ich muß nichts ausschwatzen. Ich habe so einen Einfall, der dir nicht unangenehm seyn wird. Haben deine Eltern mich ein bischen lieb? Soll ich an deine Mutter schreiben? – Ach du süsser, süsser! könnte ich dich doch nur auf eine Viertelstunde haben! Meine Sehnsucht nach dir ist ganz unbeschreiblich. Ich habe gar nicht gewust, daß so ein Gefühl im Herzen wäre! O du mein, mein Klopstock! – – Diesmal habe ich zu viel Respect für das Wappen gehabt, den Brief aufzubrechen.

Ich habe dich erstaunlich lieb; ich *muß* dir das noch einmal sagen.
Cl. Moller

117. Klopstock an Meta, 30. 7. 1752

Quedlinburg den 30ten Jul. 1752.
Meine Mutter, Clärchen, meine Mutter, die mir nun noch liebenswürdiger ist, weil Du Sie liebst, brachte wieder Deine beiden lezten Briefe aufs Bette. Du sollst Sie noch einmal selbst fragen, wie freudig, wie ungestüm ich auffuhr, da ich die *blauen* Briefe sah. Nun tritt mir alles mein Blut so sehr ins Herz herauf, daß ich kaum weiter schreiben kann, und meine ganze tiefe Wunde „daß ich nicht bey Dir bin" blutet von neuem auf. – Hör einmal, Clärchen, sag mir in Deinem Leben so kein Wort wieder „daß ich die Entzückung entbehren müsse, daß ich die nicht haben könne", sonst werde ich ordentlich böse mit Dir. Wäre ich denn, *durch irgend eine Sache in der Welt,* würdig, daß Du mit Entzückungen der Liebe an mich dächtest, wenn ich nicht eben diese Entzückungen für Dich empfände? – – – Daß ich Dich hierinn noch weit weit übertreffe, das ist etwas, das ich für mich allein habe, das mir ganz besonders angehet, und das *Du* so gar nachahmen kannst, ob Du gleich sonst in keiner einzigen Sache zur Nachahmung gebohren bist. – Ich kann wieder nicht schreiben. – – – Ich habe gemerkt, daß es nur einige sanftere Stunden der Liebe giebt, wo man *eigentlich* schreiben kann. Jezt; iezt aber sind nichts weniger, als diese sanfteren Stunden. Gleichwohl wird die Post bald gehen, u ich kann sie ohnmöglich, ohne einen Brief an Dich, verreisen lassen, daher habe ich ein Mittel für die nicht sanften Stunden erfunden, das darinn besteht, daß ich mich an einige Stellen Deiner Briefe halte, u sie beantworte; aber ganz kurz beantworte, denn sonst würde ich ja auch mein Herz *schreiben können.* In diesem Tone also. – Warum schreibst Du denn nichts von der Hekeln, wie Du versprachst? – Du befindest Dich so wohl. Ach, Cl. Cl. Hier kann ich so gar auch nichts kurzes schreiben. Hier müste ich Dich umarmen. – Du kannst es gar nicht aushalten, wenn Du allein zu Hause bist. Wenn Du mich doch nur hättest, Du wolltest Deine Arme um mei-

nen Hals schlingen. – – – Cl. Cl. mein Cl. schreib mir so was nicht wieder. Ich kann das nicht aushalten. Diese Nacht hatte ich Deine lezten beiden Briefe mit zu Bette genommen. Und diesen Morgen fand ich sie warm, warm u las sie wieder. Dazu hatte ich meine *zwo* kleinen Locken von Dir bey mir. Was denkst [Du] bey dem allen? Ich *schlief* vor Entzückung *ein*. Es mag Dir dieß so wunderbar ankommen, als es will, genug, ich schlief vor Entzückung ein, u träumte von Dir. – Du erlaubst mir doch einmal ohne alle Verbindung zu schreiben? So bald ich diesen Brief geschrieben habe, gehe ich hin, Cramers kleinen Jungen mit Küssen zu ersticken. – Ich habe nichts dawieder, daß Du mir *Kleinigkeiten* schreibst, (wenn ich es anders so genannt habe) meine Empfindung warum ich irgend so etwas gesagt habe, ist nur gewesen, daß mir es nah gieng, daß Du durch Erzählung solcher Sachen von neuem unruhig werden könntest; u das wollte ich nicht. Sonst sind mir Deine Erzählungen unaussprechlich süß. Denn Du liebst mich ja darinn so sehr. Schreib mir also, was Du nur immer willst. – Meine Aeltern sind ganz voll Freude über Dich. Sie haben mir so viel von Dir gesagt, daß ich nicht weis, was ich wählen soll, Dir es zu schreiben. Meine Mutter sieht mich mit ihren denkenden frohen Augen an, und fragt mich, wem Du denn ähnlich sähst? u wem Du ähnlich *wärst?* Ich sage Niemand. Denn Du wärst unique, so wie ichs auch ein bischen wäre. Wenn Du ein Junge wärst, so würdest Du ich seyn; u wenn ich ein Mädchen wäre, so würde ich Du seyn. – Mein Vater will gern alle die Freude, die er über Dich hat, in Einen Punkt zusammen fassen, u fragt daher: Ob die Religion Deine erste, Deine Hauptglückseligkeit sey? Ich antworte ihm: Du empfändest den Mess[ias], wie ich ihn empfinde. Und dann will er nichts mehr wissen. Meine Schwestern fragen mich mit *Mädchenneugierigkeit* tausend Sachen von Dir. Und ich mögte Dich dann todt in meinen Armen drücken, u antworte ihnen nur dieß u jenes. – – – – O komm wieder! Komm wieder! sagst Du. Ich war recht ungeduldig darauf, daß Du dieses sagen solltest. Ja, Clärchen, ja! ich komme, ich eile schon, zu kommen! Es ist recht gut, daß izt nicht der Augenblick ist, da ich wieder komme. Denn Du wärst recht im Ernste in der Gefahr, daß ich Dich todt drükte. – – Wieder etwas ohne Verbindung – – „Was macht denn das kleine *Mädchen?*" Du sollst mir es *umständlich* sagen, was es macht? – Ich soll, wenn ich *kann* (Du kleiner Affe!) unserm ganzen Tage nachdenken, u ihn mit Dir fühlen. Weist Du noch wohl, was Du den Abend, da die

Königinn gekommen war, nicht lange vor meinem Weggehen, zu mir sagtest? Weist Du das noch wohl? Mein M. Mein M! sagtest Du. Und ich, was empfand ich dabey! Doch dazu hast Du keine Empfindung, mir *das* nachzuempfinden. – Wenn noch Rosen wären, wollte ich die Buchstaben Deiner Ode mit Rosenblättern auf Papier kleben, u Dir sie so bringen. Noch Eine, mein kleiner Abgott, noch Eine! – – – „Das Schlummern in Gis[ekens] Lehnstühle hättest Du gar zu gern gesehen." Aber Du hättest mich doch auch *aufgewekt?* Grüß unsre liebe liebe Schmidten von mir. Mit meinem halben Mädchenherzen bin ich Ihr gut u das ist entsezlich viel. *Sie* soll Hr. Schmidt von mir grüssen. Grüß Du auch die D[impfeln] von mir. Mit der nächsten Post schreibe ich gewiß an diese. Du weist es wohl! Dein, Dein, Dein   Clärchen Klopstock.
Höre, Mädchen, unterschreib Dich Cl. Kl.

118. Klopstock an Schlegel, 1.8.1752

Quedlinburg, den 1. August 1752.
Wie gern würde ich auch zu Ihnen kommen, mein liebster Schlegel, wenn es nur irgend möglich wäre. Ich bin seit dem 1. Juni bis in die Mitte des Juli schon in Hamburg gewesen und da ich mich auf meiner Rückreise wieder einige Zeit dort aufhalten werde, so wird mir es schlechterdings unmöglich mich itzt noch weiter von Coppenhagen zu entfernen. Sie werden mir sagen, warum sind Sie denn so lange in Hamburg gewesen? Und warum wollen Sie von neuem dort seyn? – Das ist eine Frage von weitem Umfange, und von viel viel Glückseligkeit. Haben Sie wohl von Giseken oder von Cramer die Mademoiselle Moller nennen hören? Wenn Sie die schon kennten, so hätte ich Ihnen auf einmal sehr viel gesagt, wenn ich Ihnen sage, daß ich sie liebe und von ihr geliebt werde. Kennen Sie sie aber noch gar nicht, so weis ich doch, daß Sie von mir glauben, daß meine Wahl, nachdem ich *die Liebe so lange gelernt habe,* auf ein Mädchen fallen müsse, die mich sehr glücklich machen könne. Und das bin ich auch so sehr, daß ich mich noch immer darüber verwundere, daß man so glücklich seyn kann. Wie sehr werden Sie mir dieses nachempfinden, mein liebster Schlegel, da Sie selbst lieben. Ob Sie so glücklich sind als ich? Das ist wieder eine andere Frage. Aber stossen Sie nur nicht bey derselben an; denn das ist nun einmal mein Enthusiasmus, daß ich glaube, unübertrefbar in der Liebe zu seyn. Und darüber disputieren

wir also nicht weiter. Ich bin dafür so gut, und lasse meinen Freunden eben diesen Enthusiasmus, ob ich Sie gleich alle darin für Ketzer und mich allein für rechtgläubig halte. Es ist schon recht viel hier auch nur zu folgen. Man ist schon unaussprechlich glücklich, wenn man nah an mich heraufgränzt. Und das ist gewiß der Fall, in dem Sie, mein lieber Schlegel, sind. Wer nimmt mehr und zärtlicheren Antheil daran, als ich! Gehen Sie, gehen Sie und küssen Sie Ihr Mädchen. Was wollen Sie länger so unleserliche Briefe lesen! Briefe, die es sich *unterstehen,* bey Ihnen zu entschuldigen, daß ihr Verfasser nicht zu Ihnen kommen kann, der Ihnen doch, da Sie ein Mädchen, eine Braut haben, so entbehrlich sein muß. Meine Aeltern und unser Pförtner grüßen Sie auf das Freundschaftlichste. Und ich bin mit *Ihren* Freuden Ihr Klopstock.

Die Liebe so lange gelernt: Zitat aus der Ode „Der Verwandelte".

119. Klopstock an Meta, 2. 8. 1752

Quedlinburg den 2ten Aug. 1752.
Du hattest den 29ten Jul. noch keinen Brief aus Quedl[inburg], du armes Kind. Daß du nicht zum wenigsten meinen ersten gehabt hast, begreife ich nicht, wie es zugegangen ist. Nun wirst du gewiß ein Paar, oder wohl gar dreye von mir haben. – Ich muß gleich mit dir von deinem Räthsel reden, das, so unverständlich es mir auch ist, doch soviel Süsse zu haben scheint. Aber erst muß ich dir noch sagen: Niemals, niemals must du mehr ein Räthsel schreiben. Alles von dir geht mir viel zu nah an, als daß ich es aushalten könnte, in der geringsten Ungewißheit, auch nur eines kleinsten Umstands wegen zu seyn; geschweige denn, wenn es so was Grosses ist, als mein längeres Hierbleiben, da mein ganzes empörtes Herz so voll unaussprechlicher Sehnsucht ist, wieder *dein in deinen Armen* zu seyn. Ich habe über deinen *kleinen Ursachen,* die du nicht *ausschwazen* willst, nachgegrübelt, daß es was entsezliches ist. Aber ich habe nichts herausbringen können. Eine äffische Vermutung ist mir eingefallen, aber weil ich die Ausführung nicht begreife, so lies ich sie gleich fahren, ob Sie gleich das einzige Mittel war, deinem Räthsel für mich einen Verstand zu geben. Ich will sie nur heraussagen, so äffisch sie auch ist. Der alte Rosenbüschen ist unser Vertrauter. Es ist zwar sehr zweifelhaft, ob so ein alter Mann auf die Braunsch[weiger] Messe

reist; dennoch wär es möglich. Vielleicht könnte sich seine Tochter mitnehmen lassen, u vielleicht.... ja, was denn nun?

o, darf ichs auch
Mir vertrauen?

Vielleicht wolltest du auch mit reisen. O, Clärchen Clärchen! Bedenk einmal, daß du immer vorzüglich für dein Leben sorgen must, u daß es sich in einem solchen Falle leicht zutragen könnte, daß ich dich todt küßte. Und weil du gleich nach *dem Einfalle,* der mir *nicht unangenehm seyn wird,* fragst: „Haben deine Aeltern mich ein bischen lieb?" So schien mir dieses (ich urtheile hier nach der Hypothese fort) so viel zu sagen: Werden deine Aeltern mit dir nach Braunsch. kommen? ... Hör an, Clärchen, schreib mir gleich den Augenblik, wenn du diesen Brief bekommen hast, was du eigentlich meinst. Schreib mir gerade zu den Tag, die Stunde vor, wann ich hier abreisen soll. Und wenn dein Einfall nicht ist, auf Braunsch. zu kommen, (welches ich mir fast auf keine Weise, als möglich vorstellen kann) so denk ja immer daran, wie theuer mir alle Stunden seyn müssen, die ich bey dir seyn kann; da der Hr. von Bernstorf nicht als Minister, sondern als Freund, mich gebeten hat, noch zu der Zeit, da ich ihn auf dem Lande sehn kann, zurückzukommen. Diese Zeit geht zwar oft, aber doch nicht immer, bis in die Mitte des Octobers. Und du bist meine kleine süsse Braut, u wirst es schon machen, daß ich solange es *izt,* da der künftige Sommer noch nicht da ist, nur immer möglich ist, dein in deinen Armen seyn kann. Ich schlage dich, Mädchen, ja ich schlage dich gewiß, wenn ich zu dir komme, daß du mir so etwas Dunkels geschrieben hast. Thu das ja in deinem Leben nicht wieder! - - - - „Die ganze, weite stille Elbe! Der heitre Himmel! Du! u unser Gott!" ... Solche Stellen soll ich beantworten? Du irrst dich sehr, wenn du glaubst, daß ich das *kann.* Abschreiben kann ich sie wohl. Und das will ich auch künftig allzeit thun. Und das heist denn so viel, als: Komm, komm! meine Beste! Hier dicht an mein Herz, wo es dir schlägt, dir nachempfindet, dir in die Augen hinauffliegt! komm, meine, meine! meine Einzige, u sey mein, sey mit deiner ganzen Seele mein! - - -

Daß du wild wurdest, da das Schif kam, dafür bin ich gestern Abend wieder recht wild gewesen. Ich dachte sehr sehr an dich; Und schlief erst spät ein; u gleich, da ich eingeschlafen war, träumte ich von dir, u wachte nach dem Traume wieder auf.... Ich muß abbrechen wir wollen essen, u die Post geht auch bald. Meine Aeltern haben dich sehr sehr lieb. ... O allerliebster Postillon, braver verdienstvoller Kerl bring mir ja diesen Brief eher zu meinem Mädchen, als du den ersten dahin gebracht hast.

Clärchens Sein Klopstock

Der alte Rosenbüschen: scherzhafter Name für den alten Barthold Schlebusch, den Vater von Metas Freundin. – O, *darf ichs auch mir vertrauen:* Zitat aus der Ode „Der Verwandelte".

120. Klopstock an Gleim, 6. 8. 1752

Quedl. den 6ten August –52

Vor einer Vierthelstunde habe ich einen Brief an Sie auf die Post geschickt, worinn ich Ihnen sagte, daß ich mit Cramern Dienstags früh um 8 Uhr bey Ihnen seyn wollte, u deßwegen erst Dienstags, weil ich erst Antwort erwartete, ob ich Sie gewiß träfe. Nun werde ich Morgen früh mit Cramer bey Ihnen seyn, mein liebster Gleim. Ach ich habe Ihnen hundert tausend Sachen von meinem Clärchen zu erzählen. Das ist mir ein wildes Mädchen. Es hat mir so ein Räthsel geschrieben, als wenn es nach Braunsch. auf die Messe kommen wollte. Und weil Sie nach Braunsch. reisen wollen, so – – Nun wir wollen schon weiter davon reden. Warum ist Rammler denn krank? Er soll ja nicht so eigensinnig seyn, u nichts brauchen; sonst werde ich sein Chirurgus, u kriege ihn so unbarmherzig bey dem Halse, als Cramer es manchmal mit seinem kleinen Jungen macht, wenn er ihn recht liebkosen will, u dann will ich doch sehn, ob er nicht sterben, oder besser werden soll. Ich küsse Ihn u Sukro u bin

Ihr Klopstock.

121. Meta an Klopstock, 8. 8. 1752

Meta erzählt Klopstock von einer der sommerlichen Gartengesellschaften auf einem Hamburger Landhause. Diesmal war sie in Stellingen, das seinerzeit ein holsteinisches Dorf war, heute ein Hamburger Vorort ist.

Hamb. den 8ten Aug. 1752.

Komm Klopstock, komm daß ich dich umarme, daß ich dich recht heiß küße, u dich dann nicht wieder von meinen Lippen u aus meinen Armen laße. Ach komm, komm, nun ja bald – O was habe ich verdrießliche, langweilige, eckelhafte Tage gehabt! Nicht, daß man mir etwas zuwieder gethan hat, nein, das nicht; Aber man that mir auch nichts zu gut, man sprach nicht von dir. Ich war in einer der schönsten Gegenden, aber, was half mirs; ich war nicht bey dir. Ich war in solcher Gesellschaft, die man pflegt gute Gesellschaft zu nenen, aber – – Seitdem ich ihren Wehrt fühle ist mir die Gesellschaft derer die nicht fürtreflich sind, unerträglich, sagt die heilige Hanchen [d. i. Johanna Radike], u das sage ich auch. Ich bin auch so still gewesen, daß, obgleich viel Gesellschaft u noch dazu einige fremde junge Herren da waren, die gern mit mir sprechen wolten, ich doch nichts als Antworten gesprochen habe. Denn ich hatte ja dich nicht, ich konte nicht von dir sprechen; sollte ich mir denn das einzige, was mir noch blieb, an dich zu denken, solte ich mir das auch nehmen? O wenn man mir dieses nur gelaßen hätte, wenn man mich in meiner Stille nur nicht gestört, so wäre ich sehr zufrieden gewesen. Aber man schränkte mich sehr ein. Weil es schlecht Wetter war, so blieb die Gesellschaft immer zusammen. Unsre Zuflucht vor der langen Weile, war das Spiel. Wir spielten von Morgen bis in den Abend, u auch da war ich nicht allein, ich schlief bey einem andern Frauenzimmer, ich konte also, ob ich mich gleich alle Tage mit einem Bleystift u Papier (Denn Feder u Tinte hatte ich nicht mitnehmen können) in der Tasche herum trug, doch nicht ein einziges Wort an dich schreiben. Und dies machte mich desto verdrießlicher. ... O wie sehr nichts ist mir doch alles ohne dich! Und wie bist du mir doch so sehr alles – Ich wolte oft, daß es mir schwerer würde dies alles hier zu verlaßen, denn so wäre mehr Verdienst dabey, dir zu folgen, aber es würde mir warlich sehr leicht werden. Denn es ist mir izt nicht nur alles sehr gleichgültig, sondern im höchsten Grade eckelhaft. Mir wird unter tausend Veränderungen der Tag Jahre lang, u mit dir allein im meinem Zimmer ohne die geringste Veränderung zu suchen, ohne etwas weiter zu haben als uns selbst, vergingen mir, wie eine Stunde – O komm wieder, komm wieder. Das ist alles, was ich sagen kan. O Klopstock wie glücklich werden wir seyn, wenn wir uns schon Jahre gehabt haben, und noch kein Tag uns zu lang geworden ist. Wenn wir zufrieden mit uns selbst keine Veränderung zur Vertreibung der langen Weile gesucht, u doch vergnügt sind. – – Aber etwas außer uns wird uns doch auch noch vergnügen, etwas, auch noch außer der Freundschaft, wird uns frölich machen, wird uns beschäftigen, uns entzüken. Nicht so, Klopstock? – Ich wolte deine

Briefe heute recht beantworten, aber ich bin noch zu voll, es ist so lange, daß ich nicht an dich geschrieben habe; ich will es hernach thun. Du wirst doch über einen langen Brief von mir wohl nicht böse werden – Es war eine meiner süßesten Vorstellungen in Stellingen, daß ich, wenn ich zu Hause käme, einen Brief von dir finden würde, und ich fand zweene, und einen für die Schleebusch, der mir fast eben so lieb war, als der an mich. Du süßer, süßer! Höre, ich will dich wenn du wiederkomst, für jeden Buchstab küßen, den du *an mich* geschrieben hast. Aber nein, alles, alles was du geschrieben hast, verdient ja wohl, daß ich dich küße. Es bleibt also dabey, ich küße dich für alles, für deine Oden küße ich dir die Hand, für den Messias die Füße. Ich küße dich auch für alles, was du an Fanny geschrieben hast. – Ach Klopstock an die Zeit muß ich nicht denken. Mir kommen sehr oft, die Thränen in die Augen, wenn ich denke, was du alles must ausgestanden haben. Ich kan das sehr gut fühlen. Könte ich dir das doch wieder belohnen! Izt kan ich es noch nicht, aber wenn ich erst deine Frau bin, dann kan ich es, u dann will ichs auch thun. Ja, Kl. du solst als Frau, dir keine beßere wünschen können, als ich seyn werde. Ich muß dir hiebey doch etwas erzählen. Ich habe dir gesagt, daß ich in meinem 13ten Jahre schon mehrentheils gebildet war. Dieses ist eine gewiße Warheit, so sehr es dir auch beliebte, darüber zu lachen. Ich dachte damals schon sehr ernsthaft darauf, wie ich mein Leben einrichten wolte wenn ich entweder unverheyrathet bliebe, oder mich verheyrathete. Was ich des ersteren wegen dachte, will ich dir izt nicht sagen. Wegen des leztern machte ich sehr gute Uberlegungen, wie ich meinen Haußstand einrichten meine Kinder erziehen, u hauptsächlich wie ich meinem Mann begegnen wollte. Ich machte mir damahls schon *ungefehr* so ein Bild von meinem Manne, als der Himmel ihn mir izt giebt, u da, sagte ich zu meinen Gespielinnen, käme es am meisten drauf an, daß man seinem Manne mit einer gewissen Douceur begegnete. Diese [Douceur] müste gar nicht studirt, sondern so sehr im Herzen seyn, daß man seinen Mann auch nicht mit einer andern Mine müste ansehen können, als mit einer, die ich ihnen dazu machte. Ohne Zweifel ist es eben die womit ich dich ansehe. Was sagst du zu diesen raisonnements im dreyzehnten Jahre. Ich raisonire izt noch eben so, aber ich kan mich kürzer ausdrücken. Man muß seinen Mann zärtlich lieben, sage ich izt. Das ist eben so viel, als das oben. – Sieh, wie ich mit dir schwaze. Recht, als wenn ich auf deinem Schooße säße; Und du hast mir in deinem lezten Briefe ja auch so süß gesagt, daß ich das thun könte. O du bist mein Klopstock, in allem, in allem bist du es. Ich möchte es doch wohl wißen, ob meine Liebe würklich zunähme? Ich hätte große Lust das zu glauben, aber dann müste ich auch zugleich glauben, daß ich dich sonst noch nicht so sehr geliebt hätte, als izt, u. daß ich dich noch einmahl mehr lieben würde, u. das möchte ich doch nicht gerne von mir denken. –

Höre einmahl du Affe was wilst du denn, daß ich dir umständlich schreiben soll? Du Erzaffe! Erinnerst du dich eines Ausdrucks meiner Ode an dich? – *Schlafendes Leben* sage ich, u das ist auch izt meine ganze Antwort. Hast du so viel Verstand dis zu verstehen? So viel mich auszudeuten wirst du wohl haben. – – Ich habe deine Eltern u. Geschwister so lieb, daß ich im ganzen Ernst fürchte, ich liebe sie schon mehr, als die meinen. Es ist mir eine rechte Freude, daß dein Vater so rechtschaffen ist, zu fragen, ob die Religion meine Hauptglückseeligkeit wäre. Gottlob! Gottlob! daß du mit gutem Gewißen ja dazu sagen kanst. – Es ist mir sehr leid daß ich dich durch den Einfall von dem verzweifelten Wachsbilde so betrogen habe. Nach Braunschw. zu reisen, das wäre bey meinen izigen Umständen wohl nicht möglich. Der alte Schleebusch ist auch nicht so unser Vertrauter, daß seine Tochter daher mehr zu mir kommen könnte. Die Historie ist mir gar zu weitläuftig, sonst schrieb ich sie dir. – Du komst doch nun bald? Wenn du mir nicht ausdrücklich sagst, daß ich es thun soll, so schreibe ich dir nicht mehr nach Q[uedlinburg], sondern nach Br[aunschweig]. Küße dort alle die Unsrigen recht sehr von mir. Es geht mir nahe, daß ich dich ihnen entziehen soll; aber es würde ihnen auch n[ahe gehn, w]enn sie dich mir ent[zögen.]

122. Meta an Klopstock und Cramer, 10./11. 8. 1752

Den 10ten Aug. 1752
Ich wollte nicht mehr nach Quedl[inburg] schreiben aber ich muß es doch thun. Ich habe heute so süsse Briefe von dir bekommen, da ich keinen vermutete, u einen von deiner Mutter auch. Klopstock, von deiner Mutter! Ach mein süsser, süsser, wie hat mich deiner Mutter Brief entzükt! Ich habe ihn fast öfterer gelesen als deinen. Ich habe sie heute zu der Schleb[usch] u der Hertel meine liebe Schwiegermutter genannt; ein Ausdruck, den ich sonst noch nicht gebraucht, der mir aber sehr, sehr süß ist. Höre Kl, wir müssen das Wort Bräuti-

gam auch noch einführen. Wenn wirs erst gewohnt sind, so klingt es uns wohl, u wir haben doch keins an seiner Stelle. – Es ist gut, daß ich heute nicht bey deiner Mutter bin, ich glaube, der Respect würde ein bischen unter den [!] Ungestüm meiner Liebe leiden. Höre, frage deine Aeltern, ob es mir wohl erlaubt ist diesen Winter dann u wann an sie zu schreiben. Ich möchte das gar zu gerne. – Ach Kl, ich kann dir nicht sagen, wie leid es mir ist, daß ich dich auf die Gedanken gebracht habe, als könnte ich wohl zu dir reisen u daß es doch ganz u gar nicht möglich ist, dir u mir die Freude zu machen. Ich habe meine Strafe schon bekommen, denn die Hert[eln] hat diesen Morgen das Wachsbild aus Unvorsichtigkeit in Stücken geworfen. Du kannst dich aber darauf verlassen, daß es mir ganz u gar nicht ähnlich war.

Aber mein Allerliebster, mein Kl, mein ewig, ewig Geliebter, wie schmerzt mich das, daß ich dich neulich traurig gemacht habe! Nein, glaube nicht, daß ich dich jemals verlassen kann, dazu kann mich nichts in der Welt bringen. Mein Zweifel war nur, ob ich dich gegen meiner Mutter Willen *heiraten* dürfte. Lieber Kl, lieben werde ich dich ewig, auch gegen ihren Willen. Und so bald *du es willst,* will ich dich auch gegen ihren Willen heiraten. O Kl, ich liebe dich viel zu sehr, viel zu sehr! Aber ich bitte dich um aller meiner Liebe willen, reise ja nicht ehe aus Q[uedlinburg] weg, bis die Wege besser sind. Cr[amer] hat mich viel zu bange gemacht. Ich will dich lieber noch entbehren, so sehr, so unaussprechlich sehr ich mich auch nach dir sehne. Ja, hierauf muß ich nicht kommen, sonst widerspreche ich mich. – Ach, morgen fahre ich wieder nach einem Garten, wo es mir eben so ergehen wird, als neulich. – Die Schl[ebusch], die verstohlnerweise bey mir gewesen, grüst. O du Süsser, Süsser! Du mein, mein! Ich bin deine Braut Clärchen Klopstock, nicht so?

Ich bin Ihnen sehr verbunden, mein lieber Cramer, daß Sie Kl neulich von dem gefährlichen Einfall, sich zu baden, abgehalten haben. Aber halten Sie ihn auch nun von dem weit gefährlichern, wenn Wolkenbrüche gefallen sind, zu reisen, halten Sie ihn auch davon ab. Ach thun Sie es, ich bitte Sie, ich bitte Sie recht im Ernste darum. Ich zittre, wenn ich denke, daß er es vielleicht doch gegen Ihren Willen thun könnte. – O mein süsser Kl, thue es nicht, ich bitte dich. – – – Das Glück erlebe ich noch ganz gewiß, daß ich Sie, Charl[otten] u. *unsern* kleinen Sungen umarme. Denn ehe ich mich mit Kl. in die andere Welt begebe, so muß ich alle meine Freunde erst sehen. Und wenn Kl. es auch nicht haben will; so werde ich, wenn ich einmal erst Frau bin, schon zu herrschen wissen. Ich lasse mir das itzt nur noch nicht merken. Küssen Sie Charl. u Carl *Friederich*, denn ich will den Namen durchaus beybehalten wissen. Ich bin Cl. Klopstock oder Meta Moller, wie Sie wollen.

Den 11ten Aug.
Ich *wünsch* einen guten Morgen Kl. komm küß mich geschwinde. – O ich armer Narr! – Höre, ich wollte diese Nacht recht viel von dir träumen, denn ich war so sehr wohl u munter, aber ich hab von Cr. u Charl. u von *Schlegel* geträumt. Sage mir doch, was macht Schl.? ist er nicht itzt in der Pforte, wo dein Bruder ist. – Hernach träumte mir zwar von dir, aber nur, daß ich Briefe bekam. [(Unleserlich gemacht:] Dafür aber blieb ich noch eine Stunde im Bette u träumte wachend.) Ach Kl, ich habe dich erstaunlich lieb. Ich will recht beten, daß die Wege besser werden. Denn so krieg ich dich wieder. Ach nach so langer unaussprechlicher Sehnsucht krieg ich dich denn hier in meinen Arm wieder. O komm, komm ... ([Wieder unleserlich gemacht:] Du sollst mich dann todt drüken) ... Cläry.

123. Meta an Klopstock, 12.8.1752

Den 12ten Aug. 1752, Mittags
Ich habe gestern u heute so viele Freuden erlebt, daß ich mich noch gar nicht fassen kann. Ja, Bernstorf ist gesund, ganz ganz gesund. Ach wie froh bin ich, daß dein B. wieder gesund ist. Ich wollte daß du bey mir gewesen wärst, wie ich unserm Gott dafür dankte. In welcher seeligen Entzükung war ich! wie sehr empfand ich mein ganzes Glük! wie sehr war ich dein! Ach, ich war meines Daseyns in der Stunde werth. Ich habe vor Entzückung u Dankbarkeit laut geweint. Welch eine Ruhe, ach mein Kl, welch eine Ruhe war das! Du schliefst wohl schon. Es war um 1 Uhr, hinten in meinem Fenster; der Himmel war sehr klar u voller Sterne. Da habe ich schon manche süsse Stunde gehabt, aber wie ich den Brunnen noch trank, früher. Daß ich *diesmal* so spät aufgeblieben, erlaubst du mir gewiß; ich habe es sonst auch nicht ein einziges mal gethan. – Ach Kl, wenn du wüstest was dein armes Cl. die Zeit über, da B. krank gewesen ist, ausgestanden hat! Rahn hatte es mir mit solcher Heftigkeit geschrieben, daß ich von einem Tage zum andern dachte, er wäre schon todt.

In dieser Unruhe ließ R. mich zween Posttage. Mein einziger Trost war, daß nichts in den Zeitungen stünde, denn ich dachte sein Tod würde doch darinnen stehn. Alle meine Sorge war, daß du mein Bester, mein Süsser nichts davon erfahren möchtest. Ich schrieb daher gleich an R, er sollte ja nichts nach Q[uedlinburg] davon schreiben, u behielt auch einen Brief von deinem Bruder an deinen Vater (denn es ahndete mir wohl, daß in dem fatalen was stünde) eine halbe Woche hier. Weil aber R. nicht schrieb, so mochte ich den Brief nicht länger behalten. Und nun kömmt dein Bruder auch gestern u bedauert u entschuldigt, mit einem Wort, sagt, daß ers in dem Briefe geschrieben. Und so ist nun alle meine Vorsorge vergebens. – Wie magst du armer armer Kl. nun wohl in Sorge seyn! Ach wenn du es doch schon wüstest, so wie ich es izt schon weis, daß er wieder ganz wohl ist. Ach Kl, ich bin so froh! – Ich habe deinen B. erstaunlich lieb. – Höre einmal, die Affen in Kopp[enhagen] (B[ernstorff] gehört mit zu diesen Affen) machen sich von mir die Vorstellung, daß es mir vielleicht nicht leicht wäre, mit dir in die ganze Welt zu ziehen. – Ich machte mir vielleicht eine schlechte Vorstellung von Kopp., ich möchte es mit Einem Probejahr versuchen, sagt B, den ich doch dafür küssen möchte, so

[Schluß fehlt]

124. Klopstock an Meta, 13. 8. 1752

Quedlinburg den 13ten August 1752.
Ich habe nur einige wenige Augenblicke Zeit, Dir zu schreiben, aber ich muß doch schreiben. Gleim u Ramler sind bey mir! wir wollen gleich essen, u kommen eben aus Cramers Predigt. ... Ach meine Beste, wenn Du sie nur alle um mich herum fragen könntest, wie ich Dich liebe! Das würde zwar nur sehr wenig seyn, was Du erführest; denn wie können sie es wissen u dennoch würde Dir es süß seyn, es so mit anzuhören, wie sie mich aus meinen Entzückungen aufwekken; wie ich dann gern von Dir viel viel sagen mögte, u doch nichts heraus bringe, das einen andern Inhalt hätte, als: laßt mich nur gehn! Es ist ein Einziges Mädchen. Ich mag gar nichts mehr von ihr sagen. Und ach, wie sehr fühl ich dann immer, daß ich nicht bey Dir bin. Hier, hier Clärchen, hier zittert mein Herz nach Dir. – Doch kein Wort mehr, kein Wort mehr davon. Ich will mirs in meinem Leben nicht mehr unterstehen, Dir *Unaussprechlichkeiten der Umarmung*

aufschreiben zu wollen. ... Und doch, Clärchen, u doch (Du verzeihest mirs gewiß, Du Beste!) habe ich gestern den Bitten meiner Eltern, meiner Geschwister, u Gleims u Cramers u Ramlers, endlich nachgeben u mich entschließen müßen, erst künftigen Donnerstag zu reisen. Drey Tage war es schon beschloßen, drey Tage hatte ich alle Unruhe der Freundschaft schon ausgehalten, u es war fest, daß ich Morgen gewiß verreisen wollte. Aber dafür hab ichs allen auch als eine recht grosse That angerechnet. Und das ist es auch! Eine That, die Du beides belohnen, u bestrafen must, Clärchen. Oder willst Du Dich etwa unter der Belohnung erbitten lassen, der Strafe zu vergessen? Ja, ja, das thust gewiß, Du Kleine! Du bist ja meine süsse süsse ewig geliebte Clärchen Klopstock, u ich bin *Dein Dein* Klopstock. Wer Dich alle grüßt u küssen wollte, das verstehst Du ohne dieß. Ich schreibe auf den Mittewochen wieder. Ach laß mich ja recht viel Briefe von Dir in Br[aunschweig] finden. Meine Grüße. Meta so ein ungetreues Mäulchen wie ich ihr manchmal gebe, wenn ich Dir eben recht sehr ungetreu bin, u Metas Mutter einen Kuß auf die Hand. Denn mehr erlaubt Sie ja auch Dir kaum.

125. Meta an Klopstock und Giseke, 13.–14. 8. 1752

Den 13ten Aug. 1752.
O mein Süsser, Süsser! – Ach nun bist du mir schon etwas näher! Du bist doch nicht gereist wenn die Wege nicht gut sind! Ich habe mich gefreut, daß es den ganzen Tag so schön Wetter gewesen. Wäre es doch bey euch nur auch so! – Ach Klopstock – – ach wie liebe ich dich! Ach wenn ich dich erst wieder habe! O wie will ich dich lieben! – Ich habe meine Liebe diese Tage erstaunlich gefühlt. Ich habe es gefühlt, daß du nicht bey mir bist – – – u ich habs gefühlt daß du bald bey mir seyn wirst. Ach! mein Kl wird bald bey mir sein! – Dieses habe ich hundert mal zu der Schm[idten] gesagt, wenn ich ungesehn zu ihr kommen konnte. Ich bin diese Tage sehr ungezwungen gewesen. Hätte ich nur Papier gehabt; ich hätte vielleicht gar schreiben können. Ich bin aber dafür unzählige kleine male in den Garten gelaufen u habe dir geseufzt, dir u ... doch ich will dir das nicht so oft wiederholen. Du sollst mich von dieser Seite erst kennen lernen, wenn du mich richtiger als durchs Schreiben beurtheilen kannst. ... Ach Kl du bist mein Klopstock! u ich bin deine Cläry, deine Braut! u ich werde noch einmal dein Clärchen Kl. O Kl was ist das ein süsser

Gedanke, ich werde gewiß (ich müste denn sterben u das geschicht itzt gewiß nicht) ich werde gewiß gewiß Clärchen Klopstock. O du mein Kl! Du mein Geliebter! ([Unleserlich gemacht, etwa:] Du mein M[ann]!) Ich weis nicht wie wir das aushalten wollen, wenn ich dergleichen einmal wieder zu dir sage; denn ich weis wohl was ich fühle wenn ichs nur schreibe. Höre, – – – ja hör recht zu, ich glaube, ich wollte dir von neuem sagen, daß ich dich liebe. – Aber etwas anderes. Habe ich dir schon gesagt, daß Bohns dich recht sehr bitten lassen, doch ja wieder bey ihnen zu logiren? – – – Ich kann nicht mehr schreiben, ich kann nicht. Ich hätte nie geglaubt, daß ich so viel Gefühl, so erstaunlich viel Gefühl hätte! Und bey alle dem Gefühl nichts sagen zu können! – O komm, ich will dich in meine Arme schliessen u dich küssen u dich ansehn, u dich wieder küssen u, ach Klopstock sagen (denn weiter kann ich nichts.) u dann an deine Brust sinken u mein ganzes Glück empfinden u dem Himmel mit aller meiner Entzückung danken. (Ich habe dieses sehr oft gethan, wenn ich dir nichts sagte u du dich wundertest, daß ich nichts sagte.) Ach daß ichs nicht allen Leuten sagen darf, daß ich deine Braut bin! – Vorgestern war eine Dame in unsrer Gesellschaft so neugierig, mich zu fragen, ob du noch hier wärst, u warum du die Reise gethan. Du hättest die Contenance sehen sollen, womit ich antwortete; ich ward aber feuerrot. – – Schlaf wohl mein Kl. – Ich wünsch dir eine angenehme Ruh. – –

Den 14ten Aug.
Es ist mir leid mein lieber Giseke, daß Kl. Sie wohl ein bischen in der Bereitung zu Ihrer Predigt stören wird. Ich rathe Ihnen, daß Sie ihn sich bald vom Halse schaffen. – Wenn Kl. erst wieder bey mir ist, so schreibe ich wieder nicht viel, das wissen Sie doch! – Haben Sie gestern zween Brife bekommen? – Ich kann es nicht helfen, daß ich Ihnen auch izt nicht mehr schreibe, die Post geht gleich. Sie wissens ja wohl Sie sind ja doch mein lieber Giseke, mein lieber Bruder. Ich verspare alles Schreiben auf den Winter. M. Moller

Mein süsser, süsser Kl. schreib mir ja genau die Zeit wann du hier zu seyn gedenkst. Ach wenn du wüstest wie ich jede Stunde zähle! Aber ich will nicht, daß du deswegen früher aus Br[aunschweig] gehen sollst, als du sonst gethan hättest. Ich will dich unsern Freunden gern ein Paar Tage lassen. – Gehe nicht über Haarburg. Wenn der Wind nicht gut ist, so must du vielleicht länger auf der Elbe bleiben, als du sonst in L[auenburg] bleiben must, u dann so ists in L doch besser. Ich glaube auch nicht daß die Post geschwinder kommt; erkundige dich nach allem. Nun schreibe ich wol nicht wieder, denn nun wirst du ja bald mein in meinen Armen seyn. – Ewig deine Moller.

126. Klopstock an Meta, 15.8.1752

(mit einer Nachschrift von Ramler)

Quedlinburg den 15ten August, 1752

Diesen Morgen einen Brief von dir! Und den so unvermutet! Denn du hattest mir ja gesagt, daß du nicht wieder auf Quedl. schreiben wolltest. – Du bist meine süsse Braut! Meine Cl. Klopstock bist du. Du bist ein Mädchen! Ja, ein Mädchen bist du! Ein Mädchen ohne Beywort! – – – Du forderst mich da so recht auf das Todtdrücken heraus, du kleiner Narr! Denkst du etwa, weil dein kleiner Finger so fett wird, daß du daher überhaupt so stark geworden bist, daß man dich nicht todt drücken könne? Weist du wohl, was ich dazu sage, wenn du das denkst? Ich sage dazu, was der im Liede sagt: „Das will ich doch sehn!" – – – Morgen, (ach wenn *du* dabey wärst!) machen wir uns eine Abschiedsfreude zusammen. Wir, nämlich: Meine Aeltern, zwo meiner Schwestern, mein Bruder aus der Pforte, Cramer, u die Cramerinn mit Ihrem Jungen (denn der muß dabey seyn) Gleim u Rammler, Friederici mit seiner jungen Frau aus Blankenburg, und ... ich will wetten, du merkst es nicht, wer noch fehlt, und ... ja, ja, du merkst es nicht, drum ... muß ichs nur sagen, *dein Sunge*, wir fahren eine Meile von hier, von früh fünf Uhr an bis zum Abend in einer der schönsten Gegenden am Harze Piknik zu halten. Sie heist der Mädchensprung (Mädesprung) von einer ritterlichen Dame, die hier, vermutlich, weil ihr ein Ritter nachjagte, einen so entsezlichen Saz von einem Felsen zum andern that, daß der Fußtritt ihres Pferdes noch zu sehen ist. Und den wollen wir Morgen unter andern auch sehn. Die Bude stürzt hier zwischen den beiden Felsen herunter, u wir haben die reichste Aussicht von der Welt über den Harz, u über die Thäler von dem Harze. Ihr wißt nicht, was Thäler sind, weil ihr keine Berge habt. Nur zwey Worte noch, du Beste! Denn ich bin schon viel zu lange von dir weg auf dem Mädchensprunge gewesen. Die Bude ist der Fluß, der in etlichen Armen hier an der Stadt u durch dieselbe fließt. Das ist eins. Das zweite ist. Meine Mutter war den Tag vor ihrer Niederkunft mit mir hier in ziemlicher Gefahr.

Mein Vater, u noch ein anderes Frauenzimmer, musten sie mit vieler Sorgfalt den Berg herunter führen. Und den Tag darauf, meine Kleine, den Tag darauf wurde ich gebohren. Für wen ich gebohren wurde, das fühlt doch, eh ich dieß noch sage, dein *schlagendes* Herz? Ach, du Beste, ja für dich, für dich gebohren durch meine Mutter, die du so süß gegen deine Freundinnen auch schon Mutter genannt hast. Nenne sie nur dreist so, meine Kleine! Ihre Liebe zu dir verdient ihr den Namen. – – – Ich muß hier abbrechen, mein süsses Clärchen. Es ist schon sehr spät. Ich muß noch einen Brief an Bernstorf schreiben, u Morgen früh aufstehen. Lebe wohl, lebe wohl, du meine, meine! Von Braunschweig schreibe ich dir wieder. – Dein Bräutigam. Da hast du das Wort. Es ist ein sehr schönes Wort, so bald dus aussprichst. Ich *wünsche* dir angenehme Ruh! .. – Meine angenehmen Ruhen!

Inliegenden giebst du unfranquirt auf die Post. Es schikt sich nicht anders.

Ich muß eilen, daß es mir nicht geht, wie neulig, u mein Brief wieder einen Posttag warten muß. Ich will dir geschwinde noch etwas bekennen. Gleim, Rammler u Sucro, (du würdest mirs gewiß erlaubt haben, wenn du hier gewesen wärst,) haben das meiste von deinem Briefe gelesen. Gleim wurde ganz wild über dich. Sukro freute sich u weinte da bey. Es ist der Sucro von dem ich dir sagte, daß ihm seine kleine süsse Frau gestorben sey! Rammler sagte mit einem Tone der verdiente von dir gehört zu werden: Ach, so geliebt zu werden! – – – Schreib, nach diesem Briefe, nicht wieder auf Quedl. sondern auf Br[aunschweig]. Ich werde dir gewiß keinen Kuß weniger geben, wenn ich ein Paar Briefe auf einmal dort finde. Eben bittet mich Rammler, daß wenn ich noch Plaz hätte, er ein bischen hier hin schreiben wollte. Nun kommen Sie, mein lieber Rammler! [Ramler schreibt:] Mademoisell, oder hören Sie Sich lieber Klopstocks Clärchen nennen, ja Klopstocks Clärchen, Ihnen muß ich sagen was Ihnen mein Klopstock vielleicht in diesem Briefe tausendmal gesagt hat, daß er Sie nemlich unvergleichlich liebt. Ich bin Zeuge seiner Entzückungen und kenne gantz genau die Mine womit er an sein Clärchen denckt – aber nun habe ich auch die gegenseitige Liebe gesehen und bedauert daß ich nicht so geliebt werde wie mein Klopstock geliebt wird. Ach wie sehr können Sie lieben, o Clarissa! Und wie schön ist der Zusammenhang der Dinge, daß diese Liebe auf keinen kleineren Liebhaber gefallen ist, als auf Ihren Klopstock. Ich, der ich es wage, mich so gleich nach einem solchen Liebhaber zu nennen, muß ein Mädchen haben daß mich so liebt wie Sie ihn, oder ich muß keins haben. Aber in Erwartung eines solchen Mädchens, will ich die Grade meiner Hochachtung so unter die Mädchen austheilen, daß Sie den höchsten Grad derselben bekommen, oder, wenn ich Ihnen eine Nebenbuhlerin geben darf, eine süße Berlinerin, die ich Naide nenne, so mögen Sie Beyde in gleichem Grade meiner Ehrfurcht stehn. Sie werden mich dafür mit einer solchen Zuneigung belohnen wie derjenige fodern darf der sich nennt Klopstocks besten (Gleim vergib) Klopstocks zärtlichsten Freund und Ihren gehorsamsten Diener und freundschaftlichsten Bewunderer   Ramler.

127. Meta an Klopstock, 16.8.1752

Meta weilt wieder einmal auf dem Landsitz der Familie Schmidt-Moller, von dem aus sie Klopstock schon Anfang Juni des vorigen Jahres geschrieben hatte. – *Zu Papillotten verschneiden:* vgl. Bericht der Schwester Elisabeth Schmidt über den 4.4.1751 (Nr. 2).

Burgesch, d. 16ten Aug. 1752
Wird dieser Brief dich noch in Br[aunschweig] antreffen? O wie sehne ich mich itzt nach dir! Wie verlangt dich mein ganzes Herz! Du Bester, du Süsser o komm, komm. – Aber glaube ja nicht, daß ichs dir auch nur mit dem allerleisesten Gedanken vorrücke, daß du noch einige Tage bey deinen Eltern u deinen Freunden geblieben bist. Dein Clärchen hat zwar den Gedanken, daß sie dich vielleicht schon morgen oder übermorgen in ihren Armen haben würde, sie hat diesen Gedanken mit seiner ganzen Süssigkeit u mit seiner ganzen Stärke gedacht; aber sie schmält doch nicht. Es sind deine Aeltern, deine Freunde, die dich mir auf einige Tage nehmen, u. ... es sind meine Aeltern, meine Freunde, denen ich dich gönne. – Ich kann nicht mehr schreiben, denn man ruft mich schon. Ich habe dieses im Mondscheine geschrieben, er war aber so schwach, daß ich kaum sehen konnte; ich hoffe daß dus lesen kannst. Ich habe auch sehr geschwinde schreiben müssen, ([die folgenden Zeilen sind unleserlich gemacht, etwa:] denn ich habe nur die Entschuldigung des Auskleidens brauchen können, um von der Gesellschaft abzukommen.)

Des Abends um 12 Uhr
Ich stehle mich nach der Schm[idten] ihrer Stube hin um noch ein bischen zu schreiben. Eben bin ich allein *dir* im Garten gegangen.

Zwar nicht ohne Gesellschaft, aber doch ohne mich darin zu mischen. – Ach es war ein so schöner sternvoller Himmel! Du weist noch nicht was der für Wirkung auf mich hat. Ach wie sehr habe ich dich eben geliebt! Wie liebe ich dich itzt! – Und Kl, wenn ich dich erst wieder umarme – – – Ach mein Kl – Ach! Ach! – ich kann nichts mehr sagen! O du mein, mein Bester! mein Einziger! Ach! – – Ich danke dir, daß du noch nicht Mont: weggereist bist, nun sind die Wege doch wohl besser. Ach ich habe so für dich geseufzt! – [Der folgende Satz ist von späterer Hand durchgestrichen:] Höre, ich muß dir nur sagen, ich habe schon seit Montag deinetwegen nicht schlafen können. – Aber nun kommst du auch bald: Ach nun kommst du bald in diese Arme, hier, wo mein Herz dir so sehr schlägt, hier, hier, ach komm, komm, komm, ich bitte dich. Mein Süsser, mein Geliebter, mein Kl, mein M! Ach komm, komm u sey ewig mein. O wärst dus erst recht, wärst dus erst so, daß ichs allen diesen hier sagen dürfte, daß dus wärst. Ach mein Süsser, ich schreibe dies sehr gezwungen. Ich will dirs noch einmal sagen, wie ich mich mit diesem Briefe zwingen muß. Ein Mädchen, das bey mir schläft, ist mir hier nachgekommen. Dies Mädchen, das Eure Beyträge zu Papillotten verschneiden kann, muß diesen Brief wohl nicht sehen. O Kl! mein ewig geliebter Kl! – – Dein Clärchen

[Nachschrift an Giseke, von späterer Hand durchgestrichen:] Wenn Kl. nicht mehr in Br[aunschweig] ist, so schreibe ich wieder recht an Sie mein lieber Giseke. Diesen Winter, ach diesen traurigen Winter, soll unsre Correspondenz wieder angehen. Aber ich weis Sie vergebens mir, daß ich *itzt* nur auf solche Art an Sie schreibe. – Lassen Sie mir durch Kl. so recht sagen, wie Sie sich befinden. Grüssen Sie H[annchen] L[uisen] u. G[ärtnern]. – Wenn Kl. nicht mehr bey Ihnen ist, so verstehts sich, daß Sie mir diesen Brief wieder schicken. Sonst will ich Ihnen Kl gern einige Tage gönnen; so sehr ich ihn mir auch wünsche. – Sie haben doch alle meine Briefe u. das Band u alles? Cl. Moller

128. Meta an Klopstock, [26. 8. 1752]

Kurz nach Klopstocks Rückkehr mußte Meta wieder nach Billwärder fahren. Die sommerlichen Gartengesellschaften reihten sich rasch aneinander.

[Von Klopstocks Hand:] Von Billwerder empf. den 27ten Aug. – 52.
Es ist mein göttliches Mädchen. Ja, das ist Sie!

Nun sind es schon drey Stunden, daß ich nicht bey dir bin, mein Süsser. O was ist ein Leben ohne dich ein schlechtes Leben! Du Bester, man riß mich aus deinen Armen, da ich dich so unaussprechlich lieb hatte. Warum lässt man mich nicht auf immer mit dir in meinem Zimmer? Mir fehlt da nichts. Ich merke es nicht, daß andre Leute in der Welt sind. Ich bin immer vergnügt, immer glücklich. Ich habe meinen Kl. ach meinen – – Bräutigam. Ich geniesse in seinen Armen die höchste Glückseeligkeit. Ach mein Kl. wie bin ich so sehr glücklich! Ich tausche nicht mit Engeln, wenn ich in deinen Armen bin, dich küsse, dich sehe, dir sage, daß ich dich liebe, u, was alles dieses noch übertrifft, wenn du mir sagst, daß du mich gleichfalls liebst, wenn du mir das mit deiner süssen unnachahmbaren Stimme zulispelst, u wenn ich dann mit meiner ganzen Empfindung mein Glück fühle. – Womit hat es denn Cläry verdient, daß sie so glücklich ist? Gütiger Himmel, womit hat sies verdient? – Aber so ein Glück lässt sich ja nicht verdienen. – – Und ich muß so hier seyn! Und soll dich auch morgen nicht u kaum übermorgen sehen! Und du Bester, du liebst mich, wie ich dich liebe, du leidst also, was ich leide. Ach mein Süsser, mein Süsser! Montag Abend wollen wir uns das alles wiedervergelten. Aber morgen soll ich dich den ganzen Tag nicht sehn! – Doch ich will nicht klagen. Ich sollte ja suchen, dich durch meinen Brief aufzuheitern. Höre mein Süsser, ich bin gar nicht lange im Garten gewesen, ich bin gleich nach meinem Zimmer gegangen, weil es ein wenig kühl war. Ich befinde mich zwar gar nicht schlimmer, ich habe es aber gethan, weil ich *deine* Cläry bin. Kriege dadurch Vertrauen zu meiner Sorgfalt. O mein Leben u meine Gesundheit ist mir itzt viel zu kostbar mein Kl! Ich werde mich schon in acht nehmen. Ich werde mich schon dir ([das Folgende, von späterer Hand unleserlich gemacht:] u den Kleinen, die dir einmal ähnlich werden müssen, ich werde mich schon euch) zu erhalten wissen. – Wenn es nur nicht so finster würde! Ich kann nicht mehr sehn. – Lebe wohl mein Kl. Ich weis nicht, ob ich werde mehr schreiben können. Ach ich bin ganz deine Cläry!

129. Klopstock an Meta, 27. 8. 1752

Hamburg, den 27ten August 1752
Ich war kaum aufgestanden, da kam die Herteln schon mit einer blauen Hand in die Stube herein. Du bist, ja, du bist! .. u ich bin

auch, meine Clärry, ich bin – – Ich war diesen Morgen deiner recht werth. Ich blieb noch eine ganze Stunde im Bette. Wie hieng meine Seele an deiner Seele! Wie war ich *dein, dein!* Ich hatte auch einen lieben, lieben Traum gehabt. Wenn Sie denken, daß der Traum von Ihnen war, Mamsell, so irren Sie Sich so sehr, als Sie sich irren würden, wenn Sie behaupten wollten, daß .... Ich will dir nur ein Paar Worte von dem Traume sagen, denn er währte über eine Stunde. Bernstorf kam von einer Reise, seine kleine süsse Frau war bey ihm. Er speiste mit mir bey meinen Aeltern. Wir waren recht innig vertraut. Nach Tische gieng ich mit ihm allein spazieren. Er sprach mit mir so viel von dir, daß ich sagte, ich mögte ihm gar zu gern deine Briefe zeigen, er wär aber, (dieß waren meine Worte) der Gefahr ausgesetzt, die zartesten Familiaritäten der Liebe mit lesen zu müssen .. Ach, dieß würde ihm die Briefe vorzüglich schäzbar machen, sagte er.... Es war ein allerliebster Traum, Clärchen. Mein Herz war ganz voll Ruhe u Glükseligkeit. Und mit dieser Ruhe, mit dieser sanften Ruhe erwacht ich. Und da – – – wir wissen ja wohl, daß wir das nicht alle sagen können, was wir, für einander, empfinden. Du bist mein! Mein, Mein bist du! Ach Morgen Abend *gegen Acht Uhr!* Nicht einen einzigen Laut, der nur einer Klage ähnlich lispelt. Morgen Abend gegen *Acht Uhr schon!* Ob ich es gleich, wie du, fühle, daß ich nicht bey dir bin. Laß uns dankbar für die viele viele Glükseligkeit seyn, die uns derjenige giebt, der uns *so* zur Liebe gemacht hat. Sey es mit mir! Und laß auch nicht einmal die Unheiterkeit der Liebe selbst, in deine schöne jungfräuliche Seele kommen. Wir sind ewig unser. Ach, meine Beste, der grosse Gedanke! ... Sieh gen Himmel empor, sieh hin! sieh hin! Ach, Er, der grosse, der namenlose. Er, ist dort in seiner höchsten Anbetungswürdigkeit. – – –

Ich hätte dir noch viel zu schreiben; aber du fühlst es mit mir, daß ich nicht anders kann als *hier* abbrechen.   Dein dein Klopstock.

Schreib mir noch einmal, wenn du kannst.

130. Klopstock über Meta, 27. 8. 1752

Den 27. Aug. 1752, früh gegen 12 Uhr, da ich eben, eben meinen Brief an meine beste Kläry nach Bilwerder geschickt hatte. –

Wie glücklich bin ich! – Sie ist die beste unter allen Mädchen, die jemals gen Himmel gesehn haben. Sie ist meine Einzige! Mein, mein ist Sie, ganz mein! – – O du, der du, auch hier schon, von bessern, der

Namlose genannt wirst, – mit *ihr* soll ich dich einst in deiner, uns *dann* nähern Herrlichkeit sehn; wie schön ist deine Schöpfung, und wie sanft ist es, geschaffen zu seyn! Großer, Großer! Mein, mein Schöpfer! – – – Du liebender! – – –

Alle Himmel sind – dein! Alle sie machst du zu Glückseligen, – – zu Glückseligen! – – o der hellen, unendlichen Reihen! – Der kommende Morgenstern ist ein schimmernder Punkt von dir, und auch mir ist er klein gegen die Unsterbliche, die mir die erste in deiner Schöpfung ist, der ich es bin. – – –

131. Metas Testament, 10.9.1752

Ich weis wohl, daß, so wie ich dieses schreibe, es nach dem Rechten nichts gilt. Ich weis auch, daß ich mein Erbgut ohne die Einwilligung meiner Erben nicht vermachen kann. Ich *bitte* Sie also nur, meine Erben, daß, wenn ich unverheiratet sterbe, man gegen meinen Bräutigam, Friedrich Klopstock so verfahren möge, als wenn ein solcher Ehezärter zwischen uns aufgerichtet wäre, als zwischen meiner zwoten Schwester u meinem Schwager Dimpfel. Nämlich daß Sie so viel von meinem Capital herausnehmen, als der Schm[idten] u mir nach jenem Ehezärter zukömmt. Das übrige sollte Klopstock haben, welchem die Unkosten meines Begräbnisses auch sollten überlassen werden. *(Mein Begrabniß soll ja so simple seyn, als es nur in der Welt möglich ist.)* Weil ich hiemit nicht mehr Weitläuftigkeit mache, so können Sie sehen was ich Ihnen zutraue meine Schwestern. Vermögen Sie also meine Schwäger, welche, als Ihre Männer, auch meine Erben sind, dahin, daß diese einzige Bitte nach meinem Tode erfüllt werde. Ich glaube, daß ich nichts unbilliges bitte, denn wie leicht hätte ich nicht itzt schon können verheiratet seyn, u dann so würden wohl des haben einwilligen wollen, was ich bey der Dimpf: eingewilliget habe. *Sie* werden wohl durch meinen Tod sich nicht bereichern wollen u *ich* will nicht Ihren Schaden. Wenn Sie nicht von mir erben, so braucht Ihr Gesinde ja keine Trauer, u Ihre eigne werden Sie schon für das oben benannte einkaufen können. Margaretha Moller. den 10ten Sept: 1752.

Bey meinem Tode u. Begräbniß verlange ich ausdrücklich, daß alles auf das wohlfeilste eingerichtet werde. Wir brauchen nicht einmal einen Hamburger Anstand sondern wir sind fremd. In *Taft* will ich gewikelt oder gekleidet seyn: zu den Unkosten können 1000 Rth. von Schmidt aufgenommen werden. Die Sprüche auf dem Sarg können oben seyn:

>War dies der Tod? O sanfte
>Schnelle Trennung wie soll ich dich nennen?
>>Tod nicht! so heisse,
>Tod, so heisse dein Name nicht mehr!
>>Und du der Verwesung
>Fürchterlicher Gedanke,
>>wie schnell bist du Freude geworden!
>Schlummre denn mein Gefährte
>>des ersten Lebens! verwese!
>Saat, von Gott gesät,
>>dem Tage der Garben zu reifen.

Und unten

>>Wie viel, u. welche Leben empfind ich!
>Welche werden um mich geschaffen!
>>Wie steig ich! Nicht Eine,
>Tausend Stufen werd ich
>>zum Wesen der Wesen erhoben!
>Wenn du, meine Verklärung, vollendet bist,
>>ja dies weissagt
>Mir mein Gefühl, dann werd ich
>>noch über tausend mich schwingen!
>Werd ich, in der Hülle
>>mir dann viel schönerer Welten
>Werd ich, ohne die Hülle
>>der Welten, den Ewigen schaun!

Es versteht sich daß Klopstocks Wille nach dem Tode so sehr mein Hauptwille bleibt, als ers im Leben gewesen. Ich schreibe solche Kleinigkeiten nur auf, wenn er sich in der ersten Betrübniß vielleicht nicht damit beschäftigen möchte.

Etwas das ich sehr sehr wünschte, wäre: Daß irgend, wo man es kriegen könnte, ein Grab, *bis zu ewigen Tagen* (wie mans nennt) gekauft würde; mein Körper dahin gebracht; u. Klopstocks seiner, wenn er mir einmal folgt, auch dahin gebracht würde. Kann Klopstock aber nicht versprechen die nötigen Anstalten in Koppenhagen dazu zu machen; so *soll* kein Begräbniß für mich allein gekauft werden; mein Körper mag dann bleiben, wo er will.

Man wird ja von selbst wohl nicht solche Gesänge (wenns das Blasen nicht kann vermieden werden) aussuchen, die sich schlechterdings nicht auf mich passen als: Freu dich sehr o meine Seele, u vergiß all *Not u Qual*. Ich habe das ganze Gesangbuch durchgesucht, sie klagen alle über die Welt, man muß also die wählen, die es am wenigsten thun, u. weil man sich doch am meisten nach dem Anfang richtet:

> Ich hab mein Sach Gott heimgestellt:
> Wenn mein Stündlein vorhanden ist:
> Jesus meine Zuversicht: M. K.

Metas Wünsche sind bei ihrem Begräbnis berücksichtigt worden; Klopstock bezog sich bei seinen Anordnungen ausdrücklich auf ein Schriftstück, das sie ihrer Schwester hinterlassen hatte. – *Ehezärter:* Ehevertrag. – *Hamburger Anstand:* Das Leichengang-Dekorum, das im 18. Jh. in Hamburg einen übertriebenen Aufwand erforderte. – Die beiden Sarg-Inschriften sind aus dem 11. Gesang des Messias genommen.

132. Meta und Klopstock an Giseke, 4. 10. 1752

Hamburg den 4ten Oct. 1752.
Du willst notwendig vor allen Dingen wissen, was Friedrikchen Mollern (denn dieß ist ihr neuester Nahme) was das beste süsseste Mädchen macht? Du bist ein sehr vernünftiger Mensch, daß du nach solchen Hauptsachen immer am ersten fragst. – – Sie wird von Tage zu Tage besser, u bringt schon mehr, als munter, rechte wilde Abende, daß ich einmal übers andre sagen muß: Nein Clärchen, nein! du mögtest dir schaden. Du bist ein verwegnes kleines ⟨Herren⟩ Kerlchen, Clärchen! – – – Ja so muß ich immer schon des Abends sagen, lieber Giseke, u mögte zugleich vor Verdruß, ich weis nicht was alles, daß ich es sagen muß. Die süsse, die beste, die einzige kleine F[rau]. (Du verstehst es doch auch, was das bedeuten soll?) Sie hat mir es schon gesagt, daß sie diesen Abend soll, u muß, u will mit mir am Tische speisen, welches sie diesen Mittag auch schon gethan hat. Bedenk einmal die kleine Haushaltung die wir Kinder mit einander führen. Wir sind immer immer beyeinander. Und wenn einmal, (jedoch dieses geschieht selten) ein unvermeidlicher Besuch von zwei drey Stunden kömmt; so geht ein grosses sollennes Abschiednehmen

vor sich, u eben ein solches Widersehen. Das ist dann alles so genau eingerichtet, daß keine Minute, die unser seyn kann, verloren geht. ... Du siehst, mein kleiner Giseke, daß ich *zu glüklich* seyn würde, wenn sie mir nicht krank geworden wäre ... Dann wär ich zwar nicht immer soviel allein bey ihr; aber ich wollte dieß gleichwohl eingehen, wenn sie nur wieder hüpfte, u wieder rund wäre. Ich traf sie bey meiner Zurückkunft von Euch beynah hüpfend u rund an. Ach ehmals ist sie recht recht rund gewesen. Ach, welch ein Elysium wenn sie es wieder würde. Ich werde dir von jedem Häärchen, das sie ründer wird, Nachricht geben. – – Jezt was machst du? Schreib uns doch, auf welchem Fusse du in Hamburg seyn willst, wenn du Weihnachten nach kommen willst. Schreib uns überhaupt, was du, bey deiner izigen Verfassung, thust u nicht thust. – – Hierbey folgt dein kleiner Zettel zurück. Ich wollte, daß ich nur halb die Gabe der Leserlichkeit hätte, in der deine rechte Hand so stark ist, als die rechte Hand eines gewissen braven Mannes im Danken. *Wir* grüssen dich u wir grüssen *Euch* welches nach deinem maulhaften Stil heissen müßte: Die Moller u ich u die Schmidten u Schmidt, u die Schleebusch u die Häkeln u die Herteln u Meta u Betty – u u. wir grüssen Gärtner u L[uisen] u H[annchen] u L ⟨...⟩ u Giseke, u Dietrichen u u. Leb wohl süsser Affe. Wir sind dein Klopstok, nämlich Fr. Klopstok u Fr. Klopstok.

Noch eine Kleinigkeit. Du kannst mir wenn du willst des R[ektor] Dommerichs Prolusionem vom Mess[ias] mit nächster Post schicken. Clärchen (ich muß sie nur dafür verläumden, weil es eben eine ganze volle Minute ist, daß sie mich nicht geküsst hat) Clärchen will sie lesen. Die Moller grüsst Kirchmann mit aller der Freundschaft, die er an uns verdient u mit der wir ihn lieben.

[Meta schreibt dazu:]

Es ist eben so wenig wahr, daß ich Kl. in einer ganzen Minute nicht geküßt habe, als daß ich das Ding lesen will. Aber nun will ich ihn dafür, daß er mich so verläumdet, auch in anderthalb Minuten nicht küssen, wenn ich kann. F. Klopstock.

133. Klopstock an Giseke, 11. 10. 1752

Hamburg, den 11ten Oct. 52.

„Von iedem *Härchen*, das Sie ründer wird" – Du wirst sagen, daß die ja nicht mit rund werden, nämlich weil das ausser deiner Sphäre ist, es zu sehen, so sagst du das so .... Doch, mein lieber, braver Giseke, das ist wohl der Ton nicht, in dem ich fortfahren muß, wenn ich deinen Brief beantworten will. Wie wünschte ich, daß du dir dein Versprechen schon gehalten hättest, „*dich zu fassen!*" Du weißt wohl, daß ich der Mann nicht bin, der hintritt u predigt, wenn ein Freund so viel gerechte Ursachen hat, betrübt, recht sehr betrübt zu seyn. Ich weis es, ich weis es ganz was das bedeutet, die Geliebte verlassen; ich weis dieß izt noch viel mehr, als du, weil ich es *auf den Sonnabend* schon thun muß. Die nach so viel guter Hofnung auf einmal ungewiß gemachte Hofnung, ist freylich sehr hart. Aber, mein Giseke, ist sie denn so sehr ungewiß? Und muß sie denn schlechterdings auf das Braunschweigische eingeschränkt werden? Sage mir hierüber deine Meinung, ob du wohl im Holsteinischen (ach! es liegt freylich nicht an der Ocker) einen Predigerdienst haben mögtest? Ich kann dir zwar dazu nicht sehr viel Hofnung machen, aber doch einige.

Nach Hamburg auf *dem alten Fusse zurück* zu kommen, das steht mir ganz u gar nicht an. Hier, Kleiner! darf ich dir es wohl nicht sagen, was das für Freundschaft ist, daß ich dir hierüber meine Meinung nicht verschweige. Denn wie unaussprechlich lieb mir es wegen meiner Mollern seyn würde, weist du selbst. – – – Sie, die süsse Kleine wird immer besser. Eben sizt Sie da, u säumt etwas an einem Tuche für mich. Ich muß es zum wenigsten anfangen, sagt sie. Denn, sagt sie, nach den Holländerinnen sind wir Hamburgerinnen die besten. Ich weis nicht, ob Sie im Nehen überhaupt meint, u ob Sie Amerika mit rechnet ..... Ach, ich kann ihr nicht mehr zu sehen! Ich kann ihr unmöglich mehr zu sehen, ich muß Sie küssen. Schreib uns ja bald wieder mein lieber braver Giseke, wir sind

deine Friedrich Friederikchen Kl.

134. Meta an Klopstock, [vor dem 15.10.1752]

Ich schreibe Dir diesen Abend, und Du wirst meinen Brief in Coppenhagen erhalten. Bester der Männer! Du wirst in mir ein Weib finden, welches danach strebt, Dir so viel als möglich nachzuahmen. Ich will – in der That, ich will Dir ähnlich seyn, so viel als ich kann. Meine Seele stützt sich an die Deinige.

Dies ist der Abend, wie wir Deine Ode *an Gott* lasen. Weißt Du es noch? Wenn ich so viel Stärke behalte, als ich diesen Abend mir errungen habe, so werde ich beym Abschiede keine Thräne vergießen. Du verläßt mich, aber ich soll Dich wieder haben, und Dich wieder haben als Dein Weib. Ach, einen andern Tag wirst Du von mir gehen weit weg, und es wird lange währen, ehe ich Dich wieder sehe; doch ich muß meinen Schmerz mäßigen. Gott wird mit Dir seyn. Dein Gott und meiner. Wenn Du erst weg bist, werde ich fester seyn, als jetzt, das habe ich Dir versprochen. Ich vertraue unserm gütigen Gott, er wird Dich wieder herstellen, weil er mich glücklich machen will. Er weis es, daß durch Dich ich immer besser werde. Er wird unsre Glückseligkeit immer vollkommner machen. Beginne nur Deine Reise, und laß mich allein weinen. Warlich, ich kann es nicht helfen. Gott sey mit Dir! O, mein Gott, es ist Klopstock, für den ich bete! Sey Du mit ihm; zeige mir Deine Gnade dadurch, daß Du mein Flehen erhörst. Könnte mein Dank Dir gefallen. Du weißt, wie ich Dir danke. O, Du Allgütiger, wie viel Glückseligkeit versprichst Du mir! – Glückseligkeiten, um die ich nicht hätte wagen mögen zu bitten. O fahre fort, Klopstock gnädig zu seyn! Ich befehle ihn Dir.

135. Meta an Klopstock, 15./17. 10. 1752

Den 15ten Oct: 1752

Mein Allerliebster! Mein Bester! Mein Ewiggeliebter! Ach! nun hab ich dich nicht mehr mein Klopstock! Nun bist du weg! Nun bist du schon so weit, weit von mir! Ach sey nur sicher, sey nur sicher! Nun fängt es wieder an dunkel zu werden, nun geht meine schwerste Sorge wieder an. – O Gott! O Gott! sey mit ihm! – Ach was machst du? was machst du? Wenn ich das doch nur wüste, du Geliebter, was du machst! – Aber ich weis es, ich hoffe ich weis es. Du bist wohl, du bist ruhig, du denkst an deine Cläry, an deine ewiggeliebte Cl. Ja du Süsser, ja, du denkst so immer an mich, als ich an dich denke. Ich kenne dein Herz, ich kenne deine Liebe. Dein Herz ist wie mein Herz, deine Liebe wie meine Liebe. – Ach Kl, ich hätte es nicht gedacht, daß der Abschied *so* schwer wäre! O was ist ein Leben ohne dich! Und was ist ein Leben mit dir! O wie ist itzt alles so traurig! Wie süß war jede Kleinigkeit, da ich sie noch durch dich hatte! Wie traurig ist es itzt! da alles mich an die Zeit erinnert, die ich verlohren habe. An die Glückseeligkeit, den Besten, den Geliebtesten, den, der mich so sehr liebte immer um mich zu haben. Ach! – Ach! – Ich habe dich nicht mehr! Ich werde dich auch in so langer, langer Zeit nicht wieder haben! Ach mein Kl! mein Kl! – – Wenn du nur erst glüklich in Kopp[enhagen] wärst, ach wenn ich das nur erst wüste, so wollte ich ruhig seyn. So wollte ich mich mit dem Gedanken trösten, daß du wieder kömmst, daß du bald wiederkömmst, ach! daß du dann als mein Mann wiederkömmst. Ja mein Kl, glaube daß ich mich so sehr beruhige, als man sich in *deiner* Abwesenheit beruhigen kann. Wärst *du* nur bey mir! Könntest *du* mich nur trösten, du, der mich über alles, über alles in der Welt trösten kann, du, dessen Ton der Stimme mich schon aufheitern kann. – Aber ich bin dein, ich bin ewig dein – du liebst mich ewig. – Ja Kl, ja, ich schone mich für dich! O könntest du es sehen, wie ich schon heute meine Thränen zurück halte, auf daß mir das Weinen nicht schade. Gestern konnte ich es noch nicht, gestern weinte ich den ganzen Tag, aber ich konnte es nicht helfen mein Geliebter, ach! ich konnte es gestern noch nicht, sonst hätte ichs gewiß gethan. Es hat mir aber nicht geschadt. Ich war gestern zwar matt, aber ich bin heute schon wieder auf. – Unsre Freunde führen sich vortreflich auf. Die Schmidten u die Schlebusch sind nur selbst zu betrübt. Die Schl. hat diesen Nachmittag sehr mit mir geweint, aber hernach haben wir uns wieder aufgeheitert. Alle, alle, bis auf Mary sind recht zärtlich besorgt u sehr aufmerksam um mich, daß sie mir alles auch so angenehm machen als sie können. – Aber was ist alles ohne dich! Ich erwarte Olde, welcher gestern mir deinen letzten Gruß brachte, u mir erzählte, wie du, Zärtlicher, noch von der Post hattest zu mir kommen wollen (ach Bester). Ich erwarte auch die Herteln, weil die Scheelen nicht kann. – Lebe wohl, sey sicher. Ach! mein Gebet, mein beständiges Gebet, begleitet dich immerwährend.

Den 17ten.
O mein Kl wenn du wüstest wie wohl ich bin! Ich will auch gar nicht klagen, gar nicht, weil Gott mich dir wieder gesund macht. – Deinen Stock, den du hier gelassen hast, besitzt eine grosse Kraft. Ich kann weit besser mit ihm gehen, als mit meinem. – Ich führe mich recht gut auf Kl. Olde sagt, ich bin eine Heldinn, u das *müste* Kl-s Braut auch seyn. – Die Häkeln grüßt dich. Sie sitzt hier bey mir, ([das Folgende von späterer Hand unleserlich gemacht:] u an der andern Seite vom Bett, deine kleine Mütze. Ich habe sie einem Küssen aufgesetzt, sie stellt wechselsweise dich u deinen kleinen künftigen Sungen vor.) – – Es ist hier noch immer schön Wetter, wenn du

es auch nur so hast. Ich hoffe, ich hoffe es. O mein Süsser, wenn du nur erst glücklich in K[oppenhagen] wärst. Aber mein Gebet – unser Gott – ich hoffe, ich hoffe. – Kriege ich nicht heute einen Brief?
Clary Klopstock.

136. Klopstock an Meta, 16. 10. 1752

Flensburg, Mittags um zwölf den 16. [Oct. 1752]
Ich erwarte den Postillon, der izt gleich hier vorbey reiten wird, u ich bin nur angst, daß ers nicht thut, in dem ich dir sage, daß ich mich sehr wohl befinde, daß wir sehr schön Wetter haben, u daß wir morgen Nachmittag über den kleinen Belt gehen werden; u daß du, meine Du du! Meine unaussprechlich Geliebte Cläry Klopstock bist.

Vom Reiseweg durch Holstein und über den Kleinen Belt dichtet Klopstock die Ode „Furcht der Geliebten":

> Cidli, du weinst, und ich schlumre sicher,
> Wo im Sande der Weg verzogen fortschleicht;
> Auch wenn stille Nacht ihn umschattend decket,
> Schlumr' ich ihn sicher.
> Wo er sich endet, wo ein Strom das Meer wird,
> Gleit' ich über den Strom, der sanfter aufschwillt;
> Denn, der mich begleitet, der Gott gebot's ihm!
> Weine nicht, Cidli.

137. Klopstock an Meta, 20. 10. 1752

Koppenhagen den 20ten Oct. 1752.
Ach, meine Kleine! wo soll ich anfangen, dir zu sagen, wie glüklich, wie in *allem* glüklich *dein* Klopstock seine Reise vollendet hat. *Dein* Klopstock, weil ich deßwegen alle die Sorgen eines nur *möglichen* Unglüks empfunden habe, weil du sie empfunden hast. Meine Beste, Beste! Diesen Morgen brachte mir Rahn deinen ersten Brief; u bald darauf der Bediente den andern. Wie unaussprechlich lieb ich dich, meine Cläry. Doch davon will ich gar nichts mehr schreiben. Denn das läßt sich ja kaum sagen. Du weist es, du weist es, wie wir es uns nicht sagen konnten, obgleich dein Arm um meinen Hals hieng, deine Seele an meiner Seele. – – – Ich wollte dir von meiner Reise sagen. Ich bin des Donnerstags Abend um elf Uhr vor Kopp[enhagen] angekommen. Wir konnten nicht mehr in die Stadt kommen.

Ich schlief draußen sehr gut. Des Morgens hohlte mich mein Bruder dort ab. Ich traf bald darauf Roger u Rahn an. Da war viel heisse Freude. Viel Fragen ohne Antworten, viel Antworten ohne Fragen. Rahn u Roger u mein Bruder (es ist Abends elf Uhr) sind eben von mir gegangen, u wir waren noch den Augenblick auf dem Walle spaziert, ich schon ausgekleidet, wie in ⟨Styrnburg⟩ in der Laube. Nun muß ich wieder zurück kommen. Vergnügter ist man niemals über den grossen Belt gekomen, als ich. Mondschein, die blaulicht-helle See, u ein so guter, braver, ehrlicher Wind, daß wir die vier Meilen, zween in anderthalb Stunden, u die lezten in einer halben Stunde machten. – – – Siehst du nun, du Kleine, daß ich recht ge-weißsagt habe? Und daß alles, was du weinen kannst, nur für die Freude des Wiedersehens gespart werden muß. Ich habe diesen Abend auch schon deinen Nebenbuhler, u die Kleine, die sagte, daß der Philosoph die Liebe nicht kennte, gesehen. (Nun will ich doch sehen, ob du [Schluß fehlt]

Mein Bruder: August Philipp, der sich mit Rahn assoziiert hatte. – *Styrnburg:* Anspielung unverständlich.

138. C. E. Schlebusch und Meta an Klopstock, 24. 10. 1752

Hamburg. A 1752 den 24 Oct.

Mein Lieber Herr Klopstock!

Clärchen hat mir Sontag die gute Nachricht gegeben, daß ich zu Ihrer Ankunft Ihnen Glück wünschen könnte. Es erfreuet mich daß Sie Gottlob so bald und glücklich übergekommen, und daß Ihre Mollern desfals nun geruhig seyn kan. Ich kan nicht unterlassen Ihnen zu sagen, daß Clärchen ihr Versprechen sich aufzumunte[r]n, genau erfüllet. Mit ihrer Gesundheit bessert es sich wirklich, und der süsse Gedanke ihres grossen Glückes macht sie entzückend vergnügt. Wie groß wird die Freude bey Ihrer Wiederkunft seyn, wenn Sie sie so recht blühend gesund wieder finden! Ich habe jtzo so gute Hoffnung zu ihrer Besserung, daß ich mir getraue, es Ihnen zu prophezeyen [...] C E Schlebusch.

[Von Meta dazugeschrieben:] Mittags um halb 2.

Eben bekomme ich deinen Brief. O wie bin ich bewegt! Wie voll ist mein Herz! Wie voll von Dank u Freude! Du bist glücklich da! So sehr glücklich da! Ach mein Kl mein Kl Ich habe eben sehr geweint, ich weine noch. Aber es ist Freude. – Und auch diese Freude muß ich nicht weinen, es möchte mir schaden. – Ach mein Kl ist glücklich da! O mein Gott! mein Gott! Clary.

139. Meta an Klopstock, 25.–27. 10. 1752

Den 25ten Oct: 1752.

Ach du bist wirklich glücklich in Kopp[enhagen]! Ich weis es nun, ich weis. Es ist nicht nur eine Hofnung, die ich mir mache. Ach Kl. ich kann dir nicht sagen, wie fröhlich ich seit gestern bin. O wie ward mir da ich die süsse Nachricht las! wie ward mir! Ich hatte kaum so viel Freude, da ich dich von Quedl[inburg] wieder in meinen Arm bekam. Wie fröhlich bin ich den ganzen Tag gewesen! – Was sind die Empfindungen des Danks für süsse Empfindungen! O Kl Kl wie viel, wie viel Glückseeligkeit erlangen wir! Ach Kl wenn wir erst ganz unser sind! auf ewig ganz unser! Ich Glückseelige! Ich Glückseelige! Ach! u du bist es auch! u du bist durch mich glücklich! O! O! – Wer nennt diese Wonne mit Namen aus! – – – – – – – – – Und so bald u so glücklich übern Belt! – – Und du empfandst alle Sorgen eines nur möglichen Unglücks weil ich sie empfunden hatte! Du Bester! Du Einziger! – – Ach Kl wir wollen dem Himmel für diese glückliche Reise noch oft danken, wenn wir uns schon lange lange gehabt haben. – – – – – – Ach! u ich kriegte die Nachricht gestern so bald! Ich hatte dem Briefträger doppelt Geld zugesagt wenn er mir die Briefe früher brächte, u da brachte er mir diesen (wofür er vierdoppelt verdient hätte) schon nach 1 Uhr. – Ach! – Ich muß nur aufhören zu schreiben, ich empfinde gar zu viel. – Ich will unsern Freunden deine Ankunft schreiben.

D. 27. Oct. um halb 1.

O Kl was habe ich gestern für einen vortreflichen Tag gehabt! Von 11 bis 11 die Schlebusch bey mir. O ich muß dir das recht erzählen! Ich hatte den alten Schl. durch Schmidt bitten lassen, daß seine Tochter einmal mit mir essen möchte. Nachdem er ihr dieses nun oft abgeschlagen, u gestern auch erst einmal abgeschlagen; so erhält sie doch gestern die Erlaubniß. O was war das für ein Tag. Beyde ganz allein. Beyde ganz unser, ganz Herz. Ich dachte, wie Cramer sagt, in diesen Entzückungen, daß man dich wohl entbehren könnte, u fand am Ende doch, daß man dich nicht entbehren kann. O wie viel schwatzten wir von unserer Freundschaft u von dir, von meinem Glücke, von meinem besten Schicksale. O was ist die Freundschaft, was ist die Freundschaft! Wenn man *das* Glück nicht kennt, von *dir* geliebt zu werden; so glaube ich, kann die Freundschaft allein ganz glücklich machen. – – Sie sollte um 5 schon wieder zu Hause, u wir fiengen nun schon an uns zu betrüben, wie ganz unvermuthet der alte Schl. kam. Er wollte mich besuchen u seiner Tochter zugleich die Erlaubniß geben, noch eine Stunde zu bleiben. Dieses machte uns so mutig, daß die Schl. noch um [Schluß fehlt]

140. Klopstock an Meta, 29.–31. 10. 1752

Kopp: den 29. Oct: 52.
Es ist itzt Sonntag Abend meine Kleine! Ich bin heute den ganzen Tag zu Hause geblieben; daß ist nicht allein daher gekommen, weil ich am Mess[ias] arbeiten wollte, und weil ich dieß des Sonntags gerne thue; sondern auch daher, weil ich sehr gerne mit dem Gedanken von Dir allein bin, und mir dadurch auch Gesellschaften, die es sonst nicht seyn würden, oft gleichgültig werden. So voll als ich auch diesen gantzen Abend von Dir gewesen bin, meine Beste! so habe ich doch nur erst jetzt den Einfall bekommen, geschwinde ein Bischen an Dich zu schreiben. Wie sanft, mit welchem Frieden der Seele wachte ich diesen Nachmittag auf, da ich vorher ein Bischen mit Dir eingeschlafen war. Welch ein stilles süsses Wallen der Freude in allen Nerven der Seele. – – – Dank, o ewig, ewig Dank für so viel Glückseligkeit! – – – Ich konnte dießmal (eine solche Stille war in meiner Seele!) den Gedanken, daß Du ganz mein bist, und daß ich ganz Dein bin, beynahe stückweise und auf allen seinen Seiten und Seitchens denken. O Cläry, wie sehr bist Du für mich gemacht, Du schönes Herz! und Dich hab ich gefunden! So viel Glückseligkeit *hier*. Gewiß Young war manchmal zu traurig, Du weißt, wie wenig ich meyne, wenn ich unsern Young tadle. Vielleicht giebt er mir recht, wenn er auf die Bitte meiner Ode [„An Young"], mein Genius geworden ist. – Mich schaudert Clärchen. Wie wenn diese und noch größere Seelen mir jetzt nahe wären! Es war mir angenehmer Ueberfall dieser Schauer. Erscheine mir schöne Seele! erscheine mir. Ich muß diesem Gedanken ein Bischen nachhängen. Er ist viel zu süß. Er soll mir mindestens so erscheinen, wie Du mir oft erschienst, wenn meine Seele Dich mit allen ihren Gedanken denkt. – – – Komm, komm, bester Mann! Erzähle, wie ist es jenseits der Gräber? O unser Schöp-

fer zu welch einer Ewigkeit sind wir geschaffen! – – Und Du weißt schon so *viel mehr*, Du fühlst schon so *viel mehr* Glücklicher! o dein Grab ist noch so frisch, und noch von keiner Blume bewachsen? Geh denn, weil ich so viel noch nicht wissen, so viel noch nicht fühlen darf, geh denn wieder. Mein stiller Wunsch sieht dir nach. Du mußt nicht traurig bey diesem Wunsche werden, meine Cläry, das heißt nur so viel. Jetzt sind wir glücklich ich und Du, Cläry, wie selig werden wir einst seyn, ich und Du, meine Ewiggeliebte, wir, Cläry wir und unsere Kinder!

Den 31ten.

Wie froh war ich gestern Morgen, da ich Deinen Brief so bald bekam. Ich hatte das wegen des starken Windes gar nicht vermutet....

Ach, Cläry Cläry, meine unaussprechlich geliebte Cläry. Dein rothes Stückchen Band, wie hab ich das zerküßt. Ich denke immer dabey wenn ich es küßte; das ist über Cläry seinem kleinen Portrait verbreitet gewesen. – – – Es ist Schade, daß ich hier keines so klein gemacht kriegen kann; ich will mich also lieber groß mahlen lassen. Groß, denke ich, wird am besten seyn. Nicht so? mein süßes süßes Friederikchen. Ich habe die Nacht sehr von Dir geträumt, mein E. Es war ein recht närrischer Traum. Du lagst und schliefst, und ich wollte Dich sanft aufwecken; und da hatte ich die Grille, ich müßte Deinen langen Schäferstab nehmen, damit Du nicht zu zeitig aufwachtest, wenn ich Dir zu nah käme; und da lag eben einer Deiner Sammet bey mir, den band ich unten an dem Stabe, damit ich sanft stoßen könnte. Indem ich das nun that, so wachtest Du auf einmal süß auf, und wild, wild umfaßtest Du mich, und wolltest mich gar nicht loslassen, und das war noch sonderbar dabey, ich wollte ganz und gar nicht los, und Du dachtest doch immer, daß ich fort wollte, und küßtest mich immer, und sagtest, ich sollte durchaus heute den ganzen Tag in Deinem Closet (so nanntest Du Dein Zimmer) bleiben. Das war eine fortdauernde entzückende Empfindung für mich, daß Du mich nicht fortlassen wolltest, und daß ich bey jedem Kusse den ich Dir mehr gab, es mehr fühlte, wie gerne ich dablieb. O wenn Du Deinen eigenen zärtlichen Ungestüm hättest sehen sollen, mit dem Du mich umschlangst, und nicht fortlassen wolltest. Das war ein sehr langer Traum wirst Du sagen....

Weißt Du wohl daß ich Dich strafe, und Dir heute keine Locke schicken will, weil Du die verloren hast, die ich Dir gelassen habe, und die Du selbst abschnittest. Wenn Du sie erst eine Weile recht vergebens wirst gesucht haben, dann will ich Dir eine andere schikken.... Schreib mir ja auf diesen Brief recht, alles, alles, wie Du Dich befindest! Wie es mit dem und andern geht? Das muß ich alles Haarklein wissen, mein E. mein.

E. ... mein elysischer E. ... Eben jetzt küsse ich Dein kleines Band, das Du mir geschickt hast. Meine Bekanndte grüße in und außer dem Hause. Ich bin, meine Klopstockin, Dein Klopstock.

141. Klopstock an Meta [Anfang Nov. (?) 1752]

Mit dem gestrigen Brief ging es eben so wie neulich mit dem Deinigen, doch beunruhigt es mich nicht, denn ich bin gewiß, daß Du mir geschrieben hast. Mit welchem Entzücken denke ich an Dich, meine Meta, mein einziges Kleinod, mein Weib. Wenn ich Dich in meiner Phantasie vorstelle, so ist meine Seele erfüllt mit himmlischen Gedanken, welche mich entzückend beschäftigen – sie glühen in meiner Brust, aber keine Worte können sie ausdrücken. Du bist mir theurer als alle, welche durch Blut und Freundschaft in der ganzen Schöpfung mit mir verbunden sind. Meine Schwester, meine Freundin, Du bist mein durch Liebe, durch die reinste, heiligste Liebe, welche die Vorsehung (o wie dankbar bin ich für diesen Seegen) in meine Seele gelegt hat. Es dünkt mir als ob Du, meine Zwillingsschwester mit mir im Paradiese gebohren wärst. Gegenwärtig sind wir noch nicht da, aber wir werden dahin zurück kehren. Da wir hier schon so glücklich sind, wie viel mehr werden wir es dort seyn. Grüße unsre Freunde. Meine Meta – meine für immer geliebte. Ich bin ganz Dein.

142. Meta an Gleim, 3. 11. 1752

Hamburg, den 3ten Nov: 1752.
Sie haben ja wohl gedacht, mein lieber Herr Gleim, daß ich gar nicht an Sie schreiben würde. Aber Klopstocks Gegenwart, u hauptsächlich meine Kranckheit, ist ja wohl Entschuldigung genung. Itzt aber sollen Sie auch einen langen langen Brief haben, der ganz voll von Klopstok ist. Das soll er doch auch seyn? Ja, wenn ers auch nicht sollte, so würde ich doch wohl nicht anders können. Wie glücklich, wie unaussprechlich glüklich bin ich! Klopstock liebt mich! – – Ja, nun habe [ich] weiter keine Ausdrüke. Nun bleibt mir nur die ganze Empfindung meiner Glükseeligkeit u meiner Liebe. Und wie wollte

ich zu dieser Empfindung Ausdrüke haben! ich hatte sie ja nicht in Klopstokens Armen – Klopstok selbst hatte sie nicht. – Ich bin itzt freylich nicht so glüklich als ich vor einigen Wochen war, da ich mein[en] Kl. noch immer immer bey mir hatte. Aber ich ertrage seine Entfernung doch noch ziemlich gut. Sie können denken, mein Freund, daß ich, was es heißt, Kl nicht haben, daß ich das im hohen Grade fühlen muß, weil ich gefühlt habe, was es hieß, ihn haben. Aber, der Gedanke, daß es einmal nicht anders seyn kann, der, daß er bald wiederkömmt – u wie kömmt er dann wieder! u der, daß ich mich *für ihn* erhalte (denn ich weis es zu sehr, wie viel die Ruhe zu meiner Gesundheit beyträgt) dieses erleichtert mir seine Entfernung so sehr, als sich Klopstocks Entfernung erleichtern läßt. Mein Kl. thut das auch. Er ist gottlob immer so wohl u so munter. Und er schreibt so fleissig. Ein Brif ist zwar allemal nur ein Brif, aber wenn man sich doch nicht selbst haben kann, so ist er schon viel. –

Wollen Sie mir nicht auch bald einen Brif schreiben, Herr Gleim, worin Sie so von einem Mädchen schwatzen, als ich von Kl. schwatze? Oder hängen Sie noch immer den Gedanken nach: Ob auch für Sie so wohl ein Mädchen geschaffen wäre, als für Kl? Allerdings. Und Sie werden es finden. Seitdem Kl u ich uns gefunden haben, seitdem glaube ich ganz gewiß, daß alle die sich finden, die sich zu gehören. Das sage ich zu meinen Freundinnen auch, die seitdem sie Kl. kennen, verzweifeln wollen, daß sie *einen solchen* finden werden. Wie hätte ich damals, wie ich Kl nur noch durch seinen Mess: u seine Oden u durch Giseke kannte, u mir so sehr ein Herz wie das seinige wünschte, wie hätte ich denken können, daß dasselbe Herz meins werden würde. Wie sehr waren wir nicht entfernt! Und den Umständen nach (denn ich wuste Kl-s ganze Geschichte) noch weit mehr, als den Orten nach. – Wie würde ich mich freuen, wenn ich einmal mit Kl. zu Ihnen komme, u Sie würden geliebt. – Wissen Sie wohl daß ich Ihnen noch halb böse bin, daß Sie nicht mit Kl. nach Hamb: gekommen sind. Denn hätte ich nun schon Kl. seinen Gleim, den er vielleicht fast so lieb hat wie sein Clärchen, den hätte ich nun schon gekannt. Und wer weis, was Sie sich selbst versehen haben. Vielleicht hätten Sie auf dem Wege hier her, oder vielleicht in Hamb: selbst (denn es giebt hier noch sehr gute Mädchen) Ihr Mädchen gefunden. – Sie sind zu sehr Kl-s Freund (u daher auch meiner) als daß ich mich nicht so unterschreiben sollte, als ich gegen Kl. thue. Nämlich im Voraus schon   Clärchen Klopstok.

[An den Rand der 4. Seite geschrieben:] Grüssen Sie doch ja H. Ramler meinetwegen, wenn Sie an ihn schreiben. Ich glaube, ich würde selbst an ihn geschrieben haben (denn ich schreibe an Kl-s Freunde gar zu gerne) wenn ich den Brif hätte zu addressiren gewust. Ich muß ihn ja auch sehen, wenn ich einmal nach Quedl. reise.

143. Meta an Klopstock, 17. 11. 1752

Hamburg, den 17. November um halb 2 Uhr. 1752.

Ach, ich kans noch gar nicht vergessen, daß Du neulich meinetwegen so viel Sorg gehabt hast. Du Süßer! Bester! Bester! Wie kan ich Dir Deine Liebe vergelten, Klopstock! Wie kan ichs? Doch ich weis es ja einmal, daß ich sie weder vergelten noch verdienen kan, eben so wenig als ich meinem Gott für Dich dankbar genug seyn kan. Ach, ich will mich bestreben, so gut zu werden, als ich nur werden kan, und wie süß ist mir, daß Du solst mich so gut machen! Wie glückselig bin ich! Young sagt: es ist niemand eher glüklich, als bis er glaubt, daß niemand glücklicher ist, als er. Young hat recht, aber welch eine Empfindung ist es, das von sich zu glauben, wer hat es mehr Ursach zu glauben, als ich! Wer ist glücklicher? Laß Dich hier nur nicht mit mir in eine Vergleichung ein. Du liebst so sehr als ich, das gebe ich nun ganz und gar zu, aber so glücklich, als ich, bist Du nicht; denn ich bin nicht Du. Ach, Klopstock! Deine Geliebte! Deine Braut und bald Deine Frau! Deiner Söhne Mutter! Wie unaussprechlich ist das! Wie unaussprechlich! Nein, Klopstock! Nein! Das kanst Du mir nicht nachempfinden, das nicht – –

144. Meta an Klopstock, 19./21. 11. 1752

Meta ist krank gewesen, nun aber in der Genesung. Sechs Briefe, die Meta während ihrer Krankheit schrieb, sind verloren. – *Denn sie fühlet sich ganz:* letzte Strophe der Ode „An Sie", früher genannt „An Cidli". Offenbar war diese Ode einem der verlorenen Briefe Klopstocks aus dieser Zeit eingefügt.

Den 19ten Nov: 1752. Nach Tische, um 2.
Freue dich mein Kl, ich bin diesen Morgen in der Kirche gewesen u befinde mich recht wohl. Ich kann dir nicht sagen, wie fröhlich ich bin. Wie gerührt ich war, da ich in die Kirche kam. O wie viel anders ist es für *dich* gesund zu werden, als nur so für sich selbst von einer

Krankheit genesen! Dank, Dank sey unserm Gott! Für dich bin ich wieder gesund! Nun *ganz* gesund. Denn eher hätte ich mich nicht in die Kirche gewagt. – O wie wallt mir mein Herz! Wenn ich dich doch bey mir hätte! Wie entzückt würden wir nicht beyde seyn! Ach du Bester! Du warst es schon so sehr, wie ich wieder anfieng zu gehen. Ach du liebst mich – – Du liebst mich zu sehr, wenn das möglich wäre, oder wenn ich dich nicht eben so sehr wiederliebte. – Hätte ichs dir nur geschrieben, daß du dich heute mit mir freuen köntest! Ich habe dir aber keine vergebliche Freude machen wollen, wenn ich vielleicht heute nicht dazu gekommen wäre. – Das schlimste ist, daß ich meine schöne Einsamkeit darüber verliere. Denn da ich mich durch meinen Kirchgang als völlig gesund erklärt habe, so kann ich nicht vermeiden in Gesellschaft zu kommen. Diesen Abend bin ich bey Dimpfels. Es ist mehr Gesellschaft da, also habe ich weiter nichts zu besorgen, als mir nur einige Stunden zu verderben. –

Ich habe einen sehr süssen Kirchgang gehalten. Ich war mit der Schl[ebusch] u der Herteln in der Schmidten ihrem abgesonderten Gestühle. Sie grüssen beyde, das versteht sich – Ach mein Kl, mein Kl! wie liebe ich dich! Und wie sehr verdienst dus. Olde hat wohl recht, daß ein Herz wie deins bey einer jeden Gelegenheit neue Züge der Liebenswürdigkeit zeigt. Wie unaussprechlich zärtlich, wie ganz deinem Herzen gemäß ist das, daß du sagst, ich soll mir keinen Vorwurf daraus machen, daß ich die Adresse auf deinem letzten Brief nicht recht geschrieben hätte, sonst würdest du betrübt, *u machtest dir einen Vorwurf daraus, daß du mirs gesagt.* O Kl ich kann dir nichts sagen. Bey einem jeden solchen neuem Zuge wird mir immer so zu Mute, als da ich dich zu erst sah. Ich traute dir alle das Gute, alle das Süsse zu, das du hast, aber dieses Süsse war bey mir so unentwickelt, wie ich es so entwickelt, so in seiner ganzen Stärke u in seinem ganzen Detail vor mir sah, da – – – Du weist ja noch wohl wie mir ward. O ewig, ewig gesegnete Stunde! Anfang meiner ganzen, meiner einzigen Glückseeligkeit! – –

Den 20ten, um halb zwey.

Ich muß dir nur noch geschwinde sagen, daß mir der gestrige Tag unvergleichlich wohl bekommen ist. Ich war den ganzen Tag sehr frisch u munter. Wie ich angekleidt war, sah ich ordentlich wieder blühend aus. Ein jeder sagte, man könne kaum sehen, daß ich krank gewesen wäre. Du kanst denken, wie vergnügt ich war. Zumal da die Gesellschaft noch recht artig war. Die D[impfeln] war wieder sehr gut, ich glaube im Ernst, daß sie sich ändert. Sie war recht freundlich, u trank, mit einem Gesichte, das mir recht dabey gefiel, so ganz heimlich, mein Vergnügen. – Noch ein Verdienst von gestern. Wie wir um halb ein zu Hause kamen (es ist mir also schon etwas ungewohntes so lange aufzubleiben) war ich so müde, daß ich mich gleich ins Bette legte, vor zwey schon schlief, u so einen süssen Schlaf hatte, daß ich nur einmal aufwachte, u doch auch gleich wieder einschlief, da noch so gar mein Licht aus war, (du weist, daß ich das sonst gar nicht leiden kann). Ich hatte auch einen süssen Traum von dir. Er war zwar nur kurz, aber in deinen Armen liesse sich viel davon erzählen. Ich befinde mich heute so wie gestern, u weil es einmal wieder schön Wetter ist, so werde ich spatzieren fahren. – – Gesegnete Maalzeit H. Kl. Ist Ihnen gefällig mit nach der Schm[idten] ihre Stube heraus zu kommen, u mit zu essen? Da du Affe!

Den 21ten, um 6. – – Diesen Mittag, mein Kl, diesen Mittag schon bekam ich deinen Brief. Wie viel bin ich glücklicher als du! Und daß du in diesem Fall nicht so glücklich bist als ich, das ist meine Schuld. Ach mein Kl wie dauert mich das! Wie böse bin ich mir! Ich thue es gewiß niemals wieder, das ist sicher. – Was ist das für ein Brief! – Was bist du – – Ich habe keine Ausdrücke, ich hab sie nicht. Aber Empfindung habe ich, mein Geliebter, Empfindung habe ich desto mehr. O wie voll ist mein Herz! Wie wallt es!

> Denn sie fühlet sich ganz, u gießt Entzückung
> In dem Herzen empor, die volle Seele,
> Wenn sie, daß sie geliebt wird,
> Trunken von Liebe sichs denkt.

Ach von dir geliebt! – – „O was wird *das* seyn" (du weist doch noch was du mir geschrieben hast!) ja mein Kl, ich habe diesen entzückenden Gedanken lange nachgehangen. Ich war recht geschickt dazu. – Ach du Bester! du Ewiggeliebter! – „Komm, umarme mich meine Braut." Wie unaussprechlich war mir das an *der* Stelle! Ach! – – Ach Kl! – – Nein, mein Herz ist wirklich *zu* voll, ich kann nichts sagen. Ewig, ewig Dank sey unserm Gott, daß ich *dich* gefunden habe! Und er hatte dich mir schon so lange vor meinem Daseyn bestimmt! Und ich wuste es nicht, ich kannte kein ander Glück als die Ewigkeit, u diese wünschte ich mir nur. – Welches Geschöpf hätte auch den Wunsch von *so einer* Glückseeligkeit wagen können? Eine so *himmlische* Glückseeligkeit für die *Erde!* – Dank sey dir Schöpfer, daß du mich geschaffen hast! Geschaffen um *ganz* glücklich zu seyn, *hier* u *dort!* – – – –

Olde besuchte mich beym Caffe. Ich war noch so entzückt von deinem Brief, daß ich mich nicht halten konnte, ihn nicht zu zeigen (darf ich das auch thun). Er war werth ihn zu sehen. Seine Entzükkung stieg bey jeder Zeile, u zuletzt brach sie in helle Thränen aus.

Cl. Kl.

145. Meta an Klopstock, 24. 11. 1752

Abends um 6 Uhr – den 24. Nov. 1752.
Itzt erst kann ich an Dich schreiben, mein süsser Klopstock. Weil ich so sehr gesund bin, so bin ich außer gestern und heute, alle Tage ausgewesen. Ich war sogar einmal von Bohns Hause zu Fuße hergekommen. Im Ernste Klopstock, ich sage es Dir mit der äußersten Aufrichtigkeit, ich bin seit 1748 so gesund nicht gewesen, als ich nun seit acht Tagen bin. O denk einmal, wie gerührt ich seyn muß! Ich werde Dir so ganz gesund! Ich will Dirs wohl gestehen, so gesund als ich es itzt schon bin, dachte ich nicht, daß ich jemals werden würde. O, Dank, Dank sey unserm Gott! Und Du willst Dich ihm mit mir zugleich nähern? (Ich habe Deinen Brief eben bekommen.) Du betest vielleicht mit mir zu Einer Stunde. Du dankst ihm vielleicht eben itzt auch für meine Gesundheit und überhaupt für mich, so wie ich ihm unaufhörlich für Dich danke. O, wie süß ist mir das! Ich habe es gewünscht, Klopstock. Gestern Abend, wie ich in mein Zimmer gegangen war, und einige sehr entzückende Stunden hatte, da dachte ich: Vielleicht betet Dein Klopstock itzt mit Dir, und meine Andacht ward dadurch noch feuriger. O wie süß ist es Gott anzubeten! Welche Entzückung ist es, *ihn* empfinden! O wie seelig können wir schon hier seyn! – Aber Du hast recht, wenn es schon so viel hier ist, was wird es nicht dort seyn! Welch eine unaussprechliche Glückseeligkeit ist die unsere. – Lebewohl, mein Klopstock, lebe wohl. Ich werde morgen und übermorgen viel an Dich denken. Die heiligsten Gedanken und Du, Du Bester stimmen sehr gut zusammen! Du der Du heiliger bist als ich, Du, der Du unsern Schöpfer nicht weniger liebst als ich. *Mehr* kannst Du ihn nicht lieben, mein Klopstock, *mehr* nicht; erhabener, heiliger, das gebe ich zu. –

Ach Klopstock, wie glücklich bin ich, daß ich Dir zugehöre! Du weist es wohl, ich will durch Dich noch immer besser noch immer heiliger werden. – O, ich bin so gerührt, Klopstock, ich kann Dirs nicht sagen. Welch ein Unterschied von itzt und nur noch vor einem halben Jahre! Ehe ich von Dir geliebt wurde, fürchtete ich das Glück. Mir war bange, daß es mich von Gott zerstreuen möchte. Wie sehr irrte ich mich! Die Widerwärtigkeiten führen zu Gott, das ist wahr. Aber eine Glückseeligkeit wie die meine, kann mich nicht von Gott zerstreuen (oder ich müste gar nicht fähig seyn, eine solche Glückseeligkeit zu genießen) sie nähert mich ihm vielmehr. Die Rührung, der Dank, die Freude, alle Empfindungen der Glückseeligkeit machen meine Anbetung noch feuriger. Lebe wohl, Klopstock, bete für mich. Deine Braut.

146. Klopstock an Bodmer, 12. 12. 1752

Klopstock hatte vom Sommer 1750 bis Februar 1751 bei Bodmer in Zürich geweilt, das Verhältnis endete mit einem Zerwürfnis; hier eine neue Fühlungnahme. – *Der Frühling:* ein Gedicht Wielands, das ganz unter dem Einfluß Klopstocks steht. Wieland war seit Oktober 1752 bei Bodmer. – *Blicke ins Landleben:* von Eberhard Frh. von Gemmingen, hrsg. von Bodmer. – *der entsetzliche Mensch:* Lovelace, Liebhaber der Clarissa. – *digito male pertinaci:* Zitat aus Horaz I, 9, 23, „dem Finger, der nur schwach sich sträubt", das Liebespfand zu lassen. – *Wie grausam ist der Molière:* In den „Femmes savantes" verspottet Molière die gelehrte Frau.

Koppenhagen, den 12ten Dec. 1752.
Werthester Herr, u Freund – – – Ich empfieng Ihr leztes nebst zwey Gedichten, „dem Frühling" u „Blicken ins Landleben", als ich eben in Hamburg auf die Post steigen wollte, nach Kopp. zurück zu gehen. Ich hatte vom Ende des Mays an, im Vaterlande, unter meinen Freunden, u also größten Theils auf kleinen Reisen, zugebracht, u dieß wird mich bey Ihnen entschuldigen, daß ich bisher nicht geschrieben habe. Jetzo will ich Ihnen eine kleine Nachricht von meiner Reise; u dann von meinen Arbeiten geben. Die vornehmste Absicht meiner Reise war, in Hamburg Cidli zu sehen, die ich bey meiner ersten Durchreise, 1751 im März, etliche Tage, als eine Freundinn meines alten Freundes, Giseke, gesehen, u seitdem gewöhnlich jede Woche zweymal an Sie geschrieben, u von ihr Briefe bekommen hatte. Diese ganze Sache, geht, wie es Ihnen nach dieser kleinen Vorrede schon scheinen wird, mein Herz sehr nah an. Und ich wünschte, daß ich sie gut ins Kurze ziehn könnte. Denn sie ist so

mannichfaltig, u so reich an Glükseligkeit, u jeder Tag ist so sehr eine Geschichte, daß ich ein grosses Buch, u noch dazu eins, das man lesen würde, davon schreiben könnte. – Wo ist denn Fanny geblieben? werden Sie sagen. Diese Frage hätte ich Ihnen vor dem Sept. 1751, selbst nicht einmal so beantworten können, ob es auch nur *möglich* wäre, daß ich, Fanny zu lieben, aufhören könnte. Ich will Ihnen aber sagen, wie die grosse Begebenheit (für *mein* Herz nämlich) sich begeben hat. Ob mir gleich nach meiner Zurükkunft von Zürch Fanny u ihr Bruder wieder einige Hofnung zu geben *schienen* (ich sage mit Fleiß *schienen*, damit ich ihnen auch nicht das leiseste Unrecht thue) ob gleich Fanny selbst nach Kopp. ein Paar Worte von der Art schrieb; so sah ich doch *nun endlich*, (vorher *zitterte* mein Herz nur diese *Empfindung*) ich sah nun endlich ein, daß mich Fanny nicht liebte; oder mich mindstens, auch bey dem besten äusserlichen Glücke, nicht so lieben würde, als ich sie liebte; u daß es also vergebens seyn würde, diese hohe Glükseligkeit der Liebe, darinn ich vielleicht ein bischen, aber ein sehr glüklicher Enthusiast bin, bey Fanny zu suchen. Durch diese wiederholte Betrachtung kam ich endlich in eine Art von Gleichgewicht u Ruhe, daß ich *mir selbst* wieder zugehörte. Nun *fühlte* ich, daß es möglich wäre, daß ich von *neuem* lieben könnte. Aber, ich weis nicht, ob andre Herzen im gleichen Falle auch so verfahren würden, oder ob es nur meinem natürlich war? ich fühlte, ich fühlte es sehr, daß diejenige, die ich *nun* lieben sollte, mir noch liebenswürdiger seyn müßte, als mirs Fanny gewesen war. Und wie sehr war sie es nicht gewesen! Mein Herz betrog mich, in Einem Punkte, ein wenig. Ich hatte, wie ich nun sehe, wirklich schon angefangen, meine Moller (ich habe kein Beywort für sie!) meine Moller von ferne zu lieben. Wie ich *dieses von ferne stark* zu merken anfing, da – – Hier geht die Geschichte an; die wirklich zu reich für einen Brief ist. Nun, so beschreiben Sie mir mindstens das Mädchen! werden Sie sagen. Davon will ich wohl ein bischen versuchen. Cramer nennt sie, den weiblichen Klopstock. Wenn ich ein Mädchen wäre, würde ich Sie seyn; u sie würde ich seyn. Das ist so gewiß, als nur irgend die älteste Wahrheit seyn kann. O, in unaussprechlichen Stunden, in Stunden der vollen Glükseligkeit, ist sie: Mein Mädchen; meine Clary; meine Clarissa; meine Freundinn; mein Freund; meine Schwester; meine Braut! alles auf einmal, oder jedes besonders, wie es die Liebe wollte, gewesen. Um nicht mehr in der Sprache der Entzückung zu reden (wiewohl diese, die ich izt gebraucht habe, noch sehr schwach, gegen den Ausdruck derjenigen ist, in welcher ich mit ihr redete, u noch in Briefen, so viel Briefe davon sagen können, rede!) um in jener Sprache nicht mehr zu reden; so will ich mein schönes Ganzes zergliedern. Niemals soll es der B⟨...⟩ dem Homer sorgfältiger gethan haben, als ich mein eigner Scholiast werden will. Sie müssen mir meine Weitläuftigkeit verzeihen. Denn einmal wollte ich Ihnen von Cidli schreiben; da Sie Fanny kannten. Und das konnte unmöglich anders geschehen, als zum wenigsten einigermassen umständlich zu werden. Wenn ich es Ihnen gleichwohl noch zu viel bin, so erinnere ich Sie geschwinde an das Buch, das ich davon schreiben könnte. Nun, das war noch dazu eine ziemlich lange Vorrede. – – „Mädchen" das faßt alle das Liebenswürdige in sich, was man durch *Weiblichkeiten* ausdrücken könnte, die Sie alle alle hat, ob sie gleich nicht *schön* ist. Man könnte diese Weiblichkeiten auch Gratien nennen; aber so strafte man den alten Homer Lügen, weil ihrer, wie *er* sagt, nur drey sind. Und dieser süssen Weiblichkeiten sind doch viel mehr, als drey. „Clary" das will das alles, u noch vielmehr sagen, was es beym Richardson heißt. Was es heissen würde, wenn der entsezliche Mensch, dessen Namen ich nicht wiederhohlen mag, ein Clarissus gewesen wäre, u seine Clarissa, in den süssen Stunden der Liebe Clary genannt hätte. „Clarissa" hier, seh ich, muß der Herr Scholiast schweigen. Denn er fühlt es wohl, daß hierbey gar zu viel zu denken ist. Das will ich nur anführen. Meine Moller ist lange, oft krank, u oft kränklich gewesen; u hat diese ganze Zeit über dem Tode so entgegen gesehen, daß ich sagen würde, Sie hätte, zu sterben, *verdient,* wenn ich nicht zu sehr bey diesem Gedanken zitterte. Ach, Dank, Dank! Nun ist sie ganz wieder besser. Doch ich will auf diesen ernsten Schauplatz nicht zurükgehen! „Freundinn" Wenige können diesen feinern Unterschied alsdann noch denken, wenn unsre Geliebte unsre Freundinn ist. Meine Freundinn hat einen angebohrnen, u ausgebildeten Geschmak, der immer viel entscheidend fühlt, u wenig disputirt; aber viel disputiren könnte, so bald er wollte. Sie hat ihn durch die Franzosen, Italiener, u Engelländer gebildet. Sie spricht die beiden ersten Sprachen; u die lezte beynah. Sie kann mir auch noch ein bischen, von ehmals her, folgen, wenn ich ihr den Horaz, oder Orpheus u Eurydice von Virgil erkläre. „Digito male pertinaci" sagte sie mir einst, käme ihr vor, daß das recht auf Römisch gesagt wäre. Allein das arme Kind wurde roth, da ich ihr sagte, wie recht sie hätte. Das arme Kind! Wie grausam ist der Molière mit den Mädchen umgegangen, daß sie erröthen, wenn sie auch nur ein bischen von der Sprache der Arria verstehn. „Freund" dieß ist ihr erhabner Geschmak an allem, was moralisch ist, u zur Religion gehört. Der Mess[ias] ist ihr fast einziges deutsches Buch, u dieß an Einem Abend, da sie ihn das erstemal sahe, geworden. O wie versteht sie ihn. Ich darf ihr eben so wenig, als unserm werthen Herrn Heß trauen, daß sie mir nicht, wie Er, alles erräth, wie es kommen wird. Und ihr Herz! Ihr ganzes schönes Herz! Ihr starkes, ihr zärtliches, ihr menschliches Herz! Einen Stiefvater, der sie lange lange gequält hatte, wählte sie, da sie zwey Jahr früher, als es gewöhnlich ist, u dieß wegen ihres Verstandes, mündig erklärt wurde, zu ihrem Curator. – O, wenn *ich* Ihnen ihre Briefe zeigen könnte! Doch diese gehören mehr zu Freundinn, u Mädchen, als zu Freund. Die Liebe kann mich zwar partheiisch machen. Doch ich liebe sie so sehr, daß ich mich kaum recht von ihr zu reden getraue. Manchmal denke ich, Sie ist ich, u dann getraue ich mich nicht von ihr zu reden. Nun so partheiisch ich auch *scheinen* mag; so kann ich doch von ihren Briefen sagen, u wollte dieß vor den größten Richtern sagen, daß Sevigné so nicht würde geschrieben haben, wenn sie auch selbst an einen Geliebten geschrieben hätte. Ich habe solche Briefe noch nicht gesehen, worinn soviel Natur im eigentlichsten Verstande, u zwar soviel *gute* Natur gewesen wäre. Ich fordre Sie auf, mein werthester Freund, mir Briefe zu nennen, von denen Sie sich vorstellen, daß sie ihren gleich kämen. Es ist eine grosse Aufforderung. Ich fühle ihre ganze Stärke. Aber ich wiederhohle sie. „Schwester" O wie war sie um mich herum, da ich ihr diese neue Aussicht zeigte. Die nächste *Verwandte* in der Schöpfung! sagte ich zu ihr. Aber ich kann diese ganze Entzückung nicht ausdrücken.

[Fortsetzung unter dem 24. März 1753]

147. Hagedorn an Bodmer, [Mitte Dez. 1752]

Hagedorn, dem das Englische offensichtlich keine Mühe bereitet, bedient sich der englischen Sprache wahrscheinlich, um den Inhalt nicht gleich jedermann verständlich werden zu lassen. Dafür spricht die Bemerkung am Schluß: „zu verbrennen". Vielleicht auch im Hinblick auf die damalige Vorliebe der Schweizer für alles Englische. – *Miss Müller:* für Moller. – *The Spring & the Poem on Rural Life:* die beiden in Klopstocks Brief an Bodmer vom 12.12.1752 erwähnten Gedichte.

Dear Sir,

In Compliance with Your Desire in the P. S. to Your last favour of the 4. Dec. 1752. I must tell You that the young Charmer to whom Your beloved Poet made his Adresses here, is one Miß Müller, a Merchant's Daughter, a Girl that does not want Knowledge & Taste – nor Spirits, and chiefly delights in the Raptures of sublime & epic Poetry, either from a peculiar Predilection & Cast of Mind, or because the most glaring Talent of her Admirer lies that way. Whether all this Course of Tenderneß is mere platonic Love or will rather end in coarse Matrimony than the Nuptials of their Souls, I cannot determine, indeed, – not having been in the Secret of their Sentiments.

Your Letter of the 6. Sept. 1752. came to my Hands the very day that the Author of the Messias went, after having spent here several Weeks, *only* in the Company of Miß M. always attending & worshipping his Idol. Therefore I could not ask him any thing about that Copy of his Poem, which You mention, supposing his Bookseller, Hemmerde, had been directed, by him, to transmitt it to You: But I delivered to one of his warmest Friend[s], Dr, Olde, a Physician, what You had inclosed for him: *the Spring & the Poem on rural Life,* & the Letter, You wrote him.

We expect a new Edition of the Messias from the Author himself who intends to publish Proposals ab[ou]t it & to get Subscribers towards furnishing the Expences & Charges of all Kind, which must attend that Edition. By what I hear, he will alter his first Plan of that famous Poem in several Points & render it *very* ([am Rande:] This I do question) different from what it has been hitherto. He is no leß succeßful in Love than in Poetry, but, was, during his Stay here, quite absorbed in female Company – at least with regard to me, who, contrary to my Wishes & Expectations, very seldom enjoyed his. – *Haec inter nos! – – (Comburatur)*

148. Meta an Giseke

Auszüge aus Briefen vom 23. 12. 1752 bis 3. 1. 1753, an Klopstock übersandt im Januar 1753.

N. 13. – An Giseke in Kopp. –   den 23ten Dec: 1752.
– – – Wie lieb ist mir mein Glück auch daher, daß es meinen Freunden Freude macht! Und es ist keiner unter ihnen, der sich mehr

darüber freuen kann, als Sie sich drüber freuen. Ich schreibe Ihnen jauchzende Briefe? Ja, wenn *ich* nicht jauchzen wollte, wer sollte dann jauchzen? Aber ach, wie wenig ist alle das Jauchzen gegen meine Empfindung! Wenn ich Sie nur einmal spräche – – – aber auch das wäre nicht zureichend. Gott, welche Empfindung ist ein so volles Herz! Voll von den Empfindungen der höchsten Glückseeligkeiten! Gesund, geliebt – von Kl geliebt! Ach wie liebt Kl, wie liebt Kl! Ach (ich kann die Wiederholung unmöglig unterdrücken) wie glücklich bin ich! Niemals hätte ich geglaubt, daß ein Sterblicher *so* lieben *könnte!* Ich traute mir sehr viel zu, aber *so* hätte ich nicht gedacht, daß ich selbst lieben könnte – u doch liebe ich itzt so. Wie sehr ähnlich sind wir uns, wie sehr ähnlich lieben wir, mein Kl u ich (*mein* Kl! Welche Musik!) Wie *weiblich* liebt er auch! Nicht den allerleisesten, feinsten Zug (der, in so einem geringen Grade, vielen zu vergeben wäre) von männlicher Härte, Gleichgültigkeit, Unachtsamkeit. Wie sorgt er für alles! Er wird umständlich (da er doch sonst sehr die Kürze liebt) so bald es auf die geringste Kleinigkeit für meine Gesundheit, oder auch nur für meine Bequemlichkeit, für mein Vergnügen ankommt. – – – Aber ich sollte von Kl-s Liebe nur nichts sagen. Sie verliert immer dadurch. Wie unzureichend ist alles was ich geschrieben habe – u alles was ich schreiben kann! Es ist noch lange kein Schatten davon. Man muß sie ganz sehen, auf allen ihren Seiten, in ihrem ganzen Umfange. Aber das kann niemand als ich! Und ich wollte gern, daß meine Freunde sich ganz freuen sollte[n], daher fange ich an zu *beschreiben,* u das ist thöricht! Ich ich kanns doch nicht lassen. – – Nun, ich will aufhören, ich will aufhören. Ich will von Ihnen u H[annchen] sprechen. – Ach Giseke, wie sehr muß ich mich von Kl *abreissen,* wenn ich gleich von Ihnen u H. sprechen will –

N: 15. – den 31 Dec: 1752 – – – – – Wenn Sie die Kunst zu [hoffen] verlernt haben; so hoffe *ich*. Bin ich doch itzt Kl-s Frau, u hatte gar gar nicht das Herz, es beym Anfang des Jahrs zu hoffen. – Ach nun kann ich nicht länger scherzen. Ich bin den ganzen Tag sehr gerührt gewesen. – – – – – – – O daß der Himmel Ihnen alle Ihre Jahre so endige, wie er mir dies endigt. – Oder vielmehr wie die, welche dies noch übertreffen werden. Die, da ich Kl-s Frau u seiner Kinder Mutter bin. – – – Ach ich weis es noch ganz genau, daß ich vorigs, an diesem Tage in einem Briefe an Sie, zu meinen Glückseeligkeiten, u zu den Vorzügen *des* Jahrs rechnete daß Kl. mein *Freund* wäre. Was soll ich itzt sagen? Itzt, da er – – da er mein Mann ist. (Lassen Sie mich den Ausdruck *ernsthaft* brauchen, ich *mag* hier keinen andern) – Lassen Sie mich hier ab[b]rechen Giseke, auf daß ich mich ganz dem süssen Gefühl der Liebe, der Entzückung über meine Glückseeligkeit u diesen Thränen der Freude u des Danks überlasse. – – – – D. 3ten Jan. 1753. (In der Erzählung von dem Abend, da die Königinn ankam) – – Ach wie schlug mir mein Herz! Mein Kl war in meinem Zimmer. Wie empfingen wir uns! Aber ich muste gleich wieder weg. Die Liebe gab mir den kleinen übereilten Einfall ein, daß Kl mit zu uns in die Kutsche steigen sollte. Kl war aber so klug u wollte es nicht. Ich wäre fast in der ersten Hitze böse geworden, wenn ich gegen Kl hätte böse werden *können,* ich habs ihm aber hernach sehr gedankt. Ich war betrübt, daß ich wieder fort muste, Kl. wars auch. Aber er – – der Einzige! versprach mir, wenn die K[önigin] *vor* 11 käme, wieder zu kommen. – – – Es war nun schon nach 11, u mir war bange, daß Kl nun nicht da seyn würde. Ach wie schlug mir mein Herz, wie ich, da wir stille hielten etwas rothes in meine[r] Stube sah. Ich konnte nicht unterscheiden ob es Kl war. Ich lief alles, was ich konnte, u ach, er wars! Ja, die Freude kann ich Ihnen nicht ausdrükken! Es ward einer von unsern süssesten Abenden. (Kl kennst du diesen Abend noch?) (Dieses steht auch in G-s Brief.) Es war der Abend da ich *mein Mann* sagte ([dazu Anm. unten auf der Seite:] Das ist eine Irrung. Es war später, einen Abend, da wir von Bohns kamen.) Ich wollte nicht essen, ob ich gleich hungrig war um nur mit Kl allein zu bleiben. Die S[chmidten] war aber so gut, Essen herunter zu schicken. Und da that ich meine Maalzeit auf Kl seinem Schooß, u aß u trank aus seinen Händen. Ach G, G! wie süß war das! – Nun, er hat mir noch kürzlich versprochen, daß ich meine künftigen Abendmaalzeiten alle so thun soll. ([Dahinter von späterer Hand durchgestrichen:] Ach Kl, Kl, mein Mann! (Das steht alles in G-s Brief) könnte ich dich itzt doch nur einmal küssen!) – – – – –

Die Nummern 13. 15. sind die Nummern der Originalbriefe Metas an Giseke.
– *Giseke in Koppenhagen:* irrtümlich für Giseke in Braunschweig.

149. Johann Christoph Schmidt an Gleim, 14.2.1753

Langensalze, den 24ten Febr. 1753.
– – – – Ich bewundre unsers lieben Klopstocks unüberwindliche Neigung zur Liebe; denn ich habe schon Alles, was ihn angeht, von

seiner Schwester erfahren. Er und ich, wir scheinen unter Einem Sterne geboren zu seyn, so sehr beseelt uns ein und derselbe Trieb. Wenn ich nicht meinem Talente, alle Dinge komisch vorzustellen, die es vielleicht in der That nicht sind, das Stillschweigen aufgelegt hätte, so hätte ich bald Lust, meine Art zu lieben, die er so oft angegriffen hat, durch einige Anmerkungen auf Unkosten der seinigen zu rächen. Doch kein Wort hiervon. Ich habe mit dem feierlichsten Gesichte, das ich nur habe annehmen können an Dem. Moller nach Hamburg geschrieben, und ich hoffe gewiß, daß sie mir antworten wird.

Was meinen Sie mein lieber Gleim? Alles heurathet; Schlegel hat auch geheurathet, und zwar ein Mädchen, mit deren Werthe er sehr wohl zufrieden ist. Sollten wir beide, Sie aus Trieb, eine Frau zu haben, und ich – – ich weiß selbst nicht warum, uns nicht auch endlich nach einem solchen Mädchen umsehen? Es kann uns gar nicht daran fehlen. Wir Poeten sind künstliche Leute, wir können durch die Zauberkraft unsrer Einbildung die Mädchen verwandeln, worin wir wollen. Ihre Vollkommenheit ist meistentheils sosehr unser Werk, daß wir davon mit allem Rechte mit dem Ovid sagen können:

> Ista repercussae, quam, cernis, imaginis umbra est.
> Nil habet ista sui: mecumque venitque manetque,
> Mecum discedat, modo si discedere possim.

Sie haben mir versprochen, mir recht viel von Dem. Moller vorzuplaudern; und nun müssen Sie es halten. Daher erinnern Sie sich daß ich allemal auch etwas von Herrn Sucro erzählt haben will; ich liebe den Mann von ganzem Herzen. [...]

Das etwas veränderte Zitat aus Ovids Metamorphosen (III 434–36) lautet übersetzt: Was du erblickst, ist ein Schatten, ein widerspiegelndes Bildnis, Hat kein eigenes Leben; mit mir nur kommt es und bleibt es; Und es entweiche mit mir, wenn ich zu entweichen vermöchte.

150. Klopstock an Bodmer, 24.3.1753

Fortsetzung des Briefes vom 12.12.1752

Den 24ten März 1753.
Ich kann es auf keine Weise verantworten, daß ich diesen Brief so lange habe liegen lassen eh ich ihn fortseze. Was kann ich aber izt

machen? Es ist einmal geschehen! Wenn es dadurch einigermassen wieder eingebracht werden kann, so will ich auf die Ostermesse wieder schreiben. Ich bin in meinen Scholien bey *Braut* stehen geblieben. Aber ich habe nur noch so wenig Raum übrig. Ich will also nur aufhören, ein Scholiast zu seyn. – Ich werde künftige Michaelmesse zween Bände des Mess[ias], jeden 4 Gesänge stark, herausgeben. Ich meine die ersten fünf Gesänge mit. Ich habe in diesen nicht wenig Veränderungen gemacht, die aber nur in kleinen Zügen bestehen, größtentheils das Sylbenmaaß, u manchmal den Ausdruk angehn. Ich werde mich sehr bemühen, diese Ausgabe zu der richtigsten selbst unter allen denen zu machen, die künftig herauskommen können. Groß 4 – neue Lettern, u, wenn es möglich ist, nicht Ein einziger Drukfehler. Ich werde fortfahren, wie ich bisher gethan habe, aus Religion gegen den Inhalt, u aus Hochachtung für die Welt, langsam zu arbeiten. Und, in Betrachtung dieser Langsamkeit, habe ich mich, so lange ich am Weltgerichte (wovon ein grosses Stück fertig ist) gearbeitet habe, selbst übertroffen. – Es ist mir eine sehr angenehme Vorstellung, die mir oft wiederkömmt, daß Wiland bey Ihnen ist. Ich habe sie besonders vor einigen Wochen erneuert, da mir Erzählungen gebracht wurden, von denen ich, schon auf den ersten Seiten, glaubte, daß sie von Wiland wären. Ich habe die Erzählungen so lieb gewonnen, daß ich sie ganz u gar für mich u meine Moller *zu recht machen* will. Ich rede hier von nichts weniger, als einer strengen Critik. Ich meine nur, daß ich sie so gar den humeurs meines Geschmaks anmessen will. Und weil ich dieß nur für mich u mein Mädchen thue, so geht das wohl an. Es ist von ungefähr so, als ich wohl manchmal zu meiner Moller sagte: Diese Schleife noch ein bischen anders, u jene Locke so herum! Ob sie sich gleich mit so viel Geschmak u Natürlichkeit kleidet, als sie spricht. – Sagen Sie mir doch etwas von Wilands Doris (wiewohl ich kann *Doris,* weil dieß Wort so oft entweiht worden ist, nicht recht leiden; u das ist so etwas, wie ich sagte: Diese Schleife anders!) lieber also von Wilands Mädchen. Oder lassen Sie mirs Ihn selbst sagen, oder thun Sies Beide. Vor allen Dingen sagen Sie mir aber auch etwas von Hr Breitinger u Heß. Ich habe mich sehr gefreut, daß Zürch *angefangen* hat, seinen Heidegger zu kennen. – Ich habe hier meine Sachen so eingerichtet, daß ich, ob ich gleich in einer Hauptstadt lebe, nur sehr wenigen Umgang habe. – – – Ich bin im Anfange vergangenen Monats über eine Stunde bey unserem besten Könige gewesen, u habe

Ihm ein grosses Stück aus dem 6ten Gesange gelesen. – Ist Kleist noch bey Ihnen? Schreiben Sie mir von ihm. Ich habe vorigen Sommer nicht bis auf Berlin kommen können. Rammler ist noch etwas länger bey Gleim in Halberstadt gewesen, als ich zu gleicher Zeit in Quedl[inburg] mich aufhielt. Gleim, der zehnjährige Sucher, hat endlich in Blankenburg ein würdiges Mädchen gefunden. Ich bin allezeit werthester Herr u Freund
Ihr ergebenster Klopstock
Meine adresse ist: auf der Cramercompagnie.

151. Bodmer an Klopstock, 22.4.1753

an Kl[opstock] auf Ostern 1753.

Was für einen hohen Begrif muß ich mir von Ihrer Moller machen, wenn der jenen übersteigen soll, den sie selbst mir von Ihrer Schmidin gemacht hatten; für die ich ehmals aus eben dieser ursache so viel geredet, und so vil geschrieben hatte? Ich muß über die Vorsehung erstaunen, welche sie so weit nach Norden geführt, Sie zu dem Mädchen zu bringen, welches sogar für Ihre individuale person erschaffen, und selbst so individual an Genie und Herz ist. Vormals hätt ich Mühe gehabt zu glauben, daß nur noch Eine Fanny seyn könnte; izt glaube ich noch dazu, daß sie übertroffen werden könne, u würklich zum wenigsten zweymal übertroffen sey; einmal von Cidli, das andere mal von Serena. Diese leztere kenne ich sehr genau, aus Erzählungen und aus Handlungen. – Sie fodern mich auf daß ich Briefe nennen solle, welche den Briefen der Cidli beykämen. Ich werde mich hüten, ihr das unrecht zu thun, daß ich glaubte, von denen Briefen die mir bekannt sind, könnten einige den ihren beykommen. Denn die rede ist doch hier nicht von den Briefen der Verstorbenen und alle andern sind auch nur gar zu leicht zu übertreffen. Aber wäre mirs ohne unhöflichkeit erlaubt eine andere probe zu bitten, (und diese nicht einen ungläubigen zu überzeugen, sondern mir etliche entzükende Blike in das schöne Herz ihrer Cidli zu vergönnen:) so wollte ich mir Ihrer Cidli *Empfindungen* bitten, die sie haben würde, wenn sie sich in den umständen der Asenath sähe, da Jacob und Joseph einander widerfanden und Joseph, nachdem er s. Vater umarmt hätte, zu ihr sagte, daß s. lange geängsteter Vater in s. Armen liege. – Wollten sie die Gütigkeit haben mir einige stüke von ihrem Genie oder Erzählungen von ihrem Leben mitzutheilen, so könnten sie mir so diese sonderbare person einigermassen vor m. Gesicht stellen, und ich würde dadurch in den stand gesezet, mir eine nicht ganz unrichtige Idee von der Glükseligkeit zu machen, womit Sie durch den vollkommensten Genuß keiner geringeren als einer Cidli beseliget sind.

Wiel[and] wird noch lange bey mir bleiben, und ich zittere vor dem Gedanken seiner Heimreise. Er lebt nur denen Bekannten, deren sie in ihrem Schreiben die Gütigk[eit] haben nachzufragen. Breiting[er] und Heß sind unsere tägliche Speise. [Am Schluß eingefügt:] Wir haben Hoffnung daß Br[eitinger] eine Abhandl[ung] vom Erhabn[en] machen werde. ⟨..⟩ derselbe würde viel für die bibl. Epopee ⟨können⟩. [Am Rande:] Kynzli und Waser haben uns besuchet. Wiel[and] hat ihr ganzes Herz erworben. Kynzli ist itzo in London; u im Herbst wird er in Berlin seyn. Doct. Hirzel und s. Cameraden haben mir ihr Herz gänzlich entzogen. Dieses war ursach, daß ich Hr. von Kleist der Beym Doctor einlogirt war, wenigermal sahe, als sonst geschehen wäre. Dennoch hat dieser überaus gefällige Herr vil Liebe für mich bezeiget. Er hatte eben des Doctors Haus verlassen, als ihm hiesige Holländische Officiers verdrüßliche Händel macheten, die ihn bewogen, nach Schafhausen zu gehn. Die jungen Hrn hatten ihm eben nicht die richtigste Carte vom hiesigen Orte gegeben. Ich freue mich herzl. wegen des späten Mädchenfindens. Es wird wol etwas zwischen einer Cidli und Doris seyn. – Ich muß beinahe fürchten, daß auch dieser [d. i. Gleim] mich verworfen habe. Hr. von Hal[ler] ist hier, und wir erwarten Voltair.

Briefe der Verstorbenen: Wieland hatte 1753 gerade die „Briefe von Verstorbenen an hinterlassene Freunde" fertiggestellt. – *Asenath:* Josephs Frau; vgl. den 3. Gesang von Bodmers „Jacob und Joseph".

152. Wieland an Klopstock, 22.4.1753

W[ieland] an Klopst[ock].

Ich bin sehr erfreut daß ich endlich eine Gelegenheit habe an den Dichter der Messiade zu schreiben, die ich in noch sehr jungen Jahren schon zärtlichst geliebt, bey der ich ehmals so viele süsse Thränen geweint, so viele edle Entschlüsse gefaßt habe; an einen Dichter von dem ich einst die Hofnung wagte, daß er derj[enige] sey, den mein Herz lang umsonst gesucht hatte. Izo da mir unsere allzuweite Entfern[ung] kaum erlaubt hat, Ihnen bekannt zu werden, muß ich mich damit begnügen Sie meiner aufrichtigst[en] Hochacht[ung] und einer Zärtlichk[eit] zu versichern, für welche ich von Ihnen keine Erwiederung fodern kan, da sie mir mit so vielen würdigern Lesern d[er] Messiade gemein ist.

Die Nachrichten die ich von ihrer *glüklichen Liebe* habe, können mir nicht gleichgültig seyn. Ich erfreue mich, sie nun so glüklich zu wissen, wie ich ehmals herzlich mit Ihnen weinte da Sie in einer Ode an Dafne so rührend und edel trauerten. Dennoch müssen Sie mir erlauben, daß ich in dem Gedanken stehe, die liebenwürdigste unter allen Töchtern Eva's könne die Sympathie nicht wegnehmen, die Sie mit Fanny verband. Ich kan nicht glauben daß Sie sich sollten so lang und so sehr haben selbst hintergehen können oder vielmehr daß die Natur Sie sollte so sehr hintergangen haben, da sie Ihnen so ungemeine Empfindungen für Fanny einpflanzte, wie die Ode an Gott ausdrükt, eine Liebe von der man ohne Hyperbole sagen kan, sie sey stark wie Tod. Ich sehe mich also genötiget hier etwas unbegreifliches anzunehmen und zu glauben, daß wenigstens in d[er] Auferstehung diese zwoo Seelen die die Natur einander bestimmte, sich erkennen werden. Zürnen Sie nicht daß ich Ihnen schreibe wie ich denke, ich müste alsdann die Hofnung ihr Freund zu werden, aufgeben etc.

Weil Sie es verlangen so muß ich ihnen doch etwas von der vortreflichen Person sagen, die Ihnen unter dem Nahmen Doris villeicht nicht bekannt genug ist, weil Sie vermuthen musten sie sey mehr ein Werk d[er] Phantasie als d[er] Natur. Sie wollen etwas von *meinem Mädchen* wissen. Mädchen schlechthin klingt mir eben so wie Ihnen Doris. Meine Ungenannte ist eine liebenswürdige Antipode von Gleimischen Mädchen. Die Geschichte m[eine]r Liebe ist zu sonderbar, als daß dieses Blat sie fassen konnte, doch bestehet dieses sonderbare nicht in romanischen Verwicklungen. Ähnliche Neigung zur Tugend, u: gleicher Geschmak etc hat uns so bald verbunden als wir uns kannten. etc. Sie hat mehr Bon-Sens als Crebillonischen Wiz, sie bemerkt allemals an den Dingen zuerst das wahre und nüzliche. Ihre ungemeine Zärtlichkeit alles wahrhaftig schöne und gute zu empfinden u: zu lieben, macht nothwendig auch in Werken des Geistes ihren Geschmak sicher u: fein. Wenn sie schreiben würde so würde sie Rowe oder Lambert seyn. Daß sie über alles dieses noch ungemein schön artig und anmuthsvoll sey, will zwar von ihr ganz was mehrers sagen, als wenn es die verliebte Phantasie eines Poeten von derjenigen sagt, welche so glükl[ich] gewesen, seiner Phant[asie] diesen Schwung zu geben. Ich kan aber nicht fodern daß Sie mich hierin von der gemeinen Art ausnehmen u: es liegt auch nicht viel daran. Die wahre Unschuld und die übende Tugend ist gewiß schön. Das sehen auch ihre Feinde.

Sie wissen bereits daß ich bey Bodmern bin. Schon sechs glükliche Monate sind mir in seinem Hause wie Wochen dahingeflossen. Eine gütige Vorseh[ung] machte mich ihm bekannt, gab mir seine Aufmerksamkeit und endlich sein unschäzbares Herz. Das meinige besizt kaum Serena mehr als er. Ich will aber lieber in der Zukunft und durch Thaten lieber als Worte mich der Vorsicht, die ihn mir schenkte u. s[eine]r Zärtlichk[eit] würdig zeigen. Bodm. hat mir auch die Liebe s[eine]r vortreflichen Freunde zugewandt. Urtheilen Sie nun wie glükl[ich] ein Herz sich selbst fühlen müsse, das mit dem zärtlichsten Hang zur Freundsch[aft] gebohren, imer Freunde gesucht u: keine gefunden wie es suchte, endl[ich] aber fast auf einmal in den freundschaftlichsten Umgang der edelmüthigsten Männer versezt wird, deren einzelne Vorzüge, durch d[ie] Freundsch[aft] vereint, einen Cranz, von allem was am Menschen liebenswürdig ist, ausmachen. Wenn Sie sich eine hieraus entspringende sanfte Zufriedenheit, ein neues Leben der edlen Neigungen der Seele, einen beständigen Zuwachs an Einsicht, und noch tausend kleinere der Welt unmerkliche nicht brausende aber desto süssere Freuden vorstellen, so haben Sie einige Idee von meinem Auffenthalt bey Bodmern. Daß die Vorsicht ihre weiseste ⟨Wünsche⟩ [Ihnen] eben so gütig erfülle als mir, ist d[er] aufrichtige Wunsch ihres mit redlicher Hochacht[ung] ergebenen W.

Ode an Dafne: die Ode „Wenn einst ich todt bin", später „An Fanny" genannt. – *Crebillonischen Witz:* in Beziehung auf Crébillon fils: „Les égarements du cœur et de l'esprit"; Witz hier als Übersetzung von franz. Esprit.

153. Meta an Gleim, 5.5.1753

Hamburg, den 5ten May 1753.

Mein lieber Herr Gleim

Werden Sie es mir auch glauben, da ich es Ihnen so spät sage, daß ich mich sehr darüber freue daß Sie endlich ein Ihrer Liebe würdiges Mädchen gefunden haben? Das habe ich wirklich recht sehr gethan.

Und ich würde Ihnen schon lange zu dem Besitze Ihrer Mayerinn Glück gewünscht haben, wenn Klopstock nicht den Einfall gehabt hätte, daß wir zusammen Einen Brief schreiben wollten. Itzt aber hat mein armer Klopstock so viel wegen der Subscription des Messias zu thun, (Giseke hat Ihnen doch Klopstocks Commission deswegen gesagt?) daß er ganz u gar an keinen Menschen schreiben kann. Und so will ich auch nicht länger mit meinem Brife warten. Ich habe selbst nach meiner Art so viele Geschäfte, daß dieser Brif wohl nur kurz werden wird. Aber es ist doch besser, daß ich Ihnen kurz den Antheil sage, den ich an Ihrer Freude nehme, als gar nicht. Da Sie von Ihrer Mad^ell Braut geliebt werden, u da ich so viel Gutes von ihr gehört; so können Sie nicht anders, als glücklich durch Ihre bevorstehende Ehe werden. Ich will Ihnen also weiter nichts wünschen, als daß diese Glückseeligkeit von recht langer Dauer seyn möge. Empfehlen Sie mich Ihrer Mayerinn. Ich wünsche sehr, Sie beyderseits genauer kennen zu lernen. Und ich hoffe, das wird dann geschehen, wenn meine Glückseeligkeit, die itzt schon so sehr groß ist, ihren höchsten Grad wird erreicht haben.

Sie haben mir einen kleinen Streich gespielt, mein lieber Herr Gleim, den ich Ihnen doch ein bischen verweisen muß. Wie Sie mir neulich die Oden schickten, wofür ich sehr danke; so hatten Sie dem Manne, der sie mir brachte, gesagt, daß ich Klopstocks Braut wäre. Das setzte mich in keine kleine Verlegenheit, denn es ist hier gar nicht bekandt, u ich darfs auch noch nicht sagen. Klopstock wird Ihnen ohne Zweifel nicht gesagt haben, daß wirs in Hamb[urg] noch geheim hielten. O sagen Sies doch künftig niemand, der nach Hamburg kömmt, wenns nicht ein ausserordentlicher Freund von mir u Klopstock ist. Nehmen Sie mit diesem kurzen Brif für lieb, ich habe keine Zeit mehr. Ich bin Ihre beständige Freundinn   M. Moller.

154. Meta an Giseke, 14.–15. 5. 1753

Den 14ten May 1753
Abends gegen 7 Uhr

Giseke! Giseke! Sie kommen nach Hamburg? Um des Himmels willen schreiben Sie mir so was nicht, wenn Sie nicht wollen, daß ich ganz ausser mich komme. Ach kommen Sie nun auch ja, ach kommen Sie, wenn Sie Ihre Klopstock lieb haben! Und wenn Sies nicht meinetwegen thun wollen; (denn wir sehen uns doch vielleicht um einige Monate) so thun Sies doch um der Schlebusch, der Höckeln, der Herteln, der Schmidten, der Scheelen u Oldens willen. Sie wissen ja, wie sehr Sie von diesen allen geliebt werden. Wenn Sie es aber wüsten wie sehr sie sich allen [!] danach sehnen, Sie einmal zu sehn! Ach Sie thun es, wenn es Ihnen möglich ist, das weis ich. Aber es *muß* möglich seyn, u das hauptsächlich Ihrer lieben Schwester wegen. Denken Sie einmal, wie das arme Mädchen wohl nach ihrem einzigen Bruder schmachtet! Und wenn sie ihn bey dieser Gelegenheit nicht sieht, wann kann sie dann hoffen ihn zu sehn? Ja Giseke, Sie müssen kommen, Sie müssen! Wenn ichs auch recht überlege; so sehe ich nicht warum Sie nicht könnten. Das bischen Unkosten können Sie wohl daran wagen. Wo alles herkömmt, kommt das auch her. Ich verlangte wohl noch mehr, nämlich daß Sie Hannchen mitbrächten. Denn nach *meiner* Vernunft ist das die einzige wichtige Hinderung, daß Sie so lange von H. getrennt seyn müsten. Wenn Sie also nicht mehr *überlegten,* ob die Hochzeit im Aug: oder Oct: seyn soll; sondern sie lieber *vor* dem Aug: machten, u dann mit H. hier kämen; so wäre das auch gehoben. Nun, nun, ich will immer hoffen, Sie kommen.

Das kann ich Ihnen sehr nachempfinden, Hr Bruder, welche Freude Ihnen daß seyn muß, daß Ihre Freunde es alle itzt wissen, daß H. Ihre Braut ist. Ich habe schon oft mit Kl. davon geschwatzt, welche unnennbare Süssigkeit mir das seyn wird, wenn ein jeder weis daß ich seine Braut bin, wenn ein jeder, der mich sieht, mich auch zugleich für *Klopstocks Geliebte* hält. O, das muß was ganz unaussprechliches seyn! – Ach wenn Sie nur kommen, wenn Sie nur kommen! Die Sch[midten] hat sich schon so sehr gefreut. Was werden die Höck[eln] u die Schl[ebusch] nicht auch thun. Wie entzückt werden die nicht auch schon durch Ihren Brief seyn!

d. 15ten, Abends gegen 8 Uhr.
Ach eben habe ich einen Brief von meinem Sung gekriegt! – Aber wir wollen uns lieber in die Materie nicht einlassen, wir möchten nicht wieder heraus finden können. Eines nur will ich Ihnen erzählen, u das ist sehr lächerlich. Kl fängt seinen Brief damit an, daß er mir wohl nicht viel wird schreiben können, weil er ein sehr liebenswürdiges, junges Mädchen (braves, rechtschaffenes war sein Ausdruck) hatte kennen lernen, eine Zeitlang viel mit ihr umgegangen, u diesen Morgen von ihr hatte Abschied nehmen müssen, weil sie ver-

reiste. Sie hätte ihm sehr gefallen etc -- Wie ich das anfange zu lesen, wird mir ordentlich ein bischen angst. Ich weis nicht, ob nicht gar so etwas, sehr entferntes zwar, von Eifersucht mit dabey war. Ich habe immer gesagt, bey Klopstocks Liebe *könnte* ich nicht eifersüchtig seyn, u ich sage das auch noch, unterdeß war das doch fast so etwas. Nun kommt das lächerliche. Wie ich einige Zeilen weiterlese, finde ich, daß der Affe Wort für Wort eine Stelle aus meinem Briefe abgeschrieben hat. Ich hatte das nämlich von Bostel gesagt. Ist das nicht lustig? – Und das Allerlustigste wäre, wenn mein Brief auf ihn dieselbe Wirkung gethan hätte. Und das muß ich fast denken, weil er *ich* ist, u ich *er* bin. Ja wir sind uns gar zu ähnlich.

Die Höckeln hat sich so sehr über Ihren Brief gefreut, daß mein Mädchen mir gestern Abend sagte, es müste etwas sehr erfreuliches in dem Briefe gewesen seyn, denn Mad¹. Höckeln wäre ganz fröhlich geworden. Diesen Morgen hatte ich wieder ein Gewerbe nach ihr, da läst sie mir ordentlich durch das Mädchen sagen: Es wäre was ganz allerliebstes, der Brief, den ich ihr geschickt hätte.

Ich bin mit der Antwort zufrieden, die Sie mir wegen meiner Aufdeckung eines gewissen Mannes gegeben haben. Wenn Sie das nur wissen, daß er nicht nicht [!] ganz gut ist, mehr verlange ich nicht. Aber ich habe nicht geglaubt, daß Sie das wüsten, daß er ein Freygeist u in allen Wollüsten vertieft wäre. Ich behalte mir auch vor mündlich mehr davon zu reden. Sie werden es doch wissen, daß ich sonst recht viel von ihm gehalten habe. --- Da ist ein Rosenblatt für Sie, u eins für H[annchen] wenn Sies ihr schicken wollen. Meine Mädchen u auch meine guten Freundinnen haben sich ein gewisses Verdienst gemacht, wer mir die ersten schaffen könnte, weil Kl u ich voriges Jahr so viel Lerm damit gemacht haben. Meine gute Freundinn, die zwote Witten (die älteste, auch nur meine *gute Freundinn* ist seit einem halben Jahr nach Schleswig verheyratet) hat dieses Verdienst heute erreicht. Die Schm[idten] u Jung u Mädchens u alles ist sehr wohl.

Cl. Kl.

Wieviel der vorhergegangenen Korrespondenz verloren ist, kann nicht mehr festgestellt werden. Wer der „gewisse Mann" ist, von dessen Aufdeckung Meta spricht, ist nicht verständlich.

155. Ewald Christian von Kleist an Johann Kaspar Hirzel, 16.5.1753

Potsdam d 16ten May 1753.

Mein liebster Freünd

Ich habe meine beschwerliche Reise glücklich zurück gelegt, und bin nun sehr ruhig und vergnügt in Potsdam. Ich wünsche Sie und unsere übrigen Zürchischen Freünde zwar oft zu mir, aber mich nicht zu ihnen, denn ihr Vaterland ist kein Land für mich. Es ist ein Sitz der Grobheit und der Raserey, ich ärgere mich wenn es mir nur einfällt, und wundere mich daß die 50 brave Leüte, die etwan darin seyn mögen, darin leben können. Herr Gleim bey dem ich 14 Tage mich aufgehalten, empfiehlt sich Ihnen bestens, er wird vielleicht bald heyrathen. Kramer und Giesecke die ich auch gesprochen, sagen daß Klopstock sich ehestens auch verehligen werde, mit einem reichen und ungemein witzigen Mädchen in Hamburg, einer Schülerin von Gisecken. Er hat die Schmidten [d.i. Fanny] nicht verlaßen, wie man in Zürich meinte, sondern sie ihn. Ihre Mutter hat ihre Einwilligung nicht ehe geben wollen, bis HE Klopstock eine größere pension hätte, und dazu ist keine Hofnung gewesen. Ehestens wird ein oder mehrere Gesänge vom Meßias wieder heraus kommen. [...]

156. Meta an Giseke, 28.5.1753

D. 28ten May 1753. früh um halb 12.

Ich muß Ihnen doch nur gleich erzählen, welches Schicksal Ihr letzter Brief gehabt hat. Sie errathens wohl nicht, daß er weg[g]eworfen, u eine Zeitlang liegen muste, ehe er gelesen ward. Was sagen Sie dazu? Aber Sie geben mir gewiß ein bischen Recht, wenn ich Ihnen sage, daß es schon ganz spät war u ich noch keinen Brief von Kl hatte. Ich bin das gar nicht mehr gewohnt, denn die Briefe kommen itzt im Sommer so schön früh. Wie ich nun so lange nach einem Briefe geseufzt hatte, u mir schon recht angst war, da kam das Mädchen mit einem weissen Briefe herein. O wie freute ich mich! Wie streckte ich meine Hände aus! u --- der weisse Brief war nicht von Kl! Sollte man ihn in einem solchen Unmute nicht wegwerfen, wenn er auch gleich von Giseke wäre? Ich wollte Ihnen das nur erst erzählen Hr. Pastor, auf daß Sie einsehen lernen daß es eine Möglichkeit sey, daß ein Brief von Ihnen auf eine halbe Minute (denn länger dauerte es doch nicht) weggeworfen werden kann. Und nun will ich mich mit Ihnen freuen, recht freuen, wie Ihre Moller, wie Ihre Klopstock sich über Ihres Lieblings Glückseeligkeit freut, daß Sie nun wieder bey H[annchen] sind. Wie ist Euch denn nun zu Muthe, Ihr süssen Kinder, wie ist euch zu Muthe? Nun Ihr Euch wieder in Euren Armen habt, mit der Gewißheit Euch habt, daß Ihr nicht wieder getrennt werdet, mit der Gewißheit, daß Ihr nun bald ganz Euer seyd. O wie glücklich sind Sie beyde, wie glücklich! – u wie glücklich bin ich auch dadurch daß Sies sind! Nun, erzählen Sie mir doch ein bischen von Ihrem Wiedersehen, *beschreiben* Sie mir doch ein bischen davon. Wie sah H. denn aus, wie sie Ihnen entgegen kam? Was empfanden Sie, wie Sie sie sahen? H. ist wohl noch hübscher geworden, seit dem Sie sie nicht gesehen haben? Nicht so? Wenigstens kommts Ihnen doch so vor. Sie liebt Sie auch wohl gar mehr? – Ach es muß doch über alles gehen, wenn man sich *so* wiedersieht! Und Sie guten Kinder, Sie waren doch nicht *lange* getrennt. Und Sie *wusten* Ihr Glück hernach doch so bald. Sie sind überhaupt in der ganzen Zeit, da Sie Ihr Glück erwartet haben, nicht lange getrennt gewesen. Sie haben Ursache sehr mit Ihrem Schicksale zufrieden zu seyn – doch wer würde es itzt an Ihrer Stelle nicht seyn! ―――― Was macht Luise u Gärtner? u ihre Kinder? Hauptsächlich mein Schwiegersohn, der Dragoner? wird er auch brav stark? Das muß er ja! Er soll auch ein ganz rundes, rundes frisches Mädchen haben, dem die Unbequemlichkeit[en] der Märsche nicht hindern sollen in der Campagne recht gute Wochen zu halten. – Grüssen Sie alle recht sehr. Sie wissen wohl wie lieb ich sie habe. So bald ich kann schreibe ich an alle. Itzt kann ich nicht mehr, hauptsächlich weil die Post geht. Künftig will ich Ihnen eine recht äffische Stelle aus Klopstocks Brief abschreiben, die Ihnen angeht. Ach Giseke, wenn ich meinen Kl auch erst so hätte! – Nun, die Zeit wird kommen!

M. M.

157. Meta an Giseke, 1.6.1753

Hamburg, 1 Jun. 1753.

Ach, Giseke, ich kann es Ihnen gar nicht sagen, wie sehr ich mich jetzt über Sie freue! So bey Hannchen! So! So glücklich und so ungezwungen, so frey, so deklarirt! Ich habe schon lange eine Idee von der Süßigkeit gehabt, wenn ein Jeder es so weiß: das ist der, den ich liebe; das ist der, der mich liebt. O Sie können sich nicht vorstellen, wie ich mich freue! – Und ich sollte Sie beneiden? Wie wäre das möglich? Ich bin aber ordentlich so ein Affe gewesen, mich zu untersuchen, ob ichs auch thäte; denn ich bin einige Tage, ohne Ursache, ein bischen niedergeschlagen gewesen. Ich habe aber so viel Freude in meinem Herzen gefunden, daß es ganz unmöglich war, daß der Neid sich darunter verstecken könnte. – Ach, ich habe Ihnen Ihr Glück ja auch so lange gewünscht! Wenn ich an Ihr jetziges Glück denke, und hauptsächlich, wenn ich Ihren letzten Brief lese; so vertiefe ich mich oft so sehr in die Freude, daß ich gar nicht einmal an Klopstock und mich denke. Und wenn ich dann mit einmal wieder an uns denke; so freue ich mich und sage: So wirds uns auch bald gehn! Unterdeß bin ich jetzt doch wieder für *dieses* Jahr sehr kleinmüthig – allemal ohne Bewegungsgrund von Klopstocks Seite, das wissen Sie nun schon. Aber ich bin ja schon so glückselig! Ach Giseke, ich bins nun schon ein ganzes Jahr! Heute ist der Tag, da mein Klopstock ankam, da ich ihn so unvermuthet in meinem Zimmer fand, da – – o Gott! da ich so viel fühlte! – Und er ward mein! Er ward mein! –

Sie haben gewiß keine Kleinigkeit von Ihrer Ankunft bey Hannchen erzählt, die mir nicht besonders süß gewesen ist. Alles, Alles habe ich gefühlt. Sagt mir doch ein bischen davon, Ihr süßen Kinder, beschreibt mir doch, wie ist ein Kuß, wenn man sich nach einer langen Abwesenheit wiedersieht, und sich so wiedersieht, daß man nun bald Mann und Frau werden will? Was fühlt man dann, wenn die Lippen das erste Mal wieder sich zusammen drücken? – Ach! was wird das seyn? Ihre Hochzeit ist doch nun gewiß im August? Wie ich Klopstock einmal schrieb, daß Sie überlegten, in welchem Monate sie seyn sollte, antwortete er mir: „Da es Giseke an gutem Rathe zu fehlen scheint, in welchem Monate er in die Brautlaube gehen soll, so steh ich ihm doch in dieser großen Noth mit folgendem herzlichen Rathe bey: Im August soll er untersuchen, und auch ausmachen, in welcher Kirche er sich will trauen lassen; im September: ob er eine Runde- oder eine Beutel-Perücke aufsetzen will (das war sehr überlegt. Er dachte nicht daran, daß Sie sich priesterlich, aber doch recht gut, kleiden müssen); im Oktober: was Hannchen für Band auf den Schuhen tragen soll; im November: ob Sie rothen Wein und Rheinwein, oder rothen und Burgunder trinken wollen! Im December: ob das Brautbett rothe oder grüne, oder auch blaue Vorhänge haben soll. Versichere ihn dabey auf mein Wort, wenn er dies nach meinem wohlgemeinten guten Rathe gethan haben wird, daß er dann hoffen darf, daß er mit dem lieben neuen Jahre Muth und Weisheit bekommen wird, einzusehen, daß es besser ist, sich morgen, als übermorgen zu verheirathen." –

Nun wenn Ihnen dies zu weiter nichts hilft, so können Sie doch daraus sehen, wie aufgeräumt mein Klopstock immer ist.

M. Klopstock.

158. Meta an Cramer, 3.6.1753

Hamb. d. 3ten Juni 1753.
Es liegt mir ordentlich schwer auf dem Herzen, wenn ich in einigen Wochen nicht an Sie geschrieben habe mein süsser Cramer. O das ist mir dann so lange, so lange! – Wissen Sie wohl, daß ich itzt schon ein ganzes Jahr glücklich bin? Ja, heut vor einem Jahr war mein Kl schon bey mir. Ach was war das eine süsse Zeit! Ich thue itzt fast nichts anderes, als daß ich jede Stunde, jede Minute mich erinnere, was wir vorigs Jahr um diese Zeit thaten. Sie denken, dieses mache mich traurig, weil ich Kl itzt nicht habe? Ganz u gar nicht. Es macht mich vielmehr fröhlich. Es ist mir sehr süß das alles wieder nachzudenken. Ich fühle alles wieder, was ich damals fühlte, u fühle es auch *so* wieder, als ichs fühlte. Es sind Empfindungen von einer ganz eignen feinen Süssigkeit, die ersten Empfindungen der Liebe. Man ist dann noch so schüchtern, u man fühlt so viel, u man wundert sich so über das, was man fühlt, u es ist doch so süß. –– Ich kann Ihnen das nicht beschreiben. Wenn Sie Herren Mannspersonen das nicht so fühlen, wie wir; so müssen Sie Charlotte um eine nähere Beschreibung bitten. Aber ich denke, Sie müssen auch so etwas fühlen. Wenigstens war Kl im Anfange schüchtern genug – u am Ende war ers ganz u gar nicht. – Und Sie glauben, ich würde noch in diesem Jahr Cl[ärchen] Kl[opstock] werden? Einen Tag gla[u]b ichs auch, u den andern wieder nicht. Kl hat mir noch nichts weiter geschrieben; sondern noch vielmehr gesagt, ich möchte ihn ja nicht bitten, mir eher etwas zu sagen, als bis er mir etwas gewisses sagen könnte. Und das will ich auch gewiß nicht thun. Ach ich bin so ganz mit allem zufrieden wie mein Einziger es macht! Nennen Sie mir das aber nicht *geheimnisvoll*, Cramer, was die höchste Zärtlichkeit bey meinem Kl ist! Wenn ich die Nachricht meines Glücks kriege; so krige ich sie dann auch

auf einmal – u es ist doch jeden Posttag möglich, daß ich sie kriege. Stellen Sie sich einmal vor, was das seyn wird, wann ich den Brief kriege. Nein, ich glaube kaum, daß ich die Freude werde aushalten können! – Aber die wann Kl selbst kömmt ist doch noch größer! Nun --- ich bin gar zu glücklich! Das glaube ich wohl, daß meine Schwiegermutter gerne doppelt u dreyfach groß Schwiegermutter von Ihren Kindern seyn möchte. Ich möchte auch wohl, daß sies wäre! Aber was würde Giseke und die andern sagen wenn ich so eigennützig wäre. Unterdeß dünkt mich doch, Sie thäten wohl, wenn Sie mit dem Versprechen Ihrer künftigen Kinder sich nicht übereilten. Denn sehen Sie, wann wir zusammen sind *(wir zusammen!)* in Kopp: so haben meine Kinder immer ein näher Recht als die andern. Carl ist doch wohl? Ich habe so viel an ihn gedacht, weil der arme Junge Zähne kriegt. – Es bleibt doch dabey, daß die Oberhofprädicatur in meines Schwiegervaters Hause verlegt wird, wann ich nach Q[uedlinburg] komme? Ja wahrlich Cramer, Sie müssen immer bey uns seyn! – Sie können dann wohl einige mal weniger predigen. – Küssen Sie Charlotte und Ihre Sungs. Sie haben diesen Brief doch auch ein bischen lieb, wenn er gleich keine Sterne hat? Ich bin ja
                                                Ihre Meta Klopstock.

Sollte man den Pastor zu Traut[enstein] nicht fast beneiden, daß er so ordentlich Bräutigam ist?

[am Rand:] Eben sagt Olde mir, daß Giseke gleich nach Pfingsten nach Hamb: kommt. O ich bin voller Freude!

159. Meta an Giseke, 9.6.1753

D. 9ten Jun. 1753.

Mein liebster Freund

Welche Freude haben Sie mir dadurch gemacht, daß Sie mir sagen, Sie wollen kommen – u schon so bald! Aber eine solche Freude war mir heute auch nöthig. Ach Giseke, ich habe gestern keinen Brief gehabt! Die Post ist gekommen, u ich habe keinen Brief. Das ist mir noch niemals wiederfahren. Ach, was kann ich denken! – Ja, ich *will* mir nicht gerne Sorge machen. – Nun, Gott wird ihn behüten! – Mein einzigster Trost ist noch, daß weil er auf dem Lande ist, der Brief vielleicht nicht recht bestellt seyn mag. Aber wie schwach ist dieser Trost! Er ist schon so oft auf dem Lande gewesen! Sehr oft vergesse ich auch diesen Trost ganz u gar. Wie tief wäre ich von meiner Glückseeligkeit herunter gefallen! Wie unglückseelig wäre ich! -- Aber ich will keinen gar zu fürchterlichen Gedanken nachhangen, u Sie itzt nicht durch meine Klagen beunruhigen. – Ach wie lang ist es noch bis Dienstag! Ich hatte mich ganz fest fest vorgenommen Ihnen entgegen zu fahren; aber *itzt* kann ich nicht. Unterdeß beschwöre ich Sie bey unsrer ganzen Freundschaft, ja so bald zu mir zu kommen als es Ihnen nur möglich ist. Ach wenn ich erst weis, daß mein Einziger wohl ist, wie wollen wir uns dann zusammen freuen! – Alles was Sie mir von sich u H[annchen] gesagt haben ist allerliebst, ich nehme auch gewiß allen Theil daran, aber ich kann Ihnen itzt nichts sagen. – Ich weis nicht, ob ich Ihnen noch wieder schreiben werde. Wir haben sehr viel zu lärmen u zu thun, weil [Benedikt] Schmidt seine Mutter gestorben ist. Und wenn ich keinen Brief kriege; so *kann* ich auch nicht schreiben. Ach Giseke glauben Sie doch ja nicht, daß meine Freundschaft nicht noch immer gleiche lebhaft ist, weil ich mich nicht mehr über Ihre Reise zu uns zu freuen scheine. Hätte ich einen Brief! – Nun, ich habe mein Vertrauen auf Gott noch nicht verloren! Grüssen Sie alle u bestellen diese Briefe.

M. M.

160. Meta an Giseke, 7. 7. 1753

No: 1, denn ich weis meine   Den 7ten Jul. 1753
   andren Nummern nicht.

Nun Giseke, Sie sind doch glücklich bey Hannchen angekommen? Das versteht sich, wie wollten Leute, die so lieben, wie wir, nicht glücklich reisen. Ihre Entfernung, mein süsser, süsser Giseke, wird mir wirklich noch leichter, als ich mir jemals vorgestellt hätte. (Ach wie schwer würde sie mir werden, wenn ich Kl nicht hätte!) Die ersten Stunden nur waren sehr schlimm. Und wann ich erst recht wieder unter die Menschengesichter komme; so wirds freylich wohl wieder s[ch]limm werden. Wann ich dann die Stunden des Ekels mit den Stunden der Süssigkeit vergleiche, die ich mit Ihnen zugebracht habe. Ach tausend, tausend Dank sey Ihnen noch dafür mein bester Freund! Wann Hannchen Sie durch Küsse, die alles belohnen, entzückt; so denken Sie, daß Sie auch für diese Stunden belohnt werden. O wie will ich die Stunden wiederholen! Mit der Schlebusch, der Schmidten u der Schleelen [!] will ich eine jede, auch die allerkleinste Süssigkeit, wieder durchkosten. ----- Hören Sie Giseke, ich muß

Ihnen das doch erzählen, gestern hatte ich einen Einfall, wodurch ich es mit *Gewalt* möglich machen wollte, auf Ihre Hochzeit zu kommen. Das schlimmste ist, daß er mir nur wenige Stunden *ausführbar* schien. Sonst war er von einer Süssigkeit, daß -- nichts als meine Hochzeit mit Kl noch süsser seyn kann. Denn, ich muß Ihnen das nur alles gestehn, ich wurde durch einen Brif meines süssen kleinen Mannes veranlaßt, zu denken, daß er wohl gar mit kommen könnte. Itzt scheint mir alles unmöglich. Und also lassen Sie sich auch nur nichts davon merken, denn es würde die Schmidten beunruhigen.

Und Sie Pastor Affe, sind mir dann hinüber gelauffen, u haben noch die Schl[ebusch] u die Häckeln gesehn. Ja, ja, ihr seyd mir die rechten! Ich weis schon, was ich an H. schreiben will. Itzt will ich aus grosser Eifersucht (denn ich habe so wohl Ursache dazu als H.) kein Wort mehr an Sie schreiben. Auch nicht einen von den hunderttausend Grüssen bestellen, die mir aufgetragen sind. Auch beynahe nicht H[annchen] L[eonore] G[iseke] u alle grüssen lassen. Auch nicht fragen, wie Ihr Schwiegersohn in Bl[ankenburg] sich befindet. -- Auch nicht Ihre Cl. Kl seyn! (Was das witzig ist! Ich sage das doch alles, ob ich gleich nicht scheine es zu sagen)

161. Meta an Giseke, 14. 7. 1753

D. 14ten Jul 1753.
Woher ist Ihr Brief denn N. 2. Giseke? Ich habe keinen andern, als den vom 10ten. Sollten Sie schon eher geschrieben haben? Ihre M. Schwester hatte doch auch noch keinen, denn ich schickte vorgestern hin, weil mir ein bischen bange war, da ich noch keinen Brief hatte. Ich vermuthete nun Donnerstag Nachmittag gar keinen mehr. Ich muß Ihnen doch von dem Tage ein bischen erzählen. Ich war erst bey meiner alten braven Tante, der *Cordes* (der Schönermarken ihre Schwester). Ich hatte die Süssigkeit von Ihnen, von Kl. u von der Schleb[usch] zu sprechen u sogar ein Stück von Kl-s Briefe zu lesen. Sie hat eine Tochter, die *Rütger,* die meine Liebe schon lange, u itzt auch jedes Wort in Kl-s Brif fühlte. Das war mir eine grosse Freude, das können Sie denken. Eine Frau, die so wenig Geräusch macht, das man ihr das gar nicht zutraun sollte, u die doch vielleicht ein Herz hat, wie H[annchen], so sanft! so menschlich! so zärtlich! Ich wäre den ganzen Abend da geblieben, wenn nicht *unsre* Schleb[usch] (ach, sie ist so sehr, so ganz *unser!*) mich gebeten hätte, zu ihr zu kommen.

Ihr Vater, welcher nicht zu Hause war, hatte ihr die *ausserordentliche* Erlaubniß gegeben, die Schm[idten], Schm[idt], die Herteln, die Häckeln u mich zu sich bitten zu lassen. O Giseke, welch ein Abend war das! Kl u Sie fehlten uns zwar, aber sie fehlten uns auch nur kaum. Wie wir schon lange von Ihnen gesprochen u nun ganz feyerlich Ihre Gesundheit trinken wollten; sagte mein Schwager, mit einer angenommenen Verdrießlichkeit: Ach, was soll der hier thun? Ja, sagten wir, weil wir ihn doch nicht selbst mehr haben; so wollen wir doch wenigstens an ihn denken. Und ich, sagte Schm[idt], habe ihn doch mehr als sie! u kriegte Ihren Brif heraus (den meine Magd ihm gegeben hatte.). Er wollte ihn aber nicht eher hergeben, als bis ich ihn auf den Mund geküst hätte. Das konnte ich nun freylich nicht thun, aber ich küste ihn doch auf dem Backen u ließ die andern Mädchen ihn auch küssen. Das erweichte ihn denn auch so, daß er ihn gab. Ich verlaß ihn gleich, u wir freuten uns sehr. [...] --- Freuen Sie sich doch, daß der alte Schl[ebusch] nach der äusserst harten Begegnung gegen seine Tochter, sich so bekehrt hat. Das ist zwar allemal nur für eine Zeitlang aber die Schl. glaubt doch zu bemerken, daß er die letzte Begegnung bereuet. – Nun Hr. Bruder, da ist ein Brif ganz voll von unsrer Schwester Schl. Doch das wird Sie nicht verdrießen, Sie haben sie ja so lieb. Ach Giseke haben Sie sie nur immer so lieb. Sie können auch mir keine grössre Freude machen. Und wenn Sie sie auch lieber hätten als mich! Ich glaube, das würde mich nicht verdrießen, denn ich habe sie ja so lieb -- als wenn sie mein Mann wäre. Und sie verdient das alles so sehr! Ihre Klopstockinn

161a. Meta an Giseke, 22.–25.7.1753

D. 22t. Jul. 1753, Abends um 7 Uhr. Ich habe diese Woche keinen Brief von Ihnen vermuthet, mein lieber Giseke. Aber Sie haben vielleicht einen von mir vermuthet? Nun, ich habe nicht gekonnt. Es ist Ihnen auch noch Ehre genug, daß ich itzt schreibe, denn ich habe gar keine Lust zum Schreiben. Es mag wohl wahr seyn, was Charlotte [Cramer] sagt: Je näher man zur Frau kömmt, desto weniger mag man schreiben. Der Wahn hat Ihnen da in dem [!] Kopf gesetzt, daß ich wohl diesen Herbst noch Frau werden könnte. Ich muß Ihnen aber sagen, daß nichts als die bloße Möglichkeit davon wahr ist. Nein, Hr. Bruder, es wird mir nicht so gut werden, als Ihnen. Ach ich komme nicht einmal auf Ihre Hochzeit. Von allen meinen hunderttausend Anschlägen kann keiner ausgeführt werden. Ich werde wohl hier sitzen, und wenn ich mich nicht so *ein bischen* Ihrentwegen freue, vielleicht sehr verdrießlich seyn. Bleibts noch beym 22ten Aug: Giseke? Hannchen ist doch recht brautmäßig gesund? Nun, das versteht sich. Hernach wird sie schon fraumäßig krank werden, das versteht sich auch. Aber so ein halbes Jahr nach der Hochzeit, denke ich, eher wird doch wohl nichts davon werden. Machen Sie mir nur kein Maul, Herr Pastor, oder ich kneip Sie gleich den Augenblick. Denn nun werden die alten blauen Stellen wohl schon vergangen seyn. Und ich wollte doch so gerne, daß Sie H. welche zu zeigen hätten. Denn es würde mir gar zu angenehm seyn, wenn bey einer solchen Gelegenheit von mir gesprochen würde. – So Herr Pastor, für heut Abend kriegen Sie nichts mehr. Wenn Sie nicht wieder so viel andere Sachen im Kopf hätten, so könnte ich Ihnen nun gut ein Stück von meiner Geschichte geben. Aber ich will damit warten, bis Sie und Ihre Frau in Ruhe und Friede beym Camin sitzen und durch nichts gestört werden, als wenn H. etwa einmal übel wird. Nun, dann können Sie sie ja nur in Ihre Arme nehmen und sagen wie ein gewisser Mann: Mein Engel, nimm mirs nicht übel. Dann wirds bald besser werden. – Noch eine wichtige Frage, Herr Pastor. Was haben Sie denn für einen *Leitfaden* zu Ihrer heutigen Andacht gehabt? Die Frage geschieht wirklich nur, um meinen *Leitfaden* anzubringen. Denn es gefiel mir gar zu sehr, wenn unser Pastor M. seinen Text neulich so nannte. – Und nun ... wäre freylich noch sehr viel von einem gewissen süssen, süssen Sungen zu sagen.

Aber ich sitze hier bey meinem Schrank, und der ist mir zum Kneipen ein bischen zu hart, und meine armen Lippen könnten nicht viel Beißen mehr vertragen. Also ist es wohl besser von einer so *kneiplichen* (warum geht *kneiplich* nicht so gut an, als *kitzlich*?) von einer so kneip- und beißlichen Materie still zu schweigen. Also bin ich Ihre Dienerin. Denn von mir und was zu mir gehört, *will* ich nicht sprechen, von Ihnen habe ich ganz und gar nichts zu sagen, und von den Mädchen, worin Sie sich verliebt haben (sie mögen seyn, wo sie wollen), weiß ich nichts. Wollen Sie aber Neuigkeiten wissen; so kann ich Ihnen sagen, daß vorige Woche ein Gewitter gewesen, und morgen eine Exekution seyn wird.

D. 25ten. Noch etwas wichtiges, aber das ich, eben weil's so wichtig ist, auf ein andermal vergessen möchte. Seyn Sie so gütig, wenn

Sie wieder in Braunschweig kommen, von einer jeden Art von diesen Nadeln mir zwey Pfund zu besorgen. Wenn Sie sie wollten mit nach Gerdau nehmen, und sie mir von da durch den hamburschen Dames [?] mitbringen lassen; so würden Sie mir einen Gefallen erweisen. Ich weis, was ich Ihnen da zumuthe, um eine solche Zeit an Nadeln zu denken. Aber Sie können sich dafür rächen. Wenn ich aus Hamb. reise; so bin ich in denselben Umständen; und wenn Sie dann etwas aus H. verlangen; so werde ich doch sehr bereit seyn, es Ihnen mitzubringen. -- Noch etwas ungleich beßeres. Kl. und ich haben schon wegen des *Portraits* an Kleist geschrieben. Ach wenn ich's kriegte, wie würd ich's küssen! Und dann wären Sie wieder die Gelegenheit zu der Bekanntschaft mit dem Portrait, so wie Sie's zur Bekanntschaft mit Kl selbst sind. Wie viel habe ich Ihnen schon zu danken! Nun, ich bin auch Ihr dankbares Schwesterchen Cl. Kl.

162. Meta an Giseke, 3. 8. 1753

Den 3ten Aug. 1753
Abends um 8 Uhr.

Ich bekomme itzt entweder gar keine oder doch sehr kurze Brife von Ihnen mein lieber Giseke. Ich mache doch keinen andern Schluß daraus, als daß Sie nicht Zeit haben mehr zu schreiben. So geht mirs auch. Ich bin itzt so wenig in der Stadt, daß ich keine Zeit habe, an Kl. zu schreiben. Auf daß Sie aber wissen, daß wir alle hier in Hamburg wohl sind; so will ich Ihnen das lieber kurz, als gar nicht, sagen. Ich habe durch Olde gehört, daß Ihre Hochzeit schon um 14 Tagen seyn wird. Ich freue mich sehr darüber. Ich beneide sehr die Schleelen [!]. Und weil mir kein andrer Trost bleibt; so will ich ihr wenigstens doch so viele Küsse mitgeben, daß Sie in einer ganzen Stunde nicht sollen zu H[annchen] kommen können. ------------
Noch sehr was wichtiges muß ich Ihnen doch erzählen; so wenig Zeit ich auch habe. Vorigs Jahr, kurz vor meiner Krankheit habe ich mich gewogen, u wog, nach Klopstocks Ausrechnung 99$^{1}/_{6}$ ℔. Nachher bin ich durch die Krankheit natürlicher Weise noch magerer geworden. Dieses ist nicht allein schon wieder ersetzt; sondern ich wäge itzt 114 ℔. Hätten Sie das wohl gedacht Giseke; daß ich so viel in zehn Monaten zugenommen hätte? Aber freuen Sie sich nicht? Was das alles für Rundheiten für meinen Kl sind! Ich denke *Ihnen* muß die Nachricht von mir wichtig seyn. Und wenn Sies auch nicht

wäre; so bin ich doch viel zu fröhlich darüben [!], als daß ichs nicht hätte schreiben sollen. Kl habe ichs auch eben geschrieben u auch eben einen süssen Brif von ihm gekriegt. -- Leben Sie wohl Giseke. Dieser Brif soll nichts weiter bedeuten, als daß Sie nur wissen, daß wir leben. Ich hoffe, Sie leben auch. Und das hoffe ich auch von Cramer, ob ichs gleich eigentlich nicht weis. Wenn Sie mir das von sich versichern, u haben von Cramers Leben Nachricht; so versichern Sies mir von ihm auch. Empfehlen Sie mich H. u allen. Ich bin
Ihre Klopstockin

d. 4ten
Ich hatte meinen Brif schon nach Traut[enstein] addressirt, wie ich noch eben Ihren bekam. Wie sehr freue ich mich über alles! Aber ich habe so wenig Zeit es zu sagen. Ich danke Ihnen für den Brif an Kl. Er wird sich sehr freuen. -- Hannchens Brusttuch will ich, wenn ichs fertig kriege (denn ich muß es selbst machen, das versteht [sich]) der Schel. mitgeben; sonst schicke ichs Ihnen. -- Sie haben doch meine N. 3 bekommen? -- Mir wird recht angst, wenn ich denke, Sie brechen diesen Brif auf, u glauben recht was süsses darin zu finden, u es steht gerade nichts darin. Nun, ich will der Sch. bessere mitgeben. -- Küssen Sie H. u alle die es dort würdig sind von mir. Mein Schwiegersohn ist doch mit da? Für den einen besonderen Gruß. An d. H. Prof: Gärtner bitte ich mich ganz ehrerbietig zu empfehlen, u zu sagen, daß ich gleichwohl noch ein Affe wäre. MK.

163. Meta an Giseke, 9.–10. 8. 1753

Hamb. d. 9ten Aug. 1753.
Mein lieber Giseke, Mein liebes Hannchen
Denn nun schreibe ich keinen Brief mehr an einen von Ihnen besonders, nun gehören alle meine Briefe immer Ihnen beyden. Ach Sie glücklichen Kinder! in welchem Elysium leben Sie wohl itzt? Ich fange gar nicht darauf an, Ihnen etwas von der Freude zu sagen, die ich über Sie habe. Ich denke immerwährend, immerwährend an Sie. O wie wollen wir Ihren Hochzeittag feyern! Und ich will ihn recht lange feyern. Wann niemand mehr an Sie denkt, so will ich noch an Sie denken. (Sie wissen, daß ich oft aufwache.) Soll ich das thun *Jungfer Braut?* – Ey sagen Sie mir doch, meine liebe Jungfer Crusen, wie gefiels Ihnen in der Chaise? Wie gefiels Ihnen, wann sie zugezo-

gen war? Die Liebesgötter haben mir verrathen, daß allerhand kleine artige Gespräche, von einer neuen Art, darinnen vorgefallen sind. Wollen Sie mir nicht ein bischen davon erzählen? Ich habe schon die Liebesgötter darum gefragt, aber das war ein Schalk, er machte ein Maul u sagte, ich wäre noch zu jung dazu. Nun, wenn Sie mir denn auch nichts erzählen wollen, meine liebe Jungfer Cr[usen] so sagen Sie mir nur wenigstens, wie sieht man dazu aus, wann solche Sachen zu einem gesagt werden? Wie man dazu aussieht, wann sie einem geschrieben werden, das möchte ich wohl so von ungefehr ein bischen wissen. Aber wann sie zu einem *gesagt* werden, davon weis ich ganz u gar nichts. Ein gewisser Poet hat einmal in einem Gesichte gesehn, daß er mit seinem Mädchen von solchen süssen Sachen (ja, er nannte sie *süß*, wenn ich nicht irre) daß er mit ihr von solchen süssen Sachen schwatzte. Das Mädchen hat beständig ihre Hände vor die Augen gehalten, u sie gar nicht wegthun wollen, so viel ihr Liebhaber sie auch gebeten, so sanft er auch die Hände gedrükt, u so zärtlich er sie auch geküßt hatte. Endlich bietet ein Liebesgott (denn die Schelme mischen sich immer in alles) ihr anstatt ihrer Hände seine Flügel an. Sie nimmt das Anerbieten an. Aber kaum sind ihre Hände in ihres Bräutigams seine; so fliegt der Schalk weg, u läßt ihr weiter keine Zuflucht, als etwa den Hals ihres Bräutigams. (Der Fall ist noch ein bischen anders aber es kommt nicht darauf an.) Für Leute, die ihrem Hochzeittage so nahe sind, ist das wohl eine lange Geschichte gewesen. Aber für Leute, die das *nicht* sind, ist sie schon gut genung. ----- Hier ist das *Herzentuch*, welches der Hr. Bräutigam bestellt haben. Ich habe mich sehr geeilt, es fertig zu machen, auf daß sie es noch in der Brautnacht brauchen können. Denn wenn Ihre Hochzeitkammer etwa ein bischen kühl wäre, so möchten sich die Herzen sonst erkälten. Es wird sehr ersucht, es fein ordentlich unter das Corsetchen, u es nach Belieben mit einigen Nadeln festzustekken. Man kann auch unmaaßgeblich, um mehrerer Ordnung willen übers Corsetchen ein grosses doppeltes Tuch thun, u es auch nach Belieben, hinten u vorne, vor allen Dingen aber unterm Halse u über der Brust, mit einigen Nadeln verwahren. Der oben angeführte Poet hat auch einmal in einem Gesichte gesehn, was mit allen solchen ordentlichen Sachen vorgehn würde, davon aber weis ich nichts. Denn ich bin keine Poetinn, u zu solchen Sachen auch noch zu jung. ----- Ach wie viel süsser wärs, dieses alles mit Ihnen zu schwazen, als zu schreiben! Wie sehr beneide ich die Scheelen! Weil mir aber doch nichts andres übrigbleibt; so hab ich ihr gesagt, sie sollte sie alle brav küssen u kneipen. Brav, daß es blau würde. Es thut Ihnen ja noch keinen Schaden Jungfer Braut. Und bey Gärtner sollte sies recht hämisch machen, wegen meinem Groll auf das: *zu äffisch.* Weil ich aber besorge, daß Mad. Scheelen nicht wird *Courage* genung haben, das zu thun; so bitte ich sie daran zu erinnern. – Noch eins, wegen des Tuchs. Ich habe es mit Fleiß so groß gemacht, daß die Sungs (o; bitte um Verzeihung, ich bin es so gewohnt, in diesem Styl zu reden) daß das kleine Mädchen künftig Raum darunter hat, wollte ich sagen. – Ach Giseke! Ach Hannchen! Ich habe Sie noch niemals so lieb gehabt.

D. 10ten

Eben kriege ich Ihren Brief, u also muß ich Ihnen nothwendig noch etwas schreiben, wenn der Brief auch noch so lang würde. Unbeschreiblich, ganz unbeschreiblich freue ich mich darüber, wenn ich mir Sie so zusammen in Ihrer Brautkammer denke. Wie süß, wie ehlich ist das schon! – Aber Sie sollen mir allebeyde nicht so viel guten Mut wünschen. Habe ich den denn nicht? – Ihr Brief ist, so lieb ich Sie auch habe, doch wieder eine kleine Weile weggeworfen. Das ist nun aber einmal sein Schicksal des Freytags. Und heute kommt noch die Schm[idten] dazu u sagt, ein Brief vom Bräutigam. Und bey einem solchen entzükenden Worte verlangt sie, ich soll zu erst an Sie denken. Verlangen Sie solche Unbilligkeiten auch Hr. Bräutigam? – *Mein* Bräutigam kann nicht, wenn er auch will, Ihnen an Ihrem Hochzeittage einen Brief schicken. Das geht in der Zeit nicht an. ----- Was das anbetrifft, meine liebe *Jungferbraut,* daß Sie nicht als *Jungfer Braut* wieder an mich schreiben werden, davon haben sie glaube ich eine kleine Antwort in meinem gestrigen gefunden. Nun, ich wünsche Ihnen viel Glück zu Ihrer Frauenschaft. – Jungfern müssen auch leben. Aber itzt kann ich Ihnen noch trotzen. Ich bin also   *Madame Klopstock.*

Noch eins. Am *Frauenmorgen* wollen Sie von mir sprechen? Nein, Kinder, lasst das bleiben! Ihr könnt dann was bessers schwatzen. Wollen Sie es aber gleichwohl thun; so habe ich die Ehre Ihnen zu sagen, daß Kl u ich uns gar nicht revanchiren werden. Weder am Frauenmorgen noch am Jungfernabend als ich Sie itzt hab. Nun seyn Sie recht sehr, u recht lange glücklich! Das bete ich, ungeachtet aller meiner Tändeleyen, mit dem grösten Ernst, aus vollem Herzen.

------ Und dann auch --- funfzehn Folgen vom 14ten Aug. Und --- nun, weiter weis ich *Ihnen* nichts zu wünschen. - Ich *kann* nicht enden. Ich denke immer, der Brief ist für Leute in Ihren Umständen zu lang, u doch kann ich nicht von Ihnen abkommen. Wie würde das gehen, wenn ich bey Ihnen wäre! Giseke, ich liesse Hannchen ja nicht in die Brautkammer. - Nun, meine liebe Jungfer Crusen, leben Sie wohl, ich empfehle mich Ihnen. Ich werde doch die Ehre in meinem Leben nicht wieder haben, an die Jungfer Crusen zu schreiben. An Gisekens junge Frau werde ich freylich wohl bald schreiben, aber nicht an die Jungfer Crusen. Und ich habe doch die Jungfer Crusen so lieb, es geht mir recht nahe, daß ich niemals wieder an Sie schreiben soll. Ey, wenn Sie mir zu Gefallen lieber ---- lieber noch erlaubten, an die Jungfer Crusen zu schreiben. Was sagen Sie dazu? Nun, wie soll ich Sie nennen? mein Hr. *Nichtmann*. ------

Ja, ja, nun will ich denn aufhören. Ich hätte bald gesagt, sie sollten recht vergnügt seyn, ich einfältiges Ding! Nun denken Sie nur ein ganz kleines bischen an mich. Ich empfehle mich Ihnen nochmals, u wünsche nochmals viel Seegen u auch viel Gedeyen. --- Zeigen Sie diesen Brief ja niemand, denn man würde ja sagen, ich wäre zu einem solchen Briefe noch zu jung. Nun, leben Sie wohl. Küssen Sie sich, küssen Sie sich, u --- o, u der Himmel verleyhe mir eine baldige Nachfolge! Clärchen Kl.

164. Klopstock (und Meta) an Giseke (und Gärtner), 11.8.1753

Klopstocks Gratulationsbrief zu Gisekes Hochzeit am 15. August war offenbar einem Briefe an Meta beigelegt, die ihn dann zusammen mit ihrem eigenen Glückwunschschreiben am 16. weiterleitete.

Lingbye den 11ten August 1753.
O wie freu ich mich, wie freu ich mich, daß ihr beiden süssen Kinder da so mit einander, u zwar in Eurer Kutsche allein, nach Gerdau, zur Brautlaube, gefahren seyd. Ich weis freylich ein bischen davon, was das heißt, mit seinem Mädchen allein fahren. Aber du hast unrecht, Bruderchen Ehmann, daß du mir es nicht eher geschrieben hast, daß mein Brief auf den Hochzeitabend ankommen sollte. Ich habe deinen erst gestern bekommen. Glükseligkeiten, u Glückseligkeitchen, u Elysium rund um Euch her, u noch viel mehr, wozu ich keine Worte

habe, wünsche ich Euch, Ja, ja, ich möchte wohl den Abend dabey gewesen, ich möchte wohl itzt dabey seyn. Es ist ein süsser Sung! nicht so, Hannchen? Ob er gleich Klas heißt, so ist es doch ein süsser Sung. Wenn nur Kläschen klänge, so wäre doch dieser desperaten Sache einmal für allemal abgeholfen. Sie müssen sich zufrieden geben, mein liebes Hannchen. Der Weise unterwirft sich den Schicksalen, die er nicht ändern kann.

Es ist doch eine sonderbare Sache. Ich hab Euch so lieb, ihr süssen Kinder, ich habe Euch so viel zu sagen, aber gleichwohl – ja ich muß es nur bekennen! muß ich vorher ein bischen von Meta Friedrikchen Klopstock mit Bruderchen Klas sprechen. Meta ist also recht rund wieder geworden? u lustig? u wild? Bruderchen. Nun du brauchst eben nicht so geschwinde fortzulesen. Du kannst Hannchen wieder ein wenig inzwischen küssen. Es müste denn seyn, daß ihr des Lerms ohne dieß schon zu viel machtet. – Ganz eine andre Meta als sonst! Rothe Backen u Augen, Bruderchen? Nun so hör doch! hör doch! ich schreie ja, hör doch! Eine ganz andre Meta, sagtest du. Ja, das glaub ich wohl. Denk einmal, sie hat sich neulich gewogen, da wog sie vierzehn Pfund mehr, sage vierzehn Pfund mehr, als vor einem Jahre. Vor einem Jahre wog sie neun u neunzig Pfund u drittehalb Loth. Aber, o ihr Liebesgötter! (du solltest meine klägliche Stimme hören) diese vierzehn Pfund hab ich noch nicht auf meinem Schoosse gehabt! – Doch eben wollte Hannchen ersticken! Ich wette darauf der Erzklas hat mir nicht zugehört. Aber sag mir doch (denn von der Taille wirst du doch mit mir reden wollen, weil ich vielleicht nach u nach auf eine verdorbene kommen könnte) sag mir doch, ob die Taille meiner Meta nichts bey den vierzehn Pfunden gelitten hat? Denn das die Taille meiner Meta eine *rare* Taille ist, das kannst du gar nicht leugnen. Sie ist gewiß die schönste Taille die jemals die Folge von irgend einer verdorbenen Taille gewesen ist, das ist meiner Meta ihre Taille! Wenn du mir nicht zuhörst, Sung, so sag ich kein einziges Wort mehr. Kann ich doch wohl mit Gärtner schwazen. Was Louisen ihre Taille anbetrifft, mein lieber Gärtner, so möchten Sie es für eine Schmeicheley halten, wenn ich sagte --- u sich vielleicht nicht erinnern, daß ich verliebt in Louisen bin (mags doch Meta hören!) was mir also desto eher erlaubt ist, zu sagen, daß Sie eine süsse, süsse Taille hat, die aber, leider! freylich schon zweymal in der Brautlaube übel angekommen ist. Dazu (doch ich will nichts gesagt haben!) wissens die Liebesgötter am besten, wie es etwa, leider! schon wieder mit ihr stehen mag. – Verrathen Sie mir doch ein bischen, mein lieber Gärtner, sagen Sie mir, wie finden Sie die jungen Eheleute? Mich deucht, es ist ein ganz artiges Paar? Wenn Sie mir etwa einige Geschichtchen von dem Hochzeitabend zu erzählen haben, so werde ich sehr dankbar dafür seyn. Unter uns gesagt, mich deucht, es ist alles so recht in der Ordnung. Und es scheint mir, daß Giseke meine Ermahnungen, Hannchen zu küssen, so wenig nötig hat, daß sie es vielmehr vor den Leuten thun. Wenn sie nur der Gemeine kein Ärgerniß geben, so ist alles gut, pfleg ich zu sagen. Nun muß ich auch wohl ein bischen Raum für meine Meta lassen, daß sie noch etwas hierher schreiben kann. Aber du must mir das vorhergehende nicht lesen, Meta. Es stehn allerhand rare Sachen von Taillen darinn. Und das brauchst du eben nicht zu lesen. Hör, Meta, ein Wort ins Ohr. Ich möchte wohl wissen, ob Giseke u Gärtner so rar küssen könnten, als es dein Sung kann? Nicht so? Dein Sung kann es süß?

[Von Metas Hand:] Daran habe ich schon lange gezweifelt, mein lieber Mann! Wer kann so küssen, wie du!

165. Klopstock an Gleim, 14. 8. 1753

Lingbye, den 14ten August 1753.
meine Adresse in Kopp. ist bey
dem Leibmedicus von Berger.

Ich habe Ihnen bisher nicht schreiben mögen, mein lieber Gleim, weil ich Sie u mich nicht gern daran erinnern wollte, daß Ihre Liebe, worüber ich mich so gefreut hatte, aufgehört hat. Sie werden aber gleichwohl nicht loskommen, mir künftig einmal umständlich davon schreiben zu müssen. Jezt bitte ich Sie, ob ich es gleich so gern bald wissen mögte, noch nicht darum, weil Ihre Wunde noch so frisch ist. Eins befürchte ich nur, (aber überzeugen Sie mich ja bald, daß ich dieß nicht zu fürchten habe) nämlich: daß Sie auf das künftige zu sehr abgeschreckt seyn mögten. Denn ich muß meinen Lieben Gleim noch durch die Liebe glüklich sehn, das muß ich! Hören Sie, daß leid ich nicht anders. Und wenn ich nach Deutschland komme, u Sie haben keine Frau, so komm ich nicht nach Halberstadt! Merken Sie sich das! Auf den Gränzen können wir wohl wo zusammen kommen, aber nach Halberstadt komm ich nicht, das ist gewiß. [...]

Meine Moller wird alle Tage ründer. Sie hat so gar Grübchen an den Händen bekommen, u die Taille (ganz unpartheiisch würde ich sagen, daß es die schönste ist, die ich gesehn habe) diese süsse Taille hat nichts bei dem Rundwerden verloren. O es ist kaum auszustehen, daß das süsseste unter den Mädchen noch nicht mein kleines Weibchen ist – merken Sie sich das. Ich wiederhohl es. Sie müssen eins haben, wenn ich zu Ihnen kommen soll.   Ihr Klopstock.

166. Meta an Giseke, 16.8.1753

Mit diesem Begleitbrief leitete Meta Klopstocks Glückwünsche vom 11.8. zu Gisekes Hochzeit, die am 15.8. stattgefunden hatte, weiter.

[d. 16.A]ug. 1753. Abends um halb 8.
[Meine lieb]en Eheleute!

Wie glücklich sind Sie itzt! Und wie sehr freue ich mich! Nun, Glückseeligkeit, u Glückseeligkeitchen; u Elysium rund um Sie her wünsche ich Ihnen auch. Ich kann ja keine bessre Wünsche für Sie thun, als mein Bester schon gethan hat. Inligender Brif ist nach *meiner* Meynung der süsseste, den man Ihnen zu Ihrer Hochzeit schreiben könnte. Sie müssen es meinem süssen Sung aber auch nicht übel nehmen, daß er so viel von seiner Meta spricht. Sie wissen ja, wie es mit der Liebe ist: Ach, *ich* kann es ihm so sehr nachempfinden! Z.E. wenn ich ein Blatt Papier zu recht lege, u auch sogar an Sie, süssen Kinder, schreiben will; so kostet es mir fast allemal eine kleine Ueberwindung, daß ichs für meinen Einzigen beschreibe. – Aber wie schön ich bald in denselben Fehler gerathen sollte, den ich eben für ihn entschuldige. – Lieber will ich Ihnen erzählen, wie wir den gestrigen Tag ge[feyert haben. Wir dachten an] Sie u Ihre Gesellschaft, m[eine lieben Giseken. Es] ist gewiß nichts in der Welt s[o süß gewesen] als die unsrige war. Sie bestand aus mir (vor allen Dingen) Olden, der Häckeln, der Herteln, der Bohnen, Bohn, der Oertling, der Schmidten u Schmidt. (Die Schlebusch *durfte* nicht dabey seyn) Ich war erzwild! Keinen traurigen Gedanken hatte ich. Ich fühlte es kaum, daß ich selbst noch glücklicher werden müste, u *kaum* fühlte ichs auch, daß ich nicht bey Ihnen war. Jede Minute rechneten wir aus, was sie wohl eben thäten u bis um 2 Uhr, im Bette, schwatzte ich noch mit der Häckeln, die nicht von mir wollte, von Ihnen. Wir vermuthen freylich, daß Sie zu der Zeit schliefen. Unterdeß machte Mad^{ell} Häckeln doch einige kleine Anmerkungen. Ich habe ihr gedroht, weil sie so sehr lose, u mir zugleich so sehr neu waren, ich wollte Ihnen verrathen, daß sie *Anmerkungen* gemacht hätte, u [nicht die losen] Anmerkungen selbst ver[rathen. – Es sind ge]wiß schlimme Zeiten itzo! [Kluge Jungfern sin]d da, sind klüger als Bräute [selbst sind. –] So mein H. Giseke, nun können Sie den Brif nur an Ihre Frau geben. Das übrige geht Sie gar nichts an:

Sie sind doch nun eine kleine Frau, mein liebes Hannchen? – Ich *meyne* nur, ob die Trauung etwa aufgeschoben wäre. Aber sagen Sie mir doch, ob es denn wirklich so süß ist, eine Frau zu seyn. Ich weis nicht – – ich habe aber so einige kleine Anecdoten von den jungen Frauen, meinen Freundinnen erfahren. Unteruns gesagt, ich halte es mit dem heiligen, verehrungswürdigen, u in aller Welt so hochgeachteten Jungfernstande. Ich will gar nicht einmal anfangen, Ihnen *alle* seine Vorzüge darzuthun u auszuführen. Ich will Sie nur an einige erinnern. Sie wissen, welche Schönheit eine gute Taille ist. Und das ist nun unstreitig der Vorzug des Jungfernstandes. Zweitens wissen Sie, wie süß blühende Wangen sind. (Sehen Sie geschwinde in den Spiegel, *vielleicht* können Sie das noch itzt sehen) Aber mein liebes Hannchen, ach, [mir ist angst um Ihre Wan]gen, diese rothe Wang[e könnte in kurzer Zeit] in eine blasse verwandelt w[erden. Vielleicht wird] sie verblühen, noch eher, als die [Blume] ihre [Schön]heit verlieren wird! Aber ich will aufhören von Dingen, die für Sie nothwendig so traurig seyn müssen, zu reden. Was würden Ihnen auch Thränen der Reue helfen, itzt, da es nicht mehr in Ihrer Macht steht, itzt, da nun ei[n]mal – – – doch ich will aufhören, ich möchte mich sonst Ihrentwegen mitbetrüben, u meine Vorzüge darüber vergessen u gar auch nicht daran denken, daß ich mich an Ihrem Exempel spiegeln kann, u die Zeit, die ich noch habe recht zu Ueberlegungen anwenden, die mich von solcher Thorheit abhalten können. – Nun, nun Madame Hannchen, lachen Sie doch nicht so sehr über mich! Ich sollte das aus Neid sagen meynen Sie? O wissen Sie denn nicht, daß Kl mich auch seine Frau nennt? Ist denn so ein grosser Unterschied zwischen uns beyden. – – Nein, wenn Sie sich über mich *moquiren* wollen; so sage ich nichts mehr. Ich bin – – – Jungfer Marg: Moller (leider!) Küssen Sie Ihren Mann meinetwegen, daß er meine gestrige Freude noch durch einen so unvermutheten Brif vermehrt hat. Grüssen Sie alles, so wie Sie alles grüst.

167. Meta an Giseke, 1.9.1753

D. 1ten Sept. 1753.
Sie glauben doch nicht, Giseke, daß ich deswegen nicht schreibe, weil Sies nicht gethan haben? Ach nein, ich bin leider nur so viel *engagirt* gewesen, u denn war Ebert auch hier. Ich freue mich sehr, daß Sie u Ihre liebe Frau wohl sind. Denn das Hannchen neulich ein bischen sich zu Bette gelegt hat, vermutlich weil ihr *übel* war, das will nicht[s] sagen. Das kommt von allen den Neuheiten, die H. itzt erfahren hat – ich meyne das Reisen. Ich werde ohne das itzt nicht leicht zu viel Mitleiden mit H. haben. Wer wollte einer jungen Frauen ihre Unpäßlichkeiten bedauern, das wäre ja Sünde! Ich werde mich über mich selbst freuen, wenn ich kurz nach der Hochzeit ein bischen krank bin. Aufspringen werde ich, u meinen Mann kneipen, u sagen! Mann ich befinde mich nicht recht wohl, freue dich! Ach die Sungs, die Sungs! Und mein Mann, wenn er nicht ein Affe ist, wird sich mit mir darüber freuen. Sie brauchen gar nicht so roth zu werden Fr. Pastorin, (à propos, werden die Frauen noch roth?) die Liebesgötter werdens mir schon sagen, wenn was *passirt*. Mann kann auch allemal nicht wissen, ob nicht schon itzt etwas *zum Besten* ist. Ich möchte nicht einen von meinen Sungs auf der Wette wagen. – Du siehst gar nicht so aus, als wenn von den Sungs die Rede wäre. Warum bist du so ernsthaft. Ach Hr. Pastor nehmen Sies nicht übel, ich sprach nur ein bischen mit meinem kleinen Manne, der hier über meinem Schreibtisch hängt. *So* Giseke (ich kneip Sie eben) ich meine Kl. sein Portrait. Da hängts, da seh ichs an, da küss ichs, da kneip ichs. Es hängt hier so, daß ichs allenthalben sehen kann. Wann ich schreibe; so sehe ich nur in die Höhe. Wann ich am Nachttische bin; so seh ichs im Spiegel. Und wann ich im Bette bin; – ja – so hab ich den Vorhang zurück gesteckt, daß ichs immer immer sehen kann, wann ich aufwache. Ach das ist doch sehr, was süsses! Ob es gleich als *mein Mann* noch ganz anders aussehen müste, mein Mann sah mich ganz anders an, so ist es doch ähnlich genug. Und ich kann das, was ihm fehlt, sehr gut hinzu denken. Ich danke Ihnen vielmal Hr. Bruder, daß Sie mir zu erst sagten, daß ein solches Gemälde da wäre. Sie hieltens damals halb für unmöglich, daß ichs kriegte. Hab ichs nun nicht? Ich habs Gleim eigentlich zu danken, der hatte mit Kleist getauscht. Und *dafür* bin ich ihm nun recht gut. ----

Die Schel[en] hat uns alles von Ihrer Hochzeit erzählt. Ich habe mich über das Fröhliche recht sehr gefreut, u nur noch immer bedauert, daß ich nicht mit dabey gewesen bin. – Aber H[annchen] ist es denn wirklich so süß, im Ernste H[annchen] G[iseke] zu seyn? Ihr Mann giebt Ihnen nach, daß Sie es dafür halten. Ich dächte, im Ernst oder nicht im Ernst, das wäre itzt noch wohl nicht ein so grosser Unterschied. Dann wann man die Sungs erst auf dem Arm hat, dann ist es freylich ein anders. Die Liebesgötter geben mir zwar auch nach, daß ichs so sehr wünschen sollte, im Ernst Cl. Kl. zu seyn, aber Sie wissen wohl, das sind lose Schelme, die sagen nicht immer die Wahrheit. Sie nannten Sie z. E. noch drey Tage nach Ihrer Hochzeit Mamsell. – Ach es ist unaussprechlich süß, so einen Mann zum Füssen des Bettes zu haben, den man immer ansehn kann! Nun, nun Madame, lachen Sie nur nicht so stolz! Die Zeit wird auch kommen, daß ich einen bey mir in meine Arme kriege, u der wird freylich besser seyn, als der, der da hängt. Aber bis dahin ist dieser doch schon süß.

Wenn Sie durch Quedl[inburg] reisen mein lieber Giseke, so fragen Sie doch Cr[amern], ob er mir auch noch gut ist. Ich verlange nicht, daß er mir schreibt, wenn er mir das nur durch Sie beantwortet. – Die Schm[idten] u ihre Kinder empfehlen sich. Betty fängt an, recht gut zu gehen u der Sung hat sich schon understanden einen Zahn zu kriegen, da er doch erst 18 Wochen alt ist. Meta spricht noch täglich von Ihnen. – Was die Schm. für einen Vorzug vor uns hat, H, drey Kinder! Und was Sie wieder einen Vorzug vor mir haben, einen Mann im Arm! – Nun habe ich doch ein Portrait! – – – – Ich muß Ihnen doch noch etwas sagen, daß die D[impfeln] mir durchaus aufgetragen hat, Sie möchten sich doch in Traut[enstein] ja in Acht nehmen, daß die Diebe nicht Sie oder ihre Frau, oder lieber gar das angefangene Mädchen wegstählen. Sie möchten ja Thüre u Fenster verriegeln, u vor allen müste die Thür nach der Stube hereinschlagen, sonst können die Hr. Diebe sie aushängen. – Die D. nimmt dieses alles im ganzen Ernst. Und weil es doch eine Vorsorge für Sie zeigt, u sie mich so sehr darum gebeten hat, so hab ichs Ihnen doch sagen wollen. So, Ihr süssen Kinder, nun lebt wohl, u küsst Euch, u geht zu Bette, es ist ja schon entsetzlich spät, es ist bald 9 Uhr. Meine Grüsse an alle. Cl. Klopstock

habe ich doch ein Portrait: Klopstocks Porträt von Johann Kaspar Füßli in Zürich gemalt. Vgl. Meta an Gleim, 5. 9. 1753.

168. Meta an Gleim, 5.9.1753

Hamburg den 5ten Sept. 1753

Mein lieber Herr Gleim

Ich bin Ihnen unendlich verbunden für die Freundschaft, die Sie mir erzeigt, da Sie mir Klopstocks Portrait geschickt haben. Welche Freude haben Sie mir damit gemacht! O ich kann Ihnen nicht sagen, wie ich es geliebkoset u wie ichs noch täglich liebkose! Es hängt so daß ichs allenthalben in meinem Zimmer sehen kann. Und o, wie seh ich immer hin! Es ist zwar dem Gesichte nicht ganz ähnlich, womit Kl. pflegte *mich* anzusehn; aber sonst bin ich doch sehr damit zufrieden. Wie gerne schickte ich Ihnen itzt schon die Copie. Aber mein lieber Hr. Gleim, Sie denken das wohl nicht von Hamburg, ich weis noch keinen Maler, dem ichs anvertrauen mag. Dennoch habe ich jemand aufgetragen, unter den mittelmässigen den besten auszusuchen, u so bald ich hiervon Nachricht bekomme, werde ich ihn den Anfang machen lassen. Es ist doch besser, daß Sie eine schlechte Copie bekommen, als gar keine. Und wenns auch gleich noch etwas zögert (welches ich doch sehr werde suchen zu verhüten) so können Sie sich doch gewiß dazu verlassen, daß Sie eine kriegen.

Giseke hat mir Ihre Geschichte erzählt. Ich will Ihnen nichts darüber sagen, weil Ihnen alle Erinnerung daran unangenehm seyn muß, da Sie selbst am liebsten davon schweigen wollen. In den Verdacht werden Sie bey mir niemals kommen, daß Sie von der Unbeständigkeit Eines Mädchens, das Sie nicht einmal Zeit genung gehabt hatten kennen zu lernen, um von Ihrer Beständigkeit versichert zu seyn, daß Sie davon auf der Unbeständigkeit unsers ganzen Geschlechts schliessen wollten. Wenn Sie in den Verdacht bey mir kommen könnten; so würde ich auch die Ausnahme, die Sie von mir machen, als ein blosses Compliment ansehn, das Sie in einem solchen Falle an ein jedes Mädchen machen müsten. Ich traue aber Ihrer Einsicht u Ihrem Herzen zu viel zu, als daß ich weder den einen, noch den andern Argwohn haben sollte. Ich will vielmehr glauben, daß diese Geschichte Sie von dem kleinen stolzen Grundsatz zurük gebracht hat: Daß man ein Mädchen kann in einer Viertelstunde kennen lernen.

Dieses Jahr werde ich wohl nicht das Vergnügen haben, Sie persönlich kennen zu lernen, weil wir schon dem Winter so nahe sind. Ich denke aber immer, daß es doch nicht gar zu lange dauern wird.

Ich bin so schon so glüklich, daß ich es für eine Verwegenheit halte mehr zu wünschen, oder wenigstens anders als mit einer völligen Gelassenheit zu wünschen. – Ich danke Ihnen nochmals auf das verbindlichste für das Portrait u bin
Mein bester Herr Gleim   Ihre beständige Freundinn
                                                                                M. Moller

Ihre Geschichte: die Geschichte seiner kurzen Verlobung mit Sophie Mayer.

169. Meta an Giseke, 11.9.1753

d. 11ten Sept. 1753
Abends nach 8 Uhr.

Das glaube ich wohl, daß Ihr itziges Leben süß ist! Und vor allem eben daher, weil es itzt so ganz ehlich ist. Ach wie schmachtet mein Herz nach einem solchen Leben! Wie entzückt würde ich darüber seyn, wenn ich so allein mit meinem Manne wäre. So frey von aller *Gesellschaft,* so still in unserm ⟨Hause⟩! Und unsre Tage sollten sich alle gleich seyn, alle ganz häuslich, und alle ganz ehlich. Sie sollten uns doch nicht lang werden. Was brauchen *wir* Veränderung! Die Liebe kennt ja gar keinen *ennuy.* Die nuancen in unsrer Freude sollten seyn, ein Brif von Gisekens, von der Schlebusch, einen *Besuch* von Cramern, von Hannchen Klopstock – – u junge Verse aus dem Messias, u allenfalls ein bischen Uebelkeiten von Madame. Ach, Gisekens, welch ein Leben! Und ein solches Leben leben Sie itzt. O wie glüklich sind Sie! Wie freu ich mich! – Sie spatzirten doch den Abend noch? Ach was muß ein solcher stiller ehlicher Spatzirgang süß seyn. Wie ist die Liebe vor der Ehe doch Stükwerk! – Aber wie schön ist doch auch, nur diese Aussicht haben! – Wer wollte auch wohl lieben, wenn keine Ehe folgte. – (Ach Giseke, ich habe noch keinen Brif, ich muß Ihnen das nur hier zwischen durch klagen. Ich hoffe aber doch, ihn morgen zu kriegen) – Und H[annchen] ist noch besser, als Sie gedacht haben? Das werden Sie noch täglich immer mehr sagen. So giengs uns auch in unser [!] Ehe voriges Jahr. Je länger der Umgang ist, desto mehr Gelegenheit bekomt man, sich von mehrern Seiten, in mehrererley Umstände zu sehn. Und wer einmal gut ist, muß notwendig dabey gewinnen. – Wie glükseelig aber sind wir, daß wir so gewählt haben! – Oder vielmehr, wie sehr haben wir der Vorsehung zu danken, die vor uns wählte, ehe wir selbst wählen konnten, u uns hernach den Weg zeigte, uns unsre Geliebten selbst zuführte! – Ach, sie wird ihn mir auch noch ganz zuführen. – Ich würde schon heute Abend bey meiner Geschichte anfangen, weil Sie sie gerne haben wollen, u ich sie gerne schreibe, aber ich glaube, daß ich besser thue, daß ich so lange warte, bis ich einen Brif von meinem Einzigen habe. Alsdann soll es ein *Werk* werden, woran ich alle Tage etwas schreiben, u wovon ich Ihnen dann u wann ein Paquet schikken will. – Aber ich muß noch von ganz etwas andres reden, das ich neulich vergessen habe. – – Ach meine Giseken! Eben habe ich einen Brif von mein [!] Einzigen, ganz Einzigen gekriegt – u auch schon *gelesen* mein H. Dieterich, u meine Madame Eleonore (heisst H. nicht auch so?) Mein Mann ist süß, süß, süß! Aber auch wild, wild, wild! Ich glaube nicht H. daß Ihr Mann, wie Sie allein zusammen fuhren, u es doch so nahe vor der Brautstunde war, ich glaube nicht, daß er da *so* wild gewesen ist. Und ein Affe ist er auch. Da schreibt er einen Commentarium übern Horaz, daß man sterben möchte. Einmal schrieb er mir einen über einen lateinischen Poeten, den ich nicht kenne, denn Sie haben *mich niemals daraus übersetzen* lassen, der war noch wilder als er selbst. Er muste sich auch nicht einmal getrauen *alles* zu erklären, denn er half sich oft damit heraus, daß Drukfehler wären. – Itzt sollte ich Ihnen also meine Geschichte geben? Gehorsame Dienerin! Itzt habe ich was bessers zu thun. Itzt lese ich meinem süssen süssen wilden jungen Mann seinen Brif noch einigemal. Ach er ist so schön lang! – Das, wovon ich erst reden wollte, werde ich itzt sehr kurz machen. Es ist, daß Sie für die Nadeln, womit ich Sie noch zu so ungelegener Zeit bemühte, keine Bezahlung haben nehmen wollen. Ich danke Ihnen dafür, aber ich schmäle auch. Habe ich das denn gewollt? Wenn H. nur wollte, sie könnte mich rächen. Sie sollte, wenn Sie sie küssen, Ihnen auch keine *Bezahlung* geben. Aber H. wird mir wohl nicht beystehen wollen. Nun, wenn Sies denn nicht wollen, Fr. Pastorin, so küssen Sie Ihren Mann denn nur brav. Ich küsste meinen doch auch gerne, wenn ich ihn nur hätte! – Es ist gar nach einem solchen Brif nicht auszustehn, daß man weiter nichts kann, als nur ein Portrait ansehn.

170. Meta an Giseke, 12.9.1753

1. Begleitbrief zur „Geschichte der Meta Clärchen Friederikchen Klopstock": s. Nr. 1.

171. Meta an Giseke, 18.9.1753

Eberts Herzensroman mit einer seiner Sprachschülerinnen, Henriette von Töpffer, war im Freundeskreise bekannt geworden. Henriettes Mutter und Verwandten widersetzten sich der ehelichen Verbindung so stark, daß Henriette im März 1754 der Verlobung entsagte.

d. 18ten Sept. 1753.

Wir sehr ich mich über Ihre Wirtschaft freue, das habe ich Ihnen schon neulich gesagt. Es wird mir sehr angenehm seyn, wenn Sie sie mir einmal recht *ausführ*lich beschreiben wollen. O wie süß ist mir das, wie süß, daß ich itzt immer Giseke u Hannchen zusammen denke! Es ist doch nur Schade, Hannchen, nicht so? daß Sie nicht immer immer bey Ihrem Giseke seyn können. Wenn Sie die Mode einführten, daß ein kleiner Stuhl für Sie mit auf die Kanzel gesetzt würde, das wäre das artig!

Die Liebesgötter haben mir nichts gesagt, Hannchen, nein, kein einziges Wort. Aber sie lachten, u sahn so schelmisch aus, wenn ich von Gisekens junger Frau sprach. Sie murmelten auch etwas von einer gewissen Neigung zu einem gewissen Weine, aber ich konnte das nicht recht verstehn. Endlich, wie ich sie sehr *flehentlich* gebeten hatte, sagte einer, Sie hatten schon einigemal versucht zu sagen: Mann, ich bin – – – Aber das Wort hätte noch nicht recht heraus gewollt. Und daher könnten sie nun freylich nicht wissen, was *daran wäre*. (Ein gewisser Sunge in Kopp: stellt sich das als eine grosse Süssigkeit vor, wenn seine Frau einmal zu ihm sagen wird: Mann, ich bin – – – Und ich glaube er hat Recht.) Ich bekam Ihren letzten Brif, H. Bruder, in Oldens Gegenwart. Ich las gleich das Postscript an die Schm[idt]. Die Leute, sagte er, können wahrhaftig mehr als sie selbst denken u wissen. – Ich hab Ihnen diese Worte nur so wieder sagen wollen. Den Nachmittag war Ihr Brif in grosser Gesellschaft verlesen. Nämlich bey Mad: Scheele, Mad^l Schlebusch, Mad^l Herteln, Mad: Bohn, u d H Doct: Olde. Ich war boshaft genug, zu bemerken welche von diesen Sie gegrüsst u nicht gegrüsst hatten. Und Sie haben viele in dem Brife übergangen; so habe ich denn den Schluß gemacht, daß es sehr weislich gehandelt ist, immer *alle* zu grüssen. Denn man kann doch nicht wissen, pflege ich zu sagen, wer einen solchen Brif zu sehn kriegt. Dennoch aber waren sie so gutherzig, es nicht übel zu nehmen, so sehr ichs ihnen auch erwies, daß sie Ursache dazu hatten; sondern sie lassen Sie vielmehr alle recht freundschaftlich grüssen.

Und nun soll ich Ihnen von E[bert] erzählen? Was haben Sie daraus geschlossen, daß ichs nicht gethan habe? Nun ich will mein Herz ganz ausschütten. Wies itzt mit seinen Umständen ist, daß wird er Ihnen wohl in Gerdau erzählt haben. Die neue Nachricht aber hat d H. von Hagedorn von d H. v. Stüven bekommen: Daß die Mutter, weil der jungen Leute ihr Advocat die Sache so gut triebe, u. E[bert] einen so schönen Brif an sie geschrieben hätte, in bester *Form Rechts* ihre Einwilligung gegeben hatte. E[bert] wäre aber noch nicht in Br[aunschweig]. E[bert] gefällt mir in seiner ganzen Aufführung lange nicht so gut als H[enriette] ob ich gleich an dieser auch noch immer etwas auszusetzen habe. Sie bittet ihn in einem Brif nach Gerdau schon bald nach Br[aunschweig] zu reisen, u er reist auf Hamb[urg] um *mich* zu sehn, wie er sagt. Ungeachtet sie wiederhohlt, daß seine Gegenwart in Br. höchst notwendig ist, bleibt er bey nahe 11 Tage hier, vermutlich auch um mich zu sehn, denn er ist 4mal bey mir gewesen, Er erzählt wie Sie denken können, einem jeden seine Geschichte, u liest einem jeden Brife vor. Er erzählt mir, daß er zu der Zeit, wie er mich unterrichtet hat in mich verliebt gewesen ist, daß er deswegen das erstemal nach Hamb. gereist, u verzweifelt zurück gekehrt, daß er mich Kl kaum gönte, daß er wünschte zwo Frauen nehmen zu dürfen um mich u H[enriette] alle beyde haben zu können. (Wie gefällt Ihnen dies letzte?) Er schien mir endlich nicht genung Theil weder an Ihre noch an meine Glückseeligkeit zu nehmen. Doch das will ich mit seiner Traurigkeit entschuldigen. Welche gleichwohl bey mir, bey Kl, oder bey Ihnen doch noch würde *anders* gewesen seyn, glaube ich. Er erzehlte mir kein Wort von Ihrer Hochzeit. Ich muste ihn ordentlich fragen, ob er da gewesen wäre. Mit mir sprach er nur von lauter höchstunangenehmen Dingen, u das so beständig, daß ich endlich zu ihm sagen muste: Er möchte von solchen unangenehmen Sachen aufhören, ich glaubte, man hätte Gelegenheit genug mit mir von angenehmen zu reden. Was werden Sie dazu sagen, wenn ich Ihnen erzähle, daß er gezweifelt, ob ich auch Kl genug liebte? Das hat mich so grausam verdrossen, daß mir noch immer bange ist, daß ich ihn daher zu scharf beurtheile. Ich hatte dergleichen schon gemerkt, ich dachte aber, das wäre nur so eine Schwermütigkeit, die von seinen itzigen Umständen herrührte. (So wenig vermuthet man einen Argwohn, wenn man unschuldig ist) Er hat seine Scrupel aber endlich der Herteln offenbart. Diese, welche mich so sehr kennt, hat ihm eine so vortreffliche

Antwort gegeben, daß ich ihr ewig dafür werde verbunden seyn. Ich hoffe auch, daß sie ihn überzeugt. Sonst könnte ich ihm zur Ueberzeugung auch das sagen, daß ich Kl an- [Schluß fehlt]

172. Klopstock an Ebert, 18.9.1753

Kopp(enhagen) den 18ten Sept. 1753.
Bey dem Leibmedicus Hr. von Berger.

Die Nicht-schreiberey, mein lieber Ebert, sollte doch bisweilen unter uns abkommen. Wir müssen wenigstens einige Versuche machen, ob noch etwas Möglichkeit übrig ist, diesem *bösen Übel* zu steuern. Wiewohl, wenn ich mich recht erinnre, so bin ich der leztschuldige. Wenn es ist, so mache ich hiermit meine Schuld richtig. Sie sind in Hamburg, Sie sind auf Gisekens Brautlaubenfeste gewesen; u das sollte Ihnen so hingehn, daß Sie mir kein Wort davon schreiben? Sie – doch davon sollen Sie mir nicht schreiben, wenn es Sie noch zu traurig macht. Doch wenn Sie davon schreiben *können*, so thun Sies. Ich werde Doch wenn Sie davon schreiben *können*, so thun Sies. Ich werde Ihnen mit *vieler Weisheit* rathen. Denn wenn Sie es noch nicht wissen, so sag ichs Ihnen hiermit, daß unsre Freunde *in Sachen der Liebe*, mich, mit delphischer Andacht, um Rath fragen sollten. Also izt wissen Sies. – Was Sie für ein glüklicher Sterblicher bey dem allen sind. Sie haben meine Clary gesehn. Und, was noch mehr ist, alle die Rundheiten, u Rundheitchen, die ihr die *gesundmachende* Liebe wieder gegeben hat, u die ich noch nicht gesehen habe, die haben Sie gesehen. Young müsse Ihnen unverständlich werden, wenn Sie mir nicht einen langen, vollen Brief von allen diesen süssen Sachen schreiben. Ach, es ist das geliebteste u das liebendste Mädchen, das iemals (ja, nun könnte ich hunderttausend Sachen sagen!) das iemals solche Rundheiten, u solche Grübchen zu den Rundheiten, u ein *solches Herz* zu den Grübchen und Rundheiten gehabt hat. Aber davon muß ich nur aufhören; sonst würd ich unvermerkt nicht mehr an Sie, sondern an Clary schreiben. – Etwas anderes. Sie wissen, wie es mir mit meiner Subscription geht, u wie sehr lieb mich die Herren Buchhändler haben. Jezo kömt es mir darauf an, daß meine Freunde einige dazu geschikte Leute aussuchen (denen ich 10 procent für ihre Bemühung gebe,) welche für die Subscription sorgen. Ich verlängere die Zeit bis auf Weihnachten; u da, wegen der Grösse der Lettern, noch grösser Papier erfordert wird, so nehm ich auch dieß, ob ichs gleich nicht versprochen hatte. Ich bitte Sie, daß Sie mir bald sagen, was Sie hierinn, in Ihrer Gegend, zu thun gedenken. – Ich habe vor einiger Zeit einen Brief von Hr. Berkenhout erhalten, worinn er mir sagt, daß er den ersten Gesang des Mess[ias] in Miltonische Verse übersezt habe. *Ich* habe meine Antwort (weil ich B-houts Adresse nicht wußte) an Zachariä geschikt, u die verlangten Veränderungen im ersten Gesange, beygelegt. Sie urtheilen leicht, wie sehr mich diese Ubersetzung interessire, weil Sie wissen, wie sehr wir beyden die Engländer lieben. Ich bitte Sie, für diese Ubersetzung, als für Ihr eigen Kind, Sorge zu tragen. Hr. Berkenhout wollte auch so viel von meinen Lebensumständen haben, als ich selbst für gut hielte, den Engländern bekannt zu machen. Ich habe ihm hierüber unter anderm gesagt, daß ich glaubte, die Lebensumstände eines Verfassers kämen, vor jeder Schrift, die man das erstemal läse, zu früh. Sie werden von meiner Meinung seyn. Ich wünschte, bald etwas von der Ubersezung zu sehn. Es sind, ausser mir, hier noch einige die dieses wünschten, u die ich nicht gern lange warten lassen wollte. – Die Posten zu ihrem lieben Mädchen (ich werde es niemals vergessen, daß ich es das erstemal hinter noch etwas ärgerm, als einer katholischen Grille, sprach, nur sprach) diese Posten werden doch nicht auch unter dem Gebote Ihrer hochgeehrten Frau Stiefmama stehn? Küssen Sie das süsse Mädchen mit dem Kusse eines leider! kaltgewordenen Briefs von mir. – Wenn die Gärtnern schon wieder nicht mehr Jungfer ist, so können Sie Gärtner sagen, daß er dergleichen Unfug immer bleiben lassen könnte. *Denn* das wäre ja schon das dritte; u ich hätte noch keins. Und über dieß eine so schöne Taille, daß sie der Taille der Meta Klopstocken beynah gleich käme, müste doch auch nicht Tag täglich verdorben werden. Den Herrn Abt u Hr. Zachariä grüsse ich aufs freundschaftlichste, u bin

Ihr Klopstock.

katholische Grille: la grille du parloir d'un couvent = Gitter im Sprechzimmer eines Frauenklosters. Eine Anspielung auf die Intrigen der adelsstolzen Mutter und Verwandtschaft der Henriette von Töpffer.

173. Meta an Giseke, 1.10.1753

Letzter Heller, d. 1ten Oct. 1753.
Ich muß Ihnen wohl nur endlich von hier aus (Witten Garten) schreiben, mein lieber Giseke auf daß Sie nicht denken, daß ich gar todt bin. Wie Sie itzt sehen, so bin ichs nicht. Ich bin vielmehr hier sehr vergnügt u wenn ich in einiger Zeit nicht an Sie schreibe, so kommt das alles daher, daß ich hier bin. Ihren u Ihrer lieben Frauen Brief habe ich. Es ist mir leid, daß H[annchen] noch so springen kann. – Ich weis nicht, mein Hr. Pastor Diederich, was Sie damit meynen, daß die stillsten Mädchen die zahlreichsten Familien bekommen werden? O, wir werden schon sehn! Ich denke die Wildheit soll nicht schaden. Und man wirds schon immer wieder einzubringen wissen, wenn man gleich ein Jahr später anfängt. Und zween Sungs sind dann schon mehr als ein Mädchen. – Die Zeit wird Ihnen nicht lang? Nun das ist schön, daß Sie mir das versichern. Mir war bange dafür. Und H. ist so gut und nimmt mit Ihnen vorlieb; das hätte ich auch nicht gedacht. Die Einsamkeit auf dem Lande muß also für Ehleute, die sich lieben, freylich wohl süß seyn, u *das hätte ich auch nicht gedacht*. – Noch eins, das ich auch nicht gedacht hatte. Sie tändeln so viel mit H. daß Ihnen die Zeit immer drüber zu kurz wird! Ach Giseke, thun Sie das ja immer, u wenn ich auch in einem Jahre keinen Brief kriegte. (Dann würde mir aber doch wohl ein bischen bange werden) – – – –

Ich bin hier so vergnügt als ich noch nirgends diesen Sommer gewesen bin. Heute bin ich mit den beyden Witten ganz allein. Freytag feyerten wir (aber nur ganz still, denn es war mehr Gesellschaft) Hannchens Geburtstag. – Das ist wohl dies Jahr ein süsser Geburstag gewesen *Giseken?* Er wird aber künftig Jahr noch süsser seyn, wenn Sie Ihr kleines Hannchen auf dem Schoose haben. Nun der Himmel verleihe Ihnen noch viele Jahr, u jedes Jahr wenigstens *ein* Kind mehr. Wenn gewisse Umstände Sie etwa verhindern sollten nicht alle Jahr ein Kind zu kriegen (denn man muß das nicht so machen wie Cramers) so kann man das das ander Jahr wieder ersetzen. So denken wirs zu machen. Und ich denke Fr. Pastorinn, Sie werden sich von einem Mädchen, von einer Jungfer in Ihren Wünschen nicht werden wollen übertreffen lassen. – Nun, der Himmel gebe sein Gedeyen pflegte ich zu sagen. – Und nun sage ich auch kein Wort mehr. Ich bin schon lange genug in meiner Kammer allein gewesen. Ich habe

schon an Kl geschrieben u will auch noch an die Schmidt. schreiben. Die Witten sind aber so gute Kinder, daß sie mir das alles erlauben. Und sie sind hauptsächlich diese Tage so süß gewesen, daß sie dafür auch diesen ganzen Brief lesen sollen. Ich bin mein Hr. Pastor, u meine Fr. Pastorinn   Ihre ergebene Dienerinn
Meta Clärchen Friederikchen Klopstock.
Die Witten lassen grüssen.

174. Meta an Giseke, 4.–6. 10. 1753

den 4ten Oct. 1753.
Mein liebes Hannchen Giseken:
Ich bedaure Sie recht von Herzen, daß noch nichts passirt. Wenn ich an Ihrer Stelle wäre, ich glaube, ich würde rechtschaffen böse seyn, ich würde brav mit den Liebesgöttern schmälen – u wer weis mit wem ich im Zorne nicht alle schmälte. Aber Sie sind nun einmal eine so gute geduldige Frau, daß Sie noch sehr zufrieden sind. – Nun, weil Sie das denn sind; So will ich Sie auch nicht aufmutzen. – Aber denn muß ich mit Ihren lieben Mann (wie Sie ihn, wie ich gehört habe, noch nennen) sprechen, denn wenn ich länger bey Ihnen bliebe so möchte ich doch wohl nicht Wort halten. Ich spreche dennoch auch mit Ihnen, denn Sie wissen wohl, alle meine Brife sind immer für Sie alle beyde. Darum bekommen Sie auch keine besondre Antwort auf Ihren, wofür ich Sie aber sehr danke, u sage, daß du ein süsses H. G. bist. Nicht so? Bistd'en das nicht. (Können Sie das auch lesen? Das ist die *Affensprache*)

d. 5ten.
Ihre Lebensart, meine lieben Giseken, ist süß, vortreflich, unverbesserlich! Ach wenn ich so ein Leben mit meinem Kl. leben könnte! Ach, das Aufwachen, Hannchen, u sich da so bey seinem Manne zu finden! Ich habe mir das schon immer als was ganz entzückendes vorgestellt. Und dann, wann du bey deinem Manne sitzst u nehst, kleines Weibchen, (ach was gäbe ich für einen solchen Augenblick!) u aufspringst, u ihn küssest, weil er so *süß aussieht* (das ist recht so, wie ichs mache) Zwar kann man nicht wissen, Madame Hannchen, ob das eben so gegründet ist. Ich habe das eben nicht bemerkt, daß Ihr Mann süß aussieht, auch nicht einmal, daß er süsse Augen hat, Sie wissen über das auch das Sprichwort von der Liebe, u man kann aus diesem allen schliessen, daß das, was eine Frau an ihrem Mann sieht,

nicht eben allemal so ganz zuverläßlich ist. – (Hannchen, du siehst doch wohl, daß ich ein Aff bin? – Fahren Sie mir ja fort, Giseke, mir Ihren Tag zu erzählen. Sie sollen dafür auch allemal, wenn ich nur kann, ein Stück von meiner Geschichte haben. Ich muß Sie doch vom Rector Schmied grüssen. Ich habe diesen Morgen einen unvermutheten Besuch von ihm gehabt, u das ist mir eine rechte Freude gewesen! Welch Unterschied zwischen diesem u Eb[ert]s Besuch! Schm. nahm ganz anders Theil an mein u auch an Ihr Glük. Und wie sehr war es die Sprache der *Natur* u des *Herzens*, die diesen Antheil sprach! Er sprach kein Wort von den unangenehmen Dingen, womit E. mich quälte. Er war so sehr von der Stärke unser beydenseitigen Liebe überzeugt, daß er sich nur über unsre Glückseeligkeit freute. Es gefiel mir so sehr, daß er nichts unangenehmes erwehnte, vor allem, da ich eben das Gegentheil mit E. gehabt, daß ich ihm, wie er weggieng dafür dankte. Ich sagte, ich hätte seine Bescheidenheit sehr bemerkt, u sähe seine Freundschaft daraus. Aber itzt wollte ich selbst davon sprechen. Ich erzählte ihm darauf einige kleine Umstände. die Sie auch wissen, u die ihm eine grosse Freude machten. – Mad^{lle} Schmied kommt nicht nach Hamburg, sie ist bey ihrem Bruder im Hause gekommen.

Ich danke Ihnen für das Supplement zu E[bert]s Roman. Das ist alles sehr schön. Recht so wie es sich für diese beyden Helden schickt. Nur beklage ich Henr[iette] welche doch allemal wenigstens *stark* liebt. Sie ist itzt sehr unglüklich. Verlassen, Einen Thaler die Woche, u den Fluch ihrer Mutter auf sich! – Aber wenn sie nur nicht einmal noch unglüklicher wird! – Daß E[bert] die Brife an Seckend[orf] heraus gegeben hat, hat er mir selbst erzählt. Ich sagte gleich: das hätte ich nimmer gethan. Aber er entschuldigte sich. – Nun ich beneide wenigstens Henr[iette] ihr Glük in ihres E-s Armen nicht – Und du auch wohl nicht Hannchen, nicht so? Magst wohl lieber deine Rechnungen für deinen bösen Mann *s*reiben? Sa[!] das möcht ich wohl!

d. 6ten

Die Herteln u die Oertling verhindern mich Ihnen mehr zu schreiben. Die beyden Affen lassen Sie grüssen. Ja, ja Hannchen, die Oertling möchten Sie wohl ein bischen Ursache haben zu beneiden. – Eins muß ich Ihnen doch noch von Eb[ert] sagen: Er hat in Hamb[urg] fast gar keinen Wein sondern lauter Wasser getrunken. Das ist doch Ein gutes – Wir küssen Sie alle   Clärchen Klopstock.

175. Meta an Giseke, 22. 10. 1753

Hamburg d. 22ten Oct. 1753.
Abends um halb sieben.

Sie haben mir eine große Freude durch Ihren heutigen Brif gemacht, meine lieben Giseken. Ach es war auch so lange daß ich keinen hatte! Aber Sie werden sagen, es ist auch lange, daß Sie keinen von mir haben und also muß ich Ihnen wohl ein bischen von allen den Abhaltungen erzählen, die ich gehabt habe. Itzt bin ich gottlob wieder in meiner vorigen Ruhe, u werde auch daher wieder fleißiger schreiben. Erstlich, meine lieben Freunde, haben wir schon seit einiger Zeit hier so etwas von einem Aufruhr, welcher von den Handwerkern verursacht ward, gehabt. Ich habe Ihnen nicht davon schreiben wollen, auf daß Sie sich keine Sorgen meinentwegen machen sollten. Er ist gottlob von keiner großen Gefahr gewesen, aber um Klopstocks Braut auch nur die allerkleinste zu verhüten, habe ich mich acht Tage in Altona aufgehalten. Ich konnte dieses mit sehr guter Art thun, weil die Bürgermeisterin Bauern eine alte Bekante von mir ist, die noch mit mir bei der Hertzeln erzogen. Sie nahm mich auch sehr freundschaftlich auf, ob ich ihr gleich ganz unvermuthet auf den Hals kam, u ließ mich ungerne wieder weg. Dennoch halten sich die Leute hier sehr darüber auf, daß ich nach Altona gegangen bin. Denn itzt, da der Aufruhr glücklich gestillt ist, haben sie das vorher sehen können, daß es so gut ablaufen würde. Aber das verschlägt mir nichts; ich bin Klopstocks Braut! – Ich hätte Ihnen gerne aus Altona geschrieben, aber man ließ mir keine Zeit dazu. An Kl. zu schreiben aber muste man mir doch Zeit lassen. – Wir haben unsre Ruhe sehr mit Klopstocks bestem Könige zu danken. Denn er ließ sehr zu rechter Zeit ein schönes Mandat in Altona anschlagen, worin bey harter Strafe verboten war, keinen von unsern Aufrührern in Seinen Landen zu beherbergen. Unsre meisten Aufrührer waren nach Altona geflüchtet. Sie mußten itzt wieder umkehren u um Gnade bitten. Ist unser König nicht gut? Ach ich habe auch so gerührt (er hatte das Mandat noch nicht gegeben) in der altonaer Kirche für Ihn gebetet. Vielleicht gerührter als einer von allen denen versammelten wirklichen Unterthanen.

Die Zweyte von meinen Abhaltungen sind Trauerfälle in der Familie. Meine Tante Persent u mein Schwager von Winthem sind an Einem Tage gestorben. Die erste nach einer kurzen Krankheit. Sie war eine Frau, für die ich von Jugend auf viel Hochachtung gehabt habe. Vielleicht habe ich ihre Verdienste mehr eingesehn als die ganze Familie. Sie war sehr bescheiden. Man muste schon eine Freude daran finden, Verdienste aufzusuchen, um die ihrigen zu entdecken. Sie ist gewiß aus Betrübniß über den Tod ihres Mannes gestorben. Denn sie ist alle die dritehalb Jahre krank gewesen, u hatte sich nur einige Monate vor ihrer letzten kurzen Krankheit so weit wieder erholt, daß sie ausfahren konnte. Ihre Betrübniß ward von einigen für eine unvergebliche Schwachheit gehalten, u von andern für eine unvergebliche Afectation. Bey mir war sie für eine neues Verdienst gehalten. Vor allem, da ich die Nacht, da ihr Mann gestorben, u den Tag, da er beerdigt ward, u sie niemand als mich um sich haben wollte, sehr von ihrer Aufrichtigkeit überzeugt ward. –

Mein Schwager von Winthem war von Seiten des Herzens ein sehr guter Mann. Sein Tod ist uns sehr schröcklich gewesen, weil er so plötzlich war. Die Dimpfeln u mein Stiefvater sind bey ihm auf seinem Garten. (Wir waren nur anderswo versagt, sonst hätt ich den Schrecken mit gehabt.) Er sitzt bey ihnen, ist ganz vergnügt u wohl. Auf einmal fällt er hin, verliehrt Sprache u Verstand. Er wird in die Stadt gebracht, u ungeachtet alles was gebraucht wird, ist er 2 Stunden darauf todt. – Kaum war die Persent gestorben, wir waren da im Hause in grosser Betrübniß; so kommt man u sagt uns von Winthem ist auch todt. Stellen Sie sich einmal unsre Bestürzung vor. Unterdeß ist meine Gesundheit gottlob so fest, daß alles dieses Schrecken u alle diese Unruhe mir im geringsten nicht geschadet haben. Unruhe haben wir sonst genug gehabt. Meine beyden Schwäger sind, der eine in dem einen, u der andre in dem anderen Hause

[Der Schluß fehlt.]

176. Meta an Giseke, 10. 11. 1753

den 10ten Nov. 1753.
Endlich langt einmal ein Brief von C[lärchen] Kl[opstock] für ihre Giseken wieder in Hasselfelde an. Das ist ja was entsetzliches so selten wir uns itzt schreiben! Aber können wirs doch nicht helfen. Ich werde gewiß nicht unterlassen Ihnen meine Geschichte weiter zu erzählen, wenn ich dazu Zeit habe. Vergessen Sies aber auch nicht, in der Erzählung Ihres Tages fortzufahren. Ach Giseke, wie süß ist sie! Sie entzückt mich! Aber allemal entsteht auch von neuem der

Wunsch, daß ich mit meinem Kl doch auch so auf dem Lande möchte leben können. Sie werden sagen, die eigentliche Süssigkeit Ihrer Tage kann ich mit Kl in unserm Hause eben so gut haben, als Sie mit H. in Ihrem. Das ist wahr. Aber wie oft werden wir nicht gestört werden! Sie sind so schön allein! Wer zu Ihnen kommt, das ist ein Freund (u das ist sehr süß) aber wer zu uns kommt, das kann sehr oft ein Menschengesicht seyn. Denn ich merke wohl, daß ein jeder Narr in Kopp. Kl-s Bekantschaft sucht. - Doch findt ein Herz, das Freunde sucht auch an allen Orten Freunde. Und das Schicksal ist uns so günstig, daß wir sie so gar in Leuten finden, wo man es am allerwenigsten vermuthen sollte. Sie werden vielleicht den Namen *Hohorst* so von ungefehr kennen (er ist ein nicht gar zu guter Dichter). Diesen hatte [ich] vor einigen Jahr[en] wohl hier in Gesellschaften gesehn u das Urtheil von ihm gefällt, daß er ein Narr wäre. (So leicht ist es, daß ein gutes Herz u ein guter Verstand durch schlechte Gesellschaften diese Seite der lächerlichen Galanterie annehmen können.) Ich hatte schon von Oertling gehört, daß Kl mit ihm umgienge u ihn sehr gebessert hätte. Ich wollte von dem letz[t]ern noch nichts glauben. Itzt geht er durch Hamb. u will mich besuchen. Ich war sehr gleichgültig zu seinem Besuch. Denn es haben mich schon mehr Leute aus Kopp. besucht, die gewiß nicht alle meine Freunde werden werden. Aber wie bald verwandelte meine Gleichgültigkeit sich in Freundschaft! Das beste Herz, einen sehr guten Verstand, gar kein Narr mehr (einige kleine Anfälle von Eitelkeit zwar noch mit unter; aber die wollen wir ihn schon abgewöhnen) eine rechte Beyträger-Freundschaft für Kl u mich u ein sehr sehnliches Verlangen Sie u Cramer u alle übrigen Beyträger kennen zu lernen. *(Nach Ihnen fragte er auf diese Art: Wie heißt doch der kleine Pastor, den Kl so vorzüglich liebt, von dem er so viel u so gerne spricht?)* Alles an ihm, so gar der Dichter, hat sich gebessert (ich halte das sonst für sehr schwer.) Er hat mir einige Strophen einer Uebersetzung des Popischen allgemeinen Gebets vorgesagt, die vortreflich war. Wobey Haged: seine lange nicht kömmt. Ich habe schon immer wider diese Uebersetzung etwas auszusetzen gehabt. – Ich brauche mich gegen Sie nicht zu entschuldigen, daß ich so weitläuftig gewesen. Sie werden mit mir einig seyn, daß ein neuer Freund das allemal verdient. Wir haben ihm auch noch das zu danken, daß er meinen Stiefvater, (er ist sein Vetter) u durch ihn folglich auch meine Mutter sehr zu Kl-s Vortheil eingenommen hat.

Ihr Mittag, meine Giseken, ist allerliebst. Der unsrige wird ihm gewiß sehr ähnlich werden. Nur werden wir niemals neben ein ander über sitzen. Ich schmälte gewaltig, wie ich das von Ihnen las. Sie söhnten sich aber bald mit mir wieder aus, wie ich fand, daß Sie in dieser Symmetrie doch nicht den ganzen Mittag bleiben. Das wäre aber auch wohl nicht möglich! Wissen Sie, wie wirs machen wollen? Kl hat es sich schon ausgebeten (oder wenn Sie etwa glauben daß der Ausdruck sich für einen Ehmann besser schickt, schon *befohlen*) daß in jedem Zimmer ein Canapee seyn sollte. (Nicht der Pracht, sondern der *Ehelichkeit* wegen) Auf dem Canapee sitzend also werden wir essen, auf dem Canapee werden wir Thee trinken, u auf dem Canapee alles thun. Z.E. ich an der einen Seite mein Kind einwickeln u Kl an der andern an einem kleinen Tische schreiben. Meynen Sie nicht, daß das sich thun läßt? O, wir wollen uns schon behelfen! Wie süß wird es sich so sitzen lassen, Hannchen! Da kann man sich recht an seinen Mann schmiegen. (Oder in unsrer Sprach *hinanhümmen*) Geschwinde kann man auf seinen Schooß *hüpeln*, (alles nach unsrer Sprache, wovon ich Ihnen bald ein Lexicon schicken werde, um meinen Brif zu verstehn) u sich dann *dermaassen* mit seinem Sungen *verschnäbeln*, daß alle Liebesgötter, wenn sie uns auch noch so sehr an unsern Locken zögen, uns doch nicht losbringen könnten, (dies ist eine Stelle aus Kl-s letztem Brife) – – – – Hannchen, schlag Deinen Mann einmal geschwinde! Stark! Noch stärker! – – Ach, Du kannst ja nicht schlagen. Nun, so will ichs thun, wenn ich komme. Und das dafür, daß er e[n]tweder so einfältig oder so boshaft gewesen ist, zu glauben, daß ich die elysische Zeit, da er hier gewesen ist, mit unter den Ausdruck begriffe „*noch nie diesen Sommer so vergnügt gewesen bin*". Der Affe! Ich würde es für sehr schwach gehalten haben, wenn ich von dieser Zeit eine Ausnahme gemacht hätte. Das versteht sich ja von selbst, daß das nicht mit unter die *hamburgschen Vergnügen* gerechnet wird.

Ich habe Ihnen eine kleine Neuigkeit zu erzählen mein lieber H. Pastor u meine liebe Fr. Pastorin. Der Oberhofprediger in Kopenhagen ist gestorben. Ich weis nicht, ob Ihnen diese Nachricht ein bischen interressant ist. Ich dächte aber, Sie wären doch für dieses mal so gut u so unpriesterlich u freuten sich mir zu gefallen einmal mit mir über den Tod eines Menschen, u wenns auch gleich (wenigstens nur auf einige Zeit, wie ich hoffe) zu Ihrem eignen Schaden wäre. Hohorst, der die süssen Folgen diesen Todes wuste, interressirte er so viel, daß er ihn mir so gleich in einem Billete meldete. Und mich interressirte er so viel, daß ichs gleich Cramern schrieb.

Noch eine kleine Nachricht, woran Sie Theil nehmen werden. Die Dimpfeln ist wieder meine rechte Schwester geworden. Sie ist stufenweise so weit gekommen, daß sies itzt fast in allen Kleinigkeiten schon ist. Welch eine Freude ich darüber habe, das können Sie denken. Der Himmel verleihe nur Beständigkeit!

Zur Vergeltung für diese Nachrichten verlange ich von Ihnen, daß Sie fortfahren, mir alle die von Ebert zu geben die Sie haben. Das was Sie mir geschrieben haben, ist mir erst höchst unbegreiflich, u wenn ichs recht überlegt habe, sehr wahrscheinlich gewesen. Nach den Nachrichten, die wir hier haben, u die Kl. von dem braunschweigschen Envoyé hat, soll nichts gewissers, als seine Heyrat seyn. Ich bin mit Ihren Nachrichten sehr behutsam umgegangen. – – – Aber vor allen Dingen schreiben Sie mir, wie mein H (das kann ich wohl sagen, Sie bleibt deswegen nicht weniger Ihr) wie sie sich befindet. Es geht micht recht nahe, daß sie so oft nicht wohl ist. Ich würde noch trauriger darüber seyn, wenn ich mir nicht auch gewisse Hofnungen von ihr machte. – – – – – – Weil doch H. ein so eitles Ding ist, daß sie für ihren Mann gerne möchte weisse Hände haben, so will ich Ihr aus schwesterlicher Freundschaft mit folgenden [!] Recepte dienen.

Recept für weisse Hände

Man muß, so viel möglich, *Wochenbett* halten. Ein jedes Wochenbett macht die Hände weisser.

Probatum est. (sagt die Schmidten)

———

Ich habe Ihnen eine ganze Menge Grüsse zu bestellen. Von der Dimpf., der Oertling, der Hertelin, der Bohn, Bohn (welcher wieder *ganz* gesund ist), diese sind alle an einem Abend bey mir gewesen. Ich hatte eine gute Gelegenheit, der Bohn zu sagen: Ich würde sie viel lieber haben, wenn sie mehr ihrer eigenen Empfindung, als der Gefälligkeit zu andern folgte. Mir soll verlangen, was das für Wirkung hat! Sie schien es sehr gut aufzunehmen. Ferner: von Olde, der Häckeln, der Schlebusch. Wenn Ol. diese Mädchen begegnet u mit ihnen gesprochen hat, so läuft er alles, was er kann, daß er sie in einer andern Gasse wieder begegnet, u wieder mit ihnen spricht. Wie gefellt Ihnen das? – – Ferner: von der Schmidten. Sie ist sehr erkäntlich dafür, daß Sie sich ihres Geburtstages erinnert haben. Ferner: von Schmidt, Meta, Betty, u Hannchen. Meta, welche mir immer meinen

Kl. abdisputiren will, sagte heute, ich sollte Giseke dafür wieder haben. Ich sagte G. hätte sein Hannchen. Ja, sagte sie, so soll Matante H. mit dazu haben. Betty, welche itzt schon so gut läuft, als Meta, u sich alle Mühe zu sprechen giebt, kann schon *Gis* u *Tata Otot* sagen. (Das soll Giseke u ma Tante Klopstock heissen.) Hanchen, welcher itzt ein halbes Jahr alt ist, giebt einen schon die Hand, wenn man guten Morgen zu ihm sagt. Der Junge ist überhaubt gar zu klug. Er wird nicht alt werden, pflege ich zu sagen. – – Ferner u zuletzt auch von Hohorst u Klopstock. Kl. hat Ihnen wirklich neulich diese selt[n]e Ehre gethan. – Sehen Sie wie viel Grüsse u Nachrichten! Nun, schreiben Sie auch bald wieder an Ihre Meta Clärchen Friedrickchen, *Rickchen* (von Friedrickchen) Klopstock. Der Kl ist so ein Affe u setzt gestern auf Couvert *F. Moller*. – – Hannchen vergessen Sie nicht Ihren Mann zu küssen! – Oder wollen Sie ihn lieber slagn? oder kneippen? Mir ist alles einerley.

[Oben auf den Rand der ersten Seite geschrieben:]
Die Essais lyriques habe ich noch nicht Zeit zu lesen. So bald ich sie habe, will ichs thun.

des Popischen Allgemeinen Gebets: Alexander Pope's „Universal Prayer", zuerst 1738 veröffentlicht; Hagedorns Version erschien 1742 und wurde vielmals nachgedruckt.

177. Meta an Giseke, 27. 11. 1753

D. 27ten Nov. 1753

Hannchen hat also am Arm Ader gelassen? Das heißt – – Sie hat am Arm Ader gelassen. Ich möchte, daß Sie ein bischen deutlicher sprächen, H. Pastor, u nicht, wie ein Mädchen die Hand vor die Augen hielten. Heißt das: es ist was zum Besten, oder heißt es das nicht? Ich weis nicht, warum Schwestern u Bruder so geheim seyn wollen. So werde ich künftig nicht seyn. Wenn was zum Besten ist; so werde ich gleich sagen: Giseke, es ist was zum Besten. (Und ich werde das auch vor Freuden nicht lassen können zu sagen. Sie Leute mögen auf diesen Punct vielleicht *gleichgültig* seyn.) Und wenn nichts passirt; so werde ich meinen Unwillen eben so wenig verbergen können. Es ist was entsetzliches, wie verdrüßlich ich bin, werde ich sagen. Ich habe mich, u meinen Mann, u alle Liebesgötter *geprigelt*, denn es ist *leider* nichts zum Besten! – – Sehen Sie, mein H. Pastor u meine Fr. Pastorin, so sollten Sie auch sprechen, so könnte mans verstehen. – –

– Ich habe mich recht mit Ihnen über Friedericis Besuch gefreut. Ja, ein *solcher* Besuch, das ist freylich was vortrefliches! Ach Giseke, wann ich erst so komme! Ja, ich bins versichert, Sie freuen sich alsdann eben so sehr als ich. Und dann hat H. ihre Tochter schon auf dem Schoosse. Und dann hat Cl. Kl. H. G. allerhand kleine Umständchen zu erzählen. Und H. G., als eine *erfahrne Frau* dient Cl. Kl dann mit ihrem Rathe u ihrer Einsicht. – Ach H, dann kneip ich Dich 'mal zwischen durch wann Du eben am allerernsthaftesten Erfahrung docirst. – – Ihr Nachmittag ist so süß als Ihr Morgen u Mittag, das versteht sich. – Ach Sie sind sehr glücklich! – Hauptsächlich gefällt Ihr Spatzirengehen. Das ist bey Kl u mir gar nicht vorgefallen. Vielleicht weil ich damals zu schwach war, oder auch weil wir immer auf Einem Stuhl sassen. Und wer mag dann aufstehn? – Ach wenn ich meinen einzigen Kl. erst habe! Ach was wird das seyn! – – O Giseke lassen Sie mich einmal ein bischen von mir schwatzen. Hören Sie, ich habe Ihnen eine große Neuigkeit zu erzählen! Ich habe mich seit dreyen Tagen *aufs neue* in Kl verliebt. Das heißt nicht, daß ich aufgehört hätte in ihn verliebt zu seyn, Sie Affe! Das heißt, daß ich mich wieder *noch mehr* in ihn verliebt habe. Es ist doch was entsetzliches mit der Liebe! Ich [weiß] nicht, wo das am Ende alle[s] hinaus will! Aber hören Sie nur, ob Sie sich nicht auch verlieben. Da kriege ich vorigen Posttag ordentlich meinen Brif. Der schönste Brif, den ein liebender Bräutigam schreiben kann. Des Nachmittags besucht mich M. Bohn. Sie fragt, ob ich meine Brife schon habe, ihr Mann hätte seine eben bekommen. „Ich meine schon diesen Morgen." Einige Zeit hernach sagt sie, sie hätte einen Brif an mich. Das war mir nichts neues, es kommen oft Brife an B. wenn man meine Addresse nicht weis. Ich besah den Brif. Ich kannte gar nicht die Hand, gar nicht das Petschaft. Ich brach ihn sehr gleichgültig auf. Kaum war das Couvert auf; so erkannte ich meines Kl-s Hand. Himmel wie ward mir! Ein sehr süßer wilder Brif. Der Einzige hat nichts andres gewollt, als mir die unvermuthete Freude machen, an Einem Posttage zween Brife von ihm zu bekommen. Nun Giseke, was sagen Sie hierzu? Welch eine *Delicatesse* von Zärtlichkeit ist das! Das fühlen gewiß die *wenigen* die so wie Kl u ich lieben können, mit mir. Amicus noster, wie Gärt[ner] ihn nennt, (aber so will ich den Nichtswürdigen nicht einmal nennen) hätte wohl nicht doppelt Postgeld ausgegeben um seiner Geliebten eine solche Freude zu machen. O Giseke, wie abscheulich, wie verachtungswürdig ist der Mensch!

So schlecht hätte ich ihn doch nicht gehalten. O Du arme Henr[iette]! wünschest Du mir noch Dein Glück in Kl-s Armen? Ich wünschte dem guten Kinde itzt gerne einen Schatten von dem meinigen, wenn das in des Niederträchtigen Arm möglich wäre. Wenn ich in ihrer Stelle wäre, ich würde mich nach der ersten, der besten Stelle in einem Kloster umsehn, u den, *für den die ganze Schöpfung gemacht ist;* sich nur in der Schöpfung allein überlassen. Sie dauert mich dennoch. Denn *Sie* liebt ihn, u es ist doch einmal nicht *leicht,* sich von der Unwürdigkeit eines Geliebten zu überzeugen. Er muß sie aber niemals geliebt haben; sonst könnte er nicht so handeln. Sollte der Geiz die *einzigste* Leidenschaft seyn, die sich nicht der Liebe unterwürfe? Er muß entweder die niederträchtige Absicht auf ihr Vermögen gehabt haben, oder es muß auch lauter *Einbildungskraft* gewesen seyn. – – Ich mag kein Wort mehr davon sagen! Es geht mir, wie Alb[erti]: ich ärgere mich. Ich weis nicht, wie ein solcher Mensch sich noch unterstehen kann, Ein Wort vom Young zu übersetzen. O Du Lorenzo! – – – – Ihnen, mein Giseke, danke ich, daß Sie mir diese Nachrichten gegeben haben. Wenn Sie mehr bekommen; so seyn Sie so gütig u fahren darin fort. Ich möchte die Geschichte dieses Scheusals doch gerne ganz wissen. – So viel ich vermuthe, wird man dies mal einen dänschen Oberhofpredig: wählen. Dieses *muß* ohne Anmerkung von mir gesagt werden. – Küssen Sie Ihre Frau, und seyn versichert, daß wenn ich auch selten schreibe, ich doch immer die alte Clärchen bin.

Amicus noster: ironisch für Ebert.

178. Meta an Cramer, 1. 12. 1753

Hamb. d. 1ten Dec. 1753.
Mein liebster Cramer! Meine liebste Charlotte!
Welche starke u welche verschiedne Bewegungen haben Sie gestern bey mir erregt! Erst erhalte ich Ihren Brief, worin Sie mir den Tod Ihres lieben kleinen Sohns melden. Wie sehr rührte er mich! Welchen Teil nahm ich an Ihrem Schmerz! *Alle* meine Freundschaft für Sie fühlte ich in dieser traurigen Stunde. Ja, mein liebster Cramer, ich habe mit Ihnen *geweint.* Ach! u es war nicht die Freundschaft, nicht das Mitleid allein. Die Vorstellung, daß mir einmal ein gleiches begegnen könnte, die schwere harte Vorstellung! – – o wie werde *ich*

das ertragen können! – Ja Klopstock, mit *dir,* das ist die einzigste Möglichkeit. O wie glückseelig bin ich, auch in diesem Falle, daß mir Gott einen *solchen* Mann gewählt hat. – Aber anstatt Sie zu trösten verliehre ich mich in den Aussichten meiner eignen Traurigkeit. Doch, ich tröste nicht gerne. Den einzigen Trost, den Sie haben, des werden Sie sich ohne mich erinnern. Daß Ihr Wilhelm itzt, fast schuldlos, die Seeligkeit geniest, wornach wir alle uns, auch bey dem glücklichsten zeitlichen Schicksale, sehnen. – Ach meine liebsten Freunde, wenn ich diesen bittersten Tropfen in einer glückseeligen Ehe einmal kosten muß, ach! trösten Sie mich dann wieder. – Liebste Charlotte, wie befinden Sie sich? Ach, Sie haben das Kind noch an der Brust gehabt! Was muß das für eine Mutter seyn! Ich weis was das ist, Schwesterkinder zu verliehren. (Die sind mir itzt noch so viel als eigne) – Aber ich will mich von diesen traurigen Bildern losreissen u zu den fröhlichen übergehn. O könnt ich Sie mit mir hinüber führen! Ja, meine lieben Freunde, meine Traurigkeit hat sich gestern in der grösten Freude aufgelöst. Ich bekam des Abends sehr spät einen Brief von meinem Klopst. mit diesem, den ich Ihnen schicke. O wie veränderte das meine Empfindung! Es hemte mit einmal die Betrübniß über den Verlust Ihres Sohns. (Bey Aeltern wird es das nicht können.) Die Freude erschütterte meine ganze Seele um desto mehr, weil sie mir ganz unvermuthet war. Ich hatte den Tag vorher eben in den Zeitungen gelesen, daß ein gewisser Däne zum Oberhofprediger erwählt wäre, u damit war nun meine ganze Hofnung aus! Es gab mir zwar eine nicht kleine *pique* gegen *unsern* König; aber ich konnte doch damit nichts helfen. Und nun – – ja, nun ist alles gut! Nun komt unser Cramer zu uns (ach! ich seh ihn noch eher, als ich Kopp. sehe!). Und unser Cramer kommt auf einen solchen Schauplatz – worauf er auch kommen muste. – Ach meine Freude kann ich Ihnen nicht beschreiben, meine süssen Cramern! Ich bin wild, wild! So als wenn Kl. kommen sollte. Ich schickte den Brief gleich, so spät es auch war, (so wie ich es vor einiger Zeit mit einem ähnlichen machte) Olden. Er kam diesen Morgen u freute sich mit seiner ganzen *lebendigen* Freude mit mir. Eine Freundinn, die Herteln, die heute bey mir ist, hat sich auch den ganzen Tag mit mir gefreut. Der Schlebusch habe ichs geschrieben. – Ach mein liebster, liebster Cramer! meine liebste, liebste Charlalotte [!]! welche seeligen Stunden der Freundschaft wollen wir erst in Hamburg, u hernach die *ganze Zeit unsers Lebens* in Kopp: leben. – Carl ist doch wohl? Welch ein

Trost muß es nicht für Sie seyn, dieses Kind nun noch zu haben. Sagen Sie ihm ja fein fleissig, daß er seine Mama Kl nun bald in Hamb: sehen wird. – Meine Schwester empfiehlt sich, u nimmt sehr Theil an beyde Schicksale. Ihre Meta.

179. Meta an Giseke, 7. 12. 1753

Hamburg, den 7. Dec. 1753.

Wissen Sie schon, Giseke, wissen Sie's denn schon, daß Cramer zum Hof-Prediger in Kopenhagen ernannt ist? Ja, ja, das ist er wirklich. Die Nachricht in den Zeitungen, daß ein dänischer Ober-Hofprediger gewählt wäre, war falsch. Ueberdies ist nicht einmal ein eigentlicher Ober-Hofprediger, sondern die Hof-Prediger steigen nach der Anciennetät ihres Amts. Wie Gott das doch immer in der Welt macht! Ich hatte nun alle Hoffnung verloren, Cramer in Kopenhagen zu genießen. Ich bekomme noch dazu einen Brief, worin er mir den Tod seines Sohnes schreibt, welches mich wirklich sehr rührte. Und denselben Abend erhalte ich die Nachricht, daß er Hof-Prediger werden soll. Wie geschwinde kam ich von der Betrübniß zur Freude! Ach wie fröhlich war ich! Und wie sehr bin ichs noch! – Er wird's doch wol annehmen? – Nun, Giseke, das werden Sie doch nicht etwa verlangen, daß ich mich mit Ihnen betrüben soll, daß Sie ihn nicht in der Nähe behalten? Nein, das werde ich gewiß nicht thun. Ich bin für diesmal viel zu eigennützig. Und können wir doch endlich alle zusammen kommen. Sie können unterdeß mit Ihrer Frau bey Zeiten eine Reise nach Quedlenburg thun, denn im März soll Cramer schon in Copenhagen seyn.

Ich bin noch immer in der Nothwendigkeit, so kurze Briefe zu schreiben. Wenn ich einmal in meiner Geschichte fortfahren werde, das weiß der Himmel. – Doch, es kann noch einmal eine müßige Stunde kommen, ehe ichs vermuthe. Ja, wenn ich des Morgens schreiben möchte, so hätte ich noch wohl Zeit. Aber das mag ich nicht, und das darf ich auch nicht, weil ich es mir nun einmal zur Pflicht gemacht habe, dann lauter Frauenzimmer-Arbeit vorzunehmen. Genug, ich denke immer, ehe ich wegreise, werden Sie sie noch wohl ganz erhalten. – Ach, wer weiß, wie lange Zeit ich dazu noch habe. – Dieser Seufzer, mein liebster Freund, heißt weiter nichts, als ein Gedanke, der mir bey allem meinem Muthe und aller meiner Gelassenheit dennoch einige Mal einfallen muß. Das kann nicht anders seyn, so lange ich in der Ungewißheit bin, aber es macht mich nicht traurig.

180. Meta an Giseke, 11. 12. 1753

2. Begleitbrief zur „Geschichte der Meta Clärchen Friederikchen Klopstock": s. Nr. 1.

181. Meta an Giseke, 24. 12. 1753

D. 24ten Dec. 1753.
Ich glaube, so lange als ich Sie kenne habe ich jeden Weynachtabend an Sie geschrieben, u bloß deswegen will ichs itzt auch thun Giseke, aus keiner andern Ursache. Der Tag ist auch recht geschickt dazu. Man sieht so viel fröhliche Gesichter, daß man wohl mit darüber fröhlich werden muß. Das Hüpfen der Kinder ist mir keine geringe Freude gewesen, u der Wunsch der einen Amme hat mich vollends wild gemacht. Diese unterstand sich, wie ich ihr ihr Ges[ch]enk gab, mir künftig ein Paar solche dicke Zwillingsjungs, wie ihre eigne, zu wünschen. Ich nahm dies gar nicht übel; sondern bedankte mich sehr freundlich, u sagte, daß sie mir das klügste Compliment von allen Bedienten gemacht hätte. Wie ich denn auch nicht *leuknen* kann, daß ich sie mit [!] selbst wünsche; ob ich gleich sehr zweifle, daß ich sie künftigs Jahr, wenigstens sichtbarlich, haben werde. –
Sie haben wohl keine Geschenke bekommen, meine lieben Giseken? (Oder kriegen Sie vielleicht als Pastor welche?) Und das brauchen Sie auch nicht. Können Sie doch ohne das fröhlich seyn! Können Sie sich doch auch Küsse schenken! Und süsse Streicheleyen, u Schnäbeleyen u alles was dazu gehört. Mehr als sie vorigs Jahr konnten, oder wenigstens durften. Ich kann nicht umhin, anzuführen u zu bemerken, daß Ihr böser Mann Ihnen wohl hätte ein wichtiger Geschenk als Küsse, geben können mein liebes H[annchen]. – Doch wer kann gegen die Liebsgötter! Vielleicht trügt mir mein Wunsch auch, ob er gleich von Johannchens Amme, einer so würdigen Vorgängerinn, unterstützt ist. –
Sie denken wohl, ich habe auch nichts geschenkt bekommen? O, Ihre Dienerinn H. Pastor, Sie irren sich! Mein H. Papa, der mir in allen den 8 Jahren, die ich bey der Schm[idten] im Hause gewesen bin, nichts geschenkt hat, hat sich heute so angegriffen, es zu thun.

Man könnte wohl die Anmerkung dabey machen, daß er vielleicht denkt, es wäre das letzte Jahr. Ich will aber lieber die machen, daß man unser gutes Vernehmen daraus beurtheilen kann. Er hat aber auch dafür gefodert (grosse Foderung!) daß ich ihn den Messias leihen sollte. Er hat mich lange darum gebeten, ich habe nicht gewollt, aber endlich habe ich gemust! Es ist mir sehr sauer geworden, einen Mann den Mess. lesen zu lassen, der fragt, ob er wohl so gut, als Schmolkens Morgen u Abendandachten ist. – Aber glauben Sie nicht, daß das meine Geschenke alle sind. Ich habe ein sehr süsses von meinem Sunge bekommen. Aber was das ist, das müssen Sie rathen. „Eine Locke?" Nein! „Ein Daum in Lack gedrückt?" O nein! „Ein Portrait?" Nein, nein! – O wenn Sies gar nicht rathen können; so will ichs Ihnen nur sagen. Ein Kind: Aber in Ehren, mein H. Pastor, u meine Frau Pastorinn. Ein Kind *des Geistes!* Wir wollen eben nicht untersuchen, ob ein andres mir nicht noch lieber wäre, genug, daß dieses ein sehr süsses Mädchen ist. Sie möchtens wohl sehen? Ja, ich weis nicht, ob mir das erlaubt ist. Sie wissen wohl, daß Kl seine Kinder so leicht nicht zeigt. – Doch denk ich, daß ichs gegen *Sie* wohl thun darf. Sie haben ja alle übrigen Jungs u Mädchens gesehn, die er gemacht hat. – Mehr Jungs als Mädchens sind bisher vorhanden; (eine schöne Vorbedeutung!) ob gleich unter den jüngsten sehr süsse Mädchen sind. (ach ein Mädchen ist auf mein Schooß gebohren.) Aber hier ist das allerjüngste.

> In Frühlingsschatten fand ich Sie.
> Da band ich sie mit Rosenbändern.
>   Sie wust' es nicht u schlummerte!
>
> Ich sah sie an! Mein Leben hing
> Mit diesem Blick an ihrem Leben!
>   Ich fühlt' es wohl, u wust' es nicht!
>
> Doch lispelt' ich ihr, sprachlos, zu
> Und rauschte mit den Rosenbändern.
>   Da wachte sie vom Schlummer auf.
>
> Sie sah mich an! Ihr Leben hing
> Mit diesem Blick an meinem Leben –
>   *Und um uns wurds Elysium!*

Mehr verdriest mich nicht, als daß Kl. solche Kinder ohne mich zeugen kann. – Ich bin Ihr Affe.   CL. Kl.

[An den Rand geschrieben:] Cramer hat mir u Kl. geschrieben, daß er nach Kopp. kommen will. Ob er es dem Graf Moltke auch schon geschrieben, weiß ich nicht.

182. Meta an Giseke, 27. 12. 1753

d. 27ten Dec. 1753.

Sie schmälen ja recht sehr mit mir, H. Bruder, daß ich so selten schreibe. Ich könnte wohl zur Entschuldigung anführen, daß Sie eben so viele Brife von mir haben, als ich von Ihnen, das bezeugen unsre Nummern. Aber ich brauche keine Entschuldigung. Ich schreibe so oft als ich *kann*. Und wenn ich nicht oft kann, das ist meine Schuld nicht. Kriegten Sie doch neulich zweymal in einer Woche Brife von mir, (mehr kriegt nicht einmal Kl.) u das kriegen Sie itzt wieder. Gestern habe ich erst einen Brif an Sie weggeschickt, u heute fange ich einen wieder an, kann was schwesterlicher seyn? Bitten Sie mir also Ihren Ausdruck *unschwesterlich* ja wieder ab, H. Pastor Affe, oder ich werde einmal mit Fleiß nicht schreiben, wenn ich gleich Zeit habe. (Das habe ich in meinem Leben noch nicht gethan) Aber wie das zugeht, daß Ihre Brife so sehr lange unterwegs sind, das begreife ich nicht. Ich habe vorgestern Ihren u einen aus Paris gekriegt, u die waren von einerley Datum. Wenn ich auch für das schlechte Wetter abrechne; so müste ein Brif von Traut[enstein] doch eher kommen als einer von Paris. Das Wetter ist für mich u Kl. auch arg. Wir müssen itzt nach unsern Brifen zwey bis drey Posttage warten. Ist das für ein Paar *so* verliebte Leute nicht traurig? Sie werden Ihren Mann wohl küssen, Hannchen, u denken: gottlob daß die Küsse keiner Posten bedürfen! Sie thun recht, daß Sie Ihr Glück erkennen. Das will ich auch thun, wenn ich meinen Mann erst habe. O wie will ich denn Feder u Dinte an die Seite werfen! (sollten Sie auch keine Brife darüber bekommen) Wie will ich meine Hände nur zu lauter süssen Streicheleyen gebrauchen! Sind unsre Hände uns doch dazu nur gegeben! um gar nicht die Feder darin zu halten, die harte Feder! Nein, sie ist gar nicht für die zarten Hände unsres Geschlechts gemacht! Und darum braucht es sie auch so wenig. Aber es hat Recht! Ich möchte sie auch nicht brauchen, wenns nicht wäre um an meinen einzigen Sungen, oder *zur Noth* an meine Freunde zu schreiben.

Sie wollen sich also über Cramers Beruf nicht freuen? Und ich kann mich nicht betrüben, H. Brüderchen, so bleibt ein jeder für sich. Hat Cr. Ihnen noch nicht geschrieben? Was ich von seinen künftigen Umständen weis, ist: daß er 800 Thlr. gewiß Geld, frey Wohnung und frey Holz hat, zween Puncte, die in Kopp: noch wichtiger, als in Hamb. sind. Er hat sich in seinem Brife an Kl. nach allem erkundigt, wonach sich zu erkun[di]gen nur möglich ist. Ich habe Cr. recht bewundert, daß er das alles hat bedenken können. Aber das ist auch wohl nicht *aus seinem Kopf allein gekommen*. Wissen Sie, was ich itzt sehr heftig wünsche? (u Cr. hat mich auf diesen Wunsch gebracht) Daß es möglich wäre, das Kl. u Cr. zu gleicher Zeit in Hamburg wären, u *daß es möglich* wäre, daß Cr. uns trauen könnte. Denken Sie einmal Giseke, denken Sie einmal, was dann unsre Trauung gewönne! – Und was sie itzt bey Mylius verliert! –

Ob ich den Ehecontract schon unterschrieben habe? Nein, das geschicht erst wenn Kl kömmt. Und dann ist die Schl[ebusch] Notarius. Aber es ist fast eben so gut, denn ich habe doch schon in allem gewilligt. Und Kl. kann dreist mehr fodern. Das pflegte wohl so zu gehn, wenn der Bräutigam erst *weis*, daß die Braut so sehr in ihn verliebt ist, daß sie gar nicht von ihm *ablassen* kann; so fodert er alles, was nur *foderbar* ist. Und der wäre ja auch ein Thor, der das nicht thäte, pflegt man bey dergleichen Gelegenheit zu sagen. –

Aber, ob ich auch Lust habe ihn zu halten? O ja, meine kleine Fr. Pastorin! Ich werde schon Lust haben, mich immer so aufzuführen, daß nichts von *Kopfküssen á part* vorfallen soll. Ich glaube, Sie würden es an meiner Stelle eben so machen.

Daß ich Ihnen zu dem neuen Jahre alles wünsche, was nur einem edlen Herzen wünschbar ist, das versteht [sich]. O Giseken, welch ein Unterschied unter diesem Schluß des Jahrs u dem vorigen! Wie freue ich mich über Ihre Glückseeligkeit! – Und wie hoffe ich ein Gleiches. Cl. Kl.

unsre Nummern: Meta und Giseke pflegten ihre Briefe durchlaufend zu numerieren. Dieser Brief z. B. trägt die Nr. 17.

183. Meta an Charlotte Cramer, 2. 1. 1754

Hamb. d. 2ten Jan. 1754.
Liebste Cramern
Wer hätte denken sollen, dass Kl. Ihre Nummern würde so beantwortet haben können! Das hätte ich ihm nicht zugetraut. Unterdeß hat er das, was Ihre Kleidung anbetrift, liebste Charlotte, sehr obenhin berührt. Simple u propre, das ist sehr unbestimmt! Ich will Ihnen ein bischen nähere Nachricht davon geben. Wir dürfen nicht Gold, Silber, Juwelen, auch alle Arten falsche Steine, die nicht in *Dännemark* gemacht werden, brochirte Stoffe, u noch einige andre Sachen, die ich selbst nicht weis, dieses alles dürfen wir nicht tragen. Sie werden sich wohl so wenig als ich darüber grämen, daß diese Sachen Ihnen untersagt sind. So lange ich Klopstocks Braut bin, habe ich mir nichts neues von diesen Sachen angeschaft, u ich bin so gar so ein Affe, daß ich nicht einmal gerne das anthue, was ich noch habe. Meinen besten juwelen Ring habe ich so gar schon verkauft, u es [ist] mir ganz gleichgültig, wenn die Trauer aus ist, einen kleinen, oder vielleicht gar keinen zu tragen. Ich verkaufte gerne das übrige auch, wenn ich nur Kaufleute hätte. – Wenn Sie sich Kleidung noch anschaffen wollen; so werden Sie die sehr gut *hier* haben können, u viele andre Sachen auch. Wenn Sie aber deutsche Bediente haben wollen, die müssen Sie ja mitbringen. Es sind hier sehr sehr wenig gute, weder Diener noch Mägde, u die guten gehen nicht mit. Das wird mein eigen Mädchen, mit dem ich sehr wohl zufrieden bin, wohl nicht einmal thun. – – – – – Klopst. hat in meinem Brife geschrieben, (er hats in Ihrem vergessen) daß er Sie bitten lässt, mein lieber Cramer, an d. H. v. Bernstorf zu schreiben. Sie würden sich erinnern, daß es schon ein Jahr her ist, dass d. H. v. B. von Ihnen, als von dem künftigen Hofprediger gesprochen hätte. –
Zu einem solchen Geschäfts Briefe schikte sich nun hier recht schön ein Neujahrswunsch. Aber was haben so glükliche Leute als wir noch zu wünschen! Ich wünsche nichts mehr, weil ich meine Cramern sehn werde, hätte ich bald gesagt. Aber nehmen Sie nicht ungütig, meine Cramern, das wäre eine *Schmeicheley*. G'wiß u wahrhaftig! (wie Jungf. Ehre sagt) ich wünsche mir noch mehr. Ach wie froh würde ich lächeln, wenn der Wunsch dies Jahr erfüllt würde! Und wenn er erfüllt wird; so ist mein Wunsch für Sie u für mich: *Viele Kinder*, langes Leben, (ach wie wenig wünschte ich das sonst!) Ge-

sundheit u Brod, uns, unsern Geliebten, u Kindern. – – Weiter brauchen wir nichts. Das übrige haben wir alles in uns selbst. Es möchte denn dieses noch seyn: Daß unsre übrigen Freunde uns hübsch auf unsre *Beyträgerinsel* nachkämen. – Viele Küsse an Carl. Ihnen wünsche ich einen baldigen Anblick seiner Braut. (Diesen Wunsch thue ich doppelt.) Rickchen Klopstockin.

[An den Rand geschrieben:] Rickchen (ich muß das doch wohl auslegen) kommt her von *Friederickchen,* u Friederickchen von Friedrich, wie Sie einsehen werden. – Viele Grüße an meine lieben Aeltern u Geschwister.

Beyträgerinsel: Kopenhagen, wo als einstiger „Beiträger" früher Johann Elias Schlegel weilte, jetzt Klopstock lebt und bald Cramer wohnen wird.

184. Meta an Giseke, 14. 1. 1754

d. 14ten Jan. 1754.
Das war ein Brif zu rechter Zeit! Eben wollte ich an Sie schreiben, meine lieben Giseken, ich hatte schon mein Papier zurecht gelegt, da kam Ihr Brif, der lange lange erwartete Brif! (Ihr letzter ist vom 14ten Dec) Ich hätte mich dennoch nicht beklagt, weil ich wohl weis, wie leicht man zu wenig Zeit in der Welt hat. Aber ich fing an ein wenig besorgt Ihrentwegen zu werden. Ich hatte schon zu Ihrer Tante u Schwester geschikt, mich auch bey ihnen melden lassen, sie hatten aber keine nähere Nachricht als ich. Nun freue ich mich aber desto mehr, nun ich einen Brif habe, worin Sie gesund u vergnügt sind. Wie sehr freue ich mich mit Ihnen, daß Sie mir nun in den Armen Ihrer Frau schreiben können, mein lieber Giseke, u Sie in den Armen Ihres Mannes, mein liebes Hannchen! Es ist sehr süß, wie Sie da zusammen gesessen haben, da Sie an mich schrieben. Ich habe nur erst Einmal in den Armen meines Klopstocks geschrieben. Aber das mag freylich wohl so ein bischen von einem Schatten gegen Ihr schreiben gewesen seyn. Denn es war den ersten Tag, wie ich Kl. gesagt hatte, daß ich ihn liebte. Ich fühlte die Süssigkeit wohl, in meines Geliebten Armen zu seyn, ich fühlte wohl die Süssigkeit seines Kusses. Aber ich fing erst an, dieses zu fühlen, u ich war noch viel zu blöde, als daß ich ihn hätte wiederküssen, oder auch nur einmal die Hand drücken sollen. Freundlich ansehn war alles. (Wir schrieben an Sie damals) – Ich glaube es mit Ihnen Giseke, ja ich

glaube es, daß selbst Kl u ich, u ob wir gleich durch unsern vertraulichen dreymonatlichen Umgang der Ehe sehr nahe gekommen sind, daß wir dennoch uns Ihre Glückseeligkeit nicht ganz vorstellen können. Ach was muß sie seyn, was muß sie seyn, diese höchste irrdische Glückseeligkeit! – Ach, wenn ich sie e[r]s[t] schmecken werde! – Ich hoffe itzt mehr als jemals, u – wer weis, vielleicht ist meine Glückseeligkeit selbst noch näher als ich hoffe! Ich will Ihnen am Ende des Jahrs in meines Mannes Armen schreiben, das verspreche ich Ihnen, wenn dies Jahr mich meinem Manne giebt. Und das hoffe, ja, das hoffe ich ganz gewiß. Ach welch ein Jahr wäre dann dieses! Welch ein Jahr! Es wäre gewiß keine von seinen kleinsten Süssigkeiten, daß ich Sie darin sehen würde, meine Giseken! Wie froh werde ich in Ihre Arme rennen, mein süsses Hannchen! Wie wollen wir uns unser Glück erzählen, so viel als sich davon erzählen lässt. Dieses seltne Glück, das so wenigen wird, das wird *uns*. Laß uns niemals aufhören, dankbar deswegen zu seyn. Und dann auch, daß Sie eben Gisekens, u ich eben Klopstocks Frau geworden bin. Ich wäre gewiß mit Giseke, u Sie gewiß mit Klopstock auch glücklich gewesen. Aber itzt sind wirs doch noch mehr. Weil G. mit Ihnen (sollte es auch nur in Kleinigkeiten seyn) u Kl. mit mir doch noch mehr übereinstimmt, als Kl. mit Ihnen, oder G. mit mir. – O wie wohl wählt der, der für uns gewählt hat! Der unsre Geliebeten, so weit von uns gebohren werden ließ, daß wir sie nicht kanten, u sie uns hernach so ferne her führt! – So wunderbar! – Und so gut! – Zu welcher Glückseligkeit sind wir gebohren! Sie haben den Besten, den Einzigen *für Sie!* Und ich den Besten, den Einzigen *für mich!* Und so glücklich sind auch unsre Geliebten. Sie haben an uns die besten Frauen für Sie. Das müssen wir doch denken, ob ich gleich oft das nicht denken *mag*. Ich denke Kl. hätte eine noch bessere verdient. – Soll ich mich auch entschuldigen, daß ich so ernsthaft geworden bin? Nein, ich weis, daß ich an Sie immer das schreiben darf, was ich denke. – –

Sie haben ja entsetzlich viel Arbeit im Feste gehabt, mein lieber Giseke! Ich bedaure Sie deswegen, bin aber auch um desto empfindlicher gegen die Freundschaft, die Sie mir bezeigt, dennoch an mich zu schreiben. – Wird itzt aus Ihrer Reise zu Cramer was werden? Es ist ja wieder schön Wetter. Wenn Sie einige Zeit dableiben, so sagen Sie mirs, so will ich Ihnen dahin schreiben. – Küssen Sie Ihr Hannchen recht viel meinentwegen, daß Sie selbst ein wenig an mich geschrieben hat. – Heute kann ich nichts mehr schreiben, der Arm thut mir zu wehe, u ich bin zu müde, weil ich diese Nacht bey Ihrem Schwiegersohne gewacht habe. Er hat entwöhnt werden müssen, weil seine Amme krank geworden ist. Ich kann Ihnen nicht sagen, was es ein süsses Kind ist, so fromm! u doch auch so klug! Es ist ein lieber Junge! Wenn er noch so kläglich weint; u ich komm vor ihn, u sag: Mein Johannchen! so lächelt er gleich, u schlägt seine kleinen runden Arme um meinen Hals. Ich habe viel Freude auf der Kinderstube gehabt. Am meisten, da die beyden ältesten erwachten u sich so freuten, daß ich da war. Cl. F. Kl.

(Sie sind süß, daß Sie *F.* Moll[er] auf das Couvert gesetzt.)

[Am Kopf der 1. Seite:] Eben schreibt meine Schwiegerin mir daß Sie in Quedl[inburg] sind. Ich muß den Brif aber doch wohl nach Traut[enstein] schiken?

185. Meta an Giseke, 21.–23. 1. 1754

d. 21ten Jan. 1754

Ich hatte mir vorgenommen, vors erste nicht an Sie zu schreiben, mein lieber Giseke. Ich bin nicht ganz mit Cramers u Ihrem Brife zufrieden, das muß ich Ihnen heraus sagen. Ich wuste wohl, daß es mir unmöglich wäre, an Sie zu schreiben, u nichts von einer Sache zu sagen, wovon ich doch viel dachte. Mir war aber bange, daß ich entweder mich nicht allemal völlig so ausdrüken mögte, als ich dachte, oder daß Sie auch manchmal einen Gedanken anders auslegen könnten, als ichs haben wollte, (das ist bey Brifen nur zu leicht möglich) u daher wollte ich nun gar nicht schreiben. Aber ich habe meinen Vorsatz geändert. Es ist mir einmal nicht möglich meine Meynung in irgend einer Sache, die uns oder unsre Freundschaft angeht, gegen Sie zu verschweigen. Und zweytens wäre es auch wohl möglich, daß Sie von neuem überlegten, u etwa fänden, daß in [für: ich] auf einigen Seiten Recht hätte. Ich will Ihnen also alles sagen, was ich wegen Ihres u Cr. Brif denke, u weil ich glaube, daß Sie mich genug kennen; so will ich das mit meiner gewöhnlichen Freymüthigkeit thun.

Ich bin völlig mit Ihnen einig, daß man bey Veränderung seiner Umstände, sehr mit darauf sehen müsse, ob man sich in Ansehung der Glüksgütter verschlimmert oder verbessert. Und daß, wenn das erste ist, man seine Umstände nicht ändern müsse, es sey denn daß man von Seiten gewönne, die *mehr* als Glücksgütter sind. Ich glaube daß man äusserst sorgfältig mit seinem Vermögen umgehen müsse, es so viel erhalten u vermehren als möglich ist (dieses alles aber nur der Kinder wegen) Ich will auch mit Ihnen einig seyn, daß man nicht ganz unempfindlich gegen äusserliches, weltliches Ansehn seyn müsse – doch werde ich wohl niemals lernen, es für eine Hauptsache zu halten. – Sie sehen hieraus mein lieber Giseke, daß ich Cramers Sorgfältigkeit wegen seiner künftigen Einnahme gar nicht tadle. Aber das kann ich nicht läugnen, daß er sich ängstlicher darum bekümmert, als ich vermutet hätte, u daß Sie in Ihren Foderungen für Cr. ein bis[chen] zu weit gehn. „Es ist dem Könige keine Schande, Cr zu haben – Der König wird einen Freund seines Kl. nicht verschlimmern wollen." Es ist dem Lande unsres Königs allerdings eine Ehre, einen solchen Mann als Cr. zu haben. Aber kennt der König Cr. denn so, wie *wir* ihn kennen? Ich glaube daß der König meinem Kl. sehr gut ist, aber sollte Er Cr. deswegen weil er Kl-s Freund ist, mehr geben? (u was würde das auch nicht nachsichziehn, wenn Er einmal anfinge, einem Hofprediger mehr zu geben) Cramer rechnet aus, wie viel er an Abzugsgeld in Sachsen lassen muß. Wenns mit dem Abzugsgelde in Sachsen so gehalten wird als hier; so hätte Charlotte nach der Ausrechnung 30000 Mk, itzt da sie schon völlig eingerichtet sind. Um desto weniger hätte Cr nöthig so ängstlich zu thun. Cr. scheut einen starken Beichtstuhl. Es ist wa[h]r, das ist beschwehrlich, aber es ist nun einmal so, daß ein gutes Theil der Einnahmen der Geistlichen darin besteht, u je länger Cr. zögert desto mehr wird er hierinn verliehren. Cr. ist *Ober*hofprediger, er ist Consistorialrath, u dort ist er das *itzt* noch nicht. – Ich kann mir gar nicht einbilden, daß dies bey Leuten, wovon ich eine solche Meynung, als von Ihnen u Cr. habe, daß denen dieses so wichtig ist. Unterdeß kann der König ihn mit der Zeit genung erhöhn. Daß man aber fodern wolle, Er sollte das gleich im Anfange thun, das deucht mich, wäre ein bischen unbillig. Al[l]em Ansehn nach verschlimmert Cr. sich nicht. Er will das aber *gewiß* wissen. Aber wie ist es möglich, ihm davon eine völlige Gewißheit zu geben. Können Accidentien bestimmt werden? Das soll doch mein armer Kl thun, oder er thut nicht genug für seine Freunde. Was wird nicht alles von ihm gefodert! Und ein jeder fodert so viel! Und niemand thut wieder was für ihn! – Ich will aber auch einmal annehmen, Cr. verschlimmerte sich *vors erste etwas*. (Denn das ist doch alles was er sich verschlimmern kann. Mit der Zeit wird er freylich gewinnen. Wenn er der älteste ist; so kriegt er z. E. für die Taufe eines Prinzen 1000 Thr., wie ich *hier* *gehört habe*) Dieses Verschlimmern betrift nur allein die *Einnahme des Geldes*, in allen übrigen Umständen verbessert er sich. – (Ist das aber *beyträgerisch*, wenn man ohne das leben kann, daß man sich aus ein bischen mehr oder weniger Einnahme so viel macht?) Cr. hat sonst so gedacht als ich, ich weis nicht, woher er itzt auf andre Gedanken kommt?

d. 22ten

Cramer gewinnt wenn er nach Kopp. kömmt. Cramers eigne Ausdrücke sind wohl eher gewesen: Was werde ich fühlen wenn ich vor dem einzigen Friedrich, dem einzigen heutigen *Könige* von Gott reden werde u von der Tugend, u in die Seelen von seinen Freunden! – – – Kann ich einen weitern Schauplatz begehren? – u der gleichen mehr. – – Wirklich der weite Schauplatz, der vortrefliche König, die guten Minister, das halte ich sehr für Hauptsachen. Wie viel gutes kann Cr. nicht da stiften! Und dazu mehr Gelegenheit haben, das heisse ich *gewinnen*. Wie viel besser kann er nicht in Kopp. für seine Kinder sorgen als in Quedl[inburg]! – Und wenn wirs nun wieder von der andern Seite ansehn. In Kopp. ist Cr. für Zeit Lebens gut versorgt, je länger er lebt, desto mehr gewinnt er. In Quedl. bleibt er vors erste wie er ist, u wenn seine Aebtiss: stirbt; so können seine Umstände, wie *Sie mir selbst* gesagt haben, sehr verändert werden. Ich muß glauben, daß Sie das nicht recht gewust haben, denn sonst würde dieser Umstand wohl ein bischen mit bedacht werden. Aber Jerusalem, Sie, u Gärtner, die vermutlich alle Umstände so gut überlegt haben, als ich, u die allemal mehr Einsicht besitzen, haben Cr. gerathen nicht hin zu gehn, wofern alle Accidentien nicht vorher genau bestimmt wären, u er nicht gleich zu Anfange mehr einnähme als itzt. Das erste muß ich wieder mit der Unmöglichkeit des Bestimmen beantworten. Haben Sie selbst ganz genau gewust, wie viel Sie an Accidentien einzunehmen hatten, Giseke? Und das gienge bey Ihnen doch immer eher an, weil Sie der einzige über Ihre Gemeine sind. – Ich kann die Ursachen noch nicht heraus bringen, die Jerusalem hat, allen Leuten abzurathen nach Dännemark zu gehn. Ich erinnere mich noch, daß er zu Ihnen, wegen der Soroeischen Stelle, gesagt: Man müsse den Anschlägen nach Dannem: zu kommen nicht zu viel Gehör geben. Warum nicht? Ich sollte fast denken, er wollte die guten Leuten nicht gerne aus dem Lande, oder wenigstens aus der Nachbarschaft lassen. Und Sie u Gärtner sind am Ende auch partheyisch. Nämlich auf eine gute Art. – Doch das versteht sich von selbst, u so versteht sich alles, was ich von Cr. u Ihnen gesagt habe. Sie wollen Cr. nicht gerne missen, daher stellt sich Ihnen alles bey seinem Abzuge schwer vor. Ich bin wieder von der andern Seite partheysch. Ich will Cr. gerne haben, daher stellt sich mir alles leicht vor. – Ich wollte Ihnen u Cr. noch alles vergeben, wenn Sie Ihre Bedenklichkeiten nur eher gemacht hätten. Aber nachdem Cr. schon gewiß schreibt, daß er kommen will, nachdem mein Kl dieses Moltke u Bernstorf, u vielleicht gar dem Könige selbst gesagt hat, nun vielleicht nicht kommen zu wollen! Denken Sie einmal, wenn seine votation [!] vielleicht schon unterwegs ist, u Cr. hernach nicht kommen will, wie übel wird man das in Kopp. aufnehmen! Und wird aller Verdruß davon nicht auf meinen armen Kl. fallen! Das ist nur, was mich beunruhigt, was mich traurig, u verdrißlich macht. – Kl. schrieb in seinem letzten Brife, er hätte *so was gemerkt*, als wenn Cr. wohl 1000 Thlr. *fixum* kriegen könnte. Aber *gewiß* wird er das nun wieder nicht sagen können. Das meiste wird darauf ankommen, wie Cr. dem Könige gefällt. Und Sie, der Sie Cr. besser kennen als ich, zweifeln Sie daß er Ihm gefällt? – Ich muß Ihnen auch noch sagen, daß Kopp. *so* theuer auch wohl nicht ist, als Sie sich vielleicht vorstellen. Ich sprach neulich jemand daher, der sagte, daß Leute, die keinen größern Aufwand machten, als wir alle vermuthlich nicht geneigt sind, (Nämlich, grosse Mahlzeiten geben, Kutsche u Pferde halten, u dergleichen) ganz gut mit 1000 Thlr. auskommen könnten. Und Cr. hat doch allemal gewiß *mehr*. Ein Geistlicher hat dazu immer noch weniger Gelegenheit, Aufwand zu machen, als ein andrer. Ich bin nicht eher ruhig gewesen, als bis ich dieses alles geschrieben habe, mein lieber Giseke. Ich habe es Ihnen u nicht Cr. geschrieben, weil Sie mich besser kennen als Cr, u auch besser wissen, wie sehr ich Sie u Cr. kenne. Ich fürchte mich bey Ihnen auch nicht, daß Sie einen einzigen Ausdruck anders nehmen werden, als er *Ihrent-* u *meinent-*wegen kann genommen werden. Ihren u Cramers Brif habe ist erst Freyt: von hier weggeschickt, folglich weis ich noch nicht, was Kl. dazu sagt; sondern dieses, was ich geschrieben habe, sind allein *meine* Gedanken. – Und itzt bitte ich Sie, mein liebster Giseke, mein Freund, mein Bruder, um alle unsre Freundschaft, um Ihre Rechtschaffenheit, um Ihre Unpartheilichkeit, um die *Beförderung des Guten,* überlegen Sie alles noch mal. Sehen Sie, ob ich nicht auf einigen Stellen ein bischen Recht habe, u ob Sie einige Sache[n] sich nicht selbst schwer machen. Ob Cr. sich nicht immer mehr verbessert als verschlimmert, wenn wir *alles* betrachten. Wenn Sie das finden; so bitte ich Sie um alles, worum ich Sie erst bat, schreiben Sie an Cr. u bereden ihn. Ich sagte in meinem ersten Unwillen: Wenn er denn nicht kommen *will;* so mag er bleiben, kann ich doch am Ende sie alle entbehren! habe ich doch an Kl. immer genug! Aber da dachte ich nur allein auf mich, u nicht auf die *Beförderung des Guten.* (Und itzt fühle ich auch wohl, daß es mit dem *Entbehren* so ganz richtig nicht ist) – Die mehrere Beförderung des Guten, auf einem weitern Schauplatz, Giseke, müssen Sie u Cr. niemals aus den Augen lassen. Das ist doch wirklich die Hauptsache (vor allem da Cr. nicht darunter leidt) u ich bin auch versichert, daß sie Ihnen u Cr. das ist. – Warum gilt doch in diesen Zeiten die Meynung nicht mehr, die vor diesen bey einigen einfältigen Geistlichen galt, daß der Ruf von einer Gemeine zur andern unmittelbar göttlich wäre, dem man nicht wiederstehen durfte! So wäre weiter nichts zu erinnern, so *müste* Cr. kommen. So müste er so gar von Kopp. nach Quedl. ziehn, wenn der Ruf käme. So müsten Sie auch zu uns kommen, wenn so ein Ruf einmal an Sie käme. – O Schade, daß die Meynung nicht mehr gilt!

D. 23ten

Sie sind doch itzt schon wieder in Trautenstein, meine lieben Giseken? Ich zweifle nicht, daß Sie in Quedlinb. sehr vergnügt gewesen sind. Sie haben meine lieben Schwiegerältern doch gesprochen? Sie sind doch gesund? Was machen meine lieben Geschwister? Wird Hannchen immer liebenswürdiger? Nach ihren Brifen wird sies. Das liebe Kind freute sich schon so sehr mit Cramer zu reisen. Wenn nun daraus nichts würde! – Haben meine Schwiegerältern mich lieb? Hat Papa auch was an mich [!] auszusetzen? Diese Fragen mögte ich gerne alle beantwortet haben, aber nur dann, wann Sie Zeit u Lust dazu haben. – Itzt will ich Sie nicht länger stören, in Hannchens Armen etwas anders, als Verliebtheit zu denken. – Nur das einzige noch: Cramer kann alle seine Meublen, wenn ihrer auch noch so viel sind (u wie viel können ihrer denn seyn?) sehr wohlfeil zu Schiffe transportiren. – Ich bitte nochmals um abermalige Ueberlegung. Wenn ich Sie nicht so sehr für meinen Freund hielt, als ich thue; so würde ich diesen Brif gewiß nicht geschrieben haben, das können Sie leicht einsehn.

M. Moller.

Soroesche Stelle: Vgl. Hagedorn an Giseke, 12. 4. 1751 (Nr. 7).

186. Meta an Giseke, 10.–12. 2. 1754

d. 10ten Febr. 1754
O wie viel habe ich itzt zu beantworten! Ihre Brife waren kluge Brife Giseke! Sie kamen beyde zugleich. Das war eben nicht ihre gröste Klugheit. Dies war sie, daß sie zu einer Zeit kamen, da die Schleb[usch] die Schel[e] u Olde bey mir waren, u diese also dadurch so viel Vergnügen hatten als ich. Wenn ich Sie wäre; so würde ich sagen, daß sie alle grüssen liessen; aber das versteht sich ja. – – – – Ueber Ihre Reise u Vergnügen bey Cramer habe ich mich recht gefreut. Es ist aber am besten, daß ich von Cr. nichts weiter sage. Sie werden meinen Brif vom 21ten haben? Ich hätte wohl gewünscht, daß Sie ein bischen mehr von *Klopstocks* erzählt hätten; aber das ist freylich eine Sache, die Sie nicht so sehr interessirt als mich. Das war auch lustig, daß Sie mir Cramers Geburts- u Hochzeittag nennen, wenn er schon vorbey ist. Wir freuten uns so! Wir dachten, es wäre eben der Tag, da Ihr Brif ankam, u wollten ihn recht feyern. Wir fanden, daß wir uns irrten, aber wir feyerten ihn doch. – – – – – Ich danke Ihnen recht sehr für die Nachrichten aus Braunschweig. Ich hatte den Tag vorher noch zur Schmidt. gesagt, es ist doch entsetzlich daß man von Gärtners itzt nicht das geringste weis! Und itzt weis ich, daß sie gesund sind, u das mein lieber zweyter Schwiegersohn sich nach dem Entwöhnen wohl befindt. Grüssen Sie sie doch einmal meinentwegen, wenn Sie an sie schreiben. Sonst war Gärtner derjenige unter Ihren Freunden, davon ich immer am meisten wuste, er ist auch der erste gewesen mit dem Sie mich bekandt gemacht haben. Nun wenn ich ihn erst sehe; so will ich mir das alles wiederersetzen. Aber wenn ich nun mit Cramer nach Kopp[enhagen] gienge, was sagen Sie dazu? Nun fürchten Sie nichts, ich habe selbst dazu nicht Lust, Es müste Kl. ein grosser Gefallen darunter geschehen; sonst thät ichs nicht. Und wenn Cr. nicht hingeht; so bleibts ohne das nach. Man kann noch gar nicht wissen, mein H. Pastor, was diesen Sommer aus uns werden wird. Ich wünsche u *hoffe es itzt sehr stark,* eine Frau. Aber wenn wenn [!] das auch noch nicht geschehen sollte; so kriege ich doch gewiß einen vergnügten Sommer. Einen bessern als vorigs Jahr. O ja, H. Pastor, besser als vorigs Jahr, ob ich gleich noch ganz gut weis, daß Sie da gewesen sind. Ich sage aber nichts. Denn Sie wissen wohl, Kl u ich wir sind ein bischen geheimnißvoll. Ich sollte dies auch nicht einmal geschwatzt haben. Denn es lässt sich doch aller-

hand daraus schliessen, u – – – nun verrathen Sie mich nur an keinen Menschen, nicht einmal an einen Liebesgott. Ich werde nicht einmal der Schlebusch noch der Schmidten diesen Brief zeigen. Es mag doch wohl an der Geschwätzigkeit der Frauenzimmer so was dran seyn. Denn wenn ichs nun Ihnen nicht gesagt hätte; so glaube ich, wäre mein kleines Herz endlich für Freude zersprungen. Was ich die Freude für eine Bewegung, für eine Erschütterung der Seele! In welcher Bewegung bin ich nun seit zweyen Posttagen! – Aber stellen Sie sich hiervon auch nicht zu viel vor. Es ist noch nichts *gewisses*. – Ach Kl! – Ach wenn ich nun wirklich deine Frau bin! – –

Ich muß entweder aufhören, oder geschwinde etwas andres schreiben, ich halts sonst nicht aus. – Das ist brav Giseke, daß Sie die Mode eingeführt haben, daß ein jeder Mann immer bey seiner Frau sitzt! Wenn die noch nicht eingeführt wäre; so würde ich sie gewiß einführen. Wir würden ja alle nicht recht vergnügt seyn; wenn wir nicht bey unsren Sungs sässen. Wenn ich deine Hand nicht immer nehmen könnte, wenn ich wollte, Kl, das wäre was rechts. Nein, nein, ich bin viel zu verliebt in dich! Wenn ich dich nun erst einmal habe; so muß ich dich immer, immer sehen u anfassen können. Ach wenn ich erst in die Augen wieder hinein sehe. – – – Aber da bin ich schon wieder bey Kl. – Ich hätte aber heute auch nicht an Sie schreiben sollen, ich hätte ja denken müssen, daß nichts anders herauskäme. Denn ich habe heute einen Brif von *meinem Klopst* (das Herz hüpft mir wenn ich diese beyden Wörter schreibe) bekommen – – nämlich einen Brif – – worin – – – – aber ich habe ja nichts gesagt. – Aber ich schreibe heute kein Wort mehr. Ich mag wahrhaftig viel lieber an *meinen Klopstock* denken.

d. 12ten Febr. 1754

Ich danke Ihnen vielmal, mein lieber Giseke, für Ihre Ode. Mit welcher Begierde ward sie gelesen! Ich überließ für dieses mal mein Amt des Vorlesens Olden, weil ich mein[e] Lunge schon ganz ausgeschwatzt hatte. Soll ich Ihnen auch sagen daß wir sie schön fanden? Das trauen Sie uns ja wohl allen zu. Einige Stellen haben uns sehr entzückt. Wenn ihrer nicht so viele wären, würde ich sie Ihnen nennen. Eine Critick haben wir auch gemacht. Nämlich gegen das Wort *losgebärst*. Wenigstens haben wir das Wort so gelesen in der Zeile: Ein losgebärster Gefangner entflieht. – Sie thun Ihre *Schuldigkeit* mein H. Pastor, daß Sie die Glückseeligkeiten des Landlebens besingen. Wie glücklich sind Sie! Wir armen, armen Städter! – Ich will Kl.

noch einmal recht böse dafür seyn, daß er kein Geistlicher geworden ist. Dann hätte er mir auch sollen ein Prediger auf dem Lande werden. O wie sehr wäre das nach meinem Geschmacke gewesen! Wir werden zwar den ganzen Sommer auf dem Lande zubringen, aber das ist mir nicht genung, ich will auch den Winter da seyn, u so ganz meine kleine Wirtschaft da haben. Mit einem Worte, ich will so da leben, wie Sie, meine Giseken. Ich danke Ihnen sehr sehr auch dafür, daß Sie die Verfaser der Brife in den verm[ischten] Schriften genannt haben. Ich habe Sie unterschiedenemal danach fragen wollen, aber ich habs aus Bescheidenheit unterlassen. Das freut mich ungemein, daß ich Sie alle erkandt habe! (Das ist zwar keine grosse Kunst, weil ich so glücklich bin, von Ihnen alle Brife zu haben) Aber ich wuste es doch nicht ganz gewiß, u ich wuste auch nicht immer an wen sie geschrieben wären. Die worunter R.J.E. stand, das wuste ich ganz gewiß. – Sie sind schön! Daß Lucinde die Sche[ele] war rieth ich auch. Aber ist ihr Mann würklich mit gewesen? War er damals noch in dem Stande? – – – – Ich danke Ihnen auch für die Fortsetzung des *Romans.* Ich weis nicht, was ich davon sagen soll, ob er mir je mehr ich davon erfahre unbegreiflicher oder begreiflicher wird? Es komt mir fast vor, als wenn das letzte wäre. Aber wie verächtlich sind mir die Helden! Sie werdens immer mehr. Sie haben recht, sie wären sich einander vollkommen werth. – Ich muß Ihnen doch einen Trait von der Schmidten erzählen, worüber sie vielleicht eben so sehr lachen werden als wir gethan haben. Sie saß in Küssen eingehüllt in ihrem grossen Lehnstuhle; (sie hatte sich eben zur Ader gelassen u eine Ohnmacht dabey gehabt, aber schwanger ist sie nicht) Sie hatte noch kein Wort zu Ihrem Brife gesagt. Wie ich die Stelle las: Gott hätte sie erleuchtet ecr „hab ichs nicht lange gedacht, sagte sie mit ihrem ganzen sang froid, daß Henr[iette] eine Herenhüterinn wäre. – Nun, lachen Sie nicht? – Was wird Kl. einmal sagen, wenn ich ihm das alles erzähle! (Denn daß nicht Raum genug in unsern Brifen ist, um uns dergleichen zu schreiben, das können Sie denken) Wenn ich einmal in meinem Enthusiasmuß gegen *meinen* ersten ersten Sterblichen so ausch[w]eifen würde, was würde ich denn kriegen! Ich nannte ihn neulich nur einmal: *allgenugsamer* Grund meiner Glükseeligkeit. Gleich verwieß ers mir, daß ich dies Wort profanirt hätte. – Wissen Sie, was ich recht von Herzen wünsche? (u ich würds gewiß bewerkstelligen, wenn ich nur die Ehre hätte, mit einigen Dieben bekandt zu seyn) Daß E[bert] alles seyn Silberzeug gestohlen würde. – Itzt weis ich auch die Ursache, warum E. keine Brife schickt. Um das Postgeld zu ersparen. Denken Sie nicht, daß ich zu weit gehe. Mich deucht, es sieht ihm sehr ähnlich, auf 2 s. geizig geizig [!] zu seyn. Und warum anders sollten wir eben hier in Hamb. allemal Brife kriegen, wenn jemand aus Br. sie mitnehmen kann, (u die Leute erzählen oft, daß er zu der Zeit so wenig Musse gehabt hat, daß er des Nachts hat schreiben müssen) u mit der Post kriegen wir niemals einen. Er hatt einmal einen Brif von seiner Göttin an mich länger als sechs Wochen liegen, weil in der Zeit keine andre Gelegenheit als die Post war. Wenn er würklich so geizig ist, wie sehr freut mich denn ein gewisses Compliment, daß ich ihm habe machen lassen, ehe ich das noch so recht einsah. Er hatte mir nämlich durch Bostel auch einen Brif geschickt. Ich hatte in der Zeit, daß Bostel hier war, nicht Zeit ihm zu antworten. Ich ließ ihm dieses durch B. sagen, u dabey, daß ich mich freute, daß für mich *Posten* in der Welt wären. – Wenn die Brife nach Br. nur noch ein bischen theurer wären; so wollte ich ich [!] einmal ein recht grosses Paquet machen, u ihm das unfranquirt schicken. – Schmälen Sie nicht, daß ich so boshaft bin H. Pastor. In solchen Fällen bin ichs wohl ein bischen, sonst aber auch nicht wissen Sie wohl. – O mein armer Kl. wenn E. deine Geliebte wäre, wie wenig Brife würdest du kriegen, wenn er für einen jeden 6 u die meiste Zeit 12 s. ausgeben müste! – Alles grüst, aber am meisten u sehr *dankbar* die Schmidten.

Ihre Ode: Des Herrn Nikolas Dietrich Giseke Poetische Werke, Braunschweig 1767, S. 116 „Der Winter" enthält die fragliche Stelle. – *Briefe in den verm. Schriften:* Sammlung Vermischter Schriften, von den Verfassern der Bremischen Neuen Beyträge zum Vergnügen des Verstandes und Witzes. III, 4, S. 257–300 (1753). Darunter sind fünf Briefe, gezeichnet R. J. E., d.i. Radike, Johanna Elisabeth. – *die Fortsetzung des Romans:* bezieht sich auf Eberts unglückliche Liebesgeschichte mit Henriette von Töpffer.

187. Meta an Gleim, 9. 3. 1754

Mein lieber Herr Gleim

Endlich schicke ich Ihnen die Copie von meines Klopstocks Portrait. Sie wissen, daß ich damit gezögert habe, weil ich hoffte, daß noch ein bessrer Mahler kommen sollte. Es ist keiner gekommen, und also habe ich mich zu einem schlechten entschließen müssen. Ich bin nicht sonderlich mit dieser Copie zufrieden, ich wünsche daß

Sies mehr seyn mögen. Die süsse sanfte Mine meines Klopstocks hat das Portrait, welches Sie so gütig gewesen sind mir zu schicken nicht einmal ganz, und dieses hat nun gar eine zornige. Sie behalten allemal das Recht, mein lieber Herr Gleim, das erste Gemälde von mir wiederzufodern, so bald ich meinen Klopstock selbst habe. Ich habe viele Hofnung, daß dieses nicht so gar langen mehr werden wird. Ich dancke Ihnen nochmals auf das verbindlichste für die Freundschaft, die Sie gehabt, mir meinen Klopstock zu schicken u sich selbst davon zu berauben. Gewiß Sie hätten wohl verdient, daß ich Sie nicht so lange in dieser Einsamkeit gelassen hätte. Ich bitte Sie deswegen auf das freundschaftlichste um Vergebung, u hoffe, daß die Ursache davon mich entschuldigen wird. Itzt, meil lieber Herr Gleim, nehmen Sie mit diesem kleinen leeren Brife für lieb. Ich werde Ihnen bald einen größern, einen vollern u einen bessern schreiben. Ja gewiß, das hoffe ich bald, bald. Einen Brif worüber Sie viele Freude haben werden. Ich bin
Mein lieber Herr Gleim
Ihre beständige Freundinn u für eine kurze Zeit noch Hamburg
d. 9ten März 1754   M. Moller.

188. Meta an Giseke, 21. 3. 1754

3. Begleitbrief zur „Geschichte der Meta Clärchen Friedrikchen Klopstock": s. Nr. 1.

189. Meta an Giseke, 3. 4. 1754

Den 3ten April 1754.
Viel Glück zu dem gestrigen Tage, meine lieben Giseken! Das mag ein Geburtstag gewesen seyn! In Ihrer Frauen Armen, Giseke! Nun, ich wünsche Ihnen alles, was Sie mir zu dem meinigen gewünscht haben. Das ist doch das beste, was wir uns wünschen können. Und mir wünsche ich, daß wir diesen Tag noch oft mögen zusammen zubringen. Wir haben gestern gefeyert, das versteht sich. Aber Sie rathen wohl nicht, mit welcher Gesellschaft. Mit meiner Schwester und meinem Schwager Dimpfel und mit Olden. Wir haben Herrn Pastors und der Frau Pastorin Gesundheit getrunken, daß es klang. Und mein Schwager Dimpfel hat mitgetrunken, daß es eine rechte Lust war. Den Tag vorher besuchten wir Ihre Tante und Schwester. Ich war so vergnügt daselbst, daß ich eine Stunde länger blieb, als ich

glaubte. Ihre Tante sagte, nach ihrer Gewohnheit, bon mots, die mich entzückten und Ihre Schwester war nicht mehr so blöde, als sie im Anfange unserer Bekanntschaft zu seyn pflegte. Sie sagte mit einer recht süssen, zärtlichen Mine: daß morgen ihres lieben Bruders Geburtstag wäre, und freute sich, daß ich das auch wußte. Sie sprachen überhaupt beyde mit viel Zärtlichkeit von Ihnen und Hannchen. Sehen Sie, Herr Bruder, nun habe ich einmal zuerst von Ihnen geredt, dafür aber werde ich nun desto mehr von mir reden.

Mein Kl., mein süsser bester, einziger Kl., will kommen und mich abholen. Sobald er merkte, der Einzige, daß ich traurig war, so entschloß er sich hierzu, ungeachtet aller Ursachen, die er zum Gegentheil hat. Dieses hat nun auch gottlob, eine große Veränderung in meine Familie gemacht. Man begegnet mir ganz gut. Die Dimpfel interessirt sich auf das äußerste für mich. Nur möchte sie gerne, daß Kl. einen Titel annehme und das möchte ich eben nicht. Daß die Schmidt gut ist, versteht sich. Meine Schwäger mischen sich in nichts. Ich habe es ihnen gesagt und sie haben mir Glück gewünscht: Dimpfel that das gestern ganz feyerlich. Ich kann Ihnen nicht sagen, wie mir bey dieser ersten Gratulation zu Muthe war. Ich hatte so große Lust zu lachen. Aber wie ich die Worte hörte: Mit Kl. verlobt, da lief mir Entzückung durch alle Adern. Ach hernach wurde so ordentlich von Herrn Kl. gesprochen und Herrn Kl. seine Gesundheit so ordentlich getrunken. Ich kann Ihnen nicht sagen, wie süß mir das ist! Was wirds nicht seyn, wenn erst ein *jeder* so ordentlich von Herrn Kl. spricht. Ich habe schon zu Kl. gesagt, ich glaubte, ich würde alsdann einen jeden Narren lieb haben, bloß weil er seinen Namen nennte. – Mein Herr Stiefvater behauptet seinen Charakter. Diese zweyjärige Güte ist lauter Verstellung gewesen. Er beschwert sich über mich. Ich weis nicht weswegen. Er ist der erste gewesen, dem ichs gesagt habe und auf alle Grobheiten und Verächtlichkeiten, die er gegen mich und meinen Kl. ausgestoßen, habe ich immer mit vieler Mäßigung geantwortet. Das lächerlichste ist, daß er die Sache dadurch zu hintertreiben denkt, daß er mich gegen meinen Kl. aufzubringen sucht. Er mag itzt wohl so ein bischen merken, daß das nicht angeht, denn itzt sucht er meine Mutter gegen mich aufzubringen. Gottlob, daß das keine Noth hat: denn Mamma behauptet zu sehr ihren Charakter als er seinen. Sie ist immer zärtlich und furchtsam. Sie will mir nicht zuwider seyn, aber sie kann sich nicht vorstellen, daß ich glücklich werde. Sie glaubt nach dem was wir ihr sagen, und aus einigen Stunden, worin sie Kl. gesehen hat, daß er gut ist; aber kluge Leute können sich doch immer verstellen. Und wenn das auch nicht ist, so kann ich doch künftig nicht so meine Gemächlichkeit haben als itzt und das ist ein *großes* Unglück. Ueber das so liegt Kopp[enhagen] entweder in der Barbarey oder in Grönland oder auch beyderwegen; ich habe das aus ihrer Karte noch nicht so recht herausfinden können. Und dann so werden wir uns doch niemals wiedersehen und dergleichen. Sie sehen, meine lieben Giseken, daß ich große Ursache habe zufrieden zu seyn. Meine liebe Mutter wird vieles von ihrer Traurigkeit und ihren Zweifeln verlieren, wenn sie nur ihren Schwiegersohn erst recht kennt. Ich wollte, daß es möglich wäre mich nicht von ihr zu trennen, aber das ist nun nicht möglich. – Ich bin so weitläuftig gewesen, daß ich nun darüber nicht mehr schreiben kann. Aber ich hoffe, daß die Weitläuftigkeit Ihnen nicht zuwider ist. Wenn mein Kl. kommt, davon wissen wir nichts.

Ihre Clärchen Klopstock.

190. Meta an Giseke, 27. 4. 1754

d. 27ten Apr. 1754

Lange lange haben wir uns nicht geschrieben, meine lieben Giseken, das ist wahr. Aber itzt sollen Sie auch einen Brif haben, der Ihnen alles das lange Stillschweigen ersetzen kann. Mein einziger Klopstock ist d. 21ten bey unserm *einzigen* Könige gewesen. Der König hat ihn sprechen wollen, um ihm *selbst* folgendes zu sagen. Daß Er ihm eine Zulage zu seinem Gehalte gäbe (u das, recht nach unserm Geschmack, ohne Amt oder Bedienung) u daß Kl den 28ten May in der Suite des Königs abreisen könnte. O wenn ich Sie spräche, was würde ich Ihnen denn nicht alles von unserm besten Könige zu sagen haben! Welch ein sanftes Herz hat Er! Wie ist Er – – ich weis selbst nicht was ich sagen soll – so göttlich oder so menschlich. Schreiben lassen sich dergleichen Sachen nicht. Ich wollte aber, daß ich Ihnen sagen könnte, *wie* Er mit Kl gesprochen. Wie von seiner Wahl, von unsrer Liebe, von ihrer Dauer, von ihrer Art, u selbst von dem Vergnügen daß Kl haben würde in meiner Gesellschaft am Mess[ias] zu arbeiten. Was muß Kl empfunden haben wie er vor seinem Könige von seinem Mädchen gesprochen hat. Und sie haben weitläuftig über mich gesprochen. Von meiner Person, von meinem Herzen, von meinem Geiste, von meinem Geschmack u so gar von meinen bischen Sprachen u Wissenschaften. Kl. hat aber auch gesagt, daß ich das gar nicht wäre, was man ein gelehrtes Frauenzimmer nennt, u darüber hat der König sich gefreut. „Es ist mir eine rechte Freude, sie glüklich zu machen." Ach das hat unser bester König mehr als einmal gesagt. O, u hundert ganz vortrefflich süsse Sachen mehr, die ich nur aus Behutsamkeit nicht schreibe, weil Kl nicht gerne das Ansehn haben will, als wenn er sich dessen rühmte. Und das alles mit einer so menschlichen, so natürlichen Mine, die Kl ganz entzükt hat. Freuen Sie sich nicht, daß Cramer u Klopstock einen solchen König haben? – – – Aber freuen sie sich auch nicht, daß mein Kl. u ich nun *so bald* werden *so glücklich* seyn? Wenn Kl nicht auf seiner Reise, weil die mit dem Könige geschicht, aufgehalten wird; so hoffe ich, daß am 10ten Jun: unsre Hochzeit seyn wird. Ach Giseke! – – Ach! – – *Sie* wissen, wie glüklich ich bin! *Sie* wissen, wie ich liebe, u wie ich geliebt werde! – Mit meiner Familie geht alles nach Wunsch. Meine Schwestern u Schwäger sind ganz mit uns eins. Meine Mutter, meine liebe, zärtliche beste Mutter – – *verdient* Klopstocks Schwiegermutter zu seyn. Mein Stiefvater aber – – – o der handelt seinem Charakter gemäß. Alle die zwey Jahr (wie er vielleicht hoffte, daß aus der Sache nichts werden sollte) ist er ganz freundlich u einig mit mir gewesen. Itzt aber ist er (ohne daß wir eine Ursache davon wissen) ganz gegen mich. Er sucht meine Schwestern, meine Schwäger u selbst meine Mutter gegen mich aufzubringen. Es glükt ihm aber gottlob nicht. Wie er nicht weiter hat fortkommen können; so hat er endlich Mama vorgelogen, ich hätte gesagt: Es wäre mir ganz gleichgültig, ob sie stürbe oder nicht, u dergleichen. Denken Sie einmal, wie boshaft. Meine liebste Mutter hat darauf geantwortet: Wenn sie das gesagt hat, so vergebe ich ihrs, denn Sie hats gewiß nur in Unmuth gesagt. Weil mein Stiefvater *so* arg ist, u ich ihn gewiß nicht bessern werde; so will ich nicht weiter mit ihm sprechen, mich nicht über ihn erzürnen u geduldig ertragen alles, was er vornehmen wird. Dennoch schreibe ich Kl. nichts hiervon. Denn weil er sehr feige ist; so hoffe ich, daß er sich gegen Kl. s. Ankunft noch ändert. – Ihre Num. 26 vom 18ten Apr. habe ich erhalten. Ich dachte wohl, daß Ihre Arbeit u Cr[amer] Sie verhinderten zu schreiben. Mich hat gleichfals *meine* Arbeit u ein Freund verhindert. Nämlich Hohorst, der seit 17 Tage alle Tage bey mir ist, u den ich täglich lieber habe. Er grüst u die Schmidt u die Herteln u Ihr Schwiegersohn, der heute ein Jahr alt ist. M.M.

191. Meta an Klopstock, 3. 5. 1754

D. 3ten May 1754
Mittags um 1 Uhr

Ach Süsser eben habe ich deinen Brief! Ja ich habe so *vielerley* Freude! Hannchen hat schon zwo Nächte bei mir geschlafen. Ich habe sie sehr lieb. Sie gefällt mir noch besser als ich mir vorgestellt. In Cramer habe ich mich nun freylich ein bischen verliebt, das must du mir vergeben. Es ist mir gar nicht recht, denn ich habe ihn noch heute nicht gesehn. – Aber ich will von ihnen allen mit dir *schwatzen*. Wer mag itzt schreiben! – – – Also reist du doch erst den 25ten? Nun, wenns dann nur gewiß ist. Aber recht genau must du mir sagen, *wann* u *wo* ich dir entgegen kommen soll, u es nicht so wie die bösen Leute machen, die uns Mittwoch da einen andern Weg fuhren, u uns, unterdeß daß sie in Hamb. waren, draussen ewig auf sie warten liessen. – – Die Hochzeit soll doch noch d. 10ten Jun. seyn? Du must wohl nicht so recht Lust dazu haben, weil du mirs nicht beantwortet. Schreib mir einmal, daß dus gerne an *dem Tage* sähst, auf daß ich deinen Brif zeigen kann, wenn man mir vielleicht Schwierigkeit darüber machte. Mama selbst habe ich lange nicht gesprochen, aber, wie man mir sagt; so geht alles sehr gut. Mama hat auch nichts dagegen, daß die Hochzeit so bald seyn soll, ob sie den Tag aber schon weis, das weis ich nicht. Dimpfels u Schmidten aber wissen den Tag schon. Ich nehme auch ganz ungescheut von *einem jeden* Glückwünsche an. Papa hat auch schon Geld aufgekündigt, u künftige Woche werden wir recht anfangen Wäsche einzukaufen. – – Wegen deinem Titel sind deine Freunde sehr uneins. Cramer meynt es wäre besser. Gärtner hat ihm das auch gesagt. Nicht in Betrachtung Hamburgs u Koppenhagens; sondern der Messiade wegen überhaupt. (Ihre Ursachen weis ich nicht) Hohorst aber will durchaus nicht, daß du einen nähmest. Meine Meynung weist du schon: Meine Meynung ist *deine* (u das ist sie immer). Meine Familie aber wills noch immer gerne. – Cramers u Hannchen reisen Montag früh. Ich kann nicht läugnen, daß es mich ärgert u Hannchen betrübt, daß Rahn nicht schreibt. Was ist denn das für eine Art Liebe! Sie hofte immer auf einen Brif, u nun war vorigen Posttag keiner u heute auch nicht. Sie wollte erst schreiben, aber nun kein Brif kam, nun wollte sie auch nicht. Sieh solche Sachen en[t]stehen daraus, u das schadt immer der Liebe. – Hier ist Mama ihre Antwort. (Ich weis wohl daß du mir erlaubst; sie aufzubrechen) Ich würde mich sehr darüber geärgert haben, wenn ich nicht vorher gewust, daß Papa sie dictiert hätte. Was das *Anstand nehmen* u *Gedult haben* anbetrift, das heißt nichts. Denn es wird ja schon alles eingereicht. Ich habe Mama nur in langer Zeit nicht gesprochen. Dimpfel, welcher sich unsrer Sachen sehr annimmt, wollte ihn übergeben, u ich muß viel solche Sachen geschehen lassen. – Ach du kommst doch gewiß mein Einziger? Laß dich ja durch solche Ausdrücke nicht abhalten. Du krigst mich gewiß, wenn du kömmst. Papa hat seine letzte Kraft nur noch hiermit versuchen wollen. Ich sage dir, daß unsre Sache ganz so traktirt wird, als wenn gleich nach Pfingsten unsre Hochzeit wäre. D[impfel] hat auch schon gesagt, daß so bald du angekommen wärst; so wollte er mit dir zu Mama fahren. Es ist nur alles deswegen (nach Papas Klugheit) daß sie nicht gewiß ihr Wort gegeben haben, wenn das mit *deiner Vermehrung* vielleicht noch nicht so ganz richtig wäre. So bald du ihnen das bedeuten kannst; so ist alles fertig. Und wenns auch nicht richtig wäre, (Glaube aber nicht, daß ich daran zweifle) u sie wollten mich dir nicht geben; so nähme ich dich wider ihren Willen. Das hat alles aber gar keine Not, (das siehst du aus den andern Umständen auch). – Hör rechnest du auch so artig als ich? Alle Morgen, wann ich aufwache; so sage ich zu Hannch[en] wie viele Tage nun noch zu unsrer Hochzeit sind. Sie wachte diesen Morgen süß auf. „Ob mein Rahn wohl itzt an mich denkt?" sagte sie. Sage nur Rahn, daß sie ihn besser liebt, als er verdient. Daß ich Hannch: gerne küssen, das kannst du denken. Aber das lose Mädchen will immer auf den Mund küssen. Oft kann sie recht deine Mine machen. Aber Augusten sieht sie doch nach nichts gleich. Cr[amer] sagte, H[annchen] wäre seine Frau, aber ich widersprach ihm gleich. Das ist H: Kl. Wie wir uns gefreut haben u noch freuen, das kannst du denken. Ach *mein lieber Cr.!* – Aber du *Einziger!* Heute sinds nun noch 38 Tage bis unsre Hochzeit. Ach mein Kl! Dann bist du mein *Mann.* Nimm mir deine Gesundheit itzt nur recht in Acht.

[Auf S. 4 oben an den Rand geschrieben:] Ich schone mich auch in den äussersten Kleinigkeiten, denn in 38 Tage [Ecke abgerissen]

[Auf S. 1 oben an den Rand geschrieben:] Hannchen lässt Rahn grüssen. Aergere dich nicht über Mamas Brief, mein Süsser. Ach wenn du wüstest ... doch H[annchen] tröstet mich.

192. Meta an Giseke, 22. 5. 1754

d. 22ten May 1754 Abends spät.
Wer seinem Hochzeitstage so nahe ist, u soviel einzukaufen hat, als Cl. Kl. der kann nicht viel schreiben. Das werden Sie so gut seyn, als ausgemacht anzunehmen, mein lieben Giseken. Wer weis, was man itzt in Trautenstein für Geschäfte hat. Ich habe so ein bischen von Cramers u Hannchen Kl. gemerkt; aber *mir ist noch nichts gesagt, folglich nehme ich keine Kenntniß von der Sache,* pflegte mein Stiefvater zu sagen. – Mit Cramers u H. Kl haben wir die Tage, welche sie hier gewesen sind, viel Freude gehabt. Ich muß Ihnen doch erzehlen, wies uns gieng. Den Tag, wie wir sie vermutheten, fahre Olde die Scheelen Hohorst u ich ihnen nach Hamm entgegen. Erst waren wir lauter Freude, je später es aber anfing zu werden, desto trauriger wurden wir. Wir fragten alle Leute, die des Wegs herkamen, auch die Fußgänger, ob sie keinen Reisewagen gesehen. Einer zu Pferde (denn die zu Fuße *konnten* es nicht sagen) gab uns die Nachricht, daß er einen gesehn. O wie froh waren wir da! Aber gleichwohl kam keiner und wir musten zur Stadt. Wie traurig!-stille wir hinein fuhren, das können Sie sich vorstellen. Wir wir ans Thor kamen, fragten wir, ob kein Cr[amer] angekommen wäre; u da hörten wirs nun, daß er einen andern Weg gefahren. Wir schrien alle daß der Kutscher geschwinde fahren sollte, u o! wie lange ward uns doch der Weg. So bald der Wagen hielt, sprang ich heraus, ohne daß Olde mir einmal die Hand geben konnte. Ich lief zu Cr. hin, sagte aber kein Wort. „Das ist meine Frau", sagte Cr. Nein, sagte ich, das ist H[annchen] Kl[opstock] u sie wars. Nun werden Sie mir doch nicht die äffische Frage thun, mit Ihren großen blauen Augen, wie Cr. mir gefallen? So wie Cramer mir gefallen muß. Ich bin mir aber auch recht gut dafür, daß ich mir das alles von ihm vorgestellt. Charlotte – – – nun die war krank, folglich können wir nicht über sie urtheilen. Ich denke aber doch immer, daß Cramers Frau so seyn wird, daß sie Klopstocks Frauen Freundin seyn kann. Mein liebes Hannchen Klopstock aber, o Giseke! davon haben Sie mir viel zu wenig gesagt! Sie hat mir, u *in allem,* ganz ganz erstaunlich gefallen. Ein ganz vortrefliches Herz, weit mehr Verstand als ich iemals nach ihren Brifen u Ihrer Beschreibung geglaubt habe, ein sehr einnehmendes Wesen, eine angenehme Bildung u viel viel Zärtlichkeit für mich. Sie hat bey mir logirt. Ich habe sie unbeschreiblich lieb, u ich sehe es als einen Nebenumstand

an, der meine Glückseeligkeit sehr vermehren wird, daß sie so nach meinem Geschmak ist. Mit einem Worte; sie wird in Kopp[enhagen] meine Schlebusch seyn. Hannchen hat dur[ch]gehends in Hamb. gefallen. Sie hat mir aufgetragen, Sie zu grüssen, u Ihnen für Ihren Brif zu danken. D. Herr Cramer u die Mad^lle Schlebusch haben sich *ordentlich* in einander verliebt. Ich weis nicht, was daraus entstehen würde, wenn Charlotte stürbe! Nun Cr. kriegte eine *sanfte* Frau an sie. Das ist sehr gut für uns, Hannchen Giseke, daß Cr. der Schl. nun noch besser gefallen hat als Klopstock u Giseke; denn nun betet sie nicht so sehr für *unsern* Tod. – Itzt werde ich Ihnen wohl nur noch einen sehr kurzen Brif vor meiner Hochzeit schreiben können, nämlich wenn mein Kl erst hier ist. Ich reise ihm den 2ten Juni nach Pinneberg entgegen. Die Hochzeit ist noch immer am 10ten. – Ach Giseke, wie glücklich bin ich! – Aber ich muß mich gar nicht einlassen, auch nur eine Silbe hiervon zu sagen. – Leben Sie vergnügt u freuen sich über Ihre glückliche, glückliche
Meta Moller.

193. Meta an Gleim, 26. 5. 1754

Mein lieber Herr Gleim

Ob Sie mir gleich auf zween Briefe nicht geantwortet haben; so kann ich *itzt* doch nicht unterlassen, einen dritten an Sie zu schreiben. Ich hoffe, Sie werden ihn mir durch eine freundschaftliche Theilnehmung an Klopstocks u meinem Schicksal belohnen. Wir werden itzt bald das Glück erreichen, liebster Freund, das wir beyde so lange gewünscht. Mein Klopstock, welcher morgen aus Koppenhagen reist, wird am 2ten Jun. hier seyn, und am 10ten wird unsre Hochzeit werden. Welche Glückseeligkeit und welche Aussichten davon bestimmt uns dieser Tag! – Doch wer kann von dieser Empfindung etwas ausdrüken. Vielleicht können wirs ein bischen mehr, wann wir das Vergnügen haben Sie zu sehen. Ich denke, daß dies bald geschehen wird, denn ich hoffe noch immer, kurz nach unsrer Hochzeit eine Reise nach Quedlinburg zu thun. Wie angenehm würde es uns seyn, wenn wir Sie auf unsrer Hochzeit sehen könnten. Aber dazu können wir uns nun freylich keine Hofnung machen. Ich muß also mit den mündlichen Versicherungen meiner Freundschaft wohl so lange warten, bis wir nach Halberstadt kommen. Itzt bin ich denn noch schriftlich

Hamburg d. 26ten May 1754 Mein lieber Herr Gleim
Ihre ergebene Freundinn u Dienerinn M. Moller
Ich muß Sie abermal ersuchen, mein lieber Herr Gleim, inliegenden Brif an den Hr. von Kleist zu schicken. Ich würde Sie nicht damit beschweren, wenn ich seine Addresse wüste.

194. Elisabeth Schmidt geb. Moller über die Ankunft Klopstocks zur Hochzeit, 2. Juni 1754

Wie Kl: zur Hochzeit herreißte wolte Meta ihm biß Pineb[erg] entgegenfahren. aber ½ Meile von Hamb: komt Kl: ihnen schon entgegen. Metas Schwager sieht ihm zuerst: sagt ziemlich langsahm; da komt Klopstok her, da sizt er auf den Wagen der uns entgegen kömt, den Augenblik war Meta schon halb aus dem Fenster des Wagens, konte die Thür nicht aufkriegen, Klopstok auch schon vom seinen Wagen auf dem Schlage des unsrigen Meta um den Hals. natürlich dauerte es lang, daß Schwester u Schwager sie wieder von einander brachten. Himel! meine Meta ist ja ein *fettes* Mädchen geworden (sie war würklich viel gesunder u fetter in die 2 Jahren geworden) – aber Klopstok scheint mir magrer geworden zu seyn: o ich will izt schon fett werden. unterdeß stieg Meta aus dem Wagen ging mit Klopstok unterm Baum sizen u die Schwester hatte Mühe sie da wegzubringen, damit sie noch wieder des Abends nach Hamburg zurük komen konten.

Klopstock und Meta Moller wurden am 10. Juni 1754 in St. Petri getraut. Bevor das junge Paar nach Kopenhagen aufbrach, reisten sie zu Klopstocks Eltern nach Quedlinburg.

195. Meta an E. Schmidt, 6.–7. 7. 1754

Quedlinburg d. 6 Juli 1754
Liebste Schmidten.
Ich habe meine Spitzen im Kofer gefunden, wie ich selbst zusehe. Es ist des Dieners Schuld, daß ich Ihnen vermuthlich Angst gemacht habe. Es ist mir recht nahe gegangen, daß ich Ihnen so lange habe drinnen lassen müssen, aber es ging nicht eher eine Post. Von Ihnen

habe ich noch keinen andern Brif, als den ersten vom 29ten Jun, welchen ich in Braunschw[eig] kriegte. Doch vielleicht kriege ich morgen einen. – – – – – – – –

Lassen Sie noch 2 1/2 Ellen von dem Mohr hohlen, welchen die Kesselern zum Pelze braucht. Lassen Sie mir auch eine grüne taftne Decke ausnehen (den Taft u alles nach Ihrem Wohlgefallen) Lassen Sie ja alles nehen was noch zu nehen da ist. Ich werde hier noch ein neues rothes Bett kaufen, welches hier sehr wohlfeil ist. Aber Federn kann ich vielleicht nicht genung kriegen, darum erkundigen Sie sich dort nach welchen. Ich will Ihnen dann schon schreiben wie viel. (Es sollen von den besten seyn) Von dem Bettslüpen, die da sind, soll eine Deke u 2 Küssen gemacht werden. –

(Giseke sein süsses, *zärtliches* Hannchen geht eben durch, u sagt, ich soll Sie grüssen) – Mit meinen Hemden verfährt Sie, wie auf meinem Zettel steht. Ich will den Nesseltuch alle behalten. 9 Paar Manchetten, ([Anm. unten auf der Seite:] Kömmt Ihr 1/2 Viertel brabant. zu kurz vor; so gieb ein bischen zu) 8 Paar doppelten Angageanten u 8 Tourdegorgen werden ausgeholt. 12 P. Manchetten gesäumt u dann so viel Angag: u Tourdegorgen als daraus werden können auch gesäumt. – – – So bald ich kann, schreibe ich einen bessern Brif nach Hamburg. Itzt gehe ich wieder zur Gesellschaft, welche ich wider meinen Willen schon zu lange verlassen. Daß alle an alle grüssen versteht sich.

Den 7ten

Sie sind eine allerliebste Schwester, Schmidten! Was das ein süsser Brif war, den ich gestern Abend kriegte! *Du bist die rechte Schmidten!* –

Wie fiel Meta denn? Sie haben sie doch wohl durch Carpser besehn lassen? Hat Meta mich noch lieb? Sprich[t] sie wohl von mir? Erzählen Sie mir doch dergleichen. Victor ist ein sehr süsser Junge, mit einem ungemein sanften Herzen. Er grüst Meta. –

Doch ich will von meiner neuen Familie nichts sagen, ich müste sonst zu weitläuftig seyn. So bald aber als ich Zeit habe, werde ichs schreiben, sowohl über meine Familie als über Gärtners, wovon der Mann, die Frau u die Kinder ganz ohne ihres Gleichen sind. – Eben habe ich Giseke predigen hören. Itzt speist er bey Hofe. – Ausser den übrigen Grüssen, läst Papa Olden grüssen. Das thue ich auch, u die Scheelen u die Schleb[usch] u die Häk[eln] u die Hert[eln] u die Schult. u Hohorst u Mama u Ihren Mann u Ihren Kindern – u – – – u

Mary – – u sonst kein Mensch. – – – – – Wie ist es Catarine in Lüneburg ergangen? – – Sie hat doch meinen Brif aus Braunschweig? – – –
M. Klopstock

Mohr: Moiré; *Bettslüpen:* Bettbezüge; *Angageanten:* Busenschleifen, Spitzenärmel; *Tourdegorgen:* Rüschenbesatz am Kleidausschnitt; *Brabant:* Brabanter (lange) Elle = 69 cm in Hamburg.

196. Gleim an Ramler, 8. 7. 1754

Halberstadt den 8ten Julii 1754

Mein liebster Ramler,

[...] Klopstock ist mit seinem Clärchen am vorigen Mitwochen zu mir gekommen, und am Freytage wieder ab und nach Quedlinburg gereist. Seine Eltern waren ihm hieher entgegen gekommen; Sie hätten den alten Klopstock sehen sollen, wie er sich freute, als er seine neue Tochter zum ersten mahl sahe. Sie war ganz schachmatt von der Reise und konte sich kaum erholen. Um sie noch beßer kennen zu lernen, muß ich sie in Quedlinburg besuchen. Sie werden einige Wochen bey uns bleiben. Klopstock wieß seinem Clärchen sogleich Ihr Porträt, neben dem seinigen hängend und sagte: Wenn er doch nebst Kleisten hier wäre! Da soltest du ein paar Menschen sehen, die so sind, wie du die Menschen haben wilst. Das beste ist, daß Klopstock nicht viel Mann zu seyn scheint, aber viel ist. Er ist um sein Clärchen, wie die Biene um den Honigthau – Ob die Freundschaft nicht dabey verliehren wird, das werde ich sehen. [...]

197. Meta an ihre Eltern Hulle in Hamburg, 14. 7. 1754

Quedlinburg d. 14 Jul 1754

Geliebte Aeltern.

Ich will meinen Brief damit anfangen, daß ich mich vollkommen wohl befinde u hier sehr vergnügt lebe. Itzt will ich Ihnen auch sagen, daß mein Klopstock sich wieder besser befindet. Ich habe Ihnen nicht schreiben wollen daß er krank war, um Ihnen keine Sorge zu machen. Itzt gottlob haben Sie es nicht mehr nöthig. Gestern ist er zu erst wieder aufgekommen u heute in eine andre Stube gegangen. Heute vor acht Tagen befiel, ach liebste Aeltern! mit einem hitzigen Fieber [sic]. Wie viel habe ich in der Zeit ausgestanden! Denn wir hatten oft sehr Ursache besorgt zu seyn. Das beste war

noch, daß ich hier einen recht guten Medicum u einen guten Chirurgum fand. Sie liessen Klopstock gleich zur Ader u brauchten alle Sorgfalt. Gott sey Dank daß diese Gefahr meines liebsten Mannes überstanden ist. Und Gott sey Dank für die Kräfte, die er mir verliehen hat, ihn zu pflegen, u für die Stärke meiner Gesundheit, die alle diese Angst u Unruhe hat aushalten können. Wie früh, wie früh hat Gott es mich fühlen lassen, daß auch in der allerglükseeligsten Ehe alle Tage nicht Freude seyn können! – Nun es ist überstanden. Der Name des Herrn sey gelobt! Loben Sie Ihn mit mir, liebste Aeltern. Wie gut ist es nicht, daß mein lieber Mann nur hier u nicht unterwegs krank geworden ist! ――――― Ich hoffe liebste Aeltern, daß Sie beyderseits nebst meinen lieben Schwestern, Schwäger, u alle, die uns lieb sind, sich wohl befinden werden. Ich werde mich sehr freuen, es zu vernehmen, denn letzten Posttag habe ich keine Briefe von Hamburg gehabt. Ich schreibe gewiß künftigen Posttag, an Sie, oder an eine von meinen Schwestern, auf daß Sie unsertwegen nicht besorgt sind. Aber Sie wissen, ohne dies, daß wenn man bey einem hitzigen Fieber erst 9 Tage gewonnen hat; so ist man ausser aller Gefahr. – Mein lieber Mann, meine lieben Schwiegerältern u Geschwister empfehlen sich. Ich bitt alle Freunde u Verwandten zu grüssen u bin Geliebte Aeltern Ihre ergebenste Tochter u Dienerinn
M. Klopstock.

Ich ersuche, der Schmidten sagen zu lassen, daß die Schachtel mit den Spitzen angekommen wäre.

198. Klopstock und Meta an Gleim, nach dem 17.7.1754

Quedlinburg, den 18ten Sept. [vielmehr: Juli] 1754.
Liebster Gleim!

Ich befinde mich überhaupt, seitdem mein Fieber sich in ein kaltes verwandelt hat, besser, und ich denke sogar, daß der Paroxismus diesen Abend merklich gelinder werden soll. Seyn Sie nur ausser Sorge, liebster Gleim! kommen Sie aber bald, und bringen unsern braven lieben Sucro mit!

[Meta schreibt:] Ich bin Ihnen sehr verbunden, mein lieber Herr Gleim, daß Sie sich so sorgfältig nach meines Klopstocks Befinden erkundigen. Aber ich bitte Sie um des Himmels willen, erneuern Sie nicht immer einen Gedanken bei mir, den ich im Anfange der Krankheit genug gehabt, und der eben itzt anfängt, sich zu verlieren. – Es wird uns allen hier sehr angenehm seyn, Sie bald zu sehen, zu welcher Stunde, und auf wieviel Zeit es Ihnen gefällig ist!

Wir danken vielmahls für die gestrigen schönen Forellen!

199. Meta an E. Schmidt, vor dem 30.7.1754

[Anfang fehlt] der ein bischen hingelegt, hernach wieder aufgestand[en], noch auf u über nichts als Mattigkeit geklagt – Nach einer Woche, wie das Fieber nur noch Hitze war, hatte er die letzten Tag dabey kalte Hände, u die Hitze stieg sehr zum Kopfe. – Der Medicus, den wir haben, ist sehr sorgfältig. Es scheint als wenn er wohl etwas versteht, aber ich kann nicht beurtheilen, wie sehr das gegründet ist. Nun bitte ich Sie, liebe liebe Schmidten, daß Sie dies Olde (aber sonst eben niemand) vorliest u daß er uns seine Meynung darüber schreibt. Hauptsächlich mögte ich gerne wissen, ob u wann mein Mann China brauchen kann. Der Doctor scheint nicht sehr dazu geneigt zu seyn, mein Mann ist es aber desto mehr (dennoch werden wir uns gewiß nicht damit übereilen.) Und ob es gefährlich ist sie von Leuten zu nehmen, die man die [!] genung dazu kennt. Ob die China auch ausserordentlich gut seyn muß, so bitten wir uns in dem Falle aus, daß unser lieber Olde uns welche schickt. Ach wenn wir doch in Hamb. wären u ihn brauchen könnten! – Doch es ist hier noch besser als unterwegs. Liebe liebe Schmidten denke einmal was ich leide! Wie ich den Brif an die Schl[ebusch] schrieb war mein Kl. schon krank, deswegen konnte ich ihn auch nicht endigen, ich wollte Ihnen aber damals noch meines Mannes Krankheit verschweigen. Ach mein Mann, mein Mann! Nun, wenn Gott ihn mir nur lässt; so will ich alles gelassen aushalten. Das ist eine grosse Prüfung, u die so früh! – Ich selbst befinde mich noch besser als Sie sich vorstellen können. Ein bischen Kopfschmerzen, ein bischen Frösteln u ein bischen Hitze zuweilen, das ist alles, ein bischen Mattigkeit in Armen u Beinen u ein bischen Schwäche. Ich brauche Ihnen nicht zu sagen, daß ich immer um meinen Mann bin, u mir alle Mühe gebe, ihn zu pflegen. Ich kann gottlob itzt alles thun, was ich niemals habe thun können. Ach u alles was ich thue ist meinem Einzigen so recht. Mit der grösten Zärtlichkeit belohnt er auch mitten im Fieber meine kleinsten Dienste. Seine Aeltern u Geschwister, die er doch sehr liebt, können ihm gar bald was unrecht machen. Er wird böse, u bittet es ihnen wieder ab. Ich habe ihm aber noch nie was unrecht gemacht. Mir lächelt er immer zu, u wenn er nicht mehr sprechen kann; so drük[t] er mir noch die Hand. So bald er ein bischen Erleichterung fühlt; so dankt er Gott dafür u immer auch dafür, daß er die beste Frau hat, wie er sagt. Wie sehr glükseelig wäre ich, wenn mein Mann nicht krank wäre. Nun, ich muß auch dieses gelassen annehmen. Und ach ich wills auch gerne, wenn Gott mir meinen Mann nur lässt. Doch wenn er auch das nicht will, so müste ich dennoch – – – Ach Schmidten bete, bete! – – Ich kann nicht mehr. – Gewacht habe ich noch keine ganze Nacht, aber ich schlafe bey ihm in demselben Bette, auf das ich ja auf alles sehen kann. Sie kennt meinen Schlaf, so viel möglich ist, wird gewiß nichts versehen. Ich bin niemals eine Minute aus seinem Zimmer. – Und wie könnte ich das! – Ach liebe Schmidten bete für meinen lieben Mann u deine arme Schwester M. Kl. [Nachsatz:] Der Doctor macht sich aus dem kalten Fieber gar keine Sorge, er freut sich vielmehr.

200. Meta an Gleim, 30. 7. 1754

Mein lieber Herr Gleim

Ich habe mit Fleiß nicht eher als heute schreiben wollen, weil ich Ihnen heute erst sagen kann, daß das böse Fieber meinen Klopstock endlich verlassen. Wie sehr freue ich mich! Und Sie – – – ja Sie freuen sich ja *eben so sehr*, denn Sie lieben Klopstock ja *eben so sehr* als ich. – – Nun nun, ich will nicht mehr mit Ihnen hierüber schmälen, denn Sie haben doch in Ihrem Briefe so gethan, als wenn Sie mir einen Vorzug einräumten. Aber ich will in meiner Liebe zu Klopstock auch nicht einen gar zu grossen Vorzug vor Ihnen haben. Und das müssen Sie dadurch beweisen, daß Sie bald bald kommen, u meinen lieben süssen Mann, der nun wieder anfängt so heiter zu werden, besuchen. Sie sollen auch auf meinem Stuhle bei ihm sitzen u seine *eine* Hand haben. – – – Aber ich sollte bald drüber zur Schwätzerinn werden, u itzt, da mein Kl wieder besser wird, bin ich das wohl am besten gegen ihn – – vor allem, da Sie, mein Herr Nebenbuhler nicht zugegen sind – – Aber kommen Sie, kommen Sie nur bald. Kl. sagt mir noch einmal, daß ich Sie ja recht darum bitten soll, u Hr. Sucro auch. Empfehlen Sie meinen Mann u mich demselben. Ich bin sehr seine Freundinn geworden; denn ich verstehe mich so ein bischen auf sanfte Minen. – – –

Soll ich Ihnen itzt danken, oder soll ich mit Ihnen schmälen? Ich danke Ihnen allerdings recht sehr so wohl für das *Verzehrbare* als für das *Unverzehrbare.* Aber ich schmäle gleichwohl mit Ihnen, daß Sie immer Ihre Brife auf die Art begleiten. Brauche ich denn noch mehr, wobey ich sagen kann: das ist von Gleim? Habe ich nicht Briefe von Ihnen? Und sind die mir nicht lieber als Bücher von andern? Ja wenn Sie uns noch von Ihren neuen Oden nur zum Lesen geschikt hätten! Warten Sie, ich weis wohl, was ich Ihnen für einen Streich spielen will! Ich will Sie noch dann u wann bitten, mir einige vorzusagen, u dann -- habe ich ein gutes Gedächtniß --- u dann -- behalte ich Sie.

Hier sind die Gedichte von Hr. Ramlern, u der Brif von dem Hr. v. Kleist wieder. Wir bedauern sehr daß wir ihn nicht sehen werden, denn nach Berlin werden wir wohl nicht reisen.

Montag komt Giseke hier, um hier zu bleiben u Donnerstag über 8 Tage kommt Gärtner u seine Frau. Sehen Sie welch eine Versammlung von Freu[n]den. Aber Gleim, der Clärchens Nebenbuhler, der Klopstocks Liebling, wann kommt der? ---

Ich bin Ihre beständige Freundinn M. Klopstock
Quedlinburg d. 30ten Jul 1754

201. Meta an Schlegel, 6. 8. 1754

Quedlinburg den 6. Aug. 1754.
Ein Brief von einer unbekannten Hand? Und noch dazu von einem Frauenzimmer? – Nun fürchten Sie nur nichts, eine Liebeserklärung soll nicht folgen; wohl aber viel Freundschaft. – Wenn ich wüste, daß Sie noch nicht nach meinem Namen gesehen hätten, so hätte ich fast Lust, mich noch nicht zu erkennen zu geben, aber dies werden Sie wohl gethan haben, und also wäre es vergeblich. Ja, mein lieber Freund (denn, das sind Sie gewiß) ich bin Klopstocks Clärchen; diese kleine, glückliche Frau bin ich. Mein lieber Mann hat mir nicht befohlen an Sie zu schreiben, ich habe mich selbst dazu angeboten. Wie lieb ich Sie und Ihr Muthchen habe, davon will ich nichts sagen; das können Sie selbst beurtheilen, denn Sie haben Klopstock und mich ja auch lieb? Ich erinnere mich noch sehr den Abend, wie wir Sie in Hamburg erwarteten und wie Giseke endlich mit einem traurigen Gesichte kam, und uns sagte, daß unser Warten und unsere Freude vergeblich wäre. Ich hätte schon damals an Sie schreiben mögen, mein lieber Herr Schlegel. Aber es ist mir doch lieber, daß ich es itzt erst thue, denn damals hätte ich mich beklagt und itzt freue ich mich.

Zwar ist meine Freude auf einige Zeit sehr unterbrochen. Mein lieber, lieber Mann (Sie können denken, wie Klopstocks Frau ihren Mann lieben muß) ist krank gewesen. Er bekam den dritten Tag nach unsrer hiesigen Ankunft ein hitziges Fieber, welches sich nach eilf Tagen in ein kaltes verwandelte. Das kalte ist gottlob seit 8 Tagen auch ausgeblieben und hat nur die gewöhnliche Mattigkeit nachgelassen, welche ihn bisher noch verhindert auszugehen. Ich will Ihnen nichts davon sagen, was mir das gewesen ist, meinen besten Klopstock nach einer Ehe von einem Monat schon krank zu sehen, nichts davon, was mein armer Klopstock gelitten hat; sondern nur das, worauf Sie itzt von selbst schon fallen werden, daß diese Krankheit uns verhindert nach Zerbst zu kommen. Denn sobald mein Klopstock gesund ist, müssen wir nach Koppenhagen eilen. Wir würden aber untröstbar seyn, wenn wir Sie nicht sehen würden. Vor allen ich, da ich Sie gar noch nicht von Person kenne. Ich kenne itzt alle Beyträger, und sollte Schlegel allein nicht kennen? O, das müssen Sie nicht zugeben, mein lieber, lieber Freund! Kommen Sie also mit Ihrem Muthchen und Ihrem kleinen Poeten zu uns, weil wir nicht zu Ihnen kommen können. Niemals könnten Sie diese kleine Reise zu gelegnerer Zeit thun als itzt. Denn außer *uns* ist Giseke und Gärtner eben auch hier. Giseke, welcher gestern mit seinem Hannchen ihren Einzug gehalten, und Gärtner und Luise, welche übermorgen kommen, nur drey Wochen hier zu bleiben. Versäumen Sie diese Gelegenheit nicht, Sie werden so viel Freunde nicht leicht wieder beysammen antreffen. O mein liebes Muthchen (denn der Name ist Ihnen gewiß der liebste, womit Ihr Mann Sie nennt), stellen Sie Ihrem lieben Manne dieses doch recht lebhaft vor! Sagen Sie, daß Sie gern kommen wollen; so wird ers auch thun, wenns ihm möglich ist. Und möglich --- möglich muß das seyn! Wie werde ich mich freuen, wenn ich Sie sehen werde! Ja Muthchen und ich wir wollen uns lieben, als ich Hannchen und Luise liebe. Und Schlegel will ich lieben, als ich Gärtner und Giseke liebe. Aber kommen Sie nur bald, denn sobald mein Mann gesund ist, müssen wir fort. – Mein lieber Mann, (ach welchen Mann nach meinem Herzen habe ich!) alle meine hiesigen Verwandten und alle unsere gemeinschaftlichen Freunde empfehlen sich Ihnen auf das Freundschaftlichste, und bitten alle sehr, was ich gebeten habe. Ich entschuldige mich gar nicht, daß ich mit dieser meiner gewöhnlichen Freymüthigkeit geschrieben habe, ich weiß, daß ich das bey Ihnen nicht brauche. Und Sie wissen

schon, mein lieber Herr Schlegel, daß ich mit vieler Aufrichtigkeit bin Ihre ergebene Freundin M. Klopstock geb. Moller.
Darf ich bitten um einen Kuß an Muthchen und an Fritz?

202. Gleim an Ramler, 14.8.1754

Halberstadt den 14ten August 1754.
[...] Sie hätten mich wohl besuchen können – Sie haben auch Zeit genug gehabt – Aber Sie haben Fanny lieber als mich – Und ich kan deshalb nicht böse auf Sie seyn, wie ich böse auf Klopstock bin, daß er seine Fanny ([nach gestrichenem:] Clärchen) lieber hat, als mich – Denn Ihre Liebe ist nur Freundschaft und seine ist nur Liebe – Am Sonnabend und Sonntag bin ich bey ihm gewesen, aber ich reise nicht wieder zu ihm. Die Frau läßt einem nicht einen Augenblick Zeit, mit dem Mann zu sprechen – Und der Mann ist so unartig, und leidet, daß die Frau mit Niemandem spricht als mit ihm, immer nur bey ihm sitzt, ihn immer bey der Hand hat, und Niemand küßt, als ihn. Was macht man bey einem solchen Mann, und einer solchen Frau? Und doch solte und mußte ich immer bey ihnen seyn, und durfte kaum zu Giesecken gehn, bey dem auch Gärtner, und seine artige Frau war. Sie wißen doch, daß Gärtner und Giesecke zwey Schwestern haben – Beyde recht gute zärtliche Weiber, aber die Gärtnerin habe ich am liebsten – Am Sontage wurde Giesecke, als Oberhoffprediger eingeführt – [...]
Klopstock ist zwar wieder ausgegangen, er ist doch aber noch ganz kränklich, insonderheit so mager wie ein Gerippe – Wäre er gesund gewesen, so hätten wir mehr Vergnügen gehabt; ich, mit Klopstock, Gärtner, Giesecke, und ihren dreyen Weibern. Der ungetreuen Sophia [Mayer] stand ich in der Kirche gegenüber, und bekam die freundlichsten Complimente – aus dem Fenster ihres Hauses die freundlichsten Grüße – Von ihrem Mädchen die freundlichsten Worte – Aber meinen Sie, daß das die alte Liebe rege mache? Bey mir nicht. [...]

203. Meta an E. Schmidt, 24.8.1754

Quedlinb. d. 24ten Aug. 54
Recht sehr hat mich nach einem Brif von dir verlangt, meine liebe liebe Schmidten. Ich sehe wohl daß meine Liebe zu dir u meinen

andern Freunden, auch unter den grossen Entzückungen der Freundschaft u des Vergnügens, niemals weniger lebhaft wird. Ich habe oft mitten unter meinen mir so lieben Verwandten, unter Giseken, Gärtners u. Schlegels recht nach Hamb. hingeschmacht. Wie werde ich mich freuen wenn ich euch, meine lieben, meine alten Freunde wiedersehe. Es ist mir doch keine Beyträgerinn so lieb, als mir die Schmidten u die Schl[ebusch] ist. Wenn ich mich eine unter ihnen zur *Freundinn* wählen sollte; so wäre es Gisekens Hannchen. Gisekes sind auch diejenigen, die uns in ihrer Liebe am nächsten kommen. Du weist aber wohl, wie sehr sehr gut die andern dennoch bleiben, wenn mans es einmal wagt, einigen unter Beyträgern einen Vorzug zu geben. – Ach Schmidten wie glüklich bin ich! Ich rede itzt nicht mehr von dem Glücke der Freundschaft, ich rede von dem noch weit höhern, von dem Glück der Liebe, der *Ehe*. Ich weis wohl, daß ich dir nichts neues sage, wenn ich sage, daß ich den *besten* Mann habe, aber ich *muß* es sagen. Mein Herz ist mir manchmal so voll von meiner Glükseeligkeit, daß es ihm nicht genung ist, seinen Dank gegen *meinen, meinen* Gott auszuschütten; sondern es muß auch davon gegen seine Freunde jauchzen. Die allergröste irrdische Glückseeligkeit hat Gott mir gegeben, u --- ach er hat mir ⟨nur⟩ gezeigt, daß er sie mir nehmen könnte, aber er hat sie mir nicht genommen. Er hat sie mir gelassen (sein Name sey gelobt) u er hat sie mir so gelassen, daß sie sich noch immer vermehrt. Wirklich, Schmidten, es scheint uns immer, als wenn wir uns itzt noch lieber hätten als zuvor. ([Von späterer Hand unleserlich gemacht:] Was mein Mann für ein Ehmann ist, das könnt ihr euch alle vielleicht noch nicht genung vorstellen u --- es lässt sich auch nichts davon detaillirn) ---

Vorige Woche dachten wir als künftigen Dienstag zu verreisen, aber einige Wallungen, die mein Mann nach einigen Spatziergängen u oft auch ohne dieselben gehabt hat, verhindern uns daran. Wir können also noch nichts bestimmtes von der Reise sagen. Eine kleine Reise nach Blankenb[urg] ist ihm gut bekommen. Was ich bisher wieder eingekauft habe will ich mit Raabe schicken, u Verhaltungs Befehle dabey. Ich will mir wegen der verlangten Leinwand Mühe geben. Aber ich kann nichts gewisses versprechen. Mir sind die Stücke so einzeln von Leuten ins Haus gebracht, die sie selbst gemacht haben. Und wenn sie nun bestellt werden; so möchten es wohl einige Pfennige auf der Elle theurer kommen. Aber ich wills doch bestellen, denn es ist es noch werth. Wenn es nicht höchst nothwendig ist; so mache Sie die Bettücher nicht breiter als sie sind. Sie hat auch nicht Leinen genung, weil die Stücke so kurz sind. Ueber das Nehen bitte ich, sich nicht aufzuhalten. Ich habs selbst geneht, u werde auch in meinem künftigen Hausstande nicht so hamburgisch seyn, auf grob Zeug so viel Zeit zu verschwenden. (d. 24ten) Wenn meine Hemde noch nicht alle gemacht sind; so mache Sie mir ein Paar Amazonenhemde, oder lasse nur ein Paar dazu liegen, sind sie aber schon gemacht, so laß Sies nur so. – Mein lieber lieber Mann ist diesen Morgen in der Kirche gewesen. Gott sey Dank. – Ich hab itzt nicht mehr Zeit. Ich werde wohl Dienstag mit der Ahlfeldten schreiben. Sie nahmen gestern Abschied von uns, u haben sich erboten Brife mit zu nehmen. – Unsere Grüsse an alle. – Sage Meta daß ich böse mit ihr seyn würde, wenn sie Victor nicht so ganz treu bliebe, als er ihr ist. Er hat ihren Namen mit seinem in einen Baum geschnitten u möchte ja keine zweyte Frau haben, wenn seine Meta stürbe. Ich wollte daß Sie die Mine sähe, mit der er von Meta spricht. –––

M. Klopstock

204. Meta an E. Schmidt, 1. 9. 1754

Quedl. d. 1ten Sept. 1754

Ich muß wohl heute schreiben, weil ich neulich vergessen hatte zu sagen, daß Giseke keinen Lakayen braucht. Er läßt Sie u Olde vielmals grüssen u für Ihren Brief danken. – Aus dem Flachs läßt Mamma der D[impfeln] sagen könnte man aus 1 Pfund 12 auch 18 Ell Garn spinnen, darnach wie man fein spinnt. 1 Ell Garn hällt $3^1/_2$ Ell Hamb.

Mein Mann hat sich schon eine ganze Zeit recht wohl befunden. Aber wir haben sehr schlecht Wetter. Wir wissen noch nicht welchen Tag wir abreisen. Wir wollten nicht gerne nach Raabe warten, ein andern können wir hier nicht kriegen, der so gut u so wohlfeil fährt u wir wollten doch gerne Extrapost ersparen. Wir müssen also erst sehen, wie wir das einrichten. Unterdeß laß nehen alles was nehen kann, denn wir können nur eben so lange in Hamb. bleiben als zum Einpacken nöthig ist. Nun erschrick nur nicht, alle Zwischenzeit sollst du haben, meine Schmidten du! – Wenn nur gut Wetter würde, so machten wir übermorgen ein Piknik nach der Roßtrappe. Einmal bin ich schon einen Berg hinauf gestiegen, der wenigstens meiner

Meynung nach so hoch wie Petri Thurm! ([An den Rand der S. 2 geschrieben:] In Blankenburg bin ich auf einem sehr hübschen Schlosse gewesen, das von unten aussieht, als wenns am Himmel hängt.) – Mir war immer bange, daß ich zurük viel, aber wie ich erst oben war, da wars auch schön. Wenn ihr nur eine Vorstellung hättet, was Berge u Klippen u Felsen sind! vor allem wenn sie so ganz mit Wald bedekt sind. Ich kann mich noch gar nicht satt daran sehen! Ich will euch von dem allen so viel erzählen als ich kann, wenn ich komme.

Bey nahe käme ich in die Versuchung, Neuigkeiten von euch zu fodern. Manchmal erfahre ich welche aus den Zeitungen. Sind denn kürzlich Baumeister bey euch gebohren? Oder wird die kleine Michaeliskirche vielleicht deswegen aufgebaut, daß die grosse wieder kann herunter geworfen werden? Du hast dich doch wohl nicht zum zweyten mal von Wagner dabey heimsuchen lassen? – – Hat die Ahlfeld euch meine kleinen Brife schon geschikt?? Habt ihr euch auch alle recht darüber gefreut? Wie ist sie mit Raabens Fuhr zufrieden? Laß doch darnach in meinem Namen fragen. Sie wohnt itzt in Altona in Graf Ranzaus Hause. – Wenn mir nicht noch Geschefftsachen einfallen; so schreib ich itzt nicht eher, als bis ich unsre Abreise melde.

M. Klopstock

205. Klopstock an Gleim, 6.9.1754

Quedlinburg, den 6ten Sept. 1754.

[...] Aber können Sie das bei sich selbst verantworten, liebster Gleim, daß Sie bisher ordentlich hart für uns gewesen sind? Ich habe bisher, wegen des schlimmen Wetters, und vorher, wegen Wallungen, die ich noch immer, und besonders auch nach der Blankenburgischen Ausfahrt bekam, nicht zu Ihnen kommen können. Künftigen Dienstag verreisen wir, und mein Fuhrmann will mich nicht anders, als seinen gewöhnlichen bessern Weg, wie er sagt, über Helmstädt fahren. Ich werde es Ihnen als recht viel Freundschaft anrechnen, wenn Sie morgen, oder auf den Sonntag zu uns kommen wollen. Thun Sie das ja, liebster Gleim, denn sonst muß ich meine kleine Frau, die ohnedies eine für sie weite Reise thun soll, und die erst gestern aufgehört hat, ein wenig krank zu seyn, in dem Wetter zu Ihnen bringen. Kommen Sie ja!

206. Meta an Gleim, 7.9.1754

Quedl[inburg,] d. 7ten Sept. 1754

Mein lieber Herr Gleim

Wir bedauern, daß wir nicht mehr das Vergnügen haben sollen Sie in Quedlinburg zu sehn. Aber sehen müssen wir Sie noch einmal, ohne das könnten wir nicht wieder nach Hamburg reisen. Wir nehmen also das Anerbieten an, zu Ihnen zu kommen. Wir werden uns dieses Vergnügen am Montage früh machen, u bis Abend bey Ihnen bleiben. Mein Mann freut sich so sehr hierzu, daß er aus grosser Freude selbst nicht schreiben kann. Ich freue mich auch, u daher komme ich mit, u untersuche es nicht gar zu genau, ob Sie meinen Mann lieber allein hätten. Aber o Sie sollen Klopstock auch so viel haben, als Sie sich es gewiß nicht vorstellen. Und das zwar am ersten aus Freundschaft für Sie. Zweytens aber auch aus einer kleinen Nebenursache; nämlich es soll mein Dank für die schönen Pfirsiche seyn. Wie sehr gelegen sie mir kamen, das können Sie urtheilen, wenn ich Ihnen sagen, daß wir eben von Pfirsichen sprachen, u daß ich eben sehr die bedauerte, die itzt in Hamburg gegessen wurden. Sie sollen immer bey Klopstok sitzen, Sie sollen seine beyden Hände haben, Sie sollen ihn küssen so viel Sie wollen. Nun, sind Sie mit diesem Danke zufrieden? Was Sie ein ernsthafter Mann sind! In welchem Ansehn Sie sich bey unserm Geschlecht gesetzt haben! Zu einem andern würde man vielleicht gesagt haben: Es soll Ihnen erlaubt seyn meine Hand zu küssen; u wäre recht stolz dabey gewesen. Aber bey Ihnen – – o da kann nur der Mann danken! – – – Mein Mann hat schon zwanzigmal gesagt, ich sollte doch *verharre[n]*. Heimlich verdriest es ihm doch, daß ich so lange Brife schreibe. Er hat mir wohl nicht ohne Ursache ein so kleines Papier gegeben. - Nun ich will ihn nicht weiter böse [machen!] Verharre also – – –

Clärchen Klopstock,
Herrn Friedrich Klopstocks Secretair.

[Von Klopstocks Hand an den Kopf des Briefes geschrieben:]
Mein lieber Gleim, ich habe Ihnen den 6ten Gesang [des Messias] noch nicht schicken können, weil die Abschrift leider! noch nicht fertig ist.

207. Meta an ihre Eltern, 15.9.1754

Geliebte Aeltern

Ich freue mich ungemein, daß ich nun bald das Vergnügen haben werde, Ihnen die Hände zu küssen. Dennoch muß ich es sagen, daß ich recht betrübt bin, meine hiesigen Aeltern u Geschwister zu verlassen. Denn ich liebe sie recht von Herzen, u das verdienen sie auch. – Wir werden morgen, d. 16ten von hier abreisen u Freytag, d. 20ten in Hamburg seyn. Ich ersuche Papa, Matante Hullen bitten zu lassen, ob wir in dem Falle, daß wir nicht mehr ins Thor u auch nicht ins neue Werk kommen könnten; ob wir dann wohl die Nacht auf ihren Garten schlafen könnten. Wir verbitten uns aber sehr, daß niemand draussen ist, auf uns zu warten, denn es ist höchst ungewiß, daß wir kommen; wir hoffen vielmehr gewiß in die Stadt zu kommen, welches uns auch für die erste Nacht viel lieber ist. – Mein Mann u alle hiesige Verwandten empfehlen sich Ihnen. Warum kann ich doch nicht mit meinen rechten u mit meinen Schwiegerverwandten an einem Ort leben! Ich liebe sie ja alle so sehr! –– Nun, das ist menschliches Schicksal. – Empfehlen Sie uns allen Freunden, Verwandten u Bekandten. Geliebte Aeltern

Ihre ergebene Tochter M. Klopstock
Quedlinburg d. 15ten Sept. 1754

208. Klopstock und Meta an Gleim, 18.9.1754

Der unter diesem Datum überlieferte Brief gehört in die 2. Julihälfte: s. den Text unter Nr. 198: Klopstock und Meta an Gleim, nach dem 17.7.1754.

209. Meta an E. Schmidt, 18.9.1754

U[elzen, d. 18.] Sept. 1754

Noch einen Brief, liebste Schmidten! Und das zwar aus grosser Vorsorge, auf daß Sie unsertwegen nicht bekümmert sind, wenn wir später kommen, als wir geschrieben haben. Bis hierher sind wir gottlob glücklich gekommen, u Raabe hat uns sehr gut gefahren. Wir würden diesen Abend schon in Lüneburg u morgen in Hamburg [seyn], wenn wir Klopstocks wegen so geschwinde reisen dürften. Er befindet sich zwar wohl, aber er hat dann u wann starke Wallungen. Und deswegen richten wirs nun so ein, daß wir morgen in Lüneburg schlafen, übermorgen auch noch da bleiben (wobey wir zugleich an Cathrine gedenken) u Sonnabend Abend, oder Sonntag ([Zusatz unten auf der Seite:] Vermuthlich erst Sonntag, denn wir werden wohl Sonnabend nicht weiter als Zollenspieker kommen) früh in Hamburg kommen. Mich verlangt zwar sehr nach Ihnen allen, u insonderheit nach der Dimpfeln, aber es ist uns nicht möglich es anders einzurichten. Meines Mannes Gesundheit geht vor alles. Gestern wurden seine Wallungen so stark, daß wir in dem ersten dem besten Dorfe bleiben musten, u noch dazu in dem schlechsten Bauerhause auf unsrer ganzen Reise. Aber wir wurden durch die Höflichkeit eines unbekannten Amtmannes daraus erlöset, welcher uns bey sich logiren ließ, u sich recht Mühe gab, uns Güte u Vorsorge zu erzeigen --- Nun können wir uns bald *sprechen.* – Ach Schmidten wie sauer ist mir der Abschied in Quedlinburg geworden! Ich darf noch nicht daran denken. --- Grüsse alle. -- Wenn Raabe dir selbst diesen Brief bringt; so sey höflicher mit ihm, als du sonst mit einem Fuhrmanne seyn würdest, denn er mag gerne *geehrt* seyn. Gieb ihm auch zu verstehn, daß wir mit ihm zufrieden wären, denn das sind wir wirklich ganz ausserordentlich --- Mein Mann wartet schon vor dem Camin mit dem Abendessen auf mich. Er grüßt. – Laß meine Stübe einige mal heizen, daß sie nicht ganz frisch mehr ist. – Laß meine Christine gut hamburgsch klären u naß scheuern lernen –   M. Klopstock

EHEJAHRE IN DÄNEMARK

Klopstocks reisten am 13. Oktober aus Hamburg ab und kamen am 25. in Kopenhagen an. Von der Reise ist uns nur in einem Auktionskatalog eine kurze Notiz erhalten aus einem Briefe Metas an ihre Eltern vom 14. Oktober aus Itzehoe: „Auch mein Klopstock ist so ganz meine Glückseligkeit. Aber ich breche ab, weil wir gleich zu Tische und dann zu Bette gehen wollen."

210. Meta an E. Schmidt, 29. 10. 1754

Koppenhagen d. 29ten Oct 1754

Liebste Beste Schmidten.

Ich schreibe dir aus unserm Hause. Wir sind gestern Abend eingezogen. Wir haben unsre Ballots aber noch nicht von der Zollbude, daher müssen wir uns noch sehr behelfen. Ich weis dieses aber doch auf eine gewisse Art einzurichten. Rahns sind bey uns u helfen uns recht schwesterlich u brüderlich. Cramers thun auch alles was sie können. Sie wollten uns durchaus noch länger behalten, Aber ich wollte je eher je lieber einziehen. Sie lassen alle grüssen. – Unsre Leute u Sachen sind, ob sie gleich Sturms halber einige Tage in einer Insel haben bleiben müssen, doch Sonntag glücklich angekommen. Morgen kriegen wir unsre Ballots. Ich habe heute unterdeß Butter, Grütze, Salz u dergleichen eingekauft. Unser Logis habe ich schon der Dimpfeln beschrieben. Alle Zimmer haben auch Thüren, daß man nicht braucht durch die andern zu gehn. Der Fußboden sind gemahlte Diehlen. Nun, bin ich umständlich genung gewesen?

[Dann schreibt Cramer:] Ungeachtet Meta versprochen hat, Sie zu grüßen, meine süße Freundinn: So will ich es doch noch selbst thun. Ich kann nicht beschreiben, wie sehr ich Sie alle liebe. Meine Charlotte hat Sie auch so lieb, u einer von unsern glücklichsten kopenhagischen Gedanken ist, daß Sie uns ein wenig lieben. Küssen Sie Ihren Lieben Mann in meinem Namen, u leben Sie beyde so vergnügt, als unser Eifer groß ist, Ihrer lieben Schwester Kopenhagen auf der Seite der Freundschaft angenehm zu machen. *Cramer.* An Schleebusch, Heckeln, Scheelen, Herteln u, die ich noch nicht gesehen, Schulten, u Graben meine freundschaftlichsten Grüße.

[Meta fährt fort:] Da ist Cramer gekommen u hat das hinzu geschrieben. -- Meine süsse beste Schmidten du weist wie ich dich liebe. Glaube doch nicht daß du mich *jemals* u auch nicht den letzten Tag beleidigt hast. Ich war nur unruhig darüber daß ich meinen u eueren Willen nicht zusammen vereinigen könnte, u so ist es immer gegangen. Ich habe dir u deinen Kindern so sehr meinen Seegen gelassen (wenn du den Ausdruk haben willst) als es einer Sterblichen möglich ist. - Aber nun muß ich aufhören, ob ich gleich erst dachte das Papier voll zu [an den Rand der 2. Seite geschrieben:] schreiben. Wenn ich nur ein bischen zärtlich an euch denke; so bewegt michs zu sehr. So giengs diesen Morgen bey deines Mannes Brief auch. - Ich will deswegen in einiger Zeit nicht schreiben.

[In den freien Raum am Kopfe der 1. Seite geschrieben:] Ich muß dir doch wohl sagen, daß ich Sonnt: bey der Fr. v. Bernstorf gewesen u ungemein mit meiner Aufnahme zufrieden bin. Sie wollte mich nicht wegfahren lassen, wie ich aufstand; sondern ich muste mit ihr Thee trinken, welches hier sonst nicht gewöhnlich beym Besuch ist.

211. Meta an E. Schmidt, 9.11.1754

Koppenhagen d. 9ten Nov 1754

Liebste Schmidten

Wir danken dir u deinem Mann sehr für alle Mühe, die er sich des Graveurs wegen giebt. Mein Mann würde selbst schreiben, aber wir haben gute Freunde bey uns. Das haben wir bisher täglich. Wir schwatzen, wir spielen u essen ein blosses Butterbrod. Ungeachtet dieser Abhaltung bin ich doch schon ganz in Ordnung. Mir fehlen nur noch die Ueberzüge über einige Stühle u dergleichen, welches an dem Zaudern der Leute, die es machen, [liegt]. Welch eine ruhige Ordnung in meinem Hause ist, wie sehr ich vieles selbst thun mag u thun kann, das kannst du dir nicht vorstellen! -- Aber so bald ich einmal recht Zeit habe; so will ich einen recht ausführlichen Brief von allen Hausstands Kleinigkeiten u Einrichtungen an Mama schreiben. -- Ich schicke dir einige die dir gehören: ein Handtuch, ein Tischtuch, ein Stück gestreiften Schier u eine Tasse ([dieses durchgestrichen und darüber geschrieben:] die wird eben zerbrochen). Die beyden Esclavagen, die Armbänder kannst du an meine drey Mädchens geben, oder auch von den Ohringen welche du wilst, u behalte davon, was du für dich u deine Kinder am liebsten hast. Ich darfs hier nicht tragen --- Eben sagt man mir wieder, daß ich sie tragen kann, also behalte ich sie noch bis ichs gewiß weis. -- Ich bin hier sehr zufrieden, so wohl mit der Begegnung als mit meiner ganzen Lebensart. Mein Mann --- ja der ist mir (wenn das möglich ist) noch süsser in Kopp: als vorher. Wenn mein Herz nicht so voll von ihm wäre, so sagte ich dir nichts von ihm, weil du kleiner Aff neulich die sehr überflüssige Bitte thatst, an *Klopstock, Klopstock* zu seyn. - Wir haben den Seegen unsrer Aeltern -- den Seegen unsers Gottes auf uns, u der wird nie von uns genommen werden --- Ich bin sehr fröhlich in meinem Gott, u ich kann so gar itzt ohne Thränen an euch denken. Aber ich liebe euch sehr sehr zärtlich. Und ich fühle *itzt* daß die Natur über die Freundschaft geht. Denn ich fühle, wenn ich an dich an Mama u an die Dimpf[eln] denke, mehr als wenn ich an die Schl[ebusch] denke, u die liebe ich doch gewiß nicht weniger --- Die Cramern gefällt mir hier viel viel besser als in Hamb. (nennt sie gleichwohl Fr. Hofpr[ediger] u ihn Hr. Hofpr: es ist *beyder*wegen). Rahn gefällt mir auch besser. Leisching ist der beste zur Gesellschaft. - Kl. brodirte Hemder u alles, alles ist sehr gut übergekommen. Von der Zollbude bin ich Dank seys meiner Entschliessung gegen alle andre, sehr gut weggekommen. Ich ließ nämlich, weil ich ein freyes Gewissen hatte meine Ballots draussen öffnen. Da haben sie nur in jedem Ballote das öberste besehen, mir in guter Ordnung wieder hergeschikt u 36: ß Schreibgeld genommen. Da sie der Cramern Stük vor Stük durch gesehn, 3 Ducaten Recompens u Zoll für alles neue genommen haben. (Ich muß im Vorbeygehn sagen, daß es mir vorkommt als wenn Cr: die öconomie noch höher treibt als seine Frau.) - Ich habe deine Brife nicht bey mir Schmidten, wenn ich dir etwas nicht beantworte, so braucht das keine Antwort, so ist es gut. Wüppermanns Rechnung will ich suchen. - Der Postmeister, der dies mit bringt thut mirs nur zu Gefallen; geh so mit ihm um, wenn du ihn sprichst. - Ich befinde mich vortreflich. Mein [Mann] ist heute auch gut. Er hat aber einige Tage starke Wallung u Besetzung gehabt. Berger hat ihn Digestiv Pulver, sedlitzer Salz u selzer Brunnen ohne Milch brauchen lassen. - Küß Mama. Sie ist mir u Kl. ein Engel seit dem Tage unsers Abschieds. Küß die D[impfeln] für ihren schwesterlichen Brif. Die dauert mich sehr. Was macht ihre Meta? Küß deine .. u alle. - Ich dank euch für eure Neuigkeiten; Widows Tod hat mich betrübt, Schub[acks] Wahl gefreut, u Wagners gefreut u lachen gemacht, wies mit so zweydeutigen Geschöpfen geht. Laß ihn

Rathh. Bekhofs Tochter heiraten. Von der Schulten weist du ja wohl, daß sie *niemals Entschlissung ändert.*

[An den Kopf der 1. Seite geschrieben:] Wenn was zu verrathen wäre, ich könnte alles verrathen, denn Kl. sieht diesen Brif nicht. Rahn will den Graveuer auf die Art nicht. – Gute Nacht, ich muß noch Rechnung ⟨halten⟩!

Schier: feine Leinwand. – *Esclavagen:* Halsketten.

212. Meta an E. Schmidt, 6. 12. 1754

Kopp: d. 6ten Dec. 1754

Da hast du meine Perlen, ich darf sie nicht tragen. Theile unter der Schleb[usch] Häk[eln] Hert[eln] Scheel[en] u Dimpf[eln] ([Anm. am Kopf der Seite:] Ich nenne die Schulten nicht mit weil sie selbst genug hat. Grüß [sie]) ein Stück aus. Entweder von diesen oder von den andern Kleinigkeiten, die ich dir gelassen, *u behalte das meiste u das beste für dich.* Es ist mir eine rechte Freude, daß ich euch dies schicken kann, u ich weis ihr seht nicht ihren Werth, sondern mein Andenken dabey an. – Ich erkenne es sehr, daß du Bak, als einen, der dir Nachricht von mir gebracht hat, so begegnet. Er hats recht gegen mich gerühmt. Er hat mir so süß von deinen Kindern gegrüst, daß es mich recht bewegte. Was macht Johanchen? Meinen Namen kann er noch wohl nicht nennen. Wie kömmts du ohne Catharine zu recht? Was macht sie? – Du darf[st] L. Dimpf. dreist zu Gevatter bitten. Wie befindst du dich mit deinem Kleinen (Ich glaube fast daß es ein Mädchen ist) Die Brunsch lebt doch noch? *Sonst lebt Schützer!* (Ich bin nicht schwanger) Du machst dir doch keine Sorge wegen deines Wochenbetts? Ach ich denke so viel u so zärtlich an dich. Am allermeisten, wann ich für dich bete. Ach was sind die Stunden des Gebets schöne Stunden! (Ich weis daß ich mit *meiner Schwester* ernsthaft sprechen darf) Diesen Abend hatte ich eine der entzükendsten! Mein [Mann war] aus (das macht mich noch immer traurig). Ich war mit Christine allein zu Hause u daher ein bischen ängstlich. Ich hatte Hausstands Verdrießlichkeit gehabt. (Christian hatt mit Christine gezankt) u daher ein bischen verdrißlich. Ich las G. Barnwell (er hat mir sehr gefallen, auch jeder Gedanke, jeder Ausdruck, ich erinnere mich nicht, ob er gut übersetzt ist) u fühlte ihn mit allen seinen Schrecken u Schauern. Ich kann dir sagen, was alle diese Gemütsbewegungen mir schwer fielen. Ich war sehr ängstlich, aber ich fieng an zu beten, u betete mit dem schönen Eifer, den man nicht oft haben kann. Die Entzückung, wo man selbst nicht recht sagen kann, was man betet, wo einem die Thränen aus den Augen stürzen, u man eigentlich seinen Gott nur empfindet. O wie schön war das! Wie weit über alle irdische Glükseeligkeit! So gar über Klopstocks Umarmung! Aber mitten unter dieser Entzückung kam mein Klopst. zu Hause. O wie sanft war das! Wie sehr stimmt beydes zu sammen! – Ich habe dir dies nicht erzehlt, um dir zu zeigen, daß ich noch alle meine Religion habe. Ich weis wohl, daß meine Schmidten [mich nicht] für so undankbar hällt, daß ich sie im Glüke verlieren sollte. O nein! so möchte ich lieber nie glücklich werden. Mein beständiges Denken an Gott, unter allen Geschäften unter allen Vergnügen macht mich itzt eben so glükseelig als zu den Zeiten, da ich den Tod erwartete, u o! möchten diese seeligen Gedanken doch immer zunehmen. ---

Ich habe notwendig hier etwas aufhören müssen. Und itzt will ich von Kleinigkeiten reden. Nun was hab ich denn noch zu erzehlen? Ja, ich will dir meine Sparsamkeit rühmen. Ich habe eine solche *kluge* Einrichtung zu machen gewust, daß ich nicht einen einzigen Schrank noch Kiste noch Kasten habe machen lassen: Sondern ich weis mich mit den Kisten zu behelfen, die ich habe. Imgleichen nicht eine *Tine* in der Speiskammer, u ich habe doch alles eingenommen, was nur noch ein zu nehmen war. Aber da stehst nun auch in Balgen in Kessel in Grapen (die ich nicht brauche. Die andern kochen schön) in Papenkoffern u in allerley. Bis ich meine Buttertinne nach u nach dazu gebrauche. Ich habe 3 Viertel eingenommen. Wovon zwey ganz vortreflich sind. Die beste kostet unter 5 u [die schlecht]ste unter 4 ß. Ich fange auch schon nach u nach immer an einige Sachen wohlfeiler einzukaufen. Ich habe überhaupt eine erstaunliche Hausstandsweisheit. – Mit meinen Meublen mache ich es alles auch mit einer gewissen *Grace* u doch alles mit der noch bessern Grace des Wohlfeilen. ------ Da komt mein Mann wieder zu Hause. Er hat bey meinem Nebenbuhler gespeist. Das geschiht leider zum wenigsten die Woche zweymal. --- Laß Olde auch endlich mit dem Petschaft fortmachen. --- Ich weis noch nichts davon daß Dimpf. Geld geschikt hat. ----

Tine (Tineke): kleines Fäßchen mit Deckel. – *Grapen (Graap):* dreibeiniger eiserner Kochtopf. – *bey meinem Nebenbuhler:* wohl Frau v. Bernstorff, die Klopstocks Dichtung liebte, mit ihm musizierte und ausritt.

213. Meta an E. Schmidt, 30.12.1754

D 30-Dec 1754.
Meine, meine Sch[midten] wie lieb ich dich! Ich weis dir ja doch nichts anders zu sagen. Dieses mögte ich dir imer sagen. Welche Freude machst du mir durch deine Briefe. Mit deinen schönen langen diesen Morgen u mit deinem kurzem im Fest. Weist du was mein Mann sagt? Nach mir schreibst du die besten Briefe. Du must sehr zufrieden seyn, daß Kl: mich nur über dir sezte den in mich ist er noch immer so verliebt, jeden Augenblick noch so verliebt als wenn ich noch zu erobern wäre u daher auch in alles was ich thue u mache. Deinen Brief vom H: Abend bekam ich den 3ten Feyertag wie wir eben des Mitags bey Cramers zu Tische sassen. Wir tranken Mitag u Abend euer aller Gesundheit u sprachen recht viel von euch. Das war süß Sch: daß wir den Tag alle beyde schrieben. Ach ich habe so viel an dich gedacht, den Tag, u den ersten Feyertag jede Stunde stellte ich mir vor was du machtest. Wir waren des Festes wegen sehr gerührt, Klopstock so sehr daß er eine Ode machte. Ach mein Klopstock, Sch: ist im inerlichen der wahre Christ, der stille wahre Christ, der er in seinen Schriften scheint. Ueber den Anfang deines Briefes ward ich böse. Wenn M[ama] glaubt, daß ich deswegen, weil ich durch verschiedne Umstände, u besonders diesmal durch die Kräncklichkeit meines Mannes verhindert bin zu comuniciren wenn sie daher glaubt, daß ich nicht an Gott an *meinen Gott* dencke so zeigt ihr was ich neulich davon schrieb. Wir werden comuniciren so bald Kl. Gesundheit es erlaubt aber auch nicht eher, daß erfordert unser Gewissen auch. Wir haben noch gestern Abend u schon oft vorher davon gesprochen ehe dein Brief gekomen.

Ueber das was du uns von deinen Kindern geschrieben haben wir uns recht gefreut. Gottlob daß Meta so gut bleibt, als wie ich es ihr schon in ihrem ersten Jahr anmerkte, daß sie werden würde.

Du fährst doch immer in der *sanften* Erziehung bey allen deinen Kindern fort? Laß dich ja von niemand irre machen. Betty u Johanchen werden auch schon werden. Du must nur abrechnen daß sie so viel jünger als Meta sind, u man erinnert sich nicht immer von den ältsten Kindern wie sie vor zwey oder drey Jahren waren. Daß Betty nur das allerdunkelste vom Stockband begriffen wundert mich schon. Aber ich habe dich hierüber nichts zu sagen ich weis wohl wie du sie liebst. O wie habe ich mich gefreut daß du bey deinen Kindern *keinen falschen Witz duldest.* Fahre fort, fahre fort. Laß sie ihn meiden wie Laster. Sey haubtsächlich behutsam im Wählen ihrer Lehrmeister. Die so falschen Witz haben u sagen meide wie Giftpulver.

214. Meta an E. Schmidt, 3.–7. 1. 1755

D. 3ten Jan. 1755

Liebste Schmidten

Ich fange ohne Verbindung an dir zu schreiben, was ich dir noch zu beantworten habe u was sonst nöthig ist, wie mirs einfällt. – Nimm die Häckeln ins Haus. Ich hatte schon daran gedacht, dir dieses vorzuschlagen. Laß sie aber ja schon *vor* deiner Entbindung da seyn. Theils daß sie von allem Bescheid weis, theils daß sie zur Zeit der Entbindung da ist, u zur Zeit der confusion den Leuten sagt, wo sie hingehn u was sie thun sollen (aber Häckeln du must nicht selbst confus seyn! Wafne dich zu der Stunde *mit aller möglichen contenance*) Wen hast du sonst bey dir? Habe ja *genung* u tüchtige Personen! Nun ich nicht da bin must du auch vor allen eine überflüssig haben, die aus der Stube kann hinaus geschickt werden. Ich weis nicht, ob die Häckeln das seyn mag oder kann. Ich sehe nicht daß du nöthig hast, der Häck. ein Geschenk dafür zu machen. Wenn du ja willst; so kann es ein Fächer, oder ein Palatin, oder ein Paar Nesseltuchs Angageanten oder dergleichen seyn. – Wie soll denn deine Tochter heissen, wens eine wird? Gieb ihr doch ja einen *guten* Namen. Was hast du für Gevattern? – Ich bin recht böse mit dir Schmidten, daß dus mit meinen kleinen Geschenken nicht so gehalten, wie ichs haben wollte. Hab ich dir nicht gesagt, die andern sollten eine jede *ein* Stück haben, u das übrige alles solltest du u deine Kinder behalten. Laß die andern es wieder heraus geben. Ich hoffe doch daß Meta die blauen Ohringe hat? *Meine liebe Meta!* Küß sie sehr von mir. Die Traits, die du mir von ihr erzählt sehen ihr sehr gleich. Ja Meta – – – *ach meine Meta!* – – – – Hab ich dir neulich gesagt, daß du doch ja nicht Dimpfels Schreibmeister nähmest, wenn du einen brauchst, er ist zu sehr ein Narr!

D. 4ten Jan.

Ehe ich etwas anders sage muß ich mich erst mit dir über den heutigen Tag freuen. Ja das war der Tag da ich meine Meta in meinen Schooß u zugleich in mein Herz bekam. Küß sie Schmidten. Ich lieb sie wie *mein* Kind, wie *Klopstocks Kind* – Ich kann nicht von ihr sprechen. – Fange ja itzt schon an mit ihr in solchem Tone von mir zu sprechen, daß ich künf[tig] was auf sie wirken kann. – Zu dem morgenden Tage wünsche ich euch viel Glück u hauptsächlich daß die Zahnschmerzen mögen itzt vorüber seyn. Ohne Augen u ohne Zähne, das wäre zu viel für 40 Jahre! –– (D. 7ten Jan.) Ich habe heute mein Marzipan u das übrige bekommen, ich danke vielmal dafür, hauptsächlich für die Aufmerksamkeit, auf alles was ich gerne mag. Ich habe aber 2 Mk Zoll u Unkosten geben müssen also schikt mir künftig dergleichen nicht. […] Liebste Schmidten, Klopst. ist nicht eher ruhig als bis er für mich in die Witwencasse gesetzt hat. Kannst du D[impfeln] nicht sondiren, ob er uns die 1000 Rth. wohl schicken wollte, wenn wir uns etwas decourtiren liessen. Ich weis wohl, daß wir sie nicht eher als im Apr. fodern können, daher sage ja nichts davon, wenn du glaubst, daß es nicht angeht. Kl. befindet sich zwar eben itzt so, daß er ein Attestat kriegen kann, aber ich will mich auf Gott verlassen u hoffen, daß er gut bleiben wird, u daß mein Gott mich nicht wird ganz unglüklich machen. ––– Mit dem allerersten will ich an die D[impfeln] schreiben, ihr gestriger Brief hat mir viel Freude gemacht. Grüsse sie u Papa u Mama u alle. Wie befindet Papa sich? ––– Klopst. hat an deines Mannes Geburtstage nach gewöhnlicher gnädiger Art den König gesprochen. –––

D. 7ten Jenner. M. Klopstock

[An den Kopf der ersten Seite geschrieben:] Es war gut, daß du schriebst, ich sollte das Couvert besehen! Besieh meine künftig immer auch, ich möchte einmal was hinein schreiben. Bisher hab ichs noch nicht gethan.

Palatin: Pelzkragen, Halsbekleidung. – *den heutigen Tag:* der kleinen Meta Geburtstag, *dem morgigen Tag:* Geburtstag von Benedikt Schmidt. – *decourtiren:* abziehen.

215. Meta an ihre Schwester Dimpfel, 4.2.1755

Kopp. d. 4ten Febr. 1755

Liebe liebe Dimpfeln

Was machst du, meine liebe süsse kleine Schwester? Ich bin so wohl u so heiter, ich hoffe daß dus auch bist. Ich habe mich so sehr u so aufrichtig gefreut, daß endlich das Fieber deinen Kindern verlassen hat, u mein Kl. auch; er fragte immer wenn ich Briefe bekam, ob

Dimpfels Kinder noch das Fieber hätten. Was macht dein Mann? Seine gute Gesundheit bleibt doch immer dauerhaft? – Ach ich habe euch alle so lieb! Nicht nur dich, sondern auch deine Kinder, auch deinen Mann, u --- ja auch so gar die Leute, die mir sonst gleichgültig waren, wenigstens dencke ich mit weniger Gleichgültigkeit an sie. Daraus könnt ihr schliessen, wie lieb ich *euch,* die ich immer *sehr* liebte, wie lieb ich *euch* itzt habe! Ich bilde mir auch fest ein, daß ihr alle mich itzt auch viel lieber habt (denn die alte Meynung, die itzt wenigstens schon 4000 Jahr aus der Mode ist, andere nach sich zu beurtheilen, klebt mir noch immer an) -- Aber was machst du bey der itzigen Kälte? Ist es bey euch auch so kalt wie hier? Hier sind die Barometer wie 1740. Aber ich befinde mich ganz vortreflich dabey. Ich piquire mich recht in meinem ⟨stofnen⟩ Schlenter, ohne Unter Ermel, mit einem kleinen Kopfzeuge ohne Kappe im Hause herum zu gehen, u ich erfriere wirklich nicht dabey. Ich muß dir doch ein Exempel von unsrer Kälte erzählen. Neulich fahren Rahns von uns weg (sie schlafen auf unsern grossen Saal, der so groß wie der Schmidten ihrer in der Johannißstrasse ist u keinen Offen hat) u mein zinnerner Nachtleuchter bleibt da stehen. Wie ich nun den andern Tag hinein komme, finde ich nicht allein daß Wasser gefroren; sondern auch den Leuchter von einander geborsten. Dergleichen habe ich noch niemals erlebt! Daraus kannst du nun schliessen daß mir alles verfriert, ich mag zudecken wie ich will. Hauptsächlich mein Bier, welches ich oben auf einer Kammer u wenigstens mit einer Fuhr Stroh u 50 Matten (denn du kanst denken daß ich von beyden einen grossen Vorrath habe), zugedeckt hatte, ist beynahe alles verfroren. Nun habe ichs herunter gebracht in eine Kammer nahe an unser täglichen. – Mein Kl grüßt dich u deinen Mann u deine Kinder sehr sehr freundschaftlich. Seine Gesundheit nimmt gottlob *sehr merklich* zu. – Wie bist du mit deines Hänschens Veränderung zufrieden? – Lebe wohl Dimpfeln! Ich habe heute einen rechten Trieb gehabt an dich zu schreiben. --- M. Klopstock

Piquire mich: setze meinen Stolz darein. – *Schlenter:* weibliches Schleppbzw. Hauskleid.

216. Meta an E. Schmidt, 11.2.1755

Kopp. d. 11ten Febr. 1755
Du weist wohl Schmidten, daß ich gerne Geschäftssachen zuerst schreibe, das thue ich heute auch. Laß die 1000 Rthr (ich bin sehr müde diese ewigen Nullen zu machen) uns nur so bald möglich geschickt werden, denn so gut die altonaer Leibrenten auch seyn mögen; so werden sie doch wohl nicht 40 Proc. tragen u vom Könige garantirt seyn. Sonst wären sie freylich deswegen gut, weil sie vermutlich gleich angehen. Ich habe aber heute vor acht Tagen wegen alles ausführlich an Papa geschrieben u auch die Holl. Obl. geschickt. Die Witwencasse Ordnung wollte ich gerne über schicken, aber das würde zu viel Porto kosten u sie ist dazu dänisch. Sobald ich aber Gelegenheit habe, will ich sie euch schicken, u die Hauptartickel übersetzen, denn so viel Dänisch kann ich schon, ob ich gleich noch keinen Sprachmeister habe. Mein Sprachgenie verläst mich nicht. – Schreibe mir doch genau, wieviel deines Manns Interessen gemacht, es ist nur wegen des ordentlichen Anschreibens. Du bist schon manchmal so ein Affe gewesen u hast gefragt, ob Kl. auch damit zufrieden wäre, daß du u ich nur so in Geldsachen wirtschaften, als wenn du *Klopstock* u Kl. *dich* u *mich* nicht kennte! Ueberdas kann ich dir sagen daß ich so sehr die Casse habe als eine Frau in der Welt sie haben kann. Denn mein Kl. kennt mich gottlob, u du weist auch [daß] Kl. keinen Schaden dabey leidet. Aber doch glaube ich nicht, daß du dir vorstellen kannst, wie sehr genau ich alles überlege. Ich bin manchmal so stolz zu glauben daß keine bessre Hausfrau als ich seyn kann. In vielen vielen Stücken mache ichs recht wie du, hauptsächlich in dem Essen u Trinken für meine Person, wobey ich auch deine Kunstgriffe gebrauche. Aber wunderst du dich nicht daß ich das *kann?* Ja, was lehrt die Liebe nicht! – [...]
Nun ihr Leute nun thut einmal alle eure weisen Köpfe zusammen u rathet wer itzt bey uns logirt – Nun rathet doch. – Ja ihr mögt noch so sehr auf alle berühmten Leute [in] allen 4 Welttheilen rathen, ihr habts doch nicht. Denn es pflegte wohl zu gehn, daß man auf das allerentferntste herumschweift, wenn man nur gerade auf das allernaheste sehn sollte. – Nun so will ichs euch denn sagen: Cramer logirt bey uns. Ja, *logirt,* Tag u Nacht ordentlich logirt, u sieht weder Frau noch Kinder nicht mit einem halben Auge. „Und warum das?" Ja, nun hohlt alle eure Politik zusammen u studirt. „Hat er sich mit

seiner Frau entzweyt? Und warum? Ist sie ihm ungetreu geworden? Haben sie sich geschlagen? Oder --- (sie stillt) --- wäre es gar nöthig deswegen ausserm Hause zu schlafen? -- Für einen Priester -- Scandal -- !!! - Nein, nein, er ist in Ungnaden gefallen. Er hat etwas versehen. - Er wird wohl bald das Land meiden müssen. -- Er hat zu frey gepredigt. Er --- ach der arme arme Cramer!!!" - Nun, habt ihr eure Politik nun bald erschöpft? so will ichs euch sagen. Carl hat die Blattern, u in diesem Falle muß so wohl er als ein jeder, der nur die geringste Connexion mit dem Hofe hat, sein Haus meiden. Nun lacht ihr? Ja ich kanns nichts dafür. Ich habe auch manchmal gelacht, wenn man für Ungefehr wichtige Ursachen u Absichten erklügeln wollte. --- Gestern habe ich einmal die Colick wieder so stark gehabt, daß ich zu Bette gehn muste. Die gröste Heftigkeit verging aber mit 2 Stunden. - Für J.M. der Königinn ist Sonntag aufgehört in den Kirchen zu bitten. - Heute haben wir hier einen Festtag für eine ehemalige Befreyung von den Schweden. Ich halte viel auf Festtagen u vaterländischen Gewohnheiten. Ich glaube daher, daß ich unsern ordentlichen jährlichen Bustag auch hier feyern werde. Die Freytags Post ist erst am Montage gekommen. Danke der Herteln u Schulten für ihre Briefe. Grüße alle von mir Kl. u Cramer.
                    Meta Klopstock.

217. Meta an Charlotte Cramer, 11.2.1755

Liebste Freundin! arme Charlotte!

 Wie sehr beklage ich Sie, daß Sie so getrennt von Ihrem lieben Manne leben müssen! Und das noch zu einer Zeit, wo seine Gesellschaft Ihnen so notwendig wäre, die Sorge und Mühe zu erleichtern, die ein krankes geliebtes Kind Ihnen notwendig machen muß. Wer sollte denken, daß man solchen Zufällen ausgesetzt wäre, wenn man glaubt durch die Ehe sich seinen Geliebten nun recht versichert zu haben. Was doch für Unvollkommenheiten in Dänemark sind! - Glauben Sie wohl, daß auch ich Sie in 4 Wochen nicht sehen soll? Das ist wirklich heute ausgemacht, sonst wäre ich diesen Abend zu Ihnen gekommen, nämlich zu Ihnen auf Ihrer Kinderstube. Wie ich hörte, daß das nicht anging, dachte ich gleich, ich wollte an Sie schreiben, denn man kommt dadurch wenigstens doch halb zusammen. Ich habe aber unsern Männern nichts davon gesagt, denn sie sind bey unserm Nebenbuhler, und zu der Zeit werfe ich doch immer einen kleinen Haß auf sie. Sie werden itzt wohl schwächer, oder welches einerley ist, versöhnlicher seyn, weil Sie Ihren Mann nicht haben. Aber wenn ich an Ihrer Stelle wäre, ich foderte, daß mein Mann, wenn er gleich nicht bey mir seyn könnte, doch nicht zu meinem Nebenbuhler ginge, und das bloß aus Unterwürfigkeit (das schöne Wort!) – Hören Sie, ich habe Ihnen noch etwas zu verrathen. Ich bin heute schon Ihres Manns Cassirerinn geworden, (ich merke, daß es mit der Casse bey Ihnen so geht, wie bey uns.) Das Geld ist Ihm gestern eine solche Last gewesen, daß ers heute nothwendig von sich legen muste. Ich habe nun angefangen, auf einem grossen Foliobogen sehr ordentlich Rechnung davon zu halten. Wissen Sie aber, warum dieses alles geschehen ist, und warum ich es Ihnen eigentlich erzähle? Wenn ich nun fein ordentlich Cramers Rechnung geführt habe; so wird er sie geschwinde abschreiben, zu Ihnen kommen und sprechen: Mein Engelchen, sieh, wie ordentlich ich hausgehalten habe! Aber nun wissen Sie schon die Ursache; denn ich liebe, daß man einer braven Frau hübsch sagt, wies mit ihrem Manne steht, auf daß sie nicht zu viel von ihm halte, denn nichts ist schädlicher in einer guten Haushaltung. Denn, hat eine Frau ihren Mann zu lieb; so kann ein einziger Blick ihr tausend Einfälle verderben, und eine rechtschaffne Frau muß doch einen jeden ausführen. Führt sie ihn nicht aus; so wird ihre Autorität gekränkt, und folglich geräth die Haushaltung in Unordnung. – Doch ich weiß, daß Sie hierinn mit mir einerley Meynung sind, darum will ich aufhören zu schwatzen.

Ich weiß nicht, liebste Freundinn, ob dieser Brief Ihnen ein bischen sagt, daß ich Sie lieb habe? Vielleicht thut ers mehr als mein Umgang. Es giebt so viele Leute, die ihre Freundschaft zu viel *sagen,* aber ich *sage* sie vielleicht zu wenig. Und meine Freunde sind vielleicht zu bescheiden, nach ihren eignen Verdiensten zu urtheilen. – Ich freue mich sehr, daß Carls Blattern bisher so gutartig sind, ich wünsche, daß sies ferner bleiben mögen. Ich wünsche, daß die kleine Charlotte sie entweder auf eine gute Art oder gar nicht bekommt, und daß nichts davon Ihrer eignen Gesundheit schädlich seyn möge. Ich bin   Ihre Meta.
den 11 Febr. 1755 Abends um 10 Uhr.

218. Meta an E. Schmidt, 24. 2. 1755

Koppenhagen d. 24 Febr. 1755
Abends um 11 ganz allein bey Cr. ⟨Pelten⟩

Ich bin wieder hier, weil ich gestern Cramers Juliane Elisabeth auf die Taufe gehalten. Die Cr. ist sehr gut. Carl ist itzt ein sehr süsser Junge; ich weis nach Meta noch kein Kind, mit dem ich mich so gerne aufhalten mag u er hat mich u Kl. mit einer Liebe lieb, die sich nicht beschreiben läst. Gestern Abend waren wir sehr vergnügt. Das ist wahr, wenn *wir hier* vergnügt sind; so ist es auf eine ganz andre Art, als ich so viele Leute habe vergnügt seyn sehn. Eben habe ich Hohorst, der itzt wieder ausgeht, mit Gewalt fortgeschickt, weil ich noch durchaus an dich schreiben wollte. – Aber nun habe ich etwas gemacht, ich die sonst nicht zerstreut bin, u nicht leicht etwas vergesse, ich habe deine 3 letzten Briefe, worinn ich noch vieles zu beantworten habe, zum Einpacken zurecht gelegt, u sie nicht mitgebracht. Apropos von Zerstreuung: wie ich gestern wohlgeputzt war, u nun die Flügel meines Kopfzeug unordentlich mit Einer Nadel aufgesteckt hatte, daß sie mich nicht sollten beym Mittagsessen beschweren, so fahre ich so in die Kirche, halte so mein Kind, komme so zu Hause, sitze damit bey den Gevattern u sehe es nicht eher als bis sie alle weg sind. Das war wichtig! – Es war sehr gut daß Geschäfte dich zu einem Brief brachten, ich betrübte mich schon so, daß ich in langer Zeit keinen von dir kriegen würde. Wenn Chr[istine] bey mir bleiben will; so bin ich willens sie zu behalten; will sie aber nicht bey mir bleiben; so möchte ich sie dir doch gerne gönnen […]

219. Meta an E. Schmidt, 3. 3. 1755

Kopp. d. 3ten März 1755.

Nun ihr Leute, die so gut rathen könnt, nun rathet einmal wo Cramers Briefe die Nacht vom letzten Posttage gewesen sind. Ihr meynt ich soll wieder so gutherzig seyn u es euch gleich heraus sagen? O nein! für diesmal könnt ihr hübsch herum rathen, u mir schreiben, was eine jede gerathen hat. Wers trifft, der [Lücke] … D[impfeln], der Schl[ebusch] der Sch[eelen] der H[äckeln] der H[ertelln] Ol[den] u deinem Mann. Aber auch niemand mehr denn es soll kein Geschwätz daraus werden. Was es denn ist? – Ja für dieses Mal bin ich ganz unerhörbar. – Wir werden ein bischen von andern Dingen sprechen Mad. Schm[idten]. Schicken Sie mir bey Gelegenheit Flicken zu den gestreiften kepern Unterröcken, wenn Sie welche haben. Sehen Sie, das ist wichtig. Ich habe auch diese Nacht einen Traum gehabt. Mir träumte Mary hatte einen Handwerker zum Bräutigam. Nun fiel sie darauf, weil hier eine Kirche, 4 Palais u eine grosse Menge grosser u kleiner Häuser gebaut werden, sich mit ihm hierherzubegeben. Wobey sie auf alle Art des Verdienstes in meiner u meiner Freunde Häuser gewiß. Hauptsächlich bey mir in Krankheiten u Wochenbetten. Es würde mir was ganz erstaunlich angenehmes seyn wenn dieser Traum wahr würde, u ich wollte ihrem Mann schon viele [Lücke] Traum hättest, darum bitte ich dich recht sehr. – Du kannst es nicht vermeiden deine Tochter nach den Tanten zu nennen. Ruffe sie also Betty u Bety, nenne *Benedicta* nicht *Dickschen* (Du weist schon, wie du das anzufangen hast. Ganz *nonchalante* ohne etwas davon vorher zu sagen) – Ich wollte Schmidten daß du mit *niemand* auch nicht mit unsern Freunden über die Kinderzucht sprächst. Denn so sehr es scheint daß sie mit uns einig sind; so gehen sie doch unvermerkt in Kleinigkeiten von uns ab. Das habe ich oft bemerkt, u ich weis wie leicht du irre zu machen bist. Wie kann die F. in der Ausübung des Stüks der Kinderzucht aufs gute Herz zu sehn, mit uns einig seyn, da sie selbst nicht weis, was zu einem guten Herzen gehört – Ich habe itzt das grosse entzükende Vergnügen, die Glükseeligkeit, meinen einzigen Klopstock meinen besten Man fast ganz wieder gesund zu sehen. Ach das ist was ich von meinem Gott erbeten, aber mehr als ich gehofft habe. Nun, der Gott wird deinentwegen auch das thun was ich bitte u was ich *hoffe*. *Wir werden diese Woche comuniciren.* Ich will nicht anfangen etwas davon zu sagen (denn ich müste zu viel sagen) wie rührend, wie feyerlich u wie heilig es mir ist, aber ach Schmidten –– du kannst dirs vielleicht vorstellen. –– Wenn wir comunicirt haben, reise ich nach Lingb. (es ist die höchste Zeit). Wenn du also keine Briefe kriegst; so machst du dir keine Sorge. Aber schreib oder laß mir fleissig schreiben, damit ich *deinentwegen* nicht in Sorge bin. Ich will deines Wochenbetts wegen dir kein Wort mehr sagen. Es macht mich zu zärtlich –– ich will für dich beten –– Ich hab dich unaussprechlich lieb –––

Nun Schmidten, nachdem dus nun wohl aufgegeben hast, wegen Cramers Briefe. Aber mache dir auch eine Freude damit, hauptsächlich bey Olde. Ich sagte gleich, daß mir nichts verdrösse, als daß ich O. nicht sollte an die Deke springen sehn, u ausrufen hören: Das ist

Anders! Das ist Anders! Mir überfällt dieses Streichs wegen das Lachen manchmal mit einmal so sehr, daß ich auch neulich in der Kirche wie ich die Königin u Cr[amern] ansehe das Schnupftuch vorhalten muste.. Nun, soll ich endlich sprechen? Ja nun will ichs auch thun. *Bey der Königin* sind sie gewesen!!!! Ja, bey der Königin!! Cr. muß nämlich oft Predigten für Sie abschreiben, Sonnab: hat ers auch gethan u in *der Zerstreuung* die Briefe mit eingepakt u der Königin zugeschikt. – (Warte ein bischen Schm, ich lache wieder) Den andern Tag schicken I.M. sie her u waren so gnädig (wie gefällt dir mein Hofstyl?) dabey schreiben zu lassen, daß niemand die Briefe gesehn hätte. Ich dächte aber die K. hätte sich immer diese Freude machen sollen. Cr. erschrak gewaltig hierüber, ich aber fieng schon damals an zu lachen u lache noch – – M. Klopstock

220. Meta an E. Schmidt, 28.3.1755

Lingbye d. 28 März 1755
Endlich, endlich ist der Balsam gekommen! Ach meine meine Schmidten! O unserm Gott sey Dank, ihm sey Dank daß du so wohl bist. Ich habe 2 Brife von der D[impfeln] u 1 von der H. auf einmal gekriegt u also ist gottlob die Gefahrzeit vorbey. Aber bedauerst du mich nicht daß ich so lange nach der Nachricht habe seufzen müssen? Ich habe fast alle Tage in die Stadt geschickt. – Wie sehr ich mich freue, daß du mit dem Stillen fortkömmst, das kannst du dir vorstellen. Ach daß ichs nicht sehen soll, *dich mit deinem Sohn an der Brust!* Aber ich kanns nicht verbergen daß ich höchst unzufrieden damit bin, daß eine andre Frau des Nachts stillt. Zweyerley Milch ist gewiß schädlich. Ich weis nicht wie Olde das zugeben kann! Er hat gewiß durch Carpzers Veranlassung nach der *Hamburgschen Dame* pliirt (ich mache *dir* keine Vorwürfe hierdurch Schm.) Die ganze Idee des Stillens fällt weg wenn ich meine Milch mit der Milch einer Fremden vermische. Nein, da machen wirs hier anders! Hannchen muß hübsch des Nachts stillen, ob ihr Kind gleich sehr unruhig ist; u ich leide durchaus nicht daß man dem Kinde etwas anders giebt. Sie befindt sich sehr wohl dabey u ihre Milch fängt auch schon an recht gut zu werden. Unterdeß werde durch das, was ich sage nur nicht unruhig; deine Pflicht ist Olden zu folgen. – Welche Freude wars, ach welche Freude, Schmidten wie ich deine Hand sah! Das vermuthete ich noch nicht. Und am vierten Tage schon! Du liebe liebe

Schwester! Ich war gestern Abend ganz ausser mir. Ich kann dir nicht sagen welche Freude ich hatte! Ich *muß* auch heute wieder schreiben ob ich gleich nicht gewollt. Denn ich habe viel zu thun. *Wir* arbeiten gar zu fleissig am Mess. Nun lache nur nicht; ich schreibe fürm Druck ab. Diese Arbeit ist mir eine erstaunliche Freude. Sie kann so gar machen, daß ich deutlich schreibe. Ich muß es wohl, so verdrießlich es mir auch ist, daß ich langsam schreiben soll. Daß *ich* abschreibe ist aus vielen Ursachen gut. Denn, ich lese Klopstocks Hand am besten, unter meinen Hrn. Brüdern, den Abschreibern, versteh ich unstreitig den Mess. am besten, u dan habe ich Kl. den ich f[r]agen [kann]. Du solltest nur einmal sehen, wie schön ich schreibe! Kl. arbeitet *täglich* sehr schöne kleine Stücke. Ich will euch aber keine wieder schicken weil ihr solche Affen seyn könnt Schaum (SCHAUM) für Schauer zu lesen. – Ah Schm. ich habe dich nur gar zu lieb! Du bist mein ordentlicher kleiner Kl! *Beynahe* sollte Kl manchmal eifersüchtig auf meine Liebe zu euch werden können, aber er *wirds* doch nicht. Leider! Leider! hat er euch selbst nur gar zu lieb! – Lebe wohl Schmidten Gott gebe daß du u dein Kind immer so wohl seyn als itzt. Grüsse deinen *lieben* Man u *alle* deine lieben Kinder. So bald du mir wieder recht schreibst will ich *nur* Erzählungen von deinen Kindern haben. M. Kl.

Nach der Hamburgschen Dame pliirt: nach dem Beispiel der Hamburger Damenwelt in der Sache des Stillens nachgegeben.

221. Meta an E. Schmidt, 21.4. 1755

[...] – Liebe Schmidten, wenn du alles für mich eingekauft hast, aber darunter muß auch das Oxhöft [= 217,41] Wein seyn) u doch noch etwas über behältst so schicke mirs doch im Bankzettel. Meine Casse brauchts ein bischen denn ich habe diese Zeit gar zu viele Ausgaben gehabt. Ich werde gewiß nicht auf so theure Miethe wohnen, wenn ich mir selbst ein Haus aussuche. Um dir eine Vorstellung zu machen, wie theuer hier etwas zu fahren ist; so must du wissen, daß man in Lingb. zu *einem* Faden Holz, der aber auch dreymal so lang ist, als euers, 14 Wagen, 14 Kerle u 28 Pferde braucht. Denn so kleine Wagen, u so kleine Pferde, als hier, habe ich in meinem Leben nicht gesehn. Eine jede halbe oder $^1/_4$ Tonne Bier tragen 2 Kerle auf einen Baum gehangen aus. Zu dem allerleichtesten Korbe mit Häderwahren gehören 2 Weiber, die wechselweise schreien u.s.w. – – Hast du aber kein Geld über; so beunruhige dich nur nicht, daß ich etwas fodre; denn ich weis gar nicht was du hast. *(ich will aber keine Rechnung)* Kriege ich denn gar keine Interessen von B. u D. mehr? Ich will das nur beantwortet aber nicht erklärt haben. Aber die Obl. hätte ich gerne bald wieder. – Ist meine arme, liebe, natürliche Meta denn schon in einer Schule? Ich kann nicht läugnen daß wenn ich bedenke, daß alles was du u ich in 5 Jahren gearbeitet haben, sie *unschulhaft* zu machen, daß daß nun in einem Vierteljahr aus ihr heraus, so geht mirs durchs Herz. Solltest du itzt nicht mit ⟨... de⟩ u einer guten Trokenamme fortkommen? Mache ihr Veränderung damit, daß du sie allemögliche Gewerbe schickst. Sie *muß* itzt *viele Zeit* mit Handarbeit beschäftigt seyn. Hat sie gar keine Lust dazu; so gewinne sie mit kleinen Belohnungen, u aufheiternden Gesprächen (Schmidten: ja, das kann ich nicht! Ach! –– Klopstocken: Ja, das kannst du wohl! Thue es nur. Ich kenne dich besser als du dich selbst kennst ––) Du sprichst doch noch oft von mir? Sage ihr: Ich schickte meinen Genius fleissig nach Hamb. der ganz heimlich zusähe was sie machte. Ob sie auch genau Achtung auf sich gäbe daß sie nichts thäte was nicht *recht* wäre. (Versäume ja nicht die Zeit diese Pflicht recht bey ihr einwurzeln zu lassen.) Er wüste auch ihre Gedanken, u sagte mir alles wieder, was sie *heimlich* unrechtes thäte (Von *Unrecht* brauchts ihr itzt noch weiter keine Erklärung, als: Was Mama, u folglich der liebe Gott nicht haben will.) Von meinem Genius hast du eine gute Gelegenheit ernsthafter zu werden (denn M[eta] ist *groß genug* dazu), u von der Allwissenheit u.s.w. zu sprechen. Es versteht sich, was ich von M. sage, daß das auch von Betty (küsse sie) aber nur auf eine gemilderte Art gilt. Du kannst dies alles sehr gut, u manchmal besser als ich, Schmidten, glaube mir. – Läßt du M[eta] dieses Jahr keine Musick anfangen? Denke einmal wie sie das beschäftigen wird! Der kleine Balcio hat im 5ten Jahr angefangen. M. lernt diesen Sommer doch tanzen? Ich denke du kömmst ohne Schule fort. Ich habe schon 100mal sagen wollen: Beunruhigt es dich; so schicke sie hinein; aber es kann nicht heraus [!]. Daß man sagt: die Schulfrau ist gut, das verschlägt mir nichts. Für *mich* ist keine gut. Wenn ich aber *meine* Kinder von jemand anders wollte erziehen lassen; so wäre es von der kleinen, furchtsamen, sich nichts zutrauenden Schmidten. [...]

222. Meta an E. Schmidt, Mai 1755?

[Lyngby, etwa Mai 1755?]

Meta ich will eine halbe Stunde ausreiten. Nun setzt er sich aufs Pferd u ich ans Fenster, das versteht sich. Wo reitest du hin? „Diesen Weg". So geh ich ins Kammerfenster, da können wir uns wieder sehn. Oder jenen Weg; so steig ich auf den Stuhl, dann siehst du mich auf der Brüke wieder, u. dann uns gesehn, so lange wir können. Nun trink ich meinen The, u nun, kaum ist eine halbe Stunde vorbey, nun ist mein Kl. wieder da. Ich hör das Pferd, u ans Fenster, er geschwinde herauf, u wir freuen uns als käme er von einer Reise wieder. Nun kommt Licht; nun rücke ich dicht an die Klappe u dicht an Kl. u nehe mit bey seinem Licht; u. sehn uns so oft an, u geben uns die Hand u. küssen uns u. haben uns so lieb u. -- u. - ach! Nun zu Tisch. Nach Tische spielen wir Schach (denn ich bin eine ordentliche Schachspielerin geworden) Und nun zu Bett; u da ist Kl müde u Meta munter, u Kl. schläft ein u Meta schläft ihrn unterbrochnen Schlaf.

223. Meta an E. Schmidt, 23. 5. 1755.

Lingb. d. 23ten May 1755
Abends um 10 Uhr

Liebste Schmidten

Ich muß nur noch ein bischen an dich schreiben; denn was sollte ich anders thun, ich habe meinen Mann, meinen Klopstock nicht. Er ist schon seit gestern Abend in der Stadt; (wegen Drucks) ich habe die ganze vorige Nacht nicht geschlafen, u werde es diese Nacht auch wohl nicht thun. Umsonst wollte ich mich damit trösten (denn du weist ich tröste mich gerne mit den *kleinen* guten Umständen bey einer Sache) daß ich so schön in meinem grossen Bette (wir haben das gröste im Lande, wie man sagt) läge, daß meine Küssen (du weist wie viel ich habe) nicht in Unordnung kämen; es wollte nichts helfen, ich wachte hundertmal von einem ängstlichen Schlummer auf. Wenn nur der Gedanke der Witwe nicht immer gekommen wäre! (ach ich überlebe Kl. gewiß!) Aber warum halte ich dich mit diesem Traurigen auf, mein Kl. kommt ja morgen wieder! Ich habe ihm heute den ersten Brief in unsrer Ehe geschrieben (denn wie wir neulich schon glaubten uns zu trennen, da blieben wir doch noch zusammen) Unser Abschied gestern war sehr zärtlich. Ich begleitete Kl. bis aus dem Dorfe. Er wäre beynahe wieder mit mir umgekehrt, so bewegt war er; u mir, ach mir schlug das Herz so! Du, Schm, verstehst dieses, wenige verstehn es mit uns. –– An Wüperpens Erscheinungen glaubt nur nicht. Ich habe heute bloß des Frühlings wegen zur Ader gelassen. Mein Blut hat noch nicht so viel Wasser gehabt als heute. Das kommt wohl von meinem vielen Spatziren. Ich möchte recht gerne immer hier wohnen, wenn Kl. nur wollte. Ich weis aber nicht ob ich zu viel Blut gelassen (du weist das ich immer dazu geneigt war) oder was es sonst war, ich war einer Ohnmacht so nahe als man seyn kan; u bin den ganzen Tag so matt gewesen, daß ich mich zweymal zu Bette legen muste, itzt bin ich aber wieder ganz gut. Glaubt aber nur nicht an Wüpp[ermann], er hat mich nur in Reisekleider u Contousche gesehn, davon kommts. Ich werde es euch zeitig genung schreiben, wenn dergleichen ist. Wie ich schrieb daß ihr d. 10ten Jun. recht feyern solltet, da meinte ichs recht ernsthaft. Wir haben viel über Schm[idten] seinen *Milchtopf* gelacht, er ist aber sehr süß, daß er manchmal so ein bischen schreibt. –– Ich will die Müdigkeit, die eben kommt, nicht übergehn lassen. Schlaft alle wohl. Wie süß must du nicht unter deinen Kindern schlafen! –– Die Rahn ihre Brust ist meist wieder zu. Sie ist ganz wohl u ihr Kind bey der Amme auch. Es *verdriest* mich recht daß ich Cathrine nicht brauchen kann. Sie ist doch nach allen Eigenschaften die beste Amme. Grüsse sie von mir. Ich wollte daß ich sie u Mary hier hätte. ––– M. Klopstock

224. Meta an ihre Schwestern, 11.6.1755

D. 11ten Jun 1755 um 10 Uhr
Ich habe heute meinen Kl. schon wieder den ganzen Tag nicht gehabt. Und gestern beynahe auch nicht, denn gestern waren wir im Lager (Hohorst traktirte uns in seinem Zelte, er war unerträglich) Es gieng mir recht nahe, daß wir den gestrigen Tag nicht ganz für uns allein haben konnten. Unterdeß feyerten wir ihn doch so gut wir konnten. Jede Stunde erinnerten wir uns was vor einem Jahre zu der Zeit geschah. Mein Kl. war sehr sehr zärtlich. Sogleich wie ich aufwachte schlang ich meine Arme um ihn u sagte: Heute vor einem Jahr mein Kl! Gott sey Dank! Gott sey Dank sagte er. Das hat er gestern wohl hundertmal gesagt. Und denn hat er auch gesagt: Frau

nach meinem Herzen! Beste Frau! Einzige Meta! Du Engel! Du mein Herz u meine Seele! Ja, das hat er gesagt u noch vieles dergleichen. Ach, u das hat er nun schon ein ganzes Jahr gesagt. Ach Schmidten! ach Dimpfeln! Ach *meine* Mutter! ach alle meine Liebsten! wie glücklich bin ich! Wie glücklich ist *eure* Meta! Ein *ganzes Jahr* habe ich nun schon *meinen Kl!* Und *weis* es, daß er der Mann ist, den ich mir von ihm vorstellte. –

Harriet hat wohl recht, daß der Aniversaire des Hochzeittages noch süsser ist, als der Hochzeittag selbst, denn da weis mans! Da weis mans! ach da weis mans! – Kinder, vergeßt doch nicht, Gott immer für mich zu danken! Du Kleinmüthige, du hast das immer erwartet! –

Ich kann euch nicht sagen, Kinder, wie vergnügt ich hier bin. Mein einziger Wunsch ist nur, hier beständig bleiben zu können. Kl. will es wohl, aber wir wissen nur noch nicht ob es sonst angeht. Wenn ihr alle nur könntet mir mir hier spatziren gehn. Es ist doch gar zu schön. Ich thue keinen Ausspruch, ob die hiesigen oder andre Gegenden die schönsten sind. Sie sind verschieden. Die Hölzungen sind mir hier sehr angenehm, u die süssen Rehe, die so nahe an einen kommen! es sind auch weisse hier. Etwas das mich allemal bey meinem Spatziren noch rührt, so täglich es mir auch ist, das sind gewisse Hügel, die man sehr häufig allenthalben antrift, sie sind ganz rund, manchmal mit Steinen belegt, manchmal mit Bäumen bepflanzt u manchmal auch nur mit Gras. Man sieht sehr deutlich, daß die Kunst sie gemacht hat, u durch aufgraben hat man entdeckt, daß es alte Grabmäler sind. Wie muß mich das nicht rühren, wenn ich oft 2 so ganz dicht bey einander sehe! Ich denke, da liegen vielleicht ein Paar Ehleute, die sich geliebt haben wie Kl u ich. – –

Neulich waren wir an die See gefahren. Die See ist bey hellem stillen Wetter nichts weiter als die Elbe. Sie ist eben so weis u man sieht Schweden wie Haarburg – Aber was ich neulich machte muß ich dir erzählen. Kl[opstock] u Cr[amer] (Cramers logiren nur einige Häuser von uns) waren in Bernst[orff]. Wollen wir nicht unsren Männern entgegen gehn? sagte ich. Ja, sagte sie gleich; u damit gegangen, u den Wagen hinter uns fahren lassen, August u der Lieutenant waren bey uns. Nun fällt mir ein, unsre Röcke übern Kopf zu ziehn, unsre Stimme zu verstellen, eine jede als eine Abendnymphe auf ihren Mann zu zu gehn u sehr vertraulich zu thun. Nun geht alles gut, wir verstecken uns hinter Bäume, sie kommen, Cr. stellt sich an den Baum, wo ich dicht hinter sitze, ich versteckte meinen Kopf in der Cr. Schooß, denn ich wollte die Augen nicht gerne voll haben. Du kannst denken, wie wir nun lachten, doch lachten wir nicht laut. Unterdeß aber daß Cr. hier steht u wir also nicht heraus kommen können steigt Kl in den Wagen, u findt meinen Stock, den ich unvorsichtiger Weise hatte stehen lassen. Da ward nun alles entdeckt, u mein schöner Streich misglükte. Man giebt uns nach, wir hätten unsrer Männer Treue auf die Probe stellen wollen. Wenn das wäre, welch ein gutes Gestirn hätte denn nicht über sie gewacht! –

Ich hab dir doch wohl schon lange gesagt, daß der Wein u eure Geschenke glüklich angekommen sind u das wir für alles sehr danken? *Ich* danke hauptsächlich für den Lachs u Schinken. Aber ihr Affen, ich wollte ja einen *Texel*käse haben, u keinen hamburgschen. Ich danke euch aber recht sehr für alles. Aber kannst du rathen was mir der Wein u das übrige Zoll gekostet hat? Ueber 20 Rth. Das beste ist, das der Wein doch noch nicht *mehr* kommt als der hiesige, der schlecht ist. Ich hab ihn doch nun reiner u besser. – Rückers haben eine kleine Gefälligkeit zu sehr, nämlich mit einem Anker [= 36,2 l] Rheinwein belohnt. Kl ist nicht recht damit zufrieden, daß man ihm was schenkt, mir aber ist es lieb, weil Kl. ihn gerne mag u er mir meine Colik erleichtern soll. – Wenn du mir nur bald gute Nachricht von Mary gäbst. Das ist gewiß; glaubte ich nicht, daß sies hier recht gut haben würde, ich machte mir ein Gewissen, sie herüber zu ziehn. Ich hoffe, sie noch einmal hier recht gut an einen Deutschen, denn es giebt ihrer hier so viele, zu verheirathen. – [...]

225. Meta an ihre Schwester Dimpfel, 5.8.1755.

Den 5. Aug. 1755.
Ich denke seit einiger Zeit so beständig an Dich, liebste D. daß ich nur schreiben muß, es ist mir leid genug, daß ich nicht eher habe dazu kommen können. Meine Gedanken an Dich sind so lebhaft, daß ich auch fast immer von Dir träume. Aber es ist gut, daß ich keine Traumgläubige bin, sonst würde ich Deinetwegen unruhig seyn. Denn mir hat schon zweymal geträumt, daß ich Dir in Deiner, und einmal, daß Du mir in meiner Todesstunde beystandst. Dieser letzte Traum war sehr schön. Ich starb, so wie ich wünsche zu sterben. Meine letzten Worte waren: Du sollst nicht weinen, ich käme ja zu meinem Gott und zu meinem Erlöser. Das letzte Wort konnte ich

nicht aussprechen, und ich fühlte, wie ich verschwand. – Aber wir wollen nicht ernsthaft werden. Ich glaube, daß Du wohl bist, und das glaube ich um desto mehr, weil die schlimme Schm[idten] mir in langer Zeit kein Wort von Dir geschrieben hat. – Ich wollte, daß Du Dir vorstellen könntest, wie vergnügt ich bin. Heute vor allem habe ich einen sehr schönen Tag gehabt. Den ganzen Tag so süß, so ruhig an Klopstocks Seite gesessen. Er arbeitet am Messias, und ich sitze und nähe. Der Messias – Doch ich will Euch nichts von seinen Schönheiten sagen; Ihr werdet ihn, so Gott will, Michaelis kriegen. Klopstock arbeitet am 10ten Gesange. Gott sey Dank, der ihn bis zur Hälfte hat kommen lassen. Er wird sein Leben bis zur andern Hälfte auch fristen! – In solchen Tagen, wie heute, fehlt Ihr mir nicht, denn mein Klopstock ersetzt mir Mutter, Schwestern und Freundinnen. Fühlt nur eine jede Euren Werth (Ihr habt Ursache dazu) und denkt dann, was Klopstock ist. – Ist Dein Mann und Kinder wohl? Grüße sie. Es ist mir lieb, daß sie sich mich noch so vorstellen können, und sehr süß, daß sie meinen Namen dem Echo zuriefen. Was macht Mama? Grüße sie aufs zärtlichste. M. Klopstock.

226. Meta an E. Schmidt, 26. 8. 1755

D. 26ten Aug 1755

Gott sey Dank! Gott sey Dank! der *meine* Schmidten so glücklich erhalten hat. Ach was würde ich geworden seyn, wenn ich die Nachricht – – – doch ich kanns nicht denken. So gehts in der Entfernung; in der Stunde, da man fürchten sollte fürchtet man nicht. Ich dachte den 7ten Aug. viel nach Hamb. Ich hatte eine so lebhafte Vorstellung von unsern lieben seeligen Vater als wenn ich ihn vor mir sah, ich sprach viel von ihm mit Kl; aber daß ich an diesem Tage Ursache hatte, für meine Schm. zu fürchten, daß ahndete mir nicht. Nun, Gott sey Dank! Ich habe mit eben der Empfindung gedankt, als wenns für mich selbst wäre, u. dieser Dank hat noch nicht aufgehört. Eben so bitte ich auch, daß Gott dir dein Kind erhalten möge, wenns sein Wille ist. Es ist mir fast lieb daß dus entwöhnt hast. Ich hätte dir, bey diesen Umständen, gewiß dazu gerathen. Küsse diesen Lieben meinentwegen (es ist mir immer so traurig, daß ich ihn nicht kenne) Küsse auch die andern Lieben, die ich kenne. Du hast mir ja so lange nichts von ihnen geschrieben nichts von meiner Meta! – Gott erhalte euch einander! Ich freue mich, daß Hänschen D[impfel] ausser Gefahr ist. Ich bete mit dir, daß dieß neue junge Leben ihm zu seinem ewigen Besten geschenkt sey. Wie ist er itzt? u auf welche Art wird er erzogen? Grüsse die D[impfeln] aufs zärtlichste dafür, daß sie sich als eine *Christinn* aufgeführt. Ist sies denn auch itzt in ihrem *Glauben?* hat sie noch viele Zweifel? – Ach wenn doch bey allen Leuten sich die Zweifel durch *solche* Ueberzeugung auflösten, wie bey mir. O, Gott sey dafür Dank! – – – [...]

227. Meta an Klopstock, [Sept. (?) 1755]

[Lyngby]

Mein süsser Klopstock.
 Der brave Oertling hat den Correcturbogen mit herausgebracht. Ich schicke ihn dir wieder hinein, wenn du ihn vielleicht dort corrigiren willst, sonst kannst du ihn Jochen wieder mit herausgeben. Cramer sagt ob du die Häckchen () nicht ganz auslassen, u es nur durch die gewöhnlichen Unterscheidungszeichen machen willst; so machte ers. Die halbe nackte Seite hat uns auch allen nicht gefallen. – – – – Ich habe (auch durch Oertling) einen sehr süssen Brif von der Schmidten. Olde hat vom alten Schlebusch das Jawort. Diese Nachricht rührte mir so, daß mir die Thränen aus den Augen stürzten u ich nicht weiter lesen konnte. Und da fehltest du mir so sehr, daß du dich nicht mit mir freutest! Aber das sollst du diesen Abend thun; da will ich den Brief in deinen Armen lesen. Deine Meta.

In diesem Billet Metas handelt es sich um die eiligen Korrekturen zum 1. Band der Messias-Ausgabe von 1755. Am 26. Dezember hat Klopstock ein Exemplar dieser Ausgabe dem König überreicht.

228. Meta an Klopstock, [Sept. (?) 1755]

[Lyngby]

Laß Lillie dich nicht aufhalten, Süsser! Du kannst ja morgen einen besonderen Boten herein schiken, den Bogen abzuhohlen. Das kostet dir nicht einmal so viel als der Wagen, u ich habe dich – – u du hast mich (denn das ist dir doch ein Bewegungsgrund?) Ach, Klopstock wie ich dich liebe! Wie ich dich liebte da du wegfuhrst! da du nun wirklich weg warst! itzt! u – – – ja u immer! eh du warst, wenn du wiederkommen wirst, immer! – – deine Meta.

229. Meta an ihre Schwestern, 17. 10. 1755

D. 17ten Oct. 1755

Kennt ihr die itzige Woche? kennt ihr den 13ten October? Oder habt ihr ihn vergessen? Es wäre besser wenn ihr ihn vergessen hättet, u. auch wenn ichs hätte. Aber wie könnte *ichs!* Es war, wenn ich vielleicht den einzigen Tag ausnehme, da Kl. selbst von mir Abschied nahm, der traurigste u der härteste in meinem Leben. O ich sehe euch alle so tief auf der Treppe; wie weintet ihr alle! Und ich – – ja ich fühlte, was ich nie gefühlt hatte, u was sich nicht beschreiben läßt! Und nun kamen mir die wenigen vor dem Thore nach u da warst *du* nicht dabey! Und nun – – – meine Mutter muste mich trösten, meine Mutter, von der man glauben sollte, sie fühlte diesen Abschied am meisten. Endlich sah ich niemand mehr, u ich kam zu Fremden. Nun muste ich mich zwingen; – thörigter Wohlstand, du häßliche Larve, die man vor die schönsten Empfindungen halten muß! Mein Zwang gelang mir so weit, daß [ich] munter schien, u. dafür ward ich belohnt mit einem: So gehts immer, wenn man die Mauern nicht mehr sieht, so denkt man auch nicht mehr daran. Ihr Narren! Ich konnte Hamburgs Mauern nicht mehr sehn, wie ich Koppenhagen sah, u ich dachte ich sollte den Tag vergehen. Nichts konnte meine Thränen zurück halten, nicht Klopstocks Zärtlichkeit, nicht die Gegenwart so vieler neuen Freunde, u nicht – – – – der Wohlstand; ich muste weinen, u das muste ich noch lange thun. Ich kann dir nicht sagen, wies mir die erste Zeit in Kopp. war! Nur seitdem wir so fest beschlossen haben *um 7 Monate* zu euch zu kommen, denke ich ohne Thränen an euch. *O ihr Mädchen, die ihr glaubt, es ist so was leichtes euer Vaterland, wovon ihr das Gute kennt, wo ihr Freunde u Verwandte habt, mit einem fremden Lande zu vertauschen, wovon ihr das Gute in einem Jahr wenigsten nicht kennt, wo ihr keine Verwandte u keine Freunde habt u sie auch vermutlich so nie kriegen werden [!], wie ihr sie verlassen habt (denn ich glaube nicht daß die spätern Jahre dazu gemacht sind) geht nicht, geht nicht, wenn ihr keinen Klopstock habt!* Aber dieser Einzige – – doch ich brauche dir hierüber nichts zu sagen, du weist, daß ich das eine, aber auch das andre in seiner ganzen Stärke fühle. – Und ich will auch endlich hiervon abbrechen –: Ich habe noch kein Mädchen. Christ[ine] ist diesen Morgen abgegangen. Es ist eine gute willige Küchenmagd hier, die mir Bett macht, Stube auskehrt u dergleichen thut. Ich will mich schon behelfen. Du weist daß ich mich immer trösten kann. Ich denke, ich bezahle itzt kein Kostgeld. So gar wenn Kl aus ist, tröste ich mich mit der Einsamkeit, die doch noch etwas anders ist, als selbst nur die Gegenwart eines geliebten Mannes. Heute ist die 5te schrekliche Nacht in unsrer Ehe, daß er nicht bey mir ist. Ich kann dir nicht sagen, wie schrekhaft u wie ängstlich diese Nächte sind. Wenn ich lange nicht schreibe, das ist ein gutes Zeichen, denn ich habe mir auch das zum Trost der Abwesenheit behalten, daß ich dann an euch schreibe. [...] Und also hab ich keinen Brif von der Schl[ebusch] bey dem Mädchen? Wie kannst du, liebe Schmidten, mein Exempel anführen. Was that ich wohl anders als an alle Leute herum schreiben wie glücklich ich war? Und vollends wenn ich eine solche Freundinn gehabt hätte --- Aber die Schl. liebt mich nicht mehr, das ist deutlich, u das muß von Ol[de] herrühren, von ihr kanns nicht. Weder Ol. noch die Scheel[en] haben mich jemals *ganz* gutirt. Bey der Schel. ist es wohl von der so unterschieden Erziehung u Lebensart hergerührt, denn hiervon habe ich etwas bey allen Beyträgerfrauen gemerkt. Und bey Ol. daher, daß er, wie viele, *vermuthet* hat, ich möchte wohl stolz seyn, u daher es auch geglaubt. Denn warum hätte er nöthig eine gewisse Furcht für mich zu haben, als er einmal zu der Hertlen gesagt. Und mein aufrichtiger Brief hat mir auch wohl geschadet. – Was soll ich machen? Die ganze Heiterkeit des Gedankens, daß ich allemal bey meinen Freunden *recht* gehandelt, tröstet mich doch nicht über den Verlust der Schl. *Aber wenn du mich lieb hast; so sag ihr nichts davon,* denn man bringt durch Klagen einen erkalteten Freund eben so wenig zurück als einen erkalteten Liebhaber. M. Kl.

230. Meta an E. Schmidt, 7. 11. 1755

D. 7ten Nov. 1755

Ich muß gleich damit anfangen, dir ein neues Vergnügen zu erzählen, welches die Reihe meiner vielen süssen kleinen, stillen Vergnügen itzt vermehrt. Kl, der sonst immer selbst aufgeschrieben, was er gearbeitet, fängt itzt an mir manchmal so versweise zu dictiren, wie er arbeitet. Das ist mir nun solche Freude! u. je mehr er merkt daß es mir Freude macht, desto mehr thut ers. (Ach ihr wißt nicht, was er ein süsser Mann ist!) Und nun ist Kl. sein erstes Manuscript (das du einmal erben sollst, wenn ich sterbe; denn eher komts nicht aus meinen Händen) immer mit meiner Hand durchschattirt, u. nun krieg ich die schönen Verse noch eher zu sehn! Der 2te Band vom Mess. wird nicht schlechter als der erste, da freut euch nur dazu. Aber Abbad[ona] kommt im 9ten Gesang sehr wieder vor, meine gute Schmidten, du armes Kind! Das Urtheil, das ers nicht thun sollte war gewiß nicht von dir, dazu hast du zu viel Geschmack u auch zu viel Einsicht in ein Heldengedicht, oder nur in eine Geschichte, nur in einen Roman, als daß man eine Person, die man so weit geführt hätte, da nun stehen liesse. Ein ander Vergnügen ist daß ich itz schon wieder spatzieren kann (das könnte ich nicht in der Stadt) Frirts bey euch auch schon? Hier hats die Nacht vom 27ten Oct. zuerst gefroren – [...]

Ich bin recht betrübt geworden, über das, was du mir von Meta ihrer schwachen Brust schreibst. Ach nimm nur diesen meinen Augapfel ja in Acht! Und Meta lernt schon artig französisch. Ach, u das ler[n]t sie nicht von *mir!* – Welch ein Trost wäre es nicht für mich ––– wenn ich nur noch Schwesterkinder hätte. Ich kann der R[ahnen] ihr Kind unmöglich so lieben wie eure, M[eta] nicht einmal dazu gerechnet. Ich kanns nicht helfen! es ist auch ein dummes eigensinniges Gör. Rahns übergeben [es] gleichwohl *ganz* meiner Erziehung. Was du von ihrem Herzen schreibst; ist gleich das, was uns allen anklebt, u was wir, in den Jahren, wo wirs noch nicht überwunden hatten, auch vermutlich werden gezeigt haben. Underdeß müssen keine Fehler des Charakters gelitten werden, nicht einmal des Hümeürs. *Verstellung* aber strafe härter als alles übrige. Wenn ich wüste, daß du sie wirklich recht rühmen u. belohnen, u auch so gar einen Fehler verzeihen wolltest, wenn sie aufrichtig ist; so wollte ich dir rathen, aber auch *nur* in diesem Fall, sie sich selbst mit ihrer Verstellung recht verächtlich zu machen. Wenn du diese Uebel nicht früh ausrottest; so möchte es hernach bey einem Kinde von M. ihren Verstande sehr arg werden. Und dann würde ich sie künftig mehr hassen anstatt zu lieben. So wie mirs mit M. D[impfel] ergangen ist, die ich vorher sehr liebte. – Was du mir von Betty schreibst, gefällt mir recht gut. Nur *degourdire* ja ihre Trägheit; eine Frau kann nicht träge seyn. Glaube nicht daß ich sie u. auch nicht die andern beyden künftigs Jahr negligiren werde. Ich habe deine Kinder viel zu lieb. Da hast du Küsse ([über einen freien Raum geschrieben:] Ich habs hier wirklich geküßt) für alle aber ––– doch –– für M. 2. Grüsse deinen lieben Man u Mama u die Dimpf, der ich *bald* schreiben werde, u grüsse auch die Witten. – Mein engl. ⟨Lex.⟩ ist gut. – Das Gedicht Poes: u Germ: haben wir hier nicht. – Du schienst neulich Lessing nicht zu kennen. Schike ja geschwinde hin und laß seine theatralischen Stücke holen u liß *Miß Sara Sampson,* das übrige brauchst du nicht zu lesen. Hast du auch ein gewisses *Trauerspiel* aus dem englischen übersetzt, *der Spieler,* gelesen? Sonst schicke auch geschwind hiernach. Ich halte dich für eine Heydinn bis du diese beyden Stücke gelesen hast. – Gute Nacht. Ich schlafe wieder Witwe. – Kl. u ich sind böse mit dir, daß du unsre brave Christine so schlecht beschrieben. Wenn heute kein Br[ief] da ist, so ist Nr 24 der letzte.   M. Kl.

Das Gedicht Poes. u. Germ.: Ein 1755 anonym in Berlin erschienenes Streitgedicht, dessen Verfasser J.F.W. Zachariae ist. – *Der Spieler:* The Gamester von Edward Moore. Das Stück wurde bereits 1754 in Hamburg aufgeführt.

231. Meta an C.M. Dimpfel, 21. 11. 1755

Lingb. d. 21ten Nov. 1755.
Liebste Dimpfeln
 Warum hast du denn an deines Mannes letzten Brief nichts geschrieben? Das ist mir immer so süß gewesen! Ich habs zwar auch nicht gethan, aber du must wissen, daß Kl. seine Briefe oft in Kopp. u. in Ber[n]storf schreibt, u. daß ich also nicht kann. – Aber eh ich etwas weiter schreibe; so sage mir erst, wie du dich befindest? Bist du auch noch immer gut? Deine Gesundheit ist noch so jung u. so zart, daß man immer fürchtet! [...] Wir befinden uns hier recht gut. Du kanst dirs gewiß nicht vorstellen, wie viel Vergnügen eine solche Stille, wie die meinige ist, geben kann. Das ist wahr, sie kommen fast alle durch Kl. aber desto süsser sind sie. Was ist doch ein ganzer Winter voll Bälle u Schauspiele gegen Einen Blick, der mir sagt, daß er mich liebt; u gegen das, was er noch gestern sagte: Daß er mich alle Tage lieber hätte, daß ich die beste Frau wäre! (nämlich für ihn) Danket doch Gott immer, daß er unter den vielen Glükseeligkeiten seiner Erde, diese für mich heraus gewählt hat, diese Glükseligkeit der Ehe! Du wirst einen Brief an die Schm[idten] gelesen haben, worin ich schrieb, wie wir uns beschäftigen. Dadurch kannst du dir nun vorstellen wie wir so des Abends zusammen sitzen, wenn Kl. am Mess. oder an der Correctur arbeitet. Schreib mir doch ob dirs werth ist das Porto zu bezahlen, wenn ich dir schicke was izt vom Mess.

gedruckt ist (nämlich 9 Gesänge). Denn da der Winter drüber einfällt u mans zu Wasser nicht mehr wird schicken können, so fürchte ich, daß die völlige Ausgabe sich noch bis Ostern verzieht. Itzt, meine süsse Dimpfeln, habe ich eine Bitte an dich. Die Schm[idten] schreibt, ich möchte ihr etwas von dem Gelde schiken, was sie für mich ausgelegt. Das ist mir itzt unmöglich. Denn weil die Schm. mir neulich schrieb es wäre nicht so notwendig; so habe ich Holz u Heu u Haber für den Winter eingekauft, u habe also nichts über. Wolltest du wohl so gut seyn liebe Dimpfeln, die Hälfte von dem, was die Schm. ausgelegt hat, zu tragen? So wollte ich es euch beyde wieder bezahlen, wenn ich komme. Den unsre Reise nach H[amburg] wird, auch durch alle kleine äusserliche Nebenumstände, täglich gewisser. Gott, was wird das eine Freude für uns alle seyn! Und unsre liebe Mutter! Die Schm. hat mir geschrieben daß ihr Steine abgegangen sind. Ach, an dergleichen denke ich oft, u dann wird mir in der Entfernung so angst! – Fühlt Mama itzt, daß ich glücklich bin? Nun wenn sies auch noch nicht fühlte; so wird sies wenigstens wenn wir nach Hamb. kommen. Denn je älter mein Glück wird desto gewisser wirds auch. --- Liebe Dimpf. ich kriege manchmal so eine Angst, daß Feuer in Schmidts Hause kömmt, u. daß ihre Kinder dann nicht zu retten sind. Sorge doch mit dafür, daß wenigstens nur ein Holzkorb bey der Luke gesetzt, u Luke u Winde in Ordnung sind, daß die Kinder da können herunter gelassen werden. Ich weis daß *du* mich mit dieser Angst nicht auslachst. -- Wilst du wohl Bohn sagen lassen, wenn er unsre Bücher noch nicht weggeschikt; so sollte er *Wielands neue Oden* mit dazu legen. -- [...]

232. Meta an E. Schmidt, 28. 12. 1755

D. 28ten Dec. 1755.
Gestern bekam ich deinen Brief. Ich wollte heute an die Häkeln schreiben, aber itzt gehst du erst wieder vor. Es ist 5 Uhr, du fährst nach Martens. Du bist vielleicht dort vergnügt aber du bist gezwungen. Ich sitze u schreibe an dich, bin nicht gezwungen u vergnügter. Noch nie habe ich ein Fest zugebracht wie dieses. Ich bin hier auf dem Lande geblieben u nicht in die Stadt gefahren um *Vergnügungen zu suchen*, ich bin nicht aus dem Hause gekomen, ausgenommen, daß ich den ersten Feyertag durch einen dicken Koth nach der Kirche wadete, u noch in keinem Feste bin ich so vergnügt gewesen wie in

diesem. Kl. hat zwar zween Tage in der Stadt seyn müssen, aber auch das habe ich theils still ertragen, theils hat Kl es mir durch eine That *seiner* Zärtlichkeit sehr ersetzt. Und diese will ich dir gleich erzählen, weil ich doch am liebsten davon schreibe. Er muß vorgestern in die Stadt um den König den ersten Band deß Mess. zu überreichen. Er sollte eigentlich den 1ten Feyer. Abend reiten, weil er den 2ten des Morgens der Predigten wegen nicht in die Stadt kommen kann. Nun aber, (ich erzähle dir eine ganze Reihe zärtlicher Thaten, da ich dir nur Eine erzählen will) um noch die Nacht bey mir zu bleiben reiset er den 2ten früh um 6 Uhr. Es kommt etwas dazwischen, daß der K[önig] ihn nicht sprechen kann, u bestellt ihn auf heute. Nun räth u. bittet ein jeder ihn in der Stadt zu bleiben, weil es wirklich beständig regnet u. das Pferd bis an den Bauch im Koth geht. Aber nichts! mein Kl. muß zu seiner Frau. Er kömmt gestern Mittag heraus u ist diesen Mittag wieder hinein geritten. Ich kann dir gar nicht beschreiben, wie mir ist, wenn ich Kl. einen Tag entbehrt habe u ihn nun wieder kriege! Ich fliege hinunter, fall ihn um den Hals, u hänge so lange an ihm bis die Empfindung meine schwachen Kräfte erschöpft u ich ganz matt auf meinen Stuhl sinke. Und eben so lebhaft wie ich mich freue, freut mein Einziger sich auch. Wir sind sehr glücklich Schmidten! unsre Ehe ist ein *Himmel!* – Nun will ich dir detailliren, wie ich das Fest zu gebracht, auf daß du dirs auch nicht gar zu einsam vorstellest. Der Lieut. u Rahns sind in der Stadt. Sie, um endlich ihre Brust curiren zu lassen. Ich kann nicht läugnen, daß ich ihrentwegen manchmal das Schlimmste fürchte, Gott verhüte es. – Nun bleibt hier noch August u ein gewisser Major, der diesen Winter hier herausgezogen ist, um bey uns zu seyn. Und dazu ist Basedow von Soroe gekommen, welchen ich itzt erst recht kennen lerne, u der mir sehr gefällt. Mit allen diesen bin ich nun auf dem allerungezwungesten Fuß (du kennst mich). Der Morgen geht mit Ankleiden u. einigen kleinen Geschäften hin, weil ich spät aufstehe u man hier früh ißt. Nach Tische lasse ich mir Predigt aus dem Saurin lesen, welcher mir doch allemal unter allen deutschen, französischen u englischen geistlichen Reden der beste bleibt, den ich kenne. Dann trinken wir Thee, u das ist eine grosse Hauptsache, daß unsre Unterredungen hier, weil wir die Leute zu unsrem Umgang *wählen,* ganz was anders ist, als die hamburgschen Fadessen. Des Abends spielen wir Schach oder Quadrille, nämlich unser hamburgsches, welches ich hier im Hause eingeführt, man spielts sonst nicht in Kopp. Itzt unterdeß daß ich schreibe sitzt B[asedow] neben mir über u liest, u Aug. ist bey dem M[ajor] u spielt auf der Flöte. – [...] Ich freue mich sehr daß du dich auf den Fuß gesetzt niemand meine Briefe zu zeigen. *Fahre ja dort fort,* so bist du sicher, daß [ich] *allzeit ganz* frey schreibe. Stellen kannst du allenfalls vorlesen. ––– Es ist sehr fürchterlich was von Erdbeben an so *vielen Orten* in den Zeitungen steht. Wer weis wenn es euch, wer weis wann es uns trieft! *Wachet* u *betet!* Das will ich auch thun. Gott segne euch alle im neuen Jahr! Dich, meine Mutter! Dich, meine Schmidten u dich meine Meta! Amen!

Erdbeben: am 1. Nov. 1755 war das Erdbeben in Lissabon gewesen, doch auch in Schleswig-Holstein und Hamburg wurden Vibrationen bemerkt.

233. Meta an E. Schmidt, 22.–24. 1. 1756

Koppenhagen d. 22ten Jan 1756
Abends um 10.

Wir sind heute hier herein gekommen, weil wir zur Beichte gewesen u morgen communiciren werden. Wir logiren hier bey dem Kopenhagener Prinshusen, weil wir bey Cr[amers] ihres nahen Wochenbetts, u weil Rahns schon bey ihnen sind, nicht seyn können. Ich bin hier recht vergnügt, so wie du wohl weist, daß ich bey jeder kleinen Veränderung bin. Es ist mir itzt süß gewesen, daß ich diesen Mittag mit meinem Kl. an einem kleinen Tische gegessen; u diesen Abend war mirs sogar süß daß ich allein aß. Ich hatte meine Freude an Christine, die ich von meinem Tisch tracktirte, u die so vornehmes Essen mit grossem Appetit speiste. Itzt ist mirs wieder süß, daß ich an meine Schmidten schreibe, u ich glaube daß ich die Zeit meiner Einsamkeit nicht besser als zwischen meiner Andacht u einem Brief an *meiner Schwester* theilen kann. Aber nicht nur mein heutiger Ernst sondern auch meine natürliche Empfindung will, daß ich mit Verweisen anfange. Warum hast du den Wein an Rahn addressirt? (ich habe seitdem nicht an dich geschrieben) u itzt die Hering wieder. Deine Absicht kann keine andre gewesen seyn, als daß wir, unter Rahns Namen, ein Vorrecht, daß nur er hat, für uns brauchen sollten. Und meynst du, daß Meta Moller das kann? Meynst du, daß sie Ruhe haben würde, wenn sie ein Unrecht (es mag seyn welches es will) mit *Vorsatz* thäte? Was würde ich an einem Tage, wie der heutige anfangen, wo das, was man ohne Vorsatz thut einen schon genung beunruhiget? – Also thue das nicht wieder. Eben so wenig glaube daß ich für eine Predigerstelle Geld nehmen würde. Du magst dich guindiren so viel du willst, du kannst *mir* es doch nicht beweisen daß ichs mit gutem Gewissen thun könnte. Aber ich weis wohl wie das gekommen. Du hast mir es so gerne gegönt (u ich hätte 1000 Mk, vor allem itzt auch sehr gerne gehabt, aber nur mit gutem Gewissen) u daher hast du dich überredet, es gienge an. Aber so gehts eben mit dem Unrecht; erst wollen wirs gerne; daher überreden wir uns es sey erlaubt; u endlich thun wirs. [...] Aber nun sind die Verweise auch zu Ende. Dein letzter Brief kam mir sehr erwünscht. Einen Posttag länger hättest du nicht warten müssen. Ich fing schon an unruhig zu werden. Ich dachte schon Mama du oder Meta wären todt. Daß Meta nichts eigentliches zu meinem Briefe gesagt, daß finde ich sehr natürlich. Das hat sie so frapirt, das ist ihr so neu gewesen. Das ist schon genung, daß sie den Brief oft ansieht, wünscht ihn zu lesen, u schreiben zu können. Ich dachte, sie lernte schon schreiben. Ich habe auch noch etwas andres gedacht, worin ich mich gleichfalls geirrt. Ich habe nämlich, wenn ich an dich gedacht, dich mir *allemal* unter deinen *3* u die meiste Zeit unter deinen *4* Kindern vorgestellt. Und wie ich sehe, ist der arme Johannchen noch, u so gar die nun bald 4jährige Betty auch noch davon ausgeschlossen!!!!!! Wenn ich nach Hamb. komme; so will ich sie schon um mich haben. --- Aber wer eine Sache nicht hat, der schätzt sie auch ganz anders, als wer sie hat. Dies ist vielleicht bey allem in der Welt, nur bey der Besitzung Klopstocks nicht wahr. – Daß Meta nicht mehr dieselbe Meta seyn sollte, das kann ich nicht glauben, wohl aber das Kinder Unart haben; u das ihr Geist dann einmal eine Weile still steht, u dann wieder mit einmal hervorschießt, so wie die jungen Blumen auf Zwiebeln, das glaube ich.

Ich, die ich vielleicht eine zu harte Gerechtigkeit habe meiner Freunde Fehler zu sagen, ich muß auch eben so bereit seyn, ihr Gutes zu erzählen. Man sagt, daß Hohorst seit einiger Zeit bekehrt sey. Gott gebe, daß dies der wahre Ernst seines Herzens, u nicht nur etwa eine leichte Aufwallung oder eine neue Falte seiner Eitelkeit sey! [...]

Kl. läßt deinem Mann sagen, daß er meinen bösen Geist des Spätaufsitzens ja von dir vertreiben möge, so wie er von mir gethan. – Aber, unter uns, wir gehn doch nicht früh zu Bett. Du weist wohl: Frauen List über alle List. -- Da kömmt Kl --- u Cramer auch noch. Es ist halb 12. Gute Nacht!

d. 2⟨4⟩ten Mittags um halb 12
Keine Brife. – Grüsse von Cramers u Rahns. Ich habe nicht mehr Zeit, ich speise wieder bey Cr. Diesen Nachmittag mache ich 6 Visiten u diesen Abend in die Oper. Wir werden wohl auch noch morgen hier bleiben, weil wir zu Gast gebeten, sonst wäre ich gern morgen wieder hinaus gewesen. Grüsse an Alle. M. Klopstock

[An den Kopf der 1. Seite geschrieben:] Kl. sagt die Verweise wären für *unsre Schm[idten] zu hart.*

234. Meta an E. Schmidt, 6. 2. 1756

D. 6ten Febr. 1756.
Das war ein süsser drolligter Brief, dein letzter. Kl. u ich haben recht darüber gelacht. So bist du denn doch wirklich böse mit Kl. daß er nicht täglich ein gewisses am Mess. arbeitet, als wir kleinen Weibchen etwa thun, wenn wir einen Saum nehen oder einen Strumpf striken? Ist es nicht genung daß er seit vorigen Ostern dritthalb Gesänge, ohne die Aenderungen, gearbeitet? Bodmer wäre wohl recht dein Mann! Was würdest du froh seyn wenn du einen Hr. Schwager Bodmer hättest, der dir alle Messe mit einem neuen Heldengedichte aufwartete. Aber im Ernst, sey nur nicht bange, der 2te Theil kommt gewiß in die Ostermesse, Kl ist itzt wieder viel zu fleissig. Ach er arbeitet eine Stelle – doch ich will euch nichts davon sagen, es soll euch alles völlig neu bleiben. Schreibe mir doch welche Stücke u welche Stellen dich hauptsächlich frapirt, wie dir die Delicatesse der Abhandlungen u der Klang der Verse gefallen; das wird mir alles sehr süß seyn. Ich muß dir sagen, daß die Verse itzt *vollkommen* sind, u ich glaube daß Frauenzimmer, wie ihr wenn ihr gleich nicht wissen solltet, was ein Dactilus u ein Trochäus ist, doch natürliches Gefühl genung dazu haben werdet; wenigstens wenn Kl. oder ich sie euch vorlesen.

Ob ich Kl auch als Verfasser des Mess. besonders lieb habe? Ach Schmidten! Von wie vielen Seiten hab ich ihn *besonders* lieb! Aber auch hauptsächlich von dieser! Und welch eine Liebe ist das! wie rein, wie sanft u wie furchtvoll! Es ist mir erstaunlich wichtig daß Kl den Mess. schreibt. Nicht der Ehre, sondern des Nutzens, der Erbauung wegen. Er arbeitet nie daran, daß ich nicht unterdeß bete, daß Gott die Arbeit u die Erbauung segnen möge, u mein Kl, der

Beste! er arbeitet immer mit Thränen in den Augen. – Nun muß ich wieder mit dir schmälen. Aber wenn du nur wüstest wie lieb ich dich habe, wenn ich gleich schmäle. Ich hab dirs ja so ausdrücklich geschrieben, daß ein feines u ein ordinaires Exemplar [des Messias] sollte nach Quedlinb. geschickt werden. Das hast du vergessen zu bestellen, u nun hat Bohn geglaubt das feine wäre für ihn. Laß ers gleich weg schicken, u siehe zu es so gut zu entschuldigen als du kannst. Ihr könnt ja wohl denken wie rar sie seyn müssen, da ihr keine kriegt, ich selbst kriege nicht einmal eins, nur das königliche Haus u die Minister kriegens; u was sie noch rarer macht ist daß der König nicht hat warten wollen bis das Kupfer fertig wäre, sondern Kl hat ihm gleich den ersten Band geben müssen, u also muß er nun noch eins haben. Wens aber in der Welt möglich ist; so soll Bohn noch ein feins haben. Grüsse auch die B[ohnen] recht.

Und nun, was ich schon oft überdacht habe, nemlich wo ich diesen Sommer logiren will. Wenns nicht bey dir ist; so verfehle ich die Hauptabsicht meiner Reise, denn *immer* bey dir u *immer* bey deinen Kindern seyn, das ist sie. Wenn ich nicht bey dir im Hause bin, so ists lange nicht das. Unterdeß glaube ich daß es meine Pflicht ist, es anzunehmen, wenn Papa das Logis anbieten, u --- ja --- dabey mags so bleiben. Bietet ers aber nicht von selbst an, so logire ich bey dir. Ich habe immer gedacht ich wollte, in dem Falle, auf dem Fuß bey dir seyn, wie ich hier bin, u bezahlen, was ich hier bezahle. Papa muß es aber von selbst anbieten; sonst thue ichs nicht. Denn ihr müst denken, daß es ein ganzes Vierteljahr ist, u daß es Kl u mir, die dann nicht wieder weg könnten, sehr unangenehm wäre, wenn er am Ende nicht solche Mine machte, als etwa im Anfang. Du must auch vorher mit mir ausmachen, daß du deine 3 Kinder die Zeit über ordentlich *alle* Tage *ordentlich* bey mir in die Schule gehn lässest, u es nicht rechnest, daß sie den weiten Weg 4 mal des Tags machen müssen. (Denn anders wurde es wohl nicht angehn) Wenn ich bey deinen Kindern keinen Nutzen schaffe -- es ist mir lange nicht genung des Vergnügens wegen nach Hamb. kommen. Und die Kinderzucht ist ja einmal mein grösstes Vergnügen. Ach Schm. wenn du mir eins von deinen 4 Kindern, welches du willst, mitgeben wolltest, mir, die keine *eigne* hat. – Mir kommen die Thränen in die Augen --- Gute Nacht. M. Kl.

235. Meta an E. Schmidt, 18. 2. 1756

d. 18. Febr. 1756.

[...] Unser arme Hohorst ist cassirt, u zu fernern militair Diensten unfähig erklärt. Er soll sein Schiksal mit vieler Gelassenheit [ertragen]. Sein Gegner ist nur auf ½ Jahr auf die Citadelle gesetzt. Unsre einzige Hofnung ist noch, daß er einen Abschied erhält.

Küsse deine Betty. Ich habe vorgestern [sehr] lebhaft an sie gedacht. Zweymal bin ich in meine Kammer gegangen, u habe *ganz besonders* für sie gebetet. Du brauchst mich an keine merkwürdige Tage zu erinnern. Wenn ich nicht ein so gutes Gedächtniß hätte, als ich habe; so würde ich *eure* merkwürdige Tage doch merken. Und nun will ich deine Briefe beantworten.

Nach Tische.

Ich bin sehr gerührt gewesen über die *volle Empfindung*, die du mir übern Messias geschrieben. Ja, das ist Klopstocks Lohn, u. das ist die Hauptursache, warum er ihn schreibt. Deine Critiken will ich nicht alle beantworten, weil das zum schreiben zu weitläuftig ist, aber erinnre mich nur daran, wann ich komme, *dann* ist mirs nicht zu weitläuftig. Kurze, abgebrochene Gleichnisse, Schmidten sind eine grosse Schönheit, aber deswegen bleiben die ausgeführten nicht nach. – *Empfindungen* dürfen oft wiederhohlt [werden], denn wir *empfinden* sie oft *wieder* – Aber hauptsächlich das, daß der Mess: itzt, da er anfängt uns näher anzugehn, da er uns so interessirt, daß da sein ganzer richtiger Name, Jesus Christus, gebraucht, u so oft gebraucht wird, fühlt dein Herz nicht die Feyerlichkeit davon? Unter der Zeit, da der Mess. am Kreuz ist, ist es so natürlich an seine Wunden zu denken, sie zu empfinden u, wie ich gesagt habe, was wir empfinden --- Du hast deine Critiken so süß gemacht, daß ich sie wenigstens so kurz beantworten muß. Und dein „o ließ dies ja ja deinem Mann nicht vor!" Das merke dir Schmidten, wenn du von dergleichen sagst, lies das deinem Mann nicht vor, so sey gewiß, daß ichs gleich laut lese. Denn Kl. *kennt* dich so sehr, *liebt* dich so sehr, u *schätzt* dich so sehr, daß das allemal viel Freude für ihn ist. Kl. läßt dich auf das: *nicht so orientalisch* antworten: Diese Gesänge würden also wohl schlechter seyn? *Ich* antworte aber ernsthaft: Das kommt von der mehrern *Empfindung* u *Geschichte*. [...] Und nun ein wichtiger Punkt. Du bist meine rechte, meine beste Schwester! O wie hoch schätze ich dich, daß du Verweise (u so hart wie ich sie manchmal

gebe) daß du die vertragen kannst! Wer kann das? Du bist die einzige
Person, die ich kenne! Aber meine liebe Schwester, wenn ich etwas
von Beobachtung unserer Pflichten sage, so glaube ich, kannst du es
dreist allemal mildern. Denn ich habe es oft gemerkt, daß mein Eifer
mich zu streng macht. Wir müssen uns keine *Religion* daraus machen
zu *pointilieus* bey Kleinigkeiten zu seyn. Das wird zu leicht zum
Hypochonder. Unser Körper ist so nahe mit unsrer Seele verbunden,
daß er auch sehr leicht einen Einfluß in den Sachen der Religion
bekommen kann. Du hättest dreist den Abend nach dem Abendmaal
ausfahren können. Ich bin diesmal auch aus gewesen. Ich wollte erst
nicht, aber Kl hat mich sanft dazu beredt u ich finde daß er recht hat.
– Ich habe noch viel zu beantworten. [Am Kopfe der 1. Seite:] Aber
ich muß es bis ein ander mal verspaaren.

236. Meta an E. Schmidt, ohne Datum [März 1756]

[...] Höre Schm, du sollst deine Kinder diesen Sommer in keine
Schule thun. Warum willst du nicht das Geld erspahren u mir das
Vergnügen machen? Mit deinem *nicht angehn!* Es *soll* schon angehn!
Und dann logire ich ja noch vielleicht bey dir. Ach Schm; um 8
Wochen! Wir kommen zu Schiffe, das versteht sich. Der König
kommt heraus nach Holstein. – Grüsse Mama von *Kl* u *mir.* D. 22ten
F[ebruar] sagte ich: Heute ist Mamas Geburtstag: Ich erschrack daß
ich Kl. würde gestört haben, denn er saß eben u arbeitete. Aber er,
anstatt böse über mein Stören zu werden, sagte mit einem Gesichte,
ach mit einem Gesichte Schm, das du hättest sehn müssen! Ist ihr
Geburtstag? Wie alt wird sie heute? Und wie ich das beantwortete:
Gott lasse sie noch lange leben, deine brave Mutter, ich habe sie recht
lieb! Und kam zu mir her u küste mich sehr zärtlich. – Der Süsse!
Ach Schm. er war diesen Winter so gesund! Gott sey Dank! [...]

237. Meta an E. Schmidt, 23. 3. 1756

D. 23ten März 1756.
Es hat mich sehr gerührt, was du mir zu meinem Geburtstag
schreibst. Aber, meine beste Schmidten, es war zu viel! Deine Liebe
zu mir hat mich zu sehr erhoben u dich zu sehr heruntergesetzt.
Gottes Liebling! Das ist zu viel für einen Menschen! Das kann ein
Henoch sich kaum zueignen, wie viel weniger eine arme sündlich

Meta. Ich bin gar gar nicht so mit mir zufrieden, wie du es bist (ich muß das itzt bekennen). Daß *wir* Böses lassen, daß *wir* Gutes thun, das ist nicht, was Gott *nur* von uns fodert. Er fodert einen höhern Grad der Heiligkeit nach dem Maaß, das uns gegeben ist; (ich rechne hier zu dem Maaß auch unsre dazu bequemen Umstände, hauptsächlich meine) u von *dieser* Heiligkeit kann ich mir kein Zeugniß geben. Ich bin meinen Geda[n]ken u Empfindungen nicht so *beständig*, nicht auf *die Art* bey Gott, als damals wie ich täglich den Tod erwartete. Und ich sollte es bey der Ruhe, bey *dem* Manne doch noch mehr seyn. Herr habe Geduld! ist was wir am Ende immer sagen müssen. […]

238. Meta an E. Schmidt, 4.–5. 4. 1756

D. 4ten April 1756 um 11 Uhr
An dem Tage, da ich vor 5 Jahren Klopstock zum erstenmal sah.

Ich muß wenigstens an diesem Tage einen Brief an dich anfangen; ich hätte einen ganzen geschrieben, aber die Leute wollten, daß ich mit ihnen spielen sollte (Kl ist beym König) – Ja, heute also sah ich ihn zuerst – den Engel! – Ich will dich an nichts erinnern, du weist es noch alles genung. – O Gott sey Dank, Gott sey Dank für dies Sehen! – Wie sehr fühle ichs jede Stunde, daß Niemand als Kl. mir hätte Mann seyn können. Wie zittre ich manchmal wenn ich denke, daß es doch hätte eine *Möglichkeit* seyn können, einen andern Mann zu kriegen. Aber mein Herz fühlte sich doch immer sehr, wenn es die Leute nicht wollte, die so viel *ander* Vortheilhaftes hatten – Himel! was hätte ich mit einer Creatur anfangen sollen, die ich übersähe! Oder noch schlimmer, mit einer, deren Herz unter meins wäre? Entschuldigen, entschuldigen, die ewige Zuflucht so vieler Frauen, die selbst dadurch schwächer werden. O wie ist mein Kl. so sehr *für* mich! u so sehr *über* mich, als ich haben will, daß es ein Mann seyn soll. Denn eine Frau ist doch am Ende immer nur Frau, sie kann nichts anfangen, u jemehr Vernunft sie hat, destomehr wird sie sich in ihre Schranken halten. Und das süsse, das Sanfte wenn man einen hat, an den man in allem immer noch *appelliren* kann, u dessen Herz zugleich so vortreflich ist, daß man sich ihm von *allen* Seiten *ganz* zeigt. O Schm. wie viel könnte ich davon sagen! – Aber Kl-s Person ausgenommen, wie glüklich sind auch alle seine *Umstände* für mich. Was würde ich mit einem Kaufmann oder einem Gelehrten, der in

Einer Wissenschaft eingeschränkt ist, haben sprechen können? Vom Wetter u Schauspielen? Welch eine Unterredung zwischen *Mann* u *Frau!* Mit Kl kann ich von allem reden worin sich meine kleine Frauenzimmerlichkeiten gewagt haben, u von dem Colorit der Wissenschaften, dem Geschmack, u von dem, was über alles geht, *Empfindungen!* – Und ich könnte beynahe bey ihm eine Bibliotek entbehren, weil er mir beynahe täglich, durch seine Verse am Mess. ein neues Buch schaft. – Aber ich muß *abreissen,* nicht *abbrechen.* Gute Nacht.

D. 5ten

Und heute will ich wieder ein wenig schreiben, ob ich gleich nicht weis wie viel, weil ich Colik u Schnupfen habe. Diesen Mittag (vor 5 Jahren nämlich) stahl sie sich schon sehr in mein Herz, die Schleicherinn, nahm den Schleier der Freundschaft um, u ward von mir so gut aufgenommen, ohne daß ich sie kannte, u wie lange nachher *wollte* ich sie nicht kennen. Hätte ich gewust, daß sie bey mir eine so *gute* u zugleich eine so glückliche Liebe seyn wollte wie fröhlich würde ich sie, auch für das, was sie war, aufgenommen haben. Weist du noch wohl, wie Kl. an meiner linken Seite saß, u so süß aussah, u von der *Friling*sliebe schwatzte. Und wie er hernach mit mir ans Fenster ging u einen Brief von Giseke las, u mit seinem Rüken meine Hand drückte, die von ungefehr hinter ihm lag. Und hernach auf deiner Stube, wie er im Mess. las u noch hernach –– u noch hernach. –– O ich weis noch jedes Wort, jeden Blick. Und ich denke fast, du weist auch noch alles, weil ich dirs so oft erzählt habe. ––– Gleichwohl vergesse ich über Kl. nicht, daß auch heute der D[impfeln] Geburtstag ist. Sie mag sich Glück wünschen daß so viele süsse Sachen an diesem Tage geschehen sind. – [...]

239. Meta an E. Schmidt, 19.–23. 4. 1756

D. 19ten Apr. 1756
Nachmittags um 3 Uhr

Kl. ist eben verreist, was sollte ich also anders thun, als an dich schreiben, du mein *Unterklopstock!* Weist du was ich thun will? Ich will diesen Brief diese 3 Tage über hier immer auf dem Tisch liegen lassen, u immer wenn mirs ankömt, so ein Paar Worte schreiben. Itzt will ich dir nur erzählen wie mirs gegangen ist. Ich wuste, daß Kl. heute nach Friedensburg muste um den König zu sprechen, er beschloß also weil Cr[amer] doch auch hinausfuhr mit ihm zu fahren, u mich mitzunehmen. Wie schön war das nicht! Cr. kömt vorige Woche heraus, ich erzähle ihm mit vieler Freude, daß wir beyde mit ihm fahren wollen, u darauf antwortet er: --- Daß der Rücksitz seiner Chaise zerbrochen wäre, u also nur 2 Personen sitzen könnten. Ich konnte nicht erwehren, daß mir die Thränen in die Augen kamen u Kl. war sehr zärtlich dabey, nun wurde zu allen Leuten herumgeschickt, die nur Chaisen haben, aber keine war zu leihen. Einen besondern Wagen auf *vier Meilen* zu bezahlen, das wollte ich nicht, u also bin ich zu Hause geblieben, u habe noch dazu niemand, als nur allein August zu meiner Gesellschaft. – Adieu, weil das Wetter gut; so will ich itzt einen Spatzirgang von einer halben Meile mit ihm machen.

Um 7 Uhr. Guten Abend, nun bin ich wieder zu Hause gekommen. Da hast du ein Veilchen von meinem Spatzirgang. – Das habe ich erst noch vergessen dir zu erzählen, daß wie Kl. nun weggefahren war, (der Abschied wird uns noch immer sehr sauer) ich geschwinde durch einen Nebenweg lief, so daß ich ohne daß Kl. es vermuthet noch einmal vor die Chaise kam. Kl. konnte mir noch eben im Fahren die Hand geben. –

Um 9 Uhr.

Guten Abend noch einmal. Itzt haben wir beyde gegessen u nun will ich an meinen Schwager, Carl, in der Pforte schreiben. Bin ich nicht ein Affe, daß ich dir erzähle alles was ich thue? Aber ich glaube diese Afferey wird dir nicht unsüß seyn. --

Um halb 12.

Itzt habe ich an meine Brüder Carl u Ernst *mütterlich* geschrieben, u nun gute Nacht! Ich armes Kind! allein!

D. 21ten

Denke einmal, Schmidten, gestern Abend kam er (ich vermuthete ihn erst heute) gestern Abend kam mein Kl. Ach welch eine Freude! Du *kannst* es dir nicht vorstellen, was unser Wiedersehen ist. Wenn ich es nur aushalten könnte! Ich werde immer so matt, so matt. Aber heute, ach heute ist er schon wieder weg. Nun wenn ich erst nach Hamburg komme, so habe ich ihn doch immer. Aber aber Schmidten ich fürchte sehr daß die Reise sich bis in die Mitte des May hinzögert. Es ist [Lücke] Kl. hat also gar nicht Lust, mich eher zu wagen. Ich sonst habe Tapferkeit, wie ein Held. Unterdeß habe ich Kl. nicht ohne die *äusserste* Sorgfalt auf die See wagen wollen (vielen Leuten wird dieses übertrieben vorkommen, daher sags niemand) Wir haben uns nämlich ein jeder einen Schwimmharnisch (wie mans nennt) von Kork machen lassen, mit diesem ist es unmöglich zu *sinken*. Man kann aber doch umkommen wenn man Schifbruch leidet, aber man ist doch für das, was am meisten zu besorgen ist, gesichert. Mache dir aber nur keine Sorge; die Ostsee ist, vor allem in den Sommermonaten, sehr sicher. Schreibe mir nur noch fleissig, u kehre dich nicht an mich, ich mag schreiben oder nicht, meine Abreise sollst du schon erfahren.

Und nun etwas, das ich schon seit einem Jahr bey mir beschlossen, dir aber mit Fleiß nicht eher hab sagen wollen. *Willst du deine Kinder nicht inoculiren lassen,* weil ich da bin? Du kannst des Tags u des Nachts auf meine P[f]lege rechnen, das habe ich Kl. schon gesagt. Was das *Gewissenmachen* anbetrift, das will ich für dich auf mich nehmen. Doch denke ich daß ich dir deine Scrupel alle benehmen kann, wann ich dich spreche. Es muß aber geschehen, ehe es heiß wird, u die Kin [Lücke] [...]

d. 23ten Abends um halb 10.

Gestern hatte ich wieder eine Freude, meine Schmidten. Kl. wollte auf einem schlech[t]en, ofnen Bauerwagen wieder herausfahren. Nun war es ein solches Wetter! Schnee! Regen! Sturm! abscheulich! Ich wurde sehr traurig. Ich schrieb des Mittags ein kleines Billet, Kl. sollte sehen ob er nicht eine andre Gelegenheit finde, oder sollte lieber drinnen bleiben, (so erstaunlich viel mir das auch ist) als sich erkälten. Und nun, wie ich sitze u. mich ängstige, u. denke: entweder er kömt nicht, oder er erkältet sich, unter der Zeit (so machts die Vorsicht oft in wichtigern Dingen) sitzt Kl sehr bedekt u sehr warm in einer Kutsche mit sechs Pferden u. [...]

inoculiren: Der Disput über die Blatternimpfung war gerade in Dänemark sehr lebhaft; die Inokulation war seit 1754 dort eingeführt; Cramer gehörte zu ihren Verfechtern.

240. Meta an E. Schmidt, 27. 4.–3. 5. 1756

d. 27ten Apr. 1756

Brief, wirst du der letzte, der vorletzte, oder der vorvorletzte seyn? Du siehst Schmidten, daß ich schreibe, so lange ich kann, thu du das auch. Vor allem wünsche ich dir Glück zu Johannchens heutigem

Geburtstage. Das liebe Kind! ich erinnre michs noch so sehr, wie er gebohren ward. Gott segne ihn. Ich habe heute für ihn gebetet, das versteht sich, deine Kinder sind ja meine Kinder. Johannchen kenne ich noch wenig, aber ich werde ihn schon mehr kennen. – Von unsrer Reise weis ich noch nichts mehr, wie neulich, aber Kl. ist heut wieder in der Stadt, er wird mir morgen wohl nähere Nachricht bringen, dann will ich dirs schreiben. Ich habe noch nicht angefangen einzupacken, aber ich wills doch übermorgen thun. Der Schiffer möchte mich sonst übern Hals kommen, ehe ichs denke. Nur Schade, daß wir noch immer so abscheulich Wetter haben! [...]

d. 3ten May Abends um 10
Ich bekam deinen Brief schon vor einigen Stunden, wie ich saß u meine Kleider einnehte u sehr ruhig unsre *See*fahrt dabey überdachte. Ich will *dirs* bekennen, daß ich mich ordentlich ein bischen dazu bereite, ungefehr als zu einem Wochenbette. Aber es hat *so wenig* Gefahr. – Heute ist es endlich gut Wetter geworden u nun kann ich auch nicht länger *hier dauren*. Unterdeß weis ich noch nichts gewisses von der Reise. Kl. ist heute wieder in die Stadt, u wird mir hoffe ich ganz gewiß die Gewißheit bringen. Ich schreibe dir aber noch gewiß vor der Reise, u wenn du dann einen Brief kriegst, der *nicht* von meiner Hand ist, so sind wir verreist. Wenn wir lange unterwegs sind, so macht euch nur keine Sorge (unser Gott wird uns schon beschützen, wenns uns zuträglich ist) wir liegen dann an einer Insel, haben nur contrairen Wind u befinden uns wohl. – Ach Schmidten, ich muß dirs doch klagen, heut ist die dritte Nacht, daß ich Kl. nicht habe. Gestern u Vorgestern war er in Fredensb. Diesen Morgen kam er wieder zurück, u diesen Abend wieder in die Stadt. Aber wie hatte er mich auch heute lieb! Es ist erstaunlich Schmidten wie er mich lieb hat! Er der so zurückhaltend ist, der auch seine Liebe vor Leuten zurückhalten kann; wenn er mich in 2 Tagen nicht gesehn hat, wie wenig kann ers dann! Er konnts nicht lassen, mich immer zu küssen, mich zu kneipen: Du süsse Frau, wie hab ich dich lieb! nun hab ich dich wieder! – Mädchen ich bin rasend in dich verliebt. Mich ordentlich geknippen u mich angesehn, ja mich *angesehn*. Ach wie glücklich bin ich – Doch genug hiervon –– Ich war sehr gerührt daß du mir B[etty] u J[ohannchen] mitgeben wolltest, aber wirst dus thun? Zu der Suite können wir nicht gehn, weil kein *Frauenzimmer* drin geht.

241. Meta an ihre Mutter, 8. 5. 1756

[Kopenhagen] Den 8. May 1756.

Liebste, liebste Mutter! Wie könnte ichs lassen, nicht noch zu schreiben, obs gleich so nahe ist, daß ich mich in Ihre mütterliche Arme werfen, und mit der inbrünstigsten Liebe einer Tochter um Ihren Segen flehen werde. – Ich weiß wohl, daß ich ihn habe, liebste Mutter, ich weiß es wohl, ich sehs an meiner zeitlichen Glückseligkeit, daß der Segen meiner Aeltern auf mir ruht, meines lieben, nun schon so lange seligen Vaters, und meiner liebsten, liebsten Mutter, die Gott ihren drey Töchtern, und nunmehr auch drey Söhnen noch lange, lange lassen wird. Ach ja, daß Ihre Meta noch oft kommen, und ihre Hände küssen möge. – Ich kann nichts mehr schreiben, ich bin zu bewegt. – Uebermorgen verreisen wir. Es ist schon alles eingepackt, ich bin völlig reisefertig. Lebendige Enten, lebendige Hühner, ein Kalbsbraten, alles Dringliche ist gekauft, auf daß wir auf dem Schiff zu leben haben. Ist es gut Wetter, so sitzen wir in unserer Chaise auf dem Verdeck, sonst in der Cajüte. Klopstock küßt Mama die Hände. O, wenn wir nur erst bey Ihr wären. –   M. Klopstock

242. Klopstock und Meta an seine Eltern, 11.–14. 5. 1756

Koppenhagener Rhede, den 11ten Mai 1756
Abends, halb neun Uhr.

Geliebteste Eltern!

Wir sind um sechs Uhr an Bord einer Jachd gegangen, die uns, mit Gottes Hülfe, nach Lübeck bringen soll. Cramers und Leisching begleiteten uns an Bord. Wir tranken eine Bouteille Wein mit einander und nahmen, da wir uns nicht mehr erkennen konnten, noch mit den Schnupftüchern von einander Abschied. Rahns sind nicht mit uns gewesen, weil wir Hannchens Brust (die sich, aber langsam bessert) der Seeluft nicht anvertrauen konnten.

Wir liegen noch vor Anker und erwarten den rechten Wind. Vor uns liegen sieben Kriegsschiffe und das Wachtschiff. Eben fängt die Musik auf einer ganz nahe liegenden Fregatte wieder an. Vor einer halben Stunde hingen die mittleren Theile der Masten noch ganz voll Bootsleute, welche die Seegel zurecht machten. Wir haben Mondschein und der Schiffer denkt diese Nacht um zwölf Uhr abzureisen. Vor einer Stunde sahen wir auf die Schwedische und unsere Küsten den Regen niederfallen. Der Schiffer fürchtet einen Gewitterwind und daher sind wir nicht verreist.

[Von Metas Hand:] Den 12ten Morgens um neun Uhr.
Wir liegen noch hier, liebste Eltern! Wir haben sehr eng, aber sehr gut geschlafen. Wir haben gutes Wetter, nur daß es Windstille ist. Es scheint, so lange wir noch hier stille liegen, werde ich mich gut befinden. Ich spaziere viel auf dem Verdecke umher; sonst sitze ich in der Kajütte, stricke, schreibe, lese, als wenn ich zu Hause wäre. Nur haben wir viel zu viel Appetit. –

Könnten wir doch auch zu Schiffe, so zu Ihnen, als jetzt nach Hamburg reisen! –

[Von Klopstocks Hand:] Mittags um zwölf Uhr.
Meine Frau hat Unrecht, wenn sie sagt: wir hätten Windstille; wir haben einen Wind, mit dem wir nicht gehen können. Es ist recht lebhaft um uns. Alle Augenblicke kommen Chaluppen, die von und zu den Kriegsschiffen gehen. –

Abends, drei viertel auf sechs.
Wir sind um vier Uhr mit einem gelinden Nord-Nord-Westwinde von der Rhede gegangen. Gott gebe ferner eine glückliche Reise! ...... Rahn und August kamen noch eben zu uns an Bord, da wir verreisen wollten. Sie konnten kaum eine Viertelstunde bei uns bleiben. Ich mußte über den Bootskerl lachen, der sie zu uns brachte. Er war in Indien gewesen und nannte unsere Reise eine Fahrt in der Gosse. – Wir haben schön Sommerwetter. – Dreizehn Schiffe segeln vor uns, deren zwei dicht am Horizonte sind; drei sind hinter uns. – Gegen acht Uhr wird der Wind vermuthlich stärker werden. Meine Meta befindet sich noch immer gut. Sie will mir indeß doch nicht so recht versprechen, wenn der Wind stärker wird, eine solche Heldin zu bleiben – –

Ich esse alle drei, vier Stunden einmal.

[Von Metas Hand:] drei Viertel auf Sieben.
Ich bin jetzt gleichwohl noch immer eine Heldin. Ach! wenn wir solch Wetter und so gelinden Wind behielten! dann wäre es eine schöne Reise. –

Eben ruft der Schiffer: Nord-Nord-Ostwind, also noch mehr directer Wind, als wir hatten; ist das nicht schön? –

[Von Klopstocks Hand:]

Früh, drei Viertel auf Acht, den 13ten Mai.

Als ich diesen Morgen gegen sieben Uhr die Kajüttenthür aufmachte, war mein erster Anblick die weisse Anhöhe von Mön, sie nennen sie den Kreidenberg. – Dank sei Gott, der uns bisher eine so gute Reise gegeben hat! – Ich bin mit unserm Schiffer sehr wohl zufrieden. Er hat gestern Abend und diesen Morgen mit Andacht Betstunde gehalten. —

Wir haben diese Nacht einmal etwas stärkern Wind und einmal fast Windstille gehabt. Itzt haben wir so guten Wind, daß mich das Schwanken des Schiffs ein wenig am Schreiben verhindert. Ich habe dies langsamer schreiben müssen, als ich gewöhnlich schreibe. — Es ist so schön Wetter! – Ich will ein wenig aufs Verdeck gehn. —

Wir sehn hinter uns noch eine weiße Landkarte von Seeland und weiter herunter die Prästorer Anfurt, die etwas erhöhter ist. – Wir sind erst neun Meilen gefahren. Es wird bis Lübeck 31 gerechnet.

Die Anhöhe von Mön scheint mir jetzt, um acht Uhr, kaum eine Viertelmeile entfernt zu seyn. Der Schiffer aber sagt, daß es noch eine Meile sei.

Nachmittags, um drei Viertel auf Drei.

Wir haben die Spitze von der Mönschen Anhöhe noch nicht überfahren. Wir haben schwachen Wind, und den Strom fast gegen uns. Dies verursacht ein starkes Schwanken des Schiffs, wobei man gar nicht merkt, daß man fortkommt. – Meine Meta ist seit acht Uhr seekrank. Ich habe auch daran gemußt; aber ich hab's kurz gemacht.

Ich komme vom Verdecke herein, wo ich dem Schiffsjungen und dem Schiffshunde mit Vergnügen zugesehn habe. Beide haben viel Aehnlichkeit mit einander. Sie sind beide untergesetzt und stark, beide getreu und aufmerksam gegen ihren Herrn und beide höflich gegen die Mitreisenden. Der Hund kommt nicht in die Kajütte und wenn er auch noch so großen Appetit hat; der Junge kommt allezeit mit der Mütze unter dem Arme. Sie sind nur in zwei Sachen von einander unterschieden. Der Hund bellt, wenn ein Schiff vorbeifährt und der Junge lacht. Ferner: der Hund speist etwas später; doch bei dieser Gelegenheit werden sie einander wieder gleich. Wenn die Schiffer aus dem Kessel, worin sie Alles kochen, gegessen haben, so kömmt der Junge hinten nach und macht rein, und wenn der satt ist, so macht der Hund vollends rein!

Den 14ten Nachmittags, halb 11 Uhr.

Heute früh, drei Viertel auf Acht sahn wir die Spitze von Burg auf Femern. Itzt sind wir gerade gegenüber. Wir segeln beim Winde, und so schön, daß ich von heute früh an auf dem Verdecke gewesen bin. Das Schiff liegt ganz auf der einen Seite; der Wind braust und die Wellen schäumen. Wenn so ein rechter Wind zukömmt, so fliegen wir.

Meine arme Meta hat gestern den ganzen Tag nichts gegessen und heute auch noch nichts. –

Vor uns liegt Holstein und darauf sehen wir nur den Thurm von Neukirchen. –

Es wird mir schwer zu schreiben, wegen der Bewegung des Schiffes.

Mittags, um zwei Uhr.

Dank sei dem Herrn der Wellen und der Winde! – Wir sind nur noch eine Meile von Travemünde. – Der Wind wurde ein Paar Stunden recht ernsthaft. Wir lagen zuweilen mit starken Zuckungen des Windes lange und tief auf der Seite. Die Schiffer ließen sich endlich von mir bereden, oder entschlossen sich selbst, von fünf Seegeln drei herunter zu nehmen. Nun gingen wir zwar etwas langsamer, aber auch besser. – Jetzt haben wir wieder drei Segel.

Ein Viertel auf drei Uhr.

Die Lootsen kommen uns schon entgegen. Bald sehen wir nur ihre Köpfe, bald sie und das ganze Boot; es ist ein Steinref hier; deswegen kommen die Lootsen. –

243. Meta an E. Schmidt, 12.–13. 5. 1756

Kopenhagenerrheede d. 12ten May 1756
Abends um 10 Uhr.

Nun Schmidten, hier sind [wir]. Seit 6 Uhr an Bord, aber wir liegen noch vor Anker. Leisching u Cramers brachten uns an Bord, tranken Wein mit uns, u fuhren wieder weg, wir winkten uns, so lange wir uns sehn konnten mit Schnupftücher. – Ich kann dir nicht sagen, wie vergnügt ich hier bin! Eine Cajüte so klein wie eine Nuß (aber je enger Kl. u ich zusammen sind, je besser ists), ein [Bett] worinn ich leider nur kaum allein liegen kann, u ein ander solches an der andern Seite für Kl. Wir haben so vortreflich Mondschein u der Wind ist so still, daß ich itzt erst vom Verdeck herunter gekommen bin. Ich befinde mich itzt noch ganz wohl. Wir haben in diesen 4 Stunden schon zweymal gegessen. – Gute Nacht, morgen erzäle ich dir mehr, itzt krieche ich in mein Bett.

d. 13ten früh um 11 Uhr.

Wir wohnen noch immer hier auf der Rheede, noch immer Windstille. Ich habe in meinem kleinen Bett recht gut geschlafen, bin aber früh aufgestanden; denn wer [kann] aufm Schif lange schlafen. Ich habe schon nach Koppenh., nach Quedl. geschrieben, gestrikt, auf dem Verdeck spatziert, u meinen Kl. gehabt. (Wie ist es mit Kl. so allenthalben süß!) Ich könnte hier immer wohnen. – Weist du wie unser Schif heisst? Wie könnte ein Schif, worauf Kl. u Meta sind, anders heissen als *die Liebe!* – Es ist doch Schade mit der Windstille, wir haben sonst so schön Wetter! Was unsre Lage sehr angenehm macht, ist daß wir zwischen 8 Kriegsschiffen liegen (ihr wisst doch, daß wir welche ausgerüstet?) Das Seewesen ist doch so schön lebhaft. Die Dänen selbst werden da lebhaft. Nur, welches mich sehr piquirte, [ich] konnte im Gesichte so vieler Bootskerle abfahren u hernach zwischen so viel Schiffen durch, ohne daß einer mich würdigte, Hure [= engl.: hurra!] zu schreien. Du weist mit welchem Feuer unsre brave freye Bootsleute das thun!

Um 3 Uhr.

Die Wahrheit zu sagen, Schmidten, wir ennuyiren uns ein bischen. Denn ob wir gleich Kl. u Meta sind, so kann uns doch hier, da wir so *desoevrirt* sind, die Zeit wohl lang werden. Es ist schlimm das wir keine Bücher mitgenommen. Ich habe aber schon diesen Morgen ein Boot *an die Wall* geschickt, das Bücher bringt, u was uns armen Menschenkindern doch noch notwendiger ist, wir mögen uns Airs geben, wie wir wollen, *Kalbsbraten.* – Ein Theil unsers Zeitvertreibs ist, das Kl. u ich uns einander lesen. Er schreibt nämlich einen solchen Brief an seine Aeltern, als ich an dich. Ich habe schon diesen Morgen gesagt, ich wollte Achtung geben, ob er mich nicht ausschriebe. – Habe ich dir schon gesagt (itzt will ich Kl. ausschreiben) daß wir nahe an ein Kriegsschiff liegen, das 50 Kanonen hat. Du kannst denken, wie lebhaft das ist. Es wird erst aufgetakelt. Gestern hingen, glaube ich hingen 150 Kerle in den Masten. Es ist schreklich viel Lerm u Pracht darauf.

Um 7 Uhr.

Erst unterbrachen mich Rahn u August, welche noch in ein Boot, uns zu besuchen kamen. Sie hatten aber keine Zeit eine Viertelstunde zu bleiben, da änderte sich der Wind, die Anker wurden gehoben, die Segel gespannt, sie musten geschwind in ihr Boot, u wir fuhren um 4 Uhr ab. (Gott sey mit uns!) Wir haben das schönste Wetter, u den directesten gelinden Wind, den man wünschen kann. Wenns so bliebe, was wäre das für eine vortrefliche Reise! Und ich befinde mich so wohl, so wohl!

244. Klopstock und Meta an seine Eltern, 20.-29.6.1756

Hamburg, den 20ten Juni 1756.
Ich will endlich einen Brief an Sie mindestens anfangen; es haben mich viele, oft angenehme Zerstreuungen davon abgehalten. Aber selbst die angenehmen sind oft von der Vorstellung unterbrochen worden, daß ich Sie, die ich so sehr liebe, diesmal nicht sehen kann. – Mein Leben ist ruhig, oft glückselig – allein es ist doch immer *nur diese Welt,* in welcher ich bin. Wie viel fehlt mir nicht jetzt, da ich Sie nicht sehen kann! Doch Dank sei unserm Gott, der Sie, mein sehr geliebter, innig geliebter Vater, vorzüglich deswegen so geliebter Vater, weil Sie Gott fürchten, wieder gesund gemacht hat. *Er* wolle Ihnen Ihre Kräfte völlig wiedergeben! –
–– Ich will fortfahren, Alles, wie es mir einfällt, durcheinander zu schreiben.
Der König [Friedrich V], der von Allen aufrichtig geliebt wird, die ihn sehn, hat, bei seinem Hierseyn, von Neuem erfahren, wie süß es ist, so menschlich zu seyn, als er ist. Er kam nach Hamburg, um die vornehmsten Straßen der Stadt zu besehn. Die Leute drängten sich sosehr zu ihm, daß seine Garde mehrentheils hundert und mehr Schritte von ihm entfernt blieb. Die wenigsten von diesen Leuten waren seine Unterthanen; gleichwohl konnte sein Pferd kaum fort. Er mußte oft völlig stillhalten. Sein Läufer, der sich unter den Hals des Pferdes retirirt hatte, wurde beinahe erstickt. Die Leute faßten das Pferd, faßten zuweilen gar den Steigbügel und die Füße des Königs an; sahen ihn unaufhörlich an, riefen ihm unaufhörlich zu: Vater! König! Vivat! Hurrah! – Komm bald wieder, Vater! – u tausend andre Sachen wurden immer fort gerufen. Der König der alles sah, allen dankte und oft denen verbot, die das Volk abhalten wollten, setzte seinen Hut beinahe nicht auf; obgleich ein starkes Gewitter mit Regen kam.

[Von Metas Hand:] Den 24ten Junius.

Ich bin hier in Hamburg sehr vergnügt und gesund. Weil ich aber bei meinem Mann und meinen Verwandten nicht zusammen seyn kann, so lasse ich doch lieber diese, und reise sehr gern wieder mit meinem lieben Mann: denn Niemand kann mich doch so glücklich machen, als er. --

[Von Klopstocks Hand:] Den 29ten Junius.

-- Sie wollen gern, daß ich an Gleim schreiben soll; ich sehe nicht ein, warum er nicht an mich schreibt. Grüssen Sie ihn von mir. Das Epigramm, das er auf den König von Preußen hat in Kupfer stechen lassen, würde mir noch mehr gefallen, wenn die beiden unbeschriebenen Bücher, die beym Antimachiavell stehen, gar nicht da wären; dann würde es noch mehr sagen.

-- Wenn Giseke Lust hat, sich mit meiner Frau auszusöhnen, so steht ihm jetzt noch der Weg dazu offen; wenn aber noch einige Zeit vorüber seyn wird, so werden zwei Briefe nicht ausrichten können, was jetzt noch Einer thun kann.

Ich küsse alle meine lieben Geschwister und bin etc.

245. Meta an Klopstock, [Mitte Juli 1756]

Aus einer Tagebuchnotiz Klopstocks vom 15. Juli ersehen wir, daß er in Hamburg Lillos Barnwell in einer Aufführung der Schönemannschen Truppe gesehen hat. - Bei *u ich* des Schlusses hat sicher ein Erwachsener der kleinen Meta Schmidt die Hand geführt.

Du bist mein Einziger einziger Mann! Wie ich dich liebe! Das freut mich aber, daß ich dich im ersten Billet eben so lieb hatte als in diesem. Das wuste ich wohl, daß *du* Engel keine Schuld hattest. Nach der Comödie hatte ich nicht grosse Lust, weil mir von der ersten Empfindung noch etwas Kopfschmerzen nachgeblieben sind, wenn du aber willst, so will ich doch mit. Mit ausfahren will ich nicht. Du bist denn doch um 5 zu Hause? -- Laß Alb[erti] doch merken, daß du mich lieb hast. -- Du bist mein Einziger. Ich mache mich also zur Comödie zu recht. Deine Meta u ich!

Meta an Klopstock

246. Klopstock an seine Eltern, 4.9.1756

Kopenhagen, den 4ten September 1756.
Ich habe Ihnen, geliebteste Eltern, die Zeit meiner Abreise von Hamburg deshalb nicht gemeldet, weil ich Ihnen die Unruhe, uns auf der See zu wissen, ersparen, und Ihnen lieber unsre Ankunft schreiben wollte. Wir reisten am Montag in aller Frühe von Hamburg und hatten zwar das schönste Wetter, das man haben kann, wurden aber auf dem Wege nach Lübeck, welcher, wie ich glaube, der schlechteste im ganzen heiligen Römischen Reiche ist, sehr gerüttelt und gestoßen, und verloren auch dadurch einige sehr sorglich eingepackte Bouteillen guten Wein. – Wir kamen gegen Abend in Lübeck an. Unser Korrespondent hatte schon einen Wagen nach Travemünde bestellt. Wir packten um und reisten sogleich weiter. – Es war schon dunkel, und wir hatten den dummesten Bauer zum Fuhrmann, der einen ehrlichen Mann fahren kann. – Nach einer halben Stunde hatten wir uns in einem Walde verirrt. Wir hörten in der Nähe Hunde bellen und schickten den Bauer mit seinem Sattelpferde dahin. Er brachte uns eine Frau zurück, die uns sagte: daß wir auf dem rechten Wege wären; und wir waren's auch, und nur zwei Kanonenschüsse vor der Trave. Wir freuten uns im Anfange sehr, daß die Fuhrleute auf unser Rufen sogleich antworteten; allein wir merkten bald, daß es ein sehr schönes Echo war. Nachdem sich mein Diener und der Fuhrmann wechselweise müde gerufen hatten, so entschloß ich mich, den Bauer mit einem Pferde wieder auszuschicken, irgend wo am Wasser ein Fischerhaus zu suchen. Ich hatte wegen seiner Dummheit fast keine Hoffnung, daß er einen Fischer finden würde. Allein, nach zwei Stunden, brachte er doch einen, der fuhr hinüber, weckte die Fährleute, und wir kamen hinüber. Wir gelangten endlich um drei Uhr, (das war die Zeit, die der Schiffer zu seiner Abreise festgesetzt hatte) endlich in Travemünde an. Ich holte den Schiffer aus seiner Kajüte; wir luden ins Schiff und um halb fünf Uhr fuhren wir mit gutem und starken Winde ab. Meine Meta wurde daher gleich krank.

Ich hätte Ihnen dieses Mal wieder ein kleines Journal von unsrer Reise geschrieben; allein wir hatten die Kajüte nicht für uns allein bekommen können, und ein gar nicht großer Tisch gehörte sieben Personen zu. Gegen zwölf Uhr zog sich östlich (wir hatten Nordwestwind) ein Gewitter auf. Ich zeigte es dem Schiffer an, der es schon bemerkt hatte. Er wartete noch einige Minuten; dann ließ er die Seegel einziehen. Dies geschah zwar schnell genug; aber doch nicht so schnell, daß sie schon völlig eingezogen gewesen wären, als der Sturm kam. Ich erschrak zwar anfangs ein wenig, faßte mich aber bald. Nachdem ich mit meiner Meta ein Paar Minuten gesprochen hatte, so ging ich wieder aufs Verdeck und hielt mich oben am Steuer an einem Besansthau; denn es war nicht möglich, zu stehn, ohne sich zu halten. Die See sah schön und schrecklich aus. Die Wellen gingen viel höher, schäumten viel mehr, und schlugen viel stärker an das Schiff, als vorher. Um nicht zu treiben, hatten wir noch zwei Segel behalten, das am Besan und ein kleines Vordersegel. Wir segelten also; aber wir durchschnitten die Wellen nicht mehr genug. Das Schiff schwankte also auf und nieder, bald auf die linke, bald auf die rechte Seite. Land sahen wir wohl, aber der Wind kam vom Lande. Gott gab mir die Gnade, daß mir einigemal Freudenthränen über seine Allmacht in die Augen kamen. Und ich fand eine besondre Ruhe und eine recht süße Freude darin, vor mich die Worte: „Herr des Meeres und der Winde!" erst zu singen, dann ziemlich laut zu beten. Ich fand nun einmal eine besondre Freude in diesen Worten und ich wiederholte sie oft. Indeß dauerte der Sturm fort, ohne jedoch merklich heftiger zu werden.

Der Schiffer steuerte, so viel er konnte, nach dem Lande; ich weiß nicht, ob er Anker werfen, oder nur näher ans Land kommen wollte; denn hier gehen die Wellen nicht so hoch. Nach ohngefähr drei Viertelstunden gab Gott, daß sich der Sturm legte. Die Zuckungen des Windes hörten zwar noch nicht völlig auf; aber sie wurden merklich schwächer. Weil wir immer fortsegelten und uns unsre Richtung ohne dies näher an die Inseln brachte, der Wind überdies nach und nach seine Zuckungen verlor, so segelten wir nun geschwind, und auf die angenehmste Weise von der Welt. Denn weil wir näher am Lande waren (etwa eine Meile davon) so waren die Wellen kleiner, und wir schnitten die See, fast ohne Auf- und Niederbeugung des Schiffs, gerade durch. Weil das Schiff so zu sagen fest lag, so schäumten und brausten die Wellen mehr auf der Seite, wo es am tiefsten war, ordentlich wie ein Wehr. Wenn ich die Augen zumachte, so war es mir, als wenn ich in einer Schaukel, die sich kaum bewegte, an einem Wehr säße. Auf der anderen Seite spritzten die Wellen oft auf das Schiff.

Als ich des Nachmittags einmal, voller Dank und Freude, dicht beim Steuer saß, wurde ich durch einen Wurf des Wassers mit einem

Male so naß, daß ich mich hätte ausziehn mögen. Theils, um nicht wieder naß zu werden, theils um mich noch mehr umzusehen, stieg ich über's Verdeck und setzte mich unter das Besansegel; allein auch dort blieb ich nicht ganz unverschont.

Gegen Abend, warfen wir an der Spitze von Falster, oder am grünen Sunde, wie es die Schiffer nennen, unter dem Schutze einer kleinen Anhöhe, die mit Wald bedeckt war, Anker. Wir lagen da, wegen konträren Windes, bis den andern Mittag. Wir lichteten dann die Anker und fuhren etwa eine Viertelmeile. Allein, da wurde der Wind wieder so konträr, daß wir umkehren und an der vorigen Stelle wieder ankern mußten. Des Nachmittags wurden Wind und Luft gelinder und wir segelten wieder. Es wurde so angenehm warm, daß alle aufs Verdeck kamen. Wir segelten etwas langsamer und hatten die Anhöhe von Mön, oder den Kreidenberg lange vor uns. Diese Anhöhe ist zum Malen schön; sie ist größtentheils mit Waldungen bedeckt. Ehe man die Seite, wo sich die Kreide-Erde am meisten zeigt, ganz zu sehn bekommt, so sieht es an der äußersten Spitze aus, als wenn ein schmaler weißer Strich von einem Walde gerade herunter in die See ginge. Des Abends um zehn Uhr ankerten wir an einer Anhöhe von Seeland, die nicht weit unter Anmack liegt; nicht wegen widrigen Windes, sondern weil unter Anmack Tonnen ausliegen, die man muß sehen können, wenn man dort segeln will. Des Nachts um zwei Uhr reisten wir von dort ab. Nicht weit von Anmack begegnete uns ein großes Englisches Schiff mit allen Segeln, die man beisetzen kann. Wir grüßten einander durch lautes Zurufen. Nach ein Paar Stunden fuhren wir einem Dänischen Kriegsschiffe, das von Marocco zurückgekommen war und vor Anker lag, vorbei. Wir wurden von Matrosen und Soldaten, davon das ganze Verdeck wimmelte, mit ihrer größten Ehrenbezeugung, die auch eine Prinzessin von ihnen anhören muß, begrüßt. Sie besteht darin, daß sie zehnmal Hurrah rufen. Wir kamen um zehn Uhr glücklich ans Land und sind nun bei Hannchen und ihrem Manne. Auf den Dienstag werden wir nach Lingbin reisen und so lange dort bleiben, als Bernstorff auf dem Lande ist. –

Meta schläft noch aus; ich aber bin schon um 7 Uhr aufgewesen, weil ich auf dem Schiffe, wiewohl auf der Bank und in Stiefeln sehr gut geschlafen und des Tags sechsmal gegessen habe.

Wir grüßen Sie alle herzlich. –

247. Meta an C. M. Dimpfel, 6. 9. 1756

Koppenh d 6 Dec [für September] 1756

Liebste Dimpfeln

Ich bin noch hier weil wir unsre Sachen noch nicht von der Zollbude haben, Ich gehe in lauter geliehnem Zeuge von der Rahn; ein Glück daß meine Dickigkeit hinein geht. Eben kriegte ich deinen u der Sch[midten] Brief wie ich schon anfing ein wenig traurig zu werden, daß der Briefträger so lange blieb (den Briefe vermutete ich gewiß). Ich riß sie her, ich legte sie hin: „Von der Schmidten, u der Dimpfeln! Welchen brech ich zuerst auf?" sie wieder hergekriegt, sie wieder hingelegt --- es ging mir (um kein ernsthafter Gleichnis zu gebrauchen) wie einer Pariser Dame, die ihren Hund u ihre Katze vor sich sitzen hat u nicht weis, wen sie zuerst das Halsband umbinden will. Endlich erbrach ich der Schmidten ihren zuerst, sah zuerst in deinen; u las zuerst deines Mannes seinen. Wie lieb ich euch meine Schwestern. Es war gut daß die ⟨Mi..⟩ anfing zu tändeln, den sonst hätten eure *ersten* Briefe mich zu sehr gerührt. – Den Mond *kann* ich gar nicht sehen ohne an euch zu denken. Ich freue mich daß der Abschied keine traurige Wirkung auf deine Gesundheit gehabt. Wie freue ich mich daß Gott mir die Gnade gab so standhaft zu bleiben wie ich mir vorgenommen, da ich höre daß dieses euch den Abschied erleichtert. Eine Reisebeschreibung solt ihr noch haben aber *wann* weis ich noch nicht. Freyt: werde ich wohl nicht schreiben. Ueberhaubt müßt ihr nicht unruhig seyn, wann ich nicht schreibe. Grüße deinen Mann *vielmal* u danck ihm nochmals in unserm Namen, daß er so freundschaftlich gegen uns gewesen ist. Küsse deine Kinder, ich habe sie recht lieb. Ich habe ihre Thränen beym Abschiede wohl gesehen, u auch wie Hänsgen sie geschwinde abwischte, u mit einer männlichen Mine zur Thür herausging. Adieu Dimpfeln.

248. Meta an E. Schmidt, [September 1756]

... Und nun Schmid[ten]. Ich freue mich sehr daß du noch so ziemlich gelassen bist, wies scheint. Es hat mich sehr gefreut daß du hast beten *können*. Ja, wenn mein Gebet was vermöchte, so hätte ich dir das erbeten, u ach so erbäte ich dir Ruhe. – Ach Sch: könte ich dir die Ruhe die Entzückung beschreiben, die ich unter der Zeit des Sturms empfand! Ich kans nicht, es war ein Vorgeschmack des Him-

mels! – O, ohne *Erlöser* hätte ich das nie empfunden! – Klopstock u
ich hatten uns nichts hievon erzählt. Wie gerührt ward ich, wie ich in
seinem Briefe an seinen Vater laß, daß wir zu der gleichen Zeit dieselben Empfindungen gehabt. – Meine Standhaftigkeit beym Abschiede
erhielt sich. Die Thränen wolten manchmal kommen, aber ich konte
sie doch zurück halten. Nachdem ich sie aber auf dem ganzen Wege
wo mich niemand sah zurückgehalten, so hätte ich nun bald in Lübeck auf öffentlichen Marckte anzuweinen gefangen. Der Gedanke
daß die Stadt worin ich fuhr nicht Hamburg, diese Thore nicht Hamburgs Thore, diese Gassen nicht Hamburgs Gassen, diese Häuser
nicht die Häuser meiner Verwandten u Freunde waren den Gedanken konte ich nicht aushalten. ––

Was du mir von deinen Kindern schreibst ist alles sehr süß, schreib
mir ja immer viel von ihnen. Meta ist immer meine Meta. Der Streich
mit den hersehen, u mit den rufen: Matante! Mama will mir hier
nicht genung zu essen geben, war recht ihr Streich. Daß die 4 Kinder
in unserm Bette, die Mädchen alle auf meiner Stelle u Hänschen auf
Kls Stelle liegen wolten, war auch sehr süß. –– [...]

249. Meta an ihre Schwestern, etwa 13.9.1756

Lingb. d. 14ten (glaube ich) es ist Sonnt.
Um 10 Uhr. 1756 (dies weis ich gewiß)
Meine liebe Schmidten u meine liebe Dimpfeln

Denn itzt, da ich euch beyde gleich lieb habe, schreibe ich *allemal*
an euch beyde. – Eben komme ich vom Monde her. – Ich werde
durch das viele Ansehn noch eine grosse Mondverständigerinn werden, denn ich merke schon wie er täglich abnimmt. Daß man das
täglich merken könnte, wuste ich sonst nicht so recht. – Ja, ich sollte
euch wohl itzt meine Reisebeschreibung geben, aber ich kanns noch
nicht so gleich thun, denn ich habe schon wieder etwas das mich
mehr interessirt. Und das ist ––– ja für Menschengesichter wären es
–– Kleinigkeiten, aber Leute, die zur Zufriedenheit geneigt sind, wie
leicht interessirt die nicht etwas! Es ist meine kleine Wirthschaft, die
ich wieder selbst führe. Du kannst dir ([darüber geschrieben:] *Ihr
könnt euch* (soll dies heissen)) nicht vorstellen, wie vergnügt ich die
Treppe hinunter in die Küche gehe! (mein Gesinde ist noch völlig so,
wies in den ersten Wochen pflegt zu seyn. O wenn das Gesinde
wollte, wie sehr kann es einem nicht das Leben erleichtern!) Nichts

ist süsser als wenn ich mit meinem Kl. so nah nah zusamen auf dem Canapee an unserm kleinen Tische sitze. Kl. ist so vergnügt, mit dem, was seine Meta ihm angeordnet hat, das Essen schmeckt ihm so vortreflich! u es ist doch nur so simple, u ich – ja wie ich für Liebe, Freude, Zufriedenheit u Dankbarkeit glühe, das läßt sich nicht beschreiben. Das tägliche Tischgebet, das leider die meiste Zeit mit so viel Gleichgültigkeit gethan wird, ach, mit Thränen in den Augen habe ichs diese Tage schon oft gethan! – O wie leicht ists, mit Kl. zufrieden zu seyn! In Hamburg war nichts besser als Hamburg. In Lingbye ist nichts besser als Lingbye, u in Koppenhagen wird nichts besser als Koppenhagen seyn. – Ich bin ein rechter Narr mit meinem Interessiren. Den Abend, wie ich hier ankam interessirte mich alles. Bis auf meinen Leuchter u meine Kaffekanne hatten Reitze für mich. – Mann erkennt das gute einer Sache nicht besser, als bis man sie entbehrt hat. Dies ist eine grosse Wahrheit. Kl. ist diesen Abend in Bernstorf. Ich war diesen Winter gewohnt, daß er die Nacht in der Stadt bliebe; nun ward mir heute schon manchmal das Herz so schwer, u wann ich mich recht recht bedachte, so fand ich: *er kommt ja wieder*. Es ist itzt schon eine rechte Glückseeligkeit für mich, daß er *wieder*kömmt. Ach Kl ist *so* süß, *so* zärtlich, so –– wie ihr ihn gesehn habt, so – wie er immer ist. Ich möchte euch wohl einige Traits erzählen .. aber es sind so viel ich kann nicht drunter wählen. ––– [...] Nun, seyd ihr nun zufrieden daß ich euch wieder so Briefe herschwatze? (nach Meta ihrem Ausdruck) Es sind wunderliche Dinger, meine Briefe, u ich mache sie manchmal aus einer närrischen Ursache noch wunderlicher. Ich denke nämlich, es könnte wohl einmal ein Enkel unsrer Enkel, der meine Briefe fände, (ich bin schon manchmal damit gedroht worden) sichs einfallen lassen, sie zu drukken, bloß, weil seine Fr: Grostante, (denn ach! Gros*mutter* wird wohl niemals einer sagen!) Klopstocks Frau gewesen. Wenn sie denn doch auch *gar* zu natürlich sind; so wird der Schurke das Drucken doch wohl bleiben lassen. Ich habe heute in der Sevigni gelesen. Ich habe vielleicht sonst nichts Aehnliches mit ihr, als daß ich meine Schwestern so *unnatürlich* liebe als sie ihre Tochter. Die süsse Frau! Sie hat wohl daher nur so schön geschrieben, weil sie den lächerlichen Einfall des Druckens nie gehabt hat. – [...] Da komme ich nun schon wieder nicht zur Reisebeschreibung. Nun auf einandermal ––– oder auch gar nicht. Ihr wißt doch schon genug davon. – Grüsse an Mama.   MKl.

[An den Kopf der 1. Seite geschrieben:] Ich habe Freit: für dich gebetet, meine Schmidten wie eine Sünderinn für die andre beten kann!

250. Meta an ihre Schwestern, 14.–18.9.1756

Nehmt dies wunder Papier nicht übel; ich habe hier aussen keins.	Mitwoch d. 14ten Sept (glaube ich heute erst, denn ich habe keinen Calender. Nachmittags um 4 Uhr. 1756

Kl. ist nicht zu Hause. Ich habe allein gespeist. Ich wollte nähen, aber ich mag nicht; wenn Kl. nicht zu Hause ist, ist alles so fade. Ich habe andre Briefe zu schreiben, aber ich kann es nicht eher thun, bis ich wenigstens euch erst erzählt habe, daß ich es thun will. – Und du willst mich um einer halben Stunde Sturm nicht besuchen Dimpfeln? Ihr Kleinmüthigen! Und ich, die diesen Sturm ausgestanden, ich, von der es gewiß ist, daß ich immer seekrank bin, ich will doch um 2 Jahr wieder zu euch kommen.

D. 18ten Es sind gute u schlimme Tage gewesen, seitdem ich bey euch war. Die guten, das sind die, wenn Kl. zu Hause ist, brauche ich euch nicht, (gestern war ein sehr guter) aber an den schlimmen laufe ich zu euch als zu einem Dache, wanns regnet (wenn nicht regnet bleibt man an der Sonne.) Wie sehr, ihr süssen Kinder würde ich im Ernste zu euch kommen, wenn ihr hier in Lingb. wohntet! Doch die Freude des Zusammenwohnens ist uns noch nicht gegeben. Wie sehr wir aber entschlossen sind um 2 Jahr wieder zu euch zu kommen, daß könntet ihr dann wissen, wenn ihr hörtet, wie wir täglich davon sprechen. Gestern sagte mein Kl. noch: wir können um 2 Jahr wohl *früher* reisen als im May. Und das können wir wirklich auch, wenn der Winter nur nicht gar zu lange dauert. Aber zurückreisen müssen wir wohl nicht später. Davon werdet ihr überzeugt seyn, wenn ihr diese Woche solch Wetter gehabt habt als wir hier. – Adieu, nun will ich Thee trinken. […] Um 11 Uhr. Es ist heut Abend aus einem guten Abend, wie ich ihn hoffte, ein schlimmer geworden. Kl. ist noch nicht zu Hause. Ich war erst sehr melancholisch. Ich wollte vor Tisch [Schluß fehlt]

251. Meta an ihre Schwestern, 8.–11. 10. 1756

D. 8ten Oct. 1756
Abends um 8 Uhr

Da haben wirs mit dem October, die Post kömmt immer erst Sonabends. Ich werde ihm böse seyn, dem Monat u seinen Nachfolgern noch mehr. Meines Zornes ungeachtet, weis ich doch, daß der 12 ein süsser Tag für die Häckeln ist. Ich habe ihn, weil ich ihn Dienstag nicht feyern kann, gestern gefeyert. Rahns, Cramers, Leisching etc. waren bey uns. Ich *traktirte* –– ja wohl traktirte ich, u noch dazu, nach meinem Geschmak so schön man kann, mit *Hamburgschen* Sachen. Hamburgscher Punsch, Hamburgsche Melonen, Hamburgsche Pfirsiche, Hamburgsche Aepfeln, u o! so viel Hamburgsche Gedanken u Gespräche! Ihr seht hieraus, daß ich eure Geschenke bekommen, welches ich eigentlich mit einem grossen Danke hätte zu erst sagen sollen, doch das versteht sich. Es war alles noch ziemlich gut, eine Melone u 2 Pfirsiche sehr schön u alle Aepfel. Auf der Zollbude hats nur 4 ß gekostet (ich weis ihr wollt alle Kleinigkeiten wissen.) Aber ihr Affen! ihr Affen! was habt ihr alle für Sachen mit zurückgeschickt! Welch ein Gewissen! O wenn viele Leute doch euer Gewissen im grossen hätten! Kl. sagt, er habe auch eine Prise Tobak auf deiner Stube vergessen, ob du sie nicht auf ein andermal mit zurückschicken wolltest. Die Mägdeermel, welche du Stiefelmanchetten getauft, gehören meiner Dorthe nicht. Frage den deinigen, wem sie gehören, aber machs klug wie ich, frage welch ein Name darauf steht; denn sonst würden sie, wie Dorthe, sagen es gehört ihnen, u können hernach nicht bestehn. – Rahns sind noch bey uns, ich bin recht vergnügt [mit] ihnen, ich habe sie recht lieb, um desto mehr weil ich die Cr[amern] nicht lieb habe. Wegen lieb haben, niemals habe ich die Bernstorf so lieb gehabt, als seit einem zwostündigen Besuch, den ich ihr Mitwoch machte. Recht so für Hamburg eingenommen, wie ich! gleicher Enthusiasmus! Gleiches Gefühl des Gegensatzes! Nicht allemal gesagt, manchmal mit einem Wort, ofterer mit einer Mine, u. diese unsre schwesterlichen Empfindungen noch mehr durch den Affen Kl. erhöht, welcher, pour animer la conversation, das Gegentheil sprach. Was meynt ihr, wenn Hamb: solche Dames zu Beschützern hat, wie wir, würds dann nicht gut fahren. – Ich sollte euch meinen itzigen Tag beschreiben? Wohl, ich wills thun. Wenn ich aufwache, so strecke ich meine Hand aus u denke: Da wache ich *bey Kl* auf. Wenn ich aufstehe, so denke ich: da stehe ich *mit Kl* auf. Wenn ich mich zu Tische setze; so setze ich mich *mit Kl* zu Tische. Wenn ich arbeite so arbeite ich *bey Kl* Wenn ich zu Bett gehe; so gehe ich *mit Kl* zu Bette. Wenn ich träume; so träume ich *von Kl.* Da ist mein Tag, meine Zeit, mein Leben.

Um halb 11.

Guten Abend, ich komme eben vom Tisch u vom Mond. Süsse Schmidten, süsse Dimpfeln habe ich gedacht, sind auch 3 solche Schwestern im Monde? -- Einen Augenblick gewartet, Dorthe kommt, Rechnung zu machen, es ist ihre Stunde, ich darfs nicht aufschieben, ihr wißt meine Ordnung.

D. 11ten.

O meine armen lieben Schwestern, was kriege ich für eine Nachricht! Halb Hamburg ist weggeschwommen! Damit kommt mir der Bote entgegen, der in die Stadt gewesen war, mir eure Briefe zu holen, u dem ich so verlangend (ich hatte vorigen Posttag keine gehabt) u so fröhlich entgegen gieng. Ach Gott! ach Gott! was macht ihr? Werde ich Freytag Briefe kriegen? Wie grausam u wie lang werden diese Tage seyn! Ihr seyd doch nicht verloren? Meine Schwestern wären weggeschwommen? meine Mutter? Eure Kinder? Nein mein Gott, nein, das ist nicht möglich! - Es ist vergebens, ich mag so viel sagen, als ich will: Eure grossen starken Häuser widerstehn gewiß der Flut, es beklemmt mich gleich wieder, u schallt in meine Ohren: *Halb Hamburg ist weggeschwommen!* - O mein Gott! - Ich habe schon viel geweint u viel gebetet, das ist alles, was ich kann. Und dazu kommt noch, daß Kl. nicht von Bernstorf zurückgekommen ist. *Er* würde mich vielleicht trösten, *er* würde mich vielleicht bereden können, solche Nachrichten würden in der Ferne grösser gemacht. Nein, nein, das muß eine unerhörte Flut seyn, wofür keine Post ankommen kann. - O wie sehr fehlt mir itzt eine Freundinn! Eben auch vor ein paar Stunden ist die R[ahnen] in die Stadt gefahren. - Grausame Entfernung! Quälende Ungewißheit! - Ich dachte diesen Brief viel anders zu schliessen, wie ich neulich unterbrochen ward. O Nichtigkeit der Menschen! - Ich kann den Gedanken nicht denken --- Ihr seyd gewiß gerettet, ihr seyd alle gerett[et]! - Ich *kann* nicht mehr schreiben, ich bin in einer solchen Bewegung! Ich will wieder beten u weinen, das ist alles, was ich kann. - Und nun muß ich noch 5 Stunden warten bis Kl diese beklemmende Bewegung vieleicht *etwas* sanfter macht. – Gott sey mit euch! Gott sey mit euch allen!

der 12 ein süsser Tag: Catharina Constantia Elisabeth Häckel heiratete am 12. Oktober Johann Bernhard Mumssen. – *Halb Hamburg ist weggeschwommen:* am 7. Oktober und den folgenden Tagen wurde das Gebiet an der Niederelbe von einer großen Sturmflut heimgesucht. Noch im folgenden Brief nimmt Meta darauf Bezug, nämlich wie die Schiffe aus dem Hafen auf das Vorland an der Norderelbe getrieben waren.

252. Meta an ihre Schwestern, 14.–15.10.1756

D. 14ten Oct. 1756

Gott sey Dank! ihr seyd ausser aller Gefahr. Dienstag Nachmittag kriegte ich euern Brief. Aber Montag Abend, wie Kl. zu Hause kam, ward ich schon ruhig. Wie ich sagte, *er* konnte mirs begreiflich machen, daß keine Gefahr für euer Leben wäre. Ich hätte mir dieses selbst sagen können, aber wenn man liebt – – Könntet ihr mirs vergeben, wenn zu einer Zeit, wo es auf Kl. oder euch ankommt, mein Verstand mehr wirkte als mein Herz? Donnerstag Abend also wars, Donnerstag, wie wir so vergnügt an euch dachten! O Unwissenheit der Entfernung! Wie ich vergnügt war, da littet ihr, u wie ich sorgte, da wart ihr schon wieder vergnügt. – – Aber man muß den Gedanken nicht nachhangen, man würde sonst immer sorgen. In meinen Stunden der Einsamkeit bereite ich mich auf alles; auf Hamburgs Unglück, auf euern Tod, auf Klopstocks Tod sogar. Aber wie wenig hilft die Bereitung (*etwas* hilft sie allemal) wenn die Sache da ist! Schreibt mir doch noch genauere Nachrichten, wie dirs, Schm[idten], dir, D[impfeln], wies Mama ergangen. Die 20 Schiffe auf dem Grasbrok kann ich mir nicht vorstellen. Mir fehlt eine vollständige Vorstellung von dem Hafen u dem Lauf der Elbe. Es ist also wohl sehr viel an Gütern geschehen. Aber, vergebt mirs, daß ich diesen Schaden nicht so sehr fühle, weil ich für euer *Leben* besorgt war. Ich hätte Montag Abend gerne *alle* eure Güter gegeben. Wie ich schon wieder ruhig war, da fiel mirs erst ein, daß wenn Hamburg verloren wäre, so wärs mein Vermögen mit; eher aber dachte ich hieran nicht. Ich habe heute noch viele schreckliche Nachrichten gehört, wovon ich aber, weil ich euern Brief habe, nichts glaube. Die ganze Marsch wäre wirklich *untergegangen,* ganz untergegangen. Hamburgs Verlust, den ihr ohne Zweifel noch nicht zu bestimmen wißt, wird hier schon auf Milionen geschätzt. Ich weis nicht, ob noch eine gewisse andere Leidenschaft als allein Klatscherey einen Einfluß in diese Nachrichten hat? Denn durch Lissabon sollte Hamb. auch *ganz* ruinirt seyn. ---[...]

Ich breche ab. Mein Schwager nöthigt mich zu einem Spatziergang; es ist zu schönes Wetter, daß ichs ausschlüge.

D. 15ten

Die Post ist nicht gekommen, ich muß also meinen Brief schliessen, in Erwartung morgen einen von euch zu kriegen. Ihr seyd doch alle wohl? Ihr habt doch keinen Husten mehr? o schreibt mirs! Gestern war der Tag, da ich vor 2 Jahr von Hamb. reiste. Wie viel vergnügter bin ich gestern gewesen, als damals u auch vor einem Jahre. Ich bin sehr geneigt zu glauben, daß das Heimweh eine wirkliche Krankheit ist, u daß ich sie gehabt. Denn ich war sonst oft melancholisch, u itzt, da ich euch gesehn, bin ich immer vergnügt, u ich war doch sonst eben so glücklich wie itzt. Wenns mit der Zeit nur nicht wieder kömmt. Doch nun weis ich meine Cur. – [...]

Euch allen einen Gruß, u euch allen eine gute Nacht, besonders d. Bohnen.

253. Meta an ihre Schwestern, 16.10.1756

Meta entwirft in diesem Brief ein anschauliches Bild davon, wie der im August ausgebrochene Siebenjährige Krieg auch im entfernten Dänemark die Gemüter erhitzt.

D. 16ten [October] Nachmittags 1756

Ich habe lange gekämpft zwischen meiner Pflicht u meiner Neigung. Aber -- so wies mit den grossen Pflichten zu gehn pflegt, so ists auch mit meiner kleinen gegangen. Schreibtisch u alles war schon wieder weggesetzt, Nehküssen u alles hergebracht, u itzt --- itzt schreib ich. Ich habe diesen Morgen meinen Brief weggeschickt, (ich habe gemerkt D[impfeln], daß meine Feder 2 Briefe hinter einander an die S[chmidten] geschickt, mein Wille soll dafür 2 an dich schicken) u diesen Abend wird die Post, u folglich ein Brief, wohl gekommen seyn. Ich bin itzt sehr sicher, daß ein Bote in die Stadt geschickt wird, die Zeitung zu *hohlen* u euern Brief *mitzubringen* (ärgerlich genung! Er sollte gehn, euern *Brief zu hohlen* u die *Zeitung mitbringen*) Aber es [ist] hier einmal eine solche Neugierde, die sich nicht beschreiben läßt. Gegen die Stunde, daß der Bote kömmt, verfügt sich alles im

Hause, u einige der Nachbarn auf meine Stube, von andern stehn Boten vor der Thür, um die Zeitungen zu haschen, wenn wir sie gelesen haben. Nun geht! Was wird wohl vorgefallen seyn? Was in Böhmen, was in Sachsen? Kl. sinnt immer aus, was Broune thun sollte, u was er doch wünscht, daß er nicht thut. Die Sachsen (welche die gröste Parti hier ausmachen) casteien sich, was ihre Nation thun *könnte,* was sie vermuthlich doch nicht thun *wird.* Ich gehe unter allen diesen Lerm manchmal ans Fenster, u gucke nach dem Boten. Wenn er kömmt; so laufe ich hinunter, werfe die Zeitung in *die Grabbel* u lese in einer Ecke euern Brief. Aber nun schreit sichs: Preussen! Broune! Lobositz! u. was weis ich, was man alles durch einander schreit, u wodurch man mich, vielleicht gar eben in einer Erzählung von euern Kindern stört! Man schreit über mich daß ich Briefe eher lese als Zeitungen. Und ich lache über sie daß sie keine Briefe zu lesen haben. Vorigen Posttag ward ich Kl. böse, daß, wie ich ihm die Nachricht eurer Flut lesen wollte, er sagte: o! o! laß mich erst die Schlacht lesen. Kl. u. Cr[amer] können oft nicht den Abend erwarten; sondern reiten, u fahren, u laufen nach Ber[n]storf, um Kl. seine Freude, u Cr: sein Aergerniß schon des Mittags einzuernten. Du siehst hieraus auf welcher Seite Kl. ist. Die Wahrheit zu sagen, ich könnte es auch nicht gut leiden, wenn der König v. Pr: eine Schlacht verlöre. Nicht als wenn ich den K. v. Pr: *überhaupt* so lieb hätte. Ein Mann, der von *allen* Seiten groß seyn könnte, u. sich begränzt, es nur von einigen zu seyn, den Mann kann man auch nur von diesen einigen Seiten schätzen. ----- Auf daß ich nicht wieder wie ich schon oft gethan, es vergesse, will ich für itzt mit Geschäftssachen schliessen. Leisching läst fragen: ob ihr sein Loos apelirt habt? Mehr Nachricht könnt erfragen, im schwarz. Adler bey dem Juden Jumpel, oder Gumpel, oder Kumpel, oder Humpel. Du weist, daß man bey einer obersächsischen Aussprache allemal zwischen 3 bis 4 Buchstaben zu wählen hat, u dieser Wahl überlasse ich euch hiermit auch.

254. E. Schmidt an Meta, 17. 10. 1756

Hamb: den 17 Oct Sontag Abend 9 Uhr
Wie bedaure ich dich du arme liebe Schwester, daß du solche Angst unsertwegen ausgestanden. Ja: ich kans dir nach empfinden, was du must empfunden haben. O wüste ich nur erst wie lange du noch

wohl auf meinen Brief hast warten müssen. Man sagt mir die Post würde sehr sehr lange unterwegs seyn müssen. Ich war deinetwegen so ruhig u freute mich recht daß du (wie ichs glaubte) doch gewiß meinen Brief eben so bald als die Nachricht von den Sturm bekommen mußtest. O wer konte das dencken, daß die Fluht diese fast nie erhörte Fluht, sich so erstaunlich weit erstreckte, daß auch Holstein davon lidte, ich hatt gar keinen Begriff davon. Höre: hastu auch in deinem neuen Haiße wohl Gefahr vom Wasser? So muß ich dir 2 Sachen schreiben, die man leicht bey der Gelegenheit vergessen kann. Sorge bey Zeiten das du gut Wasser mit dir nimst dahin wo du hinflüchtest. Zum andern wenn zu besorgen ist, daß das Wasser aufn Feuerheerd kommen kann, so muß vorher alles Feuer ausgelöscht werden, den bey der Dimpf[eln] ist vor 5 Jahr bey *der* Fluht allerley nachn Feuerherd hinaufgetrieben, als Holzkiste u dergl[eichen] u wenn das anbrente, in welche Gefahr wäre man? Die Dimpf: hats da mahl nur noch eben löschen könen, auch ist gefährlich Beetkalck (ich weiß keinen andern Nahmen zu diese sorte Kalck) im Hauß zu haben, der brent wen er naß wird, davon ist hier diesmahl das Feuer entstanden. Er kann aber gelöscht werden, wenn er und das Gefäß darin er ist *ganz* unter Wasser komt. Du vermutest wohl nicht vorher [statt: woher] ich eben heut Abend so viel schreiben kann. Ich bin allein zu Haiße, ich habe meinen Mann erlaubt allein auf d[em] Garten zu bleiben, weil das Wetter so schön heut war. Ich aber wolte nicht da bleiben, weil Joh[ann] einen Ausschlag hat, von dem wir noch nicht gewiß sagen könen obs die Blattern sind oder nicht. [...]

Doch nein ich will dir noch etwas erzählen. Donst: Abend beredte mich mein Mann mit ihm zu gehen u auf der Höck[eln] Nachtag das Tanzen zu sehen. Wie denckstu wie ich das gemacht. Ich sezte Mari ihre große samtne Kappe auf, ein schw[arzen] Mantel um u ein Tuch halb vors Gesicht gehalten. Schmidt ein Kabuße ums Gesicht zugeknöpft u einen großen Reißerock an. Nun gehen wir vor Mumsens Hauß hin u her biß sie abgespeißt, nun gehen Dieners u Mädgens mit Kleider hinein, ich gehe mit hinein, Schmidt folgt, u wir sehen eine gute weile sie tanzen ohne von einer seele gekant zu werden, wir standen aber auch unter lauter Mädgens, Diener, laden Diener und Waschfrauen etc. Ich sahe alle Bekandte tanzen u Dr. Mitleton führte die alte Mumsen mit Gewalt herunter u *sie tanzte* ganz ordentlich. Meta Dimpf[el] sah ich auch noch tanzen, u hätte ich nicht Joch: kranck gehabt ich wäre wohl gewiß so bald nicht weggegangen. Die

Witten war die schönste, sie hatte weiß Mohr u lilla agremens welche sie alle, Blumen, Büsqiere, Schleufen etc. noch selbst gemacht u war doch erst Dienst: Mitag hier gekommen. Dieses noch immer rare gute Mädchen grüßt dich recht sehr, nun nochmahls gute Nacht, nun muß ich wohl aufhören. es schlägt 10¹/₂ u Joch schläft doch auch sehr unruhig, aber hat wenig Hize. Eben habe ich dich noch einmahl durch die Sterne Gute Nacht gesagt. Den Mond kann ich nicht mehr sehen, haben wir kein Mondschein vielleicht mehr Madam Sternkundige? [...]

Der Höckeln Nachtag: Nachtag ist der Tag nach der Hochzeit, an dem der engere Freundeskreis zu einer Nachfeier eingeladen wurde. – *Mohr:* Moiré; *Agremens:* Verzierungen; *Büsqiere:* Vorstecklatz.

255. Meta an ihre Schwestern, 19. 10. 1756

D. 19ten Oct. 1756.
Abends um 6 Uhr

Ich bin eine Närrin! Vor einer Viertelstunde, wie ich in der Küche bin u. krahme, kommt Kl. herunter u. sagt zu mir: ich will ein wenig zu Cr[amern] gehn. Ich vergesse dies in der Zerstreuung des Krahmens, komme herauf, wo ist meine Maus? sage ich, wie ich ihn nicht sehe, suche in der Kammer, u hätte bald geweint, wie ich ihn nicht fand. Da fiel mirs ein, daß er weggegangen war. Es ist nicht auszustehn mit mir, wenn Kl nicht da ist, welch eine Langeweile sich über mir verbreitet. Ihr seyd alsdann meine einzige Zuflucht. Wie glücklich bin ich, daß ich ihn so viel habe! B[ernstorff] ist heute in die Stadt gegangen, nun entbehre ich Kl. nicht anders als wenn [er] etwa einmal zu Cr[amern] geht, oder spatziren reitet.

Ihr seyd sehr glücklich unsre *erste* deutsche Comödie gesehn zu haben. Ich kann mir vorstellen, wie das Stück rühren muß. Wie ist denn das zugegangen, daß Mad^le Schönemann nicht Sara gemacht? Die Starken ist zu diesen Rollen vortreflich, so unausstehlich sie in einigen andern ist. Die neue Actrice muß viel Genie haben, daß sie *itzt schon* Marwood spielen kann. Mein Seegen über Hamburg! Es kriegt viel Geschmack, Barnwell u Sara Samps: so oft hintereinander zu spielen! – Ich kann itzt nicht länger, ich habe noch fürn Druck zu schreiben. Aber wer weis, ob ich nicht noch einmal wiederkomme? Dafür kann niemand stehn, zumal da ich alle Augenblick euren Brif erwarte. – Nun sind wir wieder zum grossen Bären zurückgekommen (seht ihr ihn um 6 Uhr auch schon?) u nun werde ich keinen Mond mehr in L[ingby] sehn. Ich muß sehn, wie er sich aus einem Stadtfenster sieht!

Wie ich einmal aus der Stube ging, kam Dorthe mir entgegen gestürzt: Ach da ist eine Frau, der die Wehen übereilt haben, u die den Augenblick entbinden will. Ich erschrak, ich stellte mir in dem Augenblick alle die Folgen vor; wenn die Fr. in meinem Hause ein Kind kriegte, wenn sie da Wochen halten müste wenn sie gar stürbe etc. aber ich glaubte man müste hier schlechterdings die Pflicht der Menschlichkeit thun. Da stand sie in meiner Pforte, mit einem schrecklich dicken Leib u winselte wie eine Gebährerin. Ich brachte ihr geschwind einen Stuhl u in der ersten Bewegung warf ich mich vor sie auf die Erde, um das Kind zu nehmen. Ach nein, sagte sie, so weit ists noch nicht. Da stand ich wieder auf, schickte geschwind einen nach einem Wagen u den andern nach einer Wehmutter. Unter der Zeit waren die Leute meiner Wirthin herunter gekommen u hatten sie zum Hause hinausgestossen. Ich ward sehr böse darauf, lies sie wieder herein kommen u auf ihrem Stuhl sitzen. Nun waren meine Frende, die den Lerm hörten herausgekommen, u nun kam meine Wirthin mit *ihren* Frenden auch herunter; das war alles in der Pforte. Eine von diesen Frenden gab mir einen bedeutenden Blick u mit einer noch mehr bedeutenden Mine fing sie an der Frau auszufragen. Wie diese alles gesagt, fing sie an: O ihr Betriegerinn neulich wart ihr in meiner Pforte auch, u machtet alles dasselbe u hernach konntet ihr laufen. So wie meine Kreischende das hörte, sprang sie aus der Thür u. lief das man sie nicht sehn konnte. O die Betriegerinn! O die Betriegerinn! O die Betriegerinn! sagten wir alle, u o die Betriegerinn, werdet ihr auch sagen. Wir Dames fingen nach u nach an uns von unserm Schrecken zu erhohlen, denn es versteht sich daß wir alle zitterten, ein Theil von uns aus Ernst, u der andre, weils doch eine so gute Gelegenheit für ein Frauenzimmer war zu zittern – – Grüßt die Mumsen vielmal. Ich habe einen langen Brief von ihr. Ich fürchte nur, daß ich nicht bald antworten werde, weil ich an euch so schrecklich *geklebt u geklettet bin.* Sie spricht viel von *glückselig.* Ich glaubs, daß sie noch ganz vergnügt ist, u das nennt sie glückseelig. Gute Nacht. MKl.

unsre erste deutsche Comödie: Lessings „Miss Sara Sampson", 1755 zuerst in Frankfurt aufgeführt. Die ersten Hamburger Aufführungen durch die Schönemannsche Truppe fanden im Oktober 1756 statt. – *Frende:* in diesem Brief mehrmals für Freunde; wohl die Einwirkung des dän. „Fraende".

256. Bernhard von Hohorst an Klopstock, 29. 10. 1756

London den 29ten Octobr. 1756

Liebster Klopstock

[...] Itzt will ich Ihnen Ridchardson so gut als ich Ihn aus dem ersten Besuche habe können kennen lernen beschreiben, ich behalte mir aber vor Ihnen in dem Briefe den ich Ihnen durch die Schmidten und zwar mit den ersten Schiffer so von hier geht, zusenden werde, eine umständlichere Nachricht von Ihm und vieleicht auch von Young und Glover, zu erteilen. Ridchardson ist ein Man von ohngefehr 64 Jahr von Ihrer Grösse aber ziemlich stark und gesetzt. Er hat hell braune Haare ein paar grosse blaue feurige schalkhafte geistige Augen: Ist sehr freundlich sanft und angenehm in seinen Wesen, kurz er hat ein recht menschenfreundliches Herz welches ein jeder, wofern er selbst gut ist, erkennen und verehren muß. Ich wolte Ihm recht was gutes sagen und fing also erst von Ihnen von ihrem Messias von Cramern und seinem Bossouet; von Leisching von unsern ganzen Cirkel und von denjenigen den ich nicht ohne Tränen der Dankbarkeit nennen kan von unsern grossen lieben Herrn von Bernstorf. Ich sagte Ihm daß so wie dieser Herr durch sein Exempel Grandissons machte so machte seine Gemahlin und ihre Meta Hariets. Ich erzehlte Ihm wie man seine 3 Werke als Systems der Moral gebrauchte und wie viele tugendhafte Persohnen solche bey uns gemacht hätten.

Ich kan Ihnen nicht genug beschreiben die Freude so dieser rechtschafne Man über meine Nachricht blicken lies. Er ging hierauf nach einen Schranck nahm mich mit, und wieß mir die Nachricht so er wegen ihrem Messias aus Braunschweig und zwar von einem Nahmens Kayser erhalten hätte.

Es war der Inhalt der ersten 3 Gesänge den sie vor jedem Gesang haben drucken lassen, übersetzt. Ich gab Ihm hierauf mehrere Nachricht von der Folge des Inhalts, und sagte Ihm wie ich nichts mehr wünschte als daß dieses Gedicht wegen dem ganzen Umfang seiner Schönheit, und Nutzens den es stiften muste auch in der englischen Sprache übersetzt würde, und da er solches mit mir wünschte so sagte ich Ihm daß ich bereits einen Buchführer und Übersetzer hätte, daß ich aber voraus einsähe daß solches würde verstümmelt werden wofern Er und seine Freunde (den er hatte mir schon Young genant) nicht die Censur übernehmen wolten. Er lehnte zwar dieses Anwünschen ab: allein ich will schon meinen Entzweck mit Ihm erreichen. Wie Er nun von dem Schranke weggehn wollte und ich daselbst noch so viele geheftete Manuscripte sahe, so war ich so kühn mich zu erkundigen ob solche vieleicht die Originale von seinen Werken wären. Er antwortete mir indessen er einen Band öfnete daß solches Briefe wären welche Ihm von unterschiedenen englischen Dames wie er an seinen Werken gearbeitet hätte wären zugeschrieben nebst den Antworten. Ich durfte Ihn zwar nicht bitten mir einige davon vorzulesen; ich gab Ihm aber solches doch deutlich genug ([darüber geschrieben:] meine Neugierde) zu verstehn: und Er war auch gleich bereit mir einige davon vorzulesen. Was waren das für schöne Briefe; und wie unbeschreiblich schön waren die Antworten. [...]

257. Meta an ihre Schwestern, 30. 10.–2. 11. 1756

In unserem Hause Koppenhagen d. 30ten Oct. 1756
in der Königstraasse. Abends um 11 Uhr

Itzt erst u itzt schon kann ich schreiben. O ich hätte so viel zu schreiben aber ich muß erst antworten, u eh ich antworte wünsche ich dir Schm[idten] zu diesem Tage viel Glükseeligkeit! viel Ruh! viel Freude! Gott erhalte dich uns, u. uns dir lange! Amen! – Denn was werden wir einmal sagen wenn eine von uns getrennt ist! O wer wird die erste, oder vielmehr wer wird die letzte seyn? – Kl. grüßt dich auch recht sehr zu heute. Welche *merkwürdige* Begebenheiten von der Flut habt ihr mir erzählt. *Wie* hat Gott manche erhalten! Und die armen andern! Die Geschichte von Wilhelmsb[urg] hat weder ich noch Kl. noch wem ich sie vorgelesen habe ohne Schauer u ohne Blaßwerden hören können. Die Frau (schreibt mir ihren Namen) ist weit grösser als Aria. Zu der Zeit da sie selbst auf eine so schröckliche Art sterben soll, an ihr Kind zu denken, es mit Ruhe für einige Zeit seine Nahrung gegeben, u. dann sagen: laß mich sinken, das ist groß! Sie ist gewiß eine Christin gewesen. Es ist gewiß die aller grausamste Situation in der man seyn kann, wenn man sich u eine andere Person nicht zusammen retten kann, daß man die andre allein umkommen läßt. Man *kann* nicht nur nicht anders, man *soll* auch nicht anders. Aber ich habe keine Idee davon, wie man diese Ueberlegung in dem

Augenblick macht! Wie man nicht den Schornstein mit herunterspringt, wenn man die Person, welche sinkt, liebt. Obgleich der Mann hier unrecht gegen sich selbst u gegen seine Kinder gehandelt hätte. Ist die alte Dimpfeln erhalten? – Das freute mich sehr D[impfeln] daß dein kleines C.M.D. mir zeigte daß du wieder besser warst. Ach seyd ja nicht krank meine Schwestern! seyd nicht krank! Ich befinde mich nach meiner Hamb. Reise zwar ohne robüst zu seyn, doch gottlob besser als vorher. Ja die Entfernung! – Wir kriegen uns auf der Erde noch wohl einmal, wonicht ––– Da kömmt mein Kl. Freut euch mit mir daß *diese* Entfernung itzt nur einige Stunden u nicht *Tage* u *Nächte* dauert.

d. 2ten Nov.

Der erste Nov. ist hier ohne Erdbeben vorbey, ich hoffe daß Hamb. auch noch steht, du kleine fürchtende Schm[idten] – Aber ich werde heut wohl nichts schreiben. Ich habe da, ich glaube 4 Briefe von euch vor mir liegen (denn ich habe sie alle) u ich hätte sonst tausend Sachen von meinem neuen Hause, von der Gasse, von der Einrichtung, u was weis ich all, zu schreiben, u da drängt sichs u klemmt sichs so, daß drüber nichts heraus kann. Aber fürchtet nichts, ich werde gewiß alles beantworten, – mit der Zeit, pflegte ich zu sagen. Wäre ich nun wie die Old[en] u die Schm[idten] so machte ich den Brief itzt zu. Aber ich kann keine Seite leer lassen, u wenn auch nur bloß Dinte darauf steht (meine heutige ist *dimpfelsch*, bitte nicht übel zu nehmen) – Wenn ich meine Rüben diesen Winter noch kriege; so möchte ich, nebst dem, was ich schon geschrieben auch wohl weisse türksche Bohnen, *für meine Rechnung* haben. Ich möchte auch wohl Metwürst u allerley, aber das Pack wird zu groß (doch Metw. kann ich ja selbst machen) – Der Trait von Meta D[impfel] hat mir sehr gefallen, obgleich ich es nicht begreife wie sie den Mess[ias] allein hat lesen, u so verstehn können, daß sie *angebracht* eine Stelle daraus hat anführen können. Das arme Kind wäre bald erstickt! Erinnert euch doch, daß ihr in solchen Fällen gerade in den Hals greifen müst u das Stück heraus reissen. Aber auch nicht auf einmal *zu lange* die Hand in dem Hals lassen. – Grüst meine arme *liebe liebe* Ol[den] von mir u Kl. Gleichfalls Mama, u euch unter einander.

MKl.

258. Klopstock und Meta an seinen Vater, 8.11.1756

Koppenhagen, den 8ten Nov. 1756.
Der Zustand Ihrer Gesundheit, liebster Papa, den ich gestern durch den Brief der lieben Mama erfahren habe, hat mich sehr gerührt. Das einzige, was mich dabei einigermaßen aufgerichtet, ist, daß ein Blutsturz in Ihren Jahren nicht so heftig seyn kann, als er in jüngern Jahren ist. Unser Gott erhalte Sie mir noch; denn es geht mir doch durch die Seele, wenn ich denke, daß ich Sie in dieser Welt nicht wieder sehen sollte. – Ich hoffe zu unserm Gott! *Er* wird es machen, wie es am weisesten und besten für uns seyn wird. *Er* wird es machen!

Ich habe es immer sehr, sehr gefühlt, wie sehr ich Sie liebe, mein sehr sehr theurer Vater; aber *wie* habe ich's bei dem letzten Briefe gefühlt! – Ich will mich von den Gedanken der Gefahr, in der Sie sind, losreißen. Ich will es Gott überlassen! Ach, was wäre *dieses* Leben, wenn *jenes* nicht wäre! Er, der größte Angebetete wird es nach seiner Weisheit und nach seiner Liebe machen. Ich will also nichts weiter davon schreiben. – Ich habe Olden bitten lassen, Ihnen seine Meinung über Ihren Zustand mit diesem Briefe zu überschicken.

Noch will ich Ihnen erzählen, womit ich mich itzt hauptsächlich beschäftige. Ich habe ein Trauerspiel, *Adam,* und einige kleine prosaische Stücke, die ich zugleich mit demselben drucken lassen will, von Neuem durchgesehen. Dann habe ich eine Sache angefangen, die ich für meinen zweiten Beruf halte. Ich habe *Lieder für den öffentlichen Gottesdienst* gemacht. Ich halte dies für eine der schwersten Sachen, die man nur unternehmen kann. Man soll, wo nicht dem gemeinen Haufen, doch den Meisten verständlich seyn, und doch der Religion würdig bleiben. Indeß scheint es mir, daß mir Gott die Gnade gegeben und mir diese Arbeit hat gelingen lassen. Ich habe schon Lieder auf alle hohe Feste (Weihnachten ausgenommen) in der Melodie: Herr Gott, dich loben wir. Ich habe noch mehrere von unsern besten und am häufigsten gesungenen Liedern *verändert,* nur verändert; nicht *umgearbeitet.* Ich werde Ihnen bald einige Stücke, sowohl von meinen eigenen, als von den veränderten überschicken. Ich empfehle Sie insgesammt der Vorsehung unsers Gottes!
[Nachschrift von Meta Klopstock:]
Die Nachricht von Ihrer Krankheit, liebster, liebster Herr Papa!

hat mich gewiß eben so sehr gerührt, als Ihre leiblichen Kinder. Gott wird Sie uns allen wiederschenken, Sie, mein liebster, bester, einziger Vater! denn ich habe schon lange keinen leiblichen mehr. Gott wird das Gebet, das inbrünstige Gebet und die aufrichtigen Thränen aller Ihrer Kinder erhören, wenn es seiner Liebe und seiner Weisheit gefällt!

Ach! ich leide doppelt; für den Theil, den ich daran nehme, und für meinen lieben Mann. So habe ich Klopstock noch nicht gesehen, als nach dem gestrigen Briefe! – Gott stehe auch Ihnen allen bei in Ihrer jetzigen Betrübniß, meine liebe Mutter, Schwestern und Brüder.

einige kleine prosaische Stücke: es sind Klopstocks Beiträge zum 1. Jahrgang des „Nordischen Aufseher" (1758), der von seinem Freund Cramer herausgegeben wurde. – *Lieder für den öffentlichen Gottesdienst:* sie erschienen als „Geistliche Lieder" Herbst 1757.

259. Meta an ihre Schwestern, 9. 11. 1756

D. 9ten Nov. 1756 gleich nach Tische
Ich habe heute morgen deinen süssen Brief Schm[idten] bekommen. Süß sind sie allemal gewiß wenn von deinen Kindern drin steht. Ich will euch gewiß von meinem Hause schreiben, ich unterlasse es nur noch weil ich umständlich seyn will, u erst alle die Briefe beantworten muß, die noch unbeantwortet hier vor mir liegen. [...] Die arme Schulten! Wenn ich doch über eure Correspondenz an jemand schreiben könnte! Aber ihr geht immer immer alle Posttage vor. – Mit meinem Hause bin ich gerade mit 8 Tagen in Ordnung gekommen, am achten nehte ich. Mit meinen Bedienten bin ich noch *sehr gut* zufrieden. P[eter] hat zweymal Keif gekriegt. Dorthe mehr, aber sie ist doch gut. So arm, daß ich fürchtete sie würde mir verfrieren, ich habe ihr daher unterschiedliches geschenkt, u das übrige hat sie sich kaufen müssen. Ich kann ihr nicht der geringsten Untreue beschuldigen. Ich *glaube* daß sie Marktgeld macht, weil [sie] immer Geld in der Tasche hat, aber beweisen kann ich ihrs nicht, denn ich mag nachfragen so viel ich will; so geben alle Leute immer dasselbe. Sonst ist sie manchmal einen Tag krank, hat Mutterbeschwerden, u frauenzimmert noch mehr. – Und was mein Einziger macht? (Es ist mir recht schwer geworden, die *Ordnung* der Beantwortung beyzubehalten) Er ist immer mein Einziger! arbeitet noch nicht wieder am

Mess. aber sehr fleissig an neuen u veränderten Liedern. Diese Woche (wir comuniciren) werde ich mich sehr mit dem veränderten Schmücke dich o liebe Seele erbauen. (betet für mich). Kl. sagt: wenn der Mess. sein erster Beruf ist; so sind die Lieder sein zweiter, u er hat recht. So bald er mehr für fertig erklärt, als die, welche ihr habt; so will ich euch mehr schicken. Um euch unterdeß schadlos zu halten, will ich euch bald welche von Cr[amern] schicken, der zwar seine Lieder eher für fertig erklärt; die aber immer doch auch noch schön sind. [...]

260. Meta an ihre Schwestern, 12.-13. 11. 1756

D. 12ten Nov. 1756

Ich habe deinen Brief verstanden. Mein Schwiegervater ist todt. – Die schöne Seele! die gebildete, bestimmte Seele! in welcher Ruhe, oder in welchen Freuden ist sie nicht itzt! – Mein armer armer Mann! wie will ichs ihm anbringen! was wird er empfinden! – Für mich hätte die Nachricht zu keiner gelassenern Stunde kommen können; ich hatte nur vor wenig Stunden comunicirt, u bin daher sehr standhaft geblieben – Dies ist also die erste Todesnachricht in meiner Entfernung! O wie viele schrecklichere können, wenn ich lange lebe, werden gewiß ihr folgen. Trauriger Gedanke für junge Leute, daß sie vielleicht ihre Freunde überleben werden, traurig, hauptsächlich für die jüngsten einer Familie. Aber dennoch kann ich auch die erste seyn, die meinem Schwiegervater folgt --- Herr, wie du willt! --- Ich muß euch nicht traurig machen, ihr würdet sonst denken, daß ichs wäre, u ich bin doch nur ernsthaft. – Es war ein neuer u schöner Gedanke, D[impfeln] der von dem *Vorbilde des Grabes*. Er hat mich so gerührt daß ich glaube, ich werde ihn einmal gebrauchen, ob ich gleich noch nicht weis auf welche Art. Ich las ihn Kl. vor, er sagte mit seiner bedeutenden Mine: Das ist sehr schön. [...]

D. 13ten

Gestern ward ich durch Klopstocks Zuhausekunft unterbrochen, u heute --- Cramer hat uns eben die Nachricht von Quedlinb. gebracht. Welch eine Stube voll Betrübten ist es hier! Mein mein Kl! Aber er betrübt sich wie ein Mann u wie ein Christ. Stille Thränen, gen Himmel geschlagne Augen u. gefaltete Hände, das ist seine Betrübniß. Das erste nach der ersten langen Stille war: Ich habe *dich* doch noch, u umarmte mich mit vieler Innbrunst.

[...] Ich habe meinen leiblichen Vater noch einmal verloren. Und dennoch glaube ich, es wird mit den Verlusten der *Natur*, des *Bluts* noch schlimmer seyn. O Gott, die viere! Meine Mutter, meine Schwestern u mein ---- O Gott! sage ich nochmals! --- [...]

Gott sey mit euch allen, meine Lieben, o! u Gott bewahre uns für mehr solche Nachrichten --- u euch auch. Ihr erschreckt künftig nicht für schwarze Sigel. MKl.

261. Klopstock und Meta an seine Mutter, 16. 11. 1756

Koppenhagen, den 16ten Novbr. 1756.
Wie sehr uns die Nachricht von unsers so theuren, geliebten seligen Vaters Tode gerührt hat, können Sie sich vorstellen. Wir danken Ihnen, daß Sie durch Giseken haben an Cramer schreiben lassen. Es war uns sehr nöthig, daß wir sie nicht durch einen schwarzen Brief empfingen. Es war am Sonnabend, daß uns Cramer davon sagte; und am Sonntage bekamen wir Ihren Brief!

Ich will unsre Wunde nicht weiter aufreißen. Unser Gott hat es so gewollt. Sein Name sei gelobt, daß er unserm theuren Vater ein so schönes Ende gegeben hat! Er ist nun viel glückseliger, als wir! – Der Name des Herrn sei gelobt.

Sobald es Ihnen Ihr Schmerz zuläßt, liebste Mama! so schreiben Sie mir doch noch umständlicher von unsers theuren seligen Vaters Krankheit und Tode. Meine lieben Geschwister, die beiden kleinen nicht ausgenommen, sollen dieses auch ein jeder besonders thun. Es ist gut, daß wir uns insgesammt mit diesen Vorstellungen unterhalten; denn es ist überhaupt nichts heilsamer als öftere Todesbetrachtungen. – Wenn ich mir eine umständlichere Nachricht ausbitte, so verstehe ich sogar die kleinsten Umstände, die Ihnen nur einfallen, darunter. Ich will Ihnen einige kleinere und größere anzeigen. – In welcher Stube oder Kammer ist er gestorben? Wer war, nach Ihnen, in seiner Krankheit am meisten zugegen? Glaubte er, vom Anfange des Blutsturzes an, daß er daran sterben würde? Und wenn er es nicht gleich anfangs glaubte, wann fing er an, es zu glauben? – Er erinnerte sich gewiß seiner abwesenden Kinder, die ihn sosehr geliebt haben und noch lieben; auf welche Art, mit welchen Worten that er es? – Ich hoffe zu Gott, daß wir so leben werden, daß der Segen seines Gebets auf uns ruhen wird.

Mein Schmerz ist zwar, durch die Gnade Gottes, ruhig; aber er wird lange dauern. Ich habe ihn sehr, sehr geliebt! Ich habe viel an meine selige Großmutter, die mich zuerst in der Religion unterrichtet hat, und an den seligen Johann Christian gedacht. Nun sind diese drei von mir so sehr geliebten in der Ruhe der Ewigkeit bei einander!

Ich glaubte, Meta würde hierher noch ein Paar Zeilen schreiben: aber der Besuch, den sie hat, hält sich zu lange auf.
[Nachschrift von Meta Klopstock:]

Ich kann Ihnen also nur sagen, daß ich den Verlust eines leiblichen Vaters noch einmal fühle. Gott erhalte Sie alle!

262. Meta an ihre Schwestern, 25.–27. 11. 1756

Lingbye d. 25ten Nov. 1756

Hier sind wir Gestern herausgekommen. Des schönen Winters wegen! Habt ihr auch so schön Winter? Ich denke immer es ist bey euch dasselbe Wetter, welches hier ist, weil es schon so oft eingetroffen. Was wir hier machen? [...] So bald beyde Füsse aus dem Wagen waren lief Kl. nach dem See, er war ganz zu gefroren, neue Schrittschuhe waren schon dazu eingekauft, nun hinauß (aber allemal mit meines Kl.s Behutsamkeit). Ich folgte Kl. einige Zeit auf dem See, (er ist etwas grösser als das inwendige Bassin der Alster), ohne Schrittschuhe versteht sich, an Leisching u Rahns Arme, u machte noch nachher einen Spatzirgang von ein Paar Stunden auf dem Lande. Nach Tische folgte ich Kl. wieder nach dem See, (denn er war schon lange vorangegangen; wie könnte er an einem Schrittschuhtage lange essen!) u was meint ihr das ich da fand? Mein Kl, dem so gar das Schrittschuhvergnügen nicht ganz Vergnügen gewesen, weil seine Meta nicht hatte dabey bleiben können, hatte einen Kerl mit einer Art Krecke bestellt, Da setzte er mich hinein, Peter u der Kerle vorgespannt, u 2 Herren mit Schrittschuhen nachgeschoben. Nun, da gings als wenn ich in den Lüften wäre! Ich hatte auch eine rechte Idee von dem Vergnügen, welches die Vögel empfinden müssen. Diesen Morgen bin ich noch nicht wieder ausgewesen; ich habe mich lieber mit meinen Morgenbequemlichkeiten, u mit *Aneuchschreiben* pflegen wollen, was aber diesen Nachmittag geschieht, das weis ich noch nicht. Lebt wohl so lange, da ist mein Kl. wieder. – Da bin ich wieder. 2 Stunden bin ich auf dem See immer bey meins Kl.s Bahn auf u nieder gegangen, u Kl. schoß oder schwebte da, an meinem Arm vorbey. Ach meine Schwestern, wie schön ist die Natur! Wie schön ihr Schöpfer. Welche Freuden kann man sich auch im Winter machen! Das Land ist doch recht der Sitz der Freude, so wies der Sitz der Unschuld u der Ruhe ist — doch daher entsteht ja eben die beste Freude. Wie schön habe ich die Sonne an einem mit Schnee bedeckten Hügel untergehn sehn! Wie heiter war der ganze Himmel! wie eben unser See! welch ein Anblick war der weisse Wald! ihr wißt wie schön beschneyte Bäume aussehn, u die Erde, als wenn sie ganz mit weissen Tüchern überzogen wäre --- Wie sehr weis der Schnee ist habe ich heute auf eine sehr neue Art entdekt. Ich ließ mein Schnupftuch fallen, es war doch ein hübsches, feines, weisses, Hamburgschgebleichtes Schnupftuch, u es sah im Schnee aus als wenn eine Bettlerinn ihren ärgsten Lumpen verloren hatte. – Ein junger Hirsch begegnete mir wie ich zu Hause kam. Das arme Ding! muß seine Nahrung bis hieher suchen. Es ist diese Nacht viel Schnee gefallen. Gestern lagen nur Schneesternchen aufm See, die sehr schön aussahn, u das Gras war nur so ganz fein fein gepüstert, so wie eines gewissen, ausländischen Ministers Perücke aussehn mag. Denn der findets wichtig genug 6 menschliche Seelen damit zu beschäftigen, nämlich so daß 3 u 3 auf jeder Seite mit feinen Püstern pudern, u er spatzirt so lange durch, bis sein Haar weis ist. Das ist ein Minister, der noch dazu einen gewissen Namen hat, der wichtige Mann! – Ihr seht, daß ich heute u gestern viel Freude gehabt. Macht euch die doch auch. Fahr nach deinem Garten D[impfeln], aber nicht nur, um da zu essen, u in der Stube zu sitzen, nein, *spatzire*. Glaube nur, daß man in der Kälte spatziren *kann*, u daß ein solcher Spatzirgang einem sehr wohl thut. Du wirst gewiß auch viel Freude haben. – [...] Itzt sitzt mein Kl. schon wieder bey mir, also lebt wohl. Der Schelm! aber hat noch sich das Bischen Mondschein zu Nutze machen wollen.

Kopp: d. 27ten. Gestern fiel Thauwetter ein u wir kehrten zurück. Heute sind keine Briefe von Mesdames. Ich muß euch doch eine wirthschaftliche Frage thun. Wie haltet ihrs mit der Lauge beym Torfbrennen? Dorth. brennt mir immer expres Holz dazu im Ofen. Beantwortet mir das *gleich*. Zum Scheuern u zum Aufwaschen. — Der D. ihre Bestimmung des Menschen haben wir nicht. – Nehmt nicht übel, daß hier ein Stück herausgeschnitten. In der Lingbyschen Notdurft ward eine Nachtlampe daraus. Lebt wohl, u küßt euch untereinander in meiner Seele. Adieu *Meta*

[An den Kopf der 1. Seite geschrieben:] Kl ist *so* süß u ich bin *so* vergnügt! ---

263. Meta an ihre Schwestern, 29. 11. 1756

Kopp: den 29ten Nov. 1756.
Guten Abend! Da bin ich, aber ich *hoffe* daß [ich nicht] lange bey euch bleibe, daß mein Kl. nämlich bald zu Hause kömmt. Ich bin müde, ich hab ein bischen Schnupfen, ich möchte beynahe nicht die wichtige Beschreibung meines Hauses anfangen, auf daß das *liebe* Haus nicht durch eine kalte Beschreibung leidet. Ja Kinder es ist ein Haus! ich weis wenns ich erst beschrieben habe, ihr werdet eure grossen weitläuftige Häuser gern mit meinem kleinen bequemen tauschen wollen. Ihr fahrt in einen Thorweg, (so sind alle Häuser hier, ohne Diehle) steigt zur Rechten in meine erste beste Stube aus, u geht durch in die zweyte. Bey der ersten Stube ist noch ein klein Kramloch. Ihr haltet noch immer im Thorwege, gerade aus ist der Hof; zur Linken steigt ihr in unsre Wohnstube, geht durch in die Schlafkammer. Sie ist ohne Ofen, aber nur durch eine hölzerne Wand unterschieden, folglich so viel Wärme darin, wie nöthig. Zur Rechten in der Wohnstube geht (da ist mein süsser Kl; aber ich will doch erst fertig machen) geht also eine Thüre in --- die Küche, eine Thüre mit einem kleinen Fenster u einem kleinen grünen Vorhang, den Kl lieb hat, weil Meta ihn gemacht. Aus der Küche geht eine Thüre auf den Hof, worauf ein Brunnen, verschlossne Holz u Torfschauer, die Treppe nach dem Keller, unter der Küche, u meine Enten, Gänse, Kalikuten u Hühner sind. Die andre Thüre aus der Küche geht in die Gesindestube, aus der Gesindestube in die Speiskammer, woraus wieder eine Thüre auf den Hof geht. Auf dem Hof ist auch noch ein Waschhaus, welches ich mit meiner Wirthin gemeinschaftlich habe. Zwo Treppen hoch im Hause, auf Eine Etage, habe ich noch 2 Kammer, eine zu Fleisch, Aepfel, Kohl u dergleichen, die andre zu Unkram u den Kisten die ich nicht täglich brauche, denn alle meine weisse u schwarze Wasche habe ich in den täglichen Stuben u dem Kramloch zu vertheilen gewust. Nun, bin ich nicht gut logirt? Ach, ich bin so vergnügt darin! Unsre Gasse ist so lebhaft, es wird so viel darin ausgeruffen, es geht u fährt so viel darin, daß ich manchmal denke, ich bin in Hamb. Es wird mir hier, weil ich unten im Hause wohne viel zu Kauf gebracht, daß ich manchmal ganz wohlfeil kriege. Besonders eine Schlächterin, die mir immer bringt was sie über hat, u von der ich immer 1 ß unterm Schrangenpreiß käufe, nämlich Rindfl. a 1½ Schweinefl. a 2 ß u Kalbfl. a 2½ ß, Kopf, Füsse,

Zungen, Eingeweide, Herzschlag u dergleichen auch sehr wohlfeil. In der Gasse, um uns herum wohnt alles was man so täglich braucht. Dorth. kommt manchmal in einer ganzen Woche nicht eigentlich aus dem Hause. Nun freut ihr euch nicht mit mir über alle diese Kleinigkeiten? die doch alle zusammen, eine so grosse Wichtigkeit im menschlichen Leben ausmachen. Wie eine schöne Lebensart ist unsre! Wie viel Ruhe, wie viel Stille, Heiterkeit, Vergnügen u Freude ist darin! O last uns auch dafür dankbar seyn! Denn wenn ich gleich Kl u Kl mich hätte, u wir hätten eine gezwungne unruhevolle Lebensart, eine wie wir sie nicht haben möchten, wie viel fehlte uns da nicht an unsre[r] Glükseligkeit! – O last uns dankbar seyn, sage ich noch mal, u seyd ihrs mit mir, weil ihr mich so lieb habt! – Und nun, gute Nacht! – [...]

264. E. Schmidt an Meta, 24.–26. 12. 1756

Hamb den 24 Dec 1756 Ab[ends] 8¹/₂ Uhr
Endlich sind meine frölichen *gesunden* Kinder zu Bett u ich kans unmöglich lassen, noch ein wenig an dich zu schreiben. Möchte ich doch in der Welt mehr hoffen, da Gott mir so vieles schenckt, das ich nicht haben hoffen *könen*. als daß du u die Dimpfeln euch *so* lieben soltet so lieben wie ihr izt thut, das habe ich nie gehofft, ach wen ich hierüber zuweilen neidisch *geschienen* so ist das vielmehr Freude, große Freude gewesen.
Heut ist mir dein Brif ungemein unerwartet u desto angenehmer gewesen, da ich eben just dich so sehr bey mir wünsche so komt ein Brief; Das war mir ordentlich als wenn du selbst kamest; Wenn du itzo unsre B[riefe] spät kriegst so laß dir das ein Trost seyn daß wir die deinigen den desto früher kriegen. Die süßen Briefe; einige *müssen* gedruckt werden. O wenn mein Joh[ann] sie einst heraugäbe? Schmeichelnder Gedancke! Ich will wenigstens alle die schönen u süßen u nützlichen Stellen darin unterstreichen. Vor allen deine Gleichnisse. Hierin glaube ich übertrift dir niemand in der Welt. Du weist wie ich besonders eigen auf Gleichniße bin, u da möchte ich oft schreyen u aufspringen bey deinen, wie neu, wie recht wie erstaunlich passend sie sind. Du warst doch wahrlich von der Natur bestimmt, eine Autorin zu werden, u da du es nicht seyn *woltest*, so mustest du den doch eines Autors (dies Wort im besten Verstande) Frau werden. Ja zur *Dichterin* bistu gebohren. Der Ausdruck: Er

eroberte mich zum 1000 mahl durch seinen Blick! ist daß nicht Poesie? Hätte ich Zeit ich [wollte] wohl 1000 Stellen aus deinen B[riefen] anführen. Haubtsächlich die moralischen. Deine B[riefe] dienen mir statt Locke u Bibli[othèque] des Dames. u dergl: deine B[riefe] sind Auszüge davon. Was du jüngst wegen der Trauer über Verstorbne u was dabey erlaubt, u durch unrichtige Vorurtheile zu unerlaubt gemacht wäre, sind sehr neue u richtige Gedancken. Du wirst doch nicht *von mir* dencken: ich sagte hier complimente nein das kans*tu* nicht thun. Ein Vorallemahl u das gilt künftig bey *allem* was ich schreibe: Ich schreibe immer was ich dencke. Ob ich schwanger bin? − − − Nein, ich glaube noch immer so viele physikahlische, moralische u *oeconomische* Gründe zu haben es nicht zu seyn, daß dieselben die theologischen, die *vielleicht* gegen diese streiten bey mir überwinden, zumahl da mein Mann die erstern meist oder fast ganz billiget. Aber ich werde doch in keinen Stück williger folgen u folgen *könen*, wen du mir zeigen kanst, daß ich unrichtige Gründe habe u unrecht hierin dencke u schließe. [...]

Nun Gute Nacht, Meta sitz noch hier u liest, u ich will noch den Gesang: Ermuntre dich mein schwacher Geist: welchen sie aus eignen Trieb auswendig gelernt, mit ihr singen. Mir deucht dieses Lied wäre einer Verbessrung wehrt. Mir hat heut sehr ein *Klopstocksches* Weynachtlied gefehlt, mir ahnt daß er dies Fest eins macht, u den *will* u *muß* ichs gleich haben.

den 26 mittelster Festag Abends 5 Uhr
Guten Abend Frau Schwester! Ich will heut meinen Besuch bey sie ablegen, das hoffe ich wird ihr nicht zuwieder seyn. Ich will ein wenig mit ihnen plaudern, solten sie auch nicht zu Hauße, oder nicht allein seyn, so schadts nicht, einen Besuch von meiner Art könen sie imer annehmen. Ich bin heut Ab: ganz allein mit mein Mann u Martin, die andern Kinder sind mit der D[impfeln] ihre bey Mama, ich habe mich recht zu diesen ruhigen Abend gefreut, er muß alle die unruhig. versüßen die mir bey den Gastereyen bevorstehen. [...]

In deinen 3 letzten B[riefen] ist noch viel zu beantw: aber die D[impfeln] hat sie das ist Schade, heut hätte ich recht Lust u Zeit dazu.

Hastu Nachricht von euren Bruder [Carl Christoph] in Leipz: o wenn er nur nicht Soldat werden muß, ihr seyd hierin doch wohl sicher? sonst möchte er (aber das geht wohl nicht an) lieber aus L: weggehen, ja; wohin aber. *Wo* ist izo Sicherheit. O welche fürchterliche Aussichten sind vor uns, ich besorge daß Hamb: imer leidt es siege auch, wer da wolle, u Mama glaubt u fürchtet schon daß wen euer König mit in den Krieg hinein muß, und dieses dann viel Geld kostet, ihr dann dabey verlieren würdet. Wenn die Russen nur nicht Hollstein wegnähmen, so gehts doch noch wohl an, aber, aber, die barbarschen Völcker fürchte ich gar zu sehr, hier in der Nähe zu haben, ob ichs gleich fast wünsche, daß sie nach Deutschl: kommen mögen. *Sie* möchten noch das Gleichgewicht geben könen. O der Uhrheber alles dieses Unheils; Wie groß wie unsterblich hätte er durch gute Thaten, durch Mäßigung, Großmuth, u Vergebung werden könen, er hatte meines Bedünckens nach die Gelegenheit hiezu in Händen, wie wäre den alle Welt auf seine Seite getreten, wie würde er angebetet geworden sein, u dieser so große Geist, dieses mehr als menschliche Genie, kan hiedurch nicht gereizt werden, *begnügt* sich an den einzigen zweydeutigen Ruhme ein Eroberer zu seyn; will durch nichts *größers* unsterblich werden, verlangt *nur* viel Land und viele Un[ter]thanen, u nicht deren Herzen, Liebe u Dankbahrkeit. Und warum haben auch 2 von unsern Geschlecht nicht besser gedacht, die wären auch im Stande gewesen sich u unser ganzes Geschlecht zu verewigen, wen sie nicht Ehre u Ruhm in unrechten Sachen gesucht. Nun ich werde dies Papier noch voll schmieren. Nein; aus damit. [...]

die Russen nur nicht Hollstein wegnähmen: Ende 1756 bildete sich die europäische Koalition gegen Friedrich II. Das Deutsche Reich beschloß die Hilfe für Sachsen; Rußland, Frankreich und Schweden verpflichteten sich ebenfalls zur Hilfeleistung.

265. C. M. Dimpfel und E. Schmidt an Meta, 28.–31. 12. 1756

den 28 Decemb 1756 des Abends um 8 Uhr Hamburg
[...] Du bist mir diesen Abend besonders gegenwärtig: was du wohl jetzo machst! – Du liesest eben meinen Brieff, nicht wahr! und indem du ihn liest, so nimst du deinen kleinen dicken pötjen [= Pfötchen], und streichelst dich über den Mund, und rümpfest dein Naasgen (denn dieses ist alle mahl deine Grimace, wen du Brieffe liest das weist du wohl nicht mahl) gute Nacht   C M D.
[E. Schmidt schreibt:]
[...] Ich habe eben die *schöne* Erzählung deiner Reise gelesen. Schlumre nicht zu lange da in deinen Lehnstuhl sondern wache bald

auf und seze deine Beschreibung fort. Du bist doch auch catexogen eine Erzählerin, (brauche ich dies griech: Wort auch recht?) Nun gute Nacht, da komt mein Mann, nun wollen wir zu Hauß u nehmen unsern Augapfel unsre Meta zwischen uns. Grüße dein Mann besonders von mir, ich bin nicht so unnatürlich ihm *über* dich zu lieben aber wohl so *wie* dich. E. S.

[C. M. Dimpfel schreibt wieder:]

den 31 Decem: Wie gerührt bin ich: wiederum ein Jahr verstrichen, in so vielen Wohlthaten. Ach liebe Schwester last uns Gott dancken, der uns *zusammen* erhalten. Dieses Jahr haben wir uns gesehen – O: angenehmes angedencken! – Keiner von uns ist geringer geworden, alle gesund: alle vergnügt, alle Gott nahe (denn hieran zweifle ich nicht.) *Du* und *ich,* in nähere Freundschafft verbunden, ich ohne *Magen-Krampf!* – Klopstocks Vater ist zwar gestorben, aber glücklicher geworden, unsere Mutter, ist vergnügter, und gesunder, wie sonsten, und wie viel gutes ist nicht noch sonsten, das sich nicht erwähnen läst – – ich weine für Freude – – – [...]

266. Meta an ihre Schwestern, 31. 12. 1756

D. 31ten Dec. [1756] Nachmittags um 4

Ich wollte heute nicht schreiben, weil ich wuste daß ich zu viel schreiben würde. Dieser *letzte Tag des Jahrs,* von wie reichem Inhalt ist er! Ein Bild des *letzten Tags des Lebens!* Die *Summa* (wen ich so sagen darf) alle des *einzeln Danks* u der *einzeln Rührungen* des Jahrs! Ich sage, ich wollte nicht schreiben, weil ich nichts wie *dieses* schreiben *könnte,* u daß ich fürchtete, der Brief möchte zu lang werden. Aber itzt habe ich euern Brif gekriegt (er hat mich sehr gerührt) itzt *muß* ich schreiben, der Brief mag so lang werden als er will – – u vielleicht wird er sehr kurz, denn wenn das Herz sehr voll ist; so kann man manchmal am wenigsten schreiben. Es ist ein *sehr* glückliches Jahr gewesen! Alle meine Glückseligkeiten *fortgedauert!* Mein Klopstock *gesund!* Ihr alle glüklich u gesund! u euch *gesehn!* Ich kanns euch nie, nie beschreiben, was immer das ist, euch gesehn zu haben! O wie viel Dank sind wir dem grossen Geber nicht schuldig! Und (denn ich darf *ganz* ernsthaft mit meinen Schwestern sprechen) die Wohlthaten im Geistlichen wie viel höher sind die nicht noch als die schon so hohen Leiblichen! – Wie viel bleibt mir nicht noch zu sagen! Und wie viel wird nicht eine jede von euch auch sich

zu sagen haben! Laßt uns uns alle darinn vereinigen daß wir sagen: Ihm sey Dank! sey Dank! sey Dank! O daß wir ihm doch mit unserm Wandel so wie mit unsern Zungen danken möchten. -----
Basedow ist gekommen. Ich muß hineingehen und mit ihm Thee trinken. Meine ernsthaften Gedanken werden mich heute nicht verlassen. Das haben sie nicht, seitdem ich aufgestanden bin.

267. E. Schmidt an Meta, 31. [12. 1756]

den 31. Ich habe nicht Zeit genug nach meines Herzenswunsch heut zu schreiben aber wie viel ich dencke: Ach! das *kan* man doch nicht schreiben. Der einzige lange Gedanke: *Ich habe dies Jahr meine Schwester gesehen u genossen*, nimt mich ganz ein. Ihm folgt zwar ein anderer nicht so süß, ich werde dies Jahr etc. aber der ist Undanck u wer kan beym Anfang des Jahrs wissen *wie* es zu Ende gehen wird. Ach wenn ich den nur Gott nahe bin das eine das will ich mir zum N[euen] J[ahre] wünschen. Dir wünsche ich nur die *Erhaltung* deiner Glückseligkeit, alsden hastu hier u dort genug, und darin ist als eine Haubtsache begriffen das Klopstock lebt u gesund ist. Hier weine ich. O Gott, erhalte doch diesen mir u dir so Theurern. Wen wir noch allerseits dieses Jahr auch im äusserlichen Frieden beschlößen! dann erinnre mich daß ich auch hievor besonders Gott dancke. Und wenn ich auch mein Man u. Kinder behielte u mich bessern *könte* dan wäre es das glücklichste Jahr. Nun Gott kan alles geben, er sey uns allen gnädig. Martin zeigt mir so viel daß er dies Papier küssen will. Da Junge küsse es den, da ihr andern küßt es auch. Sie schreyen alle einen Gruß an Matant u H: Ohmcher   E S:

268. Meta an ihre Schwestern, 4. 1. 1757

D. 4ten Jan. 1757.
57! – Werden wir 67 auch noch an einander schreiben? --- Ich will immer meinen Brief anfangen, sollte ich ihn gleich nicht vollenden, denn ich erwarte einen Besuch, einen Besuch, dessen Ursache so lustig ist, daß ich sie euch erzählen muß: Eine gewisse Frau, deren Namen ich kaum weis, u die mich auch nicht weiter kennt, schickt gestern zu mir, läst mir sagen: Sie hätte gehört, daß ich ein Bett mit von Hamb. gebracht, dessen Krone so schön wäre, u weil sie gerne was hübsches u was neues hätte; so bäte sie sich die Erlaubniß, heute

zu mir zu kommen u sie zu sehn. Was sagt ihr hierzu? Ist das nicht ein schöner Zug in dem Gemälde unsers Geschlechts? Hat die Stahlen ihrer französches Marquise, mit dem Meuble zu nahe gethan, da eine Dänin so weit gehn kann? Ich bewundre aber gleichwohl unsre Entschlossenheit, unsern Mut, unsre Standhaftigkeit eine Sache durchzutreiben, wenn wir sie einmal erst recht gefaßt. Denn alle diese Eigenschaften liegen in meiner Geschichte. Wenn uns die männlichen Aemter anvertraut wären; wie wunderswürdig würden wir nicht viele Sachen, bey denen der Mut der Männer stehn bleibt, wie würden wir sie nicht durchtreiben, wenn sie uns nur erst einmal recht wichtig wären. Z.E. wenn einer König*inn* von Pohlen die Zusammenstossung ihrer Armee mit Broune nur halb so wichtig gewesen wäre, als der Professorin meine Betkrone, mit welchem nie gehörten Muthe würde sie sich an die Spitze ihrer Armee gestellt, u entweder gestorben seyn oder sich durchgeschlagen haben, u gewiß nicht nachgelassen, bis sie ihren Zweck erreicht. Ich habe diese Tage sehr viel an euch gedacht. Es war mir so süß immer zu wissen, wo ihr wart. Wir haben nach *unsrer* Art auch recht geschwärmt. Gestern wie wir wieder bey Cr[amern] kam Funke (ich hab ihn euch doch schon genannt? u ihr seht hieraus, wie ein *jeder* weis, was eure Brife mir sind) triumphirend mit dem Brief in der Hand, hielt ihn in die Höhe so wie er die Thür aufmachte, u erfreute mich sehr. Weil ihr mir gesagt hattet, daß ihr nicht schreiben würdet; so war ich so gleichgültig gewesen auf die Post zu schicken, daß ich Petern, welcher eher gehen wollte, sagte, er brauche nur erst Abends zu gehn. Das werde [ich] also künftig nicht wieder thun.

Das ist sehr schön gleich wieder zu schreiben, wenn der eine Brif fortgeht, man hat alsdann *gewiß* schon etwas zum andern Posttag, denn das *aufn Posttag sparen* taugt gar nichts. Ich werde vermutlich heute Abend auch gleich wieder anfangen, denn ich habe noch so viel zu antworten, womit ich itzt nicht fertig werde. Hauptsächlich dir Schm. der ich weitläufig eine Materie beantworten soll, die sich mit 2 Worten beantworten läßt. Mit der Beschaffenheit unsrer Natur u mit dem *Gebote* Gottes, welches, ich weis nicht warum, nur immer allein als ein Seegen angesehn wird: Seyd fruchtbar u *mehret* euch. Es ist gut daß du vor 7 Jahren noch nicht so gedacht hast; sonst hättest du heute nicht den Schatz der Welt gebohren die durch ihr Herz u ihre Klugheit noch einmal der Welt so viel Gutes thun, so viel Exempel geben kann. So könntest du an jenem grossen Tage einst zu deinem Erlöser nicht sprechen: Diese Seligen alle habe *ich* deinem Himmel gebohren! – O ihr fruchtbaren Frauen verfert, verfert die Gnade nicht, die Gott euch giebt! –– Dir meine einzige Meta sey viele Glükseligkeit, viel Heil, viele Tugend, u viele bestimmte Frömmigkeit zu dem heutigen Tage. O daß ich dich in meine Arme nehmen u segnen könnte, wie ich dich gleich nach deiner Geburt in meine Arme nahm u segnete! Mit welcher Inbrunst u wie ganz besonders segnete ich dich! als wenn ich schon gewußt hätte, was du werden, u was du *mir* werden würdest! –– Grüßt Mama recht herzlich von uns. Last sie nur ohne Sorge seyn, daß der Krieg auch auf uns eine Wirkung habe. So ⟨...⟩ Staatsachen auch *wir* davon wissen können, wird der König sich in keinen Krieg mischen. Kl. hat den König vorgestern noch erst gesprochen [...]

die Stahlen: Marguerite Jeanne Cordier Baronne de Staalde Launay schrieb eine Komödie „La Mode", darin ein „lit d'hyver en baldaquin" eine Rolle spielt. – *Zusammenstoßung ihrer Armee mit Broune:* die Kurfürstin Maria Josepha von Sachsen ist zugleich Königin von Polen. Die sächsischen Truppen waren bei Pirna eingeschlossen, und es gelang ihnen nicht, sich mit den Österreichern unter Browne zu vereinigen.

269. Meta an ihre Schwestern, 8. 1. 1757

D. 8ten Jan. 1757
Aber schämt ihr euch nicht, ihr *Beyden,* nicht zu schreiben, da ich *Eine* so viel schreibe? *Könnt* ihr die Posttage vorbeygehn lassen, wenn ihr nicht müßt? Die schönen Tage! Die andern sind nur da, um entweder auf den künftigen Posttag zu hoffen oder sich über den vergangnen zu freun. Die süsse Arbeit des Schreibens! es ist doch keine bessere (denn Kl küssen *kann* man nicht allemal). Aber ihr könnt mich gleich still machen. Ihr könnt nur sagen: Wir haben *Kinder!* O dann bin ich so still, so still! – Nun will ich euer *Altes* beantworten. [...] – Harriet heißt Henriette, du könntest das deinen Mann ja nur fragen, er wird doch nicht alles vergessen haben. – Dein griechisches Wort (weil wir doch bey Wörtererklärungen sind) brauchst du recht, aber schreibst es nicht recht. Du Erzaffe! es ist das französche par exellence. Sollte man nicht denken, ich wollte dich griechisch lehren! Aber ihr seht meine Genauigkeit im Antworten. – Die arme Olden! Sie ist unglücklich wenn sie schwanger ist u unglücklich wenn sie nicht schwanger ist! Für ihr Unglück ist kein

Ende! *Wir* können nichts sehn –– aber Gott kann alles. Ihr alle werdet doch niemals mein Schicksal vergessen. Ich fürchte daß sie stirbt! – Ist der Mumsen ihr 30ster Decemb: glüklich vorübergegangen? Ich danke euch für alles, was ihr mir zum neuen Jahr wünscht. Es ist wahr D[impfeln] *unsre* Liebe hat sich dies Jahr sehr vermehrt. Meine *itzige* Liebe ist mir aber schon so natürlich, daß ichs nicht merkte, daß sie, wenigstens dem Grade nach, neu war. O wenn wir erst zusammen logiren! Aber, aber die gar zu vielen, nicht zu vermeidenden Zerstreuungen in Hamb! *Hier* hätten wir weniger. Aber ich darf mir mit dem Gedanken wohl nicht mehr schmeicheln, daß jemand von euch hierher kommen wird. Wenn doch einer von euern Männer solche Geschäfte kriegte, daß er her *müste,* o wie schön wäre das, dann kämt ihr doch gewiß mit. Oder wenn ich einmal ein Kind kriegte, aber aber das wird wohl nie geschehn! ––– Soll ich dir noch mehr antworten, Schm[idten], als ich dir schon geantwortet habe? Ich glaube, daß Ein Grund, wenn er wichtig ist, allemal besser ist als viele, die nicht alle gleich stark seyn können, u daher nur mehr schwächen. Ihr habt doch itzt auch Frost? u recht sehr. Seit Weihnacht haben wir ihn. Kl geht alle Tage ausserm Thor, was sicher ist, auf Schrittschuhe, u befindet sich sehr wohl dabey. Ich spatzire manchmal des Abends u befinde mich auch wohl. Neulich sah ich mitten auf dem grossen Königsmarkte sehr schön den Mond u dachte an euch. – [...] Nun rühmt mich nur nicht mehr künftig (ihr habt mich einige Zeit recht mit Lobeserhebungen überschwemmt) sonst möchtet ihr mehr solche trockne Briefe kriegen. Ihr wißt wohl, verzogne Kinder können kein Lob vertragen. Aber doch besser ein solcher Brief, als gar keiner, nicht wahr? Grüßt Mama u alle.   MKl

270. Meta an ihre Schwestern, 11. 1. 1757

d. 11ten Jan 1757
57 das garstige Jahr! Ich haßte immer die ungrade Zahl, wie ich klein war. Ich wuste nicht warum das in meiner Empfindung war, itzt weis ichs. In den ungraden Jahren seh ich euch nicht. ––– Ich will über den Ostwind also nicht schmälen weil er das *eine* gut macht; das *andre* hat er sonst sehr schlecht gemacht, ich kriegte euern Brief erst diesen Morgen. – Und du meine Schmidten wärst bald krank geworden? O Gott verhüte daß niemand von euch krank wird, ich kann das nicht ausstehn! Ich liebe euch viel zu sehr! Diese Nacht träumte mir,

Meta, *meine Meta* wäre todt. Ich kann dir nicht sagen, was ich diesen ganzen Tag über diesen Gedanken ausstehe! So wenig ich geneigt bin die Erfüllung eines Traums zu glauben, so viel Eindruck macht er gleichwohl auf mich. Ich denke so viel an die geträumte Sache. Danke Meta für die Buchstaben, die sie mir geschrieben hat. Schon das hat mir eine rechte Freude gemacht. Was wirds nicht, wenn sie mir erst einen kleinen Brief schreibt. Dein Mann fährt doch fort sie zu unterrichten? Wenn ers versäumt; so must du einen Schreibmeister nehmen. Du kannst nicht länger damit warten; es gehört zu ihrer Ausbildung. Nicht das Buchstabmalen; sondern daß sie dadurch anfängt, bestimmter u zusammenhängender zu denken, wenn sies aufschreibt. Sey wegen ihrer Empfindlichkeit nicht besorgt. Wenn sie auch ein bischen künftig dadurch leidet; so fühlt sie auch die Glückseligkeit mehr u – empfindet vielleicht desto mehr in der künftigen Welt. Du must ja nicht unterlassen sie durch die Religion zu rühren, wenn sie gleich weint. Wollte Gott daß alle Eltern ihre Kinder so rührten; so wären vielleicht so viele Leute nachher nicht so kalt. – Fürchte nicht, daß ich wegen eines gewissen Contracts etwas sagen werde. Ich fühle viel zu sehr, daß wer eine Republicanerin gebohren ist, die stirbt auch eine. Nur wir Republicaner haben ein Vaterland, u die Knechte nicht. Wenn ich Hamburg ungetreu werden kann, so werde ichs Klopst. auch. – [...]

271. Meta an ihre Schwestern, 15. 1. 1757

d. 15ten Jan 1757.

Es ist nicht genung mit dem Ostwind, er nimmt seinen ärgern Bruder, den Nordwind noch zu Hülfe, auf daß ich eure Briefe auch heute nicht kriege. Ich möchte nur wissen, obs euch dafür besser ginge, oder ob vielleicht gar schon Eis im Belte ist. Wißt ihr auf welche Art die Post dann über geht? Sie macht sich an ihrem kleinen Bote fest, rudert bis an eine Eisscholle, dann springt sie hinauf, zieht ihr Boot, das dazu gemacht ist, nach sich bis sie wieder an Wasser kömmt, u dann wieder hinein, u so fort. Ihr könnt denken in welcher Gefahr sie oft ist, u wie naß sie allemal wird. Wenn ich mir vorstelle, was die Leute, die nur *Brod* dadurch haben, ausstehen; so denke ich, daß wir, die wir *die Freude* haben, niemals über das hohe Postgeld murren sollten. –– [...] Ob ich noch was von Hamb. haben will? Nein. Eine Person, der alles geschenkt worden ist, u der ihr itzt wohl noch mehr schenken würdet, muß nichts haben wollen; *sonst* möchte ich noch wohl weisse Bohnen, wir essen sie so erschreklich gerne. – Das war eine heßliche Materie bis hieher, u ich habe drüber alles vergessen, was ich schreiben wollte. Nun ich will warten bis Peter zu Hause kommt, vielleicht bringt er mir noch einen Brief. Kl. hat seinen Hals ein bischen verschrittschuet, aber es hat nichts zu sagen, u ich habe ihn drüber die ganze Woche beständig bey mir gehabt. Sonst befindet er sich gottlob recht gut. Ich will euch eine Probe von seinem guten Schlaf geben. Vorgestern Nacht brannte eine ganze Zuckerbeckerey ab. Wir wachten beyde, wie der Kerl Brand rief. Ach Kl. Brand! sagte ich, bey dem Winde! O es wird ein bischen im Schornstein seyn, sagte er; kehrte sich um, steckte seine Naase ins Küssen, u schlief, bis den andern Morgen um 10 die Parade Trommel ihn erweckte. Du weist daß wir unten an der Strasse schlafen; aber das schadete ihm nicht. Er verschlief alles Anklopfen an den Häusern, das Aufstehn aller Leute in der ganzen Strasse, einen Lerm auf der Gasse, als auf der Hamburger Börse, das Sprietzefahrn, die Pferde der Brandmajors, die Glocken u eine Tromel, die einem das Gehirn herausschmetterte. Ich lag bis an den hellen Morgen in grosser Angst, ich wäre so gerne aufgestanden, aber die ehliche Liebe siegte über alles, ich blieb, u erweckte Kl. nicht. – Da kommt Peter eben wieder. Noch keine Post! Grüßt die Olden von mir recht ernsthaft. Sagt ihr ich bitte sie um aller der zärtlichen Freundschaft, womit ich sie liebe, um eine Liebe die nicht mit dieser Welt aufhören soll, daß sie sich den Tod nicht wünscht. Es ist Sünde, wir *dürfen* das nicht thun. Ach laß sie, laß sie doch ja beharren bis ans Ende! Laß sie sich ihres Kreuzes nicht unwürdig machen, u eine Strafe verdienen! Ach laß sie doch *Gott* trauen. Kann er nicht alles, auch da, wo wir nichts sehn?

>Ihr seyd durch seinen Tod geweiht,
>Zu Himmelsfreuden;
>In jeder kurzen Traurigkeit,
>Jedem Leiden,
>Klagt ihr gleichwohl: ach der Herr
>Der Herr vergißt der Seinen.
>Kann ihres eingebohrnen Sohns
>Ein Weib vergessen?
>Und könnte sie auch ihres Sohns,
>Sein vergessen:

O so will ich deiner doch,
Ich deiner nicht vergessen.

Dies sind 2 Strophen aus einem Liede von Kl. nach der Mel. Mit Fried u Freud ich fahr etc. Ich hoffe, daß sie ihr zum Troste dienen können. Lebt alle wohl u liebt mich alle MKl.

272. E. Schmidt an Meta, 1. 3. 1757

Hamb den 1 Marz 1757
Sontag Abend 8 Uhr habe ich dir einmahl wieder durch den Mond gegrüßt. Das haben wir lange nicht gethan. Diesesmahl aber habe ich Kl[opstock] noch innigriger [!] als dir gegrüßt, denn ich war zum Abendmahl gewesen u hatte eben 2 ganze Gesänge im Messias gelesen. Du weist was der Mess: immer vor Empfindungen erweckt, wie ganz besonders aber rührt er nicht an solchen Tagen vor allen. Die Worte pag 72. v: 250 sind mir besonders den Tag ganz unschäzbar gewesen; sie haben mich in der Kirche, zum Altar u vom Altar begleitet, u ich habe die volle Kraft der Worte *gefühlt:* Sele die du unsterblich bist u seine Wunden einst schaun wirst etc. O Gott segne Kl segne ihm dies Werckzeug deiner Ehre, stärcke u erhalte ihm daß er noch mehr zu deiner Ehr thun kann. O laß ihms laß ihms vollenden. – Ich habe mich lebhaft an den Gedancken vergnügt, daß da so viele (ja fast alle) die was gutes, was großes geschrieben haben, durch ihren Charackter, durch ihre Wercke, ihren Schriften wieder sprächen; Klopstocks Wandel u Charackter so *völlig* damit über einstimte. Aber es war auch nicht möglich daß jemand der kein wahrer Christ war *so* schreiben konte. Der Verfasser des Messias *muste* die Wahrheit, die Kraft, die Seligkeit, derer Sachen die er schrieb *an sich* erfahren und empfunden haben.

O welche selige Tage sind doch diejenigen die wir Gott widmen, was ist eine ganze Welt voll rauschender Vergnügen gegen eine Stunde Ruhe von der Art. Warum kan man sie nicht immer genießen. Ich hatte auch noch die Entzückung, meinen Mann unterdeß ich im Mess: laß, immer mit Thränen der Andacht u Ruhe in den Augen neben mir über zu sehen. Ich dachte noch in den Stunden, daß ich doch wahrlich recht gut nach meinen Sin u Fähigkeiten verheyratet wäre, ja ja nach dir u der D[impfeln] bin ich die glücklichste Frau. Wen ich unsre *3* Männer mit andern auch die von der besten Classe, mit allen Männern unsrer Freundinen zusammen halte, wie *viel* haben wir den voraus, welch ein erschrecklicher Unterschied. O ein besonderer Seegen unsres so theuren Vaters glaube ich hats uns zuwege gebracht, daß wir *alle 3* so gut versorgt sind. Du weist nicht was ich alles von andern Männern höre, welche Dinge! Wie hat Gott doch für mich u die D[impfeln) gesorgt, da wir unsre Männer gar nicht kanten, u auch für dich, du hättest dich so gut irren können als andere. *Du* bist die allerglücklichste, wen auch noch so vielerley an dein Glück zu mangeln scheint. [...]

Wie gefällt dir dies Brief Format, es kostet nichts mehr als die andern, nim auch künftig solches so kanstu mehr in einen Brief schreiben. Daß ich so höckricht schreibe macht Martin der immer am Tisch stößt u Mama, Papa rufft vielmehr schreyt, u der mit Gewalt haben will daß ich ihm aufn Tisch wälzen soll wie dein Mann mit Joh[annchen] zu thun pflegte. Dies Spiel muß ich doch offt mit den Kindern vornehmen, u Betti u Joh: binden u wälzen wie HErr Ohm gethan hat.

Wenn ihr nur um 2 Jahr wiederkämt so vergessen euch die Kinder gewiß nicht. Sie schwatzen *noch* genug von euch. Da schlagt 4¹/₂ Uhr adieu. Beym Trisette [Kartenspiel] will ich an dich dencken. — [...]

E. Schmidt.

Besondern Gruß von deine Meta.

273. Meta an ihre Schwestern, 5. 3. 1757

D. 5ten März 1757.

Dein letzter Brief hat mich sehr erfreut. Ich habe Gott gedankt, daß er *dir* solche Tage der Ruhe u der Freude gegeben. Freylich sind die Tage die besten, die wir Gott widmen! Wenn doch alle unsre Tage solche seyn möchten – seyn *könnten*. Aber es ist wirklich für diese Welt nicht möglich. In jener Welt wirds seyn. Und wir können uns eine ziemliche Vorstellung von der Seligkeit machen, wenn wir uns die machen, daß es ein fortdauerndes Entzücken seyn wird. Und das Entzücken *über Gott* wie viel mehr ist das noch Entzücken, als alles übrige. – Wenn du so viel über Kl. empfindest, wenn du im Mess. liest, so kannst du denken, was ich empfinden muß, wenn ich bey ihm sitze, u ihn arbeiten sehe, mit der würdigsten Mine der Andacht, blaß vor Empfindung, mit Thränen in den Augen arbeiten sehe! u meine Seele dann unaufhörlich den Gedanken denkt: *Er ist dein*

Mann! Ja ich *bin* die allerglückseligste Frau! Einen Mann zu haben, dessen Eigenschaften *alle* so groß, so schön u so gut sind, als Klopstocks Genie, das *ist* Glückseligkeit! Mir fehlt nichts in der Welt (mehr Reichthum fehlt mir nicht) nichts als *ihr!* -----

Ich habe gestern eine gute That gethan. Wir sahn die Sachen eines sehr vortreflichen Graveurs en piere fine. Er sagte, daß es sein gröstes Vergnügen auf Reisen wäre, die Bilder grosser Männer gratis zu machen, u die mit zu nehmen. Ich war zu bescheiden zu sagen, daß er hier die würdigste Gelegenheit hätte (denn der Mann wuste es nur nicht) – Was ich aber für Kl. zu bescheiden war, das war ich nicht für Young u Richards[on]. Ich sagte ihm, zwar mit meinem natürlichen Rotwerden: Daß, da er itzt nach Engell[and] gienge, seine erste Pflicht wäre Y. u R. zu graviren. Er nahm darauf sein Taschenbuch heraus u schrieb hinein: Y. u R. recommendés par M. Kl. Wenn nun noch kein Bild von ihnen da ist, u *ich* bin die Ursache, die sie der Nachwelt erhält, habe ich dann nicht eine gute That gethan? u werden die Enkel eurer Enkel es mir nicht danken? --- [...] Lebt wohl [...] MKl.

274. E. Schmidt an Meta, 6. 3. 1757

Hamb den 6 Marz 1757
Sontag Abend 9 Uhr

Da bin ich an einen ruhigen raren Sontag mit meinen Mann am Tische. Er käuet noch an seine gefangnen *ersten* Baarsen, ich bin schon lange satt, u mir mangelt nur noch an allen stillen Freuden dieses Tages diese, daß ich an dich schreibe.

Aber wenn ich recht anfange zu schreiben alles was ich fühle, so wirds nur lauter Exclamation oder tragediiren (wie mein Mann das an mir nent) also will ich nur kurz um sagen, daß ich wieder im Mess[ias] gelesen u noch voll Schauer über Judas bin. So schön so unverbesserlich die Stelle auch ist, so glaube ich doch ich lese sie nicht wieder, ausgenommen wenn ich nicht mich zur Buße erwecken kann, so will ich die Worte lesen. Da ist Gethsemane -- Da das Hauß wo du seines Todes Gedächtniß empfingst etc. --- O die Stelle da der Engel so viel Seelen eben Verstorbner ans Creuz führt u sagt: Keiner von Weibern gebohren kan ohne den Mittler der hier am Creuz blutet, den Ewigen schaun etc. [...]

Es ist hier sehr veränderlich Wetter, vor 8 Tagen hatten wir das schönste Frühlingswetter, nachher haben wir das gräßlichste Herbst u Aprillwetter gehabt, Regen, Hagel, Sturm, Schne, u gestern einen Bliz u Donerschlag. Dieser hat mich sehr gerührt, es war eben ein solch unvermutheter als der so unsre Kirche anzündete. Ich ließ die Kinder beten, u siehe! Martin den ich doch nichts gesagt hatte die Hände mit gefaltet wie ich nach ihm sah, u stammelte die Wörter nach, so ich den andern vorbetete. Das bewegte mich sehr. Heute frirt es ordentlich ein wenig. [...]

Der Einfall von den Mann an den Sirach dachte da er vom Mörser schrieb ist allerliebst aber zu unmidleidig für den armen H[ohorst?]. Ich muß doch stolz thun u dir sagen, daß niemand unsrer Geselschaft so Bibelfest war den Einfall zu verstehen als allein *ich*. [...]

Sirach: vielmehr Sprüche Salomonis 27, 22: Wenn du den Narren im Mörser zerstießest mit dem Stämpfel wie Grütze, so ließe doch seine Narrheit nicht von ihm.

275. Meta an ihre Schwestern, 9. 3. 1757

d. 9ten März 1757
Ich bin heute in einem Concerte gewesen. Wundert euch nicht, daß ich euch das erzähle, ich habe viel davon zu sagen. Wie gleichgültig, wie uninterressant ist einem eine Gesellschaft von 100 Gesichtern, davon [man] nicht eins kennt! Das wird ein hübscher Nachmittag seyn, dachte ich, (denn ich stellte mir vom Concerte so nicht viel vor). Du wirst für die vielen Nachmittage büssen müssen, wo du so prächtig u glänzend unter den Kreisen der Entretenirenden in den Hamburgschen Concerten thriumphirtest! *Klopstocks Frau* muß für die nackte Meta Moller büssen! Ich setzte mich auf den ersten leeren Stuhl, denn alle Nachbarinnen waren mir gleich. Alles um mich herum schwatzte dänisch mit einer Geschwatzigkeit als wenns Französinnen weren. Ich saß noch immer still. Endlich entdeckte ich an der andern Ecke des Zimmers Ein Frauenzimmer, das ich kannte. Ich grüste sie. Alle ihre Nachbarinnen fragten, wer ich wäre. De äre en Tüske (es ist eine Teutsche) war die ganze Charakterisation, die Meta Moller u Kl. Frau bekam. In dem Munde einer Teutschen wäre es ein Lob gewesen, aber in dem Munde einer Dänin ists nicht. Ich saß noch eine halbe Stunde still; endlich konnte ichs nicht länger aushalten; so wohl, nicht so lange still zu sitzen, als auch, so angesehn zu werden. Ich fing also in der Angst an, mit meiner unbekan-

ten Nachbarin, dänisch zu sprechen. Ich entschuldigte mein dänsch, weil ich *nur* en Tüske wäre. Sie machte mir ein Compliment hierüber, u. sagte, daß sie deutsch mit mir sprechen würde, wenn sie sich nicht fürchtete. Denn ob sie gleich eine gebohrne Deutsche wäre, (man sahs ihr wahrhaftig nicht an) so hätte sie in den 18 Jahren, die sie hier wäre, ihr deutsch fast ganz vergessen. Ich ergrimmte hierüber. *Achtzig Jahr*, dachte ich, sollen dich weder deiner Mutter Land, noch deiner Mutter Sprache vergessen machen! Nun schickte Kl. mir einen unsrer Bekanten her. Nun debroulirte sich auch ein Officier, den ich Einmal gesehn hatte. Diese beyden Herren blieben bey meinem Stuhl, u. ich war *heute* sehr vergnügt mit ihnen; auf ein andermal würden sie mir vielleicht sehr gleichgültig gewesen [seyn]. Wies Concert aus war u. ich mit meiner Einen Bekandten sprach, kam der Officier mit einem jungen Frauenzimmer an der Hand: Hier presentire ich Ihnen, die Poetinn Hagen, welche wünscht von ihnen gekannt zu seyn. Niemals hatte ich so große Mühe d[as L]achen zurück zu halten. Es wäre bald mit einem vollen Sturz ihm u der *Poetin* ins Gesicht gekomen. Das gute Kind ward doch auch rot, bis auf dem äussersten Eck der Brust, den ich sehn konnte: O Herr Capt: was sagen sie da! (Ich) Der H. C. will mir nur Eine von ihren schönen Eigenschaften zeigen, u. mir das Vergnügen machen, die andern selbst zu finden. (Poetin) *O ich habe gar keine Eigenschaften!* Ihr könnt wohl denken, daß ich hierauf nicht antworten *konnte*, das Lachen wollte wieder heraus. (Poetinn) Sie sind *auch* eine Gelehrte --- (Ich ihr in die Rede fallend, denn wer könnte es aushalten, *auch* eine Gelehrte zu seyn, mit einem grossen O, so wie die ihrigen gewesen waren) O ich bitte sie, darauf kann ich gar keinen Anspruch machen! Ein bischen Geschmack u. ein bischen Lesen, ist alles, was ich mich rühmen kann (Ich wollte daß ihr meine *allerdemüthigste* Mine hierbey gesehn hättet, ob ich gleich ein bischen lächelte.) (Poetinn mit einer *so* wichtigen Mine, u einer solchen Bewegung der Hand, daß das Lachen durchaus nicht länger bleiben wollte.) O! (denn das o! kam allemal) O, das ist schon genung! das ist schon genung! --- Nun noch ein bischen nach Kl. gefragt, welchen *sie selbst* bewunderte, u dergleichen, da kam mein Wagen. – Die Poetinn Hagen ist eine solche Poetinn, wie wir Dames sind, wenn wir uns darauf einlassen. Denn die Natur hat in allen 6000 Jahr ja nur Eine, die Sapho, hervorbringen können! Uebriegens war es ein so kleines unschuldiges Mädchen, mit einer so bescheidnen, natürlichen Mine, daß ich nicht weis, wie ichs mit ihren Reden zusammen reimen soll. --- Da habe ich euch nun einen ganzen Bogen voll geschrieben ohne daß ich weis, ob er euch interressirt. So gehts wenn man von *sich* spricht. Ich hoffe aber doch, daß ihr ein bischen lacht.

276. E. Schmidt an Meta, 17. 3. 1757

Hamb den 17 März 1757

Besser kann der 16 März nicht gefeyert werden, als er gestern gefeyert ist. Erstlich habe ich mit meinen Mann u Kindern gestern Mitag mit den Schlage 2½ Uhr feyerlich deine Gesundheit getruncken, mein Mann u ich mit klingenden Gläsern, darnach alle Kinder nach der Reihe. Meta wünschte Matante langes Leben u einen kleinen Sohn. Betty sagte: O du hast es zu sachte gesagt Meta das kann Matant nicht hören, u nun schrie sie aus allen Kräften: Matant ihr Gesundheit. Jo[hannchen] war dieses zu neu, er wuste nicht recht was er da aus machen solte u sagte nur ganz blöde u Erstaunungsvoll Gesundheit matante. Endlich stammelte Martin ganz her matante Koptock ihr sundheit. Des Nachmitags war unsre Geselschaft (die sonst Freyt[ag] erst seyn muste) bey der D[impfeln] und wir weyhten zugleich an diesen festlichen Tage, *mit unsrer Geselschaft* deine künftige Stube ein. Wir waren aber alle 4 ordentlich zu voll zu gerührt u zu: ich weis kein Wort hiezu, als daß wir schreiben könten obgleich alles dazu zu recht war. Es ward also nur eine Hagensche Ode von der D: zu stande gebracht welche du mit den Lachs der heut nach Lüb[eck] geht empfangen wirst. Es ist auch gestern verabredet nicht wieder an dich zu schreiben wenn wir 4 zusammen sind, den wir bringen doch nichts rechtes heraus, u wir haben den nachher nicht Zeit genug alles auszukramen was eine jede von uns auf ihren Herzen hat, den unter uns 4 hat eine vor der andern nichts geheim. u da kanstu dencken, was da immer vorfällt zu klagen, zu trösten, zu critisiren, zu belehren, zu moralisiren etc. u da dieses die Haubtabsicht der Geselschaft ist so wollen wir doch derselben nicht gern verfehlen, wir haben uns auch noch eine Verbindlichkeit aufgelegt nemlich allemahl wenigstens 1 Stunde trisette zu spielen, weil die Olden besondre Lust dazu hat, u wirs auch gerne sehen daß sie es lernt, es kann ihr doch noch zuweilen zerstreuen, u auch Vergnügen machen da sie Gout darin findet. [...] Wie habe ich über deine *origrinal* Beschreibung deines Concerts, u der Mad[ell] Poetin lachen müssen, wir haben uns gestern recht sehr damit vergnügt, so wie ich laß so besorgte ich nun immer daß der Olden ihr dicker Bauch bersten muste, den das Lachen kahm bey jeden O! immer stärcker heraus. Schreibe uns doch ja oft dergleichen Sachen, du weist ja wie interessant solches ist wens dich angeht u wen *du* es beschreibst. Wenn du einmahl ein Buch schreiben willt so must du absolut etwas im erzählenden Styhl schreiben, hörstu? [...]

277. C. M. Dimpfel an Meta, 25. 3. 1757

den 25 Märtz 1757, Hamburg

[...] Heute geht dein lachs erst nach lübec, ich meinte daß er am 16 schon weggehen solte, und schrieb dir dabey in Knittel Versen, ich wolte diesen brieff bey den lachs legen, aber er möchte fettig werden, und dann wäre dis schöne Original verdorben, darum will ich ihn hiebey schliessen, – neulich erschienst du mich mahl recht im Schlaff wie es sich gehört, mich träumte du kamst mit K. zu reisen ohne daß ich euch erwartete, ich war ein bischen embarasirt, weil eure Kammer noch nicht völlig in ordnung war, das erste was ich aber that war daß ich so gleich stindte braten und kochen ließ und sie dir hinauff brachte, wie ich nun damit kam so stand Klopstock hinter deinen stuhl und rauchte dooback (das war obersächsisch geschrieben) und Dorthe und Peter spielten mit einen kleinen süßen jung den du auf den Schooß hattest, dieser kleine jung war *dein sohn,* er war 2 jahr alt, sahe Anderson seinen sohn ähnlich, sehr blond, drollicht, nüdlich war er, er lachte und griff nach ein Klöterding, das die andern ihm wegnehmen wolten, er hatte einen blauen und silbern fell hut auf, sein Kleid war blau und weiß gestreifft lein, solche kleine blaue streiffen, so wie du selber ein in deiner Kindheit getragen, mich träumte noch allerhand mehr das zu weitläuftig ist herzusetzen, aber das ist die art wie du mich erscheinen solt, lebe wohl grüsse deinen Mann der liebe Gott wird euch einen solchen kleinen jung gewiß bescheren, wenn es euch gut ist, vieleicht bleibt er *nur* so lange aus bis du uns näher bist   CMD [...]

278. Meta an ihre Schwestern, 26.3.1757

d. 26ten März 1757

Ich habe heute keine Briefe; ich kann also nur ganz ruhig den von vorigen Posttag beantworten. Ich danke euch nochmals für die Feyer meines Geburtstags. Ich denke nur immer, ich verdiene das nicht, u. ich mögte doch nicht, daß ihr mich weniger liebtet. Das weis ich wohl, daß ich euch eben so sehr liebe, daß ihr mich nicht mehr lieben *könnt*. Ich würde eure Geburtstage so feyern, wie ihr den meinen, wenn ich solche Freunde hier hätte. Itzt aber muß ich mich damit begnügen, daß ich an euch denke, es Kl sage, mit ihm von euch spreche, u für euch bete. Ich habe mich auch gefreut, daß deine 4 Kinder ihn mit gefeyert. Kann den Martin schon so viel sprechen? – Es freut mich daß ihr mir so viel Gutes von der Witten sagt. Ich habe ihr alles das zu getraut. Aber ist sie schon *bestimmt* genung? weis sie *warum* sie eine Sache thut? Ist es aus *Ueberlegung*, daß sie *so* handelt u. nicht anders? Laß dies ja ein Hauptgeschäfte eurer Gesellschaft seyn. Dies ist etwas, daß so vielen Männer u noch mehr Frauenzimmer fehlt. Und es ist doch so sehr das Eigentliche der Tugend uns einen gewissen Plan unsers Lebens zu machen, von dem wir nie abweichen, den wir nur nach den Vorfällen *biegen*. Gewiß von unsern Handlungen zu seyn, daß wir immer *so* u nie anders, nie nach Afecten, nie nach Hümeürs, nie nach ungefehren Eindrücken handeln. Ich weis wohl, daß ich euch u mir eine grosse Lehre hier gebe; aber ich gebe auch euch u mir unser ganzes Leben dazu sie zu lernen. – Eben fährt die Gräfin Stolberg von mir. Ich kenne sie also itzt auch, u ich hoffe sie soll nicht allein *Kl* Maitresse bleiben. Sie ist eine sehr sanfte freundliche vernünftige Frau, ohne alle Airs, das könnt ihr auch aus dem Besuch sehn, denn ich hatte mich nur Mitwoch bey ihr melden lassen, sie war nicht zu Hause u. gleich heute kommt sie zu mir. Sie sieht aus, wie die Rütgern. Apropos was macht sie u. die alte Cordes? Grüßt sie. –

Hohorst *hat* itzt Empfehlungsschreiben. Der Mensch hat bey seinem Unglück erstaunlich viel Glück. Es wird ausserordentlich viel für ihn gethan. Es geht hier das Gerücht, daß er Carlowitz nahe bey Hamb[urg] im Duel erschossen. Weil ihr aber nichts davon geschrieben, u man gewisse Nachricht hat, daß C. in Frankreich ist; so glauben wirs nicht. Klagt mich nicht wegen *des Mörsers* an. Wir müssen nicht *blind* seyn bey unsern Freunden. Ich schätze die Guten

Seiten seines Herzens allemal. Und ich habe ihm seine Narrheit so oft ins Gesicht vorgerückt, daß ichs auch wohl hinterm Rücken thun kann. Aber daß in eurer Gesellschaft niemand den Sirach gelesen (denn das muß ich glauben) das wundert mich. Wenn ihr überhaupt die Bibel so wenig kennt, wie gehts euch da beym Messias? Es sind so viel kleine Sachen, die man nicht *ganz* versteht, wenn man nicht ihre Allusion auf die Bibel weis. Es geht mir selbst oft manchmal so, daß eine Stelle mir viel schöner wird, wenn Kl. mir ihre Beziehung erklärt. Kl ist immer noch sehr fleißig. Der 11te Gesang ist glaube ich ³/₄ fertig. Habe ich euch schon gesagt, daß er gröstentheils in der Auferstehung der Heiligen [besteht] (Es standen auf viel Leiber der Heil[igen]). Kl. ist, wie in allem, (erlaubt seiner Frau das zu sagen) so auch hier unerschöpflich. Wie vortreflich sie alle auferstehen, was sie empfinden! Ohne euch die vielen übrigen zu nennen sind Rahel, die Mutter der sieben Söhne, (die Martyrerinn aus den Maccabeern) u die 3 Männer im feurigen Ofen (wie man sie gewöhnlich nennt) meine Lieblinge. Wenn ich nur Zeit hätte abzuschreiben! Für die Stolberg habe ich sie schon abgeschrieben u. sie hat die Abschrift von *meiner* Hand behalten wollen; sonst wollte ich euch die schicken. Ein sicheres Mittel meine Reisebeschreibung zu kriegen, ist das ihr nicht schreibt. Wollt ihr dieses grausame Mittel brauchen? Ihr kriegt sie *mit der Zeit* gewiß, u ihr verliert bey *meinem* Gedächtniß gewiß keinen Umstand. Es kommen noch sehr lustige. – Lebt wohl MKl.

279. E. Schmidt an Meta, 8.4.1757

Hamburg den 8 Ap 1757

Der heutige Tag hat mich an den Charfreytag 1748 erinnert, an welchen dein Mann in einer großen Kranckheit in Todesgefahr gewesen. Ich habe Gott gedanckt daß er diesen Theuren, zu seiner Ehre zum Nuzen so vieler Menschen, u zu deiner Glückseligkeit erhalten hat u habe ihm gebeten, ihm noch ferner u lange zu erhalten. Welche Freude macht es mir wenn ich höre daß am Mess[ias] gearbeitet wird. Wenn ich deine Favoriten nur erst hätte aber just lauter Helden aus Apocriphischen Büchern genommen? Warum das? Erinnere ichs mich recht steht nicht auch David auf? Streitet dieses auch mit einer Stelle in d[er] Ap[ostel] Gesch[ichte] 2 V. 29 etc.: Wo Pet[rus] sich ausdrücklich darauf beruft Davids Grab (u er darin) wäre da bey ihnen etc. Nehmt mir diesen besonderen Einwurf nicht übel. Wird

Adam in Cop[enhagen] gedruckt? so weiß ichs schon daß er anstatt Ostern 57. erst Ostern 58 fertig wird. Sind noch einige deutlichere ausführlichere Stellen vom künftigen Mess[ias] hineingekommen? Vergieb mir dies. es liegt mir zu sehr am Herzen. [...]

280. Meta an ihre Schwestern, 19.4.1757

d. 19ten Apr. 1757.
Ich will mich immer für euer Nichtschreiben rächen, u ich kanns doch nicht thun. Aber nun es Sommer wird kann auch ich Verhindrung kriegen, so wie ich heute bald welche gehabt hätte, denn ich spatzirte mit Kl. auf dem Wall. Es ist recht schön Wetter, aber wann wir aufs Land kommen, das weis der Himmel! vielleicht sehr spät, denn ich denke immer Rahns sollen erst verreisen. – [...] Was macht Johanchen? Du nimmst ihn immer doch sehr in Acht, Schmidten? Wenn euch *itzt* ein Kind sterben sollte; so habt ihr immer noch den Trost, daß ihr *noch* nicht hättet inoculiren *können*. – Aber ich will von dieser traurigen Materie abbrechen; u. zu einer im eigentlichsten Verstande, *lustigen* übergehn, worum ich auch dieses grosse Blatt genommen habe, nämlich um meine übrige Reisebeschreibungs-schuld auf einmal zu bezahlen. Wenn meine Erzählung aber schläfrig wird; so nehmts nicht übel, ich bins selbst durch meinen Spatziergang. – Ich glaube ich habe diese Vorrede schon mehrmal gemacht –

Wir segelten also. Ich war in meiner Cajüte, allein. Ich lag im Bette u. hatte nur meine Schelle zur Gesellschaft; das war auch alles was ich brauchte. Ob ich gleich keine eigentliche Gefahr fürchtete, so war ich doch sehr ernsthaft u sehr ruhig. Aber mein armer Körper wars nicht, ich war so seekrank wie man nur seyn kann, u. wenn ihr meinen letzten Tag u meine beyden letzten Nächte bedenkt, so könnt ihr euch vorstellen, wie matt ich ohne dies war. Kl. kam einmal in die Cajüte u. erschrack vor mir, denn bey einem immerwehrenden Erbrechen strömte mir der dicke kalte Schweiß vom Gesicht, u ich war so matt daß ich nicht mehr ächzen konnte. Seht, das muß man leiden, wenn man zu euch will! – O wie gerne leide ichs! – So blieb ich bis Mittag, eben so krank, aber auch in einer so vortreflichen *christlichen* Ruhe. Nun merkte ich daß Sturm ward, an der Bewegung des Schifs, an der Gewalt des Windes u am Lärmen der Schiffer. Dieses machte mich noch ernsthafter aber auch noch krän-[ker]. Mit einmal schlug eine grosse Welle aufs Schif. Alles fing an zu lärmen, zu laufen, zu schrein, zu lachen u zu brechen. Sieben Personen stürzten einer über dem andern in die Cajüte herein. Kl kam mit einer lächelnden Mine an mein Bett: Es ist ein bischen Sturm Meta, u. war ganz naß von der Welle. Meine Frankfurterin warf sich in der Mitte der Cajüte auf eine Kiste: Ach Kott! ach Kott! ich schterpe, ich schterpe! Cha, das ischt kewiss ich sterpe! Ach Kott! ach Kott! (einige 20 mal mit der grösten Geschwindigkeit nach einander). Ach ich pihn schon todt! ich piehn schon todt! Nur ins Krapp mit mir nur ins Krapp nur ins Krapp (wieder 20 mal). Dabey sich beständig auf ihrer Kiste herum gedreht u hingespieen wo sie zu kam. Unterdeß, daß sie diese schöne Scene machte, gegen welche, weder mein Ernst noch meine Krankheit halten wollte, ich muste lachen so matt ich war, unterdeß sassen 2 Herren bey ihr, u. spieen als wenn sie sichs verabredet hatten, beständig in einem Bogen gegen einander an, so daß es immer über ihren Rock kam. Sie that böse wie sie sah daß sie so *bekozt* war (ein frankf: Wort, vermutlich) aber ich glaube nicht daß sie es würklich war; denn es gab ihr Gelegenheit, Andres zu sagen, daß er die Schlüssel zum Kofre nehmen, u. einen andern Rock *langen* sollte: Den rothen, nein, den blauen, nein toch Antreß, den grünen, toch laß esch nur paim gelben bleiben. Der Sturm legte sich etwas, wir kriegten contrairn Wind, u legten mit Einbruch des Abends bey Falster Anker. Nun fing alles um mich herum an zu Essen, ich aber, die seit Montag Mittag (es ist Dienst. Abend) nicht gegessen hatte, u. auch da sehr wenig, denn das war die erste Maalzeit ausser Hamb., ich konnte nicht. Nach dem Essen kam alles, was in die Cajüte gehörte, herein, um zu schlafen. Wer diese Leute waren, u wie wir alle schliefen, denn wir waren 8, das will ich euch künftig erzählen, denn ich sehe, daß meine Materie viel zu reich ist, als daß ich heute damit fertig würde. – Wie gefällt euch meine Dame? Sie wird noch oft vorkommen. Aber könnt ihr ihren Dialekt auch verstehn? oder soll ich sie kü[nftig] niedersächsisch reden lassen, doch dabey würde sie manchmal zu viel verliehren. Adieu alle   M.

281. E. Schmidt an Meta, 22. 4. 1757

Hamb: Freyt Morgen 10 Uhr
22 Ap 1757

Guten Morgen meine Schwester. Es ist so schön heiter Wetter, alles grün und mein Gemüth ist eben so heiter daß ich notwendig gleich schreiben muß. O die Wohlthaten die vielen die großen Wohlthaten meines Gottes machen mich so heiter. Zwar habe ich auch trübe Stunden nemlich darüber daß ich Gott nicht dancken kann, den leider süße Stunden des Dancks kenne ich nicht, wenig halbe Augenblicke werden mir wohl gegönt aber sehr selten. Doch wen ich nur *kan* heiter seyn so suche ich sehr mich darin zu erhalten u glaube diese freudige Empfindung nimt Gott an statt des Dancks an, den sie rührt ja von der Erkentniß der göttlichen Güte her. Gestern waren wir alle Mama Dimpfels u wir groß u klein aufs Fortifications Häußchen, (D[impfel] ist Fortif: Bürger) es war vortreflich Wetter, die Nachtigal sang schon, wir trancken besonders eure Gesundheit um 9½ Uhr mit den Wunsche euch 58 mit da zu haben. Das war hiebey besonders süß, zu sehen mit welcher geschwinden Bewegung u welchen Freuden Geschrey alle Kinder die Gläser nahmen da die D[impfel] nur euren Nahmen nante, sie stießen die Gläser zusammen daß die Wein übern Tisch sprüzte. [..] Wiltu auch Hagedorns Gedichte die große oder kleine Edition, u auch Gellerts Lieder haben? So schreib es so geb ichs Garmers Köchin mit. Du must mir überhaubt sehr bald schreiben, was sie dir alles mitbringen soll, ich glaub sie reißet noch vor Pfingsten weg u bey dieser Gelegenheit kanstu doch viel kriegen was sonst nicht angeht. Thee u Chocolade bringt sie ohne dein Erinrung mit u wen schon Erdbehrn sind auch diese, aber was du sonst haben wilt das schreibe, ich erinre mich izo nichts. Morgen schickt Papa für dich nach Lübeck: ein Packet mit geräucht: Fleisch, Metwurst, helle Kuchen, Zitron, fransche Aepfel, Marretig in Greißlein gepackt, so bald wir wissen welcher Schifer es hat schreibe ichs, frage aber fleißig, den das Schif könte izo wohl eher als unsre Briefe kommen. [...]

282. Meta an ihre Schwestern, 26.4.1757

d. 26ten Apr. 1757.
Und es ist schon alles grün bey euch? u so gar die Nachtigallen, *eurer Büsche Bewohner* singen schon? *So* weit ist es hier nich nicht. Ich hätte euch zwar von unsern Castanienbaum schon vor 2 Posttagen Blätter schicken können, da ich es aber damals versäumt; so muß ich itzt wohl nicht damit kommen. Nachtigallen haben wir leider beynahe gar nicht. Ich habe zwar Einmal eine gehört, aber dazu muß man eine solche Herumgeherinn seyn, wie ich, um die auszufor-

schen. Rechte schöne Tage haben wir, z. E. heut. Es war ein grosser Streit in mir zwischen Spatzierengehn u. Schreiben, aber worüber siegt *ihr* nicht! Zwo Sachen machen mir schreckliche Vapeurs: Das schöne Wetter, wenn ich zu Hause bleiben, u das *Matrosentragen* nach den Schifen, wenn ich nicht mitreisen soll. –– Zu den grossen Wetter Discours gehört noch, daß wir Donerst: Abend *für hier* ein ziemlich starkes Gewitter gehabt u. Sonab: Morgen wieder einen Schlag, das sind wir Leute hier nicht gewohnt. – Ich erinere mir nichts notwendiges daß die Frau mir mirbringen soll, als 2 ℔ ordinairen grün Thee, der ist mir sehr notwendig, denn ich kriege hier theuren u schlechten. Von Hagedorn habe ich so viel, daß ich erst die neue Edition sehn muß eh ich sie haben will. Gellerts Lieder (wenn ich die *Wahrheit* sagen soll) sind mir zu schlecht, oder er müste sie sehr verbessert haben, denn *gedrukt* habe ich sie noch nicht gesehn. Die *Lehrlieder* sind mir unausstehlich, die gehören gar nicht unter Kirchenlieder. Aber dazu kannst du sie gebrauchen, sie Kindern lesen u. lehren zu lassen. Ich habe nicht geglaubt daß Papa noch was schicken würde (er schickt uns wirklich viel). Es ist mir alles sehr angenehm, aber ich wollte, daß er einen von seinen grossen Schinken mit beygelegt (So gehts! Leute, die viel kriegen, wollen immer mehr haben!) Papa ist immer ein so *Ueberguterhaushalter* gewesen, daß weder ihr noch ich jemals einen frischen Feigenkäse geschmeckt; der letzte war frisch, u. da habe ich erst gemerkt, wie schön sie schmekken. Er war neulich, wie ich tracktirte, eine Schüssel, u. dein Lachs, D[impfeln], die andre. Der war auch sehr schön. Ist das Elblachs? fragte einer, der so was merken muste. Es ist Elblachs, sagte ich. Es ist Elblachs! sagte mein Nachbar. Es ist Elblachs! sagte der dritte. Es ist Elblachs! erklang über den ganzen Tisch. – [...] Hierbey muß ich euch etwas von Kl. erzählen. Ich glaube, ich habe euch gesagt, daß ich eine Art von Journal von Kl. schreibe. Nämlich, daß ich mir, u hauptsächlich euch alles aufschreibe, was mir von Kl wichtig ist. Es ist notwendig, um mich durch nichts zu geniren, daß Kl. dieses nicht sieht. Ich hatte es also bisher vor ihm geheim gehalten. Neulich war er einmal bey der Storlberg [!]. Weil er sonst immer des Abends da bleibt, so vermuthete ich nichts weniger, als daß er kommen würde, machte also meine Thür zu u schrieb an mein Journal. Nun pocht jemand an der Thür. Eine nur etwas *Kunst erfahrne* Frau würde erst ihr Buch weggelegt, u. dann die Thür geöfnet haben, ich aber öfnete nur die Thür. Und wie Kl. es war, ward ich rot, verwirrt, sprang nach dem Tisch, nahm mein Buch und hielt es hinterm Rücken, freute mich nicht u küste kaum Kl. Ich hätte vermutlich den ganzen Abend das Buch vor Kl. können liegen lassen, wenn ich nur Contenance gehabt, u es hernach ganz gleichgültig wegnehmen können. Aber ich hatte keine Contenance u Kl. ward drüber aufmerksam. Was ist dir Meta? Was hast du? Ich immer verwirrter, mein Buch immer auf dem Rücken haltend: Ach Kl. ... ach. ... Du must nicht sehn, was ich hier geschrieben habe, es ist das *Einzige* was ich geheim vor dir halte. Ja Meta, aber itzt machst du mich aufmerksam, itzt machst du mich neugierig – Aber ich wills nicht sehn, wenn meine Meta nicht will. Nun ward mir das Herz leicht, aber nun konnte ich auch nicht schweigen. Ich sagte ihm was es wäre, u erbot mich ihm den Anfang zu zeigen, wenn er glaubte, daß ich lügen *könnte*. Er wollte ihn nicht sehn u wir lachten über meine Angst. – Wie verwirrt muß ein *wirklich* Schuldiger nicht seyn, den man in der That ertappt, wenn eine unschuldige Schuld so verwirrn kann. Ihr seht aber, wie bescheiden u wie grosmütig mein Kl ist! Ach ihr wißt nicht welch eine vollkommne Harmonie der ganze Kl ist! – [...] M Kl

283. Meta an ihre Schwestern, 6. 5. 1757

D. 6ten May 1757
Da habt Kl-s Lieder. Ich habe diese Tage beynah Nacht u Tag geschrieben, auf daß ihr sie endlich kriegtet, wenigstens bin ich früh aufgestanden u das ist schon für mich genug. Kl-s eigne habt ihr alle, von den veränderten fehlen aber einige, welche noch nicht ganz fertig sind. Ich will hoffen, daß ihr alles lesen könnt, denn ich habe abscheulich geschwinde geschrieben. Ich weis wohl daß ich abscheuliche Sachen verschreiben kann, aber ich weis auch, daß ich mich auf mein eigen Durchsehn nicht verlassen kann; ich seh nicht was ich verschrieben habe. Ich will also Kl. bitten, ob ers nicht selbst thun will. Aber ich bitte euch (wäre ich nicht die jüngste Schwester, ich würd itzt befehlen) daß ihr meine Handschrift niemand als meine *vertrautesten Freundinnen* sehen laßt. Denn wenn meine Feder so unvernünftige Sachen geschrieben hat so könnte man denken: Entweder Kl. hätte sie so im Anfange gemacht, u. nur hernach corrigirt, oder: Ich verstünde nicht, was ich abschriebe. Zwo Sachen, die ich beyde nicht will, daß man glauben soll. Vor allen laßt sie keine

Mannsperson sehn *u noch vor allen nicht Alberti.* Kl. läßt sich von seiner lieben süssen Schm. ausbitten, daß sie ihm alle dunkeln Stellen anzeigt, die etwa noch für die Chr: Gemeine in seinen Liedern seyn könnten. *Hierbey geht* auch ein *Gesang* (ihr seht hieraus welch einen Unterschied Kl. zwischen Gesang u Lied macht). Weil ich aber nicht Zeit gehabt diesen abzuschreiben; so muß ich euch bitten [es] selbst zu thun, u *unverzüglich* Kl-s Abschrift mit dieser Addresse fortzuschicken à Mr: Mr: Hubler Etudiant en Theologie à Leipzik in der goldnen Rose auf der Reichstrasse bey Hr. Hennicken. – Frankirt ihn auf unsre Kosten. – Ferner ergeht: Cramers Lieder von Peter abgeschrieben. Ihr werdet sehn, wie viel besser diese schon als Gellerts sind. Das Lied: Wie ein Geschwätz des Tags ist mein Liebstes. ––– Ferner ergeht: Ein Brif von meinen Brifen der Verstorbnen. Das ist der einzige den ich gemacht, seitdem ich von euch weg bin; ich habe aber noch welche im Kopf. Wundert ihr euch nicht, daß ich so dreist werde, ungefordert u. mit Kl-s Wissen euch den zu schicken? Aber Kl. macht mich so dreist. Seitdem *er* mit dem zufrieden ist, was ich arbeite, fange ich an mir ein bischen zu trauen. Sonst konnte ich nicht in der Stube bleiben, wenn er etwas von meiner Arbeit las; aber itzt kann ich ihm schon vorlesen. Ihr wißt doch noch wie mirs mit den Brifen gegangen ist? Kl sagte mir schon 52 daß ich solche Brife schreiben konnte. Ich glaubte wohl ein bischen, daß ichs konnte aber ich hatte niemals Herz anzufangen. Er bat mich hernach oft wieder darum aber ich hatte niemals Herz. 55 sagte er mir endlich: Meta du könntest es mir wohl zu Gefallen thun. Ich weis daß dus nicht schlecht machen wirst, aber gesetzt es wäre schlecht, was schadt das unter uns. Nachdem er das gesagt hatte *muste* ich arbeiten. Ich thats denselben Abend. Ich thats aber als eine gezwungne Arbeit. Wie der erste Brif fertig war schmiß ich ihn hin u lief zur Stube hinaus. Wie Kl. mich wieder rief konnte ich ihn nicht ansehn (fast als den Morgen nach der Hochzeit). Der Brif ist schön, sagte er, fahr ja fort. Dies machte mir Mut. Noch mehr wie Kl von den Brifen des Mannes u der Frau sagte, daß sie *vortreflich* wären (ein seltnes Wort in Kl-s Munde, des Bedeutung ich kenne). Vortreflich klang immer in meinen Ohren, aber ich konnte doch noch nicht in der Stube bleiben. Nur seitdem wir von H[amburg] zurück sind kann ichs. Und den meisten Mut, den Mut des Vorlesens kriegte ich vorkurzen, da wo ich ihn hätte verlieren sollen. Nämlich Kl. sagte mir: ich sollte auch einen *Gesang* machen, einen *Gesang* [Schluß des Briefes fehlt]

Kl-s Lieder: der erste Teil der „Geistlichen Lieder", im Druck im Herbst des Jahres erschienen. – *Ein Gesang:* Es muß sich um die Hymne „Ueber die Allgegenwart Gottes" (später „Dem Allgegenwärtigen" genannt) handeln. – *Von meinen Brifen der Verstorbnen:* Metas „Briefe von Verstorbenen an Lebendige", die sie im Stile der Rowe und wohl auch nach dem Vorbilde Wielands verfaßte, wurden 1759 in den „Hinterlaßnen Schriften" von Margareta Klopstock von dem Dichter selbst veröffentlicht.

284. Meta an ihre Schwestern, 10. 5. 1757

Ich muß also wieder auf klein d. 10ten May 1757.
Papier schreiben. Abends nach 11 Uhr

Die Ursache warum ich heute nicht geschrieben könnt ihr gewiß nicht errathen. Es war eine nicht gewöhnliche Begebenheit. Ein tripolitanischer Gesandte hatte nach seiner türkischen Art, Audienz beym Grosvizier Bernstorff. Wir waren neugierig, es zu sehn. Nachdem wir lange überlegt hatten, wo wirs sehn wollten gefiel mir unsre alte hamburgische Art, im Wagen zu halten am besten, eine Art, wie wir so oft die dänischen Könige, Königinnen, Prinzen u Prinzessinnen (für uns Hamburger Gott sey Dank, ein so seltner Anblick!) gesehn haben. Alles, was sich nur auf die entfernste Art auf H. bezieht ist mir süß, also dieses auch. Aber bey meinen Vergleichungen, die ich machte, fand ich daß bey solchen Fällen viel mehr Leute in H. sind als hier. Ob H. wirklich *so viel* volkreicher ist, weis ich nicht, ernsthafter u arbeitsamer sind die D[änen] wenigstens nicht, als wir. Meine Weisheit, oder vielleicht meine alte Erfahrung verschafte uns einen sehr guten Platz. Wir sahen den ganzen Aufzug sehr nahe. Erst ein Theil der Garde, mit klingendem Spiel, dann ein Afrikaner zu Pferde in seiner Kleidung. Dann ein sehr schönes weisses Pferd, mit prächtigem Sattelzeug zum Geschenk für den König (Ein süsses Pferd! Wenn ich aus dem ganzen Zuge zwischen Menschen u Pferden, die Wahl eins Geschenks gehabt hätte; so hätte ich dieses Pferd gewählt.) Dann wieder ein Türke. Dann des Gesandten Sohn, mit seinem Creditivschreiben in rothem Samt mit Gold in der Hand, alles zu Pferde. Es war ein artiger Junge, aber er hatte doch seine africanische Mine, das heißt: daß man die Augenlieder nicht in die Höhe kriegen kann, *morgue* u kaltsinnig aussieht, u sich auch durch die grosse Menge Leute nicht rühren läßt, sich umzusehn. Dann wieder ein Türk --- u dann ich weis selbst nicht alles nicht alles was. Nun der Gesandte selbst in B[ernstorff]s Staatswagen mit 6 Pf: 2 Türken u 2 B-s Livré an jeder Portiere. Nachher wieder ein Türk, wieder Garden etc. Wir fuhren ihm nach u sahn ihn in B-s Thor hineinfahren. Da giebt man mir Schuld, ich hätte nicht mehr nach dem Türken, sondern nach den Europäern in B-s Fenster gesehn weil alle Fenster voll waren (Kl war mit im Audienzzimmer) – Eben kommt Kl. zu Hause u sagt, daß meine Anmerkung mit der Mine recht war. Die Leute hätten kaum von den Erfrischungen etwas nehmen mögen, u auch da die Augen nicht aufgeschlagen. Das kommt vermutlich von der Sclaverey. – O wie gülden ist doch Monarchie noch für Despotismus! – Grosviezier B. hat auf einem samtnen Stuhl mit dem Hut auf dem Kopf gesessen. – Gute Nacht.

285. Meta an ihre Schwestern, 17.5.1757

d. 17ten May 1757.
Wißt ihr wohl, daß ich heute vor einem Jahr schon bey euch war? Heut sah ich dich zuerst, D[impfeln] u. gestern hatte ich dich gesehn, Schm[idten]. Ach wie wallte mir das Blut, wie schlug mir das Herz wie ich nun so Hamb. nahe kam! nun war ich drinn! nun kam ich immer näher! Nun sah ich *dich* u *Meta* u. noch u. noch euch *andern alle!* O Gott sey Dank dafür! Und ums Jahr sehe ich euch wieder? O das gebe Gott. – Ich bin 2 Tage sehr angenehm u sehr ungezwungen bey der Gr: St[olberg] in Hirschh[olm] gewesen: Wir hatten aber sehr schlecht Wetter. Es ist garstig, daß der May u. der April so getauscht haben! Ich könnte euch eine Geschichte erzählen worüber man in Hirschholm u in K[openhagen] 8 Tage lacht, aber ihr könnt so sehr nicht mitlachen, weil ihr die Personen nicht kennt. Dies ist das Grobe davon. Ich will noch jemand anderes in Hirsch: besuchen, die ich noch nicht kenne. Hirsch: ist ein grosses Lustschloß der Königin Mutter. Man kann leicht da eine Thür mit der andern verwechseln, das thut Peter. Ich komme zu meiner Dame, u denke, sie ist nicht klug, durch die verkehrten antworten, die sie mir giebt, sie denkt vermutlich, ich bins auch nicht. Endlich developirt es sich, daß sie die Person nicht ist, zu der ich will, u daß ich die nicht bin, die sie erwartet. Man sagt, daß ich mich mit viel Contenance aus der Sache gezogen. Das ist wahr, daß es mir Gelegenheit gab, so wohl der rechten, als der unrechten viele kleine Compliments zu sagen, die nicht so fade wie die gewöhnlichen war[en]; aber es war zum Todtla-

chen! --- Ich hoffe doch, daß ich künftigen Posttag Briefe kriege? Vorigen Posttag war mirs zwar süß, daß ich 2 hatte, heute aber nicht, daß ich keinen hatte. Ich will sehn, ob ich noch was zu antworten habe. - [...] Sagt der Bohnen, daß ich ihr Glük wünschte, daß ihr Geburtstag durch die Schlacht bey Prag berühmt würde -- oder welches besser ist durch den schönen Tod Schwerins! Dieser Tod hat mich sehr gerührt! Schw: ist gewiß ein sehr grosser General gewesen. Ich weis nicht, ob der K. v. Pr. ihn gut missen kann. Wißt ihr schon die Umstände von Schw: Tod? Wie ein Regiment weichen will, springt er vom Pferde, ergreift selbst die Fahne, u sagt: Da ist der Weg zur Ehre. In dem Augenblick kriegt er eine Kugel in den Kopf. - Aber ach das blutige Treffen! das so sehr blutige Treffen! Ich kann nicht dran denken! Wie *viel* Todte hat da nicht an *Einem* Tage die ewige Nacht eingenommen! - Lebt wohl meine *Lieben*, meine *Süssen* ich bin zu ernsthaft. [...]

286. Meta an ihre Schwestern, 20. 5. 1757

d. 20ten May 1757

Ich will euern Brief nur gleich heute beantworten. *Ich freue mich, daß ihr euch gefreut habt.* Ich habe [mich] gefreut, so lange die Lieder unterwegs waren. Es ist auch keine kleine Freude, daß mein Brief euch gefallen. Aber *um aller meiner Freundschaft* zeigt ihn ja *niemand!* Es muß schlechterdings ein Geheimniß seyn, daß ich die Briefe schreibe. Mein Gesang über: *Gott ist die Liebe* ist auch fertig, aber noch nicht *kalt,* wenn er das ist so schicke ich ihn euch; denn Kl. will daß ihr alles haben sollt, was ich mache. Wie ich die Lieder schickte, hattet ihr sie alle; aber itzt sind schon wieder neue fertig; wenn ich sie gegen Rahns Reise abschreiben darf, so sollt ihr sie dann haben. Ich habe euch von Rahns nichts weiter schreiben wollen, weil man von ihnen nie etwas Gewisses schreiben kann. *Itzt* sind sie willens nach Lübeck zu gehn, obs noch dabey bleibt, kann ich nicht wissen, denn seitdem er willens war nach H[amburg] zu gehn, ist er vielle Städte in Europa durchgereist, vielleicht fängt er künftige Woche bey Asien an. [...] Hohorst hat uns heute viel Freude gemacht (ach! ich fürchtete schon immer, daß er in der blutigen Schlacht könnte mit geblieben seyn!) Nach einem Bericht von der Schlacht bey Prag, der so, wie in den Zeitungen ist, schreibt er: Daß da er, wie die andern Volontairs dem Könige gefolgt, der König ihn geschickt,

2 Regimenter nach einer Stelle zu hohlen, wo das Treffen sehr hitzig gewesen. Ob ihn gleich die grossen u kleinen Kugeln sehr um den Kopf geflogen, so hätt Gott ihm doch die Gnade gegeben, Contenance zu behalten, u theils mit guten Worten, theils mit dem Degen in der Hand, viele Flüchtige wieder zusammen zu bringen, welche wieder hinten an geschlossen u. mit gefochten hätten. Der König hätte nachher zu einem gewissen General gesagt: wenn Stabsoficierstellen besetzt würden, so sollte er ihn an Hohorst erinnern. Weil leider nun genung Stellen offen sind; so zweifeln wir nicht, Hohorst wird vielleicht sein Glük schon gemacht haben. Der Brief war sonst ohne alle Eitelkeit geschrieben. MKl.

287. Meta an ihre Schwestern, 23. 5. 1757

d. 23ten May 1757.
Es ist mir lieb, daß der G[armers] ihre M. schon itzt verreist, so hoffe ich daß sie noch kommt, ehe wir hinaus gehn. Wir wollen gerne alles thun, worin wir sie dienen können, u. ich glaube, daß ich ihr wenigstens in vielen Dingen einen guten Rath geben kann. Es ist mir nicht lieb daß Papa ein so guter Haushalter mit seinen Schinken gewesen. So gut kann ich sie doch hier nicht kriegen, ob ich sie gleich wohlfeiler habe. – Es wird mir eine rechte kleine Freude seyn, etwas zu tragen, daß mein Metjen mir gemacht. Kl. selbst hat sich sogar darüber gefreut. Wenn sie so eine Freude hat, etwas für mich zu machen; so kaufe du von meinem Gelde schwarzen Marli [= Gaze] u Seide, u laß sie mir eine Kappe machen; aber von der Grösse u dem Muster, wie die, welche ich für dich einmal gemacht. (Es versteht sich, wenn du eben nichts notwendigers hast, denn ich habs eben so groß nicht nötig.) Es ist mir immer eine sehr erfreuliche Nachricht, wenn ich höre, daß sie viel um dir ist. Ich kann auch fühlen wie süß es dir seyn muß, daß sie hinter deinem Bette schläft, aber ––– erinnerst du dich wohl, daß Meta Moller einmal aus dem Bette gefallen war, wie sie bey ihren Aeltern schlief? Ich war einfältig genung, mich über die Ursache dieses Falls keine Gedanken zu machen, aber Meta Schm[idt] könnte wohl klüger seyn, u es wäre doch nicht anständig *wenn sie sich Gedanken machte*. Dieses habe ich nur zu erinnern. Daß sie wieder, u. vor allen bey der *Schulten* in die Schule geht, daß ist mir gar nicht lieb. Ich kann wohl begreifen, da du viel ausgehst, daß du nicht gut ohne Schule rathen kannst, aber so schicke sie nur

nicht zur *Schulten*, u *schicke sie niemals hin wenn du zu Hause bist.* Um diese beyden Puncte bitte ich dich recht sehr; vor allen den *letzten*. Denke nicht, weil du das Schulgeld einmal ausgiebst; so willst dus auch nützen. Es ist ja besser, etwas Geld umsonst auszugeben, als dem Kinde weniger zu nützen. Ach wenn sie bey mir wäre; so wäre das alles nicht nöthig! Vergieb mir, daß ich das manchmal wiederhohle. Ich will weder dir noch deinem Manne Vorwürfe machen, es sind nur Empfindungen, die ich nicht unterdrüken kann. – Es freut mich sehr, daß M[eta] gerne liest. Gieb ihr aber *ja* nichts als *gute*, u auch *ja* von Seiten des *Geschmaks gute* Bücher in die Hände. Ich wünschte, daß sie zum Schreiben auch mehr Lust kriegte, u ich dächte es wäre das beste Mittel dazu, wenn du mir oft ihre kleinen Zettel schickst. Küsse ja meine Meta, u. auch alle deine übrigen Kinder. Mich wundert, daß du sie schon ausnimmst, vor allen Betty. […] Ich weis nicht, was ihr damit wolltet daß die Lieder nicht von Cramer wären? Ich versichre euch, sie sind von ihm. Erklärt mir doch, wie ihr das meyntent. Doch es war vielleicht nur so ein Einfall von Olde. Kl. wollte schon in meinen vorigen Brief einen Zettel legen, worauf stehen sollte: *Hiermit wird der Schmidten Mut u. Befehl gegeben, die dunkeln Stellen in den Liedern anzuzeigen.* Schreibt mir doch von Kl-s Liedern. Ich habs so gerne. Verschrieben kann itzt nichts mehr drin seyn, denn Kl hat sie selbst durchgesehn.

MKl

288. Meta an ihre Schwestern, 28. 5. 1757

d. 28ten May 1757.

Das ist mir sehr lieb, daß Kl-s Gesang euch so gefallen hat! Mir gefällt er auch sehr, das versteht sich. Was Kl. dabey fühlt? Ja, ihr wißt nicht welch ein Christ er ist! Aber nicht nur in der Empfindung, sondern auch in der Ausübung. O wie streng ist er gegen sich selbst! So vergebend wie er bey andern ist. Ich werde euch viele Traits davon erzählen können, u wenn ich ja einige nicht wissen sollte, aus meinem Journal von Kl. vorlesen können. Kephas ist freyl. Petrus. Das brauchst du ja nicht zu fragen u. auch nicht dich über dich aufzuhalten, daß du gelehrt thust (wie du sagst). Du *bist* ja eine kleine Gelehrte, wenigstens bist du unter dem ganzen hamburgischen Haufen die gelehrteste. Wenn die andern zusammen nur so viel wüsten wie du allein. Hörst dus? Ich sage das im ganzen Ernst, wenn dus etwa nicht glauben wolltest, weil von dir selbst die Rede ist. Und ihr andern, hört ihrs auch? – Kl. hatte erst die Melodie: Ein feste Burg: so gearbeitet wie Luther, aber Funke sagte ihm, daß es nach der Mel. eigentlich so seyn müste, wies itzt ist, u da hat ers umgearbeitet. Ich machte erst auch meine kleinen Einwendungen dagegen, aber Funke hat über mich gesiegt. Die Mel. Nun bitten wir den Heilg. Geist: werdet ihr auch nicht singen können, das macht sie singen sie in Sachsen u. auch hier anders wie wir. –––– Kl. will nicht haben, daß ihr mir Spargel u dergl. schicken sollt, weil man die hier haben kann; ich weis wohl, daß ihr sie mir schicken würdet wenn ich auch in Hamb. wäre, weil sie aus der D[impfeln] Garten sind; es sind auch meine ersten, denn ich habe mir noch keine spendirt, aber schikt mir gleich wohl keine mehr. Er will auch überhaupt nicht haben daß ihr mir so viel schikt, er sagt, ich soll euch was wieder schicken. Ich wüste aber wirklich nicht, was es seyn sollte, es möchte denn Berger Lachs u Krabben seyn, welches hier wohlfeiler ist als in Hamb., aber doch nicht viel. Ich wollte dir eben wegen Gevattern schreiben u. du bist auch auf Meta Persenten gefallen wie ich. Mich ahndets daß es ein Junge wird. [...] Schreib mir nur (ich schwatze sehr durcheinander) wer du am liebsten haben wilst, der für Kl. Gevatter stehn soll, so will ichs ihm sagen, ich glaube wohl, daß ihm das einerley seyn wird. Und ––– wie soll die Tochter heissen? Nennt mir den Jung nur niemals *Fritz*. – Ja, ich wollte D[impfel]s Kinder wohl gönnen, daß sie *auf die eine oder die andre Art* die Blattern leicht kriegten! Basedow wird künftige Woche seinen einzigen Sohn inoculiren lassen.

Künftigen Posttag kriege ich gewiß keinen Brief, das weis ich wohl. Es war gestern Lämmerabend, wer könnte da schreiben!

Ich danke dir sehr, meine O[lden] daß du mir geschrieben, u freue mich daß wenigstens du dich wohl befandst. Ach, ich weis es meine Beste, daß du kämpfst u. arbeitest, um sanft zu seyn, um zu vergeben, um zu segnen, die dich verfolgen. Ich weis es auch, wie viel Ursache man dir giebt, um aufgebracht zu werden. Ich würde von vielen andern nicht so viel fodern als ich von dir fodre. Aber ich wiederhole meine Bitte, thue alles was [möglich] dem grossen Bilde ähnlich zu werden, der denen vergeben konnte, die ihn *tödteten*. Thue es um deiner Pflicht u. um deiner Ruhe willen. Hast du Kl-s Lied wider die Rachsucht schon? Bete es fleissig. Und werde mir ja zuletzt nicht noch unzufrieden mit deinem Manne, wenn du glaubst, daß er bey der Sache nicht alles thut, was er thun könnte oder thun müste. So lange wir nicht allwissend sind, sollten wir [Schluß fehlt]

Lämmerabend: Volksfest beim Lämmermarkt am Freitag vor Pfingsten. *Lied wider die Rachsucht:* „Um Versöhnlichkeit" in den „Geistlichen Liedern" T. 1.

289. Meta an ihre Schwestern, 10.–11.6.1757

Lingbye d. 10ten Jun. 1757.

Am 10ten Juni, an dem Tage meiner Glückseligkeit, an diesem wichtigen Tage, viel wichtiger als mein Geburtstag, wenn ich bey meinem Geburtstage nur auf *dieses* Leben sehen wollte, muß ich an euch schreiben; ob ich gleich noch in solcher Unordnung bin, daß ich kaum dieses Blatt Papier habe finden können. Wir sind gestern herausgekommen, aber weil die hiesigen Bauerwagen gerade so groß sind als Martins Rollwagen, so haben die Bauern die Kiste mit meinen notwendigsten Sachen nicht aufkriegen können; u. Kl hat also *heute* hineingemust, um Anstalt dazu zu machen. Dafür ist es gut, daß ich noch dies Stückchen Zeit gekriegt, aber so ein Stück, das an nichts zusammen hängt, denn so bald die Kiste kommt habe ich genung zu thun. Wir haben schön Wetter aber ich kann noch nicht spatziren. Doch habe ich mich gestern Abend an dem bischen Aussicht aus meinem Fenster sehr vergnügt. Was sind doch die regelmässigen Gassen gegen das freye Feld! – Es ist mir gar nicht recht daß der heutige Tag so wüste, u so einsam ist. Kaum kann ich es recht bedenken, was es heute für ein Tag ist. Ich will auch nur lieber bey euch abbrechen u das bischen Zeit, was ich vor Tische habe, mich dem Gefühl von meiner Glükseligkeit uberlassen. Heute vor 3 Jahren war der Tag, der mich zur Glükseligkeit meines ganzen Lebens einweihte! Drey Jahr Glükseligkeit habe ich nun schon davon genossen! Welch eine Fülle muß es seyn, wenn ich die disseits des Grabes *alle* genossen habe! Und dan – – die ganze Ewigkeit von Klopstock geliebt! O mein bester! mein einziger Mann! mein Mann für *mich!* – – –

d. 11ten Abends um 11.

Da geht das Abendschreiben wieder an, u. zugleich wird das unordentliche Schreiben auch wohl angehen, theils könnte ich nicht immer Zeit haben, u. theils weil nicht allemal jemand in die Stadt geht. Aber ihr daß ihr in *zween* Posttagen nicht geschrieben habt! Ich *will* mir keine Sorge machen, das wißt ihr wohl. -- Und ich muß diesen Brief vermuthlich noch in die Stadt schicken, ehe ich weis ob ich einen kriege. Doch ich will von etwas anders sprechen. Ich bin mit meinem Kramen fertig. Ich habe Kl schon diesen Abend nach Bernst[orff] begleitet, u sie ist mir so fatal, die erste Abwesenheit -- Aber das wollte ich nicht sagen. Also August hat dies Jahr den Garten hinterm Hause zurecht machen lassen, u nun leben wir beständig im Garten. Ich mit meinem Stuhl dicht am Taubenhause. Denn wir haben Tauben! O davon ist viel zu erzählen! Einige Tage vor unsrer Herausreise hatte Kl. den Einfall Tauben zu kaufen. Mir gefielen die Tauben, aber ich hatte etwas gegen die kleine Depense. Endlich wurden wir einig. Den Tag vor unsrer Abreise wurden sie gekauft. Wie sie gebracht wurden, zog Ein Paar alle meine Aufmerksamkeit auf sich, u mit der Aufmerksamkeit meine ganze Lieb, mein ganzes Herz hätte ich bald gesagt. Wirklich haben sie etwas von meinem *Herzen*. Wenn ihr Taubenverständige wärt, so wollte ich euch ihren Geschlechtsnamen nennen. *Meven* heissen sie, aber bey uns heissen sie *Mäuse*. Wenn ich sie euch nur genug beschreiben könnte, so würdet ihr sehn, wie sehr sie diesen Namen verdienen! Die Maus ist klein, weis, dunkel graue Flügel, einen kleinen runden Schnabel, Augen --- kein Dichter hat sie je seinen [Mädchen?] so schön angedichtet! eine kleine Krause vor der Brust. Der Mausert sonst, wie sie, aber ganz weis. Ob er gleich grösser ist wie sie, so ist er doch kleiner als andre Tauben, aber der Junge hat so viel Stärke in seinen Flügeln -- recht wie ein gewisser andrer Junge, dem man seine Stärke auch gar nicht ansehn sollte. Ihr wißt wohl, wie treu Tauben überhaupt sind; aber die Mäuse sinds ganz besonders! Sie gehn immer in einen Winkel allein (itzt hat Kl ihnen ein besonder kleines Haus, in dem grossen allgemeinen gemacht) u wenn nur eine andre Taube sich sehn läßt; so trippel, trappel die kleine Mus geschwinde u der Mausert pikt hinter ihr her, denn sie kommen keinen *Augenblick* von einand. Und nun denkt einmal! Diese Mäuse legen *gestern* ihr erstes Ey! Als wenn Sie solchen Trait noch brauchten zu ihrer Vollkommenheit! - Ich breche ab, denn wer kann ein Geschöpf, das den Namen *Maus* führt nach Würden erheben! ---

Maus: Meta hatte für ihren Klopstock den Hamburger familiären Kosenamen „Mus".

290. Meta an ihre Schwestern, 15.–18.6.1757

d. 15ten Jun. 1757 Abend um halb 12

Ich habe heute einen Brief an euch hineingeschickt, ich fürchte aber fast, daß er zu spät gekommen. So gehts wenn man von hier schreibt – Und des Abends sollte ich auch nicht mehr schreiben! Ich bin itzt immer so müde. (d. 17ten denn Kl. stöhrte mich neulich; u. ich hoffe er wird es heut Abend auch thun) Das ich müde bin kommt theils von meinem *Meilen* weiten Spatziren theils von meinem Frühaufstehn. Denn ich habe es nochmals wieder versucht, ob ich früh aufstehn kann, u es geht gottlob diesmal besser als jemals. Es ist mir recht lieb; zwar mehr um andrer Leute als um meinetwillen. Denn die meisten Leute glaube ich verschlafen *Zeit. Ich* weis wohl daß ichs nicht thue, denn die Zeit, die ich des Nachts wache, ersetzt mir die, die ich des Tags ver⟨nehe⟩ nicht wieder. ---- Heute hat sich einmal die Post herausgenommen, nicht da zu seyn. Ich habe aber dafür deine N. 58 von acht Tagen bekommen, welche durch allerley Versehen, ohne mein Wissen war liegen geblieben. Ich weis nicht was ihr für Wetter habt! wir haben schon in die 3te Woche das schönste, das man haben kann. – Ach meine arme! arme Olden! Ich kann weiter nichts als sie beklagen u. für sie beten. Gott wird geben daß wir mehr können wenn wir nach H[amburg] kommen. Ich klage sie gewiß nicht an, u Kl thuts auch nicht. Wir sind nur so *strenge besorgt* für sie, weil wir sie so lieb haben. -- Nein Schmidten du bist keine Gelehrte, du bist ein unwissendes Frauenzimmer, das sage ich denn ich bin böse, weil du deine Interpunctation so schlecht gemacht hast: „Antworte mir nichts hierauf" sagst du u ich weis nicht, ob das *hierauf* zum vorhergehenden oder folgenden Periodus gehört, ich darf also beyde nicht beantworten. Das will ich doch sagen, daß mich alle *eure* Kleinigkeiten interressiren, sie mögen seyn, wie sie wollen. Z. E. das mit den Saloppen, denn die Saloppen, hauptsächlich die mouselinnen ist eine Tracht, die mir besonders gefällt. Es ist mir lieb, daß die Inoculation gut gegangen. Und Zimmermann hat seine Pflicht gethan etwas davon zu sagen – Apropos bey der Saloppe: Weist du wohl wenn Seidenzeug über Rauchwerk sitzt, ohne das Leinewand dazwischen ist, es Fleke giebt. Wenigstens hat mein roter mohrner Pelz Flecke gekriegt. ---

d. 18ten.
Wer für Kl Gevatter stehn soll? Er selbst! (der Einfall mit der Minerva war gut) Denn ich lebe noch immer der Hofnung, daß wir um die Zeit in Hamb. sind. Wie das zugegangen, daß wir uns zur Winterreise entschlossen? Ich hatte es für dies Jahr aufgegeben. Ich dachte, es wäre Glückseligkeit genung euch 58 auf 3 Monate wieder zu sehn, man müste es nicht schon 57 u auf 6 verlangen. Kl wollte dies Jahr auch nichts davon sagen. Leisching unterdes, der gewiß alles in der Welt thut, um uns ein Vergnügen zu machen, u. der auch selbst Absichten dabey haben mag (denn er hat immer noch Lust eine Frau aus Hamb. zu haben) geht bey Gelegenheit hin u sagt B[ernstorff] wir möchten wohl diesen Herbst nach H. reisen. Er sagt ihm einige Umstände dabey, u B. sagt, es wäre gut. Kl. braucht nun zwar nicht eigentlich B-s Erlaubnis zur Reise, er würde aber doch gewiß nicht reisen, wenn B. es nicht gerne sähe. Weils nun aber nicht scheint, als wenn das ist; so werden wir reisen, wenn nichts dazwischen kömmt. Da aber doch so sehr leicht etwas zwischen einer solchen Sache kommen kann; so bitte ich euch recht sehr, daß doch *niemand* etwas davon wisse, als ihr beyden, Mama u die Olden. Denn ich möchte nicht gerne, daß die Leute sich *umsonst* über das *Unnatürliche* einer Schwesterliebe wundern sollen, die nicht 2 Jahr Abwesenheit ertragen kann. Ich bin von deiner Liebe, D[impfeln], versichert, daß du uns gerne eine so lange Zeit bey dir hast. Und ich hoffe auch daß wir uns am Ende der 6 Monate noch so lieb sind als im Anfang, aber sprich mit deinem Mann hierüber, u. schreib mir, auf welchen Fuß du willst daß wir bey dir seyn sollen, du kannst dich erkundigen, wie wir bey der Schm[idten] waren, u. ob dir das so gefällt. --
Ach wenn wir uns wieder sehn! *meine Schwestern!* - Es ist viel Glückseligkeit, so glücklich in der Ehe u. so glücklich in der Verwandtschaft zu seyn! Wo ist ein Herz, das so viel Dank faßt, als dieses verdient! --- [...]

Saloppe: weites Frauenkleid – *Mohrner Pelz:* Pelz mit Moiré.

291. Meta an ihre Schwestern, 20. 6. 1757

d. 20ten Jun. 1757.
Das ist doch schön, daß der Brif so früh heraus gekommen, daß ich ihn noch heute beantworten kann. Aber schmälen sollte ich mit euch

den ganzen Brif herdurch. Man sollte euch doch nur überhaupt niemals etwas schreiben ehe es ganz gewiß wäre. Ich glaube daß ich es so sehr verstehe was euch Unruhe machen könnte, u. es auch sehr verhüte; aber daß unser Kommen euch Unruhe machen könnte, daß konnte ich gewiß nicht vermuthen. Habt ihr, vor allen du, D[impfeln] uns nicht genung gebeten, den Winter zu kommen? wie könnt ihrs denn so *unvermuthet* nennen? Etwa weil wirs euch nicht versprochen haben? Das konnten wir nicht thun, weil wir nicht wustens obs anging, u. *ganz* gewiß ist es auch noch nicht. Doch in meinem vorigen Brif habe ich alles umständlich [geschrieben]. Daraus habt ihr auch gesehn, daß unsre Reise zwar kein Geheimniß ist, daß wir aber nicht wollen daß mans wissen soll, u. wozu ist das auch nötig! – Doch wie ich sage, mein voriger Brief beantwortet alles. Etwas Schlimmes hat es gar nicht zu bedeuten – – – ich weis nicht was ihr für Einfälle habt! – – Das war doch gut Schm[idten], daß *du* einmal weniger fürchtetest. – [...] Ihr seyd sehr unwerth, daß ich euch etwas weiter von unsern Tauben schreibe, weil ihr nichts beantwortet habt. Was hätte ich sonst nicht alles zu schreiben! Mit den Mäusen würde ich [umständlicher] werden, weil ich euch aber doch nicht ihre Mine u ihr ganzes Wesen, die Grazie, mahlen kann; so schweige ich ganz davon. Aber auch von Bährschmann u seiner Frau, der Höften, von dem jüngsten v. Winthem, u seiner Frau der Laudhäuserin, von Mad^le Berenberg u ihrem Mann, Mad: Schlütern, u den ihren, den Tumlers, den Kropf- u den Trummeltauben sollt ihr nichts als die Namen wissen, denn Namen haben sie alle, die meisten nach den Leuten, denen sie ähnlich sehn. Ich denke D. wir errichten deinem Hännschen, wenn wir kommen, einen Taubenschlag. Das ist eine sehr schöne Beschäftigung für Knaben; es ist *männlich* genung u *sanft* genung. Es sind doch gar zu [gute] Thiere, die Tauben, nur von ihrer Treue zu reden. Wenn ein Tauber zu seinen Jüngling Jahren kommt, so wählt er sich eine Taube. Und wenn ihre Ehe nur *Einmal* vollzogen ist; so ist an keine Untreue noch Verkennen zu denken. Sie sind auch so gar den Nestern treu, die sie einmal gewählt haben. Manchmal schlagen sich zwey Tauber um ein Nest; wers dann behauptet, der behälts immer. Und die Sorge u Treue, womit sie ihre Eyer brüten! (In *diesem* Geschlecht thun die Väter recht viel für die kleinen Kinder) Wie unermüdet sie eins ums andre abwechseln. Niemand darf sich ihrem Neste nahn. Die kleinen die sonst so zart, so zittern u so schüchtern sind, nehmens mit den grösten Tauben auf,

wenn sie zu ihrem Neste kommen. Ihr solltet einmal sehn, wie süß die Kleine dann seyn kann. [Lücke] wichtige Briefe, aber ein jeder schreibt von dem, was [ihm wichtig ist; schrei]bt ihr mir von *euren* Kindern! –
                                                                                MKl

292. Meta an ihre Schwestern, 4.7.1757

d. 4ten Jun. [!] 1757

Ich schlief den Morgen nicht, D[impfeln], wie du an mich schriebst, ich war schon im Garten u. schnitt ab. O wie ich mich freute, wie ich einmal deine Hand sah, du Seltenschreiberin, u immer wirds noch weniger! Willst du deinen Blättern den Werth geben, den die Sybille den ihrigen gab? – Ja, ja! das wars! darum blühte der Nusbaum! Wie gut es doch ist, wenn man eine Ahndung nachher erklärt! Wie falsch hätten wir nicht erklären können, wenns wirs vorher hätten thun wollen! – In der Hütte werden wir nun freylich wohl nicht lange zusammen sitzen, denn es wird kalt; aber beym freundschaftlichen Ofen wollen wirs; da sollst du mir Chocolade schenken, weil ich doch eine Frühaufsteherin bin. –– Ja, dankbar, durch unsern Wandel dankbar müssen wir auch für das Gute irdische seyn, was Gott uns zu dem Höheren Himmlischen giebt! Wir wollen uns dazu aufmuntern, wenn wir zusammen sind. Denn wie wollten wir in unsern Gesprächen *Ihn* vergessen, den grossen Geber! –

Mache unsre Stube nur in Ordnung, aber erwarte uns auch nicht zu früh. Wenn dus haben willst; so will ich dir nicht in 14 Tagen, nicht in 3 Wochen u. auch nicht in 3 Monaten schreiben, wann wir verreisen. Aber wie soll ichs mit dir halten, Schm[idten]? Soll ich dir nicht etwa einen heimlichen Brief schreiben, den die D. nicht sieht? Ich denke allemal auf deinen Garten abzutreten, du magst da seyn oder nicht; aber wir kommen gewiß gleich in die Stadt. – Es ist mir sehr lieb, daß du Boode zum Informator angenommen hast. Es ist eine gar zu wichtige Sache, daß die Lehrmeister einen guten Charackter u einen guten Geschmack haben, sie mögen informiren worin sie wollen; es hat einen zu grossen Einfluß in den künftigen Charackter der Kinder. – [...]

Ich hab euch von Kl-s Geburtstag wenig gesagt; aber ich habe viel *empfunden*. Ich bin erstaunlich glücklich! Niemand ist glücklich als wer glaubt der Glücklichste zu seyn, sagt Y[oung]. Dieser Gedanke scheint übertrieben; aber durch mein Exempel gereizt, glaube ich daß ers nicht ist. -- Die Mäuse bringe ich gewiß mit, ich möchte sie alle mitbringen, denn ich habe sie alle lieb. Bärschmann (nach obersächsischer Aussprache, denn wer kann da wissen, wie der Mann sich eigentlich mag geschrieben haben!) hieß ein alter Schmied auf Friedeburg. Friedeburg war das Amt, das Kl-s Vater hatte. Der alte Schmied Behrsmann schenkte dem jungen Junker Kl. einen schönen Trumeltauber. Junker Kl. nannte ihn, nach dem der ihn schenkte. Aus Andenken heisst unser alte Trumeltauber auch so. Das ist ein altes Geschlecht! Es streitet sich auch mit dem Kammerherrn um den Rang – Dieser Brief wäre von Tauben leer geblieben, wenn ihr nicht gefragt hättet. --- [...] Wer Hering schickt insinuirt sich bey Kl. -- Gute Nacht. MKl

293. E. Schmidt an Meta und Klopstock, 5.7.1757

Und wen Klopstock und ganz Copenhagen u ganz Dännemarck auch noch so viel u grausahm schmälen, lärmen, zancken u schreyen, so schicke ich dir doch denoch Kirschen bin ich doch eine Republicanerin! Und wen auch von allen den Kirschen nur 4 oder auch gar keine gut bleiben, so will ich sie doch hinschicken, ja ja das *will* ich nun, bin ich doch ein Frauenzimmer, daß heist ja so viel als ich muß meinen Willen haben. Und also und endlich, da sind sie eingepackt, u mein lieber Hr. Rahn dieser gute Weibermann nimt sie mit u besorgt daß B[art.] Rasmus sie ganz geschwind nach Cop: bringt, u da schmaußt Meta sie auf u freut sich daß es *Hamburger* Kirschen sind, u ich mache mir hieraus nun eine recht große Freude das versteht sich. Nun gute Nacht, ich schreib dies aufs Tischtuch u Rahn Bode u mein Mann sprechen immerweg von Alpen von Schweiz, von schöne Aussichten, Prospeckte u der Himel weiß von was alles. Also adieu ES

Die hier bey mir sizenden Hern würden grüßen wen sie nicht zu tief in d Schweiz hinein wären.

den 5 Jul 1757

294. Meta an ihre Schwestern, 6.–9.8.1757

d. 6: Aug. 1757 Abends nach 11.

[...] Eben kömmt Kl zu Hause u liest mir einen neuen Brief von Hohorst vor. Unsre Briefe sind nicht in die würdigen Hände des K.

v. Pr. gefallen; sondern die Oesterreicher haben sie nebst Hohorst übrigen Sachen erobert. Wozu sie izt wohl gebraucht werden? die armen Brife! Ich schreibe unter Anhöhrung des Brifs, wenn noch was merkwürdigs kommt, theile ichs mit. – Nichts merkwürdigs für euch; (Eine lange Beschreibung von der ehmahligen Schlacht bey Prag, Kl. hatte sie gefordert) als *dies:* daß der ehmalige Freig[ei]st itzt, ohne so gar das Gespötte der *preusischen Armee* zu achten, entschlossen ist bey allen Gelegenheiten *Jesum* zu bekennen. Gott sey Dank der sich wieder bey einer Seele so schön ⟨verherrlicht⟩. – Grüsse von Hohorst an euch alle, besonders an dich Schmidten. –

d. 8ten Abends nach 11.

Mitten unter Geräusch u. Gesellschaft, wie ich oft schreibe. Das sind freylich 2 Briefe, die nicht viel sagen, aber ich danke dir doch für den Eifer womit du mir alles berichtest. Gehts euch auch so wie mir? ich mag nicht mehr schreiben. Wundert euch also nur nicht, wenn ihr etwa sehr unordentliche Briefe kriegt. Ich fürchte mich aber noch immer zu euch zu kommen. Ich denke recht in Ernst, der K. v. Pr. könnte wohl Hamb. auch einmal zu einer Resource machen.

Ich weis wohl, daß ich noch sehr in eurer Schuld bin, aber je tiefer man in die Schuld kömmt, desto schwerer wird das Bezahlen. – –

d. 9ten.

So ging mirs gestern Abend auch. Ich dachte wunder was ich noch bezahlen wollte, u. da zogen sie mich zuletzt doch ins Geschwätz hinein, daß ich nicht mehr schreiben konnte. Aber so bald ich Zeit habe will ich ein grosses Blatt voll Reisebeschreibung u Tauben anfangen (wir haben itzt so viel Tauben daß ich kaum ihre Namen behalten kann). Doch dann kriegt ihr vielleicht in *einigen* Posttagen keine Briefe. Macht euch also keine Sorge, u glaubt auch nur nicht, daß wir schon unterwegs sind. So lange es noch *August* heißt, seyd ihr noch sicher für uns. Wir schickten vorige Woche hinein u. liessen fragen, ob ein Schif die letzten Tage des Augusts ginge (denn du hast mich so mit deinem Sept. erschreckt) aber es geht keins. Sie erwarten erst eins von Lüb: welches aber bald wieder weggehn soll; mit dem werden wir also wohl kommen. Ich habe aber noch viel zu thun, denn wir haben unser Haus aufgesagt, u. da muß ich also erst ausziehn. – Grüßt meine liebe Olden. Ach ich denke so viel an sie. Sie hat diese Nacht meinen ganzen Schlaf beunruhigt, denn mir träumte, daß ihr schriebt daß sie gestorben wäre. Ach meine liebe Olden! –

Küßt euch alle meintwegen, bis ich euch selbst küsse --- Itzt ist unsre Reise für niemand ein Geheimniß.

295. Meta an E. Schmidt, 20.8.1757

d. 20ten Aug. 1757

Heute über 8 Tagen, d. 27ten bey Vollmond reist A[n]dres Graa u. mit ihm Friedrich u Meta Klopstock. Montag Mittag fahren wir in die Stadt, packen ein, comuniciren am Freytage u gehn Sonabend zu Schiffe. Ich schreibe itzt nicht wieder, es sey denn, daß wir am Sonabend noch nicht wegkämen. Wenn wir diesmal länger auf der See bleiben; so ist auch das eine Ursache, daß wir nicht in Travemünde aussteigen; sondern die Trave hinunterfahren. So haben Rahns es auch gemacht, das erspahrt. Ich glaube auch wohl daß wir werden 1 oder 2 Tage bey Rahns bleiben, in dem Falle schreibe ich aus Lübeck. Ihr macht euch doch keine Sorge, wenn wir länger ausbleiben? Ihr wißt doch, wie der contraire Wind aufhalten kann? Aber man befindet sich sehr wohl wenn man contrairen Winds halber an einer Insel vor Anker liegt. Man hat guten Apetit, u verhungern werden wir nicht, denn ich nehme auf 4 Wochen mit, weil ich noch soviel habe. –

Mit diesem Brief kannst du nun machen was du willst. Ihn ganz unterdrücken, oder ihn zeigen, oder ein Theil davon sagen wie du glaubst, daß es für der D[impfeln] am zuträglichsten ist. Glaubst du daß wir ihr gar zu unvermutet kommen könnten; so sag ihr etwas, wonicht, so schweige, bis ich aus Lübek schreibe, alles wie du das für gut findest! Ich trete allemal auf Dimpfels Garten ab, es mag jemand da seyn oder nicht, aber ich schicke Peter gleich zu euch in die Stadt. --- Nun lebt wohl bis wir uns *sprechen*.

Ich denke viel an die Olden, ich denke heute viel an sie. Gott stehe ihr bey. -- Ich habe einen Gedanken gehabt, der mich sehr beunruhigt. Die Olden könnte wohl darauf fallen, wenn sie stürbe, mich ihr Kind erziehn zu lassen. So gerne wie ich nun eure Kinder alle 8 haben möchte, so *ungerne* möchte ich ein anders; vor allen wenn ich selbst nun noch Kinder kriegte. Und denkt einmal was ich vor unsäglichen Verdruß von Ol[de] der Schel[en] dem alten Schleb[usch] u alle den andern Leuten haben würde; wie sie mich mit dem Kostgelde (das wohl nie richtig bezahlt werden würde) u mit der Erziehung u Haltung des Kindes chicaniren würden. Es ist mir ein erstaunlich fataler Gedanke. *Könnt* ihr also etwas davon verhindern; so thuts. Sollte es der Ol.

aber betrüben, daß ich ihr Kind nicht erziehn wollte; so last es. Ich will dann lieber alles Verdrießliche in der Welt übernehmen, u. meiner liebsten verstorbnen Freundin Willen thun. Aber ich gestehs, ich thue es ungerne. Lebt wohl, ich küsse euch alle. Ich mag nicht mehr *nur* schreiben.

296. Meta an ihre Schwestern, 23. 8. 1757

Koppenh. d. 23ten Aug. 1757
Wir sind hier; u daß ich heut schreibe, zeigt, daß wir am Sonabend noch nicht gehn. Ich kann itzt nicht bestimmen, wann wir gehn, der Schiffer spricht nur überhaupt von künftiger Woche; der Himmel weis, wie lang er uns noch aufhalten wird! Ich bin in vollem Krahmen. Ihr wißt doch, daß wir unser Haus aufgesagt, um ein Jahr Miethe zu erspahren; also muß ich das ganze Haus reinmachen u das ganze Haus aufräumen. Peter führt sich immer bey allem ganz vortreflich auf. Ausser ihm habe ich nur: eine Scheuerfrau u mich selbst. Kl derangirt meine kleinen Arrangements manchmal, aber er ist erstaunlich süß, ich habe ihn rasend lieb! Ich befinde mich, wie ich mich niemals befunden, u wenn wir nicht bald reisen; so gebe ich euch Ordre Margreth zu besprechen, denn ich sollte fast wider glauben ----- Ich werde mich itzt mit dem Krahmen nicht übereilen; denn ich habe nun Zeit genung, u. meine Tage sind so, durch mein Frühaufstehn, einige Stunden länger. Ich habe mich vieles dadurch erleichtert, daß ich eine Kammer behalten, wo ich alles hinaufsetze. Mein liebes Haus! es geht mir recht nahe, daß wir heraus sollen! Ich hoffe aber, daß wirs wieder kriegen, wenigstens haben wir den Hauswirth darum gebeten, denn das Haus ist mir viel zu bequem. -- Wenn wir nur nicht gar zu lange aufgehalten werden, denn es ist gar zu schlimm, wenn einem so alles fehlt. Zwar mit *dem* da ist alle Unbequemlichkeit süß. Aber er ist ein Schalk! er hat so viele Geschäfte noch auf die letzte Stunde gelassen, daß es ihm lieb ist, daß wir Sonabend noch nicht reisen. – Apropos die Lieder sind schon in Leipzig, es wird schon daran gedrukt. Ach es sind noch viele schöne hinzugekommen! Wenn ich nach Kl.s Arbeiten von meinen sprechen darf; so will ich euch sagen; daß das was ich neulich anfing, eine Tragödie *Abel* ist. Ich darf es itzt sagen, weil Kl mit den 1½ Acten die fertig sind zufrieden ist. Last mir Zeit in Hamb. sie fertig zu machen. Den Abend, bey Morell, wie ich das Gemälde sah, empfand

ich mit einmal, daß man davon eine Tragödie machen müßte. Ich sagte es Kl. Er sagte, er wollte mir meinen Gedanken nicht nehmen. Ich hatte lange kein Herz dazu; Kl erinnerte mich oft, bis es neulich dazu kam. Nun sagt Kl: er misgönnt mir mein Süjett. --- Ach der Abschied von meinen Tauben ist gar zu traurig gewesen! Ich fühls daß künftig zu meinem Leben eben so bestimmt Tauben gehören, als zu den Damen ihre Schoshunde -- Aber die Vergleichung war viel zu niedrig. - Ach nun weis ich nicht was sie machen! Nicht ob Hanoveraners Kinder leben! Ob Nochts ihre brav groß u brav schwarz werden! Nicht ob die Rosenkranzen nach 3 fausse[s] c[ouches] endlich rechte Kinder kriegt, oder obs 7 voll seyn sollen! Nicht ob ⟨Solkzeicks⟩ das Nest einnehmen wollen, daß ich ihnen in der letzten Stunde noch machte. Nicht ob klein Seide sich endlich mit seiner zweyten Frau paaren wird oder ob er in dem Loche, worinn er immer steckt, noch unaufhörlich der Traurigkeit über seiner verstorbnen Frau nachhängt! Ich weis nicht ob der junge Pfau schon ausfliegt, u der junge Schlüter allein frißt. Nicht ob Arrabers nach einer mehr als hamburgischen Zubereitung endlich Eyer gelegt! Nicht ob Wagner von seinem verdorbnen Magen wieder hergestellt. Nicht ob Fähers, v. W. Sohn, u der Stampeelen Tochter sich heyraten werden. Nicht ob der Mausika ihr künftiger Mann sich wird allein füttern können! Denn wir nehmen die Mäuse mit, das versteht sich. Itzt sind sie nur noch draussen um ihren jungen Sohn zu füttern so lange sie können. Sie haben wieder Eyer, aber ach! die werden wohl nicht auskommen, den wir müssen sie andern unterlegen, u wir haben noch kein Exempel davon, daß Tauben fremde jungen erhalten hätten. Seht wie viel ich nicht weis! was mir alles fehlt! u dazu fehlt mir das grosse, das wichtige *die Mäuse* selbst!!!! Ich habe *nur* den *blossen Kl!* - Und ich weis auch nichts von euch! Warum schreibt ihr denn nicht? Ists etwa der Ol[den] wegen? Ich rathe euch, daß ihr Donerstag noch schreibt. Hört ihr? ---

297. E. Schmidt an Meta, nach dem 20. 8. 1757

Es geht mir so wie dir ich habe gar keine Lust mehr zum Schreiben, ich verspreche dir kaum noch einen Brief nach diesem. Was soll man sich auch schreiben wenn man Hoffnung hat sich so bald zu sprechen, heut bin ich doch gar nicht an Humeur, den dencke mahl ich habe gestern u heut aufgetrocknet u daß bey beständigen Regen u Wind, daß ist wahrlich recht fatal bey einer so großen Wäsche, wie meine itzige. [...]

Wen die Witten wieder besser wird, die ein bißchen Fieber von den vielen Aussaußen vermuthlich gekriegt hat, so sind wir beyden Sont, Mont, u Dienst bey der D[impfeln] aufn Garten, da werden wir oft wünschen daß du ankommen solt. Jedoch nein Gott behüte daß du in diesen Wind nicht auf der See bist. Ich habe so schon gestern u heut genug daran gedacht, u mich nur damit noch beruhigt, daß du sagst: so lange es noch Aug[ust] heist, komme ich *gewiß* nicht. Gott helfe dir doch glücklich her. [...]

LETZTES LEBENSJAHR IN HAMBURG

298. Meta an ihre Schwestern, 4. 9. 1757

Lübeck d. 4ten Sept. 1757
Und itzt sind wir hier. Gottlob! Das ist die beste Reise von unsern dreyen gewesen. 27 Stunden bis nach Travemünde. Schönen Wind! schönes Wetter! Nicht ausserordentlich seekrank. Wir sind nicht in Trav[emünde] ausgestiegen, sondern die Trave herunter gefahren, welches sehr angenehm war. Diesen Morgen um 11 stiegen wir hier aus dem Schiffe. [Ihr] werdet Dienstag einen Brief aus Kopp: [erhalten] der, wie ihr seht, durch diesen cassirt wird. Wir verreisten 3 Stunden nachdem ich den schrieb. – Wie verlangt mich bey euch zu seyn! Wie verlangt mich meine liebe Olden zu sehn, u zu wissen was sie macht. Ich habe ihre schwere Entbindung von der R[ahn] erfahren. Mitwoch Abend hoffe ich auf deinen Garten abzusteigen Dimpfeln. Sollten wir noch abgehalten we[rden]; so schreibe ich. Ich küsse euch [Lücke]. Wir sind beyde wohl. Schr [Lücke] her, was die Ol. macht. –––

[An den oberen Rand geschrieben:] Den Schlafrock u die Contousche von R[ahn] bringe ich mit.

299. Klopstock und Meta an Giseke, Oktober 1757

Hamburg, den   Oct 57
Es ist so lange her, lieber Giseke, daß ich nicht durch dich selbst weis, was du u deine Frau u deine Kinder machen, daß ich wohl endlich einmal dir ungleich werden, u dir schreiben muß. Wir leben hier zwar viel ruhiger, als ihr mitten unter dem Geräusche der Waffen, u der Lagerbälle lebt; allein wir haben bisher auch viel trauriges erlebt. Unsre liebe Olden ist schwer entbunden, u vier Wochen nach der Entbindung wieder sehr krank geworden. Sie ist itzt Gott lob! völlig besser. Schmidts Schwager u Compagnon Hei⟨d⟩mann ist sehr schleunig am Schlage gestorben; u des ersten Bruder kam gestern von Sinnen. Wir bekamen diese Nachricht, da uns die Doctores eben nur ein wenig Hoffnung wegen des Aufkommens unsers

Schwiegervaters gemacht hatten, der an der Pleuresis liegt. Jedoch heute hat sichs mit ihm noch mehr gebessert. Albertis Frau ist nach ihrer Gewohnheit sehr glüklich mit einem jungen Sohn entbunden worden. – Du magst mir wohl nichts von dem schreiben, was dir von Euren Kriegsbegebenheiten am interessantesten scheint, weil du vermutlich so viel davon hast sprechen müssen, daß dir vor der Wiederhohlung derselben ekelt. Ich bin überzeugt, daß du meiner lieben Mutter mit gutem Rathe beystehn wirst. Ich wünsche sehr, daß Sie mir bald schreiben möge –– Wenn du einmal Zeit u Lust hast, Kritiken zu schreiben; so sage mir deine Meinung über meinen Tod Adams u über meine geistlichen Lieder. Ich habe schon oft gewünscht, daß auch du u Schlegel Lieder schrieben. Du weist doch, daß Cramer zwar nur einige wenige; aber vortrefliche gemacht hat? – Ich muß dir eine Commission auftragen, die ich meinem Bruder [Carl Christoph] der vor kurzem aus der Pforte nach Leipzig gegangen ist, zugedacht hatte. Allein ich habe ihm unmöglich rathen können, sich izt nach Quedl[inburg] zu wagen. Meine Commission besteht darinn, daß du Gleimen in einer gewissen Sache, die du gleich hören wirst, betrügen sollst. Er hat mein M.S. von dem Anfange einer Satyre in Händen, die an Eberten gerichtet ist. Diese Satyre oder vielmehr dieses Fragment, ist noch so, wie es in der ersten Hize eines schnellen Einfalls geschrieben worden ist. Ich habe es schon lange aus mehr als aus einer Ursache dem Camine bestimmt. Ich erinnre mich ihr nur dunkel; die beurtheilten Personen sind auch nur auf Seiten ihrer Schriften angegriffen; allein vielleicht sind sie zu strenge angegriffen; u ich möchte überhaupt nicht gern eine Satyre geschrieben haben. Sie könnte durch einen Zufall öffentlich bekannt werden. Und das wollt ich durchaus nicht. Du weist, wie Gleim ist. Wenn er so was hat; so giebt ers nicht wieder. Ich habe ihn schon vor langer Zeit darum gebeten. Könntest du sie nicht von ihm kriegen? Du wirst das schon zu machen wissen. Die Schuld von allen möglichen Künsten, die du dabey anwenden wirst, soll auf mich fallen. Du siehst wohl, daß ich wünschte, daß du dich meines MS. bemächtigtest, ohne daß Gleim aus irgend einem Argwohn eine Abschrift davon genommen hätte.

Ich will deine Wunde wegen der seligen Prinzessin [Sophie Christiane Louise Prinzessin von Holstein-Plön] nicht wieder aufreissen; unterdeß kann ich doch der Begierde nicht widerstehn, die ich habe deine Nachricht von Ihren lezten Stunden zu lesen. Wenn du meine

Commission ausführst; u mir diese Nachricht schikst; so will ich dir so gar dein künftiges Nichtschreiben auf ein Paar Monathe, aber länger doch auch nicht, vergeben. Ob meine Frau eben so großmütig seyn wird, das wirst du auf der andern Seite zu lesen bekommen; wenn sie anders nicht in ihrer Bosheit gegen dich so weit geht, daß sie dir gar nicht schreiben mag. Daß dieser Brief einen Kuß an dein Hannchen u Ihre Kleinen mitbringt, das wirst du wohl von selbst einsehen Dein Klopstock

[Von Metas Hand:] Nachdem Sie auch meinen letzten Brief haben unbeantwortet lassen können; so habe ich Ihnen weiter nichts zu sagen. M Kl.

[Wieder von Klopstocks Hand:] Ich habe dir gestern diesen Brief geschrieben; u ich weis leider heute auch nicht, was wir für einen datum haben, u ich habe auch, weil ich aus muß, nicht Zeit, mich danach zu erkundigen. – Meine Frau hat dir da ziemlich schnipsch geschrieben. Weist du, woher es kömt, daß das Mädchen so schnipsch ist? Sie hat zwo fausses couches gehabt, davon die eine Zwillinge waren ––. Mein Schwiegervater ist aus ernster Gefahr; u Schmidts Bruder ist auch besser. Die Schmidten befindet sich vortreflich.

300. Meta an Richardson, 29. 11. 1757

Hamburg, Nov. 29, 1757.

Honour'd Sir,

Will you permit me to take this opportunity, in sending a letter to Dr. Young, to address myself to you? It is very long ago, that I wished to do it. Having finished your Clarissa, (oh! the heavenly book!) I would have pray'd you to write the history of a *manly* Clarissa, but I had not courage enough at that time. I should have it no more to-day, as this is only my first English letter – but I have it! It may be, because I am now Klopstock's wife, (I believe you know my husband by Mr. Hohorst?) and then I was only the single young girl. You have since written the manly Clarissa, without my prayer: oh you have done it, to the great joy and thanks of all your happy readers! Now you can write no more, you must write the history of an Angel.

Poor Hohorst! he is gone. Not killed in the battle, (he was present at two,) but by the fever. The Hungarian hussards have taken your works, with our letters, and all what he was worth, a little time before his death. But the King of Prussia recompensed him with a company of cavalry. Poor friend! he did not long enjoy it!

He has made me acquainted with all your lovely daughters. I kiss them all with my best sisterly kiss; but especially Mrs. Martha, of whom he says, that she writes as her father. Tell her in my name, dear Sir, if this be true, that it is an affair of conscience, not to let print her writings. Though I am otherwise of that sentiment, that a woman, who writes not thus, or as Mrs. *Rowe,* should never let print her works. Will you pardon me this first long letter, Sir? Will you tell me, if I shall write a second? I am,

Honoured Sir, Your most humble servant,
M. Klopstock.

301. Richardson an Meta, 22. 12. 1757

Thanks to you, my dear Mrs. Klopstock, for your exceeding kind and exceeding pretty Letter. The first, you tell me, you have written in English. I felicitate you upon it! And also your dear Mr. Klopstock on so precious an Acquisition as he has made in such a Wife!

Good Mr. Hohorst! How much was he respected by all mine, as well as by me! And how greatly did the News of his Death afflict us! Few such Soldiers as Mr. Hohorst, I doubt! Pious as Brave, had Life and Opportunity been lent him, he must have shone out – the true Hero. He used to speak with Reverence of his Mother. – Poor Lady! How, if living, does she support the loss of such a Son!

He spoke to me of several of his worthy German Friends: but from You, dear Madam, I would hope the brief History of your Attachments, your Pursuits, your Alliances. – Happy may you ever be in all of them! – I was told by two worthy young Gentlemen from Gottemberg, who favoured me with Visits when in England, of a Sister one of them had, and prided himself in her, because of her many fine Qualities, and improving Genius. The kind Brother of that young Lady once wished to introduce me to her: But I never had that Happiness. Was you ever in England? If so, were it *you,* the *Single young Girl,* you so prettily describe, who since has made M. Klopstock one of the happiest of Men?

Let me know every thing a Relation would wish to know of my dear Hamburg Kindred.

Good Dr. Young, who, with great Concern, first gave me an Account of Mr. Hohorst's Death, has been indisposed for two or three Months past; and has been at Bath for some Weeks, for the Recovery of his Health. God succeed to him the Use of the Waters there; which we hold to be so lenient and salutary. I have transmitted to him the Letter you inclosed in that you favoured me with.

You do me Honour, Madam, in your Approbation of my Clarissa, and Grandison.

My Daughters receive in the kindest manner, and return with affectionate Respect, the Sisterly Kiss you are so good as to send them. My Daughter Martha most particularly. "O the good Mr. Hohorst," (exclaimed she, on reading what you mention of the high Favour she stood in with him) "How partial to me, was he! in the Account he gave of me to this good Lady! Thank her, dear Sir, in my Name, for her Opinion, so kindly given, in relation to our Sex's being ready to make an Appearance in Print. I am doubly secured from such Presumption; by the Consciousness of my own want of Talents; and by being entirely in this Lady's way of Thinking in this Particular."

You will favour me, Madam, with your farther Notice, as above requested. Make my best Respects acceptable to your dear Gentleman; and allow me to be   Your affectionate Friend
And Humble Servant
London, Salisbury Court, Fleetstreet,   Samuel Richardson.
Dec. 22. 1757.

302. Meta an Richardson, 14. 3. 1758

Hamburg, March 14, 1758.
You are very kind, Sir, to wish to know every thing of your Hamburg kindred. Then I will obey, and speak of nothing but myself in this letter.

I was not the lady who hath been with two gentlemen from Göttenburg in England. If I had, never would I have waited the cold ceremony of introducing you to me. In your house I had been before you knew that I was in England. That I shall, if ever I am so happy as to come there. We had a pretty project to do it in the spring to come, but I fear that we cannot execute it. The great fiend of friendship, War, will also hinder this, I think. I fear your *Antigallicans* exceedingly, more than the Gallicans themselves; they, I must confess it, are at least more civil with neutral ships. I pray to God, to preserve you and Dr. Young till peace comes.

We have a short letter of Dr. Young, in which he complains of his health. How does he yet? And you, who are a youth for him, how do you do yourself?

You will know all what concerns me. Love, dear Sir, is all what me concerns! And love shall be all what I will tell you in this letter.

In one happy night I read my husband's poem, the Messiah. I was extremely touched with it. The next day I asked one of his friends, who was the author of this poem? and this was the first time I heard Klopstock's name. I believe, I fell immediately in love with him. At the least, my thoughts were ever with him filled, especially because his friend told me very much of his character. But I had no hopes ever to see him, when quite unexpectedly I heard that he should pass through Hamburg. I wrote immediately to the same friend, for procuring by his means that I might see the author of the Messiah, when in Hamburg. He told him, that a certain girl at Hamburg wished to see him, and, for all recommendation, showed him some letters, in which I made bold to criticize Klopstock's verses. Klopstock came, and came to me. I must confess, that, though greatly prepossessed of his qualities, I never thought him the amiable youth whom I found him. This made its effect. After having seen him two hours, I was obliged to pass the evening in a company, which never had been so wearisome to me. I could not speak, I could not play; I thought I saw nothing but Klopstock. I saw him the next day, and the following, and we were very seriously friends. But the fourth day he departed. It was an strong hour the hour of his departure! He wrote soon after, and from that time our correspondence began to be a very diligent one. I sincerely believed my love to be friendship. I spoke with my friends of nothing but Klopstock, and showed his letters. They raillied at me, and said I was in love. I raillied them again, and said that they must have a very friendshipless heart, if they had no idea of friendship to a man as well as to a woman. Thus it continued eight months, in which time my friends found as much love in Klopstock's letters as in me. I perceived it likewise, but I would not believe it. At the last Klopstock said plainly, that he loved; and I startled as for a wrong thing. I answered, that it was no love, but friendship, as it was what I felt for him; we had not seen one another enough to love (as if love must have more time than friendship!). This was sincerely my meaning, and I had this meaning till Klopstock came again to Hamburg. This he did a year after we had seen one another the first time. We saw, we were friends, we loved; and we believed that we loved; and a short time after I could even tell Klopstock that I loved. But we were obliged to part again, and wait two years for our wedding. My mother would not let marry me a stranger. I could marry then without her consentment, as by the death of my father my fortune depended not on her; but this was an horrible idea for me; and thank heaven that I have prevailed by prayers! At this time knowing Klopstock, she loves him as her lifely son, and thanks God that she has not persisted. We married, and I am the happiest wife in the world. In some few months it will be four years that I am so happy, and still I dote upon Klopstock as if he was my bridegroom.

If you knew my husband, you would not wonder. If you knew his poem, I could describe him very briefly, in saying he is in all respects what he is as a poet. This I can say with all wifely modesty ...... But I dare not to speak of my husband; I am all raptures when I do it. And as happy as I am in love, so happy am I in friendship, in my mother, two elder sisters, and five other women. How rich I am!

Sir, you have willed that I should speak of myself, but I fear I have done it too much. Yet you see how it interests me.

I have the best compliments for you of my dear husband. My compliments to all yours. Will they increase my treasure of friendship? I am, Sir, Your most humble servant,
M. Klopstock.

303. Metas Beichte, Niederschrift gerichtet an Prediger Zornickel

Hamb. d. 1ten Apr. 1758

Zornickel.

Ich komme, auf diese feyerliche Art, Gott u mir zu bekennen, daß ich eine Sünderinn bin. Ich gebe mich des ganzes Gesetzes schuldig, auch da, wo ich nur unbekannt, oder unbemerkt gefelt. Ich bereue diese meine Sünden alle. Mit der lebhaftesten Zueignung glaube ich die Tilgung meiner Sünden, durch die Versöhnung Jesu Christi des Gottmenschen. Aus Pflicht u. aus Dank gegen die unzehliche Güte, die Gott mir erzeigt, ist es mein ernster Vorsatz, nie stille zu stehn;

sondern immer vollkommner u der grossen Versöhnung würdiger zu
werden, bis Gott mich die hohe Vollkommenheit der Seligen giebt.
Von dieser Seligkeit wird mir die Ruhe, welche die Absolution wirkt,
u. der Friede der Seele, den mir die morgende Vereinigung mit
meinem Erlöser giebt, ein Vorschmack seyn.

304. Richardson an Meta, 7. 4. 1758

London, April 7. 1758.

A thousand Thanks to my dear Mrs. Klopstock, for her Letter of
March 14, communicating to me, in so nobly frank and generous a
manner, whose Lady she is, and the Progress and Perfection of their
Loves: Happy, thrice happy Pair! But how could it be otherwise,
Mind (the Person of the Gentleman then unseen and unknown) the
Object of the Lady's Esteem; the Gentleman the celebrated Author
of the Messiah. A Match of Intellects, I may well call it.

I heard much of this admirable Poem from Gentlemen of Gotten-
burg. But the Author's Name slipt my Memory, it being 3 or 4 years
ago. Otherwise I should have had no need to make the Enquiries I
troubled You with in my former, who it was that honoured me with
her Notice under the Name of Klopstock.

Be so good, dear Madam, to oblige me with a History, Plan,
Design of this great work of Genius? Whether it be completed, or
when, if not, it probably will be? What is already published of it? O
that I was Master of the Language in which it is written, and had it all
before me!

What a sweet Condescention in You, to assure me, that, had You
been in England, you would have favoured me with a Visit at my
own House, without regarding the cold *cold* Ceremony of my being
introduced to You. Superior to dull Form, I might have expected this
from Mrs. Klopstock. How happy should I have thought myself, had
Your Project of coming to England taken place, and I had seen
together a Pair so matchless, as I must think You and Your dear
Gentleman! And is the *Fiend* of *Friendship, War,* the Preventer! And
are the Antigallicans more uncivil to Neutral Ships, than the Gallicans! What a Reflexion! I am sorry to think it just. I join with You,
and that for a new Reason, in hearty Wishes for Peace. The following
Lines written by one of my Correspondents, a Lady, will please You.
They never were printed.

"Th'industrious Merchant's ever-anxious Mind
Oppress'd with Love, his Treasures lost deplores;
Yet curses he nor treach'rous Seas, nor Wind,
Nor pointed Rocks unseen, nor craggy Shores.

But Thee he curses, o Thou most accurst,
Offspring of mad Ambition, cruel War!
Go! reign in Hell; be there supremely worst,
The blackest, most malignant demon far!"

Dr. Young has been very ill. He is now much better, thank God; but still at Bath.

I have a much less favourable Account to give of my self. I have been many years afflicted with a severe Nervous Malady (Guard, my dear Lady, Your beloved Mr. Klopstock from too great and too close Application to his Studies, while it is yet in Time.) This Malady is of late greatly increased upon me. You see how tremblingly I write, and sometimes I cannot write at all. My Physician forbid me Hope of Cure, and I have gone through *repeatedly* the whole Circle of Physick. God's Will be done!

The oftener I read the History of Your Loves, and the Account You give of Your mutual Happiness after Four Years Matrimony, in your charming Letter before me, the more am I delighted. Your sentiments are gracefully noble. Your Language where least English is more expressive then we in England could have taught you. Let me repeat a few Instances of your Excellence in Both – "Love, dear Sir, is all what me concerns: and Love shall be all what I will tell you in this Letter." – "In one happy Night, I read my Husbands Poem, The Messiah" – But what am I about? No less than laying my self under a Necessity of transcribing the greatest Part of your admirable Letter. I will not proceed.

May you be long, the *Happiest Wife in the World!* May you to the End of your lengthened Lives be *Bride* and *Bridegroom* to each other! – "If I knew your Husband, you say, I should not wonder at your Love of him." Angelic Pair! A Love begun in Mind, as yours was, and meeting with a Return so graceful; the Gentleman, the Author of *the Messiah,* who can wonder? Yet allow me to repeat my Request, that you will make me still more acquainted with him in his noble Work. "You dare not, you say, speak of your Husband, because you are in Raptures when you do." But in all *Wifely Mod-*

esty (sweet Words!) you may and you *ought* give me Leave to say, that we may rejoice with you on a Marriage, in these Anti-Matrimonial Days, so happy. Think you not, that the Example from two such Minds may have its influence? – How nobly do you sum up your *Riches!* – "So happy am I in Love: So happy am I in Friendship by my Mother (How I revere her for her consenting Goodness to you, and how is so good a Mother rewarded by the Duty of a Gentleman, she now finds cause to love as her lifely Son (as the Son of her life!) sweetly tender the Expression!)" by two Elder Sisters and by FIVE other Ladies." You are rich indeed! – God bless You in them, and them in you for many, many happy Years – How *Rich* can you make me were the Request not too bold, by the Description and Histories of these Worthies! – O Speak, Speak, of *Yourself*, and of *all You love*. You cannot say *too much* on a Subject so delightful. What can be a more enlivening one to a Heart capable of Joy on finding the Number of the really Good within his Knowledge increased? I have suffered within those very few Years past, by the Defection and Ingratitude of more than one, from whom Charity made me hope better Things. Help me, Madam, you *can*, to an Over-balance, for the Sake of Lightening the Evil of the Days, I am fallen into.

I am not a little proud of the Compliments of your Dear Mr. Klopstock. My best Respects attend Him.

All mine receive and most sincerely return yours to them. "Will they augment your Treasure of Friendship?" Condescending Question! My Wife, my Girls, unanimously answer, as with one Voice, all Five, that they shall deem it a high Favour to be allowed to enlarge the List of your Friends; and to have it in their Power to do you service, or give you Pleasure.

I am, Dear Madam, Your great Admirer and faithful and affectionate Humble Servant   S. Richardson.

If you find a Difficulty in reading my staggering Handwriting; or if I should be still less able to hold a Pen, will you be so good, as to allow to my Patty rank as one of your Correspondents?

305. Meta an Richardson, 6. 5. 1758

Hamburg, May 6, 1758.

It is not possible, Sir, to tell you what a joy your letters give me. My heart is very able to esteem the favour that you, my dear Mr.

Richardson, in your venerable age, are so condescending good, to answer so soon the letters of an unknown young woman, who has no other merit than a heart full of friendship – and of all those sentiments which a reasonable soul must feel for Richardson, though at so many miles of distance. It is a great joyful thought, that friendship can extend herself so far, and that friendship has no need of *seeing,* though this seeing would be cœlestial joy to hearts like ours, (shall I be so proud to say as *ours?*) and what will it be, when so many really good souls, knowing or not knowing in this world, will see [one] another in the future, and be *then* friends!

It will be a delightful occupation for me, to make you more acquainted with my husband's poem. Nobody can do it better than I, beeing the person who knows the most of that which is not yet published; beeing always present at the birth of the young verses, which begin always by fragments here and there, of a subject of which his soul is just then filled. He has many great fragments of the whole work ready. You may think that persons who love as we do, have no need of two chambers; we are always in the same. I, with my little work, still, still, only regarding sometimes my husband's sweet face, which is so venerable at that time! with tears of devotion and all the sublimity of the subject. My husband reading me his young verses and suffering my criticisms. Ten books are published, which I think probably the middle of the whole. I will, as soon as I can, translate you the arguments of these ten books, and what besides I think of them. The verses of the poem are without rhymes, and are hexameters, which sort of verses my husband has been the first to introduce in our language; we beeing still closely attached to rhymes and iambics.

I suspect the gentleman who has made you acquainted with the Messiah, is a certain Mr. Kaiser, of Göttingen, who has told me at his return from England what he has done; and he has a sister like her whom you describe in your first letter.

And our dear Dr. Young has been so ill? But he is better, I thank God along with you. Oh that his dear instructive life may be extended! – if it is not against his own wishes. I read lately in the newspapers, that Dr. Young was made Bishop of Bristol; I must think it is another Young. How could the King make him *only* Bishop! and Bishop of *Bristol* while the place of *Canterbury* is vacant! I think the King knows not at all that there is a Young who illustrates his reign.

And you, my dear, dear friend, have not hope of cure of a severe nervous malady? How I trembled as I read it! I pray to God to give you at the least patience and alleviation. I thank you heartily for the cautions you gave me and my dear Klopstock on this occasion. Though I can read very well your handwriting, you shall write no more if it is incommodious to you. Be so good to dictate only to Mrs. Patty; it will be very agreeable to me to have so amiable a correspondent. And then I will, still more than now, preserve the two of your own handwriting as treasures.

I am very glad, Sir, that you will take my English as it is. I knew very well that it may not always be English, but I thought for *you* it was intelligible: my husband asked, as I was writing my first letter, if I would not write French? No, said I, I will not write in this pretty but *fade* language to Mr. Richardson (though so polite, so cultivated, and no longer *fade* in the mouth of a Bossuet). As far as I know, neither we, nor you, nor the Italians have the word *fade*. How have the French found this characteristic word for their nation? Our German tongue, which only begins to be cultivated, has much more conformity with the English than the French.

I wish, Sir, I could fulfil your request of bringing you acquainted with so many good people as you think of. Though I love my friends dearly, and though they are good, I have however much to pardon, except in the single Klopstock alone. *He* is good, really good, good at the bottom, in all his actions, in all the foldings of his heart. I know him; and sometimes I think if we knew others in the same manner, the better we should find them. For it may be that an action displeases us which would please us, if we knew its true aim and whole extent. No one of my friends is *so* happy as I am; but no one has had courage to marry as I did. They have married, – as people marry; and they are happy, – as people are happy. Only one as I may say, my dearest friend, is unhappy, though she had as good a purpose as I myself. She has married in my absence: but had I been present, I might, it may be, have been mistaken in her husband, as well as she.

How long a letter this is again! But I can write no short ones to you. Compliments of my husband, and compliments to all yours, always, even though I should not say it.   M. Klopstock.

306. Klopstock an Ebert, 19. 10. 1757, 29. 5. und 7. 6. 1758

Hamburg den 19ten Oct 57

Mein lieber Ebert,

Erschrocken bin ich nicht über Ihre zweyte Brieferscheinung; aber erstaunt bin ich nicht wenig darüber. Von *Eberten* zween lange Briefe in so kurzer Zeit. Ich thue Ihnen hiermit die feyerlichste Ehrenerklärung, daß Sie nicht mehr zu der ehrwürdigen Gesellschaft der Nichtschreiber gehören. Aber wie sich doch alles in der Welt auf eine sonderbare Art fügen muß. Zu einer Zeit, da Sie Ihre lange behauptete Stelle der Nichtschreiberey verlassen, betritt Giseke die höchste Stufe derselben; u ich, der ich, ohne alle Prahlerey, nicht eben der lezte in der Gesellschaft bin, sehe mich von ihm sehr weit zurückgelassen. Proximus at longo proximus intervallo wofern mir Gärtner diese Nähe nicht streitig macht. Denn er hat alle mögliche Eigenschaften dazu, die einen Conpetenten nur unruhig machen können. Es ist ein merkwürdiges Exempel der Unger [d. i. Giseke], das so gar Sie, bey Ihren izigen ausserordentlichen guten Gesinnungen, ein wenig furchtsam machen könnte! – Ich kann Ihren ersten Brief so gleich nicht finden. Ich weis wohl, daß ich viel daraus zu beantworten habe. Eins, mein Herr, hat mich darinn gar sehr *piquirt*. Sie geben einigen von meinen Hexametern eine Riesenlänge Schuld, die ich ihnen gar nicht zu geben willens gewesen bin. Und noch bis auf diese Stunde glaube ich Ihnen nicht eher, als bis Sie mir diese angeklagten Verse zeigen. Dieses erwarte ich ehestens von Ihnen. – Der junge Shore hat mir recht wohl gefallen. Er verließ uns zu bald. Ich habe ihm einen Brief an Young mitgegeben. Denn ich muß Ihnen sagen, daß ich die Freude habe Youngen nicht ganz unbekannt zu seyn. Er hat einige Fragmente ich weis nicht von welcher Ubersezung des Mess[ias] gesehen. Ein Freund von mir, ein braver Mann, der seit kurzem in keiner Schlacht (er war ein Preussischer Officier) sondern in Dresden gestorben ist, war vorigen Winter in England, u that eine Reise zu Youngs Einsiedeley. Dieser hat mir jenen Umstand u auch das geschrieben, daß Young gewünscht hätte, daß ich möchte nach England kommen können. Ich habe seitdem schon immer an ihn schreiben wollen, aber eine Ursach die mich damit zu eilen hätte antreiben sollen, hat mich bis zu Shores Ankunft zurückgehalten. Ich stellte mir immer vor Young könnte schon todt seyn. Dasjenige was mich am meisten an Hohorstens Beschreibungen gerührt hat, war daß ihn Young beym Abschiednehmen mit einer Art von ehrwürdiger Feyerlichkeit gesegnet hatte. – Ich habe die Elfrida noch nicht gesehen, ob uns gleich die Paar Bildchen ganz u gar nicht zu Barbaren machen; u ob es gleich so gar die Nordsee nicht thut, welche dem Geh. R. Bernstorf immer die neuesten besten englischen Bücher bringt. Sie haben mich sehr begierig gemacht, die Elfrida [des William Mason] zu lesen, besonders deßwegen weil ich noch in keiner englischen Tragödie, den *Spieler* fast durchgehends ausgenommen, die Leidenschaft *völlig erreicht* gefunden habe. Ich halte zwar den *völlig wahren Ausdruck der Leidenschaft* für das schwerste in der Poesie; allein von wem kann ich ihn fordern, wenn ich ihn nicht von den Engländern fordern kann? Gleichwohl ist ihre Leidenschaft so oft mehr Einbildungskraft als Leidenschaft. Bisweilen soll zwar die Leidenschaft die Einbildungskraft zu Hülfe nehmen; aber auch nur bisweilen, u nur bis auf einen gewissen Grad.

den 29 May 1758

Eben finde ich diesen Brief in einem Buche. Ich wußte wohl, daß der Anfang eines Briefs an Sie existirte; allein ich konnte ihn nicht finden. Der 19te Oct. 57 u der 29te May 58 u noch mehr Ihre zween neuen unbeantworteten Briefe machen mich zwar sehr beschämt; aber was kann ich machen? Ich merke, daß ich den Unger beynah erreiche. – Sie wissen, wie lieb mir Ihre Kritiken seit jeher gewesen sind. Fahren Sie daher fort, mir welche zu machen. Wenn nur das Abschreiben nicht wäre; so schikte ich Ihnen meine Fragmente vom Messias. Aber kein Mensch selbst meine Frau nicht selbst ich bisweilen nicht kann meine Hand lesen. Denn ich mache bisweilen wenn ich recht in der Arbeit bin ganz u gar nur Züge statt der Buchstaben. Doch denk ich will ich noch Rath schaffen, daß Sie meine Fragmente bekommen. Ich bin heute ausserordentlich glüklich gewesen. Ich habe diesen Morgen über 50 Verse im XIIten Gesange gemacht. Sie müssen aber deßwegen nicht denken, daß ich mit dem XI u XII fertig sey. Bey weitem nicht. Und doch ergreife ich jede Minute der poetischen Stunde bey beiden Händen. – Ich werde Ihnen ehestens ein Exempl. von meinen geistlichen Liedern schicken. Sagen Sie mir Ihre Meinung davon. – Ich vermute, daß Sie Youngs Brief an mich gesehen haben, weil Sie davon schreiben. Denn ich weis, daß eine Abschrift nach Lüneburg an Stockhausen geschikt worden ist. Ich habe einen zweiten Brief von ihm. Den hat er wegen Schwächlichkeit bloß diktirt. Dieser ist aus Bath. Er ist zwar besser aber nicht völlig. Dieß schreibt Richardson an meine Frau. Denn diese Leutchen correspondiren mit einander. Sollten Sie wohl glauben, daß Richardsons Hand unendlich zitternder ist, als Youngs seine. Er hat seit ziemlicher Zeit eine Nervenkrankheit, wovon er, nach seiner Physiker Meinung, niemals völlig genesen wird. – Meine Frau, die nun zum drittenmale schwanger ist, u die dießmal viel Hofnung hat, keine fausse couche zu bekommen, wird hier bleiben, um hier Wochen zu halten. Ich aber werde wohl nach Kopp. reisen, u im Herbste zurückkommen. Denn Sie müssen wissen, daß Kopp. gar nicht weit von Hamb. ist. Von hier bis Travemünde ist eine Tagereise. Und das leztemal sind wir von Kopp. bis Travemünde in 26$^{1}/_{2}$ Stunden gekommen. Ich bin ein solcher Schifmann daß ich mit drey guten Matrosen allein herüberfahren wollte. Sturm müßten wir freylich nicht haben. Das versteht sich. Hören Sie, Ebert, sezen Sie sich diesen Herbst einmal auf die Post u reisen nach Lüneburg. Da können Sie sich zu Schiffe sezen, u in wenigen Stunden beym Baumhause landen. Es geschieht nicht allein aus großer Neigung zu den Seereisen, daß ich Ihnen dieses rathe; diese Art nach Hamb. zu kommen, verkürzt wirklich Ihre Reise. Leisching sagt, daß Sie ordentlich fett geworden wären. Das freut mich. Aber Bier, Bier trinken Sie auch, daß es was entsezliches ist. Das schikte sich allenfalls für einen Dänen, wie ich bin, denn in Odins Himmel trank man Bier. Nun verfallen Sie nur nicht zulezt gar auf die Mumme; so mag es noch hingehen.

den 7ten Jun.

Nun ein sonderlicheres Schiksal hat doch nicht leicht ein Brief gehabt. Uber das Ausziehen (denn wir sind zu meiner Schwiegermutter gezogen) ist er wieder liegen geblieben. Aber heute soll er gewiß fort. – Wir haben von neuem einige Hofnung, daß Schlegel hier Hauptpastor werden wird. Es kömmt dabey hauptsächlich darauf an, daß ganz Zerbst aussage, daß er die Schwindsucht nicht habe. –

Ich bitte Sie, daß Sie schlechterdings verschwiegen mit dem Abentheuer, das sich mit diesem Briefe zugetragen hat, umgehen. Solche Geheimnisse der Freundschaft müssen nicht ausgeschwazt werden. Gärtnern allein können Sie davon sagen, u es ihm zugleich als eine Warnung anführen. Er wird daraus sehen, wie weit man verfallen kann, wenn man auf Wegen geht, die Er u ich bisher betreten haben. Wofern Gärtner von einem Biertrinker geküßt seyn mag; so küssen Sie Ihn in meinem Namen. Ich bin der Ihrige   Klopstock

307. Richardson an Meta, 23. 6. 1758

London, June 23. 1758.

Kindly as you, my dear and excellent Friend, take my early Answering your Favours to me, I did not intend to be so long in acknowled[g]ing the Receipt and thanking you for the Contents of your last now before me. But it could not be otherwise. Various Avocations at sometimes, and my paralytic Disorders at others, would not permit me to pursue my Inclinations. Indeed I would have accepted of your kind Offer of allowing the Pen of my Patty to supply my Deficiencies, had I not the Concern to acquaint you, that she is forbid writing from the Effects of a violent Cold, that has affected her Lungs, and makes me very uneasy in fear of bad Consequences.

What a charming Thought is that of yours relating to Friendship and the Sympat[h]y and Union of like Minds, however distant the Bodies (Absence indeed of itself endears) and even where the Parties never saw each other, when the Friendship begins in the Admiration of Mind, as exhibited in the laudable works of the Mind on both sides; the Person admiring being no less excellent for its due and noble Preference than the Person admired.

> Great Souls by Instinct to each other turn
> Demand Alliance, and in Friendship burn.

So may it be said of good Souls. What a noble Instance have you given of this in your love of your dear Klopstock, before you saw him on reading his Messiah. No wonder you are so happy both, The Messiah inspired and will bless your Love.

You improve the rich Thought, as follows – I must transcribe the Passage.

"Friendship extends herself so far, that it has no need of seeing, tho' this would be cœlestial Joy; for Hearts as *ours*" (what Honour you do me, Madam, in the Word *ours!*) "What will it be, when so many really good Souls, knowing or not knowing in this world, will see one another in the future, and be *then* Friends!" Heavenly contemplator! How much is Friendship, both Name and Thing, exalted by your Sentiments and Practice!

You highly gratify me, my dear Mrs. Klopstok, in allowing so chearfully my Request made to be more acquainted with the Writings of your beloved Husband. "No body, say you, can do it better than I." The Reason you give, why no body can, and the Description, that follows it, are so sweet, so admirable (and so admirable expressed too, in a Tongue in a manner new to you) that in further Proof of your observation above, I want not to see you, to love you with a Tenderness truly paternal. What a Description particularly is that you give of the great Writer filled with his heavenly Subject – "His Face at that time so venerable" (What a Heart is yours!) "with Tears of Devotion, and all the Sublimity of the Subject." O that I were Master of the Language in which this noble Poem is written! But I am impatient for the Communication you are so good to make me hope for.

Mr. Kaiser is the Gentleman, who gave me some account of the Messiah.

Dr. Young is finely recover'd, thank God! He is now in *Waiting,* as we call it, in the Duty of Kings Chaplain, at Kensington Palace, near London. He obliged me with his company three Days before he went into Waiting. Edward is his Christian Name. Philipp is that of the newmade Bishop. We who are his Friends, think he has not had Justice done to his merits. He would have been a Credit to the Bench of Bishops.

There has not been a more justly-applauded Promotion in this Kingdom, than that of translating Dr. Secker from the See of Oxford to the Archiepiscopal one of Canterbury. He is an excellent, an irreproachable, an exemplary Man.

Most cordially I thank you, Madam, for the Alleviation and Patience you wish me in the unhopeful State of my Health.

I understand not French. You speak with Knowledge; and slightly of it, as I always thought of it, compared with that of any other Nation.

How candidly, how ingeniously you describe your Parents on the Subject of the *Over-balance* I wanted you to help me to among them. You are uniformly and unexceptionably good, kind, and benevolent. Allow me, however, to love them, for your Sake, and because you do.

How sweetly charitable the following Passage, when you cannot set forth, as shining characters, some of those you love: "Yet sometimes I think, if we knew more of them the better we should find them: Then it may be, that an Action displeases us, which would please us, if we knew their true Aim, and their whole Intention."

From a Heart governed by so much Rectitude, who would not give full Credit to, and for the Honour of human Nature, rejoice in the following Character drawn by a Pen guided by such a Heart, of one Gentleman. "He is good, really good, good at the Bottom, in all his Actions: In all Replies of his Heart. I KNOW HIM." Then proceeds the charitable Passage in favour of those you do not so thoroughly know.

Well are you intitled to say, as you do – "No one of my Friends is so happy in marriage, as I am. No one has had courage to marry; (you mean, on the motives you were governed by). They married as People marry; and they are happy – as People are happy!" Beautiful and dignified Simplicity!

Tho' none of them are so happy as you are (How can they?) yet you say, there is but one of them (but she your dearest Friend – alas!) is unhappy – Again, how nobly charitable! "tho' these have had as good Purpose, as I myself." You cannot know, Madam, how excellent you are!

"She married in my Absence. Had I been present" (as much as to say, She being my dearest Friend, I might have influenced her for her own Good) "I should, it may be" (Sweet Doubter! And again as sweetly Charitable) "have been mistaken in her Husband" (specious Man! and again most charitable in favour of your dearest Friend) "as well as she."

Don't say, *excusatorily*, that you have *again* written a long Letter. Not one of your Letters have appeared long to me. The very contrary. I shall be greatly disappointed, if, when you come to give me the Arguments of the Ten Books already published, and communicate to me, what you shall further "think fit to communicate," your Letters are not much longer. Favour me, Dear Madam, as if of one Family (London and Hamburgh are they not one in Constitution, in Commerce; and Distance, we have agreed, is nothing, were it much greater, than it is) with communications of every Thing you are interested in, and proper to be known by both. I shall only be sorry, if my own Disorders, or my Patty's, shall compel me, or her, to contract or shorten a Correspondence so delightful to me, as is that between my Dear Mrs. Klopstock, and the most grateful and affectionate (Sight and Distance are not in the Question) of Her Humble Servants, and equally an Admirer of her best Friend and Husband-Lover; Witness   S. Richardson.

308. Klopstock an Meta [Anfang Aug. 1758]

Lübeck, Nachmittags.
Ich werde diesen Abend noch nicht verreisen. Der Wind ist noch nicht gut. – Ich bin dem Postillon recht böse, daß er Dir meinen Brief, aller meiner angewandten Mühe ungeachtet, nicht den Abend gebracht hat. So hättest Du vielleicht eine bessere Nacht gehabt. Du süße Kleine, wie *herzlich* ich Dich liebe, das fühl' ich. – Ich sehe Dich schon so süß mit Deinem Kleinen vor mir sitzen. Du sprichst mit ihm von mir. Und wenn die kurze Zeit meiner Abwesenheit vorüber seyn wird; dann wird unser Gott, wie ich zu ihm hoffe, mir Mutter und Kind geben. Und dann werden wir ihm Beyde danken, und einst unser Kind mit uns. Es ist dies ein sehr ernsthafter, schöner und freudiger Gedanke. Unser Gott wolle ihn, nach seiner Gnade, mit der er bisher über uns gewaltet hat, hinausführen! – Ich will mir keine Zeugnisse mehr von andern geben lassen, und Dir schlechterdings traun. Du schreibst mir also immer aufrichtig, wie Du Dich befindest, und wie Du meine Abwesenheit erträgst. Ich weiß wohl, daß ich nicht nöthig habe, Dir zu wiederholen; aber ich wiederhole es doch, daß ich, sobald es nur möglich seyn wird, zurückkommen will. Ich drücke Dich fest an mein Herz. Dein Klopstock.

Lübeck.
Ich bin noch immer hier. Weißt Du, womit ich mir mein Hierseyn unterandern erleichtre? Ich denke daran, daß wir, durch die Hilfe Gottes, künftiges Frühjahr mit unserm Kleinen hier seyn werden. Das hat mir bey meinem gestrigen Spazierritte, besonders die Trave, die ich oft sah, angenehm gemacht, denn ich denke, daß wir, wegen des Kleinen, lieber die Trave herauffahren werden, wenns auch langsam gehn sollte. Ach meine Meta, wenn wir dies erleben, so wollen wir unserm Gott noch recht danken! Laß unsere Hoffnung schon mit Dank verbunden seyn.

Nachmittags.
Der Wind ist gut. Diesen Nachmittag gehe ich an Bord – Ich habe ein gutes Schiff und einen guten Schiffer. Verlaß Dich auf meine Behutsamkeit oder vielmehr auf den Schutz unsers Gottes, ohne welchen alle meine Behutsamkeit nichts ist. Wenn Du wüßtest, wie zärtlich ich Dich liebe, Du bist meine Einzige. Dein Klopstock.

309. Meta an Klopstock, 2.8.1758

Hamburg, den 2ten Aug. 1758. Mittags.
Dreymal den Weg nach der Post zu machen, um mich noch Eine Minute zu sehen! Glaube nur nicht, daß ich dir dieß *wenig* anrechne. Es bestärkt mich in meinem alten Argwohne, daß du mich wohl ein bißchen lieb haben magst. Du würdest mich recht lieb haben, wenn du heute bei mir wärst. Man sollte mirs nicht ansehen, daß du, *du* von mir gereist bist. Der Gedanke, daß die Betrübniß unserm Kinde schaden möchte; (denn ich habe das bißchen Weinen, dem ich nicht widerstehen konnte, gar zu sehr gefühlt!) daß du es nicht haben willst; und daß es Undankbarkeit für unsre sonst so große Glückseligkeit wäre, macht mich so gelassen, daß ich beynahe ruhig bin. Nach der süssen Minute in deinem Arme, habe ich ordentlich geschlafen.

Ich kann den Gedanken von dir zwar nicht zerstreuen, und das will ich auch nicht; aber ich kann ihm doch eine solche Wendung geben, daß ich ruhig bleibe. Ach unser Gott begleitet dich, und giebt dich den Armen deiner Frau und dem Hüpfen deines Ungebohrnen wieder.

310. Meta an Klopstock, 2.8. [1758]

Hamb. den 2 Aug. Abends.
Ich? ja ich habe mich wohl befunden, und bin eine Heldinn geblieben, ob ich gleich sehr auf meinen Feind passen muß, der im Busche lauret, und wie ein hannöverischer Jäger trifft. Im Ernste, wenn ich manchmal glaube, recht viel Contenance zu haben; so ergreift der Gedanke von dir mich auf einmal so sehr, daß mirs viel Mühe kostet, mich aufzuheitern. Das verursachen oft sehr ungefähre Sachen.

311. Meta an Klopstock, 3.8. [1758]

Von den zwei Reisewegen der Postroute Hamburg-Lübeck hatte Klopstock den kürzeren über Schönberg gewählt und von dort gleich an Meta geschrieben.

Hamb. den 3 Aug.
Nun kommen Sie, und zeichnen Sie ihr Zeugniß. – „Ich bezeuge hiermit auf meine Ehre, daß Meta Klopstock sich so gut aufführt, daß ich alle Augenblicke darüber erstaune. Nein, ich würde nicht

ruhig seyn, gewiß nicht, und wenn ichs auch tausendmal meinem Manne zugesagt hätte. Halb ärgre ich mich, daß sie so ist. Nein, diese Liebe zum Manne ist zu stark. Aus Liebe zu ihm, so gar ruhig zu seyn."

Du ganz Einziger! dein Brief diesen Morgen! Man weckte mich, ich kriegte zwar Kopfschmerzen; aber es war doch sehr süß. Er schlief hernach auf deiner Stelle, der kleine Liebling! der Erstgebohrne! Gestern Abend vermuthete ich so etwas von einem Briefe, aber es war mir so dunkel; ich konnte es nicht recht entwickeln; an Schönberg dacht ich nicht. Aber *du* dachtest daran. Du *mustest* schreiben. Ja, das ist natürlich, du hast mich lieb; ich hätte auch schreiben müssen.

312. Meta an Klopstock, 4.8. [1758]

Hamb. den 4 Aug

Wenn die Nächte nur nicht so schlimm wären! Ich möchte jede Nacht aufstehn, und dir schreiben, daß du wieder zurück kommen müstest. Ach, wenn du wieder kämst! Glaube aber nur nicht, daß ich diesem Gedanken nachhänge.

Höre, ich dächte, wenn der Wind nicht besser wird, so kämest du auf den Montag, und sähest G[ärtnern], und reistest den Mittwochen wieder fort. Ach denn hätte ich dich doch diese kurze Zeit wieder!

313. Meta an Klopstock, 4.–5.8. 1758

D. 4ten Aug. 1758. Abends um 9 Uhr.

Guten Abend, Maus. Ich komme von einem sehr schönen Abend u. einem angenehmen Garten zu Hause. Ich bin nach meiner Art viel spatziert. Und wie ich mich zum Spiel setzte, da war meine Stelle so, daß ich beständig auf die grosse breite Elbe sah (denn hier ist sie breit). Du kannst denken, daß die Elbe mir immer die Ostsee war. Ach wie *unaufhörlich* habe ich an dich gedacht! Wie sah ich alle Schiffe an, als wenns deins wär! (Du hast doch ein gutes Schif, das nicht lek ist, wie der Bergern ihrs?) Der heßliche Wind aber war immer contrair! Er ging einmal ein bischen um, aber nur nach Norden, u. gleich ward er wieder ost. Wenn du noch lange in Lübeck bleibst, so werde ich den Wind so gut verstehn lernen, als Michel Jans. Er war diesen Mittag hier, u. glaubte der Wind würde sich noch so ändern, daß du heute fortkämst. Aber er hat sich doch geirrt, d. Hr. Michel! Er grüßt dich. Das thut die ganze Gesellschaft von heut. – Gute Nacht! Nun esse ich mit meiner Meta, dann beten wir zusammen (das ist mir sehr süß) u. dann ––– muß ich in mein einsames Bett! – Gott sey mit dir! –––

D. 5ten.

Das ist doch süß bey Lübek, daß wir uns alle Tage schreiben können! Aber ich wollte doch dies entbehren u. dich lieber weiter fort oder auch zurück haben. Ach zurück! – Ich bin diese Tage mit Schmidts, Wagners u Mislers bey Dimpfels. Ich schwatze dir immer so vor was ich mache; willst du das auch wissen? Ich wollte, daß du mir auch so alles erzähltest, deine Briefe sind so kurz! Doch das soll dich nicht bewegen, Ein Wort mehr zu schreiben, als du magst. Wenn du mir sagst, daß du mich *herzlich liebst,* so sind sie eigentlich sehr lang. – Hör, dein süsser Junge (ich hab ihn noch lieber seit dem) hüpft allemal wenn ich einen Brief von dir kriege, oder an dich schreibe – da eben. – Ja, mein bester Klopstock, Gott wird uns schon geben, was nach seiner Weisheit uns gut ist, u. wenn unsern Wünschen etwas fehlt, es uns ertragen helfen. –

Vergiß mir ja die Schwimmharnische nicht! Daß du behutsam auf dem Schif seyn wirst, das weis ich. Du schreibst mir doch alle Tage bis du abgehst? und dann thuts Rahn? – Sieh nach deinem Kirschwein, ich glaube es ist rote[r] Wein dazu gegossen, denn ich habe eine Bouteille Kirschw. gefunden – Deine Frau u dein Junge

314. Meta an Klopstock, 7. 8. [1758]

Hamb. den 7 Aug. an meines Vaters Sterbetage. Ob du wohl weg bist? Der Wind war diesen Morgen West; aber er ist wieder Ost geworden. Unser Gott sey mit dir! Das glaube nur, daß ich mich allein auf ihn verlasse, und sehr lebhaft glaube, daß der Weg, den er uns führt, für uns der beste sey. Ich halte dich fest in meinen Armen.

315. Meta an Klopstock, 10. 8. 1758

D. 10ten Aug. 1758 Abends um 8.

Weil ich doch morgen noch keinen Brief von dir haben kann, so will ich nur heut schreiben. *Du Engel!* wo du wohl bist? Ach gewiß noch auf dem Schiffe! Du hast viel zu schlechten Wind gehabt. Wenn Gott dich nur vor Gewitter behütet hat! das ist meine grosse Furcht gewesen. Denn wir haben hier starke Hitze, aber doch noch kein Gewitter. Diese Nacht, es war eine sehr finstre Nacht, habe ich mir der Sorge um dich nicht erwehren können. Aber es war keine solche Sorge, die Undankbarkeit bey meiner so so grossen Glükseligkeit gewesen wäre. Es war Zärtlichkeit, die mich nicht verlassen kann. Gott wird mit dir seyn, u. geben, daß ich Dienstag Nachricht von dir kriege. Aber wenn auch das nicht ist, so will ich mich doch niemals so beunruhigen, daß es mir schaden könne. Ach, *wo* du wohl vor Anker liegst? – Nein, dafür sind die Landreisen doch besser, daß man Nachricht haben kann. Ich bin heute zu Hause gewesen, u. habe den ganzen Tag sehr fleissig genehet, u. Meta gelehrt, mir helfen. Um acht war ich fertig; ach, wenn du da *zu Hause gekommen wärst!* Wie schmachtete ich nach dir! Ich habe dich *unaussprechlich zärtlich* lieb. Es ist schwer, schwer ohne dich zu leben, wenn man mit dir gelebt hat!

Dienstag hatten wir die Freude, unsern lieben, braven freundschaftlichen Gärtner wieder zu sehn. Die Schmidten, die Olden, u mehre[re] (aber doch die Scheelen nicht) waren den Abend zu seinem Empfang bey Alberti gebeten. Sonst aber habe ich ihn noch nicht wieder gesehn. ——————— Sonntag u. die andern Tage (ich will nur allerley mit dir schwatzen) bin ich bey Hinrich Rücker. Die guten unwissenden Leute, liessen dich noch mit bitten. – Du denkst wohl die Landcharten werden itzt gar nicht gebraucht? Ach, die mir zwar so bekannte Reise von Lübek nach Koppenhagen, wie viel wird die nach gesehn! – Gärtner war recht traurig, daß du weg warst. Er hoffte immer du solltest zurück kommen. Ja, nun bist du wirklich weg! – Ich will dir von den Tauben erzählen, um mich aufzumuntern, denn du merkst wohl, daß ich nicht ganz munter bin. Aber weiter ist es auch nichts. Ich will nicht oft wieder einen ganzen Tag zu Hause bleiben, das erinnert mich zu sehr an die süssen Tage, die ich die letzte Zeit mit dir gehabt. – Ach, Tage *mit dir* kommt, kommt doch wieder! Wie lange, lange ist es noch hin! – Es wird schon wieder so dunkel wie gestern. Ach Gott, Gott sey mit dir! – Wenn ihr nur vor Anker lägt, so käme doch kein ander Schif auf euch zu. – Ach, du *könntest* auch wohl schon in Kopp. seyn, aber der Gedanke kömmt mir gar nicht wahrscheinlich vor. – Höre wenn du zu lange vor Anker liegst, so gehst du doch zu Lande? – Wie thöricht ich schwatze! als wenn du diesen Brief auf der See kriegtest!

Ja, von den Tauben. Die Pavedetten haben wieder Eier, die kleinen Ehebrecher auch, welche aber wieder nicht darauf sitzen; sondern nichts thun, als sich untereinander, u auch mit den übrigen zu beissen. Ich habe sie von einandernehmen müssen, weil sie im eigentlichen Verstande blutige Köpfe hatten. Nein etwas scherzhaftes kann ich gar nicht schreiben! Ich will nur aufhören. – Beten kann ich. Und das will ich auch thun. – Was wird das wieder für eine Nacht werden! – Ach wenn *du* sie nur gut hast! – Gesund bin ich gleichwohl, u das Kind auch. Die Melancholie ist auch, so recht stark nur heut Abend gekomen. – Gott sey mit dir! ––– Wie ein kleiner Umstand uns Menschen oft erheitern kann. Wie ich gestern spät zu Bette ging war der Himmel voller Sterne. Das erheiterte mich; ob vielleicht diese Helle dir so wenig geholfen als die vorige Dunkelheit dir vielleicht geschadt haben mag. – Eben kriegte ich einen Brief von Leisch[ing]. Ich zitterte, wie ich ihn aufmachte, ob doch gleich keiner von dir drin seyn *konnte*. – Deine gesunde Frau u dein gesundes Kind!

316. Klopstock an Meta, 12.8. [1758]

Während seiner Anwesenheit in Dänemark wohnte Klopstock meistens auf dem Gute Bernstorff seines Gönners, des Grafen Bernstorff.

Bernst[orff] den 12 Aug.
Ich bin, unserm Gott sey Dank! schon seit ehegestern Nachmittags angekommen.

Wie zärtlich ich dich und dein Kind küsse! Ich weiß nicht, ich habe seit meiner Abreise eine ganz besondre feste Hofnung, daß dir unser Gott ein gutes Wochenbette geben wird.

317. Meta an Klopstock, 15.8. [1758]

Hamb. den 15 Aug.
Gott sey Dank! Gott sey Dank! Da hab ich deinen Brief! Welch eine Freude!

Gott, was wird das seyn, wenn du kommst!

Ich weiß nicht, was ich schreibe; ich kann auch nicht mehr schreiben; ich bin zu voll Freude: so habe ich mich lange nicht gefreut! Ich kriegte deinen Brief bey Tische, ich aß nicht mehr, das versteht sich. Ich ward halb ausser mir, die Thränen stürzten aus den Augen. Ich ging in meine Kammer. Ich konnte Gott nicht anders, als mit Thränen, danken. Aber er versteht ja unsre Thränen so sehr!

318. Klopstock an Meta, 16.8. [1758]

Bernst. den 16 Aug.
Du Kleine, die beyden Nächte waren also so dunkel? Freylich waren sie es. Aber unser Gott hat mich vor allem, was du besorgtest, behütet.

Aber nun hast du meinen Brief, und nun hast du unserm Gott schon gedankt, daß er mit mir gewesen ist. – Laß uns ihm zusammen danken, daß du und dein Kind sich wohl befinden. Meine starke Hoffnung, von der ich dir neulich schrieb, hab ich noch immer.

Ich weiß, wie du an mich denkst, ich weiß es, meine beste einzige Frau, durch mich selbst. Ich drücke dich ganz fest an mein Herz.

319. Klopstock an Meta, 22.8. [1758]

Kocketh. [Kokkedal bei Hirschholm] den 22 Aug.
Ich habe um der Sicherheit willen, daß du gewiß Einen Brief bekömmst, schon einen kurzen geschrieben, den ich eben nach Hirschh[olm] bringen lasse. Diesen nehme ich mit – Du meine Meta, wie hab ich mich über deine Freude gefreut, da du den Brief von meiner, unserm Gott sey es gedankt! glücklichen Ankunft bekamst. Ich kriegte deinen in Lingb[y] da ich eben mit C[ramern] am Tische saß. Ich aß auch nur sehr wenig, seit dem ich ihn gelesen hatte. Du kleine *Mutter*, daß dein Kind, mit dem Gott seyn wolle! dir nun schon mehr Schmerzen macht, darüber freust du dich gewiß mehr, als du die Schmerzen empfindest?

Manchmal *überfällt* michs so recht, daß ich dich haben, daß ich dich an mein Herz drücken möchte. Meine einzige Meta! was wird uns die Freude des Wiedersehns seyn! Es bleibt dabey, daß ich sobald, als es nur möglich ist, komme.

320. Meta an Ebert, 22.8.1758

Hamburg, d. 22ten Aug. 1758
Und warum sind Sie denn nicht nach Hamburg gekommen, wenn Sie Hofnung dazu hatten? Doch um Ihren kleinen Landsmann zu be-

willkommnen, haben Sie noch Zeit, denn der kommt erst im November. Sie haben Sich ungemein bey mir insinuirt, mein lieber Hr. Ebert, daß Sie sich für den Kleinen so interressirt haben. Ich gehe schon mit starken Schritten den Weg der Mutter. Ich glaube, wer künftig sagen wird: es ist ein lieber Knabe! wird der Fr. Mutter sehr gefallen. Doch ich habe auch ein bischen Ursache. Es ist ja ein kleiner *Klopstock,* u. ein kleiner Klopstock auf den man vier Jahr gewartet hat! Den Gedanken habe ich noch nicht gehabt, daß er den Messias fortsetzen könnte. Aber er ist schön, er kann seinen Vater wenigstens damit *piquiren* denn fortsetzen — ach mein lieber Hr. Ebert, ich habe schon lange die Anmerkung aus der Geschichte gemacht, daß die *Genieväter* nicht *Geniesöhne* zeugen! Wenn das was helfen wollte, daß er Ihr Schüler würde! wenn Sie Genie *lehren* könnten! – Ein Sunge ist es, das versteht sich! Aber *wenn* es gleichwohl ein Mädchen würde, sollte die nicht auch Ihre Schülerin werden? Ich bin so ziemlich damit zufrieden, wie Sie mich gezogen haben. Viel besser, daß Sie mich zu einer Frau für Klopst: gebildet, als wenn Sie eine Dacier aus mir gemacht –. Merken Sie nicht etwas davon, daß es eben nicht nötig ist, daß Friedrich für seinen Vater correspondirt? Bin ich nicht eine bessre Correspondentin als Klopstock? Hätten Sie sich nur eher an mich gewendet! Ich bin auch wohl manchmal Klopstocks Secretär. – Wie viel Kl. schon fertig hat, u. ob ich Ihnen nicht Manuscripte mitheilen kann! Das könnte freylich niemand besser als ich. Denn, Sie wissen noch nicht welch Verdienst ich um den Messias habe? weil kein Setzer (Sie sind wohl davon überzeugt?) Klopstocks Hand lesen kann, u. auch kein Abschreiber, so schreibe ich alles für den Druck ab. Doch mag ich Ihnen kein Manuscript, ohne Klopstocks Erlaubniß schicken. Vielleicht erhalten sie sie wenn er kommt. Der 11te u. der 13te Gesang sind fast ganz fertig. – Sie wissen doch, daß ich Kl. itzt nicht bey mir habe? daß er in Koppenhagen ist? Ach das ist eine schlimme Zeit! Wenn das nicht alles des Sungen willen wäre u. wenn er nicht bald wieder käme, wer könnte das aushalten! – Leben Sie wohl. Grüssen Sie unsern lieben Gärtner recht sehr, sehr von uns, wenn Sie ihn wieder haben. Wir haben ihn nur zu kurz gehabt!

M. Klopstock.

321. Meta an Klopstock, 24.8. [1758]

Hamb. den 24 Aug.
Im neunten Monat, wo ich keinen Tag sicher bin, möchte ich deinetwegen nicht gern ängstlich seyn. Ich weiß gewiß, wenn du dieß überdenkst, so kömmst du gewiß nicht zu spät.

Ach diesen Morgen wagte ich es den Gedanken in seiner ganzen Stärke zu denken: Wenn du nun wieder da wärst! Mir schwindelte im eigentlichen Verstande.

322. Meta an Klopstock, 26.8. [1758]

Hamb. den 26 Aug.
Wie hab ich dich lieb, du! Und wie glücklich bin ich, wenn ich es so merke, so sehr, wie lieb du mich hast. –

Ich mache mich von allen meinen Briefen, allen meinen Besuchen, allen meinen Arbeiten frey, es mag mir lieb, oder nicht lieb seyn, frey von allen, auf daß ich, wenn du kömmst, nur für dich lebe.

Du hast recht, daß ich mich mehr über die Ursache der Schmerzen freue, als die Schmerzen fühle. Sie haben noch nie eine andre Wirkung gehabt. Ich denke, es soll mit den ernsthaftern Schmerzen auch so gehn.

323. Klopstock an Meta, 26.8. [1758]

Bernst. den 26 Aug.
Wegen meiner Rückreise, liebe beste Meta, habe ich schon mit – gesprochen, die meine Gründe, bald zu reisen, sehr einsieht und fühlt. Ich habe dir viel von Ihr zu erzählen. Sie ist eine vortrefliche Frau!

Du liebe Meta! du kannst kaum mehr gehn? Ich kann dir nicht beschreiben, wie mich das rührt. Nun, unser Gott wird mit dir seyn! Er wird vornämlich dann mit uns seyn, wenn du mich noch vielmehr rühren wirst. Ich drücke dich aufs innigste an mein Herz.

324. Meta an Richardson, 26.8.1758

Hamburg, Aug. 26, 1758.
Why think you, Sir, that I answer so late? I will tell you my reasons... But before all, how does Miss Patty and how do yourself?

Have not you guessed that I, summing up all my happinesses, and not speaking of children, had none? Yes, Sir, this has been my only wish ungratified for these four years. I have been more than once unhappy with disappointments: but yet, thanks, thanks to God! I am in full hope to be mother in the month of November. The little preparations for my child and child-bed (and they are so dear to me!) have taken so much time, that I could not answer your letter, nor give you the promised scenes of the Messiah. This is likewise the reason wherefore I am still here, for properly we dwell in Copenhagen. Our staying here is only a visit (but a long one) which we pay my family. I not being able to travel yet, my husband has been obliged to make a little voyage alone to Copenhagen. He is yet absent – a cloud over my happiness! He will soon return... But what does that help? he is yet equally absent! We write to each other every post... But what are letters to presence? – But I will speak no more of this little cloud; I will only tell my happiness! But I cannot tell how I rejoice! A son of my dear Klopstock! Oh, when shall I have him! It is long since that I have made the remark, that geniuses do not engender geniuses. No children at all, bad sons, or, at the most, lovely daughters, like you and Milton. But a daughter or a son, only with a good heart, without genius, I will nevertheless love dearly.

I think that about this time a nephew of mine will wait on you. His name is *von Winthem*, a young rich merchant, who has no bad qualities, and several good, which he has still to cultivate. His mother was, I think, twenty years older than I, but we other children loved her dearly like a mother. She had an excellent character, but is long dead.

This is no letter, but only a newspaper of your Hamburg daughter. When I have my husband and my child, I will write you more (if God gives me health and life). You will think that I shall be not a mother only, but nurse also; though the latter (thank God! that the former is not so too) is quite against fashion and good-breeding, and though nobody can think it *possible* to be always with the child at home! M. Klopstock.

325. Klopstock an Meta, 29. 8. [1758]

Bernst. den 29 Aug.
Was werden wir uns zu erzählen haben, wie wir dann und dann (doch mit der Chronologie werde ich nicht recht fortkommen, vielleicht besser mit den Oertern) an einander gedacht haben. Du liebe Meta, wie mich verlangt dich zu sehn! – Da ich izt in einem kleinen Walde wohne, so wird dir es nicht gleichgültig seyn, wenn ich dir sage, daß ich bey meinen Spaziergängen in denselben das schönste Wetter bisher gehabt habe. Der hiesige Park hat eine für mich izt neue schöne Eigenschaft. Die ist der Anblick derjenigen See, auf der ich zu dir zurück kommen werde!

326. Meta an E. Schmidt, wohl Sept. 1758

Dieser Brief handelt von dem Tode eines Kindes der Elisabeth Schmidt. Das verstorbene Kind ist wohl die am 26. Sept. 1757 getaufte Anna Elisabeth. – *Weisse Frieseln* sind ein ungefährlicher bläschenförmiger Hautausschlag.

Klopstock will nicht haben, daß ich der weissen Friessel wegen hinkomme, sonst wäre ich heute bey dir u. hülfe dir. Ist das denn gewiß mit den weissen Friessel? So nehmt doch ja die andern Kinder u. euch selbst in Acht. Ich höre die v. d. Heydsch hat *für sich* versprochen, daß ich Verse auf dem Sarge schiken wollte. Ich weis nichts davon. Und habe auch nicht eher daran denken können als diesen Augenblick, weil man mir gestern sehr sorgfältig den Tod des Kindes verborgen hat. Ich habe so viel gefragt u. wollte es so gerne wissen, weil ich dann gleich wieder zu dir gekommen wäre u. alles noch gestern mit dir in Ordnung gebracht hätte. Du wirst doch mit der Beerdigung eilen, so viel, wie möglich? Freytag oder *spätens* Sonntag. Auch meiner Entbindung wegen. Denn ich denke du kannst *itzt* kommen. Wenn du das Kind kleiden willst, so kannst du das selbst thun, u. zwar gewickelt, wie ich den ersten Martin machte. Betty ist noch nicht zu groß dazu, u. das ist das bequemste. Du must dich nur in Acht nehmen, daß du weder das Sargtuch noch den Bund zu kurz schneidest, das ist ein unersätzlicher Fehler. Das Sargtuch ist ein länglich vierekt Stük das du rund umher ausfrenst u. in Wolken steckst. Den Bund legst du nur um den Leib u. wikelst das Band herum. Er muß aber ja unten über den Sarge hängen u. da auch ausgefrenst seyn. Die Ermel apart. Nichts ist nötig genehet zu werden. – Dies sind die Verse, die ich gewählt. Staub: muß aber ja der erste u. auferstehn: der zweyte seyn, obgleich dieser kürzer ist. Soll nur Einer drauf, so nimm Staub: Hast du auch schon andre gewählt, so ist *mir* das gleich.

> Staub bey Staube, ruhst du nun
> In dem friedevollen Grabe!
> Möchten wir, wie du, auch ruhn
> In dem friedevollen Grabe!
> Ach! der Welt entrannst du schon,
> Kamest früh zu deinem Lohn!
>
> Auferstehn, ja auferstehn wirst du,
> Mein Staub, nach kurzer Ruh!
> Unsterblichs Leben
> Wird, der dich schuf, dir geben
> Halleluja!

327. Meta an Klopstock, 1.9. [1758]

Hamb. den 1 Sept.
Ich will dich *recht im Ernste* gern entbehren, bis der Mondschein kömmt, ob mirs gleich durch alle Nerven zittert, wenn ich ans *Wiederhaben* denke.

Es ergriff mich heute auf einmal, daß es der erste September war, und daß ich dich nun bald wiederkriegte. Ach was ist das für ein Gedanke! Und was wird das Wiederkriegen seyn! Aber doch nicht *vor dem Mondschein,* eher will ich dich nicht haben.

Ich befinde mich, Gott sey Dank! sehr wohl. Ich habe nichts von dem *Kränklichen* der letzten Wochen, nur die Unbequemlichkeiten – da ist unser Kuß.

328. Klopstock an Meta, 2.9. [1758]

Koppenh. den 2 Sept.
Du liebe Meta! wie süß ist mirs immer, wenn ich nun deine Briefe bekomme. Es ist doch fast so etwas, wie eine Umarmung, ein Brief von dir!

Meine Zuversicht, daß unser Gott dich mir lassen wird, dauert noch immer; ob ich gleich damit nicht sagen will, daß sich nicht zuweilen ein Wölkchen darüber ziehe. Es giebet leichtre und schwerere Stunden der Prüfung. Die itzigen sind die schwereren. Laß uns wachsam seyn, meine *liebe* Meta, daß wir uns *völlig* unserm Gott überlassen. Dieser ernsthafte Gedanke beschäftigt mich oft. Was meinst du, wenn wir uns darüber schrieben, um uns stark zu machen? – Ach wie mein Herz an deinem Herzen hängt!

329. Klopstock an Meta, 3.9.1758

Bernstorf den 3ten Sept. 1758

Ich komme eben von der G[räfin] R[antzau] herauf, der ich habe versprechen müssen, daß ich ihr ja gleich schreibe, wenn du niedergekommen bist. Sie erkundigt sich allezeit auf eine recht freundschaftliche Art nach dir, wenn ich deine Briefe ausgelesen habe, u das ist bisher meistentheils in Ihrer Gegenwart geschehen. – Viktor (du hast mir durch die Nachricht von seiner Freude viel Freude gemacht) ist also bey Dimpfels eingezogen. Es ist mir sehr lieb, daß das so gekommen ist. Ich bin völlig dawider daß Christian nach *Berlin* komme, wenn es auch mit noch so vortheilhaften Umständen verbunden wäre. Ich bemühe mich von neuem eine Stelle für ihn in einer von den dreyen Fürstenschulen zu bekommen.

Freylich hab ich mit Rasmus sprechen lassen; u morgen lasse ich ein wenig umständlicher nach allen Schiffern die verreisen erkundigen. Rasmus sagt, daß er in 14 Tagen verreise, das heist in 3 Wochen; u das ist mir zu spät ... Du kannst ja in der besten Ordnung anschreiben, wenn ich gleich nicht alles bezahle, was ich in Kopp. schuldig bin. Ich werde das nicht wohl können. Schicke mir die von Leisching gemachte Rechnung von Pelten. Ich muß wie ich glaube von Pelten noch etwas bekommen.

Die Kammer, worinn unsre Sachen stehen, u worüber ich schon etlichemal negociirt habe, werde ich, wie ich glaube, behalten ... Du findest hierbey einen Aufseher. Ich muß noch ein Blatt vom Aufs. mit den Briefen in die Stadt schicken, u daher wird dieser etwas kurz werden. Aber du Aff schliessest doch nicht aus der Kürze des Briefes, daß ich dich deßwegen nicht ebensolieb hätte, als wenn ich dich mit ∪ ∪ ∪ ∪ ‿ auf dem Schosse hätte, u du mir erzähltest (eine sehr süsse Erzählung!) daß du nichts von dem Kränklichen der lezten Wochen hättest. --

Wir sind hier gar nicht misvergnügt darüber gewesen, daß euch unser Einfall *zween* Briefe zu schreiben gefallen hat; u wir wollen auch es uns hiermit hoch angerechnet haben, im Falle ihr wieder die Kürze dieses etwas zu erinnern hättet. –

Du meine einzige beste Frau, wie innig ich dich an mein Herz drücke.

Aufseher: Stücke der Zeitschrift „Der Nordische Aufseher" aus dem Jahre 1758 mit Klopstock-Beiträgen.

330. Meta an Klopstock, 7.9. [1758]

Hamb. den 7 Sept.

Dein schlimmer, schlimmer Hals! was hat der mir schon viel Sorge gemacht! In welch einer beständigen Angst werde ich seyn, wenn der vier und zwanzigste Sept. ohne dich vergeht! Ich werde immer denken, ich komme nieder – und *sterbe* gar *ohne dich!* Dieß könnte mich um alle meine Ruhe bringen, von der ich dir hernach erzählen will. Denn ich bin, unserm Gott sey Dank! stark genung, von meinem Tode zu reden. Ich habs nur deinentwegen bisher unterlassen. Es ist mir recht lieb, daß ichs künftig nicht mehr nöthig habe.

Ich mag mich ängstigen, wie ich will; so unternimm nur ja nichts, das deiner Gesundheit schädlich seyn könnte. Ich hätte eigentlich dir alle meine Sorge verschweigen sollen. Aber es ist mir in einem Briefe eben so unmöglich, als in deiner Umarmung, etwas zu verschweigen, das ich auf meinem Herzen habe.

Man sagt mir, und ich weiß es auch selbst, daß die Ostsee um die Zeit des Equinoctii stürmisch ist, und dieß haben wir den sechs und zwanzigsten. Bist du dann noch nicht hier, (ach manchmal denke ich, du könntest es dennoch seyn, – und dann bin ich im Himmel!) so wage dich nicht mehr auf die See.

Die häßlichen Geschäftssachen nehmen einem allen Raum weg. Ich kann dir darüber von meiner *Ruhe* und meinem *Muthe*, es mag kommen, wie es will, nichts sagen. Ich will es künftig thun. – Du bist mein *Einziger!*

331. Meta an Klopstock, 10.9. [1758]

Burgesch. den 10 Sept.

Du must nicht denken, Süßer, daß dies etwas weiter bedeutet, als daß ich *so leicht* sterben, als leben kann; und daß ich mich, auf beydes, gefaßt mache. Denn ich lasse mich gewiß nicht darauf ein, etwas von beyden auszumachen. Wenn ich nach den *Umständen* schliessen wollte; so wäre vielmehr Wahrscheinlichkeit für Leben, als für Tod. Aber ich bin sehr ruhig zu jedem von beyden. Was Gott will. Ich erstaune manchmal selbst über die Gelassenheit, die ich die ganze Schwangerschaft über gehabt habe, da ich doch so glückselig in dieser Welt bin! O was ist unsre Religion! Was muß die Ewigkeit seyn, von der wir so wenig wissen, und unsre Seele so viel fühlt! Mehr als ein Leben mit Klopstock! Es scheint mir izt nicht so schwer, dich und dein Kind zu verlassen, als ehmals, und daher fürchte ich oft, daß ich diese Ruhe noch wieder verlieren kann; ob sie gleich schon acht Monate gedauret hat, und in dem Anfange der beyden vorigen Schwangerschaften auch war. Ich weiß wohl, daß alle Stunden nicht gleich sind, und vor allen *die letzten*. Denn der Tod einer Wöchnerinn ist nichts weniger, als ein leichter Tod. Doch laß die letzten Stunden keinen Eindruck auf dich machen. Du weist zu sehr, wie viel der Körper da auf die Seele wirkt. – Nun, Gott mag mir geben, was er will; ich bin immer glücklich, ein ferneres Leben mit dir – oder ein Leben mit *Ihm!* Aber wirst du mich auch so leicht verlassen können, als ich dich? da du nur in *dieser* Welt bleibst, und in einer Welt *ohne mich!* Du weist, ich hab immer gewünscht, die Nachbleibende zu seyn, weil ich wohl weiß, daß dieß das schwerste ist. Doch vielleicht will Gott, daß du es seyn sollst, und vielleicht hast du mehr Kräfte. Ach denke nur, wo ich hingehe! und so sehr *Sünder* dieß von einander gewiß seyn können, kannst du gewiß seyn, daß ich *dahin* gehe. *So* kann das Gefühl eines Christen nicht trügen! Und da folgst du mir nach, dein Kind auch. Und da lieben wir uns fort, die Liebe, die gewiß nicht zum Aufhören gemacht war, *unsre* Liebe! Und so lieben wir auch unser Kind! Im Anfange wird der Anblick des Kindes dich vielleicht traurig machen; doch nachher muß es dir ein grosser Trost seyn, ein Kind von mir nachzubehalten. Es ist mir, wenn ichs nachlasse, so gar lieber, eins nachzulassen als keins, ob ich gleich wohl weiß, daß fast alle Leute hierin anders denken, als ich. Doch warum sollte ich anders denken? Vertraue ichs nicht dir und *Gott* an? Ob es gleich mit der sanftesten Ruhe ist, daß ich hiervon spreche; so will ich doch aufhören. Denn vielleicht macht es dich zu traurig, ob du mir gleich die Erlaubniß dazu gegeben hast. Ach, ich danke dir für diese süsse Erlaubniß. Mein Herz wünschte es so sehr, und ich mochte es doch *deinetwegen* nicht thun. – Doch ich will aufhören.

Etwas anders kann ich auch nicht schreiben, denn ich bin zu ernsthaft; ob es gleich ein Ernst mit Freudenthränen ist!

332. Meta an Klopstock, 15.9. [1758]

Burgesch. den 15 Sept.
Du hast recht, die Briefe sind beynahe eine Umarmung. Ach, ich schmachte immer darnach, wie ein Bräutigam nach der Hochzeit! Aber was werden sie gleichwohl gegen unsre erste Umarmung seyn! Ach du Einziger, stelle dir das Einmal vor, wenn wir uns nun wieder haben! Ach, wenn dieser Brief der letzte wäre!

Du lieber, süsser, häßlicher Hals! laß meinen Klopstock doch reisen, ich will dich auch so viel küssen! – Ich hoffe und zittre noch zu deinem heutigen Briefe. Ach nimm mir meine Hofnung nicht! Verreise doch Morgen! Wir haben seit gestern das schönste Wetter und den besten Nordostwind. Du kömmst gerade mit dem Vollmonde. Ach, verreise ja! Nimm mir meine Hofnung nicht! Betrübe mich so nicht! Da ist der *letzte* Briefkuß! Ach komm!

333. Klopstock an Meta, 16.9. [1758]

Bernst. den 16 Sept.
Meine einzige, süsse Frau! Dein heutiger Brief hat mich sehr gerührt. Aber ehe ich mehr davon sage, muß ich von meiner Reise reden.

Dein Brief hat mich so sehr gerührt, daß ich heute nicht darauf antworten kann. Er hat mich nicht traurig, aber er hat mich wehmütig gemacht. *Unser, unser* Gott wird es mit uns machen, wie es seinem allerbesten Willen gemäß ist. Er ist der Allweise und der Allgnädige!

Ich kann dir es nicht mehr verschweigen, es liegt mir heute besonders schwer auf dem Herzen, daß ich nicht bey dir bin – doch muß ich dir zugleich sagen, daß das mir sehr heitre Stunden sind, wenn ich den Gedanken der Abwesenheit recht lebhaft denke; und dann Kräfte genung habe, mit Ruhe daran zu denken, daß dieß eben die Stunden der Prüfung sind, und daß ich mich hier eben unterwerfen muß. – Es rührt mich heute alles zu sehr, was du in deinem Briefe sagst; sonst wollte ich gern mit dir davon sprechen: ich sage, daß mich der Gedanke von deinem Tode zu sehr rührt; denn der von der Abwesenheit macht mich, aus den angeführten Ursachen, heiter. –

Ich will dir über eine Stelle aus dem mir so lieben hundert neun und dreißigsten Psalme meine itzigen Empfindungen sagen. „Nähme ich Flügel der Morgenröthe, und bliebe am äussersten Meere; so würde mich doch deine Hand daselbst halten." Am äussersten Meere, da bist du izt, meine Einzige, und da ist auch unser Gott! und da hält dich seine Hand! Es ist ein sehr freudiger Gedanke! Ach wie lieb habe ich dich, meine Einzige. Das verspreche ich dir, daß ich keinen Augenblick, ohne die äusserste Nothwendigkeit, von dir kommen will. – Und dann, wenn uns Gott unser Kind gegeben hat, und, du kleine Mutter, um mich und das Kind herum bist – mich schwindelt, wenn ich mirs recht vorstellen will. – Ich muß schliessen. Mein ganzes Herz ist so ganz, so unaussprechlich dein!

334. Klopstock an Meta, [17. oder 18.] 9. [1758]

Bernst. den Sept.
Mein Hals ist, Gott sey Dank! diese letzten Tage so gut gewesen, daß ich mit diesem Schiffer reisen zu können hoffe. Unterdeß will ich doch zu allem Ueberflusse mit B[erger] darüber sprechen. – Du arme kleine Meta, dein gestriger Brief hat mich recht traurig gemacht. Ich weiß nicht, wie es gekommen ist, daß du aus meinem vorletzten Briefe geschlossen hast, daß ich so spät kommen würde. – Du süsse Frau, ja ich fühle mit dir die ganze Last der Abwesenheit – Aber beunruhige dich nicht mit der Vorstellung, daß du *sterben* und *ohne mich sterben* wirst! Beydes ist gar nicht wahrscheinlich. Es wird dir vielleicht vorkommen, als wenn ich kalt davon spreche – Diese *Kälte* der *Vernunft* ist uns Beyden nötig, nicht allein, daß wir uns nicht zu traurigen Vorstellungen überlassen, und uns dadurch schaden; sondern auch, daß wir desto fähiger sind, uns dem Willen unsers Gottes mit *völliger Ergebung* zu unterwerfen. Dieser *hohe Grad der Unterwerfung* ist eine der schweresten, und zugleich der ruhevollsten Pflichten des Christenthums. Diese Tage unsrer Abwesenheit von einander (vielen würde dieß sonderbar vorkommen) sind solche Tage unsrer Prüfung, die uns auffodern, aufmerksam darauf zu seyn, daß wir geprüft werden. – Auch die unschuldigste und *pflichtmässigste* Liebe soll der Liebe zu unserm Gott unterworfen werden. Ich habe meinen Gesang von der Allgegenwart, den ich in den Aufseher drukken lasse, von neuem durchgelesen, und die Vorstellung[en] von der Allgegenwart des Anbetenswürdigen, sind mir sehr lebhaft gewor-

den. Wenn mir Gott die Gnade giebt, mich diesen Vorstellungen zu überlassen, ach dann, meine Meta, bin ich gar nicht weit von dir! Er schliesst mich und dich rings um ein. Er hält seine Hand über *uns!* Gott ist, wo du bist! Gott ist, wo ich bin! – Wir hängen völlig, noch viel *völliger,* als man es sich gewöhnlich vorstellt, auch in allen den Dingen, bey welchen man am wenigsten an Ihn denkt, von Ihm ab! – (Meine Seele ist izt in einer sanften Ruhe mit etwas Wehmut vermischt.) Sein Aufsehn *bewahrt unsern Odem!* Er hat unsre Haare auf unserm Haupte *gezählt!* – Du meine Frau, die mir Gott gegeben hat, sorge (du siehst, daß ich den Ausspruch auf höhere Sorge anwende) sorge nicht für den andern Morgen!

Gesang von der Allgegenwart: „Ode über die Allgegenwart Gottes", in Nr. 44 des „Nordischen Aufsehers" vom 14.9.1758.

335. Meta an Klopstock, 18.9. [1758]

Hamb. den 18 Sept.
Einen ärgern Streich hätte deine Zerstreuung mir nicht spielen können, als den Brief, worin ich so viel Entscheidendes von der Reise hofte, nach Soroe zu schicken!

Man entdeckt doch immer etwas in Briefen, die man nicht sehen soll. In diesem machte ich die traurige Entdeckung, daß dein Hals schlimmer gewesen ist, als du mir gesagt hast. Ach du hast doch mit B[erger] und W. *recht* gesprochen? Ich dachte, ich würde auch entdecken, daß du mich nicht lieb hättest: aber du hast von *deiner Meta* doch so ziemlich zärtlich gesprochen. Wie lieb *ich dich* habe! Ja, das lässt sich nicht sagen! Und wie mir seyn wird, wenn ich dich wiedersehe, davon habe ich keine Vorstellung. Mir schwindelt, wenn ich daran gedenke; so wie wenn ich die erste Stimme meines Kindes hören werde. Gestern fuhr ich vier Stunden spazieren. Welchen Weg? Ja, ich konnte keinen andern Weg fahren, als *den Weg nach Lübeck,* ob ich gleich wohl wuste, daß du *gestern* noch nicht kommen würdest. Es war mir nicht möglich, einen andern zu fahren. Gute Nacht bis Morgen! Ach laß deinen morgenden Brief mir sagen, daß du abgehst, daß du abgegangen bist, daß du kömmst, daß du kömmst! daß ich diesen Brief umsonst schreibe, und dich bald in meine Arme kriege! Ach du Einziger, komm! komm! komm!

nach Soroe: an Basedow; vgl. Schluß vom Brief Nr. 337.

336. Klopstock an Meta, 19.9. [1758]

Bernst. den 19 Sept.

Du *meine Meta:* betrübe mich so nicht, sagst du, und komm! Ach wie rührt mich das! Aber der Schiffer verreist erst Donnerstag, wie er sagt, und ich glaube auch nicht einmal, daß er Donnerstag verreist. Er hat noch nicht Ladung genung. Laß uns die wenige Zeit noch aushalten, meine Einzige!

Meine ganze Seele verlangt darnach, dich wieder zu sehn; aber ich mag nicht viel davon schreiben. Es bewegt mich zu sehr. Und ich will diese Bewegung gern zurück halten, weil ich gern mit Ruhe und Unterwerfung diesen *Tag der Freude* erwarten will. Thue du das auch, meine beste Meta! – Meine Hofnung, daß unser Gott dich mir lassen wird, war gestern sehr lebhaft. Sie wurde es besonders durch die Beschreibung deines Wohlbefindens. Aber ich darf mir auch diesen Gedanken kaum recht denken. Er rührt mich zu stark! – Unser Gott wird es alles nach seiner Weisheit und Liebe machen! O welch eine wahre, nicht unruhige, Glückseligkeit liegt in diesem Gedanken, wenn man sich Ihm recht überlässt!

Ich komme auf einen Augenblick zu dir zurück, um dir zu sagen, wie sehr lieb ich dich habe, und wie zärtlich ich dich bitte, meine Abwesenheit so wenig, als dir nur möglich ist, zu empfinden. Laß uns einmal die Vergleichung machen. Da ich das zweytemal von dir reiste, und nicht wuste, wann ich wiederkommen würde, und auch erst nach so langer Zeit wiederkam; und izt, da ich nur so kurze Zeit (freylich eine lange Zeit ohne diese Vergleichung) von dir bin. Da meine Zurückkunft so nahe ist; da mich nur mein Schiffer ein wenig aufhält; da wir so viel *Ursache* haben zu hoffen, daß dich Gott mit einem gesunden Kinde segnen, und mich mit dir und dem Kinde segnen wird! – Laß uns diese Glückseligkeit recht überdenken, und gegen den *Geber* dankbar seyn. Diese Betrachtung macht mich recht froh. Ich drücke dich fest an mein Herz, *meine* Meta.

337. Meta an Klopstock, 22.9. 1758

D. 22ten Sept. 1758.

In der festen Hofnung, daß dies endlich der letzte ist! Aber schreiben muß ich gleichwohl. Denn Maus *könnte* doch noch Dienstag in Kopp. seyn, u dann hätte er keinen Brief von Maus. – Ach was dein heutiger Brief mir wohl sagen wird! Ich werde sehr traurig werden, wenn er mich doch einmal betröge! – Aber ich will nichts mehr von traurig sagen. Ich habe dir meine Unruhe schon zu viel gesagt. Sey nur nicht böse, daß ich neulich in der Angst gar sagte, du hättest mich nicht so lieb, wie ich dich. Ich habe das niemals geglaubt. Es kam alles daher, daß du Graa hattest reisen lassen. Ich dachte du könntest nun mehrere reisen lassen u. so lange du nicht wirklich weg bist, bin ich dafür auch nicht sicher. – Doch ich wollte das ja nicht sagen. Nein, ich glaube, daß du schon unterwegs bist. Das dachte ich ja gestern den ganzen Tag auch. Ich wünsche es so sehr, denn es ist das beste Wetter, das seyn kann. Gestern Abend um 12 wie ich über der Brücke fuhr, sah ich noch bey dem hellen Mondschein die schönen Nordostflügel so sanft wehen. Ach wie dachte ich da an dich! Ich habe dich erstaunlich lieb, u. vor allen itzt, da du kommen willst. Eine schöne Liebe! wirst [du] sagen. Aber --- es ist *meine* Liebe, die kennst du ja wohl. Ich war gestern ganz angekleidet bey Dieterich Rüker, in sehr grosser Gesellschaft. Wunderst du dich nicht daß ich noch so tapfer bin? Aber ich war gestern in meinem grossen Reifroke so leicht, ich glaube ich hätte tanzen können. Sie wunderten sich alle über mich. Aber ich habe noch immer einige so schöne Tage mit unter. Und ich habe auch schon gemerkt wovon das kömmt; wenn ich die Nacht vorher besser schlafe als sonst. Ich hatte *die* Nacht 4 Stunden in einem Stük geschlafen. *Vier* Stunden sind für mich so was ausserordentliches, daß ich ein ganz neues Gefühl fühlte, wie ich erwachte. Wenn ihr andern Leute *solche* Erquikung alle Morgen fühlt, so seyd ihr sehr glücklich! – Hr. Torbek der sich aufs Künftige wie die Olden versteht, hat geweissagt, du würdest Sonntag ankommen. Ohne seiner Weissagung zu glauben; so werde ich doch wohl Sonntag wieder ein bischen nach Wandsbek fahren, wenns angehn will. Ach wenn du dann ankämst! – Nein ich kann, ich darf mir das nicht vorstellen! (*Der Junge hüpft itzt,* als wenn er durch wollte.) Dich wirklich wieder in diese Arme haben! Dich küssen! Dich *sehn!* Es kommt mir itzt vor, als wenn das Sehn das süsse[ste] ist u *wenn* wir uns sehn; so haben wir doch davon nicht genung. Ach Klopstock, es wird noch ganz was anders seyn, als wie ich dich *nur* als Braut wieder sah. Ja, ihr Liebesgötter, es ist ganz was anders, wenn man so einen süssen Springer seinem süssen Mann wieder entgegen trägt, als wenn man nur etwa, den empfangnen Ring am Finger hat. – Ob ich mich auch zu einem süssen Mädchen bereite! Nein, du Affe, es *ist* ja keins! Das sollst du sehn! Ja wenns eins *wäre,* so würde es mir freylich auch lieb seyn, aber es ist keins! – Adieu! Ich gehe zu Tische. Laß dir dein Essen in der Cajüte wohl schmecken. Denn krank bist du bey einem so schönen Winde gewiß nicht. Lauf nur nicht zu viel auf dem Verdek herum! Ach die Schwimmharnische! Ja, das ist nun zu spät! Wenn du die nun auch vergessen hast! O wie gram bin ich mir, daß ich das nicht erinnert! – Nun, Gott ist mir dir! Das ist besser als alles! – Ach ihr Engel wenn ich ihn wiedersehe! – Ach dein heutiger Brief! – Wenn der Rasmuß ––– Doch ich will hoffen, bis er kommt! ‿∪∪‿ Das war süß! Da brachte mir der alte ehrliche Briefträger deinen Brief noch bey Tische! Ich weis zwar nichts mehr durch deinen Brief, aber ich *hoffe.* Und wenn meine Hofnung fehl schlägt ([darüber:] ‿∪∪∪), so bleib ich doch ruhig ([darüber:] ‿∪). Du bist mein Einziger! Ach ich will alle die Stellen zerreissen, worin von meiner Unruhe steht, vor allem die heßliche mit dem *Liebhaben.* [An den Kopf der 1. Seite geschrieben:] Basedows Brief war ohne Couvert also ist es Leischings Schuld u. nicht Maus seine.

338. Klopstock an Meta, 23. 9. [1758]

Koppenh. den 23 Sept.
Endlich, meine Meta, bin ich in der Stadt, um zu Schiffe zu gehn. Ich erwarte alle Augenblicke, daß wir gerufen werden. Nun, unser Gott wird mich leiten. Ach wie lieb hab ich dich, meine Meta, und wie freue ich mich auf unser Wiedersehn.

339. Klopstock an Meta, 26. 9. [1758]

Lüb. den 26 Sept.
Bald werd ich in deinen Armen seyn, *Meine!* Gott sey Dank für meine glückliche Reise!

Ach wie freue ich mich, dich endlich zu sehn, du meine Meta. Wie wollen wir unserm Gott danken, daß er dich mir, und mich dir erhalten hat! du *meine* Meta.

340. Meta an Klopstock, 26. 9. [1758]

Hamb. den 26 Sept.
Ich muß meinen Einfall ausführen, und dir nach Lübeck schreiben. Denn nach Koppenhagen nun nicht mehr, nun nicht mehr! – Unser Gott wird mit dir seyn. Ich habe eben mit meiner vollen Zuversicht für dich gebetet. – Eben kriegte ich deinen Brief, wie ich anfing, recht traurig zu werden. Ich habe nicht Zeit, dir viel zu schreiben. Ich würde dir izt alle Tage nach Wandsbeck entgegen fahren, wenn ich nicht seit einigen Tagen einen Fluß auf den Augen, und den Schnupfen hätte. Dieß wird meinen Anblick nicht so heiter machen, als wenn du vorige Woche gekommen wärst. Sonst befinde ich mich ganz vortreflich.

341. Giseke an Meta, 12. 11. 1758

Quedlinb. den 12 Nov. 1758
Was für Freuden, meine liebe Freundinn, warten Ihrer in den süssen Geschäften, einst die Seele Ihres Sohns auszubilden, und in der Entdeckung, wie sich die Kräfte seines Verstandes und seines Herzens erst zeigen, und dann nach und nach immer mehr entwickeln! Mir hat der Himmel diese Freuden schon zweymal gegönnt; sie dauren noch. Denn wie weit ist mein ältester, bald vierjähriger, und mein jüngster zweyjähriger von seiner Entwicklung noch entfernt! Und wenn der Himmel will, so kann ich diese süssen Scenen, von ihrer ersten an, wieder zum drittenmale erleben. Gott erhöre unsre Wünsche, und erfreue Sie bald, und gebe Ihnen glückliche Wochen.

Meta Klopstock starb am 28. November 1758
bei der Geburt eines toten Sohnes.

Klopstock berichtet, eine Woche nach Metas Tod, seinem Kopenhagener Freunde:

342. Klopstock an Cramer, 5. 12. [1758]

Hamb. den 5 Decemb.
Heute ist der Todestag meiner Meta. Und ich bin so ruhig. Kann ich das *mir* zuschreiben, mein C[ramer]? Gewiß nicht. – Ich schlafe wenig; (sonst kann ich mit so wenig Schlafe nicht zureichen,) und

doch befinde ich mich nicht übel; und oft wohl. – Dem Gotte des Trostes sey für alle seine Gnade gedankt, die er mir erweist. Danken Sie unserm Gott mit mir, mein C. – Itzt will ich versuchen, ob ich Ihnen eine etwas umständlichere Nachricht geben kann. – Vom Freytage bis Dienstag Nachmittag gegen viere, haben ihre Leiden gedauert; am stärksten aber sind sie vom Montag Abend um acht Uhr gewesen. Am Sonntage Morgen richtete ich vornämlich mich, und dann auch Sie damit auf, daß ich Ihr wiederholte, daß *ohne unsers Vaters Willen* kein Haar von Ihrem Haupte fallen könnte! – und sagte ich Ihr mehr als einmal folgende Zeilen aus meinem neuesten Liede vor: (Einmal war ich so bewegt, daß ich bey jeder Zeile einhalten muste.)

>Nah ist meines Helfers Rechte,
>Sieht sie gleich mein Auge nicht!
>Weiter hin im Thal der Nächte
>Ist mein Retter und sein Licht!
>Ja! dort wird mir Gott begegnen!
>Dort wird mich sein Antlitz segnen!
>In der trüben Stunde Graun
>Lehre mich gen Himmel schaun!

– Nein, gewisse rührende Umstände muß ich auslassen. Ich will sie Ihnen einmal erzählen. Da ich an ihrem Leben zu zweifeln anfing, und ich fing früher als alle andre an, da sagte ich ihr von Zeit zu Zeit etwas von Gott ins Ohr, doch so, daß ich ihr nicht merken ließ, daß ich an ihrem Leben zweifelte. Ich weiß wenig von dem, was ich ihr sagte, aber so viel weiß ich überhaupt, daß ich ihr wiederholte, wie sehr ich durch die Gnade einer so ausserordentlichen Standhaftigkeit, die ihr wiederführe, gestärkt würde; und daß ich sie *nun* an das erinnerte, wozu wir uns beyde vorher so oft aufgemuntert hätten, nämlich an eine *völlige* Unterwerfung. Da sie schon auf den zweiten Stul (ich enthalte mich, es einen Marterstul zu nennen, weil ihr unser Gott alle ihre Leiden so muthig hat überwinden helfen!) da sie auf den zweiten Stul gebracht worden war, und auch da schon wieder viel gelitten hatte, sagte ich ihr mit sehr viel Rührung ins Ohr: der *Allerbarmherzigste* ist mit dir! Ich sahe, wie sehr sie es fühlete. Vielleicht vermutete sie itzt das erstemal, daß ich dafür hielte, daß sie sterben würde. Ich sah dieß an ihrer Mine. Ich sagte ihr hierauf oft, so oft ich hineingehen, und ihre Wehen aushalten konnte, wie *sicht-*

bar die Gnade unsers Gottes mit ihr wäre. Wie konnte ich von dem grossen Troste meiner Seele schweigen? – Ich kam hinein, da sie zur Ader gelassen worden war. Weil man aus dieser Ursache das Licht herbey gebracht hatte, so sah ich ihr Gesicht nach vielen Stunden das erstemal wieder deutlich. Ach mein C., die Farbe des Todes war darauf! Aber der Gott, der so mächtig mit ihr war, stärkte auch mich bey diesem Anblicke. – Sie wurde nach dem Aderlassen besser, aber auch bald hernach wieder schlechter. – Der Doctor, der Sie operiren sollte, eilte. Doch dieß habe ich Ihnen schon geschrieben. Genung, mir ward von ihm nur sehr kurze Zeit gegeben, Abschied zu nehmen. Ich hatte *einige* Hofnung, daß ich nach der Operation noch mit ihr würde beten können. – Ich werde nicht aufhören, unserm Gott für die Gnade zu danken, die Er mir bey diesem Abschiede gab. – Ich halte dir mein gegebenes Versprechen, meine Meta, und sage dir, daß dein Leben, wegen deiner grossen Schwäche, in Gefahr ist. – „Kann ich in der Operation sterben?" – Du *kannst* in der Operation sterben; aber ich fürchte deine Schwäche noch vielmehr, an der du hernach sterben kannst. (Sie müssen nicht glauben, daß ich Ihnen alles wiederholen kann. Weder den ganzen Inhalt von dem, was wir sprachen, noch alle Worte kann ich Ihnen wiederholen. So viel weiß ich, daß es mir recht zuströmte, was ich ihr sagte. Auch sie hörte wieder völlig und redte ohne den geringsten Anstoß.) Ich nannte den Namen „des Vaters, und des Sohnes, und des Heiligen Geistes" über ihr. – Ich fürchte nicht, daß du in der Operation stirbst; aber es kann geschehen. Nun, der Wille desjenigen, der Dir unaussprechlich hilft, geschehe! Ja, wie *Er* will! wie *Er* will! – „Er mache, wie Er es will; sagte Sie, und *Er wird es gut machen!*" Dieß letzte sprach sie mit einem besonders starken Tone der Freude und der Zuversicht aus. – Du hast wie ein Engel ausgehalten! Gott ist mit dir gewesen! Gott wird mit dir seyn! der *Allerbarmherzigste* ist mit dir gewesen! Sein grosser Name sey gepriesen! Er wird dir helfen. Wenn ich das Unglück hätte, kein Christ zu seyn; so würde ich es izt werden! – Dieß von ungefähr und noch mehr sagte ich ihr in einer starken Bewegung der Freude. Die S[chmidten] sagt, daß wir beyde sehr freudig gewesen wären. – Sey mein Schutzengel, wenn es unser Gott zulässt! – „Du bist der meinige gewesen!" sagte sie. – Sey mein Schutzengel, wiederholte ich, wenn es unser Gott zulässt; wenn es unser Gott zulässt! – „Wer wollte das nicht seyn?" sagte sie. – Nun wollte ich forteilen! Die S. sagte: Geben sie ihr noch einmal die Hand. Ich thats, und weiß nicht, ob ich noch etwas sagte. Ich eilte fort. Ich holte den Doctor, umarmte ihn, und wünschte, daß Gott mit ihm seyn möchte, und ging auf meine Stube, und betete. Gott gab mir viel Kraft zu beten. Ich bat um völlige Unterwerfung. Aber wie kam es, mein C., daß ich nicht für sie betete, welches doch so natürlich war? – Vermutlich, weil sie schon über alles, was ich bitten und verstehen konnte, erhört war! – Wie ich hinaus gewesen bin, hat sie die S. noch einmal gefragt: „Ob sie in der Operation sterben könnte?" und durch eine gewisse Frage der S. veranlasset: „Ob ihr Tod schon so nahe sey?" Sie hat den Umstehenden gesagt, „daß sie sich ruhig halten sollten, damit der Doctor auf keine Art gestört würde." Sie hat auch noch angeordnet, daß man ihr Bette zurecht machen sollte, im Fall sie die Operation überlebte. Sie hat im Anfange der Operation zu der S. gesagt, „daß sie nichts fühle;" darauf hat sie gleichwohl noch einige Schmerzen empfunden. – Sie hat zur S. gesagt: „Gott habe ihr viele Sünden zu vergeben; aber sie traue auf ihren Erlöser!" – Die S. hat ihr bey einer andern Gelegenheit gesagt: Gott würde ihr helfen! „Im Himmel!" hat sie geantwortet. Indem ihr Kopf auf das Küssen gesunken ist, (Sie saß) hat sie mit Schnelligkeit zur S. gesagt: Es ist vorbey! – Sie hat hierauf die S. zärtlich angesehen, und mit noch ungebrochnen Augen zugehört, da ihr die S. folgendes vorgebetet hat: Das Blut Jesu Christi macht dich rein von allen Sünden! – (O süsse Worte des ewigen Lebens!) – Gottes Tag, du bist gekommen, – die erste Strophe nämlich, und die: Verachte denn des Todes Graun! – Nach einigen schmerzhaften Empfindungen in ihrem Gesichte, ist ihr Gesicht wieder ganz heiter geworden, und so ist Sie gestorben! – Ich will nicht klagen, mein C., ich will danken, daß mich Gott bey dieser grossen Prüfung so sehr gestärkt hat. – Beym Abschiednehmen sagte Sie sehr süß zu mir: „Du wirst mir folgen!" – Mein Ende sey wie ihr Ende! – Ach möchte ich izt einen Augenblick an Ihrem Herzen weinen können! Denn ganz kann ich mich des Weinens nicht enthalten. Und das fodert auch mein Gott nicht von mir.

Im späten Alter, in den Jahren 1797 bis 1798, dichtet Klopstock die folgende Ode:

Das Wiedersehn

Der Weltraum fernt mich weit von dir,
So fernt mich nicht die Zeit.
Wer überlebt das siebzigste
Schon hat, ist nah bey dir.

Lang sah ich, Meta, schon dein Grab,
Und seine Linde wehn;
Die Linde wehet einst auch mir,
Streut ihre Blum' auch mir,

Nicht mir! Das ist mein Schatten nur,
Worauf die Blüthe sinkt;
So wie es nur dein Schatten war,
Worauf sie oft schon sank.

Dann kenn' ich auch die höhre Welt,
In der du lange warst;
Dann sehn wir froh die Linde wehn,
Die unsre Gräber kühlt.

Dann ... Aber ach ich weiß ja nicht,
Was du schon lange weißt;
Nur daß es, hell von Ahndungen,
mir um die Seele schwebt!

Mit wonnevollen Hofnungen
Die Abendröthe komt:
Mit frohem, tiefen Vorgefühl,
Die Sonnen auferstehn!

Klopstocks Grab auf dem Friedhof der Christianskirche
in Ottensen

NACHWORT VON HERMANN TIEMANN

Meta Mollers Gestalt und Kunst

Meta Mollers Züge sind in dem Porträt des Dominicus van der Smissen festgehalten, dessen Reproduktion in diesen Band aufgenommen worden ist. Es stammt aus der Mitte des Jahrhunderts, wohl aus den Jahren 1751 bis 1754. Meta, geboren am 16. März 1728, stand auf dem Höhepunkt ihres Lebens. Eben, im Mai 1751, war die bestimmende Verbindung mit Klopstock geknüpft. Nach sieben erfüllten Jahren sank sie ins frühe Grab.

Ihr Gesicht ist ausdrucksvoll – ob es „gleich nicht schön ist", wie Klopstock selbst urteilt (12. 12. 1752), der sie liebte. Trotz der konventionellen Form, in der das Porträt gehalten ist, verraten die Züge einiges von dem Wesen der Dargestellten. Nachdenklich und doch offen sieht diese Persönlichkeit in die Welt, mit großen hellen, kritischen Augen; hinter einer hohen Stirn lassen sich große Gedanken denken; um den lebensvollen Mund spielt ein leises Lächeln. Eine gewisse Zurückhaltung ist zu spüren, wie sie einer Hamburgerin wohl ansteht, aber wir meinen zu erkennen, daß es keine spröde Leere ist, sondern die Erwartung, die sich eines großen Aufschwungs fähig weiß.

Dieses schmale Oval eines eigenwilligen Gesichts fügt sich in den Rahmen des üblichen Frauenporträts der Zeit: da ist die zurückgenommene Frisur, die die hohe Stirn noch überhöht; da ist der Tour de gorge am tiefen Kleidausschnitt, gegenüber dem auch ein Klopstock nicht unempfindlich war; da ist das reich gefältelte, weite Kleid aus Taft oder Moiré, dem „Mohr" nach dem Sprachgebrauch Metas, mit dem schillernden Glanz eines Blaugrau, mit den Angageanten, den Busenschleifen und Spitzenärmeln; da ist die Wespentaille der Zeit, auf die Klopstock so stolz war: „Denn daß die Taille meiner Meta eine rare Taille ist, das kannst du gar nicht leugnen. Sie ist gewiß die schönste Taille, die jemals die Folge von irgend einer verdorbenen Taille gewesen ist, das ist meiner Meta ihre Taille", scherzt er vollkommen im Stil der erotischen Tändelei, die zu diesem Rokoko-Exterieur gehört (11. 8. 1753). Das Äußere zeigt also im Aufbau der Formen und ihrer malerischen Gestaltung die Bewegung, den Glanz, den Schimmer, den gewagten Mutwillen, die stilisierte Anmut und Grazie, die die Stilmerkmale des Rokoko ausmachen. Das Exterieur weist Meta als Dame der Gesellschaft von 1750, als Dame des bürgerlichen Rokoko aus.

Dieses Bild Meta Mollers, von einem Maler stammend, von dem gesagt wird, er habe sich bemüht, die Natur der Dargestellten zu erfassen, mag uns daran erinnern, daß diese Hamburgerin, eine eigenwillige, bedeutende Persönlichkeit, deren kurzer Weg mit ihrem Dichter-Mann in die Zukunft geht, im Gewand ihrer Gegenwart steckt. Sie ist Rokokodame, doch über ihre Zeit hinausgewachsen, ein Beispiel liebender Ausdrucksfähigkeit und fraulicher Empfänglichkeit schlechthin. Um aber dieses ihr Wachstum und damit die eigentliche Bedeutung ihres Lebens und Schaffens wirklich fassen zu können, wird es nötig sein, sich ihren Ausgangspunkt, die Struktur ihrer Zeit, das Rokoko von 1750 zu vergegenwärtigen, um zu sehen, wieweit er noch in ihr geistiges Leben hineinreicht.

Das Rokoko ist eine europäische Erscheinung, die sich aus vielen europäischen Bestandteilen zusammensetzt und über fast alle Länder Europas geht. Merkwürdigerweise wird zumeist vergessen, daß diese Zeit, besonders während der ersten Jahrzehnte des 18. Jahrhunderts, eine Revolution bedeutete, eine wirkliche Revolution, wie die spätere dieses Übergangsjahrhunderts, allerdings eine sanfte, eine taubenfüßige, eine Revolution in Seidenstrümpfen gegenüber der späteren, die die Leute ohne Kniehosen, die Sansculotten, begannen. Diese erste Umwälzung des Jahrhunderts ging in Dingen des Geistes, der Philosophie, der Religion, der Literatur, der Kunst vor sich. Gegenüber der Systemstrenge und Gebundenheit des 17. Jahrhunderts setzen sich Freiheit des Geistes und Freiheit der Form durch. Die Gesetze der Regel und der geraden Linie lösen sich auf. Die Gravité wird zur Grâce, die Würde zur Verspieltheit, die Fülle zur Bewegtheit. Besonders augenfällig ist der Wandel im Bildstil: Watteau entdeckt die gewandelte Welt in der Fête galante, in der Komödienfiguren und Gesellschaftsthemen vor dem Hintergrund von Parklandschaften sich vereinen. Pan treibt sich auf den Fluren mit Nymphen, Satyrn und Hirten herum; sein Land wird in ein idealisiertes Reich heiterer Sinnenfreude gehoben. François Boucher gestaltet mit Anmut und Eleganz den Triumph der Venus, der Liebeswelt, um die das Rocaille, das Gewirr der Muscheln und Steine, die Bewegung von Wasser und Welle bricht. Und damit neben dieser eleganten, sinnenfreudigen Bewegtheit die Stille und Einfachheit nicht fehle, malt Chardin seine Stilleben und bürgerlichen Idyllen. Beide Bereiche, die galante, heitere Fête und das elegante Liebesspiel wie die stille und einfache Idylle bilden eine neue poetische Welt, die das 18. Jahrhundert dem barocken entgegensetzt.

Das gleiche Bild einer Revolution in Gehalt und Gestalt bietet die Dichtkunst. Die schweren Formen des Barock werden aufgebrochen und gelockert; die kleinen Dichtungsgattungen, Triolett, Fabel, Verserzählung, Idyllen drängen sich vor; man müht sich (ach, wie sehr merkt man noch das Mühen) um graziöse Bewegung, beschwingte Form, Spiel des Geistes, „Witz" genannt, Anmut und verfeinerte Sinnlichkeit. Anakreontik und Schäferdichtung werden Mode. Man vergegenwärtige sich, was um 1750 in der deutschen Literatur erschien: 1738 des Hamburgers Hagedorn „Versuch in poetischen Fabeln und Erzählungen"; 1742 seine „Oden und Lieder", von Klopstock so sehr bewundert, die mit dem französischen und englischen Rokoko in Verbindung stehen; in demselben Jahre Rosts „Schäfererzählungen", die der Kunst Watteaus entsprechen: Klopstock zitiert seiner Meta Verse aus Rosts Schäferspiel „Gelernte Liebe" (19. 7. 1752), das 1742 in Altona gedruckt wurde als exemplarisches Vorbild für Zärtlichkeit, Unschuld, edle Einfalt und Spannung im Spiel; 1744 erschien Gleims „Versuch in scherzhaften Liedern", erst recht ein Vorbild für den neuen Geschmack am Leichten, Zarten, Angedeuteten: und das ist Klopstocks „liebster Gleim", dem er im Menschlichen und Dichterischen verbunden bleibt; 1746 wurde Anakreon (von Uz und Götz) übersetzt, dessen Taube durch Klopstocks Liebesbriefe flattert (7. 4. 1751; 17. 4. 1751; 29. 4. 1751; 11. 5. 1751); 1751 erschienen die „Kleinigkeiten", mit denen ein Lessing die Rokokopoesie bereicherte; 1756 Geßners „Idyllen" und 1759 Gerstenbergs „Tändeleyen".

Das sind nur ein paar Beispiele für die lichte und leichte, anmutige und graziöse Seite der Dichtung, wie sie um die Jahrhundertmitte gravitiert, um die Zeit, aus der uns Meta Mollers Bild ansieht.

Es ist nach allem nicht erstaunlich, daß Metas Briefe die Zeichen dieser Zeit tragen. Diese Zeichen waren damals neu, waren Errungenschaften eben jener sanften Revolution: warum sollte ein junger Geist nicht von ihnen ergriffen sein? Wir werden sie gerade deswegen festhalten müssen, um den weiteren Weg dieses Geistes verstehen und würdigen zu können.

Metas Landschaftsnatur ist zunächst die des Parks und der Gärten in Hamburgs Umgebung, die sanfte Ruhe und stille Heiterkeit in ihnen und im Ausblick von ihnen. „Ich war mit der Schlebusch und einer ganz kleinen Gesellschaft auf dem kleinen Hause, das meine Eltern an der Elbe haben. Einmal giengen sie alle weg und ich blieb allein in einem Portale, wo ich die schöne Aussicht hatte, die du gesehn hast, wie wir einmal spatzieren fuhren. Ach Klopstock, hättest du sehen können, was ich da empfand! Welch eine sanfte Ruhe, und welche Entzückung zugleich! Die schöne Aussicht! Die ganze, weite stille Elbe! Der heitre Himmel! Du! und unser Gott!" Da spielen in den Briefen, die zwischen ihr und ihrem in Kopenhagen weilenden neuen Freunde Klopstock hin- und hergehen, die „Zephyrs" um die Blumen, zwischen die sich die Liebenden setzen und sich streiten, ob die Zephyrs oder die Blumen mehr zu lieben seien. Die Sylphen, Elementargeister der Luft, sollen die Geliebte umschweben; die Blumen sprechen ihre symbolische Sprache; Nelken gehen von ihr zu ihm und bringen süße und galante Nachrichten. Die Tiere passen in solche Natur: das Schoßhündchen zerreißt einen Liebesbrief; die Täubchen erfahren bei Meta noch in ihrer Ehe, in Dänemark, in Lyngby, eine liebevolle Zucht, in der der ganze Taubenschlag Namen aus der Bekanntschaft der beiden Klopstocks erhält. „Es sind doch gar zu gute Tiere, die Tauben, nur von ihrer Treue zu reden"; „ihre Mine und ihr ganzes Wesen, die Grazie" meint auch eine Meta nicht malen zu können (20. 6. 1757). Die Grazien selbst, die Töchter der Anmut, werden oft beschworen. Anakreons Taube, der Liebling der Anakreontiker, gibt Anlaß zu einer geistreich-spielerischen brieflichen Rache. Viel „Tändeley", Spiel mit geistreicher Sinnlichkeit durchzieht die ersten Briefe. Auch Klopstock, der seraphische Jüngling, „tändelt Liebe", als er Meta zum ersten Male trifft (4. 1. 1751).

Das Rokoko entdeckt die Heiterkeit des Winters. Meta geht hier voran; sie macht ihre Schwestern in Hamburg aufmerksam: „Welche Freuden kann man sich auch im Winter machen! […] Wie schön habe ich die Sonne an einem mit Schnee bedeckten Hügel untergehn sehn! Wie heiter war der ganze Himmel! wie eben unser See! welch ein Anblick war der weiße Wald! ihr wißt, wie schön beschneyte Bäume aussehn, und die Erde, als wenn sie ganz mit weißen Tüchern überzogen wäre --- Wie sehr weiß der Schnee ist, habe ich heute auf eine sehr neue Art entdeckt. Ich ließ mein Schnupftuch fallen, es war doch ein hübsches, feines, weißes, Hamburgsch-gebleichtes Schnupftuch, und es sah im Schnee aus, als wenn eine Bettlerinn ihren ärgsten Lumpen verloren hatte. - Ein junger Hirsch begegnete mir, wie ich zu Hause kam. Das arme Ding! muß seine Nahrung bis hieher suchen. Es ist diese Nacht viel Schnee gefallen. Gestern lagen nur Schneesternchen aufm See, die sehr schön aussahn, und das Gras war nur so ganz fein fein gepüstert, so wie eines gewissen, ausländischen Ministers Perücke aussehn mag" (25. 11. 1756). Vor allen Dingen finden die Freuden des Winters, Schlittschuhlaufen und Schlittenfahren, begeisterte Schilderungen in Bild und Gedicht. Sie sind Bewegung, Tanz, Flug, ganz dem Geist der Zeit angemessen. Klopstock ist ein begeisterter Schlittschuhläufer (Schrittschuhe sagt er), und für Meta wird ein Schlitten besorgt. Der Eislauf ist Tanzrhythmus. Klopstock hat ihn später (1764) in seiner Ode „Der Eislauf" eingefangen.

Rokokothema ist endlich auch das Wecken der schlafenden Geliebten. Hier ist ein Höhepunkt erreicht. Hier gelingt dem jungen Paar, das Spiel, den Scherz, das Tändeln, die Anmut und Grazie des Rokoko einzufangen, zusammenzufassen und zu vergeistigen: die innere Bewegung des äußerlich einfachen Gedichtes führt vom Ich zum Du und zum Wir. Es ist ein Gipfel heiterer, bewegter Liebespoesie des Rokoko, ein Gipfel, weil diese heitere Bewegtheit nicht ein leeres Spiel ist, sondern aus dem echten Grund des Verbundenseins kommt. Wir meinen „Das Rosenband". Klopstock macht es seiner Braut zum Weihnachtspräsent, und Meta gibt es als Briefgeschenk an die Giseke-Freunde weiter. Dazu gehört ihr neckisch-fröhlich-anmutiger Begleitbrief (24. 12. 1753).

Das ist also unsere junge Dame im Rokokokostüm. Aber noch einen anderen Zeitstil finden wir bei ihr ausgeprägt, den sie, wie das Rokokogenre, in einen eigenen Stil umwandeln wird. Das ist die Empfindsamkeit, die Stilart der sentimentalen Dichtung. Man will sie neuerdings säuberlich von dem Rokokostil sondern. Das scheint kaum möglich zu sein. Rokokogenre und sentimentaler Stil wachsen auf gleichem Holz, das zu dem Baum gehört, der das 18. Jahrhundert überschattet, der Aufklärung. Rokoko und Aufklärung sind eng gebunden; das heitere, sinnliche Spiel ist das Komplement des skeptischen Verstandes, der sich weigert, in die Gründe der Leidenschaft und ungebändigten Natur einzudringen, weil er fürchtet, von ihnen beherrscht zu werden. Das fühlende Wesen Mensch, das zu dem denkenden der Zeit gehört, freut sich am Spiel des Gefühls in den Grenzen, die die Vernunft ihm setzt. Das ist die Empfindsamkeit, Gefühl in gesetzten Grenzen. Auch das Landschaftsgefühl des Rokoko, das Ruhe und Heiterkeit verlangt, ist empfindsam getönt. Man denke an Metas Schilderung der Elbaussicht. Die Sprache dieser Gefühlsamkeit schwelgt in süßen Entzückungen; nahe der Rührung wohnen die Tränen. Meta zeigt ihrem Freunde Olde einen Liebesbrief Klopstocks an sie; beim Lesen stieg, erzählt sie selbst, des Freundes „Entzückung bey jeder Zeile, und zuletzt brach sie in helle Thränen aus" (21. 11. 1752). Dieser entzückt-gerührte Stil ist uns allzu sachlichen Menschen von heute fremd; der Leser muß zuerst einen gewissen inneren Widerstand überwinden, bis ihn der Fluß des darin lebenden echten Gefühls über das Hemmnis hinwegträgt.

Eine gewaltige Verstärkung erfährt die sentimentale Literatur in Deutschland aus dem europäischen Strom des Rokoko. Nirgends spüren wir so deutlich wie hier, daß das Rokoko eine europäische Erscheinung ist. Mehr als die französische Literatur (die vor allem das Rokokogenre beeinflußt) ist es die englische, die die Empfindsamkeitsschau bei uns fördert. Hamburg ist ein großer Umschlagplatz für das sentimentale Gut der englischen Insel gewesen. Die moralische Wochenschrift des „Tatler" (von Richard Steele) war schon seit 1713 in Hamburg bekannt; und da lesen wir wie eine Urform dieser Gefühlskultur den Beginn des 82. Stücks (vom 18. 10. 1709). Es steht unter einem Motto des Valerius Maximus: „Wo die größeste und reineste Liebe vorhanden ist, da ist es manchmal besser durch den Tod vereiniget, als durch das Leben abgesondert zu werden." Und dann stellt „Der Schwätzer" „aus seinem Zimmer" Betrachtungen an: „In diesem Zustande meiner Gedanken sann ich den großen Unglücksfällen und Beschwerlichkeiten des menschlichen Lebens tiefsinnig nach. Unter diesen rühren uns wohl keine so lebhaft als diejenigen, welche Personen betreffen, die sich zärtlich lieben, und die ihre Glückseligkeit durch einen widrigen Zufall zu einer Zeit unterbrochen sehen, da sie sich solches am wenigsten vermuthen [...] Betrachtungen über Traurigkeiten dieser Art flößen der menschlichen Seele leutselige Neigungen ein; sie verbessern das Herz; sie rotten allen Neid und alles Übel gegen unsere Nebenmenschen aus; sie unterdrücken den Stolz, den ein unveränderliches Wohlergehen bey uns erreget; sie schlagen allen Hochmuth und Verwegenheit nieder, womit diejenigen gemeiniglich eingenommen sind, die dem Glücke im Schooße sitzen" (nach der deutschen Übersetzung von 1756).

Diese Sentimentalität ist, sehen wir, moralisch gewandet; sie gehört mit ihrer Kasuistik der Gefühle, die durch die Erprobung einer verfolgten Unschuld möglich wird, in den ethischen Rationalismus der Aufklärung. Die Themen: erprobte und siegreiche Tugend und Besserung des Sünders vermögen eine Fülle von Situationen abzugeben, in denen das Miteinander der Menschen in der Gesellschaft in die Empfindsamkeitsschau hineingezogen wird.

Das Hauptwerk der englischen Sentimentalitätsliteratur ist Richardsons Briefroman „Clarissa Harlowe", der 1748/53 ins Deutsche übersetzt wurde. Klopstock hat den Beginn bereits in Zürich (1750) „hinausgelesen"; er sei durch den Tod der Duldern und Heldin „mehr als durch irgend eine andere Scene gerührt worden"; er habe „dabey vieles, sehr vieles gedacht". Das hat er früher (20. 11. 1750) an seine Jugendfreundin Fanny geschrieben. Er überträgt diese Gefühlswelt sofort auf seine neue Freundin und baldige Verlobte Meta: sie wird „Clarissa", sie wird „Klärchen Klopstock" benannt, und sie nimmt gern den Beinamen an. Die Benennung bedeutet ihm viel; so erklärt er dem alten Freund Bodmer in Zürich, als er ihm die neue Freundin schildert: „Clary, das will das alles, und noch viel mehr sagen, was es beim Richardson heißt. Was es heißen würde, wenn der entsetzliche Mensch, dessen Namen ich nicht wiederholen mag [d.i. der Verführer Lovelace], ein Clarissus gewesen wäre und seine Clarissa in den süßen Stunden der Liebe Clary genannt hätte" (12. 12. 1752).

Hier wird deutlich, daß die vorbildliche englische Sentimentalität für Klopstock nur ein Ausgangspunkt gewesen ist. Kampf und Bewährung der Tugend und die „Delicacy", Feinfühligkeit, Zartgefühl, Empfindsamkeit im Benehmen und Denken, gegenüber Tugend und Laster, erotisches Thema und Morallehre, wird jetzt positiv gesehen, nicht als Kampf und Untergang der Tugend, sondern als ein Emporsteigen des Gefühls durch zwei einander Ebenbürtige und Gleichgestimmte (Clarissus und Clarissa), die gleich groß im Lieben sind.

Hier liegt ein Ansatzpunkt, der für Meta und Klopstock aus dem modischen Bereich der Empfindsamkeit in eine weitere, größere Welt des rein ausströmenden Gefühls, in die Ekstase der Leidenschaftlichkeit führt. Andere Ansatzpunkte kommen hinzu. Youngs „Nachtgedanken", tief empfundene Gedanken über Leben und Tod, begeistern die beiden seit 1751; die Ode „An Young" (1752) zeugt davon. Die kleinen Themata des Rokoko, die Idyllen, sind überwunden. Nur die großen lohnt es zu besingen: Freundschaft, Muse, Überstrom der Liebe, Gott. 1748 hatte Klopstock das große Thema des „Messias" angeschlagen. Durch den Klassizismus war das christliche Fabulieren verpönt; man fürchtete darin die aufwühlende Kraft, die lebenswarmen Inhalte. Klopstock wagt gerade wegen der aufwühlenden Kraft den Wurf. Er dringt damit in weite Kreise vor – auch in der Stadt Hamburg, wo die Sache der Religion in den Kreisen des Bürgertums durchaus noch nicht Formsache war. So ist Meta überhaupt auf den Dichter des „Messias" aufmerksam geworden, wie uns ihre Schwester Elisabeth berichtet: „Meta hat den Messias dadurch zuerst kennen lernen, daß sie etwas von den 3 ersten Gesängen, in Papilotten zerschnitten, auf der Toilette einer ihrer Freundinnen gefunden, welche sie zusammengeklebt und mit großem Beyfall gelesen; Gieseke mit vielem Feuer gefragt: Ist mehr von diesem göttlichen Gedicht zu haben, und wo? und wer ist der Verfasser. Giesekens Antwort war: Es sind erst 3 Gesänge heraus, in den ‚Beyträgen', ich will sie mitbringen; und der Verfasser heißt Klopstock [...]; das wäre ganz der Freund für die Mollern" (4. 4. 1751). Der Messias als Lancelot: die Episode beleuchtet sinnbildlich, wie sich in beiden Menschen von Anfang an Liebe und religiöses Gefühl verbinden, einander steigern und so den Strom des grenzenlosen Gefühls freigeben. Rokokogenre und sentimentale Dichtung werden überwunden. Nirgend wird dieser – für die Jahrhundertmitte so bedeutsame und einzigartige Vorgang so deutlich wie im Briefwechsel der beiden. Die Sprache wird entfesselt wie das Gefühl; Klopstocks Aufzeichnungen werden zu Prosagedichten, zu weltlich-religiösen Hymnen: „Wie glücklich bin ich! – Sie ist die beste unter allen Mädchen, die jemals gen Himmel gesehn haben. Sie ist meine Einzige! Mein, mein ist Sie, ganz mein! –– O du, der du, auch hier schon, von bessern, der Namlose genannt wirst, – mit ihr soll ich dich einst in deiner, uns dann nähern Herrlichkeit sehn; wie schön ist deine Schöpfung, und wie sanft ist es, geschaffen zu seyn! Großer, Großer! Mein, mein Schöpfer! ––– Du liebender! ––– Alle Himmel sind – dein! Alle sie machst du zu Glückseligen, –– zu Glückseligen! –– o der hellen, unendlichen Reihen! – Der kommende Morgenstern ist ein schimmernder Punkt von dir, und auch mir ist er klein gegen die Unsterbliche, die mir die erste in deiner Schöpfung ist, der ich es bin. --" (27. 8. 1752). Die Liebe, die rechte, führt nicht von Gott ab, zerstreut nicht von Gott, sie führt recht eigentlich zu ihm. Liebe und (christliche) Religion sind gebunden. Meta folgt ihrem Geliebten hierin: „Ach Klopstock, wie glücklich bin ich, daß ich Dir zugehöre! Du weist es wohl, ich will durch Dich noch immer besser, noch immer heiliger werden. [...] Ehe ich von Dir geliebt wurde, fürchtete ich das Glück. Mir war bange, daß es mich von Gott zerstreuen möchte. Wie sehr irrte ich mich! Die Widerwärtigkeiten führen zu Gott, das ist wahr. Aber eine Glückseeligkeit wie die meine, kann mich nicht von Gott zerstreuen (oder ich müste gar nicht fähig seyn, eine solche Glückseeligkeit zu genießen), sie nähert mich ihm vielmehr" (24. 11. 1752).

Den größten Einfluß hat dieser Durchbruch auf dem eigensten Gebiet Klopstocks, in seinen Oden und Liedern gehabt. Schon äußerlich ist der Wandel erkennbar. Die Fanny-Oden werden von den Cidli-Oden abgelöst. Cidli ist Meta. Bezeichnend ist eine der ersten Cidli-Oden, bezeichnend schon im Titel: „Der Verwandelte"; das ist Klopstock, der der Schmerzen seiner ersten Liebe zu Fanny gedenkt und nun durch Meta verwandelt ist:

„Darum liebe mich, Cidli,
Denn ich lernte die Liebe dir!

Dich zu finden, ach dich, lernt' ich die Liebe, sie,
Die mein steigendes Herz himmlisch erweiterte,
Nun in süßeren Träumen
Mich in Edens Gefilde trägt!"

Es ist durchaus merkwürdig und wiederum für diese Zeit der Jahrhundertmitte einzigartig, daß in Meta Moller, der Muse dieser Dithyramben, die selbst (wie nicht nur ihre Briefe, sondern auch die freien Rhythmen ihrer „Nachgelassenen Schriften" zeigen) des idealen dichterischen Aufschwungs fähig war, der kritische Sinn für die Wirklichkeit und, damit verbunden, die Gabe der realistischen Darstellung vorhanden war. Das wird ein Hamburger Erbteil gewesen sein (Brockes, Borckenstein). Alle Rokokokunst und Empfindsamkeit hatten das Erbe nicht verschüttet. Meta Moller steht bei aller Bildung (sie konnte Französisch, Englisch, Italienisch und Latein) und aller ihrer Schriftstellerei (ihr Mann ermunterte sie immer mehr, darin fortzufahren) in ihrem Lebenskreis. Sie ist Frau und Hausfrau. Sie weiß ihren Dichter-Mann immer wieder fein und sicher mit der Wirklichkeit in Einklang zu bringen.

Dieser realistische Zug wird im Lauf des Briefwechsels immer deutlicher. Meta liebt es, Situationen des alltäglichen Lebens zu schildern. Schwestern und Mann ermuntern sie. Sie wundert sich selbst über den Weg, den ihre Gebilde nehmen. Sie erklärt es mit einem Scherz: „Es sind wunderliche Dinger, meine Briefe, und ich mache sie manchmal aus einer närrischen Ursache noch wunderlicher. Ich denke nämlich, es könnte wohl einmal ein Enkel unsrer Enkel, der meine Briefe fände, (ich bin schon manchmal damit gedroht worden) sichs einfallen lassen, sie zu drucken [...]. Wenn sie denn doch auch gar zu natürlich sind; so wird der Schurke das Drucken doch wohl bleiben lassen" (12. 9. 1756). „Gar zu natürlich": sie konnte nicht ahnen, daß wir gerade diese Seite ihrer Kunst als etwas Außergewöhnliches und besonders Kostbares achten würden. Lebhaftigkeit (Bewegung würde man im Rokokosinn sagen), Naivität und Wirklichkeitssinn leben darin, die erstaunen machen. Beispiele gibt es in Hülle und Fülle. Man denke etwa an die Schilderung von Klopstocks gesundem Schlaf während eines nächtlichen Brandes in der Kopenhagener Nachbarschaft (15. 7. 1757); oder an die Szene von Klopstocks Ausritt (Mai 1755); oder noch „natürlicher", d.h. realistischer, die Beschreibung einer Seefahrt von Lübeck nach Kopenhagen (19. 4. 1757), in der die Not der Seekranken in aller Deutlichkeit „abgemalt" wird. Die Nachahmung der Dialektsprache (hier der Frankfurter, dort des Plattdeutschen, das überhaupt in Syntax und Stil ihrer Sprache durchschimmert) ist ein Mittel solcher Realistik.

Wir sehen uns vergeblich nach etwas Entsprechendem in der zeitgenössischen Literatur um. Eher ist Ähnliches in der Malerei zu finden. Vielleicht könnte man an Vorbilder in der niederländischen Genremalerei denken. Am ehesten scheint die Kunst des Jean Baptiste Siméon Chardin vergleichbar. Meta wird sie kaum gekannt haben. Aber sie sind Verwandte in dem Sinne, daß in beiden der realistische Sinn als Unterströmung des Jahrhunderts hervortritt, und zwar ohne jede sentimentale Beimischung. Auch die Kunst Chardins weist in die Zukunft; sie ist mit Recht in der Moderne herausgestellt worden. Seine häuslichen Szenen und bürgerlichen Figuren, seine Stilleben wie „Der geöffnete Rochen" mit der Realistik der Farben sind aus gleichem Geist geboren, der in Metas Beschreibungen heraustritt. Man könnte auch an die kleinen Szenen Goyas denken, wie „Die Landpartie", die Schilderung eines ländlichen Imbisses, bei dem ein junger Mann des Guten zuviel getan hat, so daß er sich wie die Seekranken Metas benimmt; die Maja sieht schadenfroh zu.

Es ist nicht von ungefähr, daß Meta ihre Kunst in Briefform entfaltet hat. Der Brief entsteht gewöhnlich aus der Eingebung des Augenblicks als Mitteilung von Geschehnissen oder Gedanken, scheinbar (und oft wirklich) eine „spontane" Kunst. Er ist Bewegung. Das Rokoko hat daher eine besondere Beziehung zu dieser Kunstform des Briefes. Die Bemühungen um die Erneuerung der Form gehen durch das Jahrhundert. Doch lese man Rokokobriefe wie etwa die von Gellert oder die zwischen Gleim und Jakobi, um den ganzen Abstand zu denen Metas zu fassen. Metas Briefe sind eben mehr als Rokoko-Briefe; sie fassen zusammen: Rokokogeist, Empfindsamkeit, Realistik und Leidenschaft der Liebe und des religiösen Gefühls.

Sind sie berechnete Kunst? Zweifellos hat Meta ihre Briefe nicht zum Druck bestimmt; sie sind aus dem Verlangen nach unmittelbarer Mitteilung hingeschrieben. Aber es wäre eine Täuschung, anzunehmen, sie wären ohne Rücksicht auf künstlerische Formung abgefaßt. Die Briefschreiber des Jahrhunderts schielten immer mit einem Auge nach der Öffentlichkeit; Briefe bekannter Persönlichkeiten gingen von Hand zu Hand. Metas Briefe sind in der Tat gestaltet (jedenfalls die Briefe, an denen ihr lag, und das sind besonders die Briefe an Klopstock) und künstlerisch geformt; ihre Kunst ist gerade, sie bei aller Bedachtheit natürlich zu halten. Ihre Kunst wirkt nicht künstlich, sondern vermittelt den Eindruck der Frische und Ursprünglichkeit, der Natur. Kunst, natürlich wirkend, das ist ja wohl ein Höhepunkt der Kunst, jedenfalls im 18. Jahrhundert. So, als natürliche Kunst, herausfallend aus dem Rahmen des Üblichen, hat Klopstock sie empfunden. Er schreibt an Bodmer: „Ich habe solche Briefe noch nicht gesehen, worinn soviel Natur im eigentlichsten Verstande, und zwar soviel gute Natur gewesen wäre" (12. 12. 1752). Er schreibt so im Hinblick auf die Briefkunst der Zeit, er zieht hier eigens den Vergleich zur Briefkunst der Sévigné, in der die Aufklärer ihre Natürlichkeit gefunden hatten: hier aber bei Meta lebt eben Natur „im eigentlichsten Verstande". Das berührt sich eng mit Metas Scherz des „Gar zu Natürlichen". Hier spricht nicht mehr nur aufklärerische Natürlichkeit im Bunde mit fühlsamer Empfindsamkeit des Rokoko, sondern hier herrscht reines Gefühl, Ergriffenheit strömt sich aus, durchbricht die modischen Bezirke, findet in eine große Landschaft, in der die Leidenschaft des Herzens jubelt und klagt.

Die Dame im Rokokokostüm hat ihr Zeitgewand abgelegt. Sie ist durch ihre Kunst zeitlos geworden. Sie spricht uns an, wie sie das 18. Jahrhundert angesprochen hat. Ein glücklicher, ein erfüllter Mensch, hat sie ihre Natur, ihr Leben, ihre Umwelt in ihrer Kunst geschildert. Das Größte aber bleibt, daß sie ihrem Leben treu geblieben ist, bis zu ihrem bitteren Ende. Die Bindung von Liebe und religiösem Gefühl geht in ihre Ehe ein und besteht darin die große Probe. Meta bewährt ihr Leben im Tod.

Liebespaare und Eheleute

Hegel hat einmal das Lesen eines Briefwechsels als „eine ganz aus dem wirklichen Leben genommene Unterhaltung" bezeichnet. Dabei ist ihm der Vergleich mit dem Romanlesen gekommen; zwar fehle bei der Lektüre von Briefen die Spannung durch große Hindernisse einer erfundenen Intrige, aber dafür stehe das durchgehende Interesse an den schreibenden Menschen, das „um so viel herzlicher und teilnehmender" sei, als „die Umstände so ganz natürlich und menschlich" sind. Solcher Art ist der vorliegende Briefwechsel. Er ist eine Art Briefroman, und dies nicht nach der Absicht der Briefschreiber, sondern einfach durch das Zusammenfügen von Briefen aus dem Freundeskreis um Klopstock und Meta Moller.

In diesen Briefen hat das Erlebnis die Feder geführt. Es ist die Liebe und Ehe des Paares Meta und Friedrich Gottlieb Klopstock, ein dramatisches Schicksal, das mit seinem kurzen Glück und schweren Ende des Jahrhunderts bewegt hat. Die Briefe, die zwischen den beiden vor ihrer Verlobung, während ihrer Brautzeit und in den kurzen Ehejahren gewechselt worden sind, bilden den Kern des „Romans". Aber dahinein spielen die Beziehungen zu Verwandten und Freunden. Auch sie schlagen sich in den Briefen nieder. Sie spiegeln das Schicksal des Paares, aber sie entfalten auch ihre individuellen Schicksale. Die Schreiber sind zumeist Angehörige der gleichen Generation, die ihre eigenen Herzensromane erleben. So ist es ein ganzer Kreis von „Liebespaaren und Eheleuten", der um den einen Mittelpunkt gezogen ist.

Da sind Klopstocks Freunde aus der Leipziger Zeit, aus dem Sammelpunkt um die „Bremer Beiträge". Nikolaus Dietrich Giseke war zugleich Metas Hamburger Jugendfreund; durch seine Vermittlung lernte Klopstock, als er im Frühjahr 1751 von Zürich über Hamburg nach Kopenhagen reiste, die Hamburgerin kennen. Seine Braut Johanna Cruse, das „Hannchen", wird sogleich in den Zirkel der „freundschaftlichen Herzen", wie Meta sagt, einbezogen: „Wie süß wird das seyn, wann ich denke, daß zu der Zeit, da ich Hannchens Gesundheit trinke, Klopstock, Schlegel, Cramer und Charlotte, Gärtner, Luise, Ebert und Giseke es vielleicht zu gleicher Zeit thun! Wie unbeschreiblich süß würde es aber nicht seyn, wenn wir alle dieses an einem Orte, in *einem* freudenreichen Zimmer thäten! Welch ein großer Wunsch!" (20. 9. 1751). Bis in den intimen Schwatz der ehelichen Verbindung setzt sich der Briefwechsel mit den Gisekes in Trautenstein und Quedlinburg durch die Jahre fort.

In Metas Wunschbild tauchen schon alle anderen früheren Leipziger Freunde mit ihren Mädchen oder Frauen auf: Johann Adolf Schlegel, an der Pforte und in Zerbst lehrend und predigend, mit seinem „Muthchen"; Johann Andreas Cramer und Charlotte (Schwester der unvergessenen, früh verstorbenen Johanna Elisabeth Radike, des „heiligen Hannchen"), mit denen das Ehepaar Klopstock in Kopenhagen zusammenleben wird; Carl Christian Gärtner in Braunschweig und Frau Luise, eine ältere Schwester von Hannchen Giseke; Johann Arnold Ebert, ebenfalls aus Braunschweig, dessen unglücklicher Herzensroman mit Henriette von Töpffer den Freundeskreis in Aufregung versetzen wird; am Rande des alten Leipziger Kreises der Halberstädter Gleim, der Hagestolz, dessen kurze tragikomische Liebesepisode mit der „Mayerinn" die Anteilnahme Metas findet. Eine andere „Beiträgerfrau" ist gar eine Hamburgerin, die Freundin Friedrich von Hagedorns Magdalena Lucia Scheele, „die sanfte, ganz aus Empfindung geschaffene Frau mit den Taubenaugen", mit eigenen literarischen Interessen und dem schwerkranken Mann, die durch ihre Amouren die Ehen anderer Hamburger Freunde stören wird; sie gehört bereits in den Hamburger Kreis der Liebespaare und Eheleute.

Aus Metas Verwandtschaft treten ihre beiden älteren Schwestern hervor. Beide sind Briefschreiberinnen, die in der Kraft ihrer zupakkenden Darstellungsweise nur von ihrer jüngsten Schwester übertroffen werden. Das Brieferzett der Schwestern ist wie kaum eine andere Quelle geeignet, Leben und Meinungen der Menschen dieser Zeit und dieses Raumes zu erhellen. Die Ehejahre der Ältesten, Elisabeth, die seit 1744 mit dem Weinhändler Benedix Schmidt verheiratet war und bei der Meta vor ihrer Verheiratung lebte, zeichnen sich mit köstlichen Details ab; Meta nimmt sich aus der unaufhörlich wachsenden Kinderschar besonders ihres Patenkindes Meta an, und so werden Hausführung und Kindererziehung eine besondere Rolle in den Briefen spielen. Die Mittlere, Catharina Margaretha, die seit 1745 mit dem Kaufmann und Zeitungsverleger Johann Hinrich Dimpfel verheiratet war, lebte damals noch in größeren Verhältnissen; Meta steigt, wenn sie von Kopenhagen aus Hamburg besucht, in Dimpfels Gartenhaus außerhalb der Stadt ab. Das Leben in den Gärten vor der Stadt ist ein Teil des bürgerlichen Daseins.

Ausgedehnt ist der Kreis von Metas Freundinnen in Hamburg. Sie stammen sämtlich aus ähnlichen Verhältnissen einer gebildeten Bürgerlichkeit. Sie alle erleben in den Jahren von 1751 bis 1758 ihren „Roman", der meist in einer Ehe mündet: so Catharina Elisabeth Schlebusch, die 1755 den Arzt und früheren „Beiträger" Johann Heinrich Olde heiratet; oder Catharina Constantia Elisabeth Häckel, deren „Nachtag" der Hochzeit mit Johann Bernhard Mumssen 1756 gefeiert wird; oder Catharina Elisabeth Hertel, die 1755 den Buchhändler Johann Carl Bohn ehelicht, und andere.

Die Themata der Zeit, Freundschaft, Liebe und Ehe, werden in diesen verschiedenartigen Verhältnissen in vielerlei Stufungen deutlich. Sie reichen von idealem Aufschwung bis zum Sichfügen in die Realitäten der Zeit. Meta schätzt sich glücklich, den Mann ihrer Wahl erkämpft zu haben; ihre Schwestern sind zufrieden, durch die Wahl ihrer Eltern nicht unglücklich geworden zu sein. Vor dem Beginn des „Romans" spielt ein Präludium: die Liebe Klopstocks zu „Fanny", seiner Kusine Maria Sophia Schmidt, dem idealen Bild seiner Fanny-Oden. Wir erleben die Episode nur in der Rückblende: erfahren aus der brieflichen Aussprache mit Meta Moller, wie sich Klopstock aus der Überspanntheit einer unerwiderten Liebe befreit und durch die neue Liebe zu Meta einen sicheren Grund für Leben und Arbeit findet.

Freundschaft, Liebe und Ehe (und wir müssen hinzufügen: diese gebunden in religiösem Erleben) sind die Themata dieses Briefwechsels. Sie sind die großen Themata der Zeit. Wenn wir sie als „Rokoko" bezeichnen, so meinen wir damit den stilgeschichtlichen Ausgangspunkt der Briefschreiber um die Mitte des achtzehnten Jahrhunderts, gekennzeichnet etwa durch Aufklärertum, Empfindsamkeit und geistreiche Tändelei. Es ist gerade das Einmalige dieses Briefwechsels, daß dieser Ausgangspunkt in den Äußerungen der Protagonisten Klopstock und Meta bald verlassen wird. Der Weg geht in die „Natur im eigentlichsten Verstande"; immer lauter spricht „die Sprache des Herzens". Dieser Briefwechsel aus der Mitte des Jahrhunderts weist auf seine letzten Jahrzehnte.

ZUM TEXT DER AUSGABE

Die Briefe der Meta Moller sind in dem hier gebotenen Zusammenhang 1956 veröffentlicht worden[1]. Der größte Teil der Briefmaterialien ist erst durch diese Edition bekannt geworden. Er hat über 150 Jahre unbekannt im Nachlaß des Dichters geruht, der von den Erben eifersüchtig bewahrt wurde. Die Brautbriefe Metas hielt man allgemein, fußend auf einer Äußerung Klopstocks, er habe die meisten einige Stunden nach ihrem Tode verbrannt, für verloren. Desto größer war die Überraschung, als im Klopstock-Nachlaß, der 1950 in öffentlichen Besitz (der Staats- und Universitäts-Bibliothek Hamburg) überging, ein guter Teil von ihnen wieder auftauchte. Dazu fanden sich die Briefe der Schwestern Schmidt und Dimpfel, dazu manche anderen handschriftlichen Aufzeichnungen. Es gesellten sich abgesprengte Stücke aus anderen staatlichen Sammlungen hinzu; Briefe, die bereits seit über 100 Jahren, hier und da verstreut, veröffentlicht waren, konnten vielfach an Hand der Manuskripte berichtigt, ergänzt oder gar erst verständlich gemacht werden. So entstand eine Briefsammlung, die sich zur Hauptsache auf die handschriftlichen Originale, zu einem kleineren Teil, soweit eben diese unauffindbar waren, auf Drucke unterschiedlicher Herkunft stützte.

Diese große dreibändige Briefausgabe ist bereits seit Jahren vergriffen. Dokumente, die für unsere Literatur des 18. Jahrhunderts von grundlegender Bedeutung sind, sollten indessen nicht nur über die Leihstellen der großen Bibliotheken verfügbar sein, besonders wenn sie von solcher menschlichen Bedeutung sind, daß sie heute und immer dem Leser etwas zu sagen haben. Deshalb erscheint diese

---

[1] Meta Klopstock geb. Moller: Briefwechsel mit Klopstock, ihren Verwandten und Freunden. Hrsg. u. mit Erläuterungen versehen von Hermann Tiemann. Bd. 1: 1751–1754; 2: 1754-1758; 3: Erläuterungen. Mit einem Beitrag von Erich Trunz. (Hamburg:) Maximilian-Gesellschaft 1956. – Der Text der vorliegenden Ausgabe wurde unverändert übernommen aus der Veröffentlichung „Geschichte der Meta Klopstock", hrsg. von Franziska und Hermann Tiemann, Bremen 1962 (Sammlung Dieterich, Bd. 239).

Ausgabe, die sich, dem Charakter der Sammlung gemäß, an weitere Kreise wendet.

Sie ist indessen keine „gekürzte Volksausgabe". Sie bringt den Text der Meta-Klopstock-Briefe vollständig. Auch die Briefe Metas an ihre Verwandten und Freunde sind im Kern übernommen worden. Lediglich im Briefwechsel der Schwestern sind Abstriche gemacht in Teilen, die dem Gesamtbild nichts Wesentliches nehmen. Einige wenige Briefe, die an den weiteren Freundeskreis gingen oder aus ihm kamen, konnten gekürzt werden, soweit sie nicht sogar entbehrlich schienen.

Dafür aber ist eine ganze Anzahl von Briefen Metas neu eingefügt worden, oder es sind Meta-Briefe, die schon im Druck bekannt waren, auf Grund von jetzt aufgetauchten Originalmanuskripten neu gestaltet und ergänzt worden. Die Ausgabe der Briefsammlung von 1956 hat nämlich auch den Erfolg gehabt, daß in Rezensionen oder Artikeln auf Materialien aufmerksam gemacht wurde, die in Sammlungen lagerten, welche seinerzeit dem Herausgeber unbekannt geblieben waren, oder daß nunmehr auf dem Autographenmarkt Stücke aus Privatbesitz auftauchten, die durch das gesteigerte Interesse größeren Sammlerwert erhalten hatten. Meta-Briefe standen plötzlich hoch im Kurs. Allen diesen neuen Funden ist nachgegangen worden; sie sind ausnahmslos, soweit sie verfügbar geworden sind, für die vorliegende Ausgabe verwertet worden. Es sind zum größten Teil Briefe der Meta Moller an das Ehepaar Giseke, die schon zu Beginn dieses Jahrhunderts aus einer Privatsammlung versprengt worden waren. Sie geben dem Meta-Bild kein neues Profil, ja nicht einmal einen neuen Zug; sie vertiefen lediglich hier und da bekannte Einzelheiten des Bildes.

Im einzelnen sind folgende Nummern der vorliegenden Ausgabe gegenüber dem bekannten früheren Text neu gestaltet oder als früher unbekannte Briefe neu eingeordnet worden; die jetzigen Fundstellen sind in Klammern hinzugefügt:

Nr. 1 (alt Nr. 1): Schluß vom 21. 3. 1754 verbessert bzw. neu (Schulpforta).

Nr. 124 (alt Nr. 126): verbessert nach Original (Hamburg, Staats- und Universitäts-Bibliothek, Campe-Sammlung).

Nr. 160: neu (Frankfurt a. M., Goethe-Museum).

Nr. 161a: neu nach Heinrich Lüdtke: Klopstock und unsere nieder-

elbische Heimat, Altona 1928, S. 115/16 (Original im Krieg verbrannt).
Nr. 162: neu (Hamburg, Staats- und Universitäts-Bibliothek Hamburg, Neuerwerbung).
Nr. 166: neu (Schulpforta).
Nr. 169 (alt Nr. 166): verbessert und ergänzt (Schulpforta).
Nr. 171: neu (Schulpforta).
Nr. 174: neu (Schulpforta).
Nr. 175 (alt Nr. 172): verbessert und ergänzt (Schulpforta).
Nr. 176 (alt Nr. 173): verbessert und ergänzt (Frankfurt a. M., Goethe-Museum).
Nr. 177 (alt Nr. 175): ergänzt und verbessert (Frankfurt a. M., Goethe-Museum).
Nr. 181 (alt Nr. 179): verbessert und ergänzt (Schulpforta).
Nr. 182 (alt Nr. 180): verbessert und ergänzt (Schulpforta).
Nr. 183 (alt Nr. 181): verbessert (Frankfurt a. M., Goethe-Museum, Neuerwerbung).
Nr. 184 (alt Nr. 182): verbessert und ergänzt (Schulpforta).
Nr. 185 (alt Nr. 174): ergänzt und verbessert (Schulpforta).
Nr. 186: neu (Schulpforta).
Nr. 188: neu in Nr. 1 (Schulpforta).
Nr. 190 (alt Nr. 185): verbessert (Schulpforta).
Nr. 192 (alt Nr. 187): verbessert (Schulpforta).
Nr. 217: neu nach C. F. Cramer: Klopstock. Er über Ihn. Th. 5: 1755 (1792), S. 265–69.
Nr. 241 (alt Nr. 238): ergänzt nach Lüdtke a. a. O. S. 116/17 (Original im Krieg verbrannt).
Nr. 301 (alt Nr. 312): verbessert (Frankfurt a. M., Goethe-Museum).

Die Briefe, deren Originale in Schulpforta liegen, hat H. T. Betteridge 1959 herausgegeben[1]; seine Lesungen wurden an Hand von Photokopien überprüft und verbessert. Anregungen und Besserungsvorschläge aus Rezensionen und anderen Mitteilungen wurden genutzt, soweit sie einleuchtend schienen.

Im ganzen stehen 356 Nummern der alten Ausgabe 344 der neuen gegenüber. Dabei ist die Zahl der Briefe Meta Mollers selbst gegenüber der früheren Edition vermehrt worden; die Ausgabe ist daher noch mehr als die frühere auf die Person Meta Mollers konzentriert.

[1] H. T. Betteridge: Additions and corrections to the correspondence of Meta Klopstock, in: The Modern Language Review 54, 1959, 518–32.

Im übrigen muß für die wissenschaftliche Nutzung auf die ältere dreibändige Ausgabe verwiesen werden. Insbesondere konnte der philologische Apparat des 3. Bandes, der die Erläuterungen und die Textgeschichte der einzelnen Stücke enthält, nicht wiederholt werden. Für die Zwecke dieser neuen Ausgabe wurde eine durchgehende Kommentierung vorgezogen, die den Fluß der Lektüre gestattet, sich jedoch auf das notwendigste beschränkt. Im Text der Briefe wurden die editorischen Zeichen und Bemerkungen so weit beschnitten, wie es die textkritische Zuverlässigkeit irgend erlaubte. Indessen konnten die Herausgeber sich nicht dazu entschließen, die Rechtschreibung und Interpunktion zu modernisieren. Sie glauben, daß die Briefe auch in ihrer altertümlichen Orthographie ohne Schwierigkeiten zu lesen sind, sobald man sich in ihre Form etwas eingelebt hat, und sie sind der Meinung, daß den Briefen ein gut Teil ihres Reizes genommen würde, wenn man sie ihres alten Schreibgewandes entkleidete.

In den Brieftexten gebrauchte editorische Zeichen

( ) entsprechen runden Klammern in den Originalen, mit Ausnahme der Fälle, wo durchgestrichene oder an den Rand geschriebene Textstellen eingefügt sind; dann folgendermaßen: ([durchgestrichen bzw. an den Rand geschrieben:] Text).
[ ] Zusätze oder Bemerkungen der Herausgeber.
[!] so im Original.
[...] Auslassungen aus dem Text.
⟨ ⟩ unsichere Lesungen.
  Die *Unterstreichungen* der Originale sind im Druck durch Kursive wiedergegeben (Ausnahmen in den Briefen Nr. 1 und Nr. 95).

VERZEICHNIS DER ABBILDUNGEN

Meta Klopstock. Porträt von Dominicus van der Smissen (geb. 28.4.1704 in Altona, gest. 6.1.1760 ebenda). Museum für Hamburgische Geschichte (Foto: Foto-Studio Fischer-Daber, Hamburg).
Das Bild ist das einzige bekannte Porträt Metas. Ob sich Brief Nr. 35 auf dieses Bild bezieht, ist unsicher. Das Bild ist nach Hermann Tiemann (Meta Klopstock geborene Moller: Briefwechsel mit Klopstock ihren Verwandten und Freunden. Band III, S. 791) „erst 1755 datiert.... Indessen ist Meta 1755 nicht in Hamburg gewesen." *Seite 17*

Friedrich Gottlieb Klopstock. Porträt von Dominicus van der Smissen. Mit freundlicher Genehmigung von Herrn Urs S. Niederoest, Hamburg (Foto: Sigmundt Stieler v. Heydekampf, Hamburg).
Das offenbar in den fünfziger Jahren entstandene Bildnis war bislang vollkommen unbekannt und ist erst Ende 1979 im Hamburger Kunsthandel aufgetaucht. *Seite 33*

Klopstock an Meta, 23.11.1751 (Brief Nr. 58). Faksimile mit freundlicher Genehmigung der Staats- und Universitäts-Bibliothek Hamburg, KN 45 K 22. *Seite 93*

Meta an Klopstock, [Mitte Juli 1756] (Brief Nr. 245). Faksimile mit freundlicher Genehmigung der Staats- und Universitäts-Bibliothek Hamburg, KN 42/8 a (15). *Seite 360*

Klopstocks Grab auf dem Friedhof der Christianskirche in Ottensen, Bezirk Altona (Foto: Ernst-Peter Wieckenberg).
„Bey seiner Meta und bey seinem Kinde ruhet Friedrich Gottlieb Klopstock ..." ließ die zweite Frau des Dichters, Elisabeth von Winthem, eine Nichte Metas, auf dem Grabstein setzen. Das Grabmal ist eine Arbeit des Bildhauers Philipp Jakob Scheffauer (geb. 1758 in Stuttgart, gest. 1808 ebenda) aus dem Jahre 1804. *Seite 473*

NAMENREGISTER

Die Ziffern hinter dem Namen sind die Nummern derjenigen Briefe, in denen die betreffende Persönlichkeit erwähnt wird.

Ahlefeldt, Ulrikke Antoinette, geb. Danneskiold-Laurvig (1686 bis 1755): 203. 204.

Alberti, Julius Gustav (1723 bis 1772), seit 1755 Prediger an St. Katharinen zu Hamburg: 245. 283. 299. 315.

Anderson, Johann (1717 bis 1790), J. U. Dr., Senator; ihm wurde 1754 ein Sohn Cornelius geboren: 277.

Ankelmann, Johann Julius (1692 bis 1761), aus einer Hamburger Familie, promovierte 1720 zum Licentiaten der Rechte in Groningen: 7.

Arria d. Aeltere tötete sich 42 n. Chr. zusammen mit ihrem Gatten, der sich gegen Claudius verschworen hatte. Als Paetus zögerte, stieß sie sich selbst den Dolch in die Brust und reichte ihn dann dem Gatten mit den Worten: „Paete, non dolet": 40. 146. 257.

August, jüngerer Bruder Klopstocks, s. Klopstock, August Philipp.

Babet, die Geliebte Boursaults. Beider Briefwechsel erschien als „Lettres de Babet et de Boursault" 1666. Die Briefe galten wie die der Sévigné als Muster der erstrebten Natürlichkeit: 18. 20-22.

Balcio, wohl Thomas Baltzar oder Balthasar Balzer (1630–1664) aus Lübeck, bekannter Geigenvirtuose und Komponist der damaligen Zeit: 221.

Bar, Georg Ludwig von (1701 bis 1767), westfälischer Schriftsteller, der auch in Hamburg bekannt war: 7.

Barnwell s. Lillo, George (Verf.).

Basedow, Johann Bernhard, 1753 durch Klopstocks Vermittlung an die Ritterakademie in Soroe berufen, um Beredsamkeit, Moralphilosophie und deutsche Sprache zu lehren: 232. 266. 288. 337.

Baur, Johann Daniel (1700 bis 1774), Altonaer Bürgermeister, in zweiter Ehe verh. mit Margaretha Lohe: 175.

Beckhoff, Sara Cäcilia (geb. 1732), Tochter des Ratsherrn Walther Beckhoff, heiratete 1760: 211.

– Walther, Ratsherr seit 1745: 211.

Berger, Johann Just von (1723 bis 1791), 1752 an den dänischen Hof berufen, 1753 Hofmedicus, 1774 Kgl. Leibarzt: 165. 172. 211. 334. 335.

Berkenhout, John (1730 bis 1791), geb. zu Leeds; sein Vater war Deutscher; kam 1753 nach Braunschweig, um fremde Sprachen zu erlernen. Er hat die zwei ersten Gesänge des Messias übersetzt; sie sind jedoch nicht gedruckt: 172.

Bernstorff, Charitas Emilie von, geb. von Buchwald (1733–1820), verheiratet seit 1751: 129. 210. 212. 251. 256.

– Johann Hartwig Ernst Graf von (1712–1772). Als Minister des Äußeren und Direktor der Deutschen Kanzlei veranlaßte er Klopstocks Berufung nach Dänemark: 18. 95. 101. 112. 119. 123. 126. 129. 183. 185. 246. 255. 256. 284. 290. 306.

Bode, Johann Joachim Christoph (1730–1793), Militärhoboist in Celle, kam 1757 nach Hamburg: 285. 292. 293.

Bodmer, Johann Jakob: 146. 147. 150–152. 234.

Bohn, Anna Catharina, geb. Felginer (1724–1754), Gattin des Buchhändlers Johann Carl Bohn: 166. 171. 176. 177.

– Catharina Elisabeth, s. Hertel, Catharina Elisabeth.

– Johann Carl (1712 bis 1773), Buchhändler und Verleger in Hamburg; er gab u. a. Werke von Klopstock und Hagedorn heraus. Er war in erster Ehe verheiratet mit Anna Catharina Felginer; 1755 heiratete er Metas Freundin Catharina Elisabeth Hertel: 7. 42. 54. 57. 63. 76. 91. 93–95. 101. 125. 145. 148. 166. 176. 231. 234.

Bossuet, Jacques Bénigne. Sein „Discours sur l'histoire universelle" wurde von Cramer übersetzt und fortgeführt; er erschien in 7 Teilen 1748–1786 in Leipzig: 256. 305.

Bostel[l], Lucas Andreas von (gest. 1783), Licentiat der Rechte in Hamburg, später Reichskammergerichtsadvocat u. hamburgischer Agent zu Wetzlar: 154. 186.

Breitinger, Johann, Jakob (1701 bis 1776), bekannter Schweizer Gelehrter. Seine „Kritische Dichtkunst" (1740) beeinflußte Klopstock stark: 150. 151.

Browne, Reichsgraf von, österreichischer Feldmarschall aus dem Siebenjährigen Krieg: 253. 268.

Brunsch, Hebamme.

Byron, Harriet, Heldin aus Richardsons „Sir Charles Grandison" (1753–1754), schon 1754 bis 1755 ins Deutsche übersetzt: 224. 256. 269.

Carlowitz, Moritz Carl von (1731–1780), Offizier im dänischen Heer: 278.

Carpser, Peter C. (1699 bis 1759), geschätzter Wundarzt aus Hamburg: 103. 195. 220.

Catarine, frühere Hausangestellte E. Schmidts bzw. Metas.

Christian, Diener bei Klopstock.

– s. a. Klopstock, Christian Heinrich.

Christine, Hausangestellte bei Klopstocks, die Meta aus Hamburg mitbrachte.

Clarissa (Harlowe), die Heldin in Richardsons „History of Miss

Clarissa Harlowe", 1748–1753 verdeutscht als „Clarissa, die Geschichte eines vornehmen Frauenzimmers": 37. 42. 44. 300.

Cockburn, Catherine, geb. Trotter (1679–1749), schrieb Verse u. Dramen, studierte Philosophie u. trat als Verteidigerin von Locke auf: 45.

Cordes, Anna (1687–1763), eine Schwester von Metas Vater Peter Moller; sie heiratete 1707 den hamburg. Bürger Christoph Cordes: 161. 278.

Cramer, Carl Friedrich (1752 bis 1807), Sohn von Johann Andreas Cramer, geb. in Quedlinburg, gestorben in Paris. Ein begeisterter Kommentator Klopstocks: 83. 103. 112. 117. 120. 122. 126. 158. 178. 183. 216–218.

- Charlotte, geb. Radike, jüngere Schwester der Johanna Elisabeth Radike, heiratete 1749 Johann Andreas Cramer: 36. 41. 85. 103. 112. 115. 122. 126. 158. 161a. 173. 178. 183. 191. 192. 210. 211. 216–218. 224. 233. 242. 243. 251.

- Johann Andreas (1723 bis 1788), Beiträger, Verlobter der früh verstorbenen Johanna Elisabeth Radike, 1748 Pfarrer zu Cröllwitz b. Halle, heiratete dann die jüngere Schwester der Radikin Charlotte, 1750 Oberhofprediger zu Quedlinburg, 1754 nach Kopenhagen berufen: 1. 22. 35. 36. 38. 41. 73. 74. 85. 86. 90. 103. 104. 112. 115. 118. 120. 122. 124. 126. 139. 146. 155. 158. 162. 167. 169. 173. 176. 178. 179. 181 bis 186. 190–192. 210. 211. 213. 216. 217. 219. 224. 227. 233. 239. 242. 243. 251. 253. 255. 256. 259. 260. 261. 268. 283. 287. 299. 319. 342.

- Juliane Elisabeth (getauft Febr. 1755), Tochter von Johann Andreas Cramer und seiner Frau Charlotte: 217. 218.

Cruse, Johanna Catharina Eleonora s. Giseke, J. C. E.

- Luise s. Gärtner, L.

Dacier, Anne (1654–1720), Tochter des gelehrten Humanisten Lefebvre und selbst gelehrte Philologin: 320.

Dimpfel, Catharina Margaretha, geb. Moller (1724–1773), eine Schwester Metas: 84. 85. 86. 111. 112. 115. 117. 131. 144. 167. 175. 176. 189. 190. 191. 197. 204. 209–212. 214. 215. 219. 220. 224 bis 226. 229–231. 238. 247. 249. 250–255. 257. 259. 260. 262–266. 268–273. 275–278. 280–292. 294–298. 313.

- Hans Albrecht, geb. 1748, Sohn der Catharina Margaretha Dimpfel: 215. 226. 247. 291.

- Johann Albrecht (1722 bis 1782), Lic., 1762 Senator zu Hamburg, verh. mit Margareta Amilia Witte: 212.

- Johann Hinrich (1717 bis 1789), heiratete 1745 Metas ältere Schwester Catharina Margaretha. Er war Kaufmann und Zeitungsverleger, später Präses des Kollegiums der Hamburger Bank, verlor 1770 sein großes Vermögen; seit 1773 war er Admiralitätsbuchhalter: 131. 144. 189–191. 212. 214. 215. 225. 231. 247. 281. 290.

- Margaretha Cäcilia (Meta)

(1745-1828), Tochter der Catharina Margaretha Dimpfel: 211. 230. 254. 257.

Dommerich, Johann Christoph, Rektor zu Wolfenbüttel, schrieb „Prolusio de Christeidos Klopstockianae praecipua Venere" 1752: 132.

Doris (Wielands Doris) s. Gutermann von Gutershofen, Sophie.

Dorthe, Bedienstete bei Klopstocks.

Ebert, Johann Arnold (1723 bis 1795), ein geborener Hamburger. Er unterrichtete Meta (wahrscheinlich i.d. neueren Sprachen). Als Student in Leipzig trat er in den Kreis der Bremer Beiträger. 1753 Prof. am Collegium Carolinum zu Braunschweig. Als Übersetzer (vornehmlich Youngs) ein wichtiger Vermittler der engl. Literatur: 41. 42. 90. 96. 109. 167. 171. 172. 174. 176. 177. 186. 299. 306. 320.

Fanny s. Schmidt, Maria Sophia, in übertragenem Sinne auch Name für die jeweilige Geliebte, so in Nr. 202.

Friederici, Regierungsrat aus Blankenburg: 126. 177.

Friedrich II., König von Preußen: 78. 244. 253. 264. 286. 294. 300.

Friedrich V., König von Dänemark: 14. 23. 83. 85. 150. 175. 178. 185. 190. 214. 232. 234. 236. 238. 239. 244. 264. 268.

Funk, Gottfried Benedikt (1734 bis 1814), seit 1756 Erzieher im Hause Cramers, Mitarbeiter am „Nordischen Aufseher": 268. 288.

Gärtner, Carl Christian (1712 bis 1791), Schriftleiter der „Bremer Beiträge", seit 1747 Prof. d. Moral u. Beredsamkeit am Carolineum zu Braunschweig. Seine Frau Luise ist die ältere Schwester von Gisekes Frau: 23. 41. 73. 74. 86. 107. 109. 111. 127. 132. 156. 162-164. 172. 177. 185. 186. 191. 195. 200-203. 306. 312. 315. 320.

- Luise, geb. Cruse: 23. 41. 107. 109. 127. 132. 156. 164. 172. 195. 200-202.

Garmers, Hamburger Familie: 281. 287.

Gellert, Christian Fürchtegott, seine „Geistlichen Oden und Lieder" waren 1757 in Leipzig bei Weidmann herausgekommen: 281. 282. 283.

Giseke, Catharina (1721-1769), Schwester von Nicolaus Dietrich Giseke, nicht verheiratet: 154. 161. 184. 189.

- Johanna Katharina Eleonore, geb. Cruse, gen. Hannchen, Tochter des Pastors Cruse zu Gerdau im Lüneburgischen, heiratete 1753 Nikolaus Dietrich Giseke: 1. 13. 23. 41. 107. 109. 127. 132. 148. 154. 156. 157. 159. 160-164. 166. 167. 169-171. 173-177. 179. 181. 184. 185. 189. 192. 195. 201. 203. 299.

- Nikolaus Dietrich (1724 bis 1765), Jugendfreund Metas. Als Student der Theologie in Leipzig trat er in den Kreis der Bremer Beiträger ein u. wurde Klopstocks Freund. Er erhielt im April 1753 die Pfarre im Harzdorf Trautenstein und heiratete im August Johanna Catharina Eleonora Cruse. 1754 Oberhofprediger in Quedlinburg für den nach Kopenhagen gehenden J.A. Cramer. 1760 Superintendent in Sondershausen: 1. 2. 7. 10–13. 16. 17. 19. 20. 22–24. 26. 35. 36. 38. 41. 44. 56. 60. 62. 70. 73. 74. 85. 86. 90. 92. 95. 96. 103. 107. 109–111. 114. 117. 118. 125. 127. 132. 133. 142. 146. 148. 153 bis 164. 166–177. 179. 181. 182. 184–186. 188–190. 192. 195. 200 bis 204. 238. 244. 261. 299. 302. 306. 341.

Gleim, Johann Wilhelm Ludwig: 12. 15. 18. 21. 25. 28. 30. 31. 33. 35. 37. 38–40. 46. 53. 64. 78. 83. 88. 104. 112. 115. 120. 124. 126. 142. 149. 150. 151. 153. 155. 165. 167. 168. 187. 193. 196. 198. 200. 202. 205. 206. 244. 299.

Graa, Andres, ein Schiffer.

Grandison, Sir Charles, Held des gleichnamigen Romans von Richardson: 256.

Gutermann von Gutershofen, Sophie (1731–1807), als „Doris" und „Serena" Geliebte Wielands, verehel. von La Roche: 151 bis 152.

Häckel, Catharina Constantia Elisabeth (auch Hökel, Höckel, Heckel): jüngere Freundin Metas, ebenfalls aus dem Dimpfelschen Familienkreis; sie heiratete 1756 Johann Bernhard Mumssen: 1. 108. 113. 117. 132. 135. 154. 160. 161. 166. 176. 195. 210. 212. 214. 219. 232. 251. 254. 255. 269.

Hagedorn, Friedrich von (1708 bis 1754): 1. 2. 5. 6. 7. 10. 13. 18. 22. 26. 28. 36. 50. 51. 52. 55. 57. 60. 70. 90. 92. 99. 147. 171. 176. 281. 282.

Hagen, Lovise Sophie, verh. Beck (1738–1777), Mitglied der Göttingischen Gelehrten Gesellschaft: 275. 276.

Hagenbruch, Maria Sophia, Fannys und Klopstocks Kusine. Von einer Ode auf deren Hochzeit ist nichts bekannt: 3. 14. 21.

Haller, Albrecht von (1708 bis 1777), kehrte 1753 von Göttingen in die Schweiz zurück: 151.

Hannchen s. Giseke, Johanna Katharina Eleonora, s. Rahn, Johanna Victoria.

Harlowe, Clarissa s. Clarissa.

Harriet s. Byron, Harriet.

Heckeln s. Häckel.

Heidegger, Gotthard (1666 bis 1711), Pfarrer und satyrischer Schriftsteller. Bodmer gab 1732 dessen kleinere deutsche Schriften heraus: 150.

Hei(d)tmann, Johann Wolfgang (gest. 1757), „mercator" in Hamburg, verh. mit einer Schwester Benedikt Schmidts: 299.

Hemmerde, Carl Herrmann, Verleger der Hallenser Ausgaben des Messias: 147.

Herold, Christian (ca. 1703 bis 1761), übernahm die Buchhandlung J.C. Kißner in Hamburg und verlegte nach 1738 mehrere gut ausgestattete wissenschaftliche Werke: 63.

Hertel, Catharina Elisabeth, Freundin Metas, heiratete 1755 den Buchhändler Johann Carl Bohn. Sie starb 1765: 1. 109. 122. 129.

132. 135. 144. 154. 161. 166. 171. 174–176. 178. 190. 195. 210. 212. 216. 219. 229. 234. 252. 285.

Hess, Johann Kaspar, Pfarrer aus Altstetten bei Zürich. Er veröffentlichte 1749 „Zufällige Gedanken über das Heldengedicht Der Messias": 146. 150. 151.

Hirzel, Hans Kaspar (1725 bis 1803), Arzt, später Ratsherr und Oberstadtarzt in Zürich: 151. 155.

Hohorst, Bernhard von, Vetter von Metas Stiefvater Hulle; Kapitän in dänischen Diensten in Holstein, zeitweise in Kopenhagen; Mitglied der Deutschen Gesellschaft in Göttingen; Verfasser zweier Oden und Übersetzer des Popischen Allgemeinen Gebets: 176. 190–192. 195. 218. 224. 232. 233. 235. 256. 274. 278. 286. 294. 300. 301. 306.

Hübsch, Muthchen s. Schlegel, Muthchen.

Hulle, Katharina Margaretha, geb. Persent, verw. Moller, Metas Mutter: 98. 106. 112. 116. 122. 189. 190. 191. 195. 197. 207. 211. 213. 224. 225. 229–233. 236. 241. 249. 251. 252. 257. 260. 264. 265. 268. 269. 290. 302. 304. 306.

– Martin (gest. 1757), Metas Stiefvater: 106. 146. 175. 181. 189–191. 195. 197. 207. 211. 216. 234. 281. 282. 287. 299.

Jans, Michel, ein Schiffer.

Jerusalem, Johann Friedrich Wilhelm (1709 bis 1789), Protestantischer Theologe, Kirchen- und Schulmann, 1749 Abt von Marienthal, 1752 von Riddagshausen. Ihm verdankt Braunschweig die Errichtung des Collegium Carolinum, an das mehrere Beiträger berufen wurden: 172. 185.

Jochen, Diener.

Kayser, Christian Bernhard (1720–1778), Pfarrer zu Hattorf; er übersetzte englische Schriften, u. a. auch Young's Nachtgedanken: 256. 305. 307.

Keller, Hans Kaspar, er begleitete Klopstock auf der Reise von Zürich nach Hamburg 1751: 1.

Kirchmann, Karl Friedrich, Herzogl. Braunschweigischer Prinzen-Informator zu Braunschweig, Freund Gisekes: 132.

Kleist, Ewald Christian von (1715–1759), ein Freund Gleims, er mußte wegen verbotener Werbung Zürich 1752 verlassen: 78. 150. 151. 155. 161a. 167. 193. 196. 200.

Klopstock, Anna Maria, geb. Schmidt (gest. 1773), Mutter Klopstocks: 15. 18. 78. 103. 106. 112. 115–119. 121. 122. 124. 126. 127. 129. 158. 185. 196. 197. 199. 204. 211. 242. 244. 246. 258. 261. 299.

– August Philipp (1725 bis 1798), Klopstocks Bruder, Kaufmann, assoziierte sich 1753 mit Rahn in Lyngby, übernahm 1755 die Leitung der Seidenfabrik, 1757 das Eigentum: 102. 103. 123. 137. 191. 224. 232. 239. 242. 243. 252. 289.

– Carl Christoph, ein jüngerer Bruder Klopstocks, besuchte seit 1751 die Pforte, studierte dann in Leipzig Theologie: 25. 115. 118. 122. 126. 239. 264. 299.

- Christian Heinrich (1743 bis 1808), Klopstocks Bruder, besuchte das Gymnasium zu Quedlinburg und Halberstadt, kam dann in die kaufmännische Lehre zu v. Winthem in Hamburg und wurde später Kaufmann in Livorno u. Triest: 329.
- Gottlieb Heinrich (1698 bis 1756), Klopstocks Vater, Kommissionsrat in Quedlinburg: 15. 18. 25. 33. 78. 83. 103. 106. 112. 115–119. 121–124. 126. 127. 129. 158. 185. 195 bis 197. 199. 211. 242. 244. 246. 258. 260. 261. 265.
- Johann Christoph Ernst (1739–1798), Bruder Klopstocks, 1754 Lehrling in der Weidmannschen Buchhandlung zu Leipzig, seit 1767 als Buchhändler in Wien: 239.
- Johanna Victoria s. Rahn, Johanna Victoria.
- Juliane Maria, geb. Windreuter, Klopstocks Großmutter, deren Liebling der Dichter war. Noch kurz vor ihrem Tode 1751 segnete sie ihn begeistert: 261.
- Victor Ludwig Christian (1744–1811), jüngerer Bruder Klopstocks, später Kaufmann und Zeitungsverleger in Hamburg: 195. 203. 329.

Koppe, Johann Christian, seit 1739 Buchhändler in Rostock, auch als angesehener Verleger tätig: 63.

Kramer s. Cramer.

Künzli, Martin (1709–1765), aus Winterthur, seit 1750 Provisor, seit 1760 Rektor an der Stadtschule daselbst: 151.

Kynzli s. Künzli.

Lambert, Anne Thérèse Marquise de (1647–1733), französischer Schöngeist, bekannt durch ihren tonangebenden Salon: 152.

Leisching, Christian, war verheiratet mit einer Schwester von Klopstocks Mutter und somit auch mit Fanny verwandt: 66.
- Johann Christian (1724 bis 1772), ein Vetter Klopstocks, dän. Etatsrat, dann Ministerresident in Lübeck, später in der Deutschen Kanzlei in Kopenhagen: 211. 242. 243. 251. 253. 256. 262. 290. 306. 315. 329. 337.

Lessing, Gotthold Ephraim: 230.

Lillie, Ludolph Henrik (1719 bis 1758), ließ sich 1755 als selbständiger Buchdrucker in Kopenhagen nieder: 228.

Lillo, George, englischer Dramatiker. „The London Merchant, or the History of George Barnwell", das erste rein bürgerliche Trauerspiel, wurde im Herbst 1754 von der Schönemannschen Truppe in Hamburg gespielt: 212. 255.

Locke, John, hier wohl gemeint „The Reasonableness of Christianity", seit 1733 ins Deutsche übers., oder eine Ausgabe von „Leben und Schriften": 264.

Lutteroth, Askan Wilhelm: 3.

Mary, Mädchen bei E. Schmidt bzw. Meta.

Mayer, Sophie, jüngste Tochter des Bergrats Mayer in Blankenburg. Sie verlobte sich mit Gleim im März 1753, doch wurde die Verlobung bereits im folgenden Monat wieder gelöst wegen der

krankhaften Eifersucht des Vaters: 153. 168. 202.
Meier, Georg Friedrich, hatte 1749 zu Halle eine „Beurtheilung des Heldengedichts des Messias" erscheinen lassen. Sie behandelte die ersten drei Gesänge. Bei der Neuauflage 1752 wurde sie mit einem 2. Stück über den 4. und 5. Gesang fortgesetzt: 54. 57.
Meta, Tochter der Elisabeth Schmidt, s. Schmidt, Catharina Margaretha.
– Tochter der Catharina Margaretha Dimpfel, s. Dimpfel, Margaretha Cäcilia.
Mitleton, Dr., ein englischer Diplomat dieses Namens in Hamburg ist nicht nachweisbar. Vielleicht gemeint: David Middleton, Oberwundarzt der Britischen Armee: 254.
Moller, Katharina Margaretha, geb. Persent s. Hulle, Katharina Margaretha.
– Peter (1682–1736), Metas Vater, verh. mit Katharina Margaretha Persent: 226. 241. 272. 302. 314.
Moltke, Adam Gottlob Graf (1709–1792), aus mecklenburgischem Geschlecht, Oberhofmarschall u. allmächtiger Günstling Friedrichs V., Königs von Dänemark: 18. 23. 99. 181. 185.
Morell, Gerhard Heinrich Matthias (1710 bis 1771), Kunsthändler und Kunstkammerverwalter in Kopenhagen: 296.
Müller, Miss bzw. Mlle = Meta Moller.
– Johann Samuel (1701 bis 1773), seit 1732 Rektor des Johanneums in Hamburg: 7.

Mumssen, Catharina Constantia Elisabeth s. Häckel, Catharina Constantia Elisabeth.
– Johann Bernhard (1728 bis 1772), heiratete 1756 Metas Freundin Catharina Constantia Elisabeth Häckel: 251. 254.
Muthchen s. Schlegel, Muthchen.
Mylius, Ernst Friedrich, Pastor zu St. Petri, traute am 10. 6. 1754 Klopstock und Meta Moller: 182.

Oertling, wohl gemeint Philipp Ernst (gest. 1764) u. Frau. Jurist, seit 1738 Auditeur in der dänischen Armee, seit 1757 als Oberauditeur in Rendsburg stationiert: 1. 166. 174. 176. 227.
Olde, Catharina Elisabeth s. Schlebusch, Catharina Elisabeth.
– Johann Heinrich (gest. 1759), Dr. med., ein Freund Metas und Klopstocks, der 1755 Metas Freundin Catharina Elisabeth Schlebusch heiratete: 1. 7. 135. 144. 147. 154. 158. 162. 166. 171. 176. 178. 186. 189. 192. 195. 199. 204. 212. 219. 220. 227. 229. 258. 287. 295.

Panthea-Doris s. Gutermann von Gutershofen, Sophie.
Pelt, Friedrich Christian, Verleger: 218. 329.
Persent, Anna Elisabeth, geb. Stampeel (gest. 1753), 1735 verh. mit Nikolaus Persent, dem Bruder der Mutter Meta Mollers, die eine geb. Persent war: 106. 175.
– Katharina Margaretha, verw. Moller, s. Hulle, Katharina Margaretha.

- Meta (1738-1761), Tochter des Nikolaus Persent und seiner zweiten Frau Anna Elisabeth Stampeel: 288.

Peter, Bedienter Klopstocks.

Pontoppidan, Erik Ludvigsen (1698 bis 1764), dänischer Historiker und Theologe: 23.

Raabe, Fuhrunternehmer.

Radike, Johanna Elisabeth, die früh verstorbene Verlobte von Johann Andreas Cramer. Die Radikin wurde zum Ebenbild der Rowe: 101. 103. 109. 121. 186.

Rahn, Hartmann, Kaufmann aus Zürich, der 1751 mit Klopstock nach Kopenhagen reiste, um dort, von Klopstock unterstützt, mit dänischem Privileg eine Seidenfabrik zu gründen. Sie wurde in Lyngby etabliert. Er heiratete 1754 Klopstocks zweitälteste Schwester Johanna Victoria (Hannchen): 1. 2. 7. 8. 15. 18. 22. 23. 35. 38. 90. 92. 123. 137. 191. 210. 211. 215. 221. 230. 232. 233. 242. 246. 251. 262. 280. 286. 293. 295. 298. 313.

- Johanna Victoria, geb. 1730 (Hannchen), Klopstocks zweitälteste Schwester, die 1754 Hartmann Rahn heiratete: 115. 126. 169. 185. 191. 192. 210. 220. 223. 230. 232. 233. 242. 243. 246. 247. 251. 280. 286. 295. 298.

Ramler, Karl Wilhelm (1725 bis 1798), lebte seit 1748 im Gleimschen Freundeskreis in Berlin: 78. 115. 120. 124. 126. 142. 150. 196. 200. 202.

Rantzau (Gräfin), wohl Eibe Margrethe Rantzau, geb. von Levetsau (1736-1791), Gattin des Grafen Otto Manderup Rantzau, mit dem Klopstock in freundschaftlichem Verkehr stand: 329.

- Hans, Reichsgraf (1693-1769), 1746-1749 Oberpräsident in Altona: 204.

Rasmus, Bart, Schiffer.

Richardson, Martha (Patty), Tochter des Samuel Richardson: 300. 301. 304. 305. 307. 324.

- Samuel, Verfasser von „The History of Miss Clarissa Harlowe" und „Sir Charles Grandison": 146. 256. 273. 300-302. 304 bis 307. 324.

Roger, André (gest. 1759), Privatsekretär Bernstorffs; veröffentlichte 1757 „Lettres sur le Dannemarc": 95. 137.

Rowe, Elisabeth s. Singer, Elisabeth.

- Nicholas, Gemahl der Elisabeth Singer: 37.

Rücker, Diederich Christian, Bruder von Peter und Hinrich Rükker: 337.

- Hinrich (1721-1809), Bruder des Peter Rücker: 315.
- Peter (1714-1788), Kaufmann in Hamburg, seit 1745 verh. mit Maria Caecilia Dimpfel, also Schwager von Metas Schwester Catharina Margaretha Dimpfel: 224.

Rütger, Margaretha Elisabeth (geb. 1713), eine Tochter von Chr. Cordes und Anna Cordes, geb. Moller, also Metas Kusine. Sie war in zweiter Ehe mit Johann Christian Rütger verheiratet: 161. 278.

Sack, August Friedrich Wilhelm (1703-1786), lebte seit 1740 als Hof- und Domprediger in Berlin; er war auch mit Klopstock befreundet: 78.

Saurin, Jacques (1677-1730), berühmter reformierter Kanzelredner, dessen Predigten, ins Deutsche übersetzt, mehrere Bände füllten: 232.

Scheele, Magdalena Lucia, geb. Hüttmann (geb. 1720), eine ältere Freundin Metas, ausgezeichnet durch Schönheit u. Geistesgaben. Enttäuscht von ihrer kinderlosen unglücklichen Ehe (ihr Mann war seit etwa 1747 bettlägerig), suchte sie Ersatz in lit. Tätigkeit, stand in Beziehung zu den Bremer Beiträgern, zu Hagedorn, insbes. zu Giseke u. dem Arzt Dr. Olde vor dessen Verheiratung mit Catharina El. Schlebusch: 18. 135. 154. 160. 162. 163. 167. 171. 186. 192. 195. 210. 212. 219. 229. 295. 315.

Schlebusch, Barthold, Kaufmann, Vater von Metas Freundin Catharina Elisabeth: 115. 119. 121. 139. 161. 227. 295.
- Catharina Elisabeth (geb. 1729), stammt aus dem Dimpfelschen Familienkreis und heiratete 1755 den Hamburger Arzt und früheren Beiträger Dr. Johann Heinrich Olde. Freundin Metas und Gisekes: 1. 86. 97. 109. 114 bis 116. 119. 121. 122. 132. 135. 138. 139. 144. 154. 160. 161. 166. 169. 171. 176. 178. 182. 186. 192. 195. 199. 203. 210-212. 219. 229. 257. 269. 271. 276. 288. 290. 294-296. 298. 299. 315. 337.
- Maria Charlotta, geb. Dimpfel, Mutter von Metas Freundin Catharina Elisabeth: 115.

Schlegel, Johann Adolf, „Beiträger", 1751 Diaconus und Collega extraord. in Schulpforta, 1754 als Pastor und Gymnasialprofessor nach Zerbst berufen: 41. 118. 122. 149. 201. 203. 306.
- Johann Elias, „Beiträger", 1748 an die 1747 wiedererrichtete dänische Ritterakademie in Soroe berufen: 23. 299.
- Muthchen, Gattin von Johann Adolf Schlegel, Tochter des Mathematikprofessors an der Pforte Johann Georg Gotthelf Hübsch: 118. 201.

Schmid, Konrad Arnold, früher Mitarbeiter an den Bremer Beiträgen, 1746 Rektor der Johannisschule in Lüneburg, 1757 zur Wahl als Pastor an St. Nicolai erwogen, 1760 Professor am Carolineum in Braunschweig: 86. 109. 174.

Schmidt (Rektor aus Lüneburg) s. Schmid, Konrad Arnold.
- Anna Elisabeth (get. 26. Sept. 1757), Tochter der Elisabeth Schmidt, geb. Moller: 326.
- Benedikt, hamburgischer Kaufmann, seit 1744 Metas Schwager: 7. 18. 106. 117. 131. 132-139. 159. 161. 166. 176. 189. 190. 191. 194. 210. 211. 219. 220. 223. 230. 233. 254. 264. 267. 272. 287. 293.
- Catharina Margaretha (Meta) (1750-1766), Tochter der Elisabeth Schmidt, geb. Moller; Metas Patenkind, getauft 7. 1. 1750: 21. 26. 27. 54. 84. 89. 114. 124. 132. 176. 195. 203. 211. 213. 214. 218.

221. 226. 230. 232. 233. 245. 248. 249. 264. 265. 268. 270. 272. 276. 285. 287. 313. 315.
- Elisabeth, geb. Moller (1722 bis 1788), Metas Schwester, seit 1744 mit dem Kaufm. Benedikt Schmidt verheiratet: 1. 2. 10. 13. 17. 21. 28. 35. 36. 54. 61. 62. 77. 79. 80. 82. 84–86. 89. 91. 93. 95. 97. 106. 112. 114. 117. 124. 125. 127. 131. 132. 135. 144. 148. 154. 160. 161. 163. 166. 167. 171. 173. 176. 178. 181. 186. 189–191. 194. 195. 197. 199. 203. 204. 209–216. 218–226. 229–240. 243. 247–257. 259. 260. 262–276. 278–299. 313. 315. 326. 342.
- Elisabeth Benedicta (Betty) (1752–1824), Tochter der Elisabeth Schmidt, geb. Moller: 77. 132. 167. 176. 213. 219. 221. 230. 233. 235. 240. 272. 276. 287. 326.
- Johann Christoph (1727 bis 1807), Vetter u. Jugendfreund Klopstocks, einer der „Beiträger", Bruder von Klopstocks Jugendgeliebter Fanny: 15. 17–19. 25. 29. 31. 37. 38. 40. 46. 53. 64. 66. 78. 146. 149.
- Johann Martin (geb. 1755), Sohn d. Elisabeth Schmidt, geb. Moller: 220. 226. 264. 267. 272. 274. 276. 278. 289.
- Johann Meinhard (Johannchen) (1753–1829), Sohn d. Elisabeth Schmidt, geb. Moller: 167. 176. 181. 190. 212. 213. 233. 240. 248. 254. 264. 272. 276. 280.
- Maria Sophia (1731–1799), Kusine Klopstocks in Langensalza, der seine jugendliche Liebe gehörte; er besang sie unter dem Namen „Fanny" in seinen frühen Gedichten. Fanny heiratete 1754 den Eisenacher Kaufmann Johann Lorenz Streiber und lebte 40 Jahre mit ihm in einer glücklichen Ehe: 1–3. 5. 12. 14–22. 25. 29. 30. 37. 39. 40. 42. 46. 47. 53. 63. 64. 66. 75. 76. 78. 80. 95. 97. 121. 146. 151. 152. 155.
- Martin Wohlert (1745–1746), erster Sohn der Elisabeth Schmidt, geb. Moller: 326.

Schmied s. Schmid, s. a. Schmidt.

Schmolck(e), Benjamin (1672 bis 1737), beliebter Kirchenlieddichter: 181.

Schönermarck, Engel Elisabeth (geb. 1690), eine Schwester von Metas Vater Peter Moller; sie heiratete 1709 Peter Schönermarck: 161.

Schuback, Nicolaus, Lic., 1754 zum Bürgermeister von Hamburg gewählt: 211.

Schützer, Johann Christoph (1711–1771), praktischer Arzt in Hamburg: 212.

Schulte, Susanna Maria (1728 bis 1780), Freundin Metas aus der Dimpfelschen Verwandtschaft; sie war unverheiratet und hatte offenbar eine Privatschule: 195. 210–212. 216. 259. 287.

Schwerin, Curt Christoph Graf von (geb. 1684), gefallen in der Schlacht bei Prag 1757: 285.

Seip, Friedrich Ernst, ein Freund Gisekes. Er stammte aus Pyrmont, wurde 1749 Canonicus minor am Domstift zu Hamburg u. starb hier im Dezember 1751: 60. 62.
- Johann Christian Ludwig (1717–1776), aus Pyrmont, seit

1743 Hamburger Bürger und Arzt: 62.

Serena s. Gutermann von Gutershofen, Sophie.

Sévigné, Marie de Rabutin-Chantal, Marquise de (1626–1696), ihre Briefe an ihre Tochter, improvisiert scheinend und doch mit Sorgfalt ausgearbeitet, wurden Vorbild für den neuen deutschen Briefstil des 18. Jahrhunderts: 103. 104. 146. 249.

Singer, Elisabeth, Gemahlin von Nicholas Rowe, Verfasserin der Briefe „Friendship in death". Wieland hatte sie in den „Briefen von Verstorbenen" nachgeahmt: 22. 37. 45. 101. 109. 152. 300.

Stockhausen, Johann Christoph (1725–1784), Lehrer, später Rektor des Johanneums in Lüneburg. Er war interessiert an englischer Literatur: 306.

Stolberg, Christiane Charlotte Friederike Gräfin, geb. von Castell-Remlingen (1722–1773), ihr Gatte war Oberhofmeister der Königin-Mutter: 278. 282. 285.

Stüven, Peter von (geb. 1710), Übersetzer von Thomas Corneilles „Essex", Drama, worüber Lessing in seiner Hamburgischen Dramaturgie handelt: 171.

Sucro, Johann Georg, Domprediger in Halberstadt, ein Freund Gleims: 12. 15. 120. 126. 149. 198. 200.

Sulzer, Johann Georg, seit 1747 Professor am Joachimsthaler Gymnasium in Berlin. 1750 Begleiter Klopstocks auf der Reise nach Zürich: 18.

Thorbecke, Hermann (1731 bis 1802), Schwiegersohn von Hermann Samuel Reimarus: 337.

Töpffer, Henriette von, die Geliebte Johann Arnold Eberts: 171. 172. 174. 177. 186.

Torbek s. Thorbecke.

Voltaire, François Marie Arouet de, stand seit 1752 mit der Schweiz in Verbindung wegen seiner Übersiedlung: 151.

Wagener, Franz Anton, Ratsherr in Hamburg: 204. 211. 313.

Waser, Johann Heinrich (1713 bis 1777), Verfasser der Satire „Briefe zweier Landpfarrer, die Messiade betreffend" (1749), nicht gegen Klopstock persönlich gerichtet: 151.

Weiß, Johann Christian, ein Bruder von Fannys Mutter, in dessen Hause Klopstock 1748–1750 Hauslehrer war: 15. 66.

Widow, Conrad (gest. 1754), Ratsherr und Bürgermeister in Hamburg: 211.

Wieland, Christoph Martin, „Erzählungen", 1752 anonym erschienen, in der Schilderung von Empfindungen vom Messias und den Oden beeinflußt: 150 bis 152.

Winthem, Johann Martin v., Stiefschwestersohn Metas, seine Mutter war Magdalena Salome von Winthem, geb. Moller: 324.

– Meinert von (1702–1753), Metas Schwager, verh. seit 1737 mit Metas Stiefschwester Magdalena Salome Moller (1714–1739): 175.

Witte (Garten), Wittes Garten befand sich hinter Hamm-Horn nahe beim Letzten Heller: 106. 173.
- Anna Catharina (geb. 1722), das älteste der neun Kinder des hamb. Kaufmanns Christian Witte u. seiner Ehefrau Anna Ilsabe, verh. 1752 mit dem Major i. kgl. dän. Diensten Nicolaus Conrad Kauffmann: 154.
- Magdalena Elisabeth (1729 bis 1792), die „zwote Witten", verheiratet 1754 mit dem lübischen Ratsherrn Lamprecht: 108. 154. 173.
- Margaretha Amalia (1733 bis 1805), die dritte der Schwestern, verh. 1758 mit Johann Albrecht Dimpfel, seit 1762 Senator zu Hamburg: 108. 173. 230. 254. 278. 297.

Wüppermann, Joch. Daniel, & Co., wohl Speditionsfirma.

Young, Edward, J. A. Ebert übersetzte die „Night Thoughts" 1751/52: 42. 64. 67. 68. 84. 95. 140. 143. 172. 177. 256. 273. 292. 300–302. 304–307.

Zachariä, Just Friedrich Wilhelm, seit 1748 Lehrer am Collegium Carolinum zu Braunschweig: 172.

Zimmermann, Joachim Daniel, Prediger an St. Katharinen: 7. 290.

WERKE ZUR LITERATURGESCHICHTE
DES 18. JAHRHUNDERTS
IM VERLAG C. H. BECK

Eine Auswahl

Deutsche Schriftsteller im Porträt

Band 3: Sturm und Drang, Klassik, Romantik

Herausgegeben von Jörn Göres
1980. 287 Seiten mit 132 Abbildungen. Paperback
(Beck'sche Schwarze Reihe, Band 214)

Hermann Hettner
Literaturgeschichte der Goethezeit

Herausgegeben von Johannes Anderegg. Ungekürzte Sonderausgabe
1970. XII, 800 Seiten. Leinen (Beck'sche Sonderausgaben)

Helmuth Kiesel / Paul Münch
Gesellschaft und Literatur im 18. Jahrhundert

Voraussetzungen und Entstehung des literarischen Marktes in Deutschland
1977. 245 Seiten mit 10 Abb. und zahlreichen Tabellen im Text
Paperback (Beck'sche Elementarbücher)

Die deutsche Literatur / Texte und Zeugnisse

Herausgegeben von Walther Killy

Band V: Sturm und Drang / Klassik / Romantik

In zwei Bänden. Herausgegeben von Hans-Egon Hass
1966. XXXVIII, 963 Seiten; IV, Seite 965–1933. 2 Bände. Leinen

de Boor/Newald
Geschichte der deutschen Literatur

Von den Anfängen bis zur Gegenwart

*Band VI: Richard Newald: Von Klopstock bis zu
Goethes Tod 1750–1832*

1. Teil: Ende der Aufklärung und Vorbereitung der Klassik 1750–1786
6., unveränderte Auflage. 1973. IX, 438 Seiten. Leinen

WERKE ZUR LITERATURGESCHICHTE
DES 18. JAHRHUNDERTS
IM VERLAG C. H. BECK

Eine Auswahl

Lessing
Epoche – Werk – Wirkung

Von Wilfried Barner, Gunter Grimm, Helmuth Kiesel, Martin Kramer
unter Mitwirkung von Volker Badstübner, Rolf Kellner, Ursula Nowak
3., neubearbeitete Auflage. 1977. 414 Seiten. Paperback
(Arbeitsbücher für den literaturgeschichtlichen Unterricht.
Herausgegeben von Wilfried Barner und Gunter Grimm)
(Beck'sche Elementarbücher)

Paul Rilla
Lessing und sein Zeitalter

2., unveränderte Auflage. 1977. 464 Seiten. Paperback
(Beck'sche Schwarze Reihe, Band 150)

Wilfried Barner
Produktive Rezeption
Lessing und die Tragödien Senecas

1973. 166 Seiten. Kartoniert (Edition Beck)

Wirkung der Literatur
Deutsche Autoren im Urteil ihrer Kritiker

Herausgegeben von Karl Robert Mandelkow

Band 1: Lessing – ein unpoetischer Dichter

Dokumente aus drei Jahrhunderten zur Wirkungsgeschichte
Lessings in Deutschland
Herausgegeben, eingeleitet und kommentiert von Horst Steinmetz
1969. 598 Seiten. Leinen